国家卫生健康委员会"十四五"规划教材

全国高等中医药教育教材

供中医学、中药学、中西医临床医学等专业用

# 生物化学

## 第4版

中醫

**主　编**　郑晓珂　冯雪梅

**主　审**　于英君

**副主编**　姜　颖　李桂兰　赵京山

**编　委**　（按姓氏笔画排序）

马晓磊（济宁医学院）　　　　　　　　卓少元（广西中医药大学）

王　晶（山东中医药大学）　　　　　　郑　纺（天津中医药大学）

左爱仁（江西中医药大学）　　　　　　郑晓珂（河南中医药大学）

卢　群（广东药科大学）　　　　　　　赵丹玉（辽宁中医药大学）

史胜利（河南中医药大学）　　　　　　赵京山（河北中医学院）

冯雪梅（成都中医药大学）　　　　　　姜　颖（黑龙江中医药大学）

孙　聪（长春中医药大学）　　　　　　姚　青（宁夏医科大学）

孙丽萍（北京中医药大学）　　　　　　姚　政（云南中医药大学）

李桂兰（山西中医药大学）　　　　　　钱荣华（湖南中医药大学）

杨奕樱（贵州中医药大学）　　　　　　黄映红（成都中医药大学）

肖建勇（广州中医药大学）　　　　　　龚张斌（上海中医药大学）

宋高臣（牡丹江医学院）　　　　　　　扈瑞平（内蒙古医科大学）

张春蕾（黑龙江中医药大学佳木斯学院）　斯越秀（浙江中医药大学）

张菡菡（滨州医学院）　　　　　　　　谢晓蓉（甘肃中医药大学）

陈会敏（湖北中医药大学）　　　　　　蔡　标（安徽中医药大学）

陈美娟（南京中医药大学）　　　　　　樊建慧（大连医科大学）

林　凡（福建中医药大学）　　　　　　魏敏惠（陕西中医药大学）

**秘　书**　陈　燕（河南中医药大学）

人民卫生出版社

·北京·

**图书在版编目（CIP）数据**

生物化学/郑晓珂，冯雪梅主编. —4 版. —北京：
人民卫生出版社，2021.6（2025.11重印）

ISBN 978-7-117-31621-7

Ⅰ.①生…　Ⅱ.①郑…②冯…　Ⅲ.①生物化学-高
等学校-教材　Ⅳ.①Q5

中国版本图书馆 CIP 数据核字（2021）第 135170 号

| 人卫智网 | www.ipmph.com | 医学教育、学术、考试、健康， |
| | | 购书智慧智能综合服务平台 |
| 人卫官网 | www.pmph.com | 人卫官方资讯发布平台 |

**生 物 化 学**
Shengwu Huaxue
第 4 版

主　　编：郑晓珂　冯雪梅

出版发行：人民卫生出版社（中继线 010-59780011）

地　　址：北京市朝阳区潘家园南里 19 号

邮　　编：100021

E - mail：pmph @ pmph.com

购书热线：010-59787592　010-59787584　010-65264830

印　　刷：三河市国英印务有限公司

经　　销：新华书店

开　　本：850×1168　1/16　印张：24.5

字　　数：642 千字

版　　次：2002 年 9 月第 1 版　　2021 年 6 月第 4 版

印　　次：2025 年 11 月第 10 次印刷

标准书号：ISBN 978-7-117-31621-7

定　　价：76.00 元

打击盗版举报电话：010-59787491　E-mail：WQ @ pmph.com

质量问题联系电话：010-59787234　E-mail：zhiliang @ pmph.com

# ◇◇◇ 数字增值服务编委会 ◇◇◇

# ◇◇◇ 修 订 说 明 ◇◇◇

为了更好地贯彻落实《中医药发展战略规划纲要(2016—2030 年)》《中共中央国务院关于促进中医药传承创新发展的意见》《教育部 国家卫生健康委 国家中医药管理局关于深化医教协同进一步推动中医药教育改革与高质量发展的实施意见》《关于加快中医药特色发展的若干政策措施》和新时代全国高等学校本科教育工作会议精神,做好第四轮全国高等中医药教育教材建设工作,人民卫生出版社在教育部、国家卫生健康委员会、国家中医药管理局的领导下,在上一轮教材建设的基础上,组织和规划了全国高等中医药教育本科国家卫生健康委员会"十四五"规划教材的编写和修订工作。

为做好新一轮教材的出版工作,人民卫生出版社在教育部高等学校中医学类专业教学指导委员会、中药学类专业教学指导委员会和第三届全国高等中医药教育教材建设指导委员会的大力支持下,先后成立了第四届全国高等中医药教育教材建设指导委员会和相应的教材评审委员会,以指导和组织教材的遴选、评审和修订工作,确保教材编写质量。

根据"十四五"期间高等中医药教育教学改革和高等中医药人才培养目标,在上述工作的基础上,人民卫生出版社规划、确定了第一批中医学、针灸推拿学、中医骨伤科学、中药学、护理学 5 个专业 100 种国家卫生健康委员会"十四五"规划教材。教材主编、副主编和编委的遴选按照公开、公平、公正的原则进行。在全国 50 余所高等院校 2 400 余位专家和学者申报的基础上,2 000 余位申报者经教材建设指导委员会、教材评审委员会审定批准,聘任为主编、副主编、编委。

本套教材的主要特色如下:

1. **立德树人,思政教育** 坚持以文化人,以文载道,以德育人,以德为先。将立德树人深化到各学科、各领域,加强学生理想信念教育,厚植爱国主义情怀,把社会主义核心价值观融入教育教学全过程。根据不同专业人才培养特点和专业能力素质要求,科学合理地设计思政教育内容。教材中有机融入中医药文化元素和思想政治教育元素,形成专业课教学与思政理论教育、课程思政与专业思政紧密结合的教材建设格局。

2. **准确定位,联系实际** 教材的深度和广度符合各专业教学大纲的要求和特定学制、特定对象、特定层次的培养目标,紧扣教学活动和知识结构。以解决目前各院校教材使用中的突出问题为出发点和落脚点,对人才培养体系、课程体系、教材体系进行充分调研和论证,使之更加符合教改实际、适应中医药人才培养要求和社会需求。

3. **夯实基础,整体优化** 以科学严谨的治学态度,对教材体系进行科学设计、整体优化,体现中医药基本理论、基本知识、基本思维、基本技能;教材编写综合考虑学科的分化、交叉,既充分体现不同学科自身特点,又注意各学科之间有机衔接;确保理论体系完善,知识点结合完备,内容精练、完整,概念准确,切合教学实际。

4. **注重衔接,合理区分** 严格界定本科教材与职业教育教材、研究生教材、毕业后教育教材的知识范畴,认真总结、详细讨论现阶段中医药本科各课程的知识和理论框架,使其在教材中得以凸显,既要相互联系,又要在编写思路、框架设计、内容取舍等方面有一定的区分度。

**5. 体现传承,突出特色**　本套教材是培养复合型、创新型中医药人才的重要工具,是中医药文明传承的重要载体。传统的中医药文化是国家软实力的重要体现。因此,教材必须遵循中医药传承发展规律,既要反映原汁原味的中医药知识,培养学生的中医思维,又要使学生中西医学融会贯通,既要传承经典,又要创新发挥,体现新版教材"传承精华、守正创新"的特点。

**6. 与时俱进,纸数融合**　本套教材新增中医抗疫知识,培养学生的探索精神、创新精神,强化中医药防疫人才培养。同时,教材编写充分体现与时代融合、与现代科技融合、与现代医学融合的特色和理念,将移动互联、网络增值、慕课、翻转课堂等新的教学理念和教学技术、学习方式融入教材建设之中。书中设有随文二维码,通过扫码,学生可对教材的数字增值服务内容进行自主学习。

**7. 创新形式,提高效用**　教材在形式上仍将传承上版模块化编写的设计思路,图文并茂、版式精美;内容方面注重提高效用,同时应用问题导入、案例教学、探究教学等教材编写理念,以提高学生的学习兴趣和学习效果。

**8. 突出实用,注重技能**　增设技能教材、实验实训内容及相关栏目,适当增加实践教学学时数,增强学生综合运用所学知识的能力和动手能力,体现医学生早临床、多临床、反复临床的特点,使学生好学、临床好用、教师好教。

**9. 立足精品,树立标准**　始终坚持具有中国特色的教材建设机制和模式,编委会精心编写,出版社精心审校,全程全员坚持质量控制体系,把打造精品教材作为崇高的历史使命,严把各个环节质量关,力保教材的精品属性,使精品和金课互相促进,通过教材建设推动和深化高等中医药教育教学改革,力争打造国内外高等中医药教育标准化教材。

**10. 三点兼顾,有机结合**　以基本知识点作为主体内容,适度增加新进展、新技术、新方法,并与相关部门制订的职业技能鉴定规范和国家执业医师(药师)资格考试有效衔接,使知识点、创新点、执业点三点结合;紧密联系临床和科研实际情况,避免理论与实践脱节、教学与临床脱节。

本轮教材的修订编写,教育部、国家卫生健康委员会、国家中医药管理局有关领导和教育部高等学校中医学类专业教学指导委员会、中药学类专业教学指导委员会等相关专家给予了大力支持和指导,得到了全国各医药卫生院校和部分医院、科研机构领导、专家和教师的积极支持和参与,在此,对有关单位和个人表示衷心的感谢!希望各院校在教学使用中,以及在探索课程体系、课程标准和教材建设与改革的进程中,及时提出宝贵意见或建议,以便不断修订和完善,为下一轮教材的修订工作奠定坚实的基础。

人民卫生出版社

2021 年 3 月

# 前 言

为适应全国高等中医药教育本科教学需要,2020年9月,人民卫生出版社启动了全国高等中医药教育(本科)国家卫生健康委员会"十四五"规划教材编写工作。本版教材编委会组织多次会议,对编写思路、修订原则及框架设计等进行了充分的讨论,达成了共识。

本教材在上版基本构架的基础上,结合中医药院校人才培养体系的要求,强调基本理论、基本知识和基本技能,突出重点,编写注重难易适度、条理清晰,同时根据生物化学的最新进展,更新知识,纠正错误,以满足生物化学的教学需求。本教材可供全国高等院校中医学、中药学、中西医临床医学、药学、护理学、康复治疗学、医学检验等专业使用。

《生物化学》(第4版)更新或新增了若干内容:①更新了部分知识拓展内容和图表,部分章节增加了临床案例及分析;②第五章、第八章、第十一章、第十四章和第二十章增加了思政元素,各章节增加了课堂互动部分;③删除了原第六章"维生素与矿物元素"中的常量元素内容,修订为第六章"维生素和微量元素";④删除了原第十一章"蛋白质的分解代谢"中的γ-谷氨酰基循环及转氨基作用偶联嘌呤核苷酸循环途径;⑤原第十三章"非营养物质代谢"整合为第十七章"肝的生物化学",对内容的编排进行了调整;⑥原第十四章"物质代谢的联系与调节"中"酶的别构调节和化学修饰调节"内容移至第五章"酶"中,作为第四节"酶的调节"部分内容,章节名改为"第十二章 代谢的整合与调节";⑦删除了原第二十章"基因诊断和基因治疗",相关内容融合在第二十章"常用生物化学和分子生物学技术"中。总体编写思路是在保证内容正确、完整的前提下,力求语言简洁、逻辑清晰、图表直观,并丰富数字资源内容,利于学生课外学习。

本教材教学内容分为20章,分别由郑晓珂编写绪论,陈会敏、陈燕编写第一章,史胜利、谢晓蓉编写第二章,黄映红、左爱仁编写第三章,姚政、左爱仁编写第四章,王晶、马晓磊编写第五章,魏敏惠、宋高臣编写第六章,卓少元、姚青编写第七章,陈美娟、樊建慧编写第八章,赵丹玉、张菡菡编写第九章,杨奕樱、卢群编写第十章,李桂兰、扈瑞平编写第十一章,蔡标、赵京山编写第十二章,郑纺、斯越秀编写第十三章,姜颖、斯越秀编写第十四章,龚张斌、李桂兰编写第十五章,钱荣华、肖建勇编写第十六章,孙聪、张春蕾编写第十七章,冯雪梅、林凡编写第十八章,赵京山、林凡编写第十九章,孙丽萍、姜颖编写第二十章。

本教材在编写过程中得到河南中医药大学马利刚、李孟的倾力帮助以及相关专家、同仁们的热情支持,在此致以衷心的感谢!

由于编者学术水平有限,本教材中难免出现疏漏和不当之处,恳请同行专家、使用本教材的师生批评、指正。

编者

2021年3月

# 目 录

# ❖❖❖　绪　　论　❖❖❖

## 学习目标

　　通过本章的学习掌握生物化学的定义、学习生物化学的目的与意义,初步了解生物化学的主要研究内容以及与医药学的关系,为后续分子生物学、药理学等课程的学习奠定基础。

　　生物化学(biochemistry)是研究生物体内物质组成、化学反应与生命过程相关性的基础生命科学,从分子水平探讨生命现象的本质。生物化学主要应用化学、物理和数学的原理和方法,同时融入生理学、细胞生物学、遗传学、微生物学、免疫学,以及生物信息学的理论与技术在分子水平上探讨生命奥秘。简言之,生物化学就是在分子水平上探讨生命本质的科学。

## 一、生物化学发展简史

　　生物化学是一门既古老又年轻的科学。生物化学的研究始于 18 世纪的欧洲。1903 年,Neuberg 首先提出了"biochemistry",作为一门独立学科发展起来,目前已经成为生命科学领域重要的前沿学科之一。生物化学发展的历史,依时间和阶段性研究成果的特点,可分为 3 个时期。

### (一) 叙述生物化学时期

　　18 世纪下半叶到 19 世纪末是生物化学的初级阶段,主要研究生物体的化学组成与分布、结构及性质。1776—1778 年,Karl Scheele 研究生物体(植物及动物)各种组织的化学组成,发现了甘油、柠檬酸、苹果酸、乳酸、尿酸等物质,奠定了生物化学的基础。M. E. Chevreul 发现脂质,E. Fischer 阐明了多种糖和氨基酸分子的结构。

　　在此阶段,对糖类、脂质及氨基酸的结构和性质进行了较为系统的研究,证实了氨基酸之间是由肽键相连,并于 1902 年首次合成含 18 种氨基酸的多肽,为人工合成蛋白质奠定了基础;1868 年,F. Miescher 发现核酸,初步了解其化学性质;1897 年,Buchner 等证明了无细胞的酵母提取液——可溶性催化剂也具有发酵作用;之后,Fischer 阐明了酶对底物的作用,并提出了对酶与底物关系的"锁钥学说",为近代酶学的发展奠定了基础。

### (二) 动态生物化学时期

　　从 20 世纪初开始,生物化学进入了一个蓬勃发展的时期,在营养物质代谢与调节方面取得了重大进展。发现了人类营养必需氨基酸、必需脂肪酸及多种维生素;发现了多种激素及其生理功能,并将其分离、合成;第一次获得了酶晶体——脲酶,并证明了脲酶的蛋白质本质;更重要的是利用化学分析及放射性同位素示踪技术,生物体内主要物质的代谢途径被基本确定,包括糖代谢途径的酶促反应过程、脂肪酸 β 氧化、尿素合成途径以及生物能产生过程中的腺苷三磷酸(ATP)循环学说。1937 年,Krebs 创立了三羧酸循环理论,奠定了物质代谢研究的理论基础。

　　此外,科学家将放射性同位素示踪用于糖类及脂质中间代谢的研究。1949 年,美国生化学家 E. P. Kennedy 等发现线粒体是进行三羧酸循环、脂肪酸 β 氧化和氧化磷酸化的场所,而糖酵解则发生在细胞质中。在核酸的分子组成以及 DNA 分子功能研究方面也取得了重要突破。1944 年,美国细菌学家 O. T. Avery 等报道了肺炎双球菌的转化实验,证明了不同型的肺炎双球菌相互之间的转化因子是 DNA。

在这个时期,体内各种主要物质的代谢途径均已基本清楚。所以,该时期被称为动态生物化学时期。

### (三)分子生物学时期

20 世纪 50 年代以来,物质代谢途径的研究继续深入,并重点进入合成代谢与代谢调节的研究,生物化学发展的显著特征是分子生物学的崛起。

1953 年,J. D. Watson 和 F. H. Crick 提出了 DNA 双螺旋结构模型,是生物化学发展进入分子生物学时代的重要标志。此后,Meselson 和 Stahl 通过实验证明了 DNA 半保留复制模型,并对 DNA 的复制机制、RNA 的转录及蛋白质合成过程进行了深入的研究。1958 年,Crick 提出了遗传信息传递的中心法则。1961 年,Jacob 和 Monod 提出了操纵子学说。20 世纪 50 年代发现了蛋白质 α 螺旋的二级结构形式,其后揭示了蛋白质生物合成途径,完成了胰岛素的氨基酸全序列分析,这些成果深化了人们对核酸与蛋白质的关系及其在生命活动中作用的认识。

20 世纪 70 年代初,随着限制性核酸内切酶的发现和 DNA 分子杂交技术的建立,使重组 DNA 技术得到迅猛发展。1972 年,P. Berg 首次将不同的 DNA 片段连接起来,并将重组的 DNA 分子成功导入到细菌中进行繁殖,得到大量重组的 DNA 克隆。1976 年,Y. W. Kan 等应用 DNA 实验技术对胎儿羊水细胞 DNA 进行检验,作出了 α-地中海贫血的产前诊断。1977 年,美国 Genentech 公司成功地用基因工程技术生产出人促生长素抑制素(somatostatin,growth hormone release inhibiting hormone,GIH)。1981 年,T. R. Cech 等发现了核酶,打破了"酶是蛋白质"的传统认识,并提出"在蛋白质尚未出现前存在一个 RNA 世界",为生命的起源提出了新的理论。1986 年,K. Mullis 等建立了聚合酶链反应(polymerase chain reaction,PCR)技术,使人们可以在体外简便、快速地进行 DNA 扩增。20 世纪 90 年代,基因治疗正式进入了临床实验阶段。

20 世纪末启动的人类基因组计划(human genome project)是人类生命科学研究领域的又一伟大创举。人类基因组计划是描述人类基因组和其他基因组特征,包括物理图谱、遗传图谱、基因组 DNA 序列测定,为后基因组时代进一步深入研究各种基因的结构、功能与调节奠定了基础,为人类疾病的研究和临床治疗带来根本性的变革。在此基础上,后基因组计划将进一步深入研究基因的功能及调控。2006 年,Andrew Z. Fire 和 Craig C. Mello 因在 RNA 干扰与基因沉默研究中的杰出贡献,获得了当年的诺贝尔生理学或医学奖。随后,E. Blackburn、C. Greider 和 J. Szostak 等因揭示了染色体端粒复制机制和端粒酶作用机制而获得了 2009 年诺贝尔生理学或医学奖。Robert J. Lefkowitz 和 Brian K. Kobilka 因在 G 蛋白偶联受体方面的研究获得 2012 年诺贝尔化学奖,目前发现约有一半药物都是通过"G 蛋白偶联受体"而实现药效的。2015 年,Tomas Lindahl、Paul Modrich 和 Aziz Sancar 由于在 DNA 修复机制方面的研究获得诺贝尔化学奖。

随着分子生物学的研究深入,功能基因组学研究已经崛起,蛋白质组学和代谢组学已成为生物化学的又一研究热点。分子生物学的研究对生命科学的发展起着巨大的推动作用,受到国际科学界的高度重视。近 20 年来,几乎每年的诺贝尔生理学或医学奖,以及多届诺贝尔化学奖都授予了从事生物化学和分子生物学研究的科学家,就足以说明生物化学与分子生物学研究在生命科学中的重要地位。

我国科学家对生物化学的发展作出了重要贡献。早在西方生物化学诞生之前,即公元前 21 世纪,我国人民已经能造酒。作酒必用曲,曲为酒母,是促进谷物中淀粉转化为酒的媒介物。现代将促进生物体内化学反应的媒介物统称为酶(enzyme)。在《周礼》和《论语》中有制酱、制饴和制醋的记载,说明当时人们已经把酶作为饮食制作、加工的一种工具。此外,《天禄识余》记载有淮南王刘安造豆腐的传说,说明早在公元前 2 世纪我国已掌握应用生物化学和胶体化学技术提取豆类蛋白质的方法。《黄帝内经》中记载"五谷为养,五果为助,五畜为益,五菜为充",强调膳食中谷、果、畜和菜四类食物的"养""助""益"和"充"等营养作用,其立论与现代营养学的平衡膳食理论互为佐证。

20 世纪以来,中国生物化学家在营养学、临床生物化学、蛋白质化学、人类基因组等研究领域都作出了积极的贡献。如我国生化学家吴宪等在血液化学分析方面创立了血滤液的制备技术及血糖测定法,在蛋白质研究中提出了蛋白质变性学说;在免疫化学方面,刘思职用定量方法研究抗原抗体反应机制;1965 年,我国在世界上首次人工合成了具有生物活性的结晶牛胰岛素,并成功采用 X 射线衍射方法测定牛胰岛素的空间结构;1979 年又人工合成了酵母丙氨酸转运核糖核酸;1990 年完成了第一例转基因家畜。近 20 年,我国在基因工程、蛋白质工程、基因组学、疾病相关基因的定位克隆及其功能等研究领域均取得了重要的成果。值得指出的是,我国科学家参与了人类基因组计划,并提前绘制完成"中国卷",赢得了国际生命科学界的高度评价,显示了我国现阶段分子生物学技术的快速发展。

## 二、生物化学的主要内容

生物化学研究内容十分广泛,包括生物体的化学物质组成、化学变化、生物分子的结构与功能、物质代谢及其调节、遗传信息传递及其调控等。现代生物化学研究的内容主要集中在以下几个方面。

### (一) 生物分子的结构与功能

生物体是由许多物质按严格的规律构建起来的,如人体的物质组成包括水 55%～67%,蛋白质 15%～18%,脂质 10%～15%,糖类 1%～2%,无机盐 3%～4%,以及核酸、维生素、激素、氨基酸及其衍生物等。

当代生物化学研究的重点是生物大分子。生物大分子主要指蛋白质和核酸,它们都是由某些基本结构单位(包括氨基酸或核苷酸)按一定顺序和方式连接所形成的多聚体,分子量一般大于 $10^4$。

生物体内蛋白质种类繁多,据估算就有 10 万余种。各种蛋白质的组成和结构不同,因而也就具有不同的生物学功能。实际上,每一种生物都有一套其特有的蛋白质,是一切生命活动的物质基础。生物化学的任务之一就是在研究其种类、氨基酸排列顺序的基础上,研究其空间结构与功能的关系。生物大分子的结构是功能的基础,而功能则是结构的体现。分子间通过复杂的相互识别和相互作用而发挥其功能,因此,生物大分子间的相互识别、相互作用及其在细胞信号转导和基因表达调控中的作用,是当今生物化学的热点研究领域之一。

### (二) 物质代谢及其调节

生命的基本特征之一就是新陈代谢。生物体通过不停地与外界环境进行物质交换,摄取养料、排出废物,以维持体内环境的稳定,从而使生命得以延续。如人类平均生活到 60 岁时,与外界交换的物质约:60 000kg 水、10 000kg 糖类、600kg 蛋白质以及 1 000kg 脂质。生物体内各种物质都按一定规律进行代谢(合成代谢和分解代谢),通过物质代谢为生命活动提供所需的能量;同时,各组织细胞内的组分得到不断更新和补充。在体内所发生的纷繁复杂的代谢过程需要相互协调维持平衡,这种调节是通过机体多种途径(包括神经、激素和酶等)来实现的。例如物质代谢中的绝大多数化学反应是由酶催化的,酶的结构和数量的变化对物质代谢的调节起着重要的作用,而体内物质代谢一旦发生紊乱,即可引起疾病。目前,生物体内主要物质代谢途径已基本清楚,但仍存在许多问题有待探讨,物质代谢调节的分子机制也需进一步阐明。细胞信息传递参与多种物质代谢及生长、繁殖、分化等生命进程的调节,其中,细胞信息传递的机制与网络也是近代生物化学研究的重要课题之一。

### (三) 遗传信息传递及其调控

基因信息传递涉及遗传、变异、生长、分化等生命过程,也与遗传病、恶性肿瘤等多种疾病的发病机制相关。核酸是遗传信息的携带者与传递者,遗传信息按照中心法则传递并指导蛋白质的合成,从而控制生命过程与生命活动,使生物性状代代相传。分子生物学(molecular biology)是从分子水平研究生物大分子的结构与功能从而阐明生命现象本质的科学,其主要内容之一就是研究 DNA 复制、基因转录、蛋白质翻译等遗传信息的传递过程和调控机制及基因表达的时空规律,从而使人们能在分子水平上认识自身。

遗传信息传递的异常与多种疾病有关,如遗传性疾病、恶性肿瘤、心血管病、糖尿病及血液系统疾病等。因此,对遗传信息的储存方式、传递过程及调控规律的深入研究,将进一步揭示生命奥秘和疾病的发生机制,为分子水平上研究疾病的诊断、治疗和预防提供科学依据和实用技术。目前,随着技术的进步和研究的深入,按照遗传信息传递的顺序形成了基因组学、转录组学、蛋白质组学和代谢组学等研究领域,将极大推动遗传信息传递及其调控的研究。

## 三、 生物化学与医药学

生物化学是一门基础医学和药学的必修科目。健康人体的物质与能量代谢、信息传递在疾病发生时有何变化,这些与生物化学密切相关的问题,是医学和药学研究工作者关注的热点;生物化学领域迅速发展的理论和技术在临床上得到广泛应用,进一步促进了医学和药学等相关学科的发展。

无论是基础医药学还是临床医药学的各个学科,在研究中都涉及生物分子在体内的变化,并利用生物化学的理论与技术解决各自的问题,从而衍生出"分子药理学""分子遗传学""分子免疫学""分子病理学""分子肿瘤学"等一批新的交叉学科或分支学科,并已初步形成体系。随着现代医学的发展,生物化学的新理论和新技术越来越多地被应用于疾病的预防、诊断和治疗。从分子水平探讨各种疾病发生发展的机制,已成为当代医学研究的共同目标。

近年来,对人们十分关注的恶性肿瘤、心脑血管疾病、免疫性疾病、神经系统疾病等重大疾病的发病机制进行了分子水平的研究,获得了一批丰硕成果,尤其是疾病相关基因克隆、基因芯片与蛋白质芯片等在疾病诊断及基因治疗等方面的应用取得了可喜的进展,如基因芯片技术用于临床诊断、针对某些疾病的基因增补技术也获得临床应用等,使人们对许多疾病的发病机制及治疗手段有了更加深刻的认识,在医学上出现了一些新的诊断和治疗方法,随着生物化学技术的日新月异,将会给临床医学的诊断和治疗带来全新的理念。

生物化学与药学的发展相辅相成。生物化学已经发展到分子生物学的阶段,可从分子水平解析细胞内的代谢过程和规律,阐明许多疾病的发病机制,为新药的研发提供依据,减少寻找新药的盲目性,从而提高新药开发的效率。生化药物就是应用现代生物化学技术,从生物体获取生理活性物质开发成为有治疗作用的药物,并从中寻找到结构新颖的先导物,设计合成新的高效低毒的生化药物。

另外,从药物在体内吸收、分布、代谢转化和排泄等过程入手,阐明药物剂型、生物因素、个体基因多样性等与疗效之间的关系,研究药物的体内作用机制,推进基因靶点的药物设计及个体化治疗的研究与实施。

因此,生物制药已经成为制药工业的一个新门类,新的生物技术药物种类日益增加。利用基因重组技术研制的重组蛋白药物如人胰岛素、人生长素、干扰素、白细胞介素、促红细胞生成素、组织纤溶酶原激活剂和乙肝疫苗等数百种均已在临床广泛使用。蛋白质工程实现了对天然蛋白质进行定向改造和有控制的基团修饰与合成,创造出自然界不存在但功能上更优越的蛋白质药物。

### 四、学习生物化学的目的与意义

医药院校学生在学习了形态学、生理学等学科之后,应在分子水平进一步认识人体生命的变化规律。通过学习并掌握生物化学理论和技术,对于疾病发生、发展机制,新的疾病预防、诊断和治疗,以及研究药物在体内作用机制,推进基因靶点的药物设计及个体化治疗的研究与实施等都是非常重要的。同时,学习好生物化学知识也为今后学习后续病理学、生理学、药理学等课程的学习奠定了基础。

我国古代劳动人民很早就在医疗实践中应用生物化学知识解决遇到的问题,而随着科学的发展,生物化学知识也被广泛应用于中医药学研究,在中药作用靶点以及作用机制上取得了突破性的进展,也为中药走出国门提供了理论支撑,极大地促进了当代中医药学的发展。

中医药要面向世界、面向现代化、面向未来,必须要与现代科学、特别是现代医药学相结合,其中生物化学与分子生物学必将担负着十分重要的作用。

## 学习小结

1. 学习内容

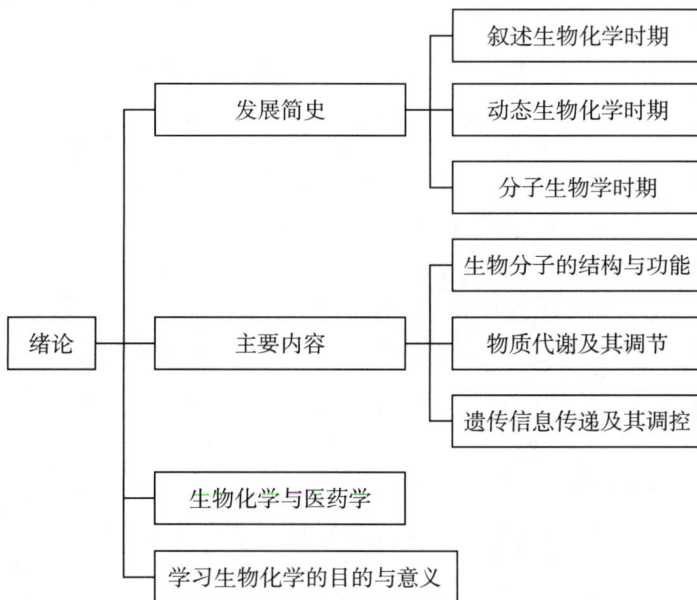

2. 学习方法

（1）按照教材目录的逻辑结构形成初步的生物化学知识体系。

（2）生物化学按发展史分为叙述生物化学、动态生物化学以及分子生物学 3 个阶段,生物化学学科是围绕着这 3 个层次发展起来的。

（3）首先要掌握生物分子的结构与功能,这是理解物质代谢及其调节内容的前提;分子生物学的内容是围绕着中心法则展开的,主要探讨基因信息传递及其调控,进而从分子水平上揭示生物体的奥秘。

（郑晓珂）

### 复习思考题

1. 生物化学的发展历史分为几个时期,各时期的特点是什么?
2. 生物化学的主要内容有哪些?
3. 为什么说生物化学与医药学密不可分?
4. 如何认识生物化学与现代中医药事业的发展?

# 第一章

# 糖 类 化 学

## 📖 学习目标

通过学习糖类的概念、重要单糖、双糖及多糖,掌握糖类的组成、结构和主要的化学性质,为学习糖代谢等章节奠定基础。

糖类(carbohydrate)是生物界中分布极广、含量较多的一大类有机化合物,是绿色植物及某些微生物光合作用的产物。生物体遗传物质含有核糖或脱氧核糖;动物血液中含有葡萄糖,肝脏、肌肉中含有糖原;乳汁中含有乳糖;植物的根、茎、叶及种子等多含有葡萄糖、果糖、蔗糖、淀粉和纤维素等糖类成分。糖类是动物及人类食物中主要的营养物质,同时也是机体中许多含碳物质分子的前体,可转化为多种非糖物质。糖类还可以与蛋白质、脂质等物质组成复合糖,具有多种重要的生物学功能。

## 第一节　糖类的概念、分类和命名

### 一、糖类的概念

糖类是一类多羟基醛或多羟基酮及其缩聚物、衍生物,主要由 C、H、O 三种元素组成。多数糖类分子的结构通式为 $C_n(H_2O)_m$,因此又被称为碳水化合物(carbohydrate)。有些糖类的元素组成并不符合这一规律,如脱氧核糖($C_5H_{10}O_4$),而一些元素组成符合这一规律的化合物并不属于糖类,如乙酸($C_2H_4O_2$),所以"碳水化合物"这个名称并不恰当,只是作为习惯名词,迄今仍在沿用。

### 二、糖类的分类

根据能否水解,糖类可分为单糖、寡糖和多糖三大类。

#### (一)单糖

单糖(monosaccharide)是指不能再水解的糖类。它是最简单的糖类。根据分子中所含碳原子数目的多少,可分为丙糖、丁糖、戊糖、己糖等;根据分子中官能团的不同可分为醛糖和酮糖。自然界中常见的单糖主要有戊糖(核糖、2-脱氧核糖)和己糖(葡萄糖、果糖、半乳糖等)。

#### (二)寡糖

寡糖(oligosaccharide),又叫低聚糖,由 2~10 个单糖聚合而成。最常见的寡糖是二糖(双糖),水解后生成两分子单糖,如麦芽糖、蔗糖、乳糖等。

#### (三)多糖

多糖(polysaccharide)是由 10 个以上单糖聚合而成的高分子化合物。由同一种单糖组成的多糖称均多糖,如淀粉、糖原和纤维素等;由多种单糖或单糖衍生物组成的多糖称杂多糖,如透明质酸、硫酸软骨素、肝素等。

### 三、糖类的命名

糖类大多数是根据其来源而命名的,如葡萄糖、果糖、蔗糖、乳糖等。

# 第二节 单 糖

单糖至少含 2 个羟基。单糖分子中含羟基的碳原子多数是手性碳原子,可形成具有不同构型的化合物。在各种单糖中,葡萄糖最具有代表性,它既是生物体内含量最丰富的单糖,又是寡糖和多糖最主要的组成成分。下面以葡萄糖为例介绍单糖的结构、表示方式及主要化学性质。

## 一、单糖的结构

### (一)葡萄糖

1. 葡萄糖的开链结构和构型  葡萄糖(glucose)的分子式为 $C_6H_{12}O_6$,是含有 5 个羟基、1 个醛基的己醛糖。葡萄糖的开链结构中有 4 个手性碳原子($C_2$、$C_3$、$C_4$ 和 $C_5$)。对于含有多个手性碳原子的糖分子,其构型是根据其分子结构中离羰基最远的手性碳原子连接的—OH 来确定的,规定构型与 D-甘油醛一致、—OH 在右侧的单糖为 D-构型,构型与 L-甘油醛一致、—OH 在左侧的单糖为 L-构型。葡萄糖分子 4 个手性碳原子中 $C_5$ 离 $C_1$ 羰基最远,$C_5$ 手性碳原子—OH 投影在右侧,与 D-甘油醛一致,天然葡萄糖多为 D-构型。开链结构多用费歇尔投影式(Fischer projection)表示。

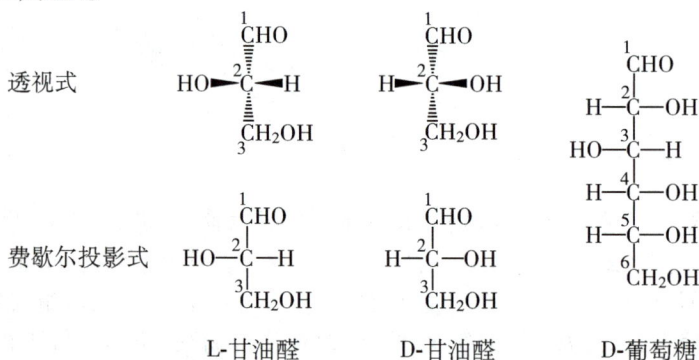

L-甘油醛        D-甘油醛        D-葡萄糖

2. 葡萄糖的环式结构  葡萄糖 $C_1$ 上醛基的氧原子和 $C_5$ 上的羟基在空间位置上比较靠近,在分子内发生醛和醇的半缩醛加成反应,形成环状的半缩醛结构,并使 $C_1$ 成为手性碳原子。$C_1$ 通过加成反应得到的羟基叫半缩醛羟基,根据其投影位置的不同,分别命名为 α-构型(半缩醛羟基投影在右边)和 β-构型(半缩醛羟基投影在左边)。在溶液中,开链结构与两种环式结构的葡萄糖形成一个动态平衡。

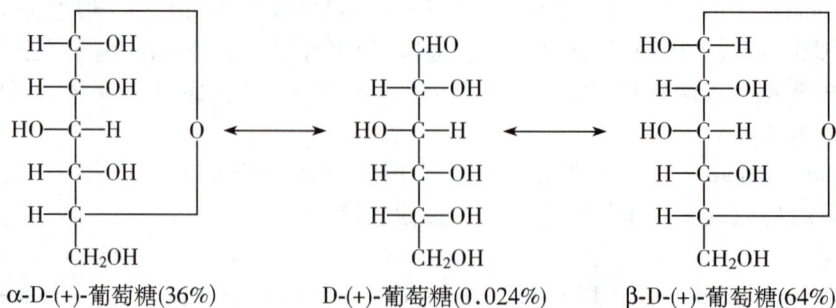

α-D-(+)-葡萄糖(36%)        D-(+)-葡萄糖(0.024%)        β-D-(+)-葡萄糖(64%)

3. 葡萄糖的霍沃思表达式　葡萄糖的立体结构可用霍沃思表达式（Haworth representation）表示，把糖环横写（省略成环碳原子），将位于环平面前方的 3 个键用粗线表示，费歇尔投影式中碳链左边的原子或基团写在环的上面，右边的原子或基团写在环的下面。

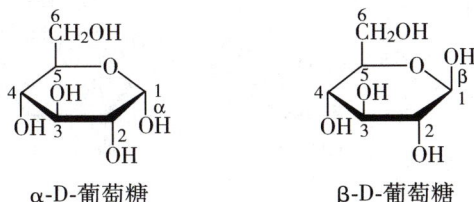

α-D-葡萄糖　　　　　β-D-葡萄糖

4. 葡萄糖的构象　构象是通过旋转单键使分子中的原子或基团在空间产生的不同排列形式。环式葡萄糖有椅型和船型等典型构象，其中以下两种椅型构象（chair conformation）比较稳定。

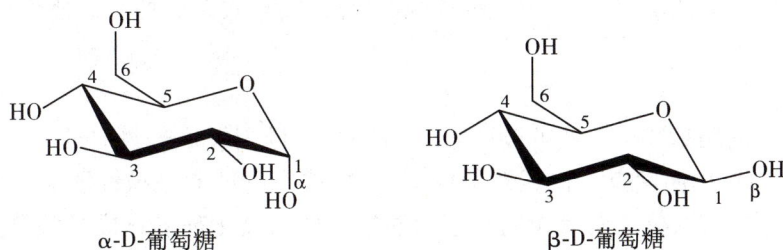

α-D-葡萄糖　　　　　β-D-葡萄糖

### （二）其他单糖的结构

在溶液中，含 5 个及以上碳原子的单糖主要以环式存在，也都存在 α-构型和 β-构型两种环式异构体。

1. 果糖、半乳糖　果糖（fructose）为己酮糖。在溶液中，游离果糖主要以吡喃糖形式存在，结合型果糖则以呋喃糖形式存在。半乳糖（galactose）为己醛糖，其成环的方式与葡萄糖相同，与葡萄糖的差异仅在 $C_4$ 上羟基的位置不同。

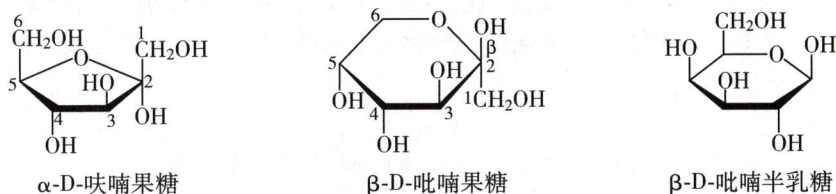

α-D-呋喃果糖　　　　β-D-吡喃果糖　　　　β-D-吡喃半乳糖

2. 核糖、脱氧核糖　核糖（ribose）和脱氧核糖（deoxyribose）都是戊醛糖，在溶液中主要以呋喃糖形式存在。

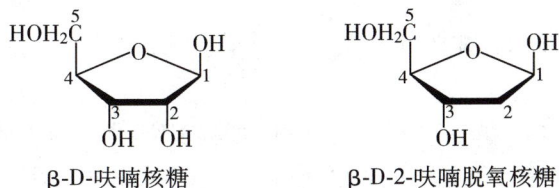

β-D-呋喃核糖　　　　β-D-2-呋喃脱氧核糖

9

**课堂互动**

问题:辨别并命名下列单糖。

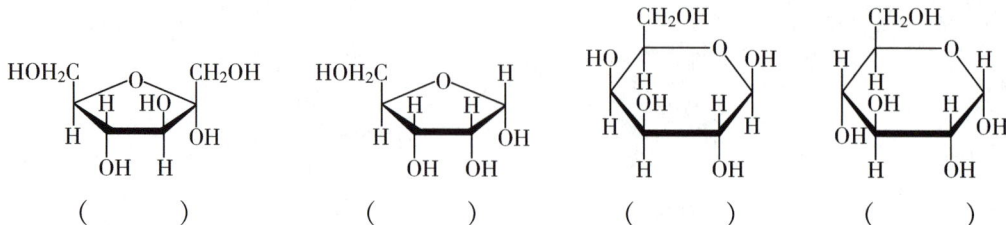

( 　　 )　　　　( 　　 )　　　　( 　　 )　　　　( 　　 )

## 二、单糖的主要化学性质

单糖既能发生醇的反应,也能发生醛或酮的反应,而环式单糖的半缩醛羟基还能发生特殊反应。

### (一)氧化反应

单糖分子中的醛基和羟甲基可被氧化,氧化条件不同则氧化产物不同。

1. 与碱性弱氧化剂反应　在碱性条件下,醛能被多伦试剂等碱性弱氧化剂氧化成酸,同时生成金属单质或低价金属氧化物。醛糖能被碱性弱氧化剂氧化成糖酸等复杂产物,称为还原糖(reducing sugar)。酮糖可通过醛酮异构生成醛糖,因此无论是醛糖还是酮糖,都能被碱性弱氧化剂氧化成糖酸等复杂产物,都是还原糖。

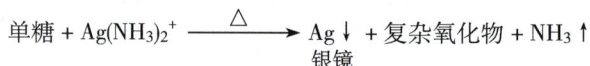

$$单糖 + Ag(NH_3)_2^+ \xrightarrow{\triangle} \underset{银镜}{Ag\downarrow} + 复杂氧化物 + NH_3\uparrow$$

本尼迪克特试剂(曾称班氏试剂)是由硫酸铜、碳酸钠和柠檬酸钠配制而成的一种深蓝色溶液,性质稳定,使用方便,且不被尿酸和肌酸等所干扰,临床上常用于检验尿液中葡萄糖含量。但本尼迪克特试剂与葡萄糖的反应不是特异性的,其他单糖或一些双糖也可以发生反应。因而,现临床上采用特异性很强的葡萄糖氧化酶法检测血糖(即血液中的葡萄糖)含量,可排除其他单糖干扰。

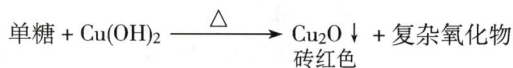

$$单糖 + Cu(OH)_2 \xrightarrow{\triangle} \underset{砖红色}{Cu_2O\downarrow} + 复杂氧化物$$

2. 与非碱性弱氧化剂反应　醛糖与非碱性弱氧化剂作用生成相应的糖酸。例如葡萄糖与溴水反应生成葡糖酸(gluconic acid),溴水则被还原而退色,利用该反应可区分醛糖和酮糖。

3. 酶促反应　在肝脏内,葡萄糖经酶促氧化生成葡糖醛酸(glucuronic acid),后者具有保肝解毒作用。

4. 与较强氧化剂反应　单糖与较强氧化剂(如稀$HNO_3$)作用生成糖二酸。

5. 彻底氧化　单糖完全氧化生成二氧化碳和水,同时释放能量。

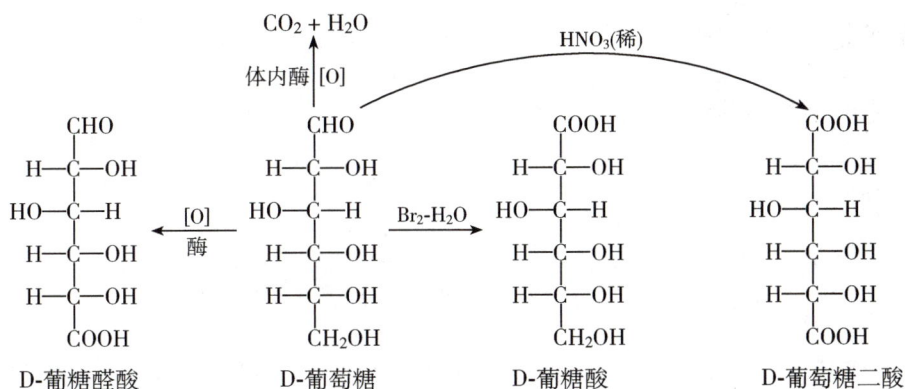

D-葡糖醛酸　　　D-葡萄糖　　　D-葡萄糖酸　　　D-葡萄糖二酸

## （二）还原反应

葡萄糖 $C_1$ 醛基可加氢还原为羟基,生成山梨醇,后者积聚在糖尿病患者的晶状体中,可引起白内障。

## （三）成酯反应

单糖分子中的羟基都能与酸成酯,其中具有重要生物学意义的是形成磷酸酯。例如甘油醛-3-磷酸（又称 3-磷酸甘油醛）和葡糖-6-磷酸等,都是人体内糖代谢的重要中间产物。

甘油醛-3-磷酸　　　　　葡糖-6-磷酸

## （四）成苷反应

环式单糖的半缩醛羟基可与其他分子中的羟基（或活泼氢原子）缩合,生成糖苷（glycoside）。例如,β-D-葡萄糖和甲醇缩合生成 β-D-甲基葡萄糖苷。

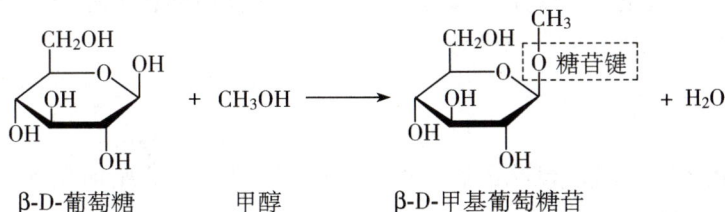

β-D-葡萄糖　　　甲醇　　　β-D-甲基葡萄糖苷

苷类化合物包括糖部分和非糖部分,糖部分称为糖基,非糖部分称为苷元。连接糖和苷元的化学键称为糖苷键（glycosidic bond）,通常有氧苷键、氮苷键和碳苷键。

苷类化合物结构中没有游离的半缩醛羟基,不能开环形成醛基,所以没有还原性。

苷类在自然界分布很广,化学结构较复杂,如靛蓝、茜素等天然色素。各种花色素都是苷类。核糖与脱氧核糖常和多种含氮碱基成苷而形成生物体内重要物质如腺苷三磷酸（ATP）、烟酰胺腺嘌呤二核苷酸（NAD）等。很多苷类化合物具有明显的药理作用,常为中草药中的有效成分。例如槐花中含有的芦丁具有维持血管正常功能的作用;洋地黄中含有的洋地黄苷有强心作用;杏仁中含有的苦杏仁苷有止咳平喘的作用;人参中含有的人参皂苷有调节中枢神经系统、增强机体免疫功能等作用。

11

课堂互动

问题:所有的单糖都是还原糖,对吗?

## 第三节 寡 糖

寡糖一般易溶于水,其中最重要的是二糖(disaccharide),包括麦芽糖、蔗糖和乳糖等。

### 一、麦芽糖

麦芽糖(maltose)是用大麦芽中的淀粉酶水解淀粉而成的。食物中的淀粉受人体的唾液淀粉酶或胰淀粉酶催化也可水解成麦芽糖。

麦芽糖是由 2 分子 α-D-葡萄糖通过 α-1,4-糖苷键结合而成的。因分子内仍保留着 1 个半缩醛羟基,因此具有还原性。

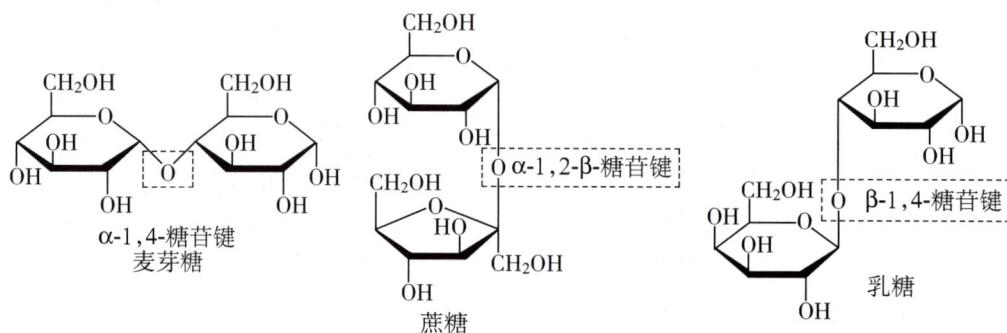

### 二、蔗糖

蔗糖(sucrose)广泛存在于光合植物中,由 1 分子 D-葡萄糖和 1 分子 D-果糖以 α-1,2-β-糖苷键相连而成,无半缩醛羟基,因此没有还原性。

### 三、乳糖

乳糖(lactose)存在于哺乳动物的乳汁中,含量约为 5%,因分子内仍保留着 1 个半缩醛羟基,因此具有还原性。

## 第四节 多 糖

多糖在自然界中分布很广,具有重要的生物学意义。按其单糖组成分为均多糖和杂多糖。

### 一、均多糖

均多糖由同一种单糖聚合而成,包括淀粉、糖原和纤维素等。

（一）淀粉

淀粉（starch）广泛分布在植物界，主要存在于植物根茎和种子中，是葡萄糖在植物中的存储形式。例如，大米中含 75%～80%，小麦中约含 60%。

淀粉是直链淀粉（amylose）和支链淀粉（amylopectin）的混合物。淀粉经热水处理，约有 25% 可被溶解，这种可溶部分称为直链淀粉，其余 75% 为不溶部分，称支链淀粉。两者经水解后最终产物都是 D-葡萄糖。直链淀粉平均由 1 000 个 α-D-葡萄糖通过 α-1,4-糖苷键连接成直链。支链淀粉由 2 000～22 000 个葡萄糖残基通过 α-1,4-糖苷键连接成链，每隔 24～30 个葡萄糖单位就分出 1 条支链，在支链处的 2 个葡萄糖单位之间通过 α-1,6-糖苷键相连。

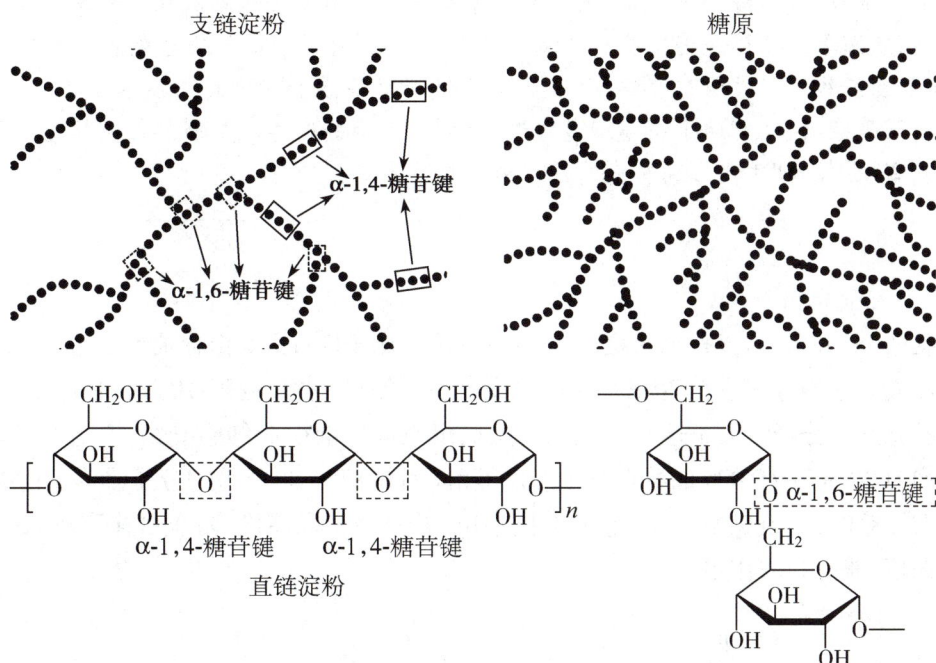

淀粉溶液遇碘呈蓝色，是淀粉常用的定性鉴别反应。在酸或酶的催化下，淀粉可发生逐步水解，生成一系列分子大小不同的水解中间产物，即糊精。根据它们与碘反应的颜色不同，可分为紫色糊精、红色糊精和无色糊精等。

（二）糖原

糖原（glycogen）是储存于动物体内的多糖，又称动物淀粉，主要存在于肝脏和肌肉中，因此可分为肝糖原和肌糖原。它们的含量随生理情况而异。糖原也是由 α-D-葡萄糖组成的，其结构与支链淀粉相似，但其分支更多，支链更短，在糖原分子的链中每隔 6～8 个葡萄糖单位就有 1 个分支。

糖原与碘溶液作用，呈红褐色。肝脏的糖原可分解为葡萄糖，通过血液运到各组织被利用。肌肉的糖原为肌肉收缩提供能量。

（三）纤维素

纤维素（cellulose）是以纤维二糖为基本单位缩合而成的多糖，是构成植物细胞壁及支柱组织的重要成分。纤维二糖是由 2 分子 β-D-葡萄糖通过 β-1,4-糖苷键连接而成的二糖。纤维素难以水解，在体外用浓碱或酸，经过高温、高压和长时间加热才能水解产生 D-葡萄糖。反刍动物（如牛、羊等）的消化道微生物可分泌纤维素酶水解纤维素，所以它们能以草（含大量纤维素)为食。人消化道缺乏纤维素酶,所以人体不能分解利用纤维素作为糖的来源。但纤维素能促进肠的蠕动,有利于粪便排出。食物中的纤维素还能和胆固醇的代谢产物胆酸在肠道中结合,从而减少人体对胆固醇的吸收。此外,纤维素在食物中起支架作用,给人饱腹感。

### 知识链接

#### 膳食纤维

膳食纤维是存在于蔬菜水果和谷物类中的一种多糖。通常情况下,它既不能被胃肠道消化吸收,也不能产生能量,因此长期不被重视。随着营养学和相关科学的深入发展,人们逐渐发现了膳食纤维具有相当重要的生理作用。膳食纤维虽然难以被人体吸收,但膳食纤维可以被肠道菌群发酵,产生短链脂肪酸。长时间摄入膳食纤维,能预防缓解便秘等症状,还有助于调整肠道菌群,有利于肠道的健康。故膳食纤维被世界卫生组织在20世纪80年代后期补充认定为第七类营养素。

### (四)右旋糖酐

右旋糖酐(dextran)又称葡聚糖,是细菌和酵母的代谢物,主要由葡萄糖通过 $\alpha$-1,6-糖苷键连接而成。平均分子量在70 000的称中分子右旋糖酐(右旋糖酐-70),在临床上,可用作血容量扩充剂。分子量大于这个数值的右旋糖酐在体内会引起细胞凝集,不适合药用。分子量平均为20 000~40 000的称低分子右旋糖酐(右旋糖酐-40),平均分子量为10 000的称小分子右旋糖酐(右旋糖酐-10),此二者主要用于降低血液黏滞度,防止血栓形成,并有助于改善微循环,兼有利尿作用。

右旋糖酐

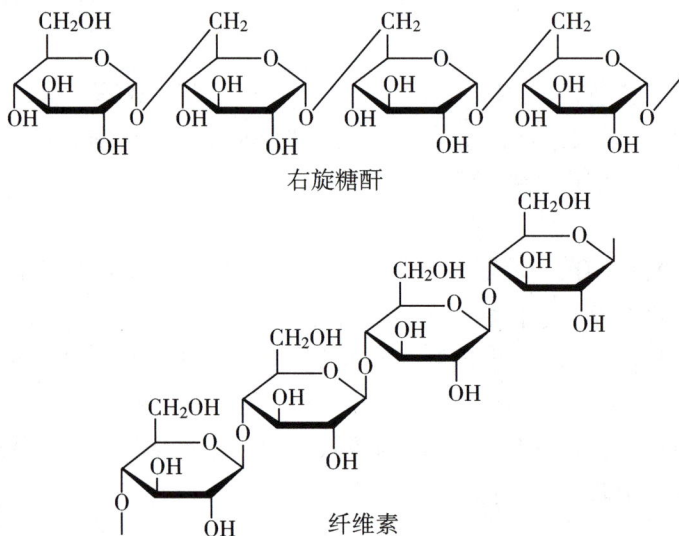

纤维素

## 二、杂多糖

杂多糖由多种单糖或单糖衍生物组成,包括糖胺聚糖(由氨基糖和糖醛酸等组成)、阿拉伯胶(由半乳糖和阿拉伯糖组成)等,以糖胺聚糖最为重要。

糖胺聚糖(glycosaminoglycan,GAG)又称氨基多糖,一般由 N-乙酰氨基己糖和糖醛酸聚合而成。因其溶液具有较大黏性,故又称黏多糖。有的糖胺聚糖还有硫酸基团,因而具有酸性。

糖胺聚糖广泛分布于动物体内,是许多结缔组织基质的重要成分,腺体与黏膜的分泌液、血及尿等体液都含有少量糖胺聚糖。常见的有透明质酸、硫酸软骨素、肝素及血型物质等。

### (一) 透明质酸

透明质酸(hyaluronic acid)是糖胺聚糖中结构较简单的一种,由 N-乙酰葡糖胺(又称 N-乙酰氨基葡糖)和葡糖醛酸通过 β-1,3-糖苷键和 β-1,4-糖苷键交替连接而成。透明质酸是分布最广的糖胺聚糖,存在于一切结缔组织中。眼球玻璃体、角膜、脐带、细胞间质、关节液、某些细菌细胞壁及恶性肿瘤中均含有透明质酸。它与水形成黏稠凝胶,有润滑和保护细胞的作用。

### (二) 硫酸软骨素

硫酸软骨素(chondroitin sulfate)有 A、B、C 三种,其中硫酸软骨素 A 由葡糖醛酸和 N-乙酰半乳糖胺-4-硫酸通过 β-1,3-糖苷键和 β-1,4-糖苷键交替连接而成。硫酸软骨素是骨骼和软骨的重要成分,广泛存在于结缔组织中,肌腱、皮肤、心脏瓣膜、唾液中均含有。

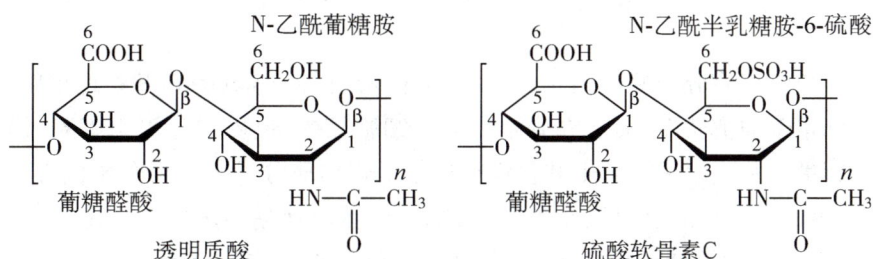

透明质酸    硫酸软骨素C

在机体中,硫酸软骨素与蛋白质结合形成糖蛋白。动脉粥样硬化病变时,硫酸软骨素 A 含量降低。因此,硫酸软骨素 A 可用于治疗动脉粥样硬化。

### (三) 肝素

肝素(heparin)由 L-2-硫酸艾杜糖醛酸与二硫酸氨基葡萄糖通过 β-1,4-糖苷键和 α-1,4-糖苷键交替连接而成,广泛存在于动物的肝、肺、肾、脾、胸腺、肠、肌肉、血管等组织及肥大细胞中,因肝脏中含量最为丰富,且最早在肝脏中发现而得名。

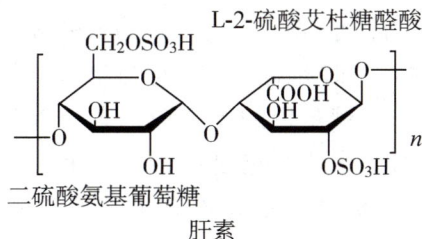

肝素

肝素具有阻止血液凝固的特性,是动物体内的天然抗凝血物质,对凝血过程的各个环节均有影响。临床上输血时以肝素为抗凝剂,也常用于防止血栓形成。

### (四) 血型物质

目前已知的血型物质有很多种,其中以 ABO 血型系统最典型,存在于红细胞膜及人体分泌的黏液中。ABO 血型系统的化学本质是鞘糖脂,不同血型的鞘糖脂糖链末端不同。O型血鞘糖脂的糖链半乳糖末端上连接上 1 分子 N-乙酰半乳糖胺(又称 N-乙酰氨基半乳糖),就成为 A 型血鞘糖脂;O 型血鞘糖脂的糖链半乳糖末端上连接上 1 分子半乳糖,就成为 B 型血鞘糖脂。AB 型血的红细胞膜上则同时存在 A、B 两种血型鞘糖脂。

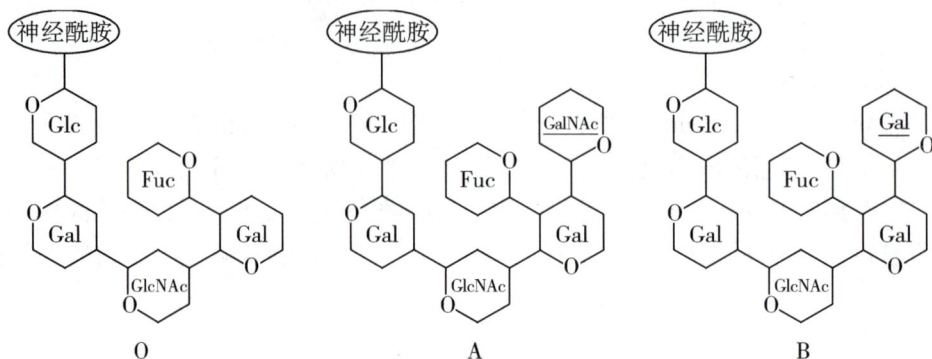

ABO 血型系统的糖链结构

## 第五节　糖蛋白与蛋白聚糖

糖类分子与蛋白质分子共价结合,可以形成糖蛋白(glycoprotein)和蛋白聚糖(proteoglycan)。它们分布于细胞表面、细胞内分泌颗粒及细胞核内,也可被分泌出细胞,构成细胞外基质成分。糖蛋白和蛋白聚糖都由共价键相连接的蛋白质分子和糖类分子两部分组成。但一般来讲,糖蛋白分子中的蛋白质比重大于糖类,而蛋白聚糖中多糖链比重在一半以上,甚至高达 95%,两者的糖链结构也大不相同。因此,糖蛋白和蛋白聚糖在功能上也存在显著差异。

### 一、糖蛋白

#### (一)糖蛋白的结构

糖蛋白分子中组成糖链的单糖有 D-葡萄糖、D-半乳糖、D-甘露糖及其衍生物,此外,还有 L-岩藻糖、D-木糖、D-艾杜糖醛酸和唾液酸等。根据糖链与蛋白质连接方式不同,糖蛋白可分为 N-连接糖蛋白和 O-连接糖蛋白两类。N-连接糖蛋白的低聚糖链中的 N-乙酰葡糖胺与多肽链中特定氨基酸序列(糖基化位点)的天冬酰胺残基酰胺氮连接。其低聚糖链的合成场所是在粗面内质网和高尔基体中,可与蛋白质多肽链的合成同时进行,并需要长萜醇作为糖链载体。O-连接糖蛋白的低聚糖链中的 N-乙酰半乳糖胺与多肽链的丝氨酸或苏氨酸残基的羟基连接。O-连接糖蛋白中的低聚糖链合成场所与 N-连接低聚糖链相同,不同的是 O-连接低聚糖链合成是在多肽链合成后进行的,而且不需要糖链载体。

#### (二)糖蛋白低聚糖链的功能

低聚糖链不但影响蛋白部分的构象、聚合、溶解及降解,还参与糖蛋白的相互识别和结合等。研究的比较清楚的有:

1. **低聚糖链对糖蛋白新生肽链的影响**　不少糖蛋白的 N-连接低聚糖链参与新生肽链

的折叠,并维持蛋白质正确的构象。很多糖蛋白的低聚糖链还可影响糖蛋白在细胞内的分拣和投送。

2. 低聚糖链对糖蛋白生物活性的影响　一般来说,去除低聚糖链的糖蛋白,容易受蛋白酶水解,说明低聚糖链可保护肽链。不少酶属于糖蛋白,若去除低聚糖链,一般不影响酶的活性,但也有些酶的活性依赖其低聚糖链,如 β-羟基-β-甲戊二酸单酰辅酶 A(HMG-CoA)还原酶去糖链后其活性降低 90% 以上,脂蛋白脂肪酶 N-连接低聚糖的核心五糖为酶活性所必需。

3. 低聚糖链的分子识别作用　低聚糖链中单糖间的连接方式有 1→2、1→3、1→4、1→6 几种,又有 α 和 β 之分,这种结构的多样性是低聚糖链起到分子识别作用的基础。例如红细胞的血型物质含糖类达 80%~90%。ABO 血型系统中血型物质 A 和 B 均是在血型物质 O 的糖链非还原端各加上 N-乙酰半乳糖胺(GalNAc)或半乳糖(Gal),仅 1 个糖基之差,却使红细胞能分别识别不同的抗体,产生不同的血型。由此可见,糖蛋白的低聚糖链在分子识别方面具有重要的功能作用。

## 二、蛋白聚糖

蛋白聚糖(又称蛋白多糖)的糖链主要由氨基糖和糖醛酸组成的二糖单位多次重复而构成,其糖链部分称为糖胺聚糖或黏多糖。蛋白聚糖的许多特性与功能都与其糖链部分密切相关。体内蛋白聚糖主要分布在结缔组织、软骨、皮肤、角膜、肌腱及关节滑液、眼玻璃体中,细胞质膜上也发现有蛋白聚糖。蛋白聚糖是上述组织结构的成分,由糖胺多糖与核心蛋白以共价键结合而成。其中,糖胺多糖所占比率较大,因此常呈多糖性状。

1. 重要的糖胺聚糖　生物体内存在的糖胺聚糖主要有透明质酸、硫酸软骨素、肝素等,其组成、结构等见杂多糖部分。

2. 核心蛋白　与糖胺聚糖链共价结合的蛋白质称为核心蛋白。一些蛋白聚糖通过核心蛋白特殊结构域锚定在细胞表面或细胞外基质的大分子中。

在内质网上,蛋白聚糖先合成核心蛋白的多肽链,多肽链合成的同时即以 O-连接或 N-连接的方式在丝氨酸或天冬酰胺残基上合成糖链。糖链的延伸和加工修饰主要是在高尔基体内进行的。

3. 蛋白聚糖的功能　①蛋白聚糖是构成细胞间基质的主要成分之一,在基质中蛋白聚糖与弹性蛋白、胶原蛋白以特异的方式相连而赋予基质特殊的结构。基质中含有大量透明质酸,可与细胞表面的透明质酸受体结合,影响细胞与细胞的黏附、细胞迁移、增殖和分化等细胞生物学行为。由于蛋白聚糖中的糖胺聚糖是多价阴离子化合物,可结合 $Na^+$、$K^+$,从而吸引水分子,糖类的羟基也亲水,所以基质内的蛋白聚糖可以吸引、保留水而形成凝胶,允许小分子化合物自由扩散,阻止细菌通过,起保护作用。②细胞表面众多类型的蛋白聚糖大多含有硫酸乙酰肝素,分布广泛,在神经发育、细胞识别、结合和分化等方面起到重要的调节作用。③有些蛋白聚糖还有其特殊功能。例如肝素是重要的抗凝剂,能使凝血酶原失活。肝素还能特异性地与毛细血管壁的脂蛋白脂肪酶结合,促使后者释放入血。在软骨中,含量丰富的硫酸软骨素可维持软骨的机械性能。

## 学习小结

1. 学习内容

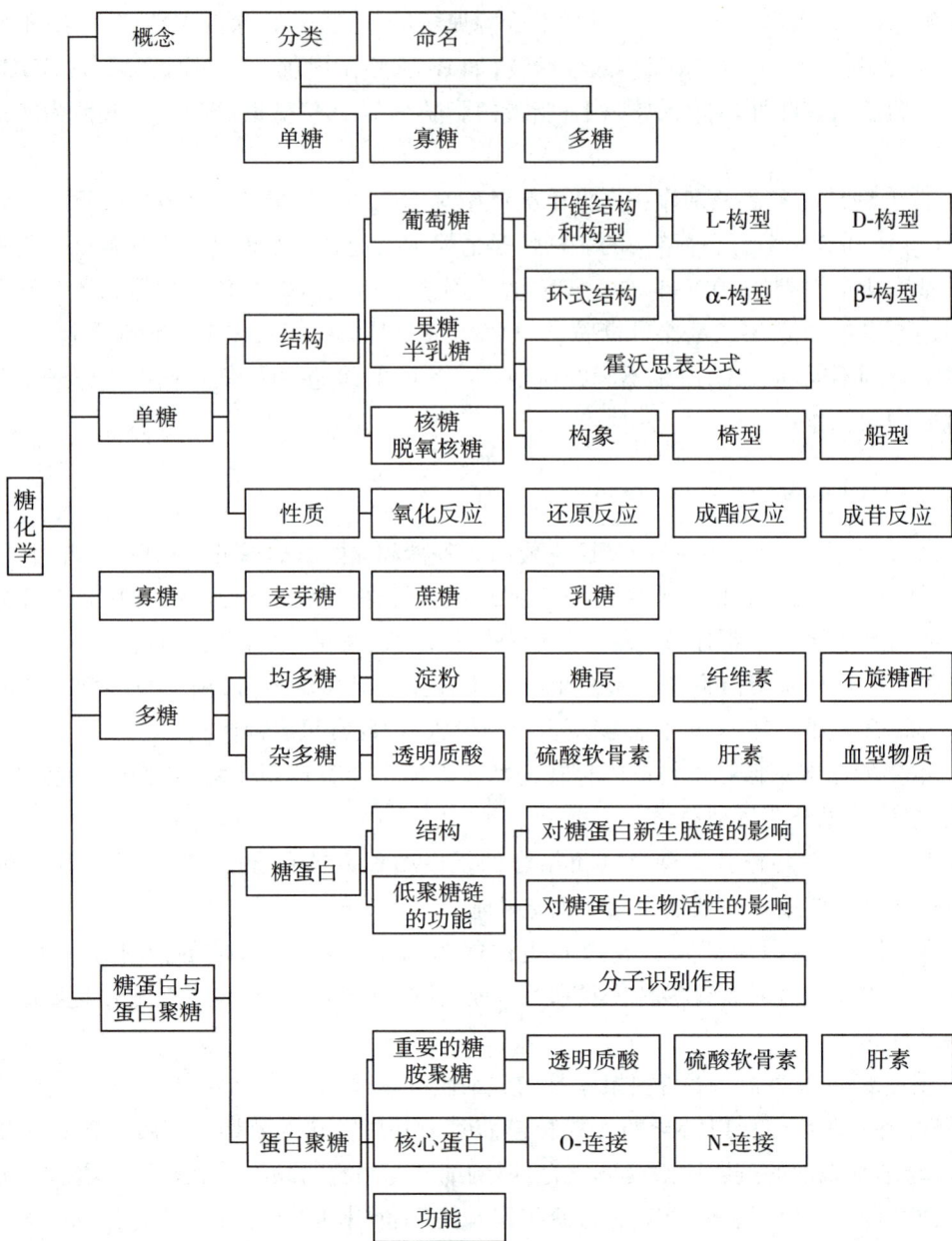

2. 学习方法

（1）糖类的学习首先要掌握糖类的基本概念和分类。

（2）单糖要注意对葡萄糖结构、性质的学习和掌握。

（3）低聚糖和多糖的组成、连接键和性质，通过比较掌握特点。

扫一扫，
测一测

（陈会敏　陈　燕）

**复习思考题**

1. 以 D-葡萄糖为例,写出 D-葡萄糖的链式结构和霍沃思表达式,并命名。
2. 简述单糖的主要化学性质。
3. 列表比较麦芽糖、乳糖、蔗糖的组成、连接键、有无还原性。
4. 简述淀粉、糖原、纤维素的结构特点。

◆◆◆ 第二章 ◆◆◆

# 脂 质 化 学

> **学习目标**
>
> 通过学习脂肪酸、脂肪、磷脂与胆固醇等,掌握脂肪、类脂与类固醇等脂质物质的结构与主要性质,为学习脂质代谢等章节奠定基础。

脂质(lipid)是脂肪酸与醇反应生成的酯及其衍生物,包括脂肪和类脂,是生物体的重要组成部分,广泛存在于自然界。尽管脂质的化学组成、结构、理化性质及生物学功能等都不尽相同,但它们均难溶于水而可溶于非极性有机溶剂,因此可用丙酮、氯仿、乙醚等将其从细胞或组织中提取出来。脂质结构的多样性赋予了其多种重要的生物学功能,可参与调节能量转换、物质运输、信息识别与传递、发育和分化等多种生命活动过程。此外,脂质异常还与炎症、心脑血管病、肥胖症、阿尔茨海默病( Alzheimer disease,AD)以及肿瘤等多种疾病的发生、发展密切相关。

## 第一节　脂肪酸及其衍生物

脂肪酸(fatty acid)是由碳(C)、氢(H)、氧(O)3 种元素构成的一类化合物,是构成脂肪、磷脂、糖脂等脂质物质的基本结构成分。

### 一、脂肪酸的结构

天然脂肪酸多为偶数碳原子的直链一元酸,碳原子数目一般在 4~28 之间,以 16 碳和 18 碳的脂肪酸含量最多,如软脂酸、硬脂酸、油酸、亚油酸、亚麻油酸等。植物和海洋生物体内均含奇数碳脂肪酸,其结构通式为 R-COOH。常见的天然脂肪酸见表 2-1。

表 2-1　常见的天然脂肪酸

| 类别 | 双键数 | 习惯名 | 系统名 | 结构式 |
|------|--------|--------|--------|--------|
| 饱和脂肪酸 | 0 | 月桂酸 | 十二碳烷酸 | $CH_3(CH_2)_{10}COOH$ |
| | 0 | 豆蔻酸 | 十四碳烷酸 | $CH_3(CH_2)_{12}COOH$ |
| | 0 | 软脂酸 | 十六碳烷酸 | $CH_3(CH_2)_{14}COOH$ |
| | 0 | 硬脂酸 | 十八碳烷酸 | $CH_3(CH_2)_{16}COOH$ |
| | 0 | 花生酸 | 二十碳烷酸 | $CH_3(CH_2)_{18}COOH$ |
| | 0 | 山萮酸 | 二十二碳烷酸 | $CH_3(CH_2)_{20}COOH$ |
| | 0 | 木蜡酸 | 二十四碳烷酸 | $CH_3(CH_2)_{22}COOH$ |

续表

| 类别 | 双键数 | 习惯名 | 系统名 | 结构式 |
|---|---|---|---|---|
| 不饱和脂肪酸 | 1 | 棕榈油酸 | 9-十六碳一烯酸 | $CH_3(CH_2)_5CH{=}CH(CH_2)_7COOH$ |
| | 1 | 油酸 | 9-十八碳一烯酸 | $CH_3(CH_2)_7CH{=}CH(CH_2)_7COOH$ |
| | 2 | 亚油酸 | 9，12-十八碳二烯酸 | $CH_3(CH_2)_4(CH{=}CHCH_2)_2(CH_2)_6COOH$ |
| | 3 | 亚麻酸 | 9，12，15-十八碳三烯酸 | $CH_3CH_2(CH{=}CHCH_2)_3(CH_2)_6COOH$ |
| | 4 | 花生四烯酸 | 5，8，11，14-二十碳四烯酸 | $CH_3(CH_2)_4(CH{=}CHCH_2)_4(CH_2)_2COOH$ |
| | 5 | EPA | 5，8，11，14，17-二十碳五烯酸 | $CH_3(CH_2CH{=}CH)_5(CH_2)_3COOH$ |
| | 6 | DHA | 4，7，10，13，16，19-二十二碳六烯酸 | $CH_3(CH_2CH{=}CH)_6(CH_2)_2COOH$ |

　　脂肪酸一般无色,少数有独特气味。脂肪酸的物理性质由其结构决定:其密度一般都小于1,大小与碳链长度、分子量等呈反比,而与不饱和度呈正比;其不溶于水而易溶于非极性有机溶剂,脂溶性随碳链长度、不饱和度增加而增大;其熔点随着碳链延长而升高、不饱和度增加而逐渐降低。奇数碳脂肪酸的熔点低于碳原子数相似的偶数碳脂肪酸,而饱和脂肪酸的熔点比同等链长的不饱和脂肪酸高。大多数脂肪酸的解离常数(pK值)都在4.5~5.0之间,因此,生理条件下脂肪酸几乎都是以阴离子的形式存在。

## 二、脂肪酸的命名

　　脂肪酸有两种命名系统:习惯名和系统名。如16碳饱和一元酸与18碳饱和一元酸的习惯名,分别称为软脂酸、硬脂酸。系统命名则是根据脂肪酸中碳原子个数、双键的位置和数目来命名:饱和脂肪酸常称为"××碳(烷)酸",而不饱和脂肪酸双键位置的表示方法主要有两种,即 $\Delta$(delta)编号系统和 $\omega$(omega)编号系统。$\Delta$ 编号系统是从羧基端数起,对双键定位;$\omega$ 编号系统则是从甲基端数起定位双键(表2-2)。例如,棕榈油酸为16个碳原子的一烯酸,在 $\Delta$ 编号系统中,双键位置分别在 $C_9 \sim C_{10}$ 之间,其 $\Delta$ 编号系统命名为 $\Delta^{9,10}$ 十六碳一烯酸,简写为 $16:1\Delta^{9,10}$;而在 $\omega$ 编号系统中,双键位置分别在 $C_7 \sim C_8$ 之间,因此其 $\omega$ 编号系统命名为 $\omega^{7,8}$ 十六碳一烯酸,简写为 $16:1\omega^{7,8}$。

表2-2　脂肪酸碳原子的编号

| | $CH_3$ | $CH_2$ | $CH_2$ | $CH_2$ | $CH_2$ | $CH_2$ | $CH{=}CH$ | $CH_2$ | $CH_2$ | $CH_2$ | $CH_2$ | $CH_2$ | $CH_2$ | $CH_2$ | COOH |
|---|---|---|---|---|---|---|---|---|---|---|---|---|---|---|---|
| $\Delta$ 编号系统 | 16 | 15 | 14 | 13 | 12 | 11 | 10　9 | 8 | 7 | 6 | 5 | 4 | 3 | 2 | 1 |
| $\omega$ 编号系统 | 1 | 2 | 3 | 4 | 5 | 6 | 7　8 | 9 | 10 | 11 | 12 | 13 | 14 | 15 | 16 |

## 三、脂肪酸的分类

　　脂肪酸种类繁多,其主要区别为所含碳原子数目、双键数目及位置等。因此,可从以下几个角度对脂肪酸进行分类。

　　1. 碳原子数目　可按脂肪酸所含碳原子数目($n$)将其分为短链脂肪酸($n<6$)、中链脂肪酸($6 \leqslant n \leqslant 12$)和长链脂肪酸($n>12$)。

　　2. 双键数目　根据所含碳-碳双键数目的多少,可将脂肪酸分为饱和脂肪酸、单不饱和脂肪酸与多不饱和脂肪酸。

动物油脂中富含饱和脂肪酸。一般情况下,饱和脂肪酸约占动物组织总脂肪酸的 30%~40%,其中软脂酸占 15%~25%、硬脂酸占 10%~20%。膳食饱和脂肪酸摄入量过高可使血脂水平明显升高,尤其是血清胆固醇水平升高,是导致动脉粥样硬化的重要因素。植物油脂、冷水鱼类中富含不饱和脂肪酸,如棉籽油的不饱和脂肪酸占 75%。不饱和脂肪酸有降低血清中胆固醇与甘油三酯的水平、抗血栓等防治心脑血管疾病的生理功能。但其双键比较活泼,易被氧化形成过氧化物(peroxide),而损伤其他脂质、蛋白质和核酸等生物大分子。

3. 双键构型 不饱和脂肪酸因其双键不能自由旋转,故分顺式和反式两类。大多数天然不饱和脂肪酸中碳-碳双键的成键碳原子所连氢原子位于双键同侧,为顺式双键构型,称为顺式脂肪酸。而少数天然不饱和脂肪酸碳-碳双键的成键碳原子所连氢原子则位于双键两侧,称为反式脂肪酸(图 2-1)。

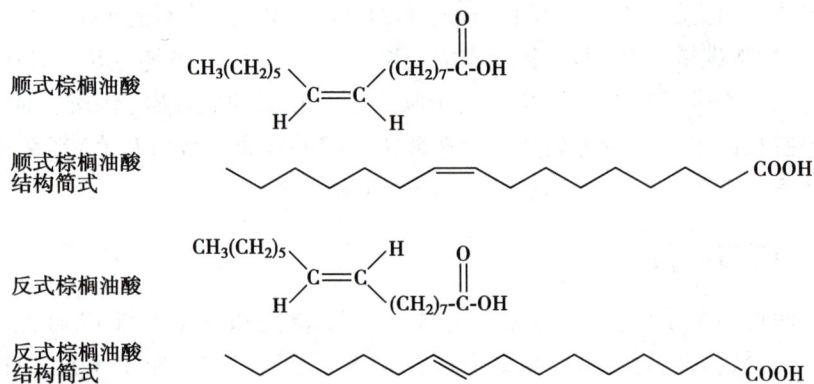

图 2-1 棕榈油酸的结构

研究发现,膳食反式脂肪酸主要源于反刍动物肉奶制品、氢化植物油,以及植物油的精炼或烹调过程。牛羊体内脂质中反式脂肪酸的含量约占总脂肪酸的 4%~11%,而牛羊奶中反式脂肪酸的含量约占总脂肪酸的 3%~5%。与顺式脂肪酸相比,反式脂肪酸链直、刚性强、熔点高,结合在细胞膜内部时能改变膜的流动性和渗透性。因其结构更稳定,在人体内代谢较慢,易积累,对心血管系统造成较严重危害。长期大量食用反式不饱和脂肪酸可能导致患动脉硬化、心脏疾病,诱导血栓形成,影响男性生育能力,导致女性 2 型糖尿病,干扰婴儿与青少年的神经发育,以及降低记忆力、诱发阿尔茨海默病(老年性痴呆)等多种疾病。因此,应避免或少食富含反式脂肪酸的食品,如人造奶油、洋快餐、起酥面包、酥脆点心、爆米花等。世界卫生组织(WHO)建议反式脂肪酸的日均摄入量不能超过摄入总能量的 1%。

4. 双键位置 按 ω 编号系统,根据首个双键位置,不饱和脂肪酸可分为 ω-3 簇、ω-6 簇、ω-7 簇、ω-9 簇。高等动物体内的不饱和脂肪酸均由相应的母体脂肪酸衍生而来,如 ω-3 簇是 α-亚麻酸及其衍生脂肪酸,ω-6 簇是亚油酸及其衍生脂肪酸,ω-7 簇是棕榈油酸及其衍生脂肪酸,ω-9 簇是油酸及其衍生脂肪酸。人体内的 ω-3 簇、ω-6 簇和 ω-9 簇等不饱和脂肪酸不能相互转化。ω-3 簇不饱和脂肪酸包括 α-亚麻酸、二十碳五烯酸(EPA)、二十二碳六烯酸(DHA)等。ω-6 簇不饱和脂肪酸包括亚油酸、花生四烯酸等。

ω-7簇：棕榈油酸    COOH

ω-9簇：油酸    COOH

ω-6簇：亚油酸    COOH

ω-3簇：α-亚麻酸    COOH

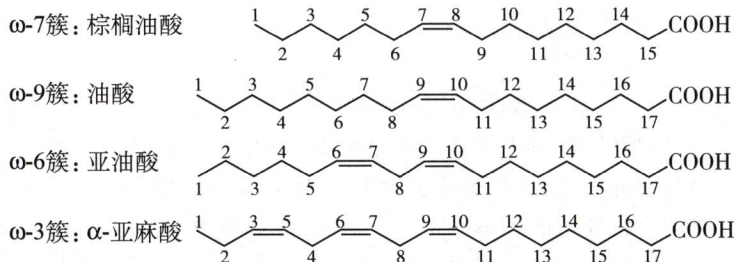

5. 体内合成情况　从营养学角度，脂肪酸可分为必需脂肪酸和非必需脂肪酸。亚油酸、亚麻酸和花生四烯酸是维持机体正常代谢所必需的，但哺乳动物体内不能合成亚油酸、亚麻酸，或用亚油酸合成部分花生四烯酸，但合成量不足，必须通过食物供给。这类不能被细胞或机体以相应需要量合成或从其膳食前体合成，而必须由膳食供给的多不饱和脂肪酸称为必需脂肪酸（essential fatty acid，EFA）。非必需脂肪酸是自身能够合成的，不一定需要食物供给，如硬脂酸、软脂酸、油酸等属于非必需脂肪酸。

**课堂互动**

问题：长期食用去脂膳食后，会导致体内主要缺乏哪些物质？

亚油酸和 α-亚麻酸主要存在于植物油中，而 EPA 和 DHA 主要存在于动物油脂中。在人体中，α-亚麻酸可转化为 EPA，再转化为 DHA。胆固醇必须与亚油酸结合后才可在人体内进行正常转运和代谢，因此亚油酸具有预防动脉粥样硬化的功效。

各种油脂所含的主要脂肪酸见表2-3。

表2-3　各种油脂所含的主要脂肪酸

| 油脂 | | 饱和脂肪酸/% | | | 不饱和脂肪酸/% | | |
|---|---|---|---|---|---|---|---|
| | | 豆蔻酸 | 软脂酸 | 硬脂酸 | 油酸 | 亚油酸 | α-亚麻酸 |
| 动物油脂 | 牛脂 | 2~5 | 24~34 | 15~30 | 35~45 | 1~3 | 0~1 |
| | 黄油 | 8~15 | 25~29 | 9~12 | 18~33 | 2~4 | |
| | 猪油 | 1~2 | 25~30 | 12~18 | 48~60 | 6~12 | 0~1 |
| | 鳕鱼肝油 | 3.5~4.0 | 8~10 | 1.8~2.5 | 13.7~16.6 | 1.2~2.2 | |
| 植物油 | 椰子油 | 15~20 | 9~12 | 2~4 | 6~9 | 0~1 | |
| | 橄榄油 | 0~1 | 5~15 | 1~4 | 67~84 | 8~12 | |
| | 亚麻籽油 | | 4~7 | 2~4 | 14~30 | 14~25 | 45~60 |
| | 花生油 | | 7~12 | 2~6 | 30~60 | 20~38 | 7 |
| | 棉籽油 | 1~2 | 18~25 | 1~2 | 17~38 | 45~55 | |
| | 豆油 | 1~2 | 6~10 | 2~4 | 20~30 | 50~58 | 5~10 |
| | 玉米油 | 1~2 | 7~11 | 3~4 | 25~35 | 50~60 | |

一般植物油中亚油酸含量为 60% 左右，冷水鱼类的油脂中 α-亚麻酸和花生四烯酸含量均较高。必需脂肪酸缺乏可出现生长迟缓、生殖能力下降、肝肾功能受损、神经以及视觉障碍等多种疾病，因此，经常食用植物和鱼类油脂可满足人体对必需脂肪酸的需求。

🔍 **知识链接**

### ω-3簇和 ω-6簇不饱和脂肪酸

α-亚麻酸、DHA、EPA 等 ω-3簇不饱和脂肪酸可促进人体神经系统发育和生长,具有降血脂、抗血栓等作用。而 ω-6簇不饱和脂肪酸可转化为前列腺素、血栓素、白三烯等,导致血栓等疾病。ω-3簇和 ω-6簇不饱和脂肪酸竞争体内相同的代谢酶类,因此二者的平衡摄入对人体健康非常重要,否则就会导致细胞功能紊乱,引发心脏病等各种疾病。多吃富含 ω-3 不饱和脂肪酸的食物,对健康十分重要。

### 四、多不饱和脂肪酸的重要衍生物

在体内,花生四烯酸可转化为前列腺素、血栓素、白三烯等多种重要衍生物。它们在体内含量虽少,但分布广泛,具有重要的生理活性。

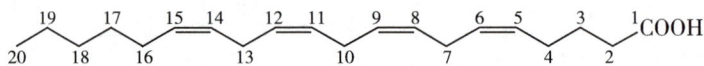

花生四烯酸($20{:}4\ \Delta^{5,8,11,14}$)

1. 前列腺素　前列腺素( prostaglandin,PG)是 20 世纪 30 年代瑞典科学家 Uib Von Euler 首先在人精液中发现的具有降血压和兴奋平滑肌的一类物质。

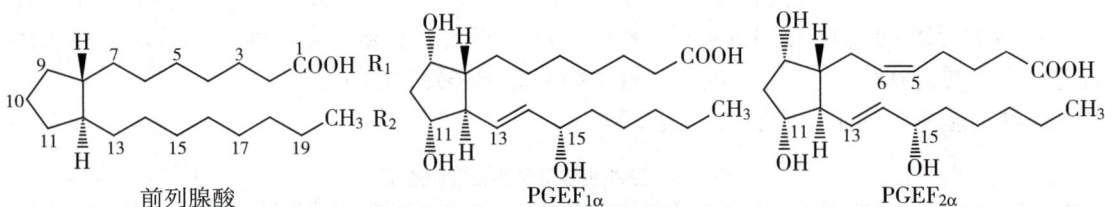

前列腺酸　　　　　　　　$PGEF_{1\alpha}$　　　　　　　　$PGEF_{2\alpha}$

前列腺素是前列腺酸的衍生物,根据取代基、双键的位置,以及有无过氧化结构等,将前列腺素分为 PGA、PGB、PGC、PGD、PGE、PGF、PGG、PGH、PGI 共 9 种类型。其中,$PGI_2$ 有双环结构,除五碳环外,还有 1 个含氧五元环,故又称前列环素( prostacyclin)。每一种类型又可以根据侧链 $R_1$、$R_2$ 上所含双键数目分为 3 类,如 PGE 包括 $PGE_1$、$PGE_2$、$PGE_3$,再根据五元环上羟基的空间排布进一步分为 α 型与 β 型,如 $PGF_{1\alpha}$。天然前列腺素均为 α 型。

前列腺素广泛分布于人体和其他哺乳动物体内,但精囊内的含量稍高,其他组织细胞内仅有微量。人体内 PGA、PGE 及 PGF 含量较多,而 $PGC_2$ 和 $PGH_2$ 是前列腺素合成的中间产物。前列腺素种类多、活性强、作用广泛,并具有特异性。例如,$PGE_2$ 能诱发炎症,促进局部毛细血管扩张、通透性增加,引起红、肿、痛等症状;$PGF_2$ 可作用于卵巢,使卵巢平滑肌收缩,促进排卵。

2. 血栓素　1973 年,M. Hamberg 从血小板中获得血栓素 $A_2$( thromboxane $A_2$,$TXA_2$),分子中虽含有前列腺酸骨架,但五碳环被含氧噁烷取代。血栓素能使血管收缩、血栓形成,加速血液凝固。长期低剂量服用阿司匹林可以抑制血栓素生成,防止血栓形成,可有效降低心肌梗死和中风的风险。

3. 白三烯　1979 年,B. Samuelsson 从白细胞中分离出含有 3 个共轭双键结构的白三烯( leukotriene,LT),具有二十碳多不饱和脂肪酸的基本结构。已发现的白三烯有 A、B、C、D、E 等 5 类。不同类型白三烯的生理功能有所不同,如 $LTA_4$ 能使支气管平滑肌收缩、血管通透性增加,已经证实其与过敏反应的发生有关;$LTB_4$ 能够调节白细胞的功能,促进其游走及发挥趋化作用,诱发多核白细胞脱颗粒,使溶酶体释放水解酶,促进炎症和过敏反应的发展;$LTC_4$、$LTD_4$ 和 $LTE_4$ 可引起支气管和胃平滑肌剧烈收缩,另外,$LTD_4$ 还能够提高毛细血管通透性,促进血小板凝集和抑制胰岛素分泌。

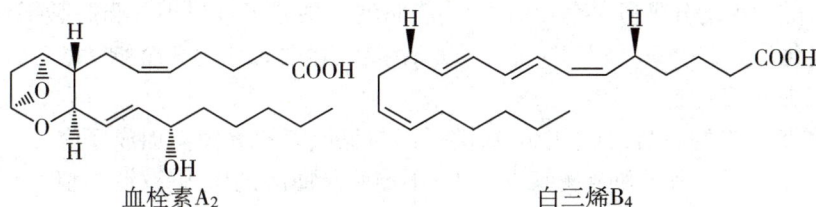

血栓素$A_2$　　　　　　　白三烯$B_4$

# 第二节 脂 肪

## 一、脂肪的结构

脂肪(fat)又称甘油三酯(triglyceride,TG)、三酰甘油或油脂。在结构上,脂肪属于甘油的酯化物,由 1 分子甘油与 3 分子脂肪酸脱水缩合而成。

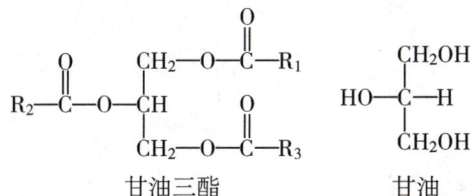

甘油三酯　　　　　　甘油

如果构成甘油三酯的 3 个脂酰基相同,则称为简单甘油三酯,称为甘油××酸酯,如甘油硬脂酸酯、甘油三油酸酯等;若 3 个脂肪酸不同,则称混合甘油三酯,命名时以 α、β 和 α′ 分别表示不同脂肪酸的位置。天然油脂大多为混合甘油三酯,简单甘油三酯极少。

脂肪是体内重要的储能物质,还具有保护内脏和保持体温的作用,同时也是生物体内的重要溶剂,许多脂溶性物质如各种维生素(A、D、E、K 等)、芳香油、类固醇和某些激素等可溶于其中而被吸收和转运。

脂肪一般无色、无味、无臭,呈中性。天然脂肪因含杂质而常具有颜色和气味。脂肪比重小于 1,比水轻,不溶于水而易溶于有机溶剂。但在乳化剂如胆汁酸、肥皂等存在的情况下,脂肪能在水中形成乳浊液。在人体和动物的消化道内,胆汁酸盐使油脂乳化形成微粒,有利于脂肪的消化吸收。

## 二、脂肪的性质

天然脂肪多是混合物,没有固定的熔点和沸点,其主要的化学性质如下:

### (一) 水解

脂肪能在酸或脂肪酶的作用下完全水解,生成甘油和脂肪酸。

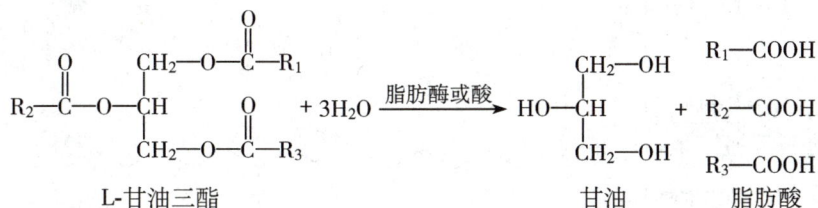

L-甘油三酯　　　　　　　甘油　　　脂肪酸

脂肪在碱性条件下水解时,生成甘油和脂肪酸盐。脂肪酸的钠盐和钾盐即为肥皂。因此,脂肪的碱性水解又称皂化。

使1g脂肪完全皂化所需氢氧化钾的毫克数,称为皂化值。根据皂化值的大小可以判断油脂中所含脂肪酸的平均分子量。皂化值越大,脂肪酸平均分子量越小。脂肪酸平均分子量=3×56×1 000÷皂化值。式中56是KOH的分子量,因为三酰甘油中含3个脂肪酸,所以乘以3。

### (二)加成反应

含不饱和脂肪酸的脂肪,分子中的双键可以与氢或卤素等发生加成反应。

1. 氢化    在高温、高压和金属镍催化下,不饱和脂肪酸的碳-碳双键与氢发生加成,转化为饱和脂肪酸,使液态的油变成半固态的脂肪,因此,也称为"油脂的硬化"。不饱和脂肪容易变质,不便于长时间储存和运输,氢化后则相反。在许多加工食品中存在硬化脂肪,如人造黄油的主要成分就是氢化植物油,某些高级糕点的松脆油也是适当加氢硬化的植物油。

然而,在氢化过程中,不饱和脂肪酸中双键转变为单键时,因制备工艺等原因,部分顺式双键转变成了反式双键,生成反式脂肪酸。因此,硬化脂肪中会含有一定量的反式不饱和脂肪酸,如人造奶油含量7.1%~17.7%,起酥油为10.3%等。过量摄入硬化脂肪会对人体健康造成一定伤害。

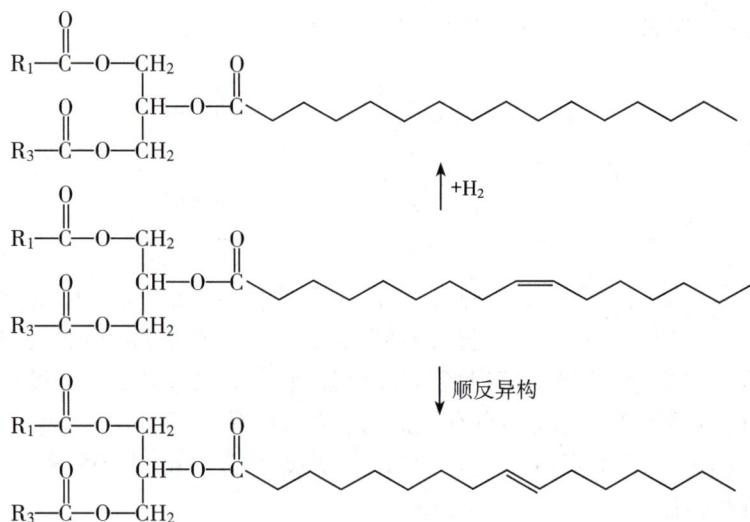

2. 卤化    卤素中的溴、碘与双键加成,生成饱和卤化酯的作用称为卤化。通常把100g油脂发生加成反应所消耗碘的克数,称为碘值。碘化可用于分析脂肪酸的不饱和程度。碘值大,表示油脂中不饱和脂肪酸含量高,即不饱和程度高。碘值的大小是反映脂品质的重要因素,植物油中所含不饱和脂肪酸较动物油高,因而植物油的碘值高于动物油脂。老年人建议多食用碘值较高的植物油,防止血管硬化。

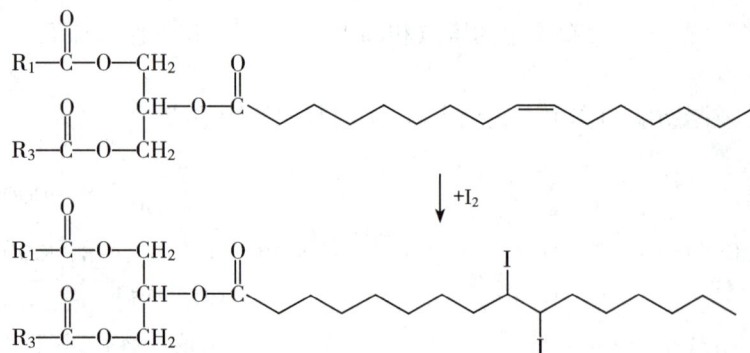

**（三）酸败**

脂肪在空气中放置过久，会逐渐变质并产生难闻臭味的现象称为酸败（rancidity）。酸败是由氧气、水分或微生物的作用而引起的，光照可以加速酸败。酸败的化学本质是油脂被水解，生成有刺激性气味的短链脂肪酸，或油脂中不饱和脂肪酸的双键被氧化产生过氧化物，再裂解成的小分子酮、醛、羧酸和醛酸等常有刺激性臭味，会破坏脂肪中的天然维生素。

脂肪与其他脂质样品中的游离脂肪酸可以用 KOH 中和。中和 1g 样品所需 KOH 的毫克数，称为该样品的酸值（acid value）。酸值表示酸败程度的大小。酸值越大，表明脂肪的酸败程度越大。酸值也是衡量油脂品质的指标之一。酸值大于 6.0 的油脂一般不宜食用。通常将油脂置于密闭容器中，放于阴凉处储存，也可适当添加维生素 E 等抗氧化剂防止其酸败。

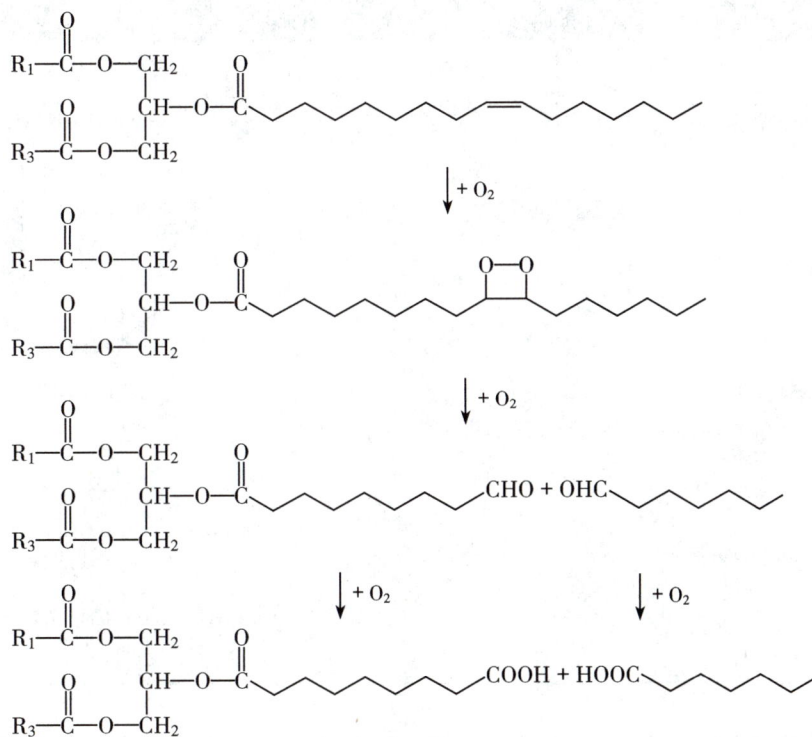

# 第三节 类　　脂

类脂是生物体内除脂肪外的所有脂质，主要包括甘油类脂、神经鞘脂质和类固醇等化合物，其物理性质与脂肪相似。

## 一、甘油类脂

甘油类脂是由甘油、脂肪酸、磷酸、含氮碱基或糖基等组成的脂质化合物，广泛存在于动物的脑、肝，蛋黄及植物种子中，是生物膜的重要组分。根据组分的差异，甘油类脂可分为甘油磷脂（glycerophosphatide）和甘油糖脂（glyceroglycolipid）。

### （一）甘油磷脂

天然存在的甘油磷脂都是磷脂酸的衍生物，其结构通式如下：

L-磷脂酸          L-甘油磷脂

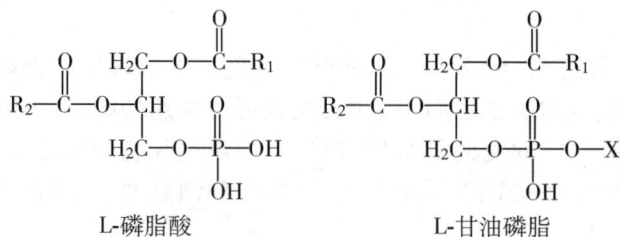

甘油磷脂 $C_1$ 上所连接的脂肪酸常为饱和脂肪酸,如软脂酸、硬脂酸等;$C_2$ 上所连接的脂肪酸常为不饱和脂肪酸,如油酸、亚油酸、亚麻油酸和花生四烯酸等。$C_3$ 位上的磷酸基团被各种小分子的羟基化合物酯化,从而形成不同的甘油磷脂,见表2-4。

表2-4　体内几种重要的甘油磷脂

| 甘油磷脂 | 取代基名称 | 取代基结构 |
| --- | --- | --- |
| 磷脂酰胆碱 | 胆碱 | $—OCH_2CH_2N^+(CH_3)_3$ |
| 磷脂酰乙醇胺 | 乙醇胺 | $—OCH_2CH_2NH_2$ |
| 磷酯酰丝氨酸 | 丝氨酸 | $—OCH_2CH(NH_2)COOH$ |
| 磷脂酰肌醇 | 肌醇 |  |
| 磷脂酰甘油 | 甘油 | $—OCH_2CH(OH)CH_2OH$ |
| 双磷脂酰甘油（心磷脂） | 磷脂酰甘油 |  |

甘油磷脂中甘油 $C_1$、$C_2$ 上的羟基与长链脂肪酸相连成为分子中非极性的部分,成为 2 个非极性尾;$C_3$ 上的磷酸与 X 取代基相连是分子中的极性部分,成为极性头。因此,甘油磷脂是一个双性分子,当其处于水溶液中,它的极性头指向水相,非极性的尾部由于对水的排斥而相互靠近,聚集形成磷脂双分子层。该性质是甘油磷脂构成生物膜结构的分子基础(图 2-2),也使其具有乳化作用,如甘油磷脂可使不溶于水的脂质乳化,均匀分散于体内的水溶液体系中。

分隔细胞及各种细胞器的膜系统,称为生物膜。生物膜主要由脂质和蛋白质组成,其中脂质约占 40%,主要为甘油磷脂,其次为一些糖脂和胆固醇,而蛋白质占 60%。不同种类的生物膜,二者比例不一,如线粒体内膜只含 20%~25% 的脂质,而有些神经细胞表面的髓磷脂膜含脂质高达 75%。

1. **磷脂酰胆碱**　磷脂酰胆碱(phosphatidylcholine,PC)又称卵磷脂(lecithin)。1844 年,法国人 Gohley 从蛋黄中发现,刚制备的纯净卵磷脂是白色蜡状物,在空气中放置很快被氧化为暗褐色。磷脂酰胆碱易溶于乙醚、乙醇和氯仿,不溶于丙酮。

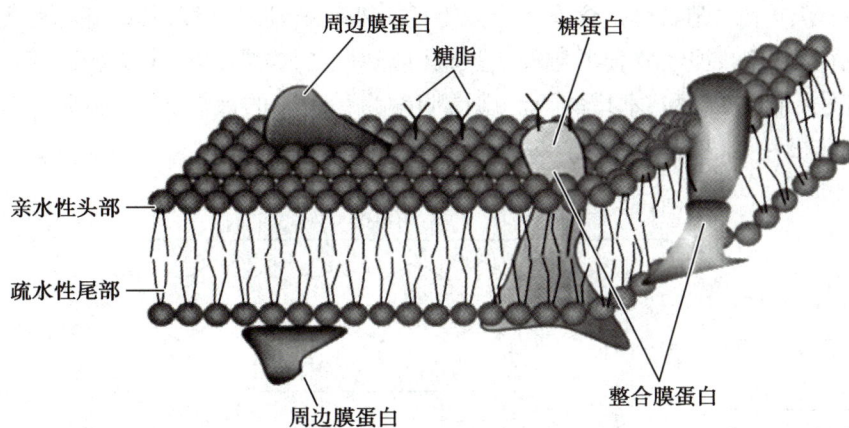

图 2-2 细胞膜的磷脂双分子层结构图

磷脂酰胆碱是生物膜的主要组成物质,存在于所有细胞之中,在脑和神经组织、心脏、骨髓、肾上腺等中含量最为丰富。其参与各种生命活动,包括构成生物膜,储存胆碱,协助脂肪消化、吸收和运输等。若体内缺乏胆碱或磷脂酰胆碱,就会影响脂肪代谢及运输,导致脂肪在肝内积聚形成脂肪肝。

2. 磷脂酰乙醇胺　磷脂酰乙醇胺( phosphatidylethanolamine,PE )属于脑磷脂( cephalin),广泛存在于机体各组织和器官中,以脑组织和神经组织中含量较高。磷脂酰乙醇胺为白色蜡状固体,在空气中易被氧化变为红棕色,有吸湿性,易溶于氯仿和乙醚,微溶于乙醇,不溶于水和丙酮。

磷脂酰乙醇胺也是生物膜的重要组分,尤其是神经组织。磷脂酰乙醇胺还与血液凝固有关,催化凝血酶原激活的酶是由磷脂酰乙醇胺与蛋白质组成。在生物界所存在的磷脂中,磷脂酰乙醇胺的含量仅次于磷脂酰胆碱。在大肠菌中,磷脂酰乙醇胺约占总磷脂的80%。人体中含量最高的磷脂就是磷脂酰胆碱和磷脂酰乙醇胺,约占体内磷脂总量的 75%。

3. 磷脂酰肌醇　磷脂酰肌醇( phosphatidylinositol,PI)是第二信使的前体物,位于细胞膜内层,主要分布在肝、心肌等组织。磷脂酰肌醇碳环上 4、5 位羟基被磷酸化生成磷脂酰肌醇4,5-双磷酸( phosphatidylinositol 4,5-bisphosphate,$PIP_2$)是细胞膜磷脂的重要组成,在激素等刺激下可分解为甘油二酯( diacylglycerol,DAG)和三磷酸肌醇( inositol triphosphate,$IP_3$)是重要的第二信使,参与体内代谢调节。

### (二)甘油糖脂

甘油糖脂广泛存在于高等动植物、微生物中,如结核菌菌体上的磷脂酰肌醇甘露糖苷,叶绿体膜上的单或双半乳糖甘油二酯,以及脑中的半乳糖甘油二酯。

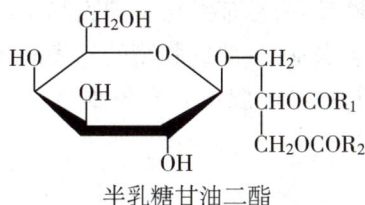

半乳糖甘油二酯

### 二、神经鞘脂质

1. 鞘磷脂　鞘磷脂( sphingomyelin,sphingophospholipid)由鞘氨醇、脂肪酸、磷酸胆碱(或

磷酸乙醇胺)等组成。鞘氨醇是含有 1 个双键的十八碳氨基二元醇,其氨基与脂酰基以酰胺键相连形成神经酰胺,神经酰胺再与磷酸胆碱(或磷酸乙醇胺)结合形成鞘磷脂。鞘磷脂中的脂肪酸有软脂酸、硬脂酸、木蜡酸等。磷酸胆碱为鞘磷脂的极性头,脂肪酸和鞘氨醇的烃链为鞘磷脂非极性尾,故鞘磷脂也同时具有水溶性与脂溶性。

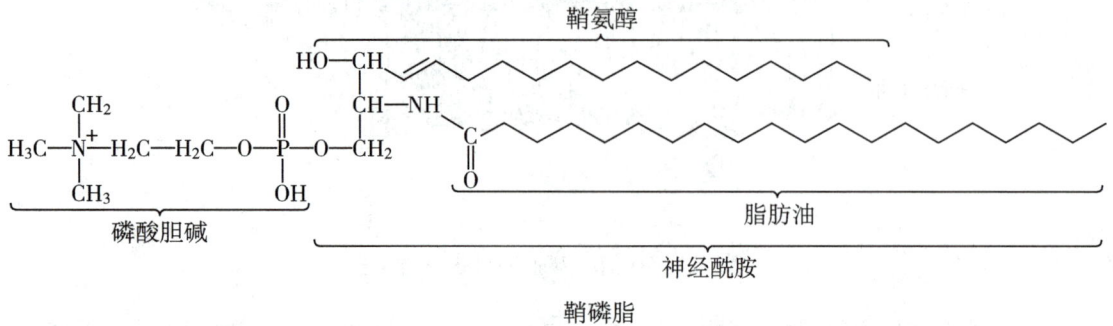

鞘磷脂

鞘磷脂是构成细胞膜的重要成分,在脑组织和神经组织中含量丰富,是某些神经髓鞘的主要成分,不溶于丙酮、乙醚,而溶于热乙醇。利用上述几种磷脂在乙醚中的溶解度不同,可将鞘磷脂与卵磷脂、脑磷脂分离。

2. 鞘糖脂 鞘糖脂(glycosphingolipid)是由鞘氨醇、脂肪酸和糖(单糖、二糖或寡糖)等构成的类脂,主要包括脑苷脂和神经节苷脂。鞘糖脂是构成生物膜的成分之一,其含量远比磷脂低。

(1)脑苷脂(cerebroside):因在脑组织中含量多而得名,是含有 1 个葡萄糖基或半乳糖基的鞘糖脂。含有半乳糖基的称为半乳糖脑苷脂,是神经细胞膜成分;含有葡萄糖基的称为葡糖脑苷脂,是其他膜的成分;各种脑苷脂的区别主要在于脂肪酸不同,以二十四碳的脂肪酸最为常见。

(2)神经节苷脂(ganglioside):是含寡糖基的鞘糖脂,1940 年在神经节细胞中发现。寡糖基的组成与结构非常复杂,由己糖、氨基己糖和唾液酸等构成,唾液酸的数目一般为 1~5 个,其结合脂质的位点也不同。目前分离出的神经节苷脂有 30 多种。常用缩写表示,以 G 代表神经节苷脂,M、D、T 代表含有唾液酸残基的数目(1、2、3),用阿拉伯数字表示无唾液酸寡糖链的类型。

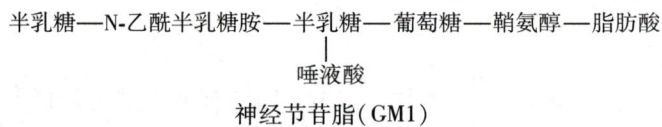

半乳糖—N-乙酰半乳糖胺 — 半乳糖—葡萄糖—鞘氨醇—脂肪酸

|

唾液酸

神经节苷脂(GM1)

神经节苷脂在脑灰质中含量最多,是神经组织细胞膜特别是突触的重要组分,参与神经传导。其分子中的寡糖部分是亲水基团,向细胞膜的外表面突出,是某些膜受体的重要组成成分,参与细胞免疫和细胞识别,在细胞膜中含量虽少,但具有特殊生理活性,如 GM1 是霍乱毒素等的受体。

### 三、类固醇

类固醇(steroid)是一类具有重要生理活性的物质,广泛存在于动植物体内,也称甾体。这类化合物的结构以环戊烷骈多氢菲为基础:由 3 个六元环(A、B、C 环)和 1 个五元环(D

环)组合而成。在环戊烷骈多氢菲的 A、B 环之间和 C、D 环之间各有 1 个甲基,称角甲基;在 $C_{17}$ 位上连有侧链。重要的类固醇包括胆固醇、胆固醇酯、7-脱氢胆固醇(维生素 $D_3$ 原)、胆汁酸及一些类固醇类激素等。

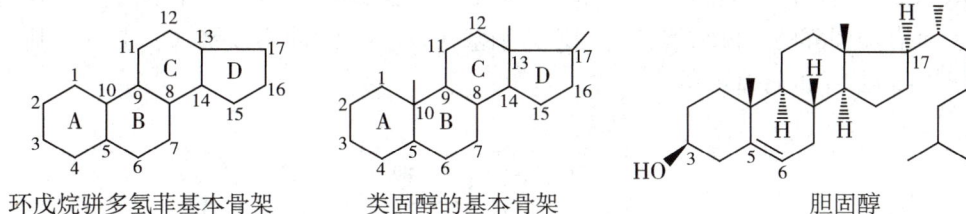

环戊烷骈多氢菲基本骨架　　　类固醇的基本骨架　　　胆固醇

### (一)胆固醇及胆固醇酯

胆固醇(cholesterol,Ch)具有类固醇的基本骨架,其 $C_3$ 位置上有羟基,$C_5$ 与 $C_6$ 之间为双键,$C_{17}$ 位上有一含 8 个碳原子的侧链。其羟基被脂肪酸酯化形成的胆固醇酯(cholesterol ester,ChE),是胆固醇在体内的储存和运输形式。

胆固醇是无色或微黄色的结晶,易溶于乙醚、氯仿和热乙醇中,难溶于水。胆固醇溶解于氯仿后,可与乙酸酐及浓硫酸反应,颜色由浅红变成蓝紫,最后转为绿色,称为李伯曼反应,可用于胆固醇定性及定量检测。

胆固醇和胆固醇酯是动物体内含量最多的类固醇化合物。人体含胆固醇约 140g,广泛分布于全身各组织器官,其中约 1/4 在脑等神经组织中。少数植物细胞膜也有分布,但在细菌中尚未发现。

胆固醇分子结构与磷脂类似,具有两性(羟基为极性头,甾核为非极性尾),参与脊椎动物细胞膜和神经髓鞘组成,其作用是调节膜流动性、增加膜稳定性,降低其对水溶性分子的通透性等。胆固醇是体内其他类固醇化合物的前体,也是血浆脂蛋白的组成部分,血浆中胆固醇的含量与动脉粥样硬化发病呈正相关。

### (二)胆汁酸

胆汁酸(bile acid)是胆固醇的转化产物,有游离型胆汁酸和结合型胆汁酸两种形式。胆汁酸的结构特征:具有类固醇母核结构,$C_{17}$ 上的侧链较短,侧链末端有 1 个羧基,根据分子中 $C_3$、$C_7$ 和 $C_{12}$ 上所连基团不同形成游离型胆汁酸,包括胆酸、脱氧胆酸、鹅脱氧胆酸和石胆酸,而游离型胆汁酸与甘氨酸或牛磺酸结合构成结合型胆汁酸。

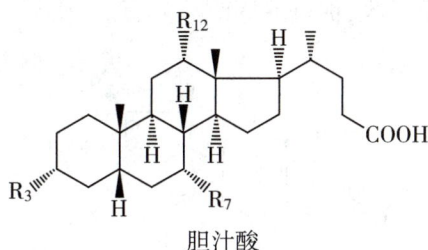

| | 胆酸 | 鹅脱氧胆酸 | 脱氧胆酸 | 石胆酸 |
|---|---|---|---|---|
| $R_3$ | OH | OH | OH | OH |
| $R_7$ | OH | OH | H | H |
| $R_{12}$ | OH | H | OH | H |

胆汁酸

胆汁酸以钠盐或钾盐的形式存在于人和其他动物胆汁中,称为胆汁酸盐,是胆汁的主要成分。

胆汁酸分子中既含有亲水的羟基、羧基(或磺酸基团),又含有疏水的烃核、甲基等,其亲水基团位于一侧,形成亲水面,疏水基团位于另一侧,形成疏水面,使胆汁酸具有很强的乳化作用,协助肠道中脂肪的消化吸收。

### （三）类固醇类激素

类固醇类激素可分为肾上腺皮质激素和性激素两大类。

1. **肾上腺皮质激素**　肾上腺皮质激素（adrenal cortical hormone）是由肾上腺皮质分泌的一类激素，有 30 多种，如醛固酮、皮质酮、皮质醇（氢化可的松）等。肾上腺皮质激素的结构特征为：具有类固醇的母体结构，其中 $C_3$ 为酮基，$C_4$ 与 $C_5$ 之间为双键，$C_{11}$ 上有羟基，$C_{17}$ 上侧链为 2 个碳原子的羟基酮结构。

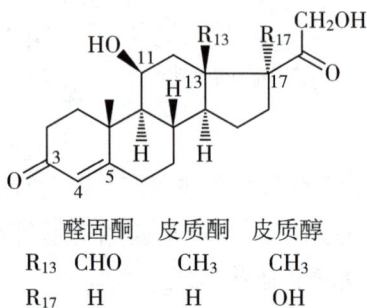

| | 醛固酮 | 皮质酮 | 皮质醇 |
|---|---|---|---|
| $R_{13}$ | CHO | $CH_3$ | $CH_3$ |
| $R_{17}$ | H | H | OH |

肾上腺皮质激素具有提高血糖水平或促进肾脏保钠排钾的作用。其中，皮质醇和皮质酮称为糖皮质激素，对糖代谢具有较强的调节作用。在应激状态、内脏神经刺激和低血糖等情况下，糖皮质激素被合成并释放，进入血液循环，可促进糖原分解并升高血糖。糖皮质激素对水盐代谢的调节相对较弱，而醛固酮对水和盐的平衡具有较强的调节作用（保钠排钾的作用），故称盐皮质激素。

2. **性激素**　性激素（gonadal hormone）是由动物体性腺、肾上腺皮质网状带、胎盘等组织合成的类固醇类激素，包括雌激素、孕激素和雄激素，有促进性器官成熟、第二性征发育（如声音、体型等）、维持性功能等作用。雌激素与孕激素主要由雌性动物卵巢分泌，而以睾酮为主的雄激素主要由雄性动物睾丸分泌。

（1）**雌激素**（estrogen）：主要由卵巢中成熟的卵泡和黄体分泌，肾上腺皮质网状带也有少量分泌。雌激素为 18 碳的类固醇，A 环为苯环结构，$C_3$ 处有羟基，$C_{10}$ 上无甲基，$C_{17}$ 处为羟基或酮基。

常见的雌激素有雌酮（$E_1$）、雌二醇（$E_2$）、雌三醇（$E_3$）等。雌激素的靶组织为子宫、输卵管、阴道、垂体等，其主要作用在于促进女性第一性征和第二性征的发育并维持其正常功能；拮抗甲状旁腺激素，抑制破骨细胞活性，减少骨质吸收；促进醛固酮分泌，保钠排钾。

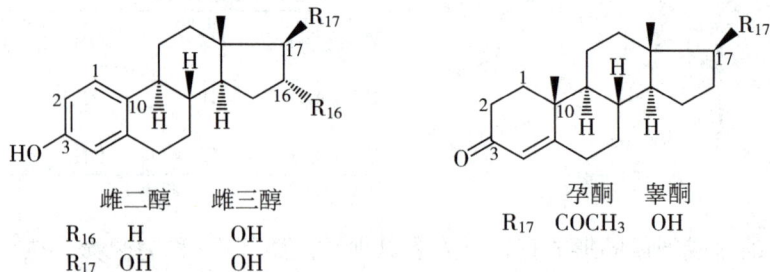

| | 雌二醇 | 雌三醇 |
|---|---|---|
| $R_{16}$ | H | OH |
| $R_{17}$ | OH | OH |

| | 孕酮 | 睾酮 |
|---|---|---|
| $R_{17}$ | $COCH_3$ | OH |

（2）**孕激素**（progestogen）：主要由黄体分泌。人体的孕激素主要为孕酮。其结构为 21 个碳原子的类固醇，$C_3$ 处有酮基，$C_4$ 与 $C_5$ 之间有一双键，$C_{17}$ 处有一甲基酮侧链。

孕酮的主要作用是调节生殖周期，使子宫内膜发生分泌期变化，有利于受精卵着床；降低子宫肌细胞膜兴奋性;降低母体对胎儿的排斥作用。

（3）雄激素（androgen）：男性主要由睾丸分泌,肾上腺皮质也有少量分泌,女性体内也有少量雄激素,主要有卵巢和肾上腺皮质分泌。比较重要的有睾酮、脱氢异雄酮等,睾酮是活性最强的雄激素。睾酮是 19 碳的类固醇,$C_3$ 上是酮基,$C_4$ 与 $C_5$ 之间为一双键,$C_{17}$ 上为羟基。

雄激素的主要作用:影响胎儿性器官发育;维持精子的生成;刺激雄性外生殖器官与内生殖器官（精囊、前列腺等）发育成熟并维持其功能;刺激雄性副性征的出现并维持其正常状态,如肌肉发达、骨骼粗壮、喉结突出、长胡须、声音低沉浑厚等。

## 学习小结

1. 学习内容

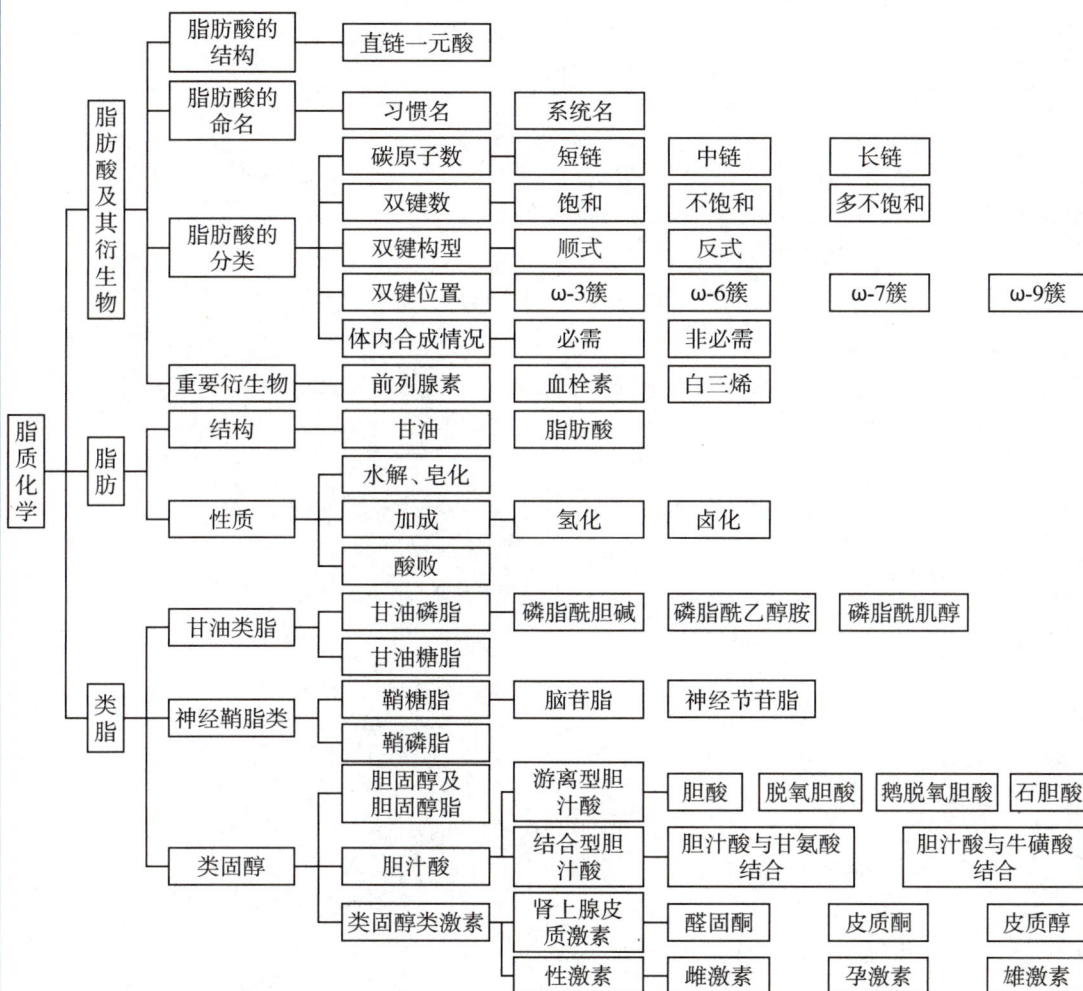

2. 学习方法

（1）脂质化学的学习首先要掌握脂质化合物的基本概念和结构特征。

（2）通过脂肪的基本结构、性质的学习和掌握,便于对类脂中甘油磷脂的学习。

（3）在类脂的学习中要注意它们的不同结构特点和主要功能。

扫一扫,测一测

（史胜利　谢晓蓉）

## 复习思考题

1. 什么是必需脂肪酸？按 ω 编号系统,必需脂肪酸分几类？有何作用？
2. 甘油三酯有哪些主要性质？
3. 简述甘油磷脂的结构。
4. 体内主要的类固醇有哪些？它们有什么结构特点？
5. 试述磷酸甘油酯是如何形成脂质双分子层的？

# ◈◈◈ 第三章 ◈◈◈

# 蛋白质化学

## ✎ 学习目标

　　通过本章的学习,掌握标准氨基酸的结构、分类与理化性质,蛋白质的分子结构和理化性质;熟悉蛋白质结构与功能的关系及分离纯化技术,为学习分子生物学、免疫学、药理学及病理学等课程奠定基础。

　　蛋白质(protein)是生命活动的物质基础,是组织细胞的重要组分,也是多种生物学功能如催化调节、免疫防护、信号转导的主要执行者。蛋白质具有复杂的结构,通过分子间的相互作用,承载机体几乎所有的生命活动。目前,对蛋白质结构、功能、分子间互作等方面的研究是生命科学研究中极具挑战性的领域。

## 第一节　蛋白质的分子组成

　　19 世纪 30 年代以前,对于蛋白质的研究主要集中在化学元素组成及原子间的结合比例等方面。经过 100 多年不懈努力,1935 年,分离及鉴定蛋白质中 20 种氨基酸的工作最终完成。1953 年,英国科学家 F. Sanger 利用纸电泳和纸层析鉴定出牛胰岛素的氨基酸序列,开启了蛋白质一级结构研究的新篇章,因此获得 1958 年的诺贝尔化学奖。

### 一、蛋白质的元素组成

　　蛋白质含有 C、H、O、N 和少量的 S,有些蛋白质还含有 P、Fe、Cu、I、Zn 和 Mo 等。蛋白质的特征性元素为氮元素,各种蛋白质的含氮量很接近,平均值约为 16%,因此,只要测定生物样品的含氮量就可以推算出其中蛋白质的含量:

$$样品中蛋白质含量=样品含氮量(g)×6.25$$

式中 6.25 为 1g 氮所代表的蛋白质含量(g)。

### 二、蛋白质的基本组成单位——氨基酸

　　蛋白质可以被蛋白酶或酸、碱彻底水解,生成氨基酸混合物。自然界的氨基酸有 300 余种,但合成蛋白质的氨基酸仅 20 种。这 20 种氨基酸称为标准氨基酸,是蛋白质的基本组成单位。

#### (一)氨基酸的结构

　　除脯氨酸外,标准氨基酸结构上的共同点是 α-碳原子上都有 1 个氨基、1 个羧基、1 个氢原子以及 1 个可变侧链 R 基团,因此称为 α-氨基酸。α-氨基酸除甘氨酸外,其 α-碳原子为

手性碳原子,因此都存在对映异构体,可用费歇尔投影式表示。除甘氨酸以外的标准氨基酸均为 L-氨基酸,D-氨基酸只发现于细菌细胞壁的部分肽及某些肽类抗生素中。

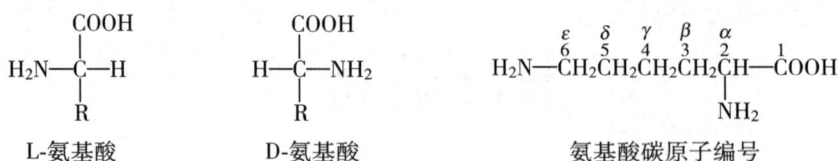

$$
\begin{array}{ccc}
\text{COOH} & \text{COOH} & \overset{\varepsilon\ \ \delta\ \ \gamma\ \ \beta\ \ \alpha}{\underset{6\ \ \ 5\ \ \ 4\ \ \ 3\ \ \ 2\ \ \ 1}{}} \\
H_2N-\overset{|}{\underset{|}{C}}-H & H-\overset{|}{\underset{|}{C}}-NH_2 & H_2N-CH_2CH_2CH_2CH_2CH-COOH \\
R & R & NH_2 \\
\text{L-氨基酸} & \text{D-氨基酸} & \text{氨基酸碳原子编号}
\end{array}
$$

氨基酸的碳原子有 2 套编号规则:一是按照与官能团——羧基碳原子的距离,将碳原子依次编号为 $\alpha$、$\beta$、$\gamma$、$\delta$ 等;二是用阿拉伯数字编号,因羧基是主要官能团,将其碳原子编为 1 号,其他碳原子依次编为 2 号、3 号、…

### (二) 氨基酸的分类

对标准氨基酸进行分类有助于认识氨基酸的结构、性质和作用。依据不同的分类标准,氨基酸可分为:①根据 R 基化学结构:脂肪族氨基酸、芳香族氨基酸、杂环族氨基酸;②根据 R 基的解离方式:酸性氨基酸、碱性氨基酸、中性氨基酸;③根据人体内能否自身合成:必需氨基酸、非必需氨基酸;④根据氨基酸分解代谢产物不同:生糖氨基酸、生酮氨基酸、生糖兼生酮氨基酸。

各种氨基酸的区别就在于 R 基的不同,因此可根据氨基酸 R 基的结构和极性大小,将氨基酸分为 5 类。

1. 非极性脂肪族 R 基氨基酸　这类氨基酸有 7 种,其 R 基是非极性的脂肪烃链(表 3-1)。其中,甘氨酸的结构最简单,其 R 基最小,疏水作用较弱。丙氨酸、缬氨酸、亮氨酸和异亮氨酸的 R 基在蛋白质分子内可以借助疏水作用聚集(疏水作用是驱动蛋白质折叠的重要化学力)。脯氨酸的 R 基与 $\alpha$-氨基的 N 结合形成刚性的环状结构,因此是亚氨基酸,在蛋白质的空间结构中具有特殊意义。甲硫氨酸(又称蛋氨酸)的 R 基含有非极性硫醚基。

表 3-1　非极性脂肪族 R 基氨基酸

| 结构式 | 中文名 | 英文名 | 缩写 | 符号 | 等电点(pI) |
|---|---|---|---|---|---|
| $H-\underset{NH_3^+}{\overset{\mid}{C}H}-COO^-$ | 甘氨酸 | Glycine | Gly | G | 5.97 |
| $H_3C-\underset{NH_3^+}{\overset{\mid}{C}H}-COO^-$ | 丙氨酸 | Alanine | Ala | A | 6.00 |
| $\underset{H_3C}{\overset{H_3C}{>}}CH-\underset{NH_3^+}{\overset{\mid}{C}H}-COO^-$ | 缬氨酸 | Valine | Val | V | 5.96 |
| $\underset{H_3C}{\overset{H_3C}{>}}CH-CH_2-\underset{NH_3^+}{\overset{\mid}{C}H}-COO^-$ | 亮氨酸 | Leucine | Leu | L | 5.98 |
| $\underset{H_3C}{\overset{H_3C-CH_2}{>}}CH-\underset{NH_3^+}{\overset{\mid}{C}H}-COO^-$ | 异亮氨酸 | Isoleucine | Ile | I | 6.02 |
| $\underset{N H_2^+}{\overset{\frown}{\phantom{}}}-COO^-$ | 脯氨酸 | Proline | Pro | p | 6.30 |
| $CH_2-CH_2-\underset{NH_3^+}{\overset{\mid}{C}H}-COO^-$ $S-CH_3$ | 甲硫氨酸 | Methionine | Met | M | 5.74 |

2. 极性不带电荷 R 基氨基酸　这类氨基酸有 5 种,具有极性亲水性 R 基(表 3-2)。其中,丝氨酸、苏氨酸的极性来自羟基,天冬酰胺和谷氨酰胺的极性来自酰胺基,半胱氨酸的极性来自巯基。除半胱氨酸外,其余氨基酸的 R 基可参与形成氢键。2 个半胱氨酸的巯基之间易于发生脱氢氧化,形成二硫键,从而生成胱氨酸。二硫键在维持蛋白质的结构稳定中发挥着重要作用。

表3-2　极性不带电荷 R 基氨基酸

| 结构式 | 中文名 | 英文名 | 缩写 | 符号 | 等电点(pI) |
|---|---|---|---|---|---|
| $H_2C-CH-COO^-$ 丨丨 $OH\ NH_3^+$ | 丝氨酸 | Serine | Ser | S | 5.68 |
| $H_3C-CH-CH-COO^-$ 丨丨 $OH\ NH_3^+$ | 苏氨酸 | Threonine | Thr | T | 5.60 |
| $H_2N-C-CH_2-CH-COO^-$ 丨丨 $O\quad NH_3^+$ | 天冬酰胺 | Asparagine | Asn | N | 5.41 |
| $H_2N-C-CH_2-CH_2-CH-COO^-$ 丨丨 $O\quad\quad NH_3^+$ | 谷氨酰胺 | Glutamine | Gln | Q | 5.65 |
| $H_2C-CH-COO^-$ 丨丨 $SH\ NH_3^+$ | 半胱氨酸 | Cysteine | Cys | c | 5.07 |

3. 芳香族 R 基氨基酸　这类氨基酸有 3 种,R 基含苯环结构(表 3-3)。其中,苯丙氨酸的极性最小,而酪氨酸的羟基和色氨酸的吲哚环使其极性强于苯丙氨酸。

表3-3　芳香族 R 基氨基酸

| 结构式 | 中文名 | 英文名 | 缩写 | 符号 | 等电点(pI) |
|---|---|---|---|---|---|
| 苯环—$H_2C-CH-COO^-$ 丨 $NH_3^+$ | 苯丙氨酸 | Phenylalanine | Phe | F | 5.48 |
| $HO$—苯环—$CH_2-CH-COO^-$ 丨 $NH_3^+$ | 酪氨酸 | Tyrosine | Tyr | Y | 5.66 |
| 吲哚环—$H_2C-CH-COO^-$ 丨 $NH_3^+$ | 色氨酸 | Tryptophan | Trp | W | 5.89 |

4. 带负电荷 R 基(酸性)氨基酸　这类氨基酸有 2 种(表 3-4)。在生理 pH 条件下,天冬氨酸和谷氨酸的 R 基所含的羧基可解离释放 $H^+$ 而带负电荷,属于酸性氨基酸。

表3-4　带负电荷 R 基氨基酸

| 结构式 | 中文名 | 英文名 | 缩写 | 符号 | 等电点(pI) |
|---|---|---|---|---|---|
| $^-OOC-CH_2-CH-COO^-$ 丨 $NH_3^+$ | 天冬氨酸 | Aspartic acid | Asp | D | 2.97 |
| $^-OOC-CH_2-CH_2-CH-COO^-$ 丨 $NH_3^+$ | 谷氨酸 | Glutamic acid | Glu | E | 3.22 |

📖 笔记栏

5. 带正电荷 R 基（碱性）氨基酸 这类氨基酸有 3 种（表 3-5）。其中，赖氨酸 R 基所含的氨基、精氨酸 R 基所含的胍基和组氨酸 R 基所含的咪唑基均为碱性基团，在生理 pH 条件下可以结合 H⁺ 而带正电荷，属于碱性氨基酸。

表 3-5 带正电荷 R 基氨基酸

| 结构式 | 中文名 | 英文名 | 缩写 | 符号 | 等电点（pI） |
|---|---|---|---|---|---|
| $H_2C-H_2C-CH_2-CH_2-CH-COO^-$ $NH_3^+$ $NH_3^+$ | 赖氨酸 | Lysine | Lys | K | 9.74 |
| $H-N-CH_2-CH_2-CH_2-CH-COO^-$ $C=NH_2^+$ $NH_3^+$ $NH_2$ | 精氨酸 | Arginine | Arg | R | 10.76 |
| $CH_2-CH-COO^-$ $NH_3^+$ $HN$ $N$ | 组氨酸 | Histidine | His | H | 7.59 |

### （三）氨基酸的理化性质

1. 紫外吸收特征 氨基酸在可见光区没有光吸收，由于芳香族氨基酸 R 基的苯环含有共轭 π 键，因此在近紫外区（200～400nm）有吸收能力。苯丙氨酸最大吸收峰的波长为 257nm，色氨酸和酪氨酸在 280nm 波长附近存在最大吸收峰（图 3-1）。由于大多数蛋白质含有酪氨酸和色氨酸，所以测定蛋白质溶液对 280nm 处的紫外光吸光度可快速简便地分析溶液中蛋白质含量。

2. 两性解离与等电点 在溶液中，氨基酸分子的羧基可以解离释放 H⁺ 而带负电荷，氨基则可以结合 H⁺ 而带正电荷，因此氨基酸是一种两性电解质（ampholyte）。氨基酸的这种解离特性称为两性解离。

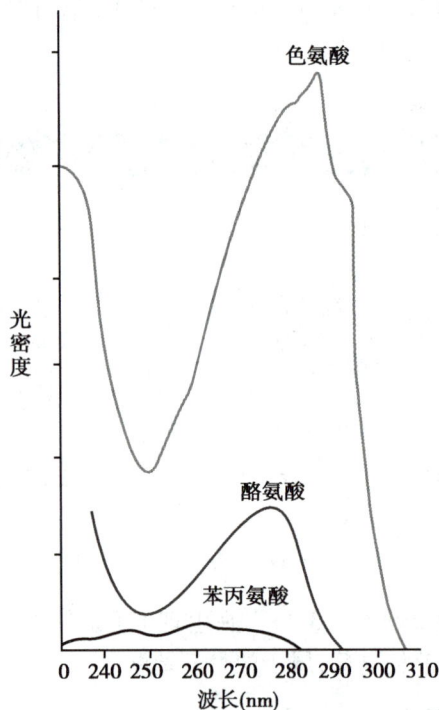

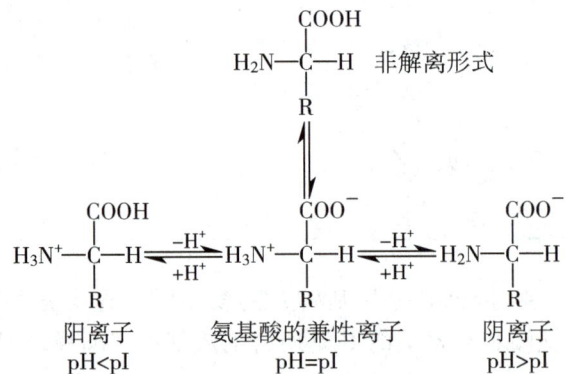

图 3-1 氨基酸的紫外吸收光谱

氨基酸在溶液中的带电性质受 pH 影响。在某一 pH 条件下，氨基酸解离成阳离子和阴离子的趋势及程度相等，净电荷为零，呈兼性离子，此时溶液的 pH 称为该氨基酸的等电点（isoelectric point，pI）。等电点是氨基酸的特征常数。如果溶液 pH 大于氨基酸的等电点，则氨基酸的净电荷为负，在电场中将向正极移动；反之，如果溶液 pH 小于氨基酸的等电点，则氨基酸的净电荷为正，在电场中将向负极移动。pH 越偏离等电点，氨基酸所带净电荷越多，在电场中迁移速率越快。

3. 茚三酮反应 在弱酸性溶液中,水合茚三酮与氨基酸共加热,引起氨基酸氧化脱氨、脱羧,茚三酮被还原。还原茚三酮与氨及另一分子茚三酮缩合生成蓝紫色化合物(图3-2),在570nm波长有最大吸收峰。该反应可以用于氨基酸的定性和定量分析。

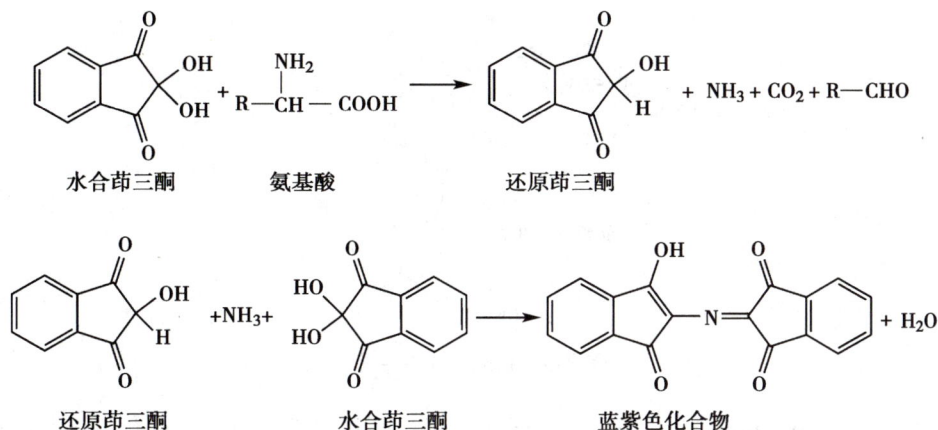

图3-2 茚三酮反应

## 三、肽键与肽

肽和蛋白质是氨基酸的缩聚物。H. E. Fischer 和 Hofmeister 证实,两种分子中氨基酸的连接方式为肽键。

### (一)肽键

氨基酸可发生成肽反应,反应中一个氨基酸的 α-氨基与另一个氨基酸的 α-羧基脱去一分子水缩合形成的化学键,称为肽键(peptide bond)。

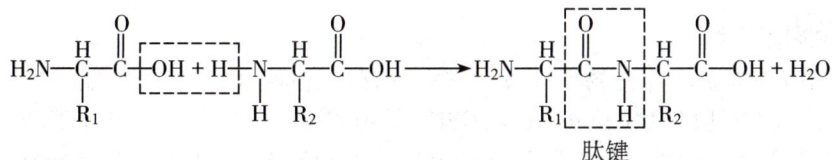

肽键(—CO—NH—)是一种特殊的酰胺键。肽键周围4个原子(C、O、N、H)与2个 $C_\alpha$ 构成一个肽单元(peptide unit,$—C_\alpha—CO—NH—C_\alpha—$)。在肽单元中,羰基 C 的 π 键电子对与酰胺 N 的孤电子对存在部分共享,肽键 C═N 键的键长(0.133nm)介于 C—N 单键(0.148nm)和 C═N 双键(0.127nm)之间(图3-3a),具有部分双键性质,不能自由旋转。因此,形成肽键的4个原子(C、O、N、H)和与之相连的2个 $C_\alpha$ 处在同一个刚性平面结构内,称肽平面。每一个肽单元就是一个肽平面。在肽平面上,2个 $C_\alpha$ 处于反式位置(即处于肽键两侧),$N—C_\alpha$ 键和 $C_\alpha—C$ 键可以旋转,肽链主链构象的形成与改变就是通过肽平面围绕 $C_\alpha$ 旋转来实现的(图3-3b)。

### (二)肽

氨基酸通过肽键连接而成的分子称为肽(peptide)。肽链中的氨基酸是不完整的,因而称为氨基酸残基(amino acid residue)。由2个氨基酸残基构成的肽是二肽,二肽通过肽键与另一个氨基酸缩合生成三肽,此反应继续进行,可依次生成四肽、五肽、…。一般来说,由10个以内氨基酸残基连接而成的肽,称为寡肽(oligopeptide);由10~50个氨基酸残基连接而成

（a）

肽键单元平面1

肽键单元平面2

（b）

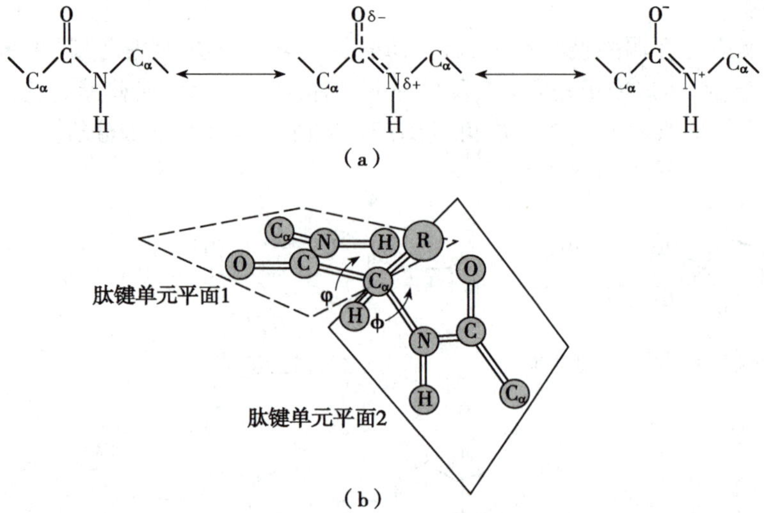

图 3-3 肽键和肽键平面

的肽,称为多肽(polypeptide)。因多肽的化学结构呈链状,所以也称多肽链。多肽链中肽平面重复构成的长链称为主链(main chain),也称链骨架(chain backbone),由—N—$C_\alpha$—$C_o$—序列重复排列而成。而氨基酸残基的 R 基相对较小,称为侧链(side chain)。

主链含有游离 $\alpha$-氨基的一端称为 N 端(N-terminal),又称氨基端(amino terminal);含有游离 $\alpha$-羧基的一端称为 C 端(C-terminal),又称羧基端(carboxyl terminal)。多肽链有方向性,与多肽链的合成开始于 N 端、终止于 C 端一致,通常将 N 端视作肽链的首端,C 端视作尾端。因此,书写肽链时,习惯上把 N 端写在左侧,C 端写在右侧。

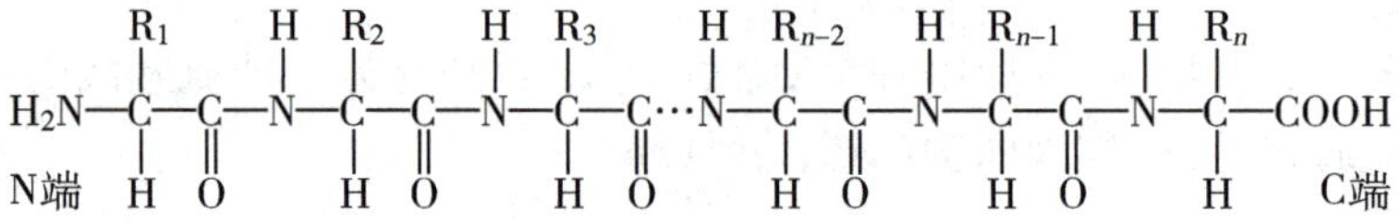

### （三）生物活性肽

生物体内有许多游离存在的活性肽。它们具有各自特殊的生物学功能。

1. 谷胱甘肽 谷胱甘肽(glutathione,GSH)是由谷氨酸、半胱氨酸和甘氨酸缩合形成的三肽,其中谷氨酸通过 $\gamma$-羧基与半胱氨酸的氨基形成异肽键,分子中半胱氨酸残基侧链上的巯基是 GSH 的官能团。由于巯基具有还原性,因此 GSH 是体内重要的抗氧化剂。

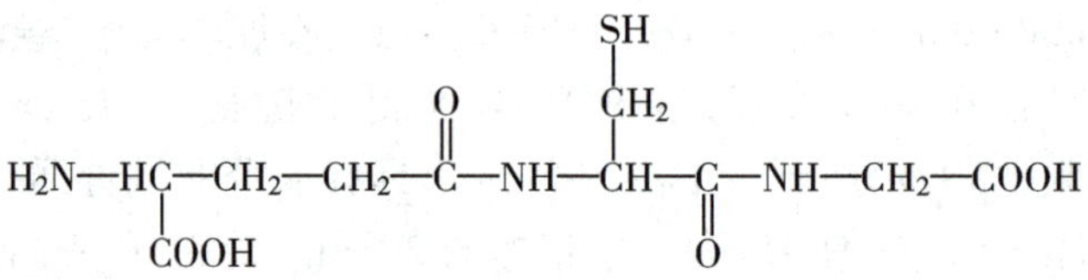

2. 肽类激素 体内有许多激素为寡肽或多肽,如由下丘脑-垂体-肾上腺皮质轴分泌的催产素(9 肽)、血管升压素(9 肽)、缓激肽(9 肽)、促肾上腺皮质激素(39 肽)、促甲状腺素释放激素(3 肽)等。

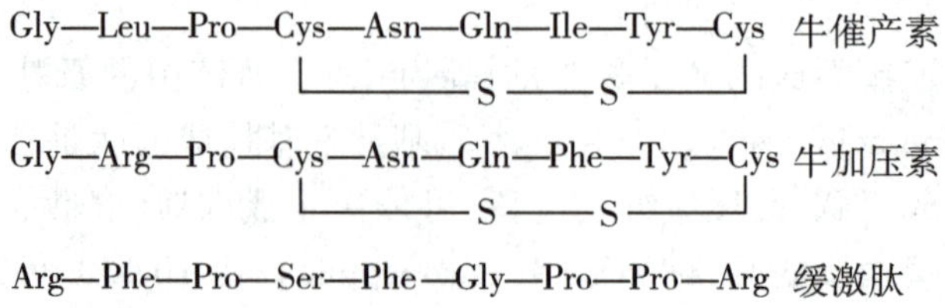

Gly—Leu—Pro—Cys—Asn—Gln—Ile—Tyr—Cys 牛催产素

Gly—Arg—Pro—Cys—Asn—Gln—Phe—Tyr—Cys 牛加压素

Arg—Phe—Pro—Ser—Phe—Gly—Pro—Pro—Arg 缓激肽

3. 神经肽　神经肽是一类在神经冲动传递过程中发挥作用的肽类,如脑啡肽(5 肽)、β-内啡肽(31 肽)、强啡肽 A(17 肽)等。它们与中枢神经系统的痛觉抑制有密切关系,常用于临床的镇痛治疗。此外,神经肽还有 P 物质(10 肽)、神经肽 Y 等。

4. 免疫活性肽　免疫活性肽是生物体内具有免疫功能的一类多肽,体内含量一般较低,但结构多样,可以通过内分泌、旁分泌、神经分泌等方式介导细胞信号转导,从而诱导 T 细胞发育分化、促进 T 细胞对抗原的应答、增强巨噬细胞吞噬能力等。免疫活性肽根据来源可分为微生物来源、植物来源、动物来源。微生物来源的免疫活性肽如胞壁酰二肽、环孢素 A 等;动物来源的免疫活性肽如胎盘免疫调节因子、胸腺肽类等。

# 第二节　蛋白质的分子结构

蛋白质是由许多氨基酸残基通过肽键连接形成的大分子化合物,具有复杂的结构和特定的生理功能。蛋白质特定的氨基酸组成与排列顺序是其具有独特生理功能的结构基础。蛋白质的结构通常分为 4 个层次,包括一级结构、二级结构、三级结构和四级结构(图 3-4)。其中,二级结构、三级结构和四级结构称为蛋白质的空间结构或构象。

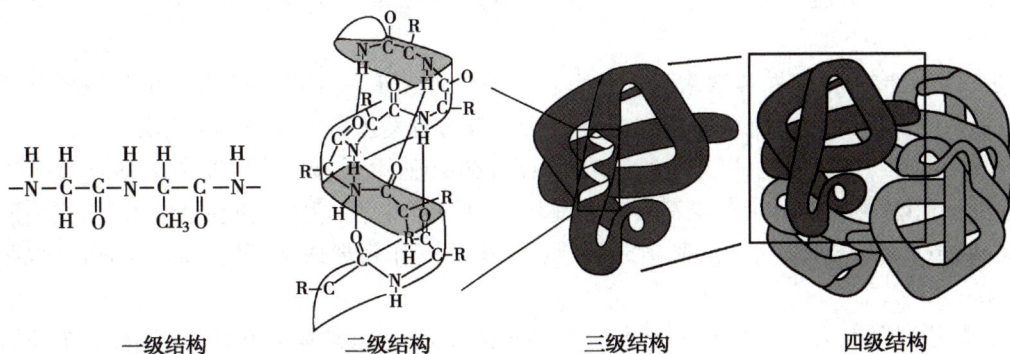

一级结构　　　二级结构　　　三级结构　　　四级结构

图 3-4　蛋白质各级结构示意图

## 一、维持蛋白质结构的化学键

蛋白质的一级结构和空间结构需要各种化学作用力来维持,这些化学作用力有共价作用和非共价作用两类。共价作用包括肽键与二硫键,其中肽键是维持蛋白质一级结构的主要化学键。维系空间结构的化学作用力主要是非共价作用,如氢键、疏水作用、离子键和范德瓦耳斯力等,也会有少量共价键,如二硫键。疏水性氨基酸残基通过疏水作用等非共价作用方式,聚集于分子内部,形成蛋白质的疏水核心;少量极性氨基酸残基或带电荷氨基酸残基,因其 R 基之间形成的氢键或离子键而位于分子内部,除此之外,多数极性氨基酸残基都位于分子表面。

1. 二硫键　蛋白质分子中 2 个半胱氨酸残基侧链的巯基通过脱氢、缩合形成二硫键(图 3-5)。二硫键(disulfide bond)的形成可使一条肽链的某一部分折叠成环,也能让两条单独的肽链共价交联,蛋白质分子之间也可以借二硫键形成蛋白二聚体等形式。二硫键可以被 β-巯基乙醇、二硫苏糖醇等还原剂打开。

2. 氢键　当 H 与 N、O 等共价结合形成═NH 或—OH 时,由于 N、O 电负性较强,使成键电子对偏离氢原子核,氢原子核附近呈现净正电荷,因而与其他电负性较强的原子(如 N

或 O)之间产生吸引力而形成氢键(hydrogen bond)。氢键既可以是分子间的,也可以是分子内的(图 3-6)。其键能比一般的共价键、离子键小,但强于静电引力和疏水作用。

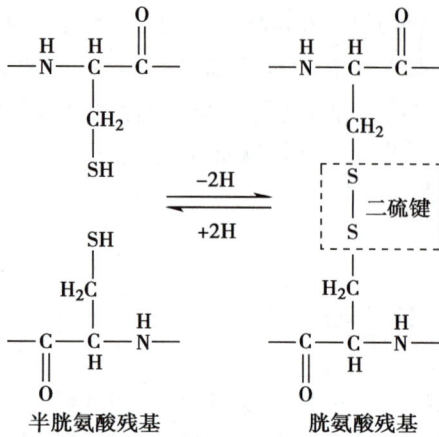

图 3-5　半胱氨酸与二硫键　　　　　　　图 3-6　各种类型的氢键

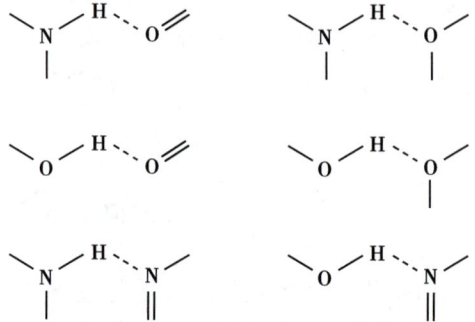

3. 疏水作用　疏水性是指疏水性分子与水互相排斥的物理性质。为了减小界面张力,疏水性分子在水里通常会通过疏水作用聚集在一起,称为疏水作用(hydrophobic interaction)。

蛋白质结构的稳定性在很大程度上有赖于分子内的疏水作用。疏水作用是熵增驱动的自发过程,因此有人提出疏水作用可在蛋白质肽链的自发折叠中发挥重要作用。

4. 离子键　多肽链的侧链 R 基上存在着可解离基团,如碱性氨基酸 R 基解离带正电荷,酸性氨基酸 R 基解离带负电荷。带电基团之间可产生静电引力和静电斥力,统称为静电作用(electrostatic interaction)。基团之间通过静电相互作用形成离子键(ionic bond),也称盐键、盐桥。

5. 范德瓦耳斯力　范德瓦耳斯力(van der Waals force)又称范德华力,是当 2 个非键合原子保持范德瓦耳斯距离(为 2 个原子的范德瓦耳斯半径之和)时存在的一种作用力。

维持蛋白质构象的化学键包括氢键(图 3-7a)、离子键(图 3-7b)、疏水作用(图 3-7c)等。

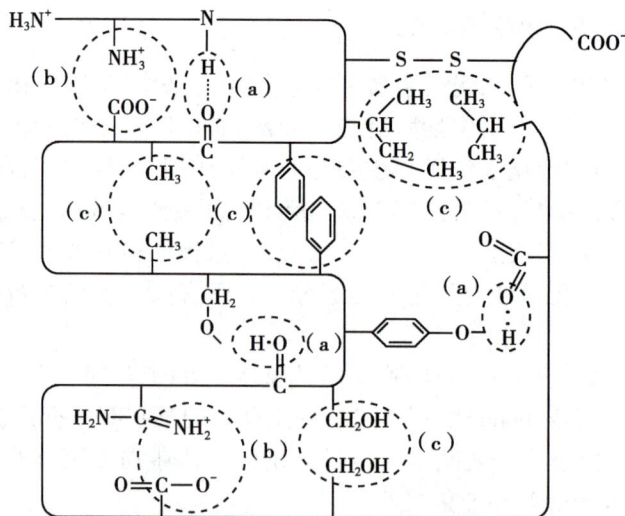

图 3-7　维持蛋白质构象的几种化学键
(a)氢键　(b)离子键　(c)疏水作用

## 二、蛋白质的一级结构

1969 年,国际纯粹化学和应用化学联合会(IUPAC)规定:蛋白质分子从 N 端到 C 端氨基酸残基的排列顺序称为蛋白质的一级结构(primary structure)。维系蛋白质一级结构的化学力主要是肽键,也包括二硫键。

蛋白质一级结构是其空间构象和特定生物学功能的基础,每种蛋白质都有一定的氨基酸组成及排列顺序。1953 年,英国剑桥大学 F. Sanger 报道了牛胰岛素的一级结构:牛胰岛素由 A、B 两条肽链构成,A 链有 21 个氨基酸残基,包括 4 个半胱氨酸残基;B 链有 30 个氨基酸残基,包括 2 个半胱氨酸残基。6 个半胱氨酸残基的巯基形成 3 个二硫键,其中 2 个在 A、B 链之间,1 个在 A 链内(图 3-8)。

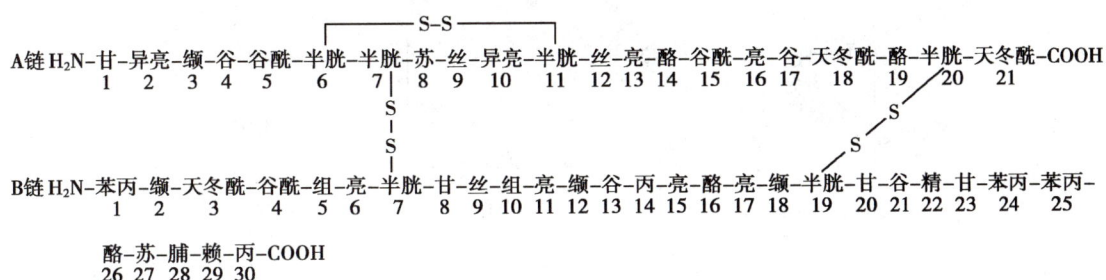

A链 H₂N-甘-异亮-缬-谷-谷酰-半胱-半胱-苏-丝-异亮-半胱-丝-亮-酪-谷酰-亮-谷-天冬酰-酪-半胱-天冬酰-COOH
　　　　1　2　3　4　5　6　7　8　9　10　11　12　13　14　15　16　17　18　19　20　21

B链 H₂N-苯丙-缬-天冬酰-谷酰-组-亮-半胱-甘-丝-组-亮-缬-谷-丙-亮-酪-亮-缬-半胱-甘-谷-精-甘-苯丙-苯丙-
　　　　1　2　3　4　5　6　7　8　9　10　11　12　13　14　15　16　17　18　19　20　21　22　23　24　25

酪-苏-脯-赖-丙-COOH
26　27　28　29　30

图 3-8　牛胰岛素的一级结构

## 三、蛋白质的二级结构

蛋白质的二级结构(secondary structure)是指多肽链主链的局部构象,不涉及侧链的空间排布。肽单元是蛋白质多肽链主链骨架的结构单元,其特征是刚性平面结构。肽键与两侧 α 碳原子形成的 N—$C_\alpha$ 键和 $C_\alpha$—C 键都可以自由旋转,主链骨架在空间中的折叠通过肽键平面围绕 $C_\alpha$ 相对旋转来实现。由于肽键平面相对旋转的角度不同,多肽链可以形成 α 螺旋、β 折叠、β 转角和无规卷曲等几种二级结构类型,还可以在此基础上进一步形成超二级结构。

### (一) 二级结构类型

1. α 螺旋　肽键平面围绕 $C_\alpha$ 旋转盘绕形成右手螺旋结构,称为 α 螺旋(α-helix)。多肽链的主链围绕中心轴呈有规律的螺旋式上升,每上升 1 圈大约需要 3.6 个氨基酸残基,螺距为 0.54nm,螺旋的直径为 0.5nm(图 3-9a)。氨基酸残基的 R 基构成多肽链的侧链,分布在螺旋的外侧(图 3-9b)。在 α 螺旋中,每一个肽键的羰基氧与后面第 4 个肽键的酰胺氢形成氢键(图 3-9c),从而稳定 α 螺旋结构。

2. β 折叠　多肽链上局部肽段的主链呈锯齿状伸展状态,数段平行排列可以形成片层样结构,称为 β 折叠(β-pleated sheet,图 3-10a)。1 个 β 折叠单位包含 2 个氨基酸残基,其 R 基均与折叠的棱角垂直、交错排列在 β 折叠平面的两侧。相邻肽段的肽单元之间形成的与肽链方向近似垂直的氢键是维持 β 折叠稳定的化学作用力。β 折叠中的肽段有同向平行式和反向平行式 2 种构象,且 2 种构象基本相似,但折叠单位的长度不同:同向平行的 β 折叠单位为 0.65nm(图 3-10b),反向平行的 β 折叠单位为 0.7nm(图 3-10c)。

3. β 转角　β 转角(β-turn)是肽链中由 4 个氨基酸残基形成的 180° 回折的转折部位,其中第 1 个氨基酸残基的羰基氧与第 4 个氨基酸残基的酰胺氢之间形成氢键,稳定回折结

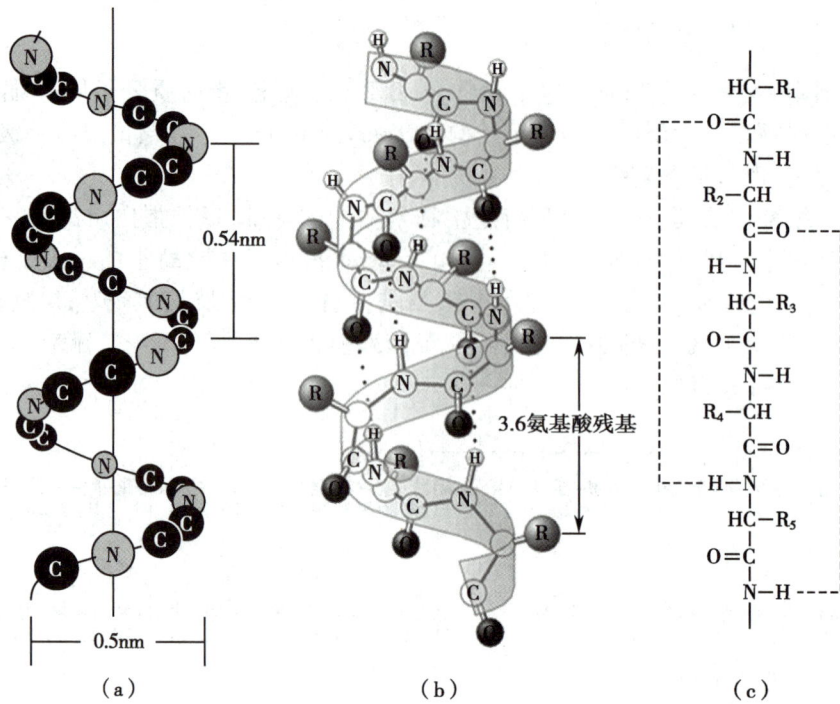

图 3-9 α 螺旋

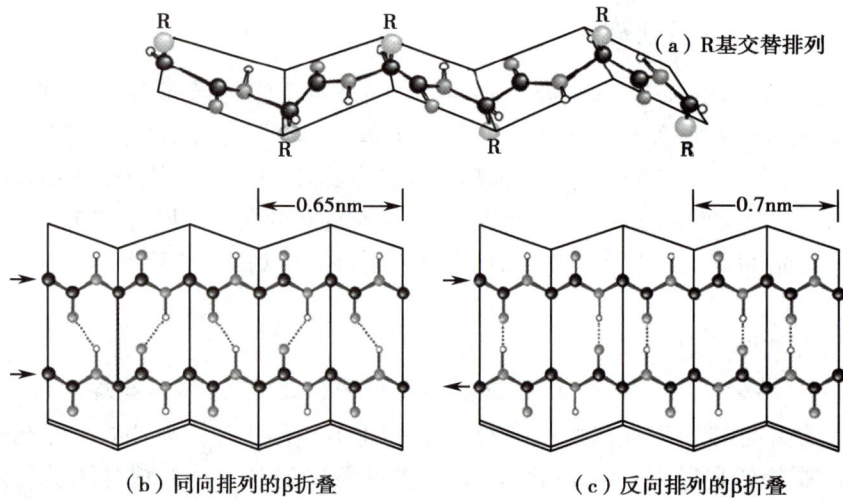

（a）R基交替排列

（b）同向排列的β折叠    （c）反向排列的β折叠

图 3-10 β 折叠

构（图 3-11）。β 转角的第 2 个氨基酸残基常为脯氨酸,由于其具有环状结构和固定的 φ 角,促使 β 转角形成。β 转角使肽链弯曲、回折或重新定向,有助于形成球状结构或 β 折叠反平行式。

4. 无规卷曲 除了上述二级结构之外,蛋白质多肽链主链还存在一些没有明确构象规律性的结构,泛称为无规卷曲(random coil)。实际上,无规卷曲的肽段并不是无序、非特异性的,如酶活性中心的肽段就可以呈现无规卷曲的形式。

## （二）超二级结构

1973 年,Rossman 提出了超二级结构(supersecondary structure)的概念。超二级结构又称为模体(motif)或基序,是指由 2 个或 2 个以上相邻的二级结构单元彼此相互作用,进一步

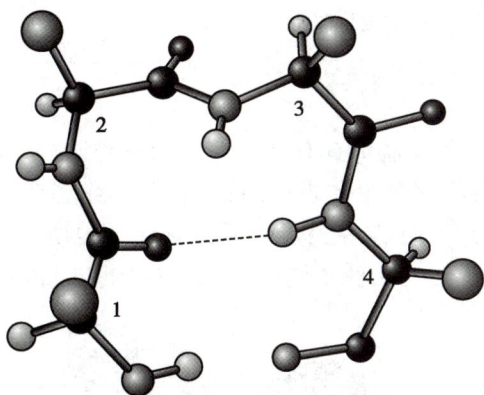

图 3-11 β 转角

聚集和组合在一起,形成二级结构聚集体,如 αα、βαβ、βββ、螺旋-转角-螺旋(图 3-12a)等。超二级结构的形成可以降低蛋白质分子的内能,使之更加稳定。特殊的超二级结构执行重要的生物学功能。

超二级结构的特征性构象是其特殊功能的结构基础。如钙结合蛋白分子中通常有结合钙离子的基序,是由 α 螺旋、环、α 螺旋等二级结构肽段组成的 EF 手型结构,α-螺旋之间的环状区域为 $Ca^{2+}$ 结合环,环上氧原子可螯合钙离子,并通过两侧 α 螺旋的氢键及疏水作用稳定 $Ca^{2+}$ 的配位结构。又如,锌指结构由 1 个 α 螺旋和 2 个反向平行的 β 折叠组成,形似手指,借助该肽段 N 端的 1 对 Cys 和 C 端的 1 对 His 络合锌离子(图 3-12b),从而稳定 α 螺旋并使其能嵌入 DNA 大沟中,因此含锌指结构的蛋白质通常为 DNA 结合蛋白,这类蛋白在调控基因转录活性的过程中发挥作用。

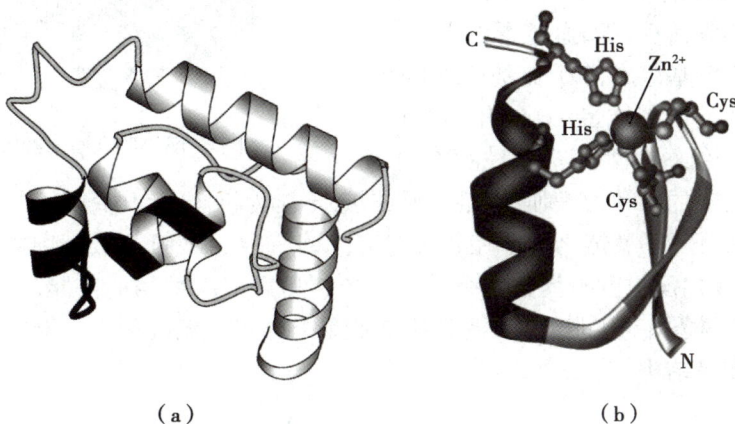

(a)                              (b)

图 3-12 超二级结构
(a)螺旋-转角-螺旋 (b)锌指结构

## 四、蛋白质的三级结构与结构域

蛋白质的三级结构(tertiary structure)是肽链在二级结构基础上进一步折叠的结果,是指蛋白质分子整条肽链的空间结构,描述肽链上所有原子的空间排布。在三级结构中,疏水基团主要位于分子内部,亲水基团则位于分子表面。

蛋白质三级结构的稳定依靠众多次级键,如氢键、疏水作用、范德瓦耳斯力、部分离子键和少量共价键(如二硫键)。三级结构可使原本在一级结构相距较远的基团聚集,形成具有特定构象的活性部位(active site)。因此,由 1 条肽链构成的蛋白质,必须具备三级结构,才有生物学活性。

许多蛋白质的三级结构中存在着 1 个或多个相对独立的近似球形的折叠区,称为结构域(domain)。结构域由多肽链折叠形成,肽链缠绕紧密而稳定。较小的蛋白质多为单结构域,其肽链折叠形成球形的三级结构。较大的球状蛋白常为多结构域,这些结构域通常也是功能域(functional domain),它们相互连续又相对独立,结构相似或完全不同,适当酶切可单独分离结构域。结构域之间的连接相对松弛,常常通过无规卷曲的肽段相连接,称为铰链区

（hinge region）。铰链区有一定的柔性,能使结构域发生相对移动。

### 五、蛋白质的四级结构

许多蛋白质由几条甚至几十条肽链构成,每一条肽链都具有独立完整的三级结构,称为该蛋白质的一个亚基。只具有 1 条多肽链的蛋白质称为单体蛋白质;含有 2 个或多个亚基的蛋白质称为多亚基蛋白质（multisubunit protein）,又称为多聚蛋白质或寡聚蛋白质（oligomeric protein）。一种亚基组成的多聚蛋白质为同聚体;几种不同的亚基组成的多聚蛋白质称为异聚体或杂多聚蛋白质。

多聚蛋白质的亚基与亚基间以非共价键相连接,形成特定的三维空间排布。这种蛋白质分子中各个亚基的空间排布及亚基接触部位的布局和相互作用,称为蛋白质的四级结构（quaternary structure）（图 3-13）。在四级结构中,各亚基间的作用力主要是氢键、离子键、疏水作用和范德瓦耳斯力等。

具有四级结构的蛋白质,亚基独立存在时一般没有生物学活性。如血红蛋白由 2 个 α 亚基和 2 个 β 亚基组成,4 个亚基通过 8 个离子键相连形成的四聚体蛋白,具有运输 $O_2$ 和 $CO_2$ 的功能。但每一个亚基单独存在时,虽可结合氧且与氧的亲和力增强,但难于释放氧,不能为机体组织供氧。

图 3-13　血红蛋白四级结构

某些蛋白质分子中肽链之间存在共价连接,则每一条肽链都不具有独立的三级结构,不能称为亚基,该蛋白质也就不具备四级结构。如胰岛素基因编码的前胰岛素原分解脱去 C 肽,得到含 A、B 两条肽链的胰岛素,两条肽链由 2 个链间二硫键和 1 个链内二硫键连接,所以胰岛素没有四级结构。

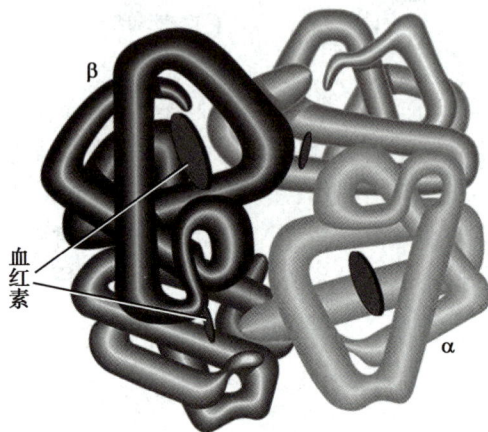

## 第三节　蛋白质结构与功能的关系

蛋白质的组成和结构是其生理功能的基础。不同结构的蛋白质具有不同的功能,改变蛋白质的结构将影响其功能。

### 一、蛋白质一级结构与功能的关系

蛋白质的一级结构是空间结构的基础,蛋白质的空间结构决定其生物学功能。

#### （一）蛋白质的一级结构是空间结构的基础

20 世纪 50 年代,Anfinsen C 通过牛胰核糖核酸酶变性、复性的实验研究证实,蛋白质的一级结构决定其空间结构。牛胰核糖核酸酶由 124 个氨基酸残基组成,其中 8 个半胱氨酸残基形成 4 对二硫键,参与维持酶的空间结构（图 3-14a）。用 β-巯基乙醇还原二硫键,以及尿素破坏非共价键,使脱辅基酶（又称酶蛋白）紧密的球状结构转变为松散的线状结构,催化活性完全丧失,但其一级结构仍保持完整。透析去除 β-巯基乙醇和尿素后,分子内重新形成二硫键和非共价键,恢复天然构象,其催化活性和理化性质也完全恢复（图 3-14b）。核糖核酸酶复性过程中,4 对二硫键必需形成与其天然构象完全相同的配对方式,才可使酶活性恢复。理论上,核糖核酸酶的 8 个半胱氨酸残基存在 105 种配对方式,即复性时核糖核酸酶正确折叠的概率仅为 1/105,而 Anfinsen 实验证实变性的核糖核酸酶只要其一级结构未破坏,就能恢复到原本的三级结构,提示每一种蛋白质的一级结构中包含其空间结构折叠所需的全部信息。

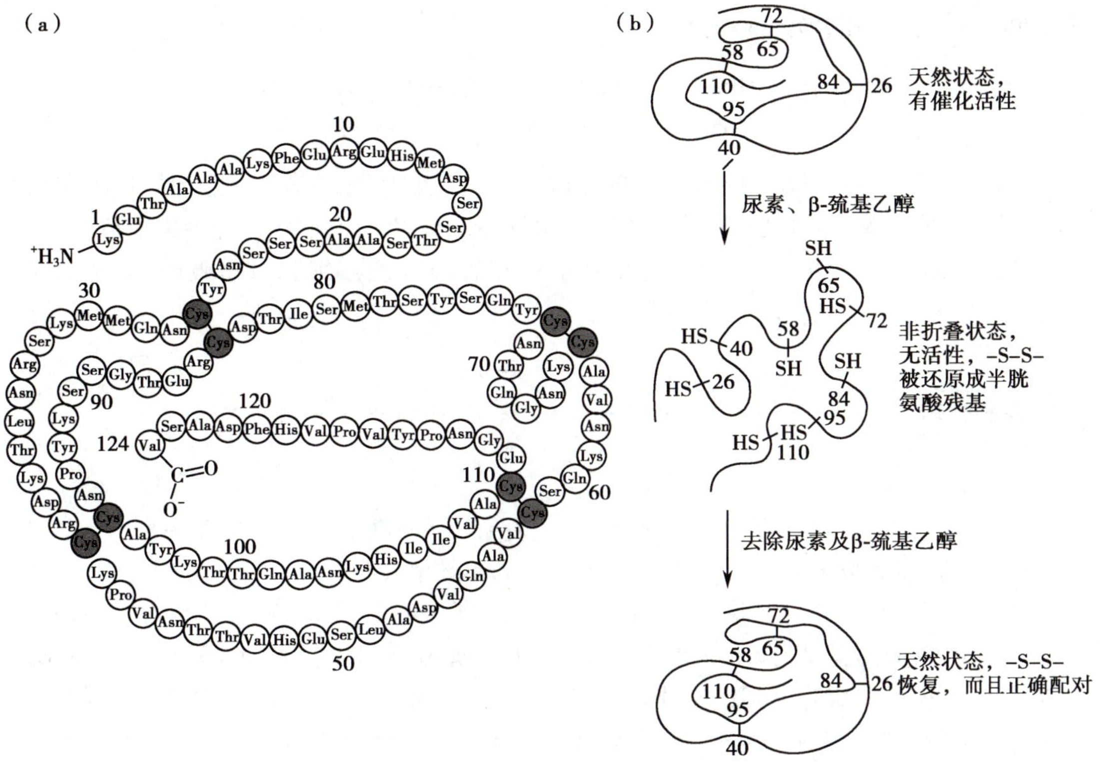

图 3-14　牛核糖核酸酶一级结构与空间结构及功能的关系
(a)牛核糖核酸酶的氨基酸序列　(b)β-巯基乙醇及尿素对牛核糖核酸酶的作用

### (二)一级结构相似的蛋白质具有相似的空间结构和功能

种属来源不同,但氨基酸序列相似,空间结构相似,功能相同或相似的蛋白质称为同源蛋白质(homologous protein),也可称为蛋白质家族。同源蛋白质的氨基酸序列相似性称为序列同源性(sequence homology)。在同源蛋白质中,许多位置的氨基酸残基是相同的,称为不变残基。不变残基大多是维持蛋白质构象和活性所必需的氨基酸。相比之下,其他位置的氨基酸残基差异较大,称为可变残基。例如,哺乳动物的胰岛素都由 A 链和 B 链组成,兔、巨头鲸和人胰岛素的 A 链完全相同,山羊、牛和人胰岛素的 B 链完全相同。这些胰岛素的二硫键配对和分子构象也极为相似,仅个别氨基酸残基不同。以上差异不影响胰岛素的基本功能,但影响其免疫学性质。当然,在进化关系上相差甚远的物种,其同源蛋白的氨基酸序列存在较大差异。

同源蛋白源于同一祖先基因,其衍生的子代基因可表达产生结构和功能高度保守的蛋白质,如人 α-珠蛋白基因和人 β-珠蛋白基因都来源于同一个祖先血红蛋白基因,两者编码的蛋白有 64 个氨基酸残基相同,功能也相同。此外,也有一些蛋白质序列同源性很高,如胰蛋白酶、弹性蛋白酶是一类丝氨酸蛋白酶,纤溶酶也属于丝氨酸蛋白酶,这几种同源蛋白都能催化肽键水解,功能虽相似,但它们对底物的特异性存在差异。

### (三)蛋白质一级结构改变与分子病

由基因突变造成蛋白质结构改变或合成量异常而导致的疾病称为分子病。基因突变可以改变蛋白质的一级结构,从而影响蛋白质的空间结构、生物学活性而致病。分子病可通过遗传在群体中散布,隐性基因突变杂合子可没有临床症状或仅有轻微的症状,而纯合子则会出现明显的临床症状。例如,镰状细胞贫血(sickle cell anemia)是由血红蛋白分子结构异常而引起的分子病。正常成人血红蛋白(HbA)为 $\alpha_2\beta_2$ 四聚体,其 β 亚基的第 6 位氨基酸是谷氨酸。而镰状细胞贫血患者的血红蛋白(HbS)中此处变成了缬氨酸,即带负电荷 R 基氨基酸被非极性脂肪族 R 基氨基酸替代:

HbA　N 末端-缬-组-亮-苏-脯-谷-谷

HbS　N 末端-缬-组-亮-苏-脯-缬-谷

仅此 1 个氨基酸残基的改变,使去氧血红蛋白的溶解度显著降低,相互黏着,聚集成纤维状晶体,压迫质膜,导致红细胞形态扭曲成镰刀状。镰状细胞不易通过毛细血管,因而血流变慢,导致组织缺血损伤。同时,纤维状晶体损害质膜使红细胞极易破碎,发生溶血性贫血。

## 病案分析

病案实例:

患儿,男,14 岁,无明显诱因右侧腰痛 2 个月余。无尿痛、发热、咳嗽、腹泻。患儿体格检查无异常,运动发育正常,智力发育正常。肾 B 超显示双肾髓质钙沉着,右肾充盈,输尿管、膀胱未见异常。实验室检查:血浆三酰甘油 1.9(0.4~1.7)mmol/L;尿 pH 5.5;尿钙/尿肌酐 0.02(0~0.2);尿微量白蛋白 97.8(0~19)mg/L;尿转铁蛋白 5.25(<2.0)mg/L;尿 N-乙酰-β-葡萄糖苷酶(NAG)14(0~21);色谱定量分析示血游离肉碱 17.9(20~60)μmol/L、尿游离肉碱 18.4(52~176)μmol/L;血鸟氨酸 34.9(50~450)μmol/L、尿鸟氨酸 69.3(0~55)μmol/L;血精氨酸 4.1(5~15)μmol/L、尿精氨酸 12.6(0~10)μmol/L;血甲硫氨酸 17.4(10~15)μmol/L、尿甲硫氨酸 16.2(0~10)μmol/L。

ER-3-1

病案分析

## 二、蛋白质空间构象与功能的关系

### (一)蛋白质通过构象变化调节功能

在生物体内,某些蛋白质可在特定条件下发生构象变化,从而改变其活性。例如酶原激活、蛋白质的别构等。

1. 蛋白质的别构效应　寡聚蛋白质通过非共价结合配体(ligand)诱导构象变化,从而影响其活性的效应,称为蛋白质的别构效应(allosteric effect),又称变构效应。此类蛋白质称为别构蛋白(allosteric protein),又称变构蛋白;配体则称为调制物(modulator)、调节剂、别构剂、变构剂或效应剂。增强别构蛋白活性的调制物是别构激活剂(allosteric activator),抑制其活性的是别构抑制剂(allosteric inhibitor)。

一种蛋白质可能结合几个相同或不同的配体,每一配体都有特定的结合位点。这些位点可以位于同一亚基或不同亚基。一个配体与蛋白质的结合改变了蛋白质的构象,也会改变其余结合点的亲和力,从而影响与其他配体的结合。与同一蛋白质分子结合的几个配体之间因别构效应而产生的相互影响称为协同效应(cooperative effect)。如果是促进结合,称为正协同效应,反之为负协同效应。同类配体之间的协同效应称为同促效应(homotropic effect)。异类配体之间的协同效应称为异促效应(heterotropic effect)。有些蛋白质可以同时具有同促效应与异促效应。可见,配体与蛋白质的可逆结合介导的别构调节是空间结构影响功能的重要内容。

2. 氧合蛋白的构象与功能　氧合蛋白包括肌红蛋白(myoglobin,Mb)与血红蛋白(hemoglobin,Hb)。肌红蛋白是存在于肌肉细胞内的一种能结合氧气的球蛋白,其功能为储存氧气,并在迅速收缩的肌肉组织中加快氧的运输。血红蛋白是红细胞的主要成分,为运输氧和二氧化碳的主要载体。氧在动物血液循环中几乎完全由红细胞携带并运输。

肌红蛋白与血红蛋白是最早确定构象的蛋白质,均为结合蛋白,其多肽链部分称为珠蛋白(globin),血红素(heme)是它们共同的辅基。肌红蛋白与血红蛋白已经成为认识蛋白质结构与功能关系的经典模型。

肌红蛋白的相对分子质量为 16 700Da,是由 153 个氨基酸残基构成的单一肽链。多肽链折叠形成 8 个含 7~20 氨基酸残基的 α 螺旋区段,分别命名为 A~H,α 螺旋区包含了肌红蛋白分子中约 80% 的氨基酸残基。两个螺旋区通过 β 转角或其他非螺旋区段连接,并进一步通过侧链 R 基相互作用装配为具备特定三级结构的球形分子(图 3-15)。三级结构的形成使肌红蛋白内部存在 1 个疏水空穴,空穴内近端组氨酸(proximal His)与血红素 $Fe^{2+}$ 形成第 5 个配位键,并通过血红素的 2 个带负电荷的丙酸基与肽链的碱性氨基酸侧链 R 基结合,从而使血红素居于此疏水空穴内。血红素 $Fe^{2+}$ 第 6 个配位键结合氧,由疏水空穴内的远端组氨酸调节氧结合部位的空间位阻。所有极性氨基酸残基位于肌红蛋白分子表面并且与水结合,使肌红蛋白易溶于水。

血红蛋白是异四聚体,每个亚基结合 1 分子血红素,因此能结合 4 分子 $O_2$。HbA 的 α-亚基含 141 个氨基酸残基,β-亚基含 146 个氨基酸残基,相对分子质量为 64 500Da。人血红

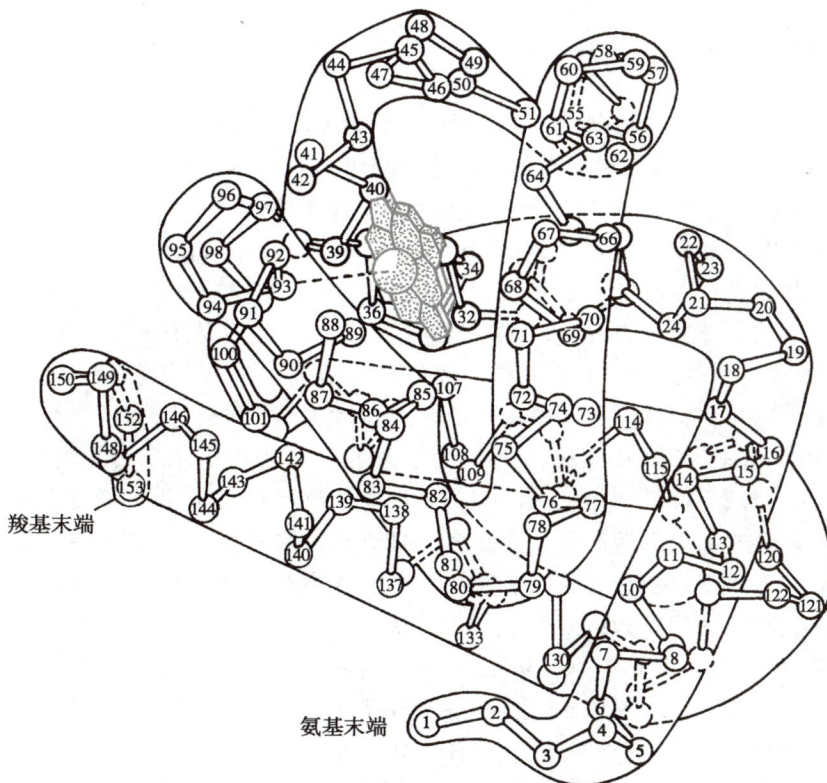

图 3-15　肌红蛋白的结构

蛋白α、β亚基与肌红蛋白一级结构相比较,只有不到一半的氨基酸残基是相同的,但其三级结构却非常相似。四级结构则表现为 $\alpha_1\beta_1$ 与 $\alpha_2\beta_2$ 组成对称结构,形成松弛型(relaxed,R型)和紧张型(tense,T型)两种构象。这两种构象的血红蛋白都可以结合氧,但 R 型对氧的亲和力更强,氧合后也更稳定,是氧合血红蛋白的优势构象,而不与氧结合时 T 型更稳定,所以 T 型是去氧血红蛋白的优势构象。两种构象的差别主要在于亚基之间的排布。T 态向 R 态转变,是因氧合发生时,$\alpha_1\beta_1$ 和 $\alpha_2\beta_2$ 两对二聚体以自身为单位彼此旋转和滑动15°(图3-16)。

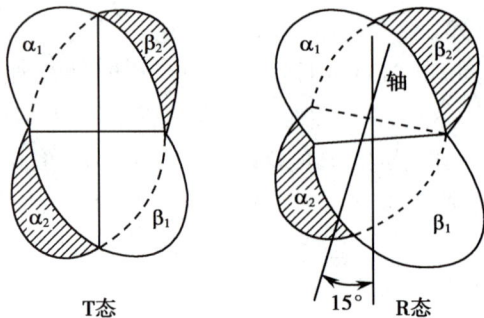

图 3-16　血红蛋白 T 态与 R 态互变

血红蛋白由于具备四级结构,还存在一种区别于肌红蛋白的结构特点。血红蛋白亚基缔合形成 1 个中央空穴,可结合 1 分子配体 2,3-双磷酸甘油酸(2,3-bisphosphoglycerate,BPG)。BPG 是糖酵解的中间产物,是血红蛋白的异促调制物。BPG 的结合使血红蛋白氧合力降低为正常的 1/26,起到了稳定 T 构象的作用,从而使血红蛋白能在外周组织有效地释放氧。T 态转变为 R 态时,β 亚基之间的空穴变窄,BPG 被释放,有利于血红蛋白结合氧。

在人体发育的不同阶段,血红蛋白由不同的亚基组成,如胎儿血红蛋白主要为 HbF,为 $\alpha_2\gamma_2$ 四聚体,而成人血红蛋白主要为 HbA,亚基组成为 $\alpha_2\beta_2$。胎儿只能从母血获得氧,但母血氧分压低于大气,因此 HbF 的氧合力必须高于母血。$\alpha_2\gamma_2$ 对 BPG 的亲和力低于成人,所以氧合力也就高于成人。

## 知识链接

### 药物设计的靶点——G 蛋白偶联受体

2012 年 10 月,年近七旬的美国科学家 Robert J. Lefkowit 因其"在 G 蛋白偶联受体研究中作出突出成就"而被授予诺贝尔化学奖,共享此殊荣的还有另一位美国科学家 Brian K. Kobilka。G 蛋白偶联受体(G protein coupled receptor,GPCR)是最常见的胞膜受体,由于其通过胞内域与 G 蛋白相互作用而转导细胞间信号而得名。GPCR 为单体蛋白,氨基端位于细胞膜外表面,羧基端在胞膜内侧,并通过 7 个 α 螺旋完成 7 次跨膜,故又称 7 次跨膜受体。GPCR 是目前已知的最大的受体家族,其家族成员有肾上腺能受体、多巴胺受体、5-羟色胺受体、光受体、嗅觉受体、味觉受体,以及直接促进胰岛素分泌的 GPR119 等。GPCR 在体内分布广泛,承担着各种细胞信号转导的功能。因此,开发以 GPCR 为靶点的抑制剂或激动剂,可影响细胞信号转导,改变新陈代谢的速度或方向,也可能调节基因表达的种类和程度。目前已知的药物中,约有 50% 通过 GPCR 发挥作用,如非选择性抑制肾上腺能受体的普萘洛尔(propranolol)、血管紧张素受体阻滞剂氯沙坦、组胺受体阻断剂西咪替丁等。

中药单体或复方中的多个成分可以作用于 GPCR。如影响血管舒缩功能的各种中药成分可相互协同作用,多靶点调控各种 GPCR,包括 5-HT1AR,5-HT1BR、血管紧张Ⅱ 1 型受体(AT1R)、$\beta_2$ 肾上腺素能受体($\beta_2$-AR)等。

### （二）蛋白质构象病

生物体内蛋白质的合成、加工和成熟是一个复杂的过程,其中多肽链正确折叠对其构象的形成和功能的发挥至关重要。蛋白质一级结构不变,但若因折叠错误发生构象改变,仍可影响其功能,严重时会致病,称为蛋白质构象病。

疯牛病是由朊病毒(prion)引起的一组人和动物神经退行性病变,又称牛海绵状脑病(bovine spongiform encephalopathy,BSE),其传播是由朊粒蛋白(PrP)组成的传染性蛋白颗粒导致的。PrP 有 2 种构象:一种是正常的 $PrP^C$ 构象,以 α 螺旋为主;另一种是致病的 $PrP^{Sc}$ 构象,以 β 折叠为主。$PrP^C$ 是一种分布于哺乳动物脑组织的细胞膜糖蛋白,$PrP^{Sc}$ 和 $PrP^C$ 的一级结构可以完全相同,但前者在折叠时发生错误,转变为强致病性的朊病毒蛋白。$PrP^{Sc}$ 分子还能"复制",即将 $PrP^C$ 构象转变成 $PrP^{Sc}$ 构象,使本病具有传染性、遗传性等特点。Prusiner 因发现朊粒蛋白而获得 1997 年诺贝尔生理学或医学奖。

ER-3-3

病案分析

## 第四节　蛋白质的理化性质与应用

蛋白质的理化性质不仅是分析和研究蛋白质的化学基础,还是诊断和治疗疾病的分子基础。

### 一、蛋白质的理化性质

#### （一）一般性质

蛋白质含有肽键和芳香族氨基酸,所以有紫外吸收特性;蛋白质是两性电解质,具有等电点;此外,蛋白质能发生多种呈色反应。

1. 紫外吸收特征　蛋白质在紫外光区有 2 个吸收峰:一是由于其色氨酸残基和酪氨酸残基侧链苯环存在共轭双键,呈现对 280nm 紫外光的最大吸收;二是肽键对 200~220nm 紫外光的最大吸收。此两处吸收峰都可用于蛋白质的定量测定,但以 280nm 为主。在一定条件下,蛋白质溶液对 280nm 紫外光的吸收程度与其浓度成正比。

2. 两性解离与等电点　蛋白质除肽链末端游离的 $α\text{-NH}_2$ 和 α-COOH 外,许多氨基酸侧链上还有可解离基团,如谷氨酸和天冬氨酸的非 α-羧基,可以给出 $H^+$ 而带负电荷;也有赖氨酸的 ε-氨基、精氨酸的胍基和组氨酸的咪唑基,可以结合 $H^+$ 而带正电荷。这些基团的解离状态决定蛋白质的带电荷状态,而解离状态受溶液 pH 影响。在某一 pH 溶液中,蛋白质解离为正负离子的程度及趋势相等,呈兼性离子,此时溶液的 pH 称为蛋白质的等电点(pI)。如果溶液 pH<pI,则蛋白质净电荷为正,在电场中向负极移动;相反,溶液 pH>pI,则蛋白质净电荷为负,在电场中向正极移动。

蛋白质的等电点多不相同,大多数小于 pH 6.0,所以在生理 pH 条件下,大多数蛋白质解离成阴离子。少数蛋白质含碱性氨基酸较多,其等电点偏于碱性,称为碱性蛋白质,如组蛋白、细胞色素 c 等。也有少数蛋白质含酸性氨基酸较多,其等电点偏于酸性,称为酸性蛋白质,如胃蛋白酶、α-酸性糖蛋白等。

3. 呈色反应　呈色反应常用于蛋白质定量分析。

（1）茚三酮反应:蛋白质分子内含有游离氨基,可与水合茚三酮反应呈蓝紫色。

（2）双缩脲反应:双缩脲由 2 分子尿素脱氨缩合生成,在弱碱性溶液中与 $Cu^{2+}$ 作用呈紫红色,称双缩脲反应。蛋白质分子内的肽键也能发生双缩脲反应。

（3）酚试剂反应:酚试剂含有磷钼酸-磷钨酸,与蛋白质的呈色反应比较复杂,包括以下反应:①在碱性条件下,蛋白质中的肽键与 $Cu^{2+}$ 作用生成紫红色的蛋白质-$Cu^{2+}$ 复合物;②蛋白质-$Cu^{2+}$ 复合物内酪氨酸的酚基在碱性条件下将磷钼酸-磷钨酸试剂还原,生成深蓝色的磷钼蓝和磷钨蓝混合物。酚试剂反应的灵敏度比双缩脲反应高,利用酚试剂测定蛋白质含量的方法又称为劳里法(Lowry method)。

(4)BCA 法:碱性条件下,2,2′-联喹啉-4,4′-二甲酸二钠(2,2′-biquinoline-4,4′-dicarboxylic acid disodium salt,bicinchoninic acid disodium salt,BCA-2Na)可与被蛋白质还原的 $Cu^+$ 反应,形成紫蓝色复合物,而该复合物对 562nm 的可见光有最大程度的吸收,且在一定浓度范围内,$A_{562}$ 与蛋白质含量有良好的线性关系,因此可用 BCA 法对蛋白质进行定量分析。

### (二)大分子特性

蛋白质是生物大分子,相对分子质量约为 6~1 000kDa,具有高分子的理化性质。

1. 蛋白质溶液是胶体溶液 蛋白质分子的直径已经达到胶体颗粒范围(1~100nm),能够形成稳定的胶体溶液,主要是同性电荷与水化膜两个因素的作用。生理 pH 条件下,蛋白质绝大多数带负电荷,同性电荷使蛋白质分子互相排斥,不易聚集成可沉淀的大颗粒;蛋白质的极性氨基酸残基大都处于分子表面,可与水形成氢键,从而在分子表面包裹了一层结合水,称为水化膜。水化膜在蛋白质分子之间起到了隔离作用。

2. 沉降与沉降系数 溶液中蛋白质颗粒的密度比水大,在重力作用下有沉降的趋势,但水分子对蛋白质颗粒的不断碰撞使之产生布朗运动,足以抵消重力沉降趋势,使蛋白质维持均相溶液状态。然而,如果通过超速离心技术制造重力场,增加其相对重力,则蛋白质颗粒会克服布朗运动,沿相对重力场方向沉降。沉降速度与蛋白质相对分子质量、分子形状、密度相关,也与溶剂的密度、黏度有关。

对于特定蛋白质颗粒,其沉降速度与离心加速度(相对重力)之比,即单位离心场强度的沉降速度为一常数,称之为沉降系数。为方便起见,规定用 $10^{-13}$ 秒作为一个沉降系数单位,或称为斯韦德贝里单位(Svedberg unit),用 S 表示,其单位为秒。沉降系数与相对分子质量相关,但由于还存在相对分子质量以外的其他影响因素,所以二者并不成正比关系。蛋白质的沉降系数与相对分子质量的关系符合斯韦德贝里方程。

3. 蛋白质不能透过半透膜 半透膜是一种只允许离子和小分子自由通过的膜结构。生物大分子不能自由通过半透膜,其原因是半透膜的孔隙比离子和小分子大但比生物大分子小。蛋白质为生物大分子,因此不能透过半透膜。

半透膜限制大分子的运动,导致膜两侧溶液的粒子浓度不同,两侧溶液的渗透压也不同。血浆与组织间液之间的相对胶体渗透压主要是由血浆清蛋白(白蛋白)维持的。细胞质膜、各种细胞器膜和肾脏基底膜均属于半透膜,因此酶和蛋白质在体内有固定的分布。当上述生物膜受到损伤时,蛋白质就会溢出,进入血浆或者尿液,这是临床实验室检查的原理。

### (三)变性和沉淀

1. 蛋白质的变性 蛋白质的天然构象与其生物学功能密切相关。某些理化因素破坏稳定蛋白质构象的次级键,使蛋白质构象发生变化,引起蛋白质的理化性质改变、生物学功能丧失,这种现象称为蛋白质的变性(denaturation)。变性蛋白质由于分子内部疏水基团的暴露、肽链展开、分子的不对称性增加,使其溶解度降低,黏度增加,并更易被蛋白酶消化水解。

促使蛋白质变性的物理因素有高温、高压、紫外线、X 线和超声波等;化学因素有强酸、强碱、重金属离子、胍、尿素和 β-巯基乙醇等。蛋白质的变性主要涉及次级键和二硫键的破坏,并不涉及肽键破坏和一级结构的改变。因此,若引起变性的因素比较单一,或蛋白质构象的变化较小,则去除造成蛋白质变性的因素,使其重新处于维持天然构象时的生理条件下,有可能会自发恢复天然构象,生物学活性部分或完全恢复,该过程称为蛋白质的复性（renaturation）,如牛核糖核酸酶的变性与复性（图3-14）。但是绝大多数情况下,如强酸、强碱、高温、紫外线等因素导致的蛋白质变性则不可逆。

蛋白质变性在实际应用上具有重要意义。如临床工作中经常用高温、高压、紫外线照射、乙醇等物理或化学方法进行消毒灭菌,使细菌或病毒的蛋白质变性。而蛋白质制剂（如胰岛素、尿激酶、链激酶、干扰素、人血浆清蛋白、丙种球蛋白等）以及疫苗、菌苗,应通过冷链运输,在低温下保存,以防止其变性。

2. 蛋白质的沉淀　破坏蛋白质溶液的稳定性,使蛋白质分子从溶液中析出的现象称为蛋白质的沉淀（precipitation）。

变性的蛋白质易于沉淀,因为蛋白质变性后,疏水侧链暴露在外,肽链相互缠绕继而聚集并从溶液中析出。相反,如引起蛋白质沉淀的因素不破坏其空间结构,沉淀蛋白质也可能不变性。

3. 蛋白质的凝固　蛋白质变性后,仍能溶解于强酸或强碱溶液中。但若将pH调至等电点,则蛋白质变性后立即结成絮状的不溶解物,加热则可使絮状物变成比较坚固的凝块,不再溶于强酸和强碱中,这种现象称为蛋白质的凝固。凝固是蛋白质变性后进一步发展的不可逆结果。

## 二、蛋白质的分离纯化技术

蛋白质的分离纯化是指从复杂的混合物中获得具有良好生物学活性及完整化学结构的单一种类蛋白质。利用各种方法将蛋白质从混合物中与其他分子如核酸、糖等分离,或者从不同种类蛋白质的混合物中分离单一蛋白质成分的过程称为蛋白质的分离;通过分离技术获得目的蛋白质,并制成单一成分纯品的过程称为蛋白质的纯化。

### （一）离心

离心技术是利用离心机转子高速旋转时产生强大的离心力,使置于转子中的悬浮颗粒发生沉降或漂浮,从而分离或浓缩某些颗粒。

超速离心法可以用来分离蛋白质以及测定其相对分子质量。蛋白质在高达60万g（g为gravity,即重力）的离心力作用下,在溶液中会逐渐沉降,直至其浮力与离心所产生的力相等时,停止沉降。不同蛋白质的相对分子质量、分子形状和密度存在差异,因此通过离心可将它们分离开来。

### （二）透析与超滤

透析（dialysis）是根据大分子不能透过半透膜的原理,将生物大分子与小分子如无机盐、单糖等分开的一种分离纯化技术。在分离提纯蛋白质时,我们可以利用这一性质,将含有小分子杂质的蛋白质溶液封入半透膜制成的透析袋内,将透析袋浸入透析液（流动水或缓冲液）中,蛋白质分子不能透过半透膜,而小分子杂质皆从透析袋中透出,更换透析液,直至透析袋内无机盐等小分子物质降低到最小值为止,此时蛋白质得到纯化（图3-17）;也可利用该特性透析去除溶剂水,浓缩蛋白质（或其他大分子）溶液。

超滤又称超过滤,利用压力或离心力使水或低分子量溶质透过超滤膜,蛋白质等较大的颗粒则被截留在膜上。此法简便且回收率高,是蛋白质溶液浓缩的常用方法。

### （三）沉淀

沉淀作为分离蛋白质的常用方法,包括盐析、有机溶剂沉淀法、生物碱试剂沉淀法、重金属盐沉淀法和免疫沉淀法等。

1. 盐析　在蛋白质溶液中加入大量的中性盐以破坏其胶体溶液稳定性而使其沉淀,称

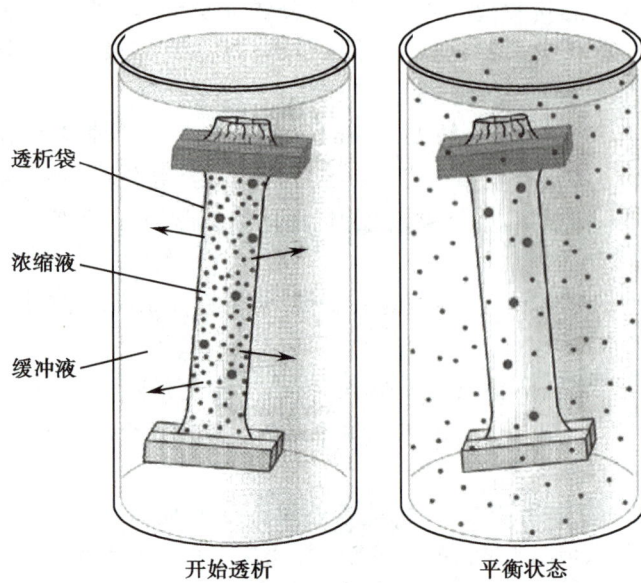

透析袋

浓缩液

缓冲液

开始透析　　　　平衡状态

图 3-17　透析

为盐析(salting out)。常用的中性盐有硫酸铵、硫酸钠和氯化钠等。不同蛋白质盐析时所需盐的浓度及 pH 不同,如在血清中加硫酸铵使之达到 50% 饱和度,则血清中的球蛋白会沉淀出来;如果加硫酸铵使之达到 100% 饱和度,则血清中的清蛋白和球蛋白都会沉淀出来。因此,可利用分段盐析法以分离不同的蛋白质组分。调节溶液 pH 至蛋白质的等电点之后再进行盐析,则蛋白质沉淀的效果会更好。盐析得到的蛋白质沉淀经透析脱盐后仍保持生物活性,且沉淀可再溶解。

2. 有机溶剂沉淀法　利用各类蛋白质在不同浓度有机溶剂中溶解度的差异进行分离的方法称为有机溶剂沉淀法。有机溶剂能降低水溶液的介电常数,增加蛋白质分子上异性电荷的引力,导致蛋白质溶解度降低、容易相互聚集发生沉淀;另外,有机溶剂是脱水剂,可破坏蛋白质分子表面的水化膜,故蛋白质在一定浓度的有机溶剂中可沉淀析出。常用的有机溶剂有丙酮和乙醇。

在室温下,有机溶剂可引起蛋白质沉淀、变性。如需防止蛋白质沉淀变性,可将有机溶剂冷却至 $-60 \sim -40$℃,然后在不断搅拌蛋白质溶液下加入有机溶剂,避免局部浓度过高,可防止蛋白质变性。

3. 生物碱试剂以及某些酸类沉淀蛋白质　生物碱试剂(苦味酸、鞣酸和钨酸)或某些酸(三氯乙酸、磺基水杨酸等)可与带正电荷的蛋白质结合,使蛋白质沉淀并变性。该沉淀法常用于除去样品中的杂蛋白。

4. 重金属离子沉淀蛋白质　$Cu^{2+}$、$Hg^{2+}$、$Pb^{2+}$、$Ag^+$ 等重金属离子可与带负电荷的蛋白质结合成不溶性蛋白盐而沉淀。重金属离子沉淀常导致蛋白质变性。

5. 免疫沉淀法　免疫沉淀法是一种研究蛋白质间相互作用的生物技术。这种技术的基本原理是利用抗原与抗体能特异性结合形成抗原-抗体复合物(即免疫复合物),并在一定条件下能形成沉淀。如目的蛋白质为抗原,利用抗体与之进行特异性结合后,可通过离心得到含目的蛋白质的免疫复合物沉淀。这项技术可用于在含有上千种不同蛋白质的样品中纯化富集出目的蛋白质。

（四）层析

层析是利用不同物质理化性质的差异而建立起来的技术。所有的层析系统都由固定相和流动相组成。当混合物随流动相通过固定相时,由于各组分理化性质的差异,与两相间作用(吸附、溶解、结合等)的不同,或两相中的分配(含量比)不同,随流动相向前移动,各组分不断地在两相中进行再分配。分步收集流出液,可得到样品中所含的各单一组分,从而达到分离各组分的目的。

层析可用于蛋白质的分离纯化。蛋白质混合液(流动相)经过固定相时,根据溶液中待分离的蛋白质颗粒大小、电荷多少及其对配基的亲和力强弱等,使其在两相中反复分配,并以不同速度流经固定相而达到分离的目的。常见的层析方法有离子交换层析、凝胶过滤和亲和层析等。

1. 离子交换层析(ion exchange chromatography) 这种技术主要根据蛋白质所带的净电荷性质和数量不同进行分离(图3-18)。采用具有离子交换性能的物质作固定相,利用它与流动相中的离子能进行可逆交换的性质来分离离子型化合物。蛋白质是两性电解质,由于各蛋白质分子结构和等电点各不相同,在某一特定 pH 时其所带电荷种类和数量也不同,如带正电荷的蛋白结合到阳离子交换树脂上,带负电荷的蛋白会直接流出。随后改变流动相的 pH 和盐浓度,将结合于柱上带电性质相同、但所带电荷量存在差异的蛋白逐步洗脱。

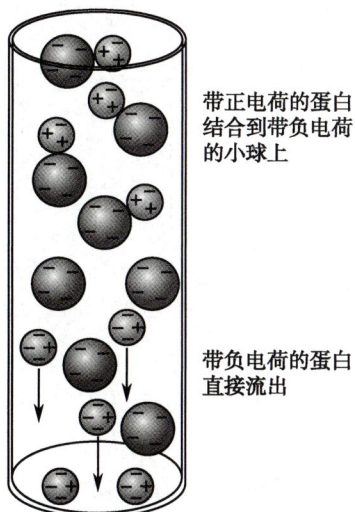

带正电荷的蛋白结合到带负电荷的小球上

带负电荷的蛋白直接流出

图 3-18 离子交换层析

2. 凝胶过滤 凝胶过滤(gel filtration)又称分子筛过滤,其固定相是多孔网状的凝胶珠或凝胶颗粒。凝胶的交联度或网孔大小决定了能被分离的蛋白质混合物的分子大小。蛋白质溶液各组分的分子大小不同,小分子蛋白能进入凝胶小孔内,因而在层析柱中滞留时间长,大分子蛋白质不能进入小孔而被排阻在凝胶珠外,随溶剂在凝胶珠之间的空隙径直流出。本法的优点是所用凝胶属于惰性载体,吸附力弱,操作条件温和,不需要有机溶剂,对蛋白质有很好的分离效果。

3. 亲和层析 亲和层析(affinity chromatography)利用蛋白质与其特异性配体间具有特异亲和力的性质,分离纯化蛋白质。将配体共价结合于层析所用的基质,作为固定相吸附剂。当含混合组分的样品通过此固定相时,只有和固定相分子可逆结合的蛋白质,才能选择性吸附结合固定相,亲和力弱的组分随流动相流出。再用含自由配体的溶液,将结合的亲和蛋白质洗脱下来。经亲和层析得到的蛋白纯度较高,但需要充分认识待纯化物质的结构特异性,才能设计出最好的分离条件。

4. 高效液相层析 高效液相层析(high performance liquid chromatography,HPLC)又名高压液相层析。高压(可达 150~35 000kPa)输送流动相,使流动相快速通过用小粒径材料填充的色谱柱,柱后连有高灵敏度的检测器,可对流出物进行连续检测。HPLC 具有高速、高效、高分辨率等特点,可用于蛋白质、氨基酸等生物分子的分析和制备。

## (五)电泳

带电颗粒在电场中向着其所带电荷性质相反的电极移动的现象,称为电泳(electrophoresis,EP)。利用带电粒子在电场中移动速度不同而达到分离的技术称为电泳技术。带电粒子在电场作用下移动主要受以下因素的影响:①带电粒子本身的性质,如粒子的实际电荷、粒子的形状、大小、两性电离行为及解离程度;②带电粒子所处的环境,如电泳介质、缓冲液的浓度、离子强度、pH、黏度和温度等;③电场强度。

蛋白质是两性电解质,不同蛋白质的氨基酸组成及其相对分子质量的大小各不相同,在偏离等电点的缓冲溶液中所带电荷量存在差异,因此,不同蛋白的泳动速度不一样,可依此原理将其分离。

1. SDS 聚丙烯酰胺凝胶电泳　SDS 聚丙烯酰胺凝胶电泳（SDS-polyacrylamide gel elec-trophoresis，SDS-PAGE）是利用聚丙烯酰胺凝胶的分子筛效应，分离相对分子质量大小不同的蛋白质的电泳技术。在样品介质和丙烯酰胺凝胶中加入 SDS，使蛋白质变性，并消除不同蛋白质的电荷差异后，蛋白质在凝胶中的电泳迁移率主要取决于其相对分子质量的大小。让蛋白质样品在聚丙烯酰胺凝胶中垂直电泳，带负电的 SDS-蛋白复合物向凝胶底部的正极移动（图 3-19a），小分子量的蛋白移动得最快。迁移速率的不同使不同蛋白质在凝胶中被高效分开（图 3-19b）。电泳结束后，经考马斯亮蓝染色或银染，每条蛋白带的近似分子质量可在已知分子质量的标准样品（Marker）指示下获得（图 3-20）。

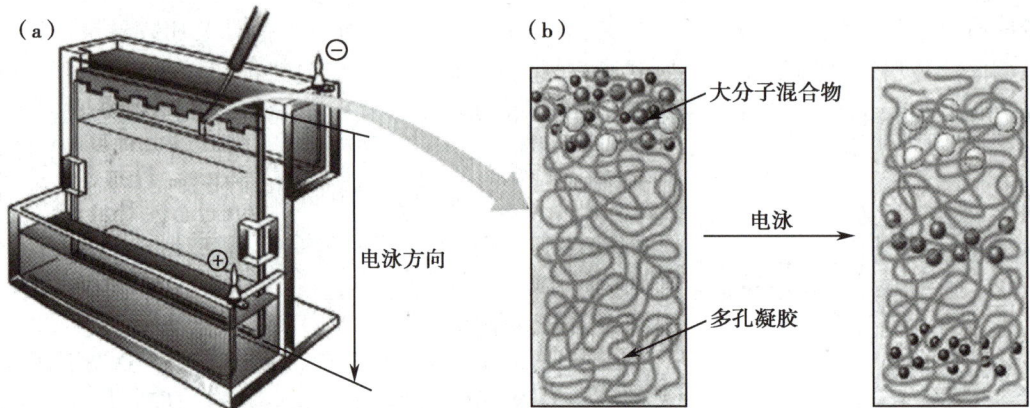

图 3-19　聚丙烯酰胺凝胶

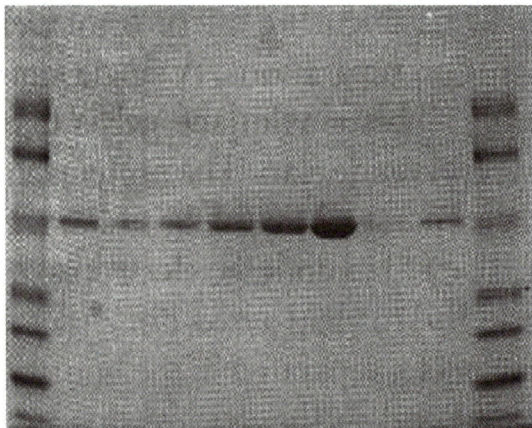

图 3-20　考马斯亮蓝染色

2. 等电聚焦电泳　等电聚焦电泳（isoelectric focusing electrophoresis，IFE）是利用 pH 梯度的介质分离等电点不同的蛋白质的电泳技术。上样前，先在凝胶中建立一个连续的 pH 梯度（图 3-21a）；电泳时带电的蛋白质在连续而稳定的 pH 梯度中移动，带负电的酸性蛋白迁移到介质的酸性区，而带正电的碱性蛋白迁移到介质的碱性区。当进入与其 pI 相等的区域后，蛋白质净电荷会变为零，不再移动，聚焦在等电点处形成狭窄的条带（图 3-21b），从而将不同等电点的蛋白质分离。

3. 双向凝胶电泳　双向凝胶电泳（two-dimensional gel electrophoresis）即将 SDS-PAGE 以及 IFE 结合在一起。SDS-PAGE 是根据蛋白质相对分子质量的差异分离蛋白，而 IFE 是根据蛋白质等电点的差异分离蛋白。前者无法分开相对分子质量差异不大的蛋白质，后者无法分开等电点差异不大的蛋白质，即在这两种电泳结果中看到的条带，可能含有多种不同的蛋白质分子，而双向凝胶电泳方法的建立弥补了各自的缺陷。

双向凝胶电泳分两步进行：①首先将保持天然构象的混合蛋白质通过等电聚焦电泳（第一维）将不同等电点的蛋白质分离（图 3-22a 上图）；②将完成等电聚焦电泳的凝胶放置在 SDS-聚丙烯酰胺凝胶的上端，在垂直于等电聚焦电泳的方向（第二维）再进行电泳，等电点相

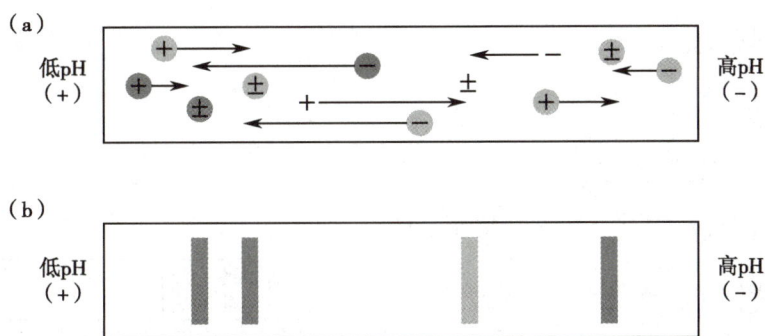

图 3-21　等电聚焦电泳

同的蛋白质在第二维上根据其分子量的大小不同进行分离(图 3-22a 下图)。双向凝胶电泳产生的每一个点代表一种蛋白质,通过这种方法分离大肠杆菌的总蛋白,能够分辨出超过 1 000 种不同的蛋白质(图 3-22b)。

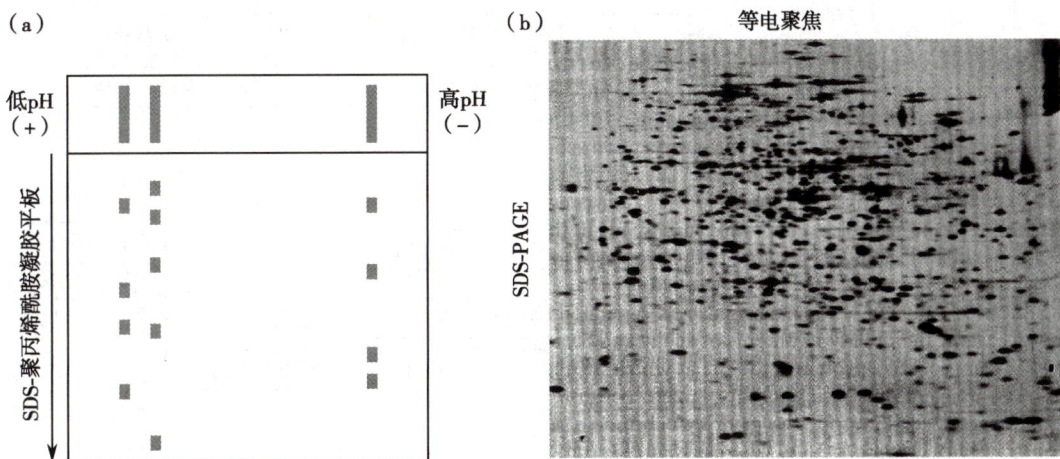

图 3-22　双向凝胶电泳

**课堂互动**

　　问题:请根据溶解度、等电点、分子量、分子大小的差异分别设计分离血清蛋白质的实验。

# 第五节　蛋白质的分类

　　蛋白质的种类繁多,结构复杂,有多种分类方法。

　　依据蛋白质分子的形状分为球状蛋白质和纤维状蛋白质:长短轴之比小于 10 的为球状蛋白质,长短轴之比大于 10 的为纤维状蛋白质。根据化学成分不同分为单纯蛋白质和结合蛋白质:只含有氨基酸的为单纯蛋白质,除氨基酸外,还含有非氨基酸组分的为结合蛋白质。还可根据溶解度不同分为水溶性蛋白质、醇溶性蛋白质和不溶性蛋白质;根据功能分为活性蛋白质和非活性蛋白质等。

## 学习小结

1. 学习内容

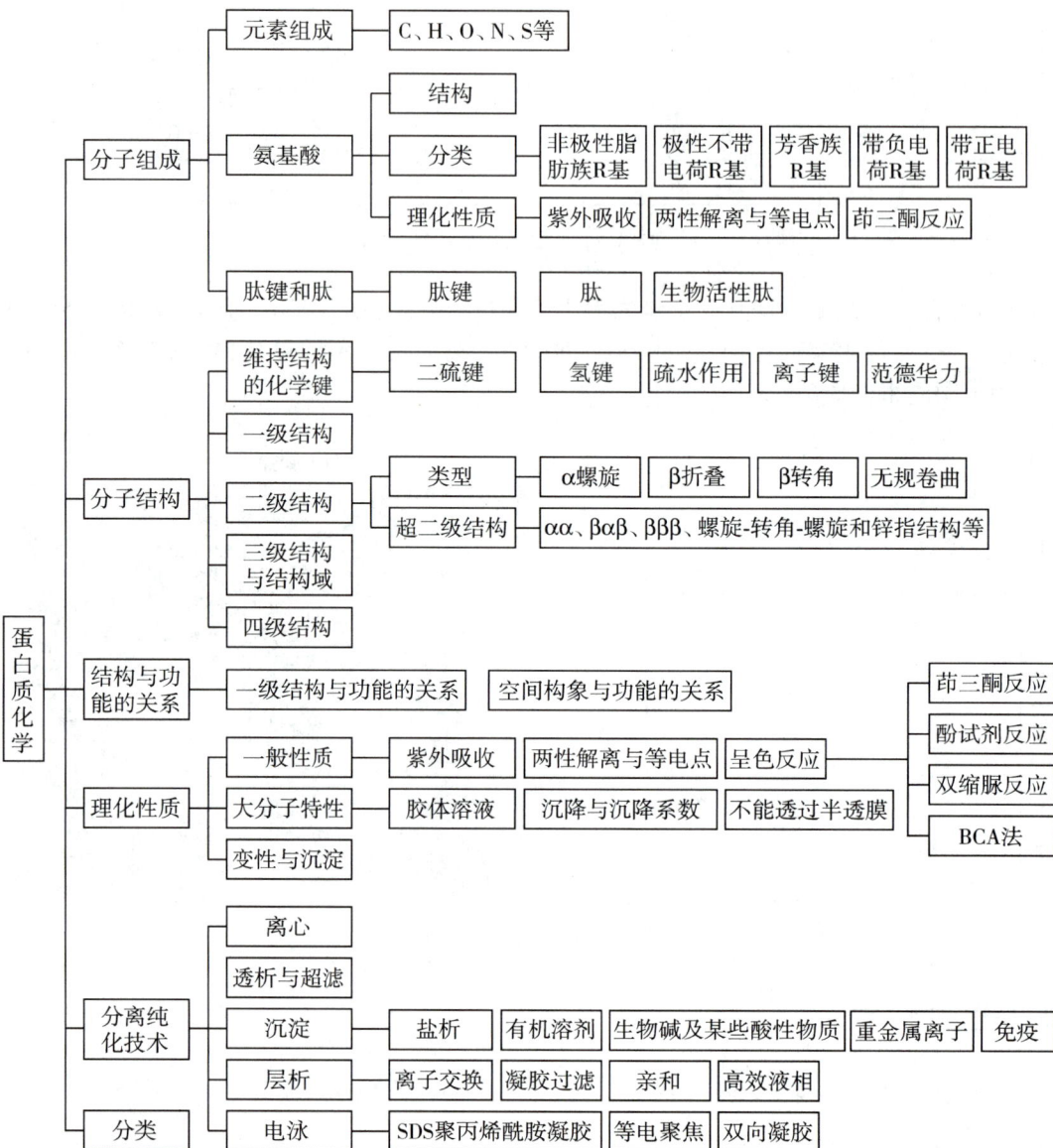

2. 学习方法

（1）从标准氨基酸的结构理解其分类,并学会分析各类氨基酸结构与性质的关系。

（2）从肽键的结构特点、性质以及各种次级键的作用理解蛋白质的分子结构。

（3）从氨基酸与蛋白质的理化性质理解蛋白质的分离纯化技术。

（黄映红　左爱仁）

## 复习思考题

1. 简述氨基酸的分类。

2. 何谓氨基酸的等电点？氨基酸的带电性质和氨基酸等电点与氨基酸所处溶液 pH 有何关系？

3. 什么是蛋白质的一级结构、二级结构、三级结构、四级结构？维系各级结构稳定的主要化学键各有哪些？

4. 举例说明蛋白质的一级结构、空间结构与功能的关系。

5. 什么是蛋白质的二级结构？它主要有哪几种？各有何结构特征？

6. 简述蛋白质的分离纯化技术。

7. 何为蛋白质沉淀？常用的沉淀方法有哪几种？变性与沉淀的关系如何？

## ❖❖❖ 第四章 ❖❖❖

# 核 酸 化 学

### 学习目标

通过本章的学习,掌握核酸的分子组成、分类、基本结构及主要理化性质,熟悉核苷酸的功能,了解核酸的分离纯化、含量测定和分子杂交,为学习遗传信息传递及分子生物学技术奠定基础。

核酸(nucleic acid)是生物大分子,负责传递和储存生命信息。具有细胞结构的各种生物都含有两类核酸,即核糖核酸(ribonucleic acid,RNA)和脱氧核糖核酸(deoxyribonucleic acid,DNA)。而病毒只含有 DNA 或 RNA,因此可分为 DNA 病毒和 RNA 病毒。

DNA 是遗传的物质基础,绝大部分存在于细胞核中。真核生物的线粒体或叶绿体含有环状 DNA。原核生物除染色体 DNA 之外也有一种称为质粒的环状 DNA。

RNA 功能广泛,目前已知的几类 RNA 中,核糖体 RNA(ribosomal RNA,rRNA)是核糖体的结构成分,核糖体(ribosome)是蛋白质合成"机器";信使 RNA(messenger RNA,mRNA)把遗传信息从 DNA 带到核糖体,指导蛋白质合成;转运 RNA(transfer RNA,tRNA)在蛋白质合成中运输氨基酸,同时又是"翻译员",把核酸语言翻译成蛋白质语言,实现了从核苷酸序列到氨基酸序列的转化;还有长链非编码 RNA(long non-coding RNA,lncRNA)及其他一些非编码小分子 RNA,主要参与 RNA 前体的加工及基因表达调控等。

## 第一节 核酸的分子组成

核酸是核苷酸的缩聚物,具有携带和传递遗传信息的作用。核酸可在核酸酶的作用下水解成核苷酸,因此核苷酸(nucleotide)是组成核酸的基本结构单位。核苷酸在一定条件下可进一步水解,最终得到碱基(base)、戊糖(pentose)和磷酸。

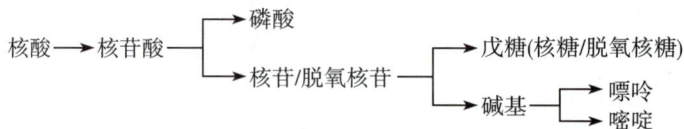

### 一、核苷酸的组成

核苷酸由碱基、戊糖和磷酸组成。

#### (一)碱基

核苷酸分子中含有两类碱基——嘌呤和嘧啶。嘌呤主要有腺嘌呤(adenine,A)、鸟嘌呤

（guanine，G）。嘧啶主要有胞嘧啶（cytosine，C）、尿嘧啶（uracil，U）和胸腺嘧啶（thymine，T）。RNA 和 DNA 分子中均含有 A、G 和 C，而 U 只存在于 RNA 分子中，T 主要存在于 DNA 分子中。碱基中碳原子在编号时，直接以阿拉伯数字 1、2、3、$\cdots$、$n$ 编号。

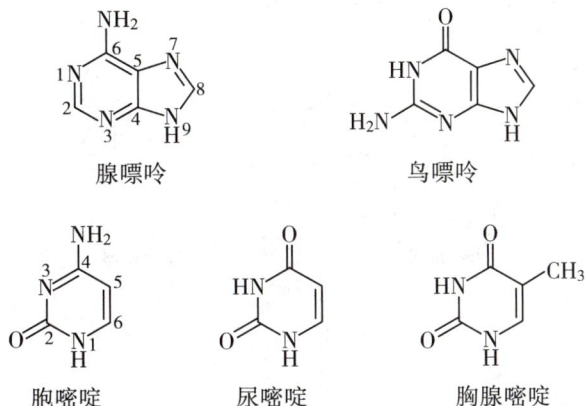

腺嘌呤　　　　　　　　鸟嘌呤

胞嘧啶　　　　尿嘧啶　　　　胸腺嘧啶

除了上述 5 种常见的碱基外，在核酸分子中还有一些含量很少的碱基，被称为稀有碱基。稀有碱基常常是上述 5 种碱基的甲基化衍生物，如 5-甲基胞嘧啶、1-甲基鸟嘌呤等（表 4-1）。这些甲基化的稀有碱基具有调节和保护遗传信息的作用。tRNA 分子中含有较多的稀有碱基，如 5，6-双氢尿嘧啶、次黄嘌呤等，均与 tRNA 具有的特殊结构及功能有关。

表 4-1　核酸中部分稀有碱基

| DNA | RNA |
| --- | --- |
| 5-甲基胞嘧啶（$m^5C$） | 5，6-双氢尿嘧啶（DHU） |
| 5-羟甲基胞嘧啶（$hm^5C$） | 1-甲基腺嘌呤（$m^1A$） |
| $N^6$-甲基腺嘌呤（$m^6A$） | 1-甲基鸟嘌呤（$m^1G$） |
| | $N^7$-甲基腺嘌呤（$m^7A$） |

### （二）戊糖

组成核苷酸的戊糖有 2 种——β-D-核糖和 β-D-2-脱氧核糖。RNA 含有核糖，DNA 含有脱氧核糖，各碳原子的编号如下所示。

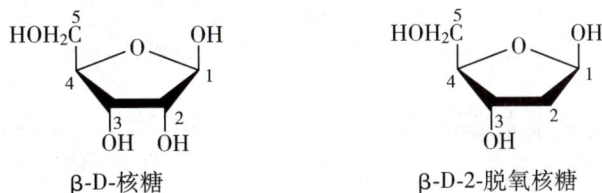

β-D-核糖　　　　　　　　β-D-2-脱氧核糖

### （三）磷酸

核酸所含磷酸基团带有大量的负电荷。核苷酸中的磷酸基团可连接在戊糖的 C-2、C-3、C-5 位羟基（—OH）上，常见的是连接在 C-5 位羟基上。

## 二、核苷酸的结构

核苷酸分子是由碱基、戊糖与磷酸通过共价键连接形成的。

### （一）核苷与脱氧核苷

碱基与戊糖通过糖苷键连接形成核苷或脱氧核苷。为与碱基环上的碳原子加以区别，核苷分子中的戊糖环上碳原子常用 C-1′ 至 C-5′ 表示，嘧啶碱以 N-1、嘌呤碱以 N-9 与戊糖的 C-1′ 连接。常见的核苷和脱氧核苷结构如下所示。

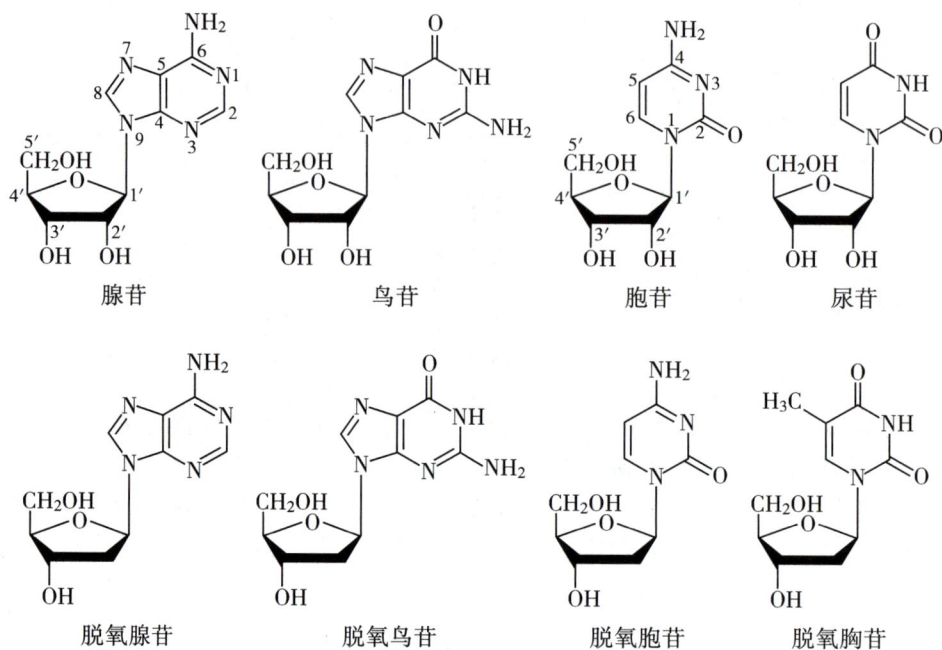

| 腺苷 | 鸟苷 | 胞苷 | 尿苷 |

| 脱氧腺苷 | 脱氧鸟苷 | 脱氧胞苷 | 脱氧胸苷 |

### （二）核苷酸与脱氧核苷酸

核苷或脱氧核苷与磷酸通过磷酸酯键连接，形成核苷—磷酸（核苷酸）或脱氧核苷—磷酸（脱氧核苷酸）（表4-2）。在生物体内，磷酸大多与戊糖的 C-5′-OH 以磷酸酯键相连构成核苷-5′-磷酸（即 5′-核苷酸）和脱氧核苷-5′-磷酸（即 5′-脱氧核苷酸）。

表 4-2　核苷酸和脱氧核苷酸的种类

| 核苷酸种类 | 脱氧核苷酸种类 |
| --- | --- |
| 腺苷—磷酸（adenosine monophosphate，AMP） | 脱氧腺苷—磷酸（deoxyadenosine monophosphate，dAMP） |
| 鸟苷—磷酸（guanosine monophosphate，GMP） | 脱氧鸟苷—磷酸（deoxyguanosine monophosphate，dGMP） |
| 胞苷—磷酸（cytidine monophosphate，CMP） | 脱氧胞苷—磷酸（deoxycytidine monophosphate，dCMP） |
| 尿苷—磷酸（uridine monophosphate，UMP） | 脱氧胸苷—磷酸（deoxythymidine monophosphate，dTMP） |

核苷-5′-磷酸或脱氧核苷-5′-磷酸可以分别通过酸酐键结合第 2 个、第 3 个磷酸，形成核苷二磷酸（NDP）、核苷三磷酸（NTP），以及脱氧核苷二磷酸（dNDP）和脱氧核苷三磷酸（dNTP）。根据碱基不同，NTP 有腺苷三磷酸（ATP）、鸟苷三磷酸（GTP）、胞苷三磷酸（CTP）和尿苷三磷酸（UTP）4 种，是 RNA 合成的原料；dNTP 有脱氧腺苷三磷酸（dATP）、脱氧鸟苷三磷酸（dGTP）、脱氧胞苷三磷酸（dCTP）和脱氧胸苷三磷酸（dTTP）4 种，是 DNA 合成的原料。

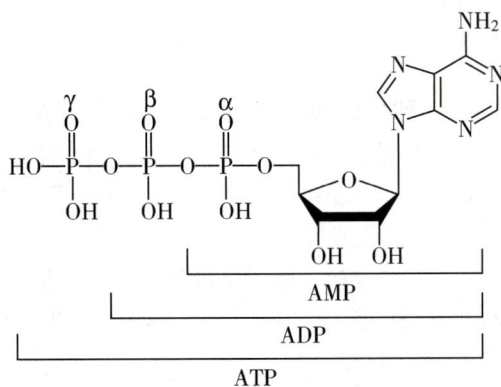

ATP / ADP / AMP

在体内,ATP 和 GTP 还可在环化酶作用下,核糖 C-5′-磷酸与 C-3′-羟基之间脱去 1 分子水形成 3′,5′-环腺苷酸(3′,5′-cyclic adenylic acid,cAMP)和 3′,5′-环鸟苷酸(3′,5′-cyclic gua-nylic acid,cGMP)。cAMP 和 cGMP 是细胞内重要的第二信使。

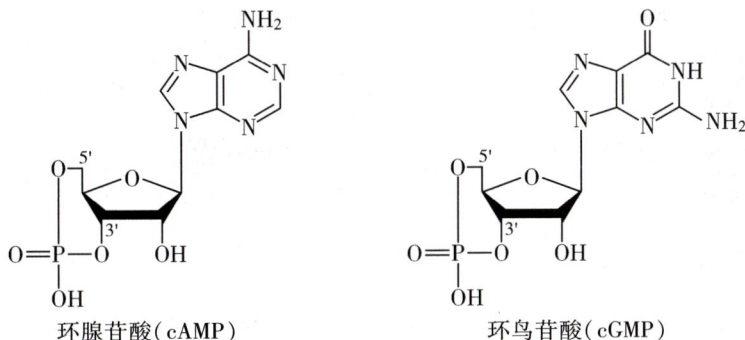

环腺苷酸(cAMP)　　　　　　　环鸟苷酸(cGMP)

除了常见的 4 种核苷酸和脱氧核苷酸外,细胞内还有相当数量的核苷酸代谢中间物,如黄苷—磷酸(xanthosine monophosphate,XMP)和肌苷—磷酸(inosine monophosphate,IMP),前者即黄苷酸(xanthylic acid),后者即肌苷酸(inosinic acid)。

---

📖 **知识链接**

### 核酸的发现史

1869 年　Miescher 从脓细胞的细胞核中分离出了一种含磷酸的有机物,当时称为核素(nuclein)。

1879 年　Kossel 搞清楚了核素中有 4 种不同的组成成分——A、T、C 和 G,获 1910 年诺贝尔生理学或医学奖。

1889 年　Altmann 在酵母中制备了不含蛋白质的核素,称之为核酸。

1928 年　Griffith 进行了肺炎双球菌感染小鼠实验,证明遗传物质是"转化因子"。

1944 年　Avery 在离体条件下完成了肺炎双球菌转化实验,提出转化因子是 DNA。

1952 年　Hershey 和 Chase 的噬菌体感染实验,进一步证明 DNA 是遗传物质。

1952 年　Chargaff 指出 DNA 中腺嘌呤与胸腺嘧啶的数量相等,鸟嘌呤与胞嘧啶的数量相等。

1953 年　Watson 和 Crick 建立了 DNA 结构的双螺旋模型,说明了基因的结构、信息和功能三者间的关系,推动了分子生物学的迅猛发展,获 1962 年诺贝尔生理学或医学奖。

1956 年　Gierer 和 Schraman 发现烟草花叶病毒的遗传物质是 RNA。

1958 年　Crick 提出遗传信息传递的中心法则。

### 三、核苷酸的功能

在生物体内,核苷酸参与多种代谢及其调控过程,具有重要的生物学功能:ATP 在生物体内化学能的储存和利用中发挥重要作用,CTP 参与磷脂的合成,UTP 参与多糖的合成,GTP 参与蛋白质和嘌呤的合成等。cAMP、cGMP 参与了细胞信号转导过程,在生物的生长、分化中起到重要的调控作用。烟酰胺腺嘌呤二核苷酸(NAD)、烟酰胺腺嘌呤二核苷酸磷酸(NADP)是体内重要的辅酶。此外,有些核苷酸代谢后生成活性形式如尿苷二磷酸葡糖(UDPG)、S-腺苷基甲硫氨酸(SAM)等进一步参与机体代谢(表 4-3)。

表 4-3  核苷酸的功能

| 功能 | 举例 |
| --- | --- |
| (1)核酸合成原料 | NTP、dNTP |
| (2)直接为生命活动提供能量 | ATP |
| (3)合成代谢中间产物 | UDPG、SAM |
| (4)构成辅因子 | $NAD^+$、$NADP^+$、FAD、CoA |
| (5)代谢调节 | |
| ①化学修饰调节 | ATP |
| ②别构调节 | ATP、AMP |
| ③第二信使 | cAMP、cGMP |

# 第二节  核酸的分子结构

核酸是由多个单核苷酸分子聚合而成的。在核酸分子中,一个核苷酸的 C-3′羟基与相邻核苷酸 C-5′磷酸基脱水缩合,形成 3′,5′-磷酸二酯键。

## 一、核酸的一级结构

核酸的一级结构是核苷酸的排列顺序,其分子大小常用碱基数目表示。通常把小于 50nt(nt:核苷酸,表示单链核酸的长度单位)的核酸的片段称为寡核苷酸(oligonucleotide),大于 50nt 的称为多核苷酸(polynucleotide)。

核酸链有主链、侧链之分,其主链骨架由磷酸基团和戊糖通过磷酸二酯键相连而成,碱基构成侧链部分。

核酸链有方向性。核酸主链两端称 5′端和 3′端。5′端有游离磷酸基,为首;3′端有游离羟基,为尾。因此,核酸链的方向为 5′→3′。

虽然多数核酸分子较大,但核酸分子的主链骨架相同,都由磷酸、戊糖交替排列构成,因此,可以方便地用以下几种简化式来表示。

短线式表示法:其中竖线代表戊糖,碱基用英文符号表示并写在竖线上方,斜线表示磷酸二酯键,斜线与竖线的两个交叉点分别为戊糖的 C-3′和 C-5′位。

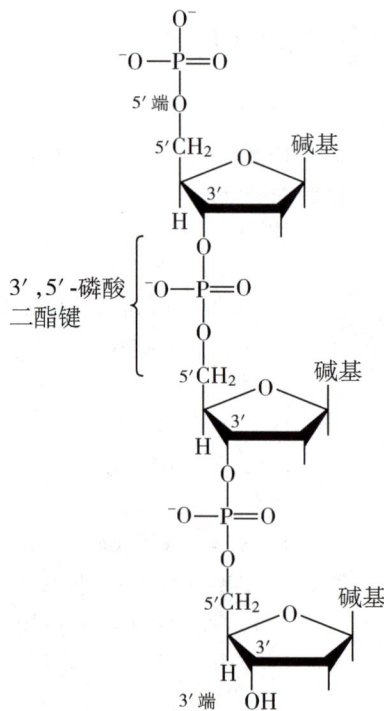

```
    A     C     T     C     C     T
    |     |     |     |     |     |
  P     P     P     P     P     P     OH
```

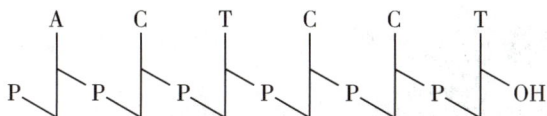

字母式表示法:核酸字母书写方式一般 5′-磷酸端在左侧,3′-羟基端在右侧,依次写出核酸链中的碱基及碱基间的磷酸基团,或亦可简化只写出碱基。将短线式序列用字母式简化表示如下:

$$pA\text{-}C\text{-}T\text{-}C\text{-}C\text{-}T_{OH} \qquad pApCpTpCpCpT \qquad pACTCCT \qquad 5'ACTCCT3' \qquad ACTCCT$$

## 二、DNA 的分子结构

### （一）DNA 的一级结构

DNA 是脱氧核苷酸的缩聚物,由 4 种脱氧核苷酸(dAMP、dCMP、dGMP 和 dTMP)彼此间通过 3′,5′-磷酸二酯键相连,构成具有一定排列顺序的多聚脱氧核苷酸链。

DNA 分子中脱氧核苷酸的排列顺序称为 DNA 的一级结构。因为核苷酸之间的差异只是碱基不同,所以 DNA 的一级结构常用碱基的排列顺序表示。

---

**🔖 病案分析**

患者,女,34 岁。27 岁时诊断为糖尿病,29 岁时出现听力减退。目前使用胰岛素治疗。母亲、姨妈、哥哥有糖尿病病史,父母非近亲结婚。体重指数 18.3,腰臀比 0.86。糖耐量测定结果 0 分钟、30 分钟、120 分钟血糖分别为 12.76mmol/L、16.18mmol/L、25.23mmol/L,C 肽分别为 0.39μg/L、0.47μg/L、0.85μg/L。糖化血红蛋白为 10.1%。糖尿病相关抗体阴性。初步诊断为线粒体糖尿病。经基因测序,结果显示存在线粒体 tRNA3243A→G 点突变,明确诊断为线粒体糖尿病。

FR-4-1

病案分析

---

### （二）DNA 的二级结构

DNA 的二级结构包括右手双螺旋结构、左手双螺旋结构、十字结构和三股螺旋结构等,而其典型的二级结构为右手双螺旋结构。

1. DNA 碱基的组成规律　20 世纪 40 年代末,Chargaff 及其同事用紫外分光光度法和纸层析等技术研究了不同生物的 DNA,发现碱基组成具有以下规律:①DNA 的碱基组成存在种属差异,但没有组织差异,即不同物种 DNA 的碱基组成不同,同一个体不同组织 DNA 的碱基组成相同;②某一个特定生物 DNA 的碱基组成不随年龄、营养、环境改变而改变;③不同物种 DNA 碱基组成均存在以下关系:A 与 T、G 与 C 的摩尔数总是相等,因此 A+G＝T+C,即总嘌呤碱基等于总嘧啶碱基。这种 DNA 碱基组成的特殊规律,被称为夏格夫法则(Chargaff's rule)。

2. 右手双螺旋结构　20 世纪 50 年代,根据 X 线衍射图谱和 Chargaff 等的研究结果,Watson 和 Crick 提出了经典的 DNA 双螺旋结构模型(图 4-1)。其要点如下:①DNA 分子是由 2 条方向相反、相互平行的多核苷酸链绕同一中心轴形成的右手双螺旋结构。②DNA 分子中的脱氧核糖和磷酸交替排列构成主链骨架,位于双螺旋结构的外侧,碱基作为侧链位于双螺旋结构的内侧。③DNA 分子 2 条链上的碱基通过 A＝T、G≡C 之间形成氢键而互补配对,在双螺旋结构中,碱基对平面与中心轴垂直,糖基平面与中心轴平行。④双螺旋直径为 2nm,每一螺旋含 10bp,螺距 3.4nm,相邻碱基对之间的轴向距离为 0.34nm;双螺旋表面有大沟和小沟,两者间

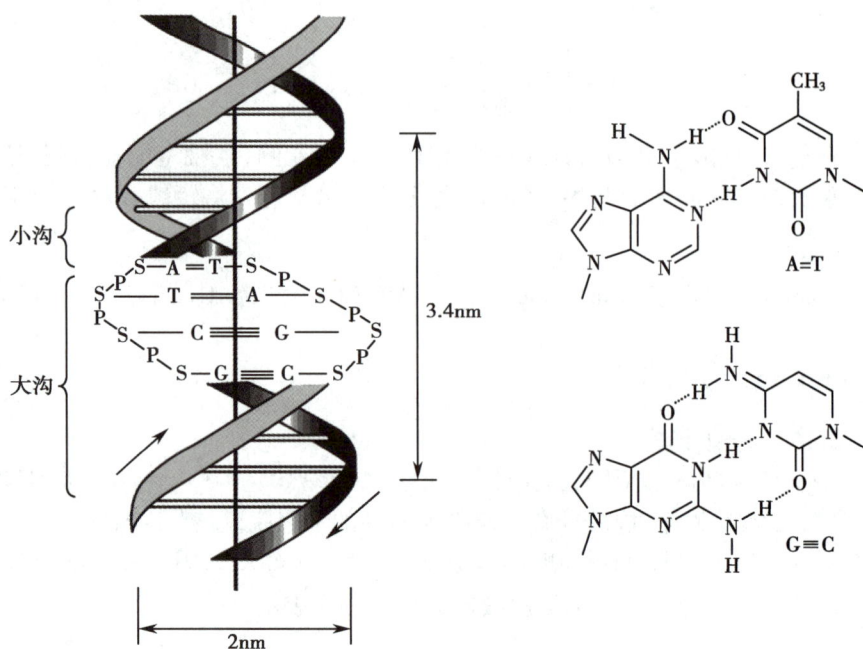

图 4-1 DNA 双螺旋结构模型

隔排列,形如锯齿状。⑤碱基之间的氢键和碱基堆积力是维持双螺旋结构稳定的主要因素。

3. DNA 双螺旋结构的其他类型　上述 DNA 双螺旋结构模型是基于在 92% 相对湿度下得到的 DNA 钠盐纤维的二级结构,称为 B 型 DNA。但 DNA 是柔性分子,改变溶液离子强度或相对湿度后,双螺旋结构的沟槽深度、螺距、旋转角度等均会发生一些改变,如在溶液状态下,B 型 DNA 每一螺旋含 10.5bp,螺距为 3.6nm。生物体内的 DNA 几乎都以 B 型 DNA 结构存在。

1951 年,R. E. Franklin 在 75% 相对湿度下,对 DNA 纤维进行 X 射线衍射测定,发现了 A 型 DNA。A 型 DNA 为具有生物活性的 DNA 双螺旋结构的一种形式,与 B 型 DNA 相似,但一般只有在脱水的 DNA 样本中才会出现。

1979 年,A. Rich 等在研究人工合成的 CGCGCG 的晶体结构时意外发现该 DNA 分子具有左手螺旋(left-handed helix)特征,后来证实这种结构在天然 DNA 分子中同样存在,称为 Z 型 DNA。各种类型的 DNA 双螺旋构象有其各自的特征,如 A 型 DNA 构象,为右手双螺旋,螺距缩短,螺旋直径变宽,使大沟变深,小沟变浅,结构外形呈粗短型;Z 型 DNA 构象为左手双螺旋,螺距增长,螺旋直径变窄,使其大沟几乎消失,而小沟变深、变窄,结构呈细长型。

各类 DNA 双螺旋构象具有以下共性:双链反向互补,A 与 T 配对,G 与 C 配对,都依赖于氢键和碱基堆积力维系双螺旋结构的稳定(图 4-2)。

### （三）DNA 的三级结构

在二级结构基础上,DNA 双螺旋进一步扭曲、

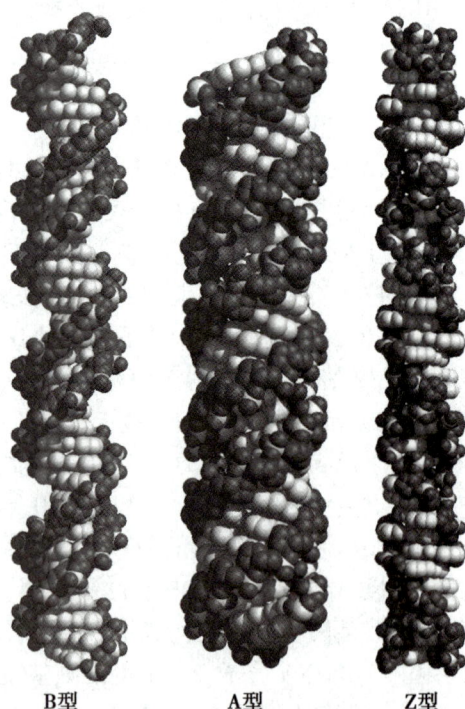

图 4-2　DNA 的 3 种双螺旋结构模型示意图

盘绕和折叠形成的特定空间构象,称为 DNA 的三级结构。

1. 超螺旋结构　许多病毒、细菌和线粒体的 DNA 二级结构为闭合环状双螺旋结构,可进一步盘绕、卷曲形成超螺旋结构,是 DNA 三级结构的一种形式。

根据螺旋进一步盘绕的方向可分为正超螺旋和负超螺旋 2 种结构。如果双螺旋绕数增加,DNA 进一步盘绕方向与其双螺旋方向相同则为正超螺旋,正超螺旋使双螺旋结构更紧密;反之为负超螺旋(图 4-3),负超螺旋由于双螺旋绕数的减少,使 DNA 容易解链,有利于 DNA 的复制、转录。几乎所有天然 DNA 都存在负超螺旋结构。

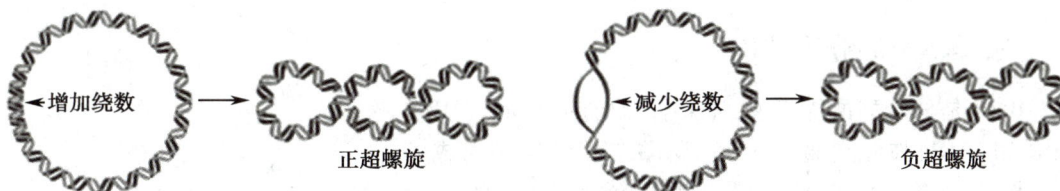

图 4-3　原核生物 DNA 超螺旋结构

2. 染色体结构　真核生物细胞核 DNA 双螺旋经过高度有序地多级压缩后形成染色体结构。细胞处于分裂间期时,它们不定形地松散分布在整个细胞核中,称为染色质(chromatin);细胞分裂时,染色质凝集,并组装成高度有序的染色体(chromosome),此时,在光学显微镜下可以观察到细胞核中有一种密度很高的着色实体。因此,染色体只限于定义体细胞有丝分裂期间这种特定形态的实体。

在电子显微镜下可观察到染色质具有串珠样结构,即核小体(nucleosome)。核小体由 DNA 与组蛋白构成,是染色质的基本组成单位。组蛋白有 H1、H2A、H2B、H3 和 H4 五种,其中 H2A、H2B、H3、H4 各两分子构成核小体的核心八聚体,且双链 DNA 以负超螺旋在其外绕 1.75 圈(约 150bp)构成核小体。核小体间被一条长度小于 60bp 的 DNA 链和 H1 组蛋白构成的连接区串连起来,形成串珠样结构,称为染色质纤维(图 4-4)。

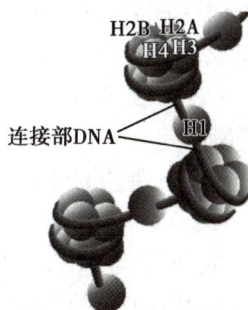

图 4-4　核小体结构

核小体是 DNA 在核内形成致密结构的一级折叠,使 DNA 长度压缩为原来的 1/7。二级折叠是由每 6 个核小体盘绕、卷曲构成的外径 30nm、内径 10nm 的中空状螺线管,使 DNA 长度压缩为原来的约 1/100;三级折叠将进一步盘绕、折叠直至形成特征性的染色体结构,使 DNA 总长度进一步压缩。在分裂期形成染色体的过程中,DNA 长度经 8 000~10 000 倍的压缩,将近 2m 长的 DNA 被压缩到约 200μm,有效组装在细胞核中。真核细胞染色体 DNA 的折叠过程是许多蛋白质参与的非常精确的动态调控过程,其细节尚需进一步探明(图 4-5)。

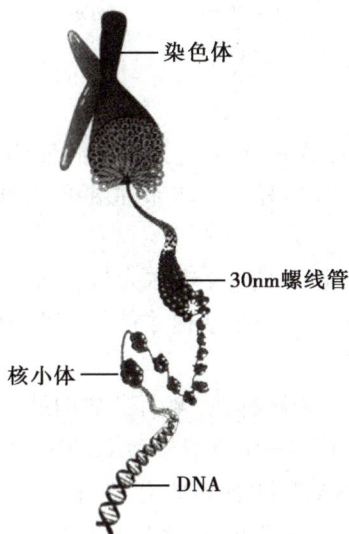

图 4-5　染色体的组装

（四）DNA 三级结构的生物学意义

DNA 是遗传的物质基础,通过 4 种碱基不同的排列储存了大量遗传信息。DNA 分子的特定碱基序列决定了蛋白质的特定氨基酸顺序。DNA 分子的长度在双螺旋基础上高度压缩,其超螺旋结构影响 DNA 双螺旋的解链,

📝 笔记栏

但生物体内 DNA 结构处于动态变化之中,超螺旋构象的改变可以协调 DNA 局部解链,影响复制和转录等过程,从而影响基因的表达。

👤 **课堂互动**

问题:比较蛋白质与 DNA 结构的异同点。

### 三、RNA 的分子结构

RNA 是核苷酸的缩聚物,是 4 种核苷酸(AMP、GMP、CMP 和 UMP)彼此间通过 3′,5′-磷酸二酯键连接而成的多聚核苷酸链。核苷酸的排列顺序称为 RNA 的一级结构。

RNA 由 DNA 转录生成,其种类、大小和功能远比 DNA 复杂。RNA 分子比 DNA 小得多,在细胞内常以单链形式存在,有时可通过自身回折形成局部双链结构、茎-环结构(stem-loop structure,又称发夹结构)或突环结构,以完成一些特殊功能。在细胞内,参与蛋白质生物合成的 RNA 主要有 3 类:信使 RNA、转运 RNA 和核糖体 RNA。

#### (一)信使 RNA

在 20 世纪 40 年代,科学家已经发现细胞质内蛋白质合成速度与 RNA 的水平有关,作为遗传信息的载体——DNA 存在于细胞核内,而蛋白质的生物合成则在细胞质的核糖体上进行。因此,推测必有一类分子可以将遗传信息从细胞核带到细胞质中以指导蛋白质的生物合成。由于 RNA 分子在细胞核和细胞质中均存在,且蛋白质合成的速度总是随着细胞质中 RNA 水平增加和周转而加快,由此可见 RNA 最适合执行此功能。1961 年,F. Jacob 和 J. Monod 提出,能够将细胞核 DNA 分子中的遗传信息带到细胞质核糖体上,以指导蛋白质合成的 RNA 分子为信使 RNA(mRNA)。原核生物的 mRNA 结构简单,而真核生物 mRNA 结构复杂。本节主要介绍真核生物 mRNA。

真核生物细胞核内先合成 mRNA 前体,其分子量较大且不均一,被称为核内不均一 RNA(heterogeneous nuclear RNA,hnRNA)。hnRNA 需经加工、剪接等过程才能转变为成熟的 mRNA 发挥其功能。

真核生物成熟 mRNA 结构上的主要特点是在其 5′端有一个被称为"帽子"结构的 7-甲基鸟嘌呤核苷三磷酸($m^7GpppN$)。mRNA 5′端加"帽"修饰可保护其免遭核酸酶的降解,也是蛋白质生物合成过程中被起始因子识别的一种标志;mRNA 3′端有多腺苷酸[poly(A)]"尾"(多 A 尾),长度为 80~250 个腺苷酸(即腺苷一磷酸),一般新生 mRNA 的 poly(A)较长,而衰老 mRNA 的 poly(A)较短。mRNA 3′端加"尾"修饰有利于增加 mRNA 的稳定性,并

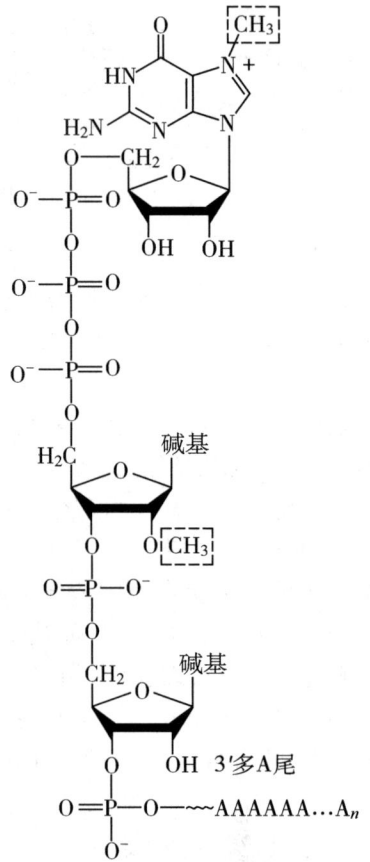

引导其由细胞核转移到细胞质。

在细胞内,mRNA 约占细胞总 RNA 的 5%,虽然含量少,但种类多,其主要功能是作为蛋白质生物合成的模板。不同蛋白质或多肽链均有相应的 mRNA,而 mRNA 一旦完成模板功能即被降解,故其半衰期短,更新快。

（二）转运 RNA

目前,已发现的转运 RNA(tRNA)有 100 多种,占细胞内总 RNA 的 10%~15%。在蛋白质生物合成过程中,tRNA 具有选择性转运氨基酸和识别 mRNA 密码子的功能。研究证明,每一种氨基酸都有 1 种或几种相应的 tRNA,而每一种 tRNA 只能携带 1 种氨基酸。tRNA 的一级结构早已被阐明,其二级和三级结构也比较清楚。无论是真核生物还是原核生物,其 tRNA 均有如下结构特征。

1. tRNA 一级结构特点　①是单链小分子,含 74~95 个核苷酸;②含 7~15 个稀有碱基,可达碱基总数的 10%~20%;③5′端核苷酸往往是 pG;④3′端是 CCA-OH,其 3′-OH 是氨基酸的负载位点。

2. tRNA 的二级结构　所有 tRNA 二级结构均呈三叶草形(图 4-6a)。局部双螺旋区构成了叶柄,不配对的单链部分往往形成突环,突环区类似三叶草的 3 片小叶。tRNA 分子中双螺旋区所占比例甚高,故其二级结构十分稳定。三叶草形结构包括以下四臂四环。

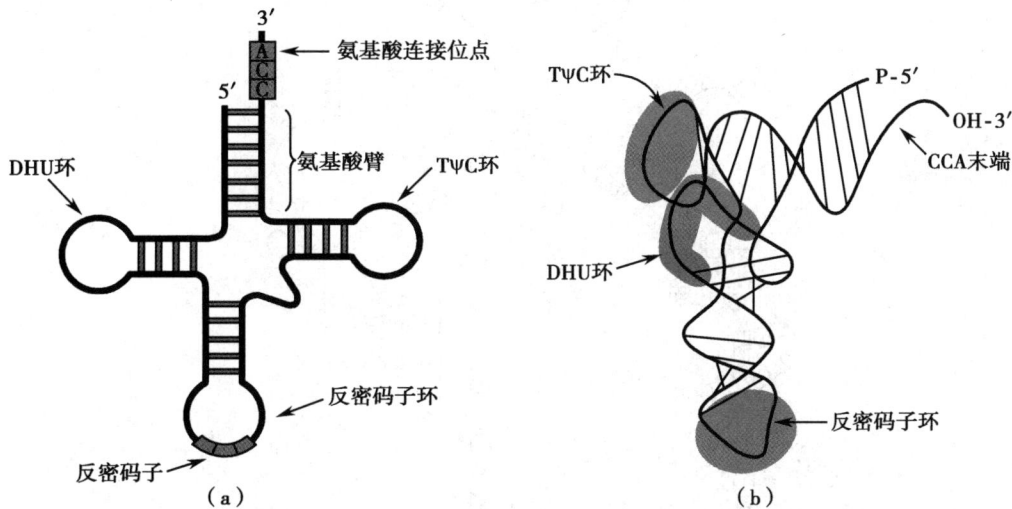

图 4-6　tRNA 的二级结构和三级结构

（1）氨基酸臂:由 tRNA 的 5′端与 3′端形成的 7 对碱基组成臂,富含鸟嘌呤。

（2）DHU 环及其臂:各种 tRNA 的 DHU 环大小并不恒定,常由 8~12 个核苷酸构成,因含有稀有碱基 5,6-双氢尿嘧啶(DHU)而得名;DHU 环通过由 3~4 对碱基组成的 DHU 臂与 tRNA 其余部分相连。

（3）反密码子环(anticodon loop)及其臂:由 7 个非配对核苷酸组成环,由 5 对碱基组成臂。环的中部有 3 个连续碱基组合成反密码子,在蛋白质生物合成过程中可与 mRNA 分子上相应密码子互补配对,从而将特异氨基酸带到核糖体上“对号入座”。反密码子环通过反密码子臂与 tRNA 的其余部分相连。

（4）T Ψ C 环及其臂:T Ψ C 环含有 7 个碱基,由 5 对碱基组成 T Ψ C 臂。环的大小相对恒定,几乎所有的 T Ψ C 环都含有胸腺嘧啶核苷酸(T)、假尿嘧啶核苷酸(Ψ)和胞嘧啶核苷酸(C),故命名为 T Ψ C 环;T Ψ C 环通过 T Ψ C 臂与 tRNA 其余部分相连。

（5）额外环:有些 tRNA 在 TΨC 臂和反密码子臂之间还有一个额外环,其碱基组成变动较大,一般有 3~18 个碱基,又称可变环。可变环常作为 tRNA 分类的重要标志。

3. tRNA 的三级结构　tRNA 都具有相同的倒 L 形三级结构(图 4-6b)。D 环与 TΨC 环的碱基之间形成特殊氢键,这些氢键并不以 AU 和 GC 的通常配对方式形成。D 臂和 TΨC 臂折叠到一起,将三叶草二级结构弯曲成稳定的倒 L 形三级结构。tRNA 3′-CCA-OH 末端和反密码子环位于 L 两端,反密码子从反密码子环突出,扭曲成容易与密码子结合的构象,更有利于 tRNA 执行其接受特异氨基酸和识别 mRNA 密码子的两个重要功能。

### （三）核糖体 RNA

细胞内的核糖体 RNA(rRNA)需要与多种蛋白质构成核糖体,才能作为蛋白质合成场所,起着"装配机"的作用。rRNA 含量最多,占总 RNA 量的 80% 以上。rRNA 属于单链分子,链内有大量碱基配对形成许多茎-环结构(图 4-7)。

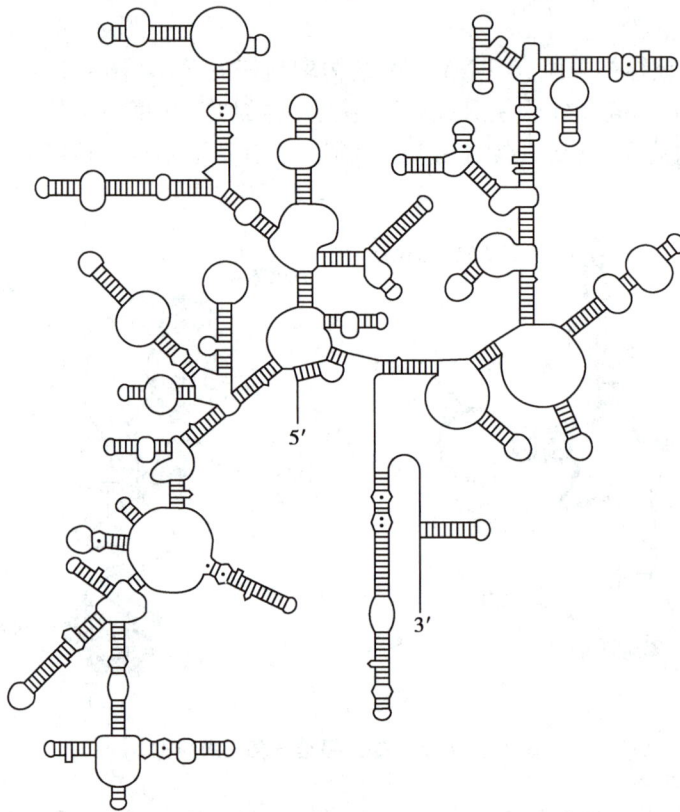

图 4-7　大肠杆菌 16S rRNA 的二级结构

核糖体都由大、小 2 个亚基组成,如原核生物核糖体为 70S,由 50S 大亚基和 30S 小亚基构成;真核生物核糖体为 80S,由 60S 大亚基和 40S 小亚基构成。每个亚基由 rRNA 和数十种蛋白质组成(表 4-4)。

表 4-4　原核生物与真核生物的核糖体组成

| 核糖体 | | 大亚基 | | 小亚基 | |
|---|---|---|---|---|---|
| | | rRNA | 蛋白质 | rRNA | 蛋白质 |
| 原核生物 | 70S | 23S, 5S | 33 种 | 16S | 21 种 |
| 真核生物 | 80S | 28S, 5.8S, 5S | 49 种 | 18S | 33 种 |

rRNA 分子结构中的茎-环结构,为核糖体的组装提供了基础,也为核糖体进一步结合 mRNA、tRNA 和多种蛋白因子提供了相互作用的空间环境。

### (四)其他非编码 RNA

除了上述 3 种 RNA 外,细胞的不同部位还存在着许多其他种类的非编码 RNA(non-coding RNA,ncRNA),即长链非编码 RNA(long non-coding RNA,lncRNA)和各种非编码小分子 RNA(small non-coding RNA,sncRNA)。lncRNA 长度在 300~1 000nt,具有保守的二级结构,大部分不编码蛋白质,主要参与细胞内的转录调控、RNA 转录后加工、RNA 修饰、基因沉默等过程。非编码小分子 RNA 长度不到 300nt,主要包括核小 RNA(small nuclear RNA,snRNA)、核仁小 RNA(small nucleolar RNA,snoRNA)、胞质小 RNA(small cytoplasmic RNA,scRNA)、催化性小 RNA(small catalytic RNA)、干扰小 RNA(small interfering RNA,siRNA)和微 RNA(microRNA,miRNA)等。这些小分子 RNA 不表达蛋白质,主要参与转录后加工、基因表达调控等重要过程。

研究发现,许多 sncRNA 参与了 RNA 前体的加工。如 snRNA 在细胞核内不单独存在,而是与多种特异蛋白结合在一起,形成核小核糖核蛋白颗粒(small nuclear ribonucleoprotein particle,snRNP)。在不同的真核生物中,同源 snRNA 的序列高度保守。snRNA 富含尿嘧啶,因而用 U 命名。在哺乳动物细胞核内,至少已经发现 10 种 snRNA,分别命名为 U1~U10,其中 U1、U2、U4、U5 和 U6 位于核质内,参与 mRNA 前体的加工;U3 主要位于核仁内,参与 rRNA 前体的加工。已发现 snRNA、scRNA 以及核糖核酸酶 P(RNase P)都可以催化 RNA 前体分子的剪接,在 RNA 前体合成后的剪接修饰中具有重要作用。这种具有催化作用的小 RNA 亦被称为核酶(ribozyme)或催化性 RNA(catalytic RNA)。

snoRNA 最早在核仁中发现,有多种类型,主要参与稀有碱基的形成,如核苷酸的甲基化修饰、假尿嘧啶核苷酸的形成等。siRNA 和 miRNA 是近年来发现的能够介导转录后基因沉默的一类调节性小分子 RNA,它们通过碱基互补配对与靶 mRNA 中的同源序列发生 RNA-RNA 相互作用,促使 mRNA 降解,干扰或阻断特异基因表达,现认为这种基因沉默的 RNA 干扰机制从低等生物到高等动物的体内都普遍存在。siRNA 是生物宿主对于外源侵入基因表达的双链 RNA 进行切割后产生的、具有特定长度(21nt)和序列的小片段 RNA。它可以与外源基因表达的 mRNA 相结合,并诱导这些 mRNA 的降解。根据 siRNA 干扰基因沉默的原理,启发研究者在体外制备 siRNA,将其导入到靶细胞内,试图阻断癌基因表达,封闭人类免疫缺陷病毒(HIV)等病毒的感染或作为基因敲除和基因治疗的重要手段。

随着研究的逐步深入,越来越多的 sncRNA 被发现,催生了 RNA 组学(RNomics)的研究。RNA 组学研究内容涉及细胞中 sncRNA 的表达谱、结构和功能及其相互关系等,是现代分子生物学研究的新领域。随着更多 sncRNA 及其功能的发现,sncRNA 将为人类疾病的预防、诊断和治疗提供更多的新技术和新思路。

## 第三节 核酸的理化性质与应用

核酸的理化性质不仅是分析和研究核酸的化学基础,还是诊断和治疗疾病的分子基础。

### 一、核酸的理化性质

核酸是生物大分子,富含磷酸基团,故等电点较低,有较强的酸性,易与碱性蛋白结合,也可与金属离子结合成盐。

### （一）核酸的大小与黏度

DNA 具有双螺旋结构,分子比 RNA 大得多,在溶液中比 RNA 具有更大的黏度。当 DNA 双螺旋解链时,黏度随之下降。目前,采用电泳或测序技术已能测定许多完整 DNA 的相对分子质量,如大肠杆菌染色体 DNA 相对分子质量约 $2 \times 10^9$ Da,真核细胞染色体中的 DNA 相对分子质量更大。由于天然 DNA 是具有双螺旋结构的线性细长分子,因此 DNA 溶液黏度很高。RNA 分子较 DNA 短得多,因此 RNA 溶液的黏度低于 DNA。

### （二）核酸的两性解离性质

核酸分子含有酸性的磷酸基团和碱性的碱基,是一种两性电解质。由于磷酸基团的酸性较强,故核酸的等电点通常偏酸性。对于 DNA 分子来说,由于碱基对之间氢键的性质与其解离状态有关,而碱基的解离状态又与 pH 有关,所以溶液中的 pH 直接影响 DNA 双螺旋结构中碱基对之间氢键的稳定性。

### （三）核酸的紫外吸收

由于核酸的组成成分嘌呤环和嘧啶环上均含有共轭双键,使碱基对紫外线具有较强的吸收(图 4-8)。核酸在 260nm 波长具有强烈的吸收作用,且吸光度与核酸的浓度成正比。因此,可以根据 260nm 波长下的吸光度计算核酸浓度。

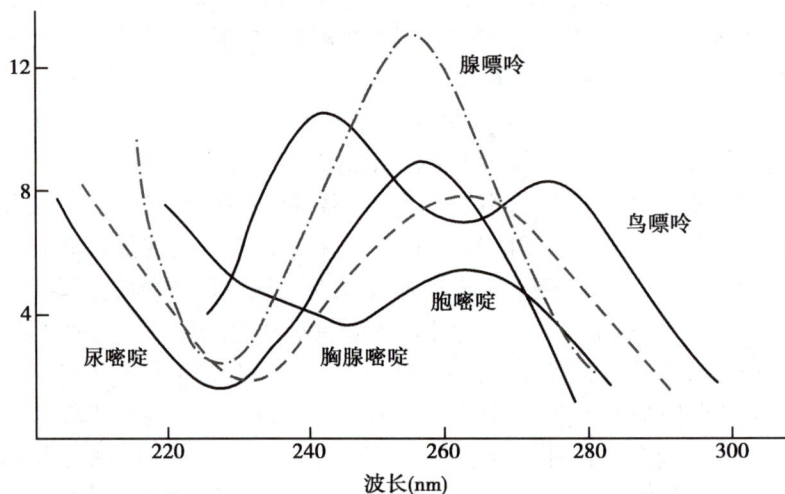

图 4-8　各种碱基的紫外吸收光谱

### （四）DNA 的变性与复性

1. 变性　在某些理化因素(如加热、酸、碱、辐射等)作用下,DNA 分子互补碱基对之间的氢键断裂,使 DNA 双螺旋结构松散,成为无规则线团结构,称 DNA 变性(图 4-9)。DNA

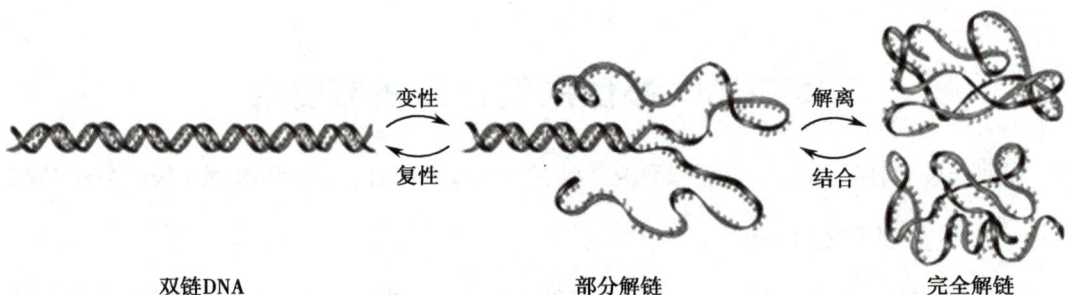

双链DNA　　　　　　　　　　部分解链　　　　　　　　完全解链

图 4-9　变性和复性

变性只改变其空间结构,不改变其核苷酸序列。变性可使核酸溶液黏度下降。

加热使 DNA 变性是实验室最常用的方法。以温度作为横坐标,以 $A_{260}$ 为纵坐标作图所得到的曲线,称为解链曲线(图 4-10)。从图中可以看出,DNA 的热变性是比较急剧的过程,从开始解链到完全解链,是在一个相当狭窄的温度范围内进行的。解链过程中,紫外吸光度达到最大变化值一半时所对应的温度称为 DNA 的解链温度(melting temperature,$T_m$)。$T_m$ 是解链曲线的中点,标志着 50% 的双链已发生解链。$T_m$ 与 DNA 的分子大小、碱基组成、溶液 pH、离子强度等因素有关。GC 之间有 3 对氢键,破坏时需较多的能量,因此,DNA 分子中 GC 含量越高,其 $T_m$ 越高。

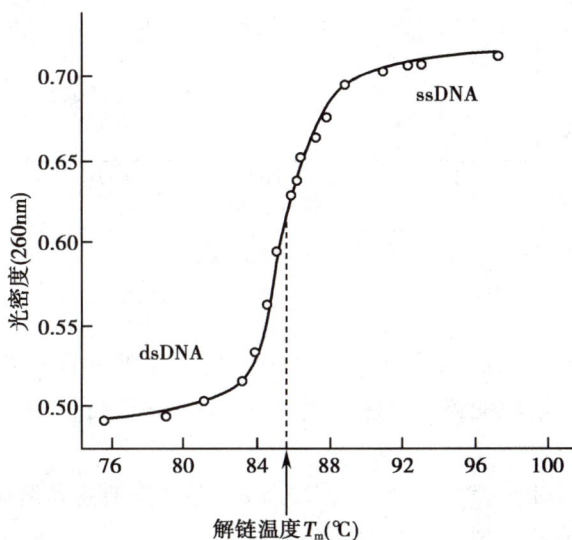

图 4-10　解链曲线

2. 复性　在适当条件下,变性 DNA 的 2 条单链可自发进行碱基互补结合,恢复原来的双链双螺旋结构,称为复性(renaturation)。热变性的 DNA 如果缓慢降温,逐渐恢复生理条件,即可复性,此过程称为退火(annealing)(图 4-9)。若 DNA 变性不彻底,此时两条链之间没有完全分离,则复性很快。变性 DNA 的浓度越大则越容易复性,而 DNA 的片段越大复性越慢。

3. 核酸变性与复性后的几个特点

(1) 增色效应和减色效应:单链 DNA 紫外吸收比双链 DNA 高约 40%,DNA 变性使 DNA 双链解开、碱基暴露而导致紫外吸收值增高,称为增色效应(hyperchromic effect)。反之,DNA 复性,随着 2 条单链重新互补结合形成双链,紫外吸收值又降低,称为减色效应(hypochromic effect)。故可通过检测紫外吸收值的变化来研究 DNA 的变性与复性(图 4-11)。

(2) 黏度下降:变性后由于 DNA 分子不对称性降低,故黏度下降。

## 二、核酸的分离纯化与含量测定

### (一)核酸的分离纯化

作为生物化学与分子生物学研究对象的核酸包括基因组 DNA、质粒 DNA、总 RNA 及 mRNA 等,而核酸的提取是研究的第一步。不同的核酸在细胞内的定位以及结构状态不同,

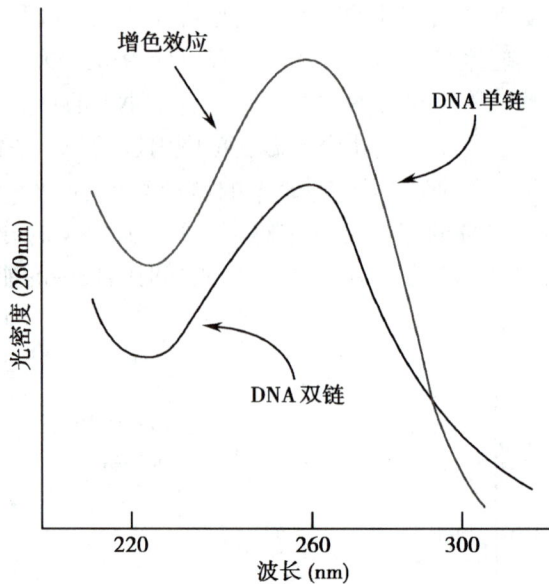

图 4-11 增色效应

所用的提取方法也不同。

1. 质粒 DNA 质粒(plasmid)是游离于细菌染色体之外的遗传物质,是一种闭环双链DNA,大小在 1~300kb。质粒能携带外源基因进入细菌,并进行扩增或表达,是在重组 DNA技术中广泛应用的基因载体。

质粒 DNA 提取的步骤:①培养细菌和扩增质粒;②收获细菌和溶菌;③采用氯化铯密度梯度分离法、碱裂解法或煮沸裂解法提取纯化质粒。

2. 真核生物基因组 DNA 提取真核生物染色体 DNA 时,应注意防止 DNA 断裂和降解,一般提取步骤为:①将组织材料(液氮冷冻)研成细粉;②用 SDS、EDTA 和蛋白酶 K 等裂解细胞;③反复使用酚、氯仿抽提除去蛋白质,纯化 DNA。

3. 真核生物 RNA RNA 容易被核糖核酸酶(RNase)降解,而 RNase 无处不在,且耐高温、难以失活,因此,RNA 的提取条件比 DNA 要严格得多,必须采取措施建立一个无 RNase的环境:

(1) 总 RNA 的提取:真核细胞总 RNA 常用提取方法有 4 种:①异硫氰酸胍-氯化铯超速离心法;②盐酸胍-有机溶剂法;③氯化锂-尿素法;④热酚法。

(2) mRNA 的提取:在提取 mRNA 时,通常先提取总 RNA,然后从中分离 mRNA。真核 mRNA 都含有 poly(A),可以用 oligo(dT)-柱层析法分离。即让总 RNA 流经 oligo(dT)-层析柱,mRNA 在高盐条件下与寡脱氧胸腺苷酸[oligo(dT)]牢固结合,其他成分则淋洗掉。然后,通过逐渐降低盐浓度进行洗脱,可将 mRNA 洗下,浓缩得到高纯度的 mRNA(图4-12)。

（二）核酸的含量及纯度测定

根据核酸的组成,可采用定磷法、定糖法以及紫外分光光度法等对核酸进行定量。目前,实验室常采用紫外分光光度法对核酸进行定量分析,即在 260nm 波长下,1 个吸光度单位相当于 $50\mu g/ml$ 的双链 DNA、$40\mu g/ml$ 的单链 DNA 或 RNA。该法快速准确,且不浪费样品,常用于对少量 DNA 或 RNA 进行定量。

紫外分光光度法还可分析核酸样品的纯度。蛋白质在 280nm 波长下具有强吸收,而盐

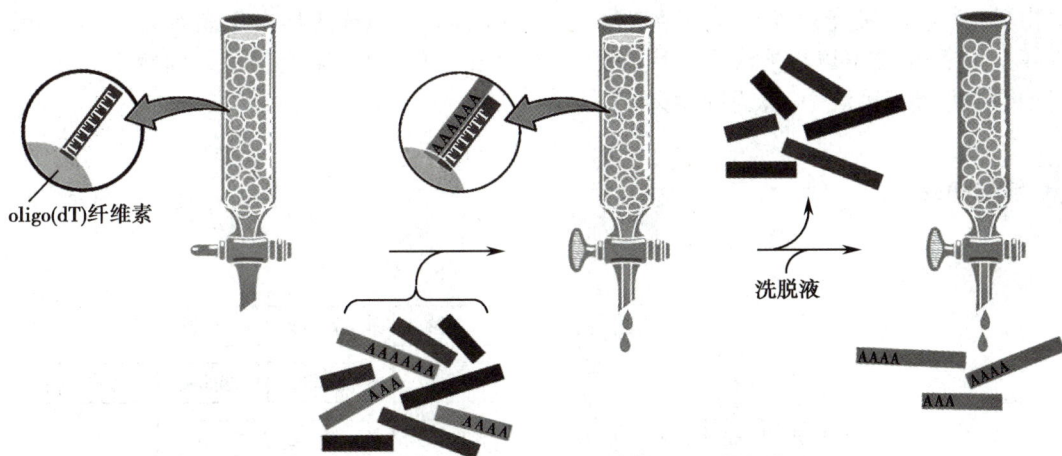

图 4-12  oligo（dT）-柱层析法分离 mRNA

和小分子物质则在 230nm 波长下有强吸收。因此,测定所提取的核酸在这几种波长下的吸光度,即可判断样品的纯度:①高纯度的 DNA 样品:OD260/OD280 ≈ 1.8。如果 OD260/OD280>2.0,说明有 RNA 污染;如果 OD260/OD280<1.8,说明含有酚或蛋白质等。②高纯度的 RNA 样品:OD260/OD280=1.8~2.0。如果 OD260/OD280<1.8,说明样品中可能含有蛋白质等。③高纯度的核酸样品:OD260/OD230>2.0,如果比值太小,说明样品中含有酚或异硫氰酸盐等。

### 三、核酸分子杂交

不同来源的核酸链,因存在碱基互补序列而形成互补异源双链的过程,称为核酸分子杂交(molecular hybridization of nucleic acid)。核酸分子杂交是 DNA 变性和复性原理在分子生物学技术中的应用。如将不同来源的单链 DNA 或 RNA 放在同一溶液中,只要两种单链分子之间存在一定程度的碱基配对关系,在温度和离子强度适宜的条件下,就可以在不同的分子间形成异源双链(heteroduplex)。这种异源双链可以在不同的 DNA 单链之间形成,也可在 DNA 和 RNA 单链之间或不同的 RNA 单链之间形成,可以利用该特性从不同来源的 DNA 中寻找相同序列(图 4-13)。

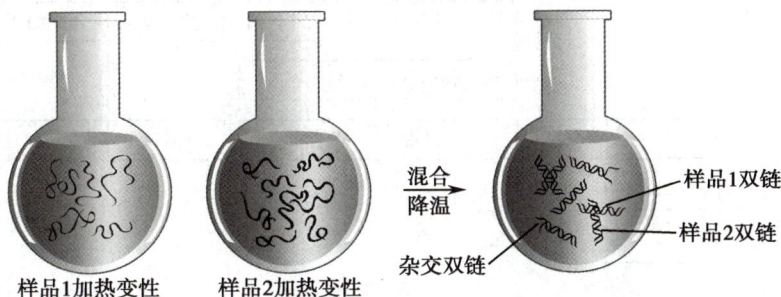

图 4-13  核酸分子杂交

核酸分子杂交在重组 DNA 技术、遗传疾病的检测、刑事案件的侦破、法医鉴定等领域被广泛应用。如一方是待测的 DNA 或 RNA(样本),另一方是用于检测的已知序列的核酸片段即探针(probe)。探针首先要进行标记,标记物一般是放射性同位素或非放射性标记物

（生物素、地高辛、荧光素等），通过杂交反应就可以确定待测核酸样本中是否含有与之相同的序列。核酸杂交可以在溶液中进行，称为液相杂交；也可以将杂交的一方固定于固相支持物上，另一方置于溶液中，称为固相杂交。

## 学习小结

1. 学习内容

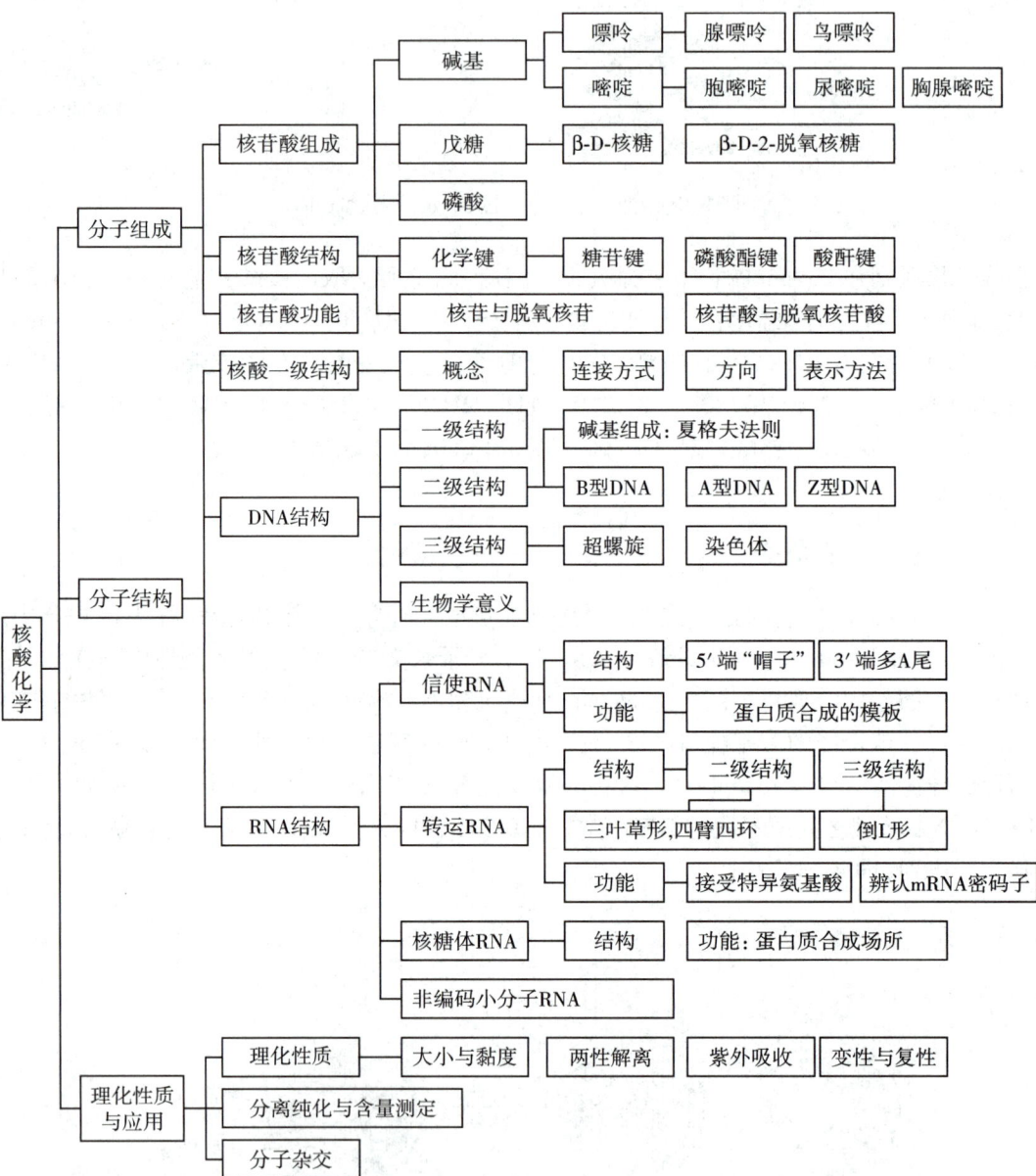

2. 学习方法

（1）核酸化学首先要掌握核酸的基本组成、结构及功能特点与理化性质。

（2）DNA 和 RNA 的组成、结构及功能特点可通过列表比较的方法来掌握。

扫一扫，
测一测

（姚　政　左爱仁）

## 复习思考题

1. 简述核苷酸的分子组成与结构。
2. 简述 DNA 双螺旋结构特点。
3. 简述 tRNA 二级结构的特点。
4. 引起 DNA 变性的主要因素有哪些？变性后的理化性质有何改变？

PPT 课件

# 第五章

# 酶

📝 **学习目标**

通过本章的学习,掌握酶的分子组成与活性中心、酶促反应特点、酶促反应动力学等内容,为物质代谢及临床检验等的学习奠定基础。

酶(enzyme)是由活细胞产生的具有催化作用的蛋白质。生物体内各种各样的化学反应能在极为温和的条件下高效和特异地进行,其主要原因就是由于酶的存在。酶能通过降低反应的活化能加快反应速率,但不改变反应的平衡常数。随着现代研究的进展,人们对酶分子的结构与功能、酶促反应动力学等关键问题认识的深入,逐步形成了一个专门学科——酶学。酶学与医学的关系密切。酶的异常与人体许多疾病的发生相关,许多酶还用于疾病的诊断和治疗,还有些药物是通过影响体内的酶活性而达到治疗目的。

1982 年,Thomas Cech 等首先发现四膜虫的 rRNA 前体分子在没有蛋白质的参与下,以鸟苷为辅因子自身催化完成剪接。为了与化学本质为蛋白质的酶区别,把具有催化活性的 RNA 称为核酶(ribozyme)。继核酶之后,又发现了具有催化功能的单链 DNA 片段,称为脱氧核酶(deoxyribozyme)。本章主要讨论传统意义上的酶,即化学本质是蛋白质的酶。

🔍 **知识链接**

### 核酶的发现

核酶是具有催化功能的小分子 RNA,属于生物催化剂,可降解特异的 mRNA 序列。1982 年,美国科学家 Thomas Cech 和他的同事在对"四膜虫编码 rRNA 前体的 DNA 序列含有间隔内含子序列"的研究中发现,四膜虫 26SrRNA 前体具有自身剪接功能,并于 1986 年证明其内含子 L-19 间插序列具有多种催化功能。Cech 和 Altman 的发现震惊了全世界,也从此推翻了"酶都是蛋白质"的传统观念。Cech 和 Altman 并因此获得了 1989 年诺贝尔化学奖。

自然界绝大多数酶是蛋白质;仅有少数为 RNA,即核酶。核酶的作用底物可以是异体,有些作用底物就是自体的某些部位。核酶的功能很多,有的能够切割 RNA,有的能够切割 DNA,有些还具有 RNA 连接酶、磷酸酶等活性。与化学本质是蛋白质的酶相比,核酶的催化效率较低,是一种较为原始的生物催化剂。

酶化学本质的确定

# 第一节　酶的分子结构

1926 年，Jams B. Sumner 首次从刀豆中提纯脲酶结晶，提出酶的化学本质是蛋白质。酶分子与其他蛋白质一样，具有一级结构和空间结构。酶的催化活性依赖于特定的空间构象。

由 1 条多肽链构成的酶称为单体酶（monomeric enzyme），如溶菌酶；由多条多肽链组成的酶称为寡聚酶（oligomeric enzyme），如磷酸果糖激酶-1；在细胞中还存在着多酶体系（multienzyme system），是由许多不同功能的酶彼此聚合形成的复合物，如丙酮酸脱氢酶复合物；一条多肽链上同时具有多种不同催化功能的酶称为串联酶（tandem enzyme）或多功能酶（multifunctional enzyme），如大肠杆菌 DNA 聚合酶I具有 $5'{\rightarrow}3'$DNA 聚合酶活性、$3'{\rightarrow}5'$核酸外切酶活性和 $5'{\rightarrow}3'$核酸外切酶活性。多酶体系和串联酶的存在有利于提高物质代谢速度和调节效率。

酶按其分子组成可分为单纯酶和缀合酶（结合酶）两大类。单纯酶（simple enzyme）是仅由多肽链构成的酶，其催化活性取决于多肽链本身，如某些蛋白酶、淀粉酶、脂肪酶、核糖核酸酶等。缀合酶（conjugated enzyme）的蛋白质部分称为脱辅基酶（apoenzyme，又称酶蛋白），非蛋白质部分称为辅因子（cofactor）。

## 一、酶的辅因子

脱辅基酶和辅因子各自单独存在时均无催化活性，两者结合形成的复合物称作全酶（holoenzyme）。只有全酶才有催化作用。脱辅基酶决定酶促反应的特异性及其催化机制，辅因子决定酶促反应性质和类型。辅因子有金属离子和小分子有机化合物两类。

常见的金属离子有 $K^+$、$Na^+$、$Mg^{2+}$、$Cu^+$（或 $Cu^{2+}$）、$Zn^{2+}$、$Fe^{2+}$（或 $Fe^{3+}$）等。其主要作用有：①与脱辅基酶结合，稳定酶分子构象；②中和阴离子，减小静电斥力，促进底物与酶的结合；③连接酶和底物的桥梁，形成三元复合物；④参与构成酶的活性中心，参与催化反应。

小分子有机化合物多数是 B 族维生素的活性形式，主要起传递氢原子、电子和某些化学基团（氨基、羧基、酰基、一碳单位等）的作用（表 5-1）。

表 5-1　含 B 族维生素的辅酶（或辅基）及其作用

| 辅酶或辅基 | 所含维生素 | 转移基团或原子 |
| --- | --- | --- |
| TPP（硫胺素焦磷酸） | 维生素 $B_1$ | 醛基 |
| FMN（黄素单核苷酸） | 维生素 $B_2$（核黄素） | 氢原子 |
| FAD（黄素腺嘌呤二核苷酸） | 维生素 $B_2$（核黄素） | 氢原子 |
| $NAD^+$（氧化型烟酰胺腺嘌呤二核苷酸） | 烟酰胺（维生素 PP） | 氢原子、电子 |
| $NADP^+$（氧化型烟酰胺腺嘌呤二核苷酸磷酸） | 烟酰胺（维生素 PP） | 氢原子、电子 |
| 磷酸吡哆醛 | 吡哆醛（维生素 $B_6$） | 氨基 |
| 辅酶 A（CoA） | 泛酸 | 酰基 |
| 生物素 | 生物素 | 二氧化碳 |
| THF（四氢叶酸） | 叶酸 | 一碳单位 |
| $5'$-脱氧腺苷钴胺素 | 维生素 $B_{12}$ | 甲基 |
| 硫辛酸 | 硫辛酸 | 酰基和氢原子 |

辅因子按其与脱辅基酶结合的紧密程度不同可分为辅酶与辅基。辅酶（coenzyme）与脱辅基酶的结合疏松，可以用透析或超滤的方法除去；辅基（prosthetic group）则与脱辅基酶结合紧密，不能通过透析或超滤方法除去。

对于缀合酶而言，一种脱辅基酶必须与某一特定的辅酶或辅基结合，才能成为有活性的全酶。但是一种辅酶或辅基可与多种不同的脱辅基酶结合,而组成具有不同特异性的全酶。因此,辅酶或辅基决定了反应的类型,而脱辅基酶决定了催化反应的特异性。如 NAD$^+$可以与不同的脱辅基酶结合,组成乳酸脱氢酶、苹果酸脱氢酶和甘油醛-3-磷酸脱氢酶等,以催化不同的底物发生脱氢反应。

## 二、酶的活性中心

酶分子中存在的许多化学基团并不一定都与酶的活性有关。其中与酶活性密切相关的基团称为酶的必需基团(essential group),常见的有组氨酸残基的咪唑基、丝氨酸残基的羟基、半胱氨酸残基的巯基以及谷氨酸残基的 γ-羧基等。这些必需基团在脱辅基酶一级结构上可能相距甚远,但在形成空间结构时彼此靠近,组成了具有特定空间结构的区域,能与底物特异性结合并将底物转化为产物,这个区域称为酶的活性中心(active center),或称活性部位(active site)。在缀合酶中,辅酶或辅基参与活性中心的组成。

有些必需基团位于酶的活性中心内,称为酶活性中心内必需基团,按其功能分为两类——结合基团(binding group)和催化基团(catalytic group)。结合基团负责与底物相结合,使底物与酶形成过渡态复合物;催化基团的作用是影响底物中某些化学键的稳定性,催化底物发生化学反应并将其转变为产物。还有一些必需基团位于活性中心外,虽不直接参与催化作用,但为维持酶活性中心特有的空间构象所必需,称为酶活性中心外必需基团(图5-1)。

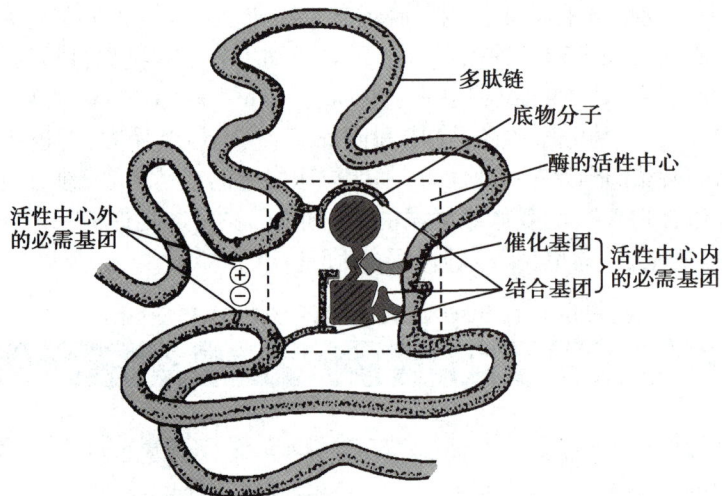

图5-1  酶的活性中心示意图

酶的活性中心仅占整个酶分子的很小一部分,其三维空间构象是酶分子表面的一个裂隙或凹陷,深入酶分子内部,多由疏水基团组成疏水"口袋",容纳底物并与之结合。

## 三、同工酶

同工酶(isoenzyme)是指催化相同化学反应,但酶分子的组成、结构、理化性质乃至免疫学性质不同的一组酶。同工酶虽然在一级结构上存在差异,但其活性中心的三维结构相同或相似,故可以催化相同的化学反应。同工酶可以存在于同一种属、同一个体的不同组织或同一细胞的不同亚细胞结构中。

现已发现有百余种同工酶,在研究物种进化、个体发育、组织分化、特别是在临床诊断等方面具有重要作用。如当组织细胞存在病变时,该组织细胞特异的同工酶可释放入血,因此,临床上检测血清中同工酶活性、分析同工酶谱有助于疾病的诊断。临床常用于诊断的同工酶有乳酸脱氢酶(lactate dehydrogenase,LDH)和肌酸激酶(creatine kinase,CK)。

1. 乳酸脱氢酶　主要有5种同工酶(表5-2),均为四聚体,由H型(心肌型)和M型(骨骼肌型)亚基组成,即$LDH_1(H_4)$、$LDH_2(H_3M)$、$LDH_3(H_2M_2)$、$LDH_4(HM_3)$、$LDH_5(M_4)$。电泳可把5种LDH分开,$LDH_1$向正极泳动速度最快,而$LDH_5$泳动最慢。

表5-2　人体各组织器官LDH同工酶的分布

| LDH同工酶 | 红细胞 | 白细胞 | 血清 | 骨骼肌 | 心肌 | 肺 | 肾 | 肝 | 脾 |
|---|---|---|---|---|---|---|---|---|---|
| $LDH_1$ | 43 | 12 | 27 | 0 | 73 | 14 | 43 | 2 | 10 |
| $LDH_2$ | 44 | 49 | 35 | 0 | 24 | 34 | 44 | 4 | 25 |
| $LDH_3$ | 12 | 33 | 21 | 5 | 3 | 35 | 12 | 11 | 40 |
| $LDH_4$ | 1 | 6 | 12 | 16 | 0 | 5 | 1 | 27 | 20 |
| $LDH_5$ | 0 | 0 | 6 | 79 | 0 | 12 | 0 | 56 | 5 |

同工酶在同一个体的不同组织,以及同一细胞的不同亚细胞结构的分布不同,形成不同的同工酶谱。因此,临床上通过分析患者血清中LDH同工酶的电泳图谱,可以辅助诊断某些器官组织是否发生病变。例如,急性心肌梗死时患者血清$LDH_1$含量明显上升,肝病患者血清$LDH_5$含量高于正常。

2. 肌酸激酶　主要有3种同工酶,均为二聚体,由M型(骨骼肌型)和B型(脑型)亚基组成,在各组织中分布有差异:脑中含$CK_1$(BB型);心肌中含$CK_2$(MB型),约占人体CK总量的14%~42%,正常血浆几乎不含$CK_2$。心肌梗死3~6小时血中$CK_2$活性升高,12~24小时达到高峰(升高近6倍),3~4天回落到正常水平,因此$CK_2$常作为临床早期诊断急性心肌梗死的一项指标。骨骼肌中含$CK_3$(MM型),正常血浆肌酸激酶主要是$CK_3$,在骨骼肌损伤、手术时明显升高。

ER-5-2

病案分析

# 第二节　酶促反应特点与机制

酶促反应是由酶催化的化学反应。酶促反应的反应物称为底物(S)。酶的底物种类很多,可以是蛋白质、核酸等生物大分子,也可以是葡萄糖、$CO_2$等小分子化合物。酶作为生物催化剂具有与一般催化剂相同的催化性质:①只能催化热力学上允许的化学反应;②在化学反应前后本身质和量不改变;③可以提高化学反应速度,但不改变化学反应的平衡点等。但酶作为生物催化剂又具有不同于非生物催化剂的显著特点。

## 一、酶促反应特点

### (一)高效性

酶催化的反应比非催化反应速度高$10^8$~$10^{20}$倍,比一般催化剂高$10^7$~$10^{13}$倍。例如,脲酶催化尿素水解的速度是$H^+$催化作用的$7\times10^{12}$倍;胰凝乳蛋白酶对苯酰胺水解的速度是$H^+$的$6\times10^6$倍。这是由于酶比一般催化剂能更有效地降低反应所需的活化能,使初态底物只需较少能量便可转变为活化分子,从而使单位体积内活化分子数增多,化学反应加速进行。

### (二)特异性

酶对其所催化的底物具有严格的选择性。即一种酶仅作用于一种或一类化合物,或作用于一种化学键,以催化一定的化学反应,这种性质称为酶的特异性或专一性(specificity)。根据酶对底物结构选择的严格程度不同,酶的特异性常有以下 3 类:

1. 绝对特异性 一种酶仅作用于一种底物,称为绝对特异性(absolute specificity)。例如,脲酶只能催化尿素水解生成 $NH_3$ 和 $CO_2$,对尿素的衍生物甲基尿素则不起作用。

2. 相对特异性 一种酶可作用于一类化合物或一种化学键发生化学反应,这种不太严格的特异性称为相对特异性(relative specificity)。例如,磷酸酶对一般的磷酸酯键都可以水解;脂肪酶不仅水解脂肪,也水解简单的酯。

3. 立体异构特异性 一种酶仅作用于立体异构体中的一种,而对另一种则无作用,这种特异性称为立体异构特异性(stereo specificity)。例如,L-乳酸脱氢酶只能催化 L-乳酸脱氢生成丙酮酸,对 D-乳酸则无作用;延胡索酸酶仅催化反-丁烯二酸(延胡索酸)加水生成苹果酸,对顺-丁烯二酸(马来酸)无作用。

### (三) 不稳定性

酶的化学本质是蛋白质,其催化活性依赖于特定空间构象。外界条件极易通过改变脱辅基酶的构象而影响其催化活性。因此,酶对导致蛋白质变性的理化因素(如高温、强酸、强碱、激烈震荡、紫外线、有机溶剂、重金属等)都非常敏感,极易受这些因素的影响而变性失活。

### (四) 可调节性

体内许多酶的活性和含量受体内代谢物或激素的调节。例如,磷酸果糖激酶-1 的活性受 AMP 的别构激活,而受 ATP 的别构抑制。胰岛素诱导 HMG-CoA 还原酶的合成,而胆固醇则阻遏该酶的合成。机体通过对酶的活性与含量的调节使得体内代谢过程受到精确调控,以使机体适应内外环境的不断变化,维持生命活动的正常进行。

## 二、酶促反应机制

酶能特异与底物结合,发挥其高效催化作用是通过多种途径实现的。

在一个反应体系中,初态底物分子所含能量较低,只有获得较高能量并达到一定阈值的活化分子才能发生化学反应。初态底物分子转变为活化分子所需的能量称为活化能(图 5-2)。

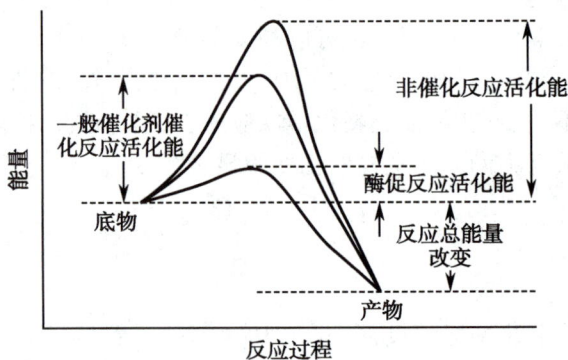

图 5-2 酶促反应活化能的改变

目前认为,酶促反应的高效是通过降低反应活化能(activation energy)实现的。比较公认的是,1958 年,D. E. Koshland 提出诱导契合学说(induced fit theory)描述中间复合物的形成机制,认为酶(E)与底物(S)结合前,结构上并不互补,当二者相互接近时,相互诱导使结构发生变形,彼此适应并结合形成 ES 复合物(图 5-3)。

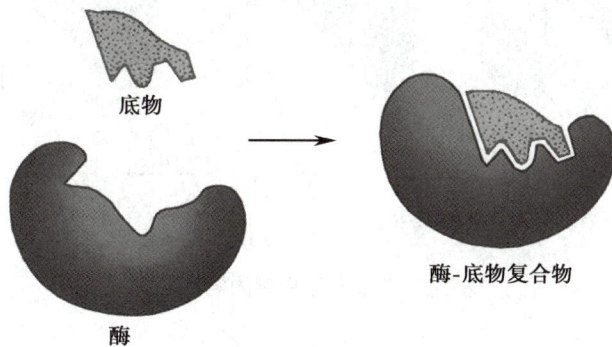

图 5-3　诱导契合示意图

　　酶的活性中心与底物可逆结合,并通过这种结合使底物分子内部某些化学键发生极化,呈不稳定状态(活化状态),从而显著降低反应能阈。本学说认为,酶促反应的基本过程是酶与底物首先结合成酶-底物复合物,降低反应活化能,将底物转变成产物并从酶分子中释出。

$$E + S \rightleftharpoons ES \longrightarrow P + E$$

　　酶的作用机制尚不十分清楚,但普遍认为许多酶促反应同时由邻近效应与定向排列、表面效应、酸碱催化、共价催化等多种机制参与,这是酶促反应高效率的重要原因。

　　1. 邻近效应(proximity effect)与定向排列(orientation arrangement)　　两个以上底物参加的反应中,底物之间必须以正确的方向相互碰撞,才有可能发生反应。酶促反应中不同的底物结合到酶的活性中心,使它们相互接近并形成有利于反应的正确定向关系。把分子间的反应变成了类似于分子内的反应,使反应速度大大提高(图5-4)。

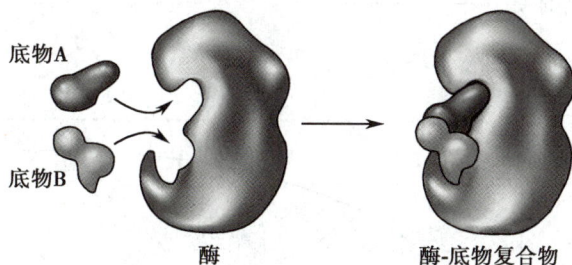

图 5-4　邻近效应与定向排列

　　2. 表面效应(surface effect)　　酶的活性中心多为疏水性的"口袋",避免在酶和底物之间形成水化膜,防止水分子对酶和底物功能基团的干扰,有利于酶和底物在疏水环境中能够密切接触。

　　3. 酸碱催化(acid-base catalysis)　　酶是两性电解质,其活性中心的某些基团具有一定的酸性或碱性,在水溶液中这些酸性或碱性基团可以执行与酸碱相同的催化作用。广义的酸性或碱性基团对许多化学反应均有较强的催化作用。

　　4. 共价催化(covalent catalysis)　　酶与底物形成共价结合的 ES 复合物而将底物激活,并很容易进一步被水解形成产物和游离的酶。如胰蛋白酶和凝血酶等均属于丝氨酸蛋白酶,这类蛋白酶水解肽键的作用分为两步:①酶以其丝氨酸残基的羟基与底物分子的羧基形成酯键,使肽键断裂;②共价结合的中间产物水解(图5-5)。

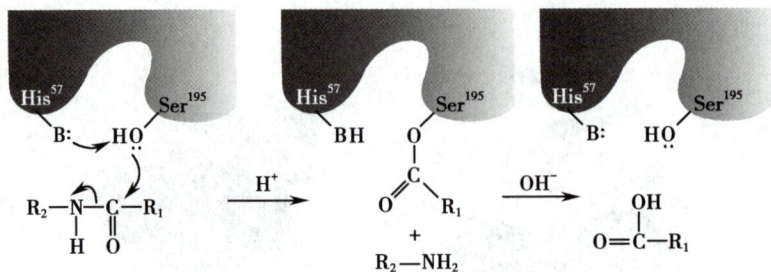

图 5-5 胰凝乳蛋白酶的催化机制

# 第三节 酶促反应动力学

酶促反应动力学研究的是酶促反应速度及其影响因素,这些因素主要包括酶浓度、底物浓度、pH、温度、抑制剂和激活剂等。

在探讨各种因素对酶促反应速度的影响时,通常以酶促反应速度作为酶催化效率的观察指标。酶促反应速度($v$)即单位时间内反应系统中底物的消耗量或产物的生成量。为避免不同影响因素的相互干扰,在研究某种影响因素时,应保持其他因素不变,单独改变待研究的因素,即单一变量研究。另外,考虑到酶促反应中可逆反应较常见,通常以反应的初始速度来代表酶促反应速度(即底物转化量<5%时的反应速度),以避免反应产物及其他因素对反应速度的影响。酶促反应动力学的研究具有重要的理论和实际应用意义。

## 一、底物浓度对酶促反应速度的影响

在酶浓度不变的情况下,以反应速度($v$)对底物浓度[S]作图,呈矩形双曲线(rectangular hyperbola),如图 5-6 所示。

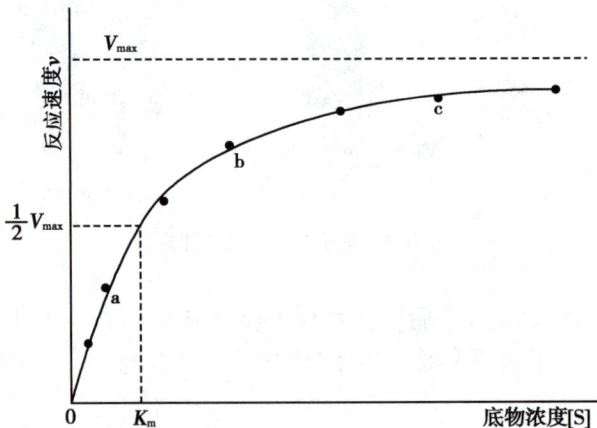

图 5-6 底物浓度对酶促反应速度的影响

如图 5-6 所示,①在底物浓度较低时,溶液中有大量的游离酶,此时,当底物浓度[S]增高,[ES]随之升高,反应速度($v$)随[S]的增加而升高,呈直线关系(曲线的 a 段),反应呈一级反应;②随着[S]的继续增加,$v$上升的幅度变缓,呈现出一级反应与零级反应的混合级反应(曲线的 b 段);③当[S]增加到一定数值后,所有酶的活性中心均被底物饱和,$v$便不再增加,$v$达到最大反应速度($V_{max}$),此时的反应可视为零级反应。

### （一）米氏方程

L. Michaelis 和 M. L. Menten 于 1913 年以酶-底物中间复合物学说为基础,经过大量研究,提出了反应速度和底物浓度关系的数学方程式,揭示了单底物反应的动力学特性,称为米氏方程(Michaelis-Menten equation)。

$$v=\frac{V_{max}[S]}{K_m+[S]}$$

式中 $K_m$ 是米氏常数(Michaelis constant), $V_{max}$ 为最大反应速度(maximum velocity), [S] 为底物浓度, $v$ 为在不同底物浓度时的反应速度。

当底物浓度很低时, $[S]\ll K_m$,则 $v\approx(v_{max}/K_m)[S]$,反应速度 $v$ 与底物浓度[S]呈正比。当底物浓度极高时, $[S]\gg K_m$, $K_m$ 值可忽略不计,则 $v\approx V_{max}$,此时反应速度 $v$ 达最大速度 $V_{max}$,底物浓度已不再影响反应速度。

### （二）米氏常数的意义

当反应速度为最大速度一半时,米氏方程可以变换如下:

½$V_{max}=V_{max}[S]/K_m+[S]$,进一步整理可得到: $K_m=[S]$。

米氏常数在酶学研究中极为重要,有如下意义与应用:

1. $K_m$ 值为酶促反应速度达到最大反应速度一半时的底物浓度。

2. $K_m$ 是酶的特征常数　$K_m$ 与酶的浓度无关,而与底物的种类和酶促反应的条件有关。

3. 酶对特定底物的 $K_m$ 值是恒定的　对同一底物,不同的同工酶有不同的 $K_m$ 值,因此可以利用酶的 $K_m$ 值比较来源于同一器官不同组织,或同一组织不同发育期催化同一反应的酶,通过比较 $K_m$ 值来判断这些酶是同工酶还是同一种酶。

4. $K_m$ 可用于酶的鉴定　根据 $K_m$ 稳定与否判定酶是否被纯化。

5. $K_m$ 可以反映酶与底物的亲和力　$K_m$ 值愈大,酶与底物的亲和力愈小; $K_m$ 值愈小,酶与底物的亲和力愈大。如果一个酶有几种底物,则酶对每一种底物的 $K_m$ 值都不同,其中 $K_m$ 值最小者是对酶亲和力最大的底物,一般称为该酶的天然底物或最适底物。

6. $K_m$ 可用来计算欲使反应速度达到某一特定反应速度时的合理[S]　如欲使反应速度达到最大反应速度的90%,代入米氏方程可得:

$$90\%V_{max}=\frac{V_{max}[S]}{K_m+[S]},即[S]=9K_m$$

7. 反映激活剂与抑制剂的存在　酶不仅与底物结合,也可与激活剂或抑制剂结合而影响 $K_m$ 值。通过 $K_m$ 值的测定可以协助判断激活剂及抑制剂的存在,以及抑制作用的类型。

### （三）林-贝氏方程求 $K_m$ 和 $V_{max}$

采用米氏方程作图求 $K_m$ 和 $V_{max}$ 时,酶促反应的 $v$ 对[S]为矩形双曲线,很难准确求取 $K_m$ 和 $V_{max}$。如果将米氏方程转换成直线方程,采用直线作图即可求得 $K_m$ 和 $V_{max}$,其中以双倒数作图(double-reciprocal plot)最为常用。

双倒数作图又称莱恩威弗-伯克作图(Lineweaver-Burk plot)、林-贝氏作图。将米氏方程两边同时取倒数,整理得到下列直线方程式,即为林-贝氏方程:

$$\frac{1}{v}=\frac{K_m}{V_{max}}\cdot\frac{1}{[S]}+\frac{1}{V_{max}}$$

以 $1/v$ 为纵坐标、$1/[S]$ 为横坐标作图,可得一直线,纵轴上截距为 $1/V_{max}$,横轴上截距为$-1/K_m$(图 5-7)。

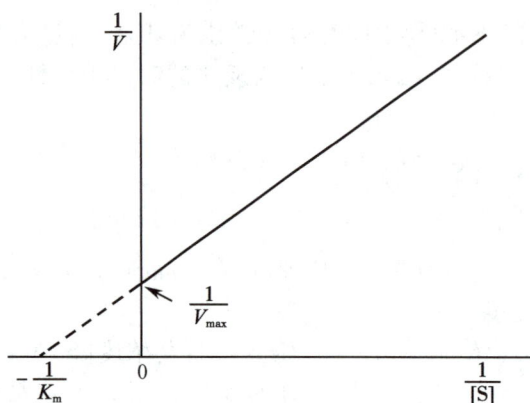

图 5-7 双倒数作图

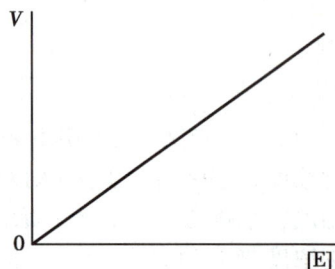

图 5-8 酶浓度对酶促反应速度的影响

## 二、酶浓度对酶促反应速度的影响

在酶促反应体系中,如果底物浓度远远大于酶浓度,则随着酶浓度的增加,酶促反应速度也相应加快,且成正比关系(图 5-8)。

在细胞内,通过改变酶浓度来调节酶促反应速度,是代谢调节的一个重要方式。

## 三、温度对酶促反应速度的影响

温度对酶促反应速度有双重影响:一方面,升高温度可为化学反应提供更多的活化能,促进底物分子运动,增加分子间有效碰撞的机会,提高化学反应速度;另一方面,由于酶的本质是蛋白质,当温度升高到一定限度时,可引起脱辅基酶变性,从而降低酶的催化活性,使酶促反应速度下降。酶促反应速度达到最大时的温度称为该酶促反应的最适温度(optimum temperature)。高于或低于最适温度,酶促反应速度都将减慢(图 5-9)。

从哺乳动物组织中提取的酶,最适温度一般在 35~40℃。大部分酶在 60℃以上时发生变性。少数酶可耐受较高的温度,如从 70~75℃环境中生长的嗜热水生菌体内提取的 Taq DNA 聚合酶最适温度为 72℃,可耐受 100℃高温,现已作为工具酶用于聚合酶链反应(PCR)。

最适温度不是酶的特征性常数,随反应时间的延长而降低。低温可使酶的活性降低,但不导致酶变性失活,温度回升时,酶的活性又可恢复。临床上采用低温麻醉即是利用酶的这一特性降低酶的活性,使组织细胞的代谢速度减慢,提高机体对氧和营养物质缺乏的耐受性。动物细胞、菌种、酶制剂保存通常采用低温或超低温。生化实验中测定酶活性时,应严格控制反应温度。

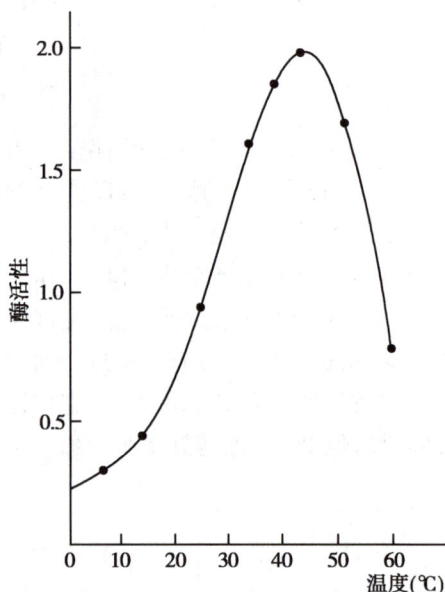

图 5-9 温度对酶促反应速度的影响

## 四、pH 对酶促反应速度的影响

pH 对酶促反应速度具有极显著性影响。酶在不同 pH 下活性不一,强酸强碱均可使酶蛋白质失活。酶促反应速度达到最大时的 pH 称为该酶的最适 pH(optimum pH)。偏离酶的最适 pH,会影响酶与底物的电离状态以及酶与底物的构象,使酶与底物的结合能力下降,从而影响酶促反应速度。

不同种类的酶有不同的最适 pH。植物和微生物产生的酶最适 pH 通常在 5.5~6.5;动物体内多数酶的最适 pH 接近中性,但也有例外,如胃蛋白酶的最适 pH 是 1.8(图 5-10A),胰凝乳蛋白酶的最适 pH 是 7.8 左右(图 5-10B),肝精氨酸酶的最适 pH 是 9.8。

最适 pH 不是酶的特征性常数,受底物浓度、种类及缓冲液浓度等因素影响。因此,在测定酶活性时,宜选最适 pH 的缓冲溶液,以使酶发挥最大催化活性。

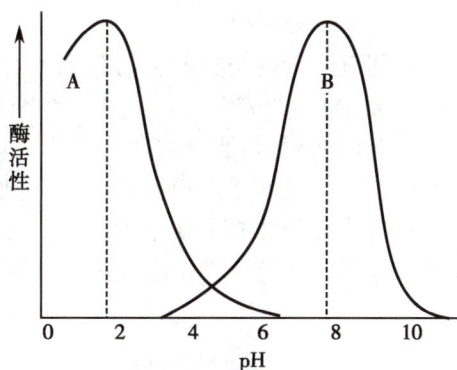

图 5-10 pH 对酶促反应速度的影响
A. 胃蛋白酶 B. 胰凝乳蛋白酶

## 五、激活剂对酶促反应速度的影响

使酶由无活性变为有活性,或使酶活性增加的物质称为酶的激活剂。激活剂大多为金属离子,如 $Mg^{2+}$、$K^+$、$Mn^{2+}$ 等,少数为阴离子,如 $Cl^-$ 等。也有些是小分子有机化合物,如胆汁酸盐等。激活剂可分为两大类。

1. 必需激活剂 必需激活剂(essential activator)为反应所必需,若缺乏则反应不能发生。例如,$Mg^{2+}$ 可与 ATP 结合形成 $Mg^{2+}$-ATP,ATP 作为底物参与反应过程,故 $Mg^{2+}$ 是多种酶的必需激活剂。

2. 非必需激活剂 非必需激活剂(non-essential activator)并非反应所必需,若不存在时酶催化效率较低。如 $Cl^-$ 是唾液 α-淀粉酶的非必需激活剂,胆汁酸盐是胰脂肪酶(即三酰甘油脂肪酶)的非必需激活剂。

### 病案分析

病案实例:

李某,女,32 岁,因与家人吵架,自服敌百虫约 100ml,出现头晕、头疼、腹痛、腹泻、恶心、呕吐,全身冷汗,半小时后言语出现障碍,并伴有阵发性抽搐等症状。服农药后 5 小时入院,入院时神志不清,瞳孔小如针孔,鼻翼翕动,口唇干燥,发绀,两肺有啰音,T 36.5℃,P 60 次/min,R 30 次/min,BP 110/80mmHg。医生立即给予催吐洗胃,硫酸镁导泻,阿托品、解磷定静脉注射,患者渐渐好转。

实验室检查:血清胆碱酯酶活力 40%。

## 六、抑制剂对酶促反应速度的影响

凡能使酶活性下降而不引起脱辅基酶变性的物质,统称酶的抑制剂(inhibitor,I)。对酶抑制剂的研究在医学中具有十分重要的意义。许多药物就是通过对体内某些酶的抑制来发挥治疗作用的,有些毒物中毒,实质上就是有毒物质对酶抑制的结果。

根据抑制剂作用机制的不同,抑制作用可分为不可逆抑制和可逆抑制。

### （一）不可逆抑制

抑制剂以共价键与酶的必需基团不可逆结合而使酶丧失活性,该抑制作用称为不可逆抑制(irreversible inhibition)。这类抑制剂称为不可逆抑制剂(irreversible inhibitor)。不可逆抑制剂不能用透析、超滤等物理方法除去而使酶复活,但可以通过化学方法,将抑制剂从酶分子上除去。常见的不可逆抑制剂如有机磷化合物以及重金属离子等。

有机磷化合物如有机磷杀虫剂,包括敌敌畏、敌百虫、1059 和甲胺磷等,能特异作用于胆碱酯酶或糜蛋白酶等活性中心丝氨酸残基的羟基上,抑制该类酶的活性。

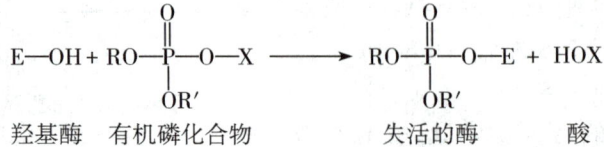

$$E—OH + RO—\overset{\overset{O}{\|}}{\underset{\underset{OR'}{|}}{P}}—O—X \longrightarrow RO—\overset{\overset{O}{\|}}{\underset{\underset{OR'}{|}}{P}}—O—E + HOX$$

羟基酶　　有机磷化合物　　　　　失活的酶　　　酸

胆碱酯酶是催化乙酰胆碱水解的丝氨酸酶。乙酰胆碱是胆碱能神经末梢分泌的神经递质。当胆碱酯酶的活性被抑制后,乙酰胆碱不能及时分解,导致胆碱能神经过度兴奋而产生中毒症状,如心跳变慢、瞳孔缩小、流涎、多汗和呼吸困难等。因此,有人将有机磷化合物称为神经毒剂。

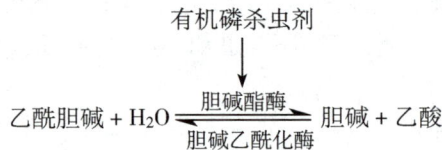

$$乙酰胆碱 + H_2O \underset{胆碱乙酰化酶}{\overset{胆碱酯酶}{\rightleftharpoons}} 胆碱 + 乙酸$$

有机磷杀虫剂 ↓

解救有机磷农药中毒,可给予解磷定解救,其机制是解磷定分子中含有负电性较强的肟基(—CH =NOH),能置换出脱辅基酶的丝氨酸羟基,使酶的活性恢复。

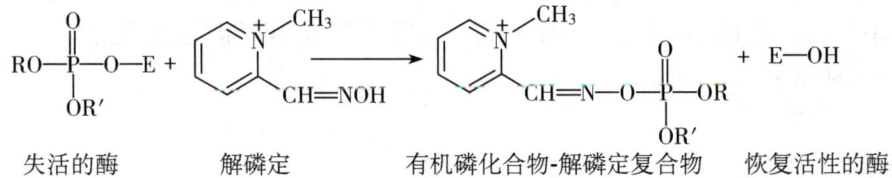

失活的酶　　　解磷定　　　　有机磷化合物-解磷定复合物　　恢复活性的酶

低浓度的重金属离子(如 $Pb^{2+}$、$Cu^{2+}$、$Hg^{2+}$ 等)及砷剂(如路易氏气、砒霜)能与巯基酶的巯基共价结合使酶失活,从而引起神经系统、皮肤、黏膜、毛细血管等病变和代谢功能紊乱,使人畜中毒;铅中毒引起的贫血就与铅结合在亚铁螯合酶的巯基上,导致血红素合成障碍有关。

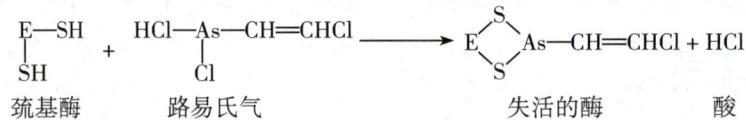

巯基酶　　　路易氏气　　　　　　　失活的酶　　　　酸

临床上常用二巯基丙醇(BAL)或二巯基丁二酸钠解救重金属中毒,机制是以其分子上的巯基置换出脱辅基酶的巯基,使酶恢复活性。

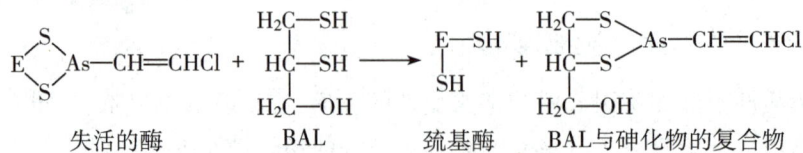

失活的酶　　　　BAL　　　巯基酶　　　BAL与砷化物的复合物

### （二）可逆抑制

抑制剂以非共价键与酶或酶-底物复合物结合,从而使酶活性降低或丧失,但用透析、超滤等物理方法可将抑制剂除去,恢复酶的活性,此种抑制作用称为可逆抑制(reversible inhibition)。这类抑制剂称为可逆抑制剂(reversible inhibitor)。根据作用机制不同,可逆抑制又分为竞争性抑制、非竞争性抑制和反竞争性抑制。

1. 竞争性抑制 抑制剂(I)与底物(S)结构相似,两者相互竞争与酶的活性中心结合,当抑制剂与酶结合后,可以阻碍酶与底物的结合,从而抑制酶促反应,称为竞争性抑制(competitive inhibition)。

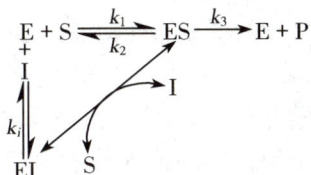

$$E + S \underset{k_2}{\overset{k_1}{\rightleftharpoons}} ES \overset{k_3}{\longrightarrow} E + P$$

反应式中 $k_i$ 为 EI 的解离常数,又称抑制常数。抑制剂与酶形成二元复合物 EI,增加底物浓度可使 EI 转变为 ES。

按米氏方程的推导方法,有竞争性抑制剂存在时,米氏方程为:

$$v = \frac{V_{max}[S]}{K_m\left(1 + \dfrac{[I]}{k_i}\right) + [S]}$$

将上述方程式两边取倒数则得林-贝氏方程:

$$\frac{1}{v} = \frac{K_m}{V_{max}}\left(1 + \frac{[I]}{k_i}\right) \cdot \frac{1}{[S]} + \frac{1}{V_{max}}$$

若以 $1/v$ 对 $1/[S]$ 作图,得直线图形(图 5-11)。与无抑制剂时相比,有抑制剂时的直线斜率增大,此时横轴截距所代表的" $K_m$ "增大,此" $K_m$ "称为表观 $K_m$ (抑制剂存在时测得的 $K_m$ 值)。即:

$$表观 K_m = K_m\left(1 + \frac{[I]}{k_i}\right)$$

竞争性抑制的特点有:①抑制剂与底物的结构相似,相互竞争与酶活性中心结合;②酶活性中心只能结合两者之一,抑制剂通过与活性中心结合抑制酶促反应;③竞争性抑制的动力学特征为表观 $K_m$ 值增大,即酶与底物的亲和力降低,但 $V_{max}$ 不变(图5-11);④抑制程度取决于抑制剂与酶的相对亲和力以及 [I]/[S] 的相对比例,增加底物浓度,可以减少甚至解除抑制。

丙二酸对琥珀酸脱氢酶的抑制是竞争性抑制的典型实例。丙二酸、戊二酸等与琥珀酸结构类似,相互竞争与琥珀酸脱氢酶活性中心结合,当丙二酸与琥珀酸脱氢酶结合后,阻碍了琥珀酸与酶的结合,从而抑制酶活性。若增大琥珀酸的浓度,抑制可被削弱。

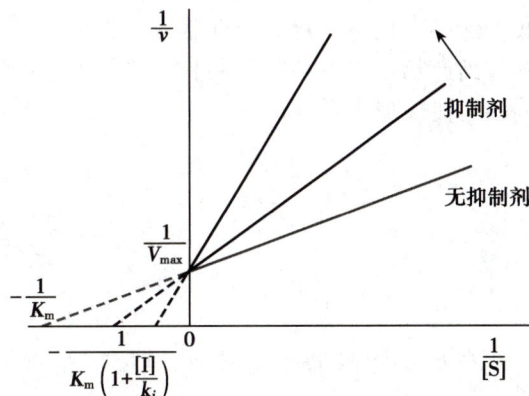

图 5-11 竞争性抑制的双倒数作图

$$HOOC—CH_2—CH_2—COOH \xrightarrow[\text{琥珀酸脱氢酶}]{\text{FAD} \quad \text{FADH}_2} HOOC—\underset{H}{\overset{}{C}}=\underset{H}{\overset{}{C}}—COOH$$

琥珀酸 延胡索酸

$$HOOC—CH_2—COOH$$
丙二酸

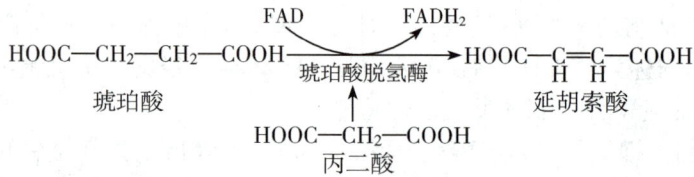

竞争性抑制在医学上的应用十分广泛,磺胺类药物是典型代表。细菌利用鸟苷三磷酸(GTP)从头合成四氢叶酸(图 5-12),其中 6-羟甲基-7,8-二氢蝶呤焦磷酸和对氨基苯甲酸生成 7,8-二氢蝶酸这步反应是由二氢蝶酸合酶(dihydropteroate synthase)来催化。磺胺类药物与对氨基苯甲酸的化学结构相似,竞争性地与二氢蝶酸合酶结合,抑制 7,8-二氢蝶酸的合成,进一步抑制二氢叶酸($FH_2$)的合成,则减少四氢叶酸的生成,干扰一碳单位代谢,进而干扰核酸的合成使细菌的生长繁殖受到抑制。而人体能直接利用食物中的叶酸,所以人体核酸合成不受磺胺类药物的干扰。根据竞争性抑制的特点,服用磺胺类药物时必须达到足够高的血药浓度,以有效发挥其竞争性抑制作用,因此首次用药时需要大剂量,然后继续使用维持量。

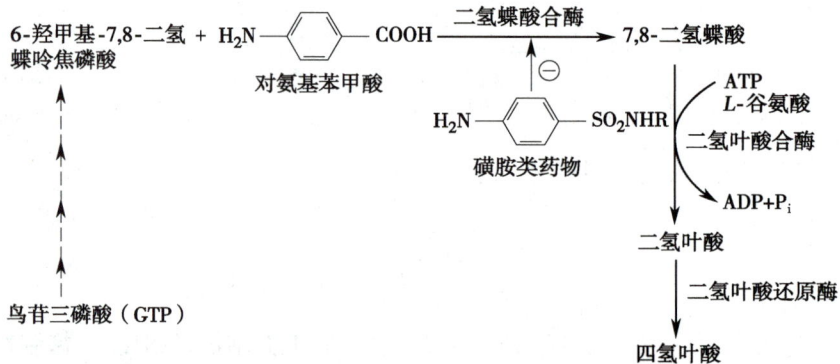

图 5-12 细菌从头合成四氢叶酸的途径和磺胺类药物抑菌的作用机制

临床使用的许多抗癌药物,如氨甲蝶呤(MTX)、5-氟尿嘧啶(5-FU)、6-巯基嘌呤(6-MP)等均为竞争性抑制剂,分别抑制四氢叶酸、脱氧胸苷酸及嘌呤核苷酸等的合成,达到抑制肿瘤生长的目的。

2. 非竞争性抑制 抑制剂可与酶活性中心以外的位点结合,不影响底物与酶结合,酶与底物的结合也不影响酶与抑制剂的结合。但酶、底物和抑制剂三者生成的 ESI 复合物不能释放出产物。这种抑制作用称为非竞争性抑制(non-competitive inhibition)。非竞争性抑制剂的酶促反应表示如下:

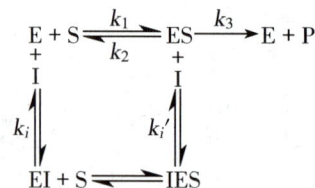

$$E + S \underset{k_2}{\overset{k_1}{\rightleftharpoons}} ES \xrightarrow{k_3} E + P$$

式中 $k_i'$ 为 IES 的解离常数,若反应中 $k_i = k_i'$ 时,则非竞争性抑制剂存在时的米氏方程为:

$$v = \frac{V_{max}[S]}{(K_m + [S])\left(1 + \dfrac{[I]}{k_i}\right)}$$

上述方程式两边取倒数得林-贝氏方程:

$$\frac{1}{v} = \frac{K_m}{V_{max}}\left(1 + \frac{[I]}{k_i}\right) \cdot \frac{1}{[S]} + \frac{1}{V_{max}}\left(1 + \frac{[I]}{k_i}\right)$$

若以 $1/v$ 对 $1/[S]$ 作图,得直线图形(图 5-13)。非竞争性抑制剂存在时,直线的斜率增大,横轴截距所代表的表观 $K_m$ 不变。

与竞争性抑制相比较,非竞争性抑制有下列特点:①抑制剂结合于酶活性中心外,且不影响底物与酶活性中心的结合;②抑制剂与酶的结合抑制底物转化为产物;③抑制程度只取决于[I],增加[S]能减弱但不能消除抑制作用;④抑制剂不影响酶与底物的亲和力,即表观 $K_m$ 值不变,但使酶促反应的 $V_{max}$ 值降低(图 5-13)。如亮氨酸对精氨酸酶的抑制,麦芽糖对 α 淀粉酶的抑制,均属于非竞争性抑制。

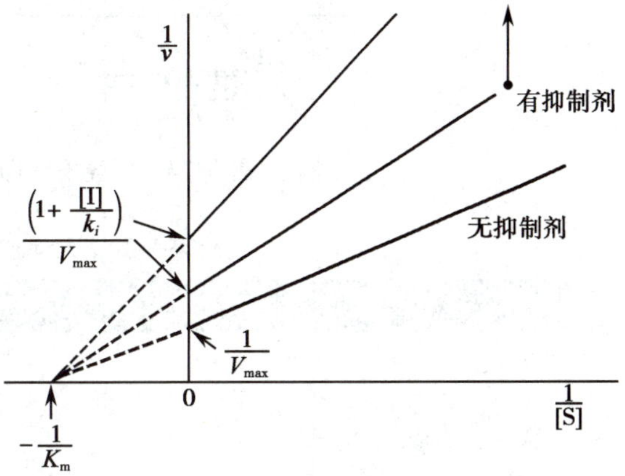

3. 反竞争性抑制  此类抑制剂(I)仅与酶-底物复合物(ES)结合,ESI 复合物形成后,使 ES 量下降,不利于 ES 转变为产物。增加底物浓度反而促进抑制作用,这种现象恰好与竞争性抑制相反,故称为反竞争性抑制(uncompetitive inhibition)。反竞争性抑制剂的酶促反应可用下式表示:

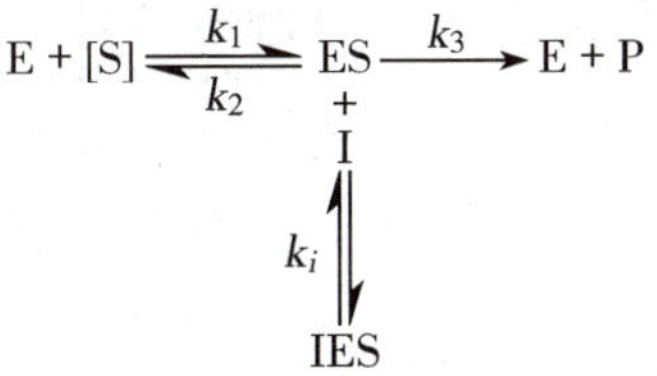

图 5-13 非竞争性抑制的双倒数作图

$$E + [S] \underset{k_2}{\overset{k_1}{\rightleftharpoons}} ES \overset{k_3}{\longrightarrow} E + P$$
$$+$$
$$I$$
$$k_i \updownarrow$$
$$IES$$

反竞争性抑制剂存在时的米氏方程为:

$$v = \frac{V_{max}[S]}{K_m + \left(1 + \frac{[I]}{k_i}\right)[S]}$$

将上述方程式两边取倒数则得林-贝氏方程

$$\frac{1}{v} = \frac{K_m}{V_{max}} \cdot \frac{1}{[S]} + \frac{1}{V_{max}}\left(1 + \frac{[I]}{k_i}\right)$$

若以 $1/v$ 对 $1/[S]$ 作图,得直线图形(图 5-14)。反竞争性抑制剂存在时,林-贝氏作图呈一系列平行线,不改变直线的斜率,横轴截距所代表的表观 $K_m$ 减小,纵轴截距增大,即 $V_{max}$ 降低。

反竞争性抑制的特点有:①抑制剂只能和 ES 结合,生成 ESI 复合物,抑制底物转化为产物;②抑制剂与 ES 结合后,ES 的有效浓度降低;③由于一部分 ES 与 I 结合,生成不能转变为产物的 IES,故动力学特征是表观 $K_m$ 与 $V_{max}$ 同时降低(图 5-14)。

反竞争性抑制在酶促反应中较为少见,多发生在双底物反应中,偶见于水解反应。苯丙氨酸对胎盘型碱性磷酸酶的抑制属于反竞争性抑制。3 种可逆抑制特点见表 5-3。

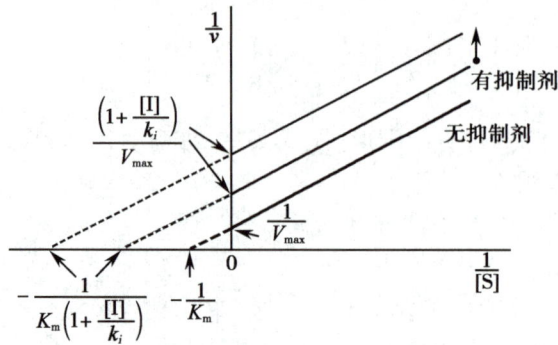

图 5-14 反竞争性抑制的双倒数作图

表 5-3　3 种可逆抑制的比较

| | 无抑制剂 | 竞争性抑制 | 非竞争性抑制 | 反竞争性抑制 |
| --- | --- | --- | --- | --- |
| I 结合部位 | E | E | E、ES | ES |
| 表观 $K_m$ 值 | $K_m$ | 增大 | 不变 | 减小 |
| $V_{max}$ 值 | $V_{max}$ | 不变 | 降低 | 降低 |
| 双倒数作图 | | | | |
| 横轴截距 | $-1/K_m$ | 增大 | 不变 | 减小 |
| 纵轴截距 | $1/V_{max}$ | 不变 | 增大 | 增大 |
| 斜率 | $K_m/V_{max}$ | 增大 | 增大 | 不变 |

**课堂互动**

　　问题:试述磺胺类药物新诺明(磺胺甲噁唑)消炎的作用机制。思考磺胺类药物对机体正常细胞的发育有无影响。

## 七、酶活性单位与酶活性测定

　　生物体内脱辅基酶的含量甚微,准确定量难度很大。在实际工作中常以酶促反应速度表示酶的催化能力。

　　1. 酶的活性单位　酶的活性单位是衡量酶活力大小的尺度。它反映在规定条件下,酶促反应在单位时间(s、min 或 h)内生成一定量(mg、μg、μmol 等)的产物或消耗一定数量的底物所需的酶量。目前有两种表示方法:

　　(1) 国际单位(international unit,IU):由国际生物化学与分子生物学联合会(IUBMB)酶学专业委员会 1964 年推荐,即在温度 25℃、最适条件下,1 分钟内使 1μmol 底物发生转化所需的酶量为 1 个国际单位(1IU)。

　　(2) Katal 单位(也称催量,Kat):由 IUBMB 与 IUPAC 于 1972 年推荐,即在特定条件下,每秒使 1mol 底物转化为产物所需的酶量为 1 个 Kat 单位。

　　kat 与 IU 的换算:1IU = $16.67 \times 10^{-9}$ kat。

**2. 酶活性测定**　酶活性(力)测定需遵守酶促反应动力学研究的总原则：①首先测定的酶促反应速度必须是初速度，只有初速度才与底物浓度成正比。初速度通常指底物消耗量在5%以内或产物形成量占总产物量的15%以下时的速度。②底物浓度、辅因子浓度必须远远大于酶浓度(即过饱和状态)。③反应必须在酶的最适条件(如温度、pH、离子强度等)下进行。④所用试剂中不应含有酶的激活剂、抑制剂。酶活力测定方法主要有终止反应法和连续反应法。

（1）终止反应法：规定时间内，在反应体系中加终止剂(强酸、强碱等)使酶促反应停止，通过分析产物的生成量或底物的消耗量来确定酶的活性。几乎所有的酶都可使用此法进行活力测定。

（2）连续反应法：不需要终止反应，而是基于反应过程中反应体系的变化，如光谱吸收、气体体积、酸碱度、黏度等用仪器跟踪监测，确定酶活力。

### 思政元素

#### 在传承的基础上创新发展

砒霜，中药名。其纯品为白砒，不纯的砒霜含有少量硫化砷，往往带有红色，俗称红砒。砒霜的主要成分为三氧化二砷($As_2O_3$)，具有蚀疮去腐、杀虫、劫痰、截疟等功效。有剧毒。砒霜中毒是砒霜中的砷离子不可逆地抑制体内巯基酶的活性，从而引起神经系统、皮肤、黏膜、毛细血管等病变和代谢功能紊乱，进而导致死亡。因其毒性，砒霜被我国列入严格管理的毒性中药之一。

1972年，哈尔滨医科大学率先从中医验方中发现砒霜的主要成分亚砷酸对急性早幼粒细胞白血病(APL)的疗效。哈尔滨医科大学附属第一医院张亭栋教授是使用砒霜治疗白血病的奠基人。20世纪90年代中期，上海第二医科大学附属瑞金医院(现上海交通大学医学院附属瑞金医院)的王振义、陈竺、陈赛娟、陈国强等，就其机制进行了深入研究，发现亚砷酸注射液能诱导、分化急性早幼粒细胞，促进肿瘤细胞凋亡。研究结果在国际权威的《血液》杂志上发表了一系列论文，此项发现被认为"在国际血液学上掀起了一场革命"。

剧毒药物砒霜成为抗白血病良药的过程，向我们展示了砒霜具有致命与治疗疾病的两面性。作为当代中医药人，我们要善于从传统中医药理论中汲取营养，尊重客观事实，运用现代科学技术，在传承的基础上创新发展，共同协作，不断探索。

参考文献：李俊伟，张翼宙. 医学类专业课程思政教学案例集[M]. 北京：中国中医药出版社，2020.

## 第四节　酶 的 调 节

细胞内许多酶的活性是可以调节的。通过适当的调节，有些酶可在有无活性或活性高低两种状态之间转变。机体对物质代谢的调节主要是通过对关键酶活性的调节实现的。

代谢途径由一系列酶促反应组成，其反应速率和方向仅由1个或几个具有调节作用的酶决定(它肩负着控制代谢速度的重任)。这些在代谢过程中具有调节作用的酶称为关键酶(key enzyme)。关键酶的特点包括：①所催化的反应通常位于代谢途径的第一步或者分支点上,速度最慢,其活性能决定整个代谢途径的总速度,所以又称限速酶;②所催化的反应往往是单向反应或非平衡反应,其活性能决定整个代谢途径的方向;③关键酶的活性受底物、代谢物或效应剂等多种因素调节。

细胞对关键酶的调节包括酶活性的调节和酶含量的调节。

## 一、酶活性的调节

细胞对关键酶活性的调节,根据调节机制不同,包括别构调节、化学修饰调节和酶原的激活,在数秒或数分钟内发挥调节作用,属于对酶促反应速率的快速调节。

1. 别构调节　体内一些代谢物与脱辅基酶活性中心外的特定部位以非共价键可逆结合,改变脱辅基酶构象,从而改变其活性,这种调节称为酶的别构调节(allosteric regulation),又称变构调节。能通过别构调节改变活性的酶称为别构酶(allosteric enzyme),而关键酶多属于别构酶。能对别构酶进行别构调节的物质称为别构调节物(allosteric modulator),又称别构效应物(allosteric effector),其中增加酶活性的称为别构激活剂,降低酶活性的称为别构抑制剂。

所有的别构酶都含有两种不同部位,即结合底物的部位——催化部位(catalytic site,即活性中心),结合调制物的部位——调节部位(regulatory site)。多亚基别构酶的催化部位和调节部位往往位于不同的亚基上。含催化部位的亚基称为催化亚基(catalytic subunit),负责催化反应;含调节部位的亚基称为调节亚基(regulatory subunit),能结合调制物,使从无活性(或低活性)构象转变为有活性(或高活性)构象,或反之。

(1) 别构调节的特点:①调制物与调节部位的结合是非共价可逆结合,结合程度取决于调制物水平,即只要调制物浓度改变,酶活性也立刻随之改变。例如,ATP 是丙酮酸激酶的别构抑制剂,高浓度 ATP 与丙酮酸激酶的结合优于解离,因而抑制其活性。一旦 ATP 浓度下降,已结合的 ATP 会与酶解离,从而解除活性抑制。②别构调节是快速、短暂的调节,一般在数秒或数分钟内完成。③酶分子的调节部位数量各不相同,有的只有 1 个,有的几个甚至十几个。④别构调节灵敏度高,不消耗高能化合物。

(2) 别构调节的机制:调制物与调节亚基以非共价键结合后可引起脱辅基酶别构、解聚和聚合,从而改变酶的活性,两者结合程度取决于调制物浓度。调制物浓度改变则结合程度改变,别构酶活性随之改变。如磷酸果糖激酶-1 由 4 个亚基组成,聚合状态下具有催化活性,一旦解聚就失活;蛋白激酶 A 与此相反,在四聚体状态下无催化活性,而解聚后才被激活。

(3) 别构调节的意义:别构调节是一种重要的快速调节方式。调制物浓度的改变可调节相应代谢途径的速率与方向,满足机体的需求。

首先,可防止代谢终产物堆积。例如,催化脂肪酸合成的关键酶是乙酰 CoA 羧化酶,软脂酰 CoA 是该酶的别构抑制剂。高浓度软脂酰 CoA 与乙酰 CoA 羧化酶结合抑制其活性,从而降低合成速度,避免合成更多的软脂酰 CoA。

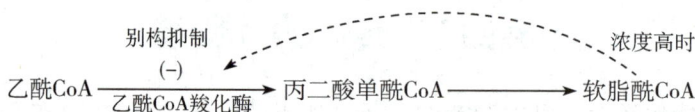

乙酰CoA $\xrightarrow[\text{乙酰CoA羧化酶}]{\substack{\text{别构抑制}\\(-)}}$ 丙二酸单酰CoA $\longrightarrow$ 软脂酰CoA

代谢产物作为别构抑制剂,在浓度增高时通过别构调节抑制其上游的别构酶,这种现象称为负反馈调节。软脂酰 CoA 对乙酰 CoA 羧化酶的别构抑制就属于负反馈调节。这种调节可防止代谢产物堆积,既避免能量或物质的浪费,又避免代谢产物过多对细胞造成损伤。

其次,使代谢物得到合理调配和有效利用。调制物可以抑制一种别构酶活性,同时激活另一种别构酶,使代谢物根据需要进入不同代谢途径。例如,机体能量供应充足时,葡糖-6-磷酸别构抑制糖原磷酸化酶,阻断糖原分解以抑制糖酵解及有氧氧化,避免 ATP 产生过多;同时葡糖-6-磷酸别构激活糖原合酶,促使过剩的葡糖-6-磷酸合成糖原储存,降低其浓度(图5-15)。

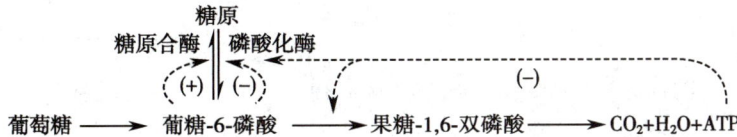

图 5-15 别构调节

2. 化学修饰调节 在其他酶的作用下,脱辅基酶发生共价修饰,即结合或脱去某些化学基团,从而引起酶活性改变,称为酶的化学修饰(chemical modification)调节。酶的化学修饰包括磷酸化与去磷酸化、乙酰化与去乙酰化、甲基化与去甲基化、腺苷化与去腺苷化及巯基与二硫键互变等。其中,磷酸化与去磷酸化最为常见。脱辅基酶分子中丝氨酸、苏氨酸或酪氨酸的羟基是磷酸化修饰的位点,在特异的蛋白激酶催化下,由 ATP 提供磷酸基及能量完成相应脱辅基酶的磷酸化,酶活性随之改变。反之,在磷蛋白磷酸酶的催化下,磷酸化的脱辅基酶脱去磷酸基,脱辅基酶构象和活性恢复到脱磷酸状态。酶的磷酸化与去磷酸化反应是不可逆的,分别由蛋白激酶及磷酸酶催化。

(1) 化学修饰调节的特点:①酶的化学修饰调节是另一个酶催化的酶促反应,改变酶的共价基团导致酶的活性改变。②化学修饰调节也是快速、短暂的调节,一般在数秒或数分钟内完成。③酶的化学修饰调节具有级联放大效应。如一分子的蛋白激酶 A 可以磷酸化修饰几十个至上百个酶分子,特异性强,有放大效应。④有的酶分子只有 1 个化学修饰位点,有的酶分子有几个甚至十几个修饰位点。⑤化学修饰调节常消耗 ATP,但远少于蛋白质合成的消耗量。

(2) 化学修饰调节的机制:化学修饰使酶从无活性(或低活性)构象转换为有活性(或高活性)构象,从而实现酶活性的快速调节,如糖原磷酸化酶是磷酸化修饰调节的典型例子。糖原磷酸化酶是同二聚体,有高活性的 a 型(磷酸化)和低活性 b 型(去磷酸化)两种构象。磷酸化酶 b 经糖原磷酸化酶激酶催化磷酸化,转换成高活性磷酸化酶 a,由 ATP 提供磷酸基;在蛋白磷酸酶催化下脱去磷酸基,转换为低活性磷酸化酶 b(图5-16)。

(3) 化学修饰调节的意义:酶的化学修饰调节具有级联放大效应,因此,在应激状态时,只需少量激素的释放即可通过一系列化学修饰反应,引起相关酶活性的迅速变化,产生相应的生理效应以满足机体所需。

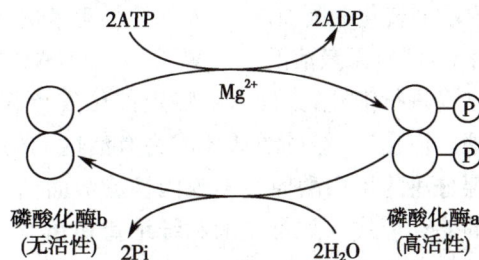

图 5-16 化学修饰调节

许多关键酶可受别构和化学修饰双重调节,二者相辅相成,共同维持代谢顺利进行。例如糖原磷酸化酶 b,一方面受别构调节,被 AMP 别构激活,被 ATP 或葡萄糖别构抑制;另一方面受化学修饰调节,磷酸化时被激活,去磷酸化时活性被抑制。

3. 酶原激活 某些酶在最初合成、分泌时没有活性,这种没有活性的酶的前体称为酶原(zymogen),如胃蛋白酶原、胰蛋白酶原和胰凝乳蛋白酶原等。在一定条件下,酶原转变成有活性的酶的过程称为酶原激活(activation of zymogen)。

(1) 酶原激活的实质:是酶活性中心形成或暴露的过程。如胰蛋白酶刚从胰腺分泌时,是没有催化活性的胰蛋白酶原。当它随胰液进入小肠时,在肠激酶的作用下,水解下 1 个六肽,使分子的构象发生了变化,组氨酸、丝氨酸、异亮氨酸等残基互相靠近,构成了活性中心,就变成了有活性的胰蛋白酶(图 5-17)。

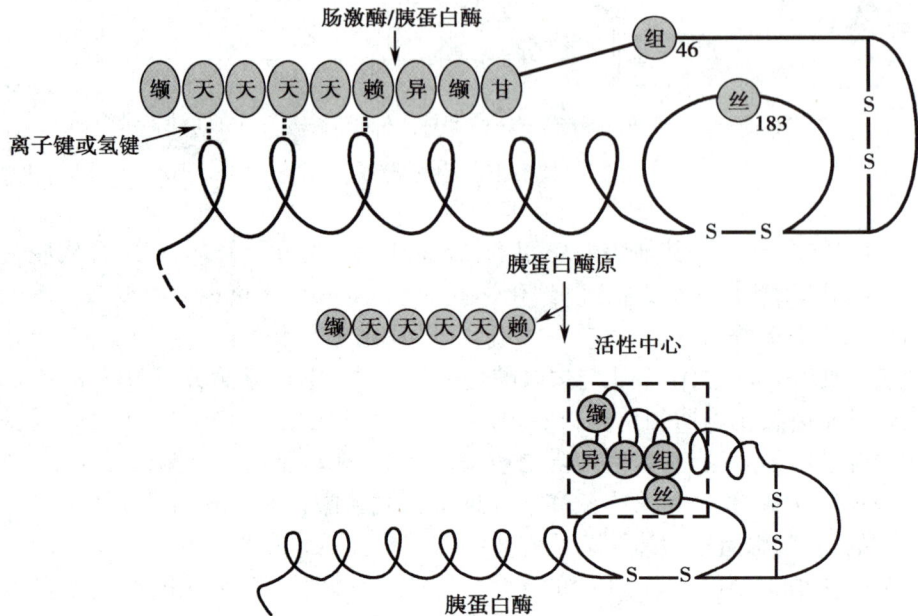

图 5-17 胰蛋白酶原激活示意图

此外,胃蛋白酶原含有 392 个氨基酸残基,在胃酸作用下,将 N 端第 42~43 氨基酸残基间的肽键断裂,切去 42 肽,剩下的肽链盘绕、折叠形成有活性的胃蛋白酶;胰凝乳蛋白酶原含有 245 个氨基酸残基,受胰蛋白酶催化除去 2 个二肽,剩下的肽链盘绕、折叠形成有活性的胰凝乳蛋白酶。

（2）酶原激活具有级联反应性质:胰蛋白酶原被肠激酶激活后,生成的胰蛋白酶除了可以自身激活外,还可以进一步激活胰凝乳蛋白酶原（又称糜蛋白酶原）、羧肽酶原、胰脂肪酶原、弹性蛋白酶原等,从而加速对食物的消化。血液中凝血因子和纤维蛋白溶解系统的激活具有典型的级联反应性质。因此,只要少数凝血因子被激活,便可通过级联放大作用,迅速使大量的凝血酶原转化为凝血酶,引发快速而有效的血液凝固。纤维蛋白溶解系统也是如此。

（3）酶原激活的生理意义:酶原是酶的安全运输形式,可以避免细胞产生的蛋白酶对细胞自身进行消化,并使之在特定部位发挥作用。如一些消化酶类都是以无活性的酶原形式分泌入消化道,经过激活才成为有活性的酶,发挥消化作用。出血性胰腺炎的发生就是由于胰腺分泌的蛋白酶原在胰腺内被激活而消化胰腺细胞,导致胰腺破裂出血。此外,酶原还是酶的储存形式。如凝血酶和纤维蛋白溶解酶类以酶原的形式在血液循环中运行,一旦需要即被激活为有活性的酶,迅速发挥其对机体的保护作用。酶原分泌、储备和激活受到生理信号在时间和空间上的精确调控。

## 二、酶含量的调节

通过调节关键酶的合成速度或降解速度以改变酶在细胞内的含量水平,即控制酶的数量而改变其总活性。这类调节作用主要发生在转录水平,因此所需时间较长,但调节效应持续时间较久,是一种缓慢而持久的调节方式。

（一）脱辅基酶合成的诱导与阻遏

某些代谢物、药物及激素等均可影响脱辅基酶的合成。一般在转录水平上能促进脱辅基酶合成的物质称为诱导物（inducer），这种作用称为诱导作用。反之，减少脱辅基酶合成的物质称为阻遏物（repressor，又称阻遏蛋白），这种作用称为阻遏作用。例如，糖皮质激素是诱导物，能诱导糖异生途径中的关键酶——磷酸烯醇丙酮酸羧化激酶的合成。胆固醇是阻遏物，能阻遏肝内胆固醇合成途径中的关键酶——HMG-CoA 还原酶的合成。有关通过诱导或阻遏作用，调控脱辅基酶基因表达的内容，详见"第十六章 基因表达调控"。

（二）脱辅基酶的降解

改变脱辅基酶的降解速度也是调节细胞内酶数量的重要方式。脱辅基酶的降解途径与一般蛋白质的降解途径相同，包括：①溶酶体途径：该途径降解蛋白没有选择性，由溶酶体内的组织蛋白酶非选择性催化分解一些膜结合蛋白、长半寿期蛋白和细胞外的蛋白，不消耗 ATP，又称为非 ATP 依赖性蛋白降解途径。②胞质途径：该蛋白降解途径需要泛素的参与。首先泛素与待降解的蛋白结合（即泛素化），即使待降解蛋白打上"标记"而被迅速降解。主要降解异常或损伤的蛋白质，以及几乎所有短半寿期（10 分钟至 2 小时）的蛋白质，需消耗 ATP，又称为 ATP 依赖性泛素介导的蛋白降解途径。

# 第五节 酶的命名与分类

## 一、酶的命名

生物体内酶的种类非常多，在实际工作中需要按一定规则对其命名，以避免引起混淆。常用的两大命名法：

（一）习惯命名法

1. 一般采用底物加反应类型命名，如乳酸脱氢酶、磷酸己糖异构酶等。

2. 命名水解酶类只要底物名称即可，如蔗糖酶、胆碱酯酶、蛋白酶等。

3. 有时在底物名称前冠以酶的来源，如血清谷丙转氨酶、唾液淀粉酶等。

习惯命名法虽然简单，使用方便，但有时出现一酶数名或一名数酶的现象。为此，国际生物化学与分子生物学联合会（IUBMB）于 1961 年提出了酶的系统命名法。

（二）系统命名法

系统命名法规定每一种酶均有一个系统名称，它标明酶的所有底物与反应性质，底物名称之间以"："分隔。由于许多酶促反应是双底物或多底物反应，且许多底物的化学名称太长，这使许多酶的系统命名的名称过于复杂。因此，为了应用方便，国际酶学委员会又从每种酶的数个习惯名称中选定一个简便实用的推荐名称（表5-4）。

表5-4 一些酶的分类与命名

| 序号 | 酶的分类 | 系统名称 | EC 编号 | 推荐名称 |
|---|---|---|---|---|
| 1 | 氧化还原酶类 | 乙醇：NAD 氧化还原酶 | EC 1.1.1.1 | 乙醇脱氢酶 |
| 2 | 转移酶类 | L-天冬氨酸：$\alpha$-酮戊二酸氨基转移酶 | EC 2.6.1.1 | 天冬氨酸转氨酶（谷草转氨酶） |
| 3 | 水解酶类 | D-葡糖-6-磷酸水解酶 | EC 3.1.3.9 | 葡糖-6-磷酸酶 |
| 4 | 裂合酶类 | 酮糖-1-磷酸裂解酶 | EC 4.1.2.7 | 醛缩酶 |
| 5 | 异构酶类 | D-葡糖-6-磷酸酮-醇异构酶 | EC 5.3.1.9 | 磷酸果糖异构酶 |
| 6 | 连接酶类 | L-谷氨酸：氨连接酶 | EC 6.3.1.2 | 谷氨酰胺合成酶 |

## 二、酶的分类

按国际酶学委员会建议,根据酶催化反应的类型,将酶分为6类:

1. 氧化还原酶类　催化底物进行氧化还原反应的酶。包括转移电子、氢以及需氧参加的反应等,如脱氢酶、细胞色素氧化酶、过氧化物酶等。

2. 转移酶类　催化底物之间基团转移或交换的酶,如甲基转移酶、氨基转移酶(转氨酶)、转硫酶、乙酰转移酶等。

3. 水解酶类　催化底物发生水解反应的酶,如蛋白酶、核酸酶、脂肪酶等。

4. 裂合酶类　催化从底物移去1个基团并形成双键的反应或其逆反应的酶,如醛缩酶、脱羧酶等。

5. 异构酶类　催化同分异构体之间相互转化的酶类,如异构酶、变位酶等。

6. 连接酶类　催化2种底物合成1种产物并同时偶联高能键水解和释能的酶,如谷氨酰胺合成酶、氨酰-tRNA合成酶、DNA连接酶等。

国际系统分类法除按上述6类将酶依次编号外,还根据酶所催化的化学键的特点和参加反应的基团不同,将每一大类又进一步分为若干亚类。每种酶的分类编号均由4个数字组成,数字前冠以EC(enzyme commission)。编号中的第1个数字表示该酶属于六大类中的哪一类;第2个数字表示该酶属于哪一亚类;第3个数字表示亚-亚类;第4个数字是该酶在亚-亚类中的排序。例如,L-乳酸脱氢酶为EC 1. 1. 1. 27。一些酶的系统名称和推荐名称举例列于表5-4。

# 第六节　酶与医学的关系

酶与医学的关系非常密切。体内几乎所有化学反应都是在酶的催化下进行的。先天性或继发性酶活性异常造成代谢异常,进而导致疾病的发生。随着酶学和医学研究的发展,酶在医学上的重要性越来越引起人们的关注。酶不仅涉及疾病的发生和发展,而且其活性的测定已成为临床辅助诊断的重要手段。随着酶纯化技术的发展,用于临床治疗的酶制剂也越来越多。

## 一、酶与疾病发生的关系

酶与疾病的发生主要表现在两个方面:一是先天性或继发性酶缺陷所致疾病;二是酶的活性异常或活性受到抑制所致疾病。

### (一)酶的先天性缺陷导致疾病

酶的先天性缺陷可导致代谢障碍。当编码酶的基因突变时,常导致脱辅基酶合成量不足或酶分子丧失正常功能而产生疾病。由于这类突变是遗传性的,称为遗传代谢性疾病。如先天性酪氨酸酶缺陷引起的白化病;葡糖-6-磷酸脱氢酶缺陷所致的蚕豆病;苯丙氨酸羟化酶缺乏导致的苯丙酮尿症;胱硫醚酶的遗传缺陷所致的同型半胱氨酸血症等。

### (二)酶活性异常导致疾病

酶活性受到抑制多见于中毒性疾病。如有机磷农药敌百虫、敌敌畏、内吸磷(1059)等中毒时抑制胆碱酯酶活性,引起乙酰胆碱堆积,导致神经肌肉和心脏功能的严重紊乱;重金属中毒时巯基酶活性被抑制而导致代谢紊乱。激素代谢障碍或维生素缺乏可引起某些酶的异常,维生素K缺乏时,γ-谷氨酰羧化酶的活性受到影响,凝血因子Ⅱ、Ⅶ、Ⅸ、Ⅹ的前体不能在肝内进一步羧化生成成熟的凝血因子,患者表现出因这些凝血因子的异常导致的临床征象。

**（三）酶原的不适当激活导致疾病**

酶原的存在是机体自我保护的重要形式之一。酶原的不适当激活会引起异常的代谢过程而导致疾病发生。如急性胰腺炎时，胰蛋白酶原在胰腺组织内被激活而引起的胰腺组织被水解破坏。凝血因子或纤维蛋白溶解系统的不适当激活则可导致血管栓塞性疾病或出血性疾病的发生。

## 二、酶在医学上的其他应用

**（一）酶在疾病诊断中的应用**

临床上常用的检测样本是血清。血清中酶的增多或减少对疾病的辅助诊断、治疗评价和预后判断具有重要的临床意义。如急性肝炎时血清谷丙转氨酶（丙氨酸转氨酶）活性升高；急性胰腺炎时血清淀粉酶活性升高；前列腺癌患者血清酸性磷酸酶含量增高。

肝功能障碍患者，凝血酶原、尿素合成酶、卵磷脂-胆固醇酰基转移酶（LCAT）等都减少。

**（二）酶在疾病治疗中的应用**

1. 助消化酶类　有些酶作为助消化的药物，治疗由于消化功能失调、消化液不足等引起的消化系统疾病。如胃蛋白酶、胰蛋白酶、胰脂肪酶、胰淀粉酶等。

2. 清创和抗炎酶类　可消炎抑菌，有利于创口愈合。在清洁化脓伤口的洗涤液中，加入胰蛋白酶、溶菌酶、木瓜蛋白酶等，可加强伤口的净化、抗炎和防止浆膜粘连等。

3. 抗栓酶类　能溶解血栓，用于脑血栓等疾病的防治，如链激酶、尿激酶及纤溶酶等。目前常用的酶制剂见表5-5。

表5-5　临床常用的酶制剂

| 分类 | 酶制剂 |
| --- | --- |
| （1）助消化酶类 | 胃蛋白酶、胰蛋白酶、胰脂肪酶、淀粉酶 |
| （2）清创和抗炎酶类 | 糜蛋白酶、链激酶、木瓜蛋白酶、菠萝蛋白酶、胰蛋白酶、纤溶酶等 |
| （3）抗栓酶类 | 尿激酶、链激酶、纤溶酶 |
| （4）抗氧化酶类 | 超氧化物歧化酶、过氧化氢酶 |
| （5）抗肿瘤细胞生长酶类 | 天冬酰胺酶、谷氨酰胺酶、神经氨酸酶 |

此外，许多药物的作用机制是通过抑制体内的某些酶来达到治疗目的。如磺胺类药物竞争性抑制细菌二氢蝶酸合酶的活性，进而抑制细菌的生长、发育和繁殖；氯霉素通过抑制某些细菌转肽酶活性来抑制其蛋白质合成达到抗菌作用；洛伐他汀通过竞争性抑制 HMG-CoA 还原酶的活性，减少胆固醇的合成；5-氟尿嘧啶、6-巯基嘌呤、氨甲蝶呤是核苷酸代谢途径中相关酶的竞争性抑制剂，能阻断肿瘤细胞的核酸合成，抑制肿瘤的生长。

**（三）酶在临床检验和科学研究中的应用**

1. 有些酶可作为酶偶联测定法中的指示酶或辅助酶　有些酶促反应的底物或产物含量极低，不易直接测定。此时，可偶联另一种或两种酶，使初始反应产物定量地转变为另一种较易定量测定的产物，从而测定初始反应中的底物、产物或初始酶活性。这种方法称为酶偶联测定法。若偶联一种酶，这个酶即为指示酶；若偶联两种酶，则前一种酶是辅助酶，后一种酶是指示酶。

2. 有些酶可作为酶标记测定法中的标记酶　临床上经常使用酶标记测定法检测许多微量分子。如酶联免疫吸附测定就是利用抗原-抗体特异性结合的特点，将标记酶与抗体偶联，对抗原或抗体进行检测的一种方法。常用的标记酶有碱性磷酸酶、葡萄糖氧化酶等。

3. 许多酶现已成为基因工程常用的工具酶　多种酶已常规用于基因工程操作过程中，如 DNA 连接酶、DNA 聚合酶、逆转录酶等。

笔记栏

### 学习小结

1. 学习内容

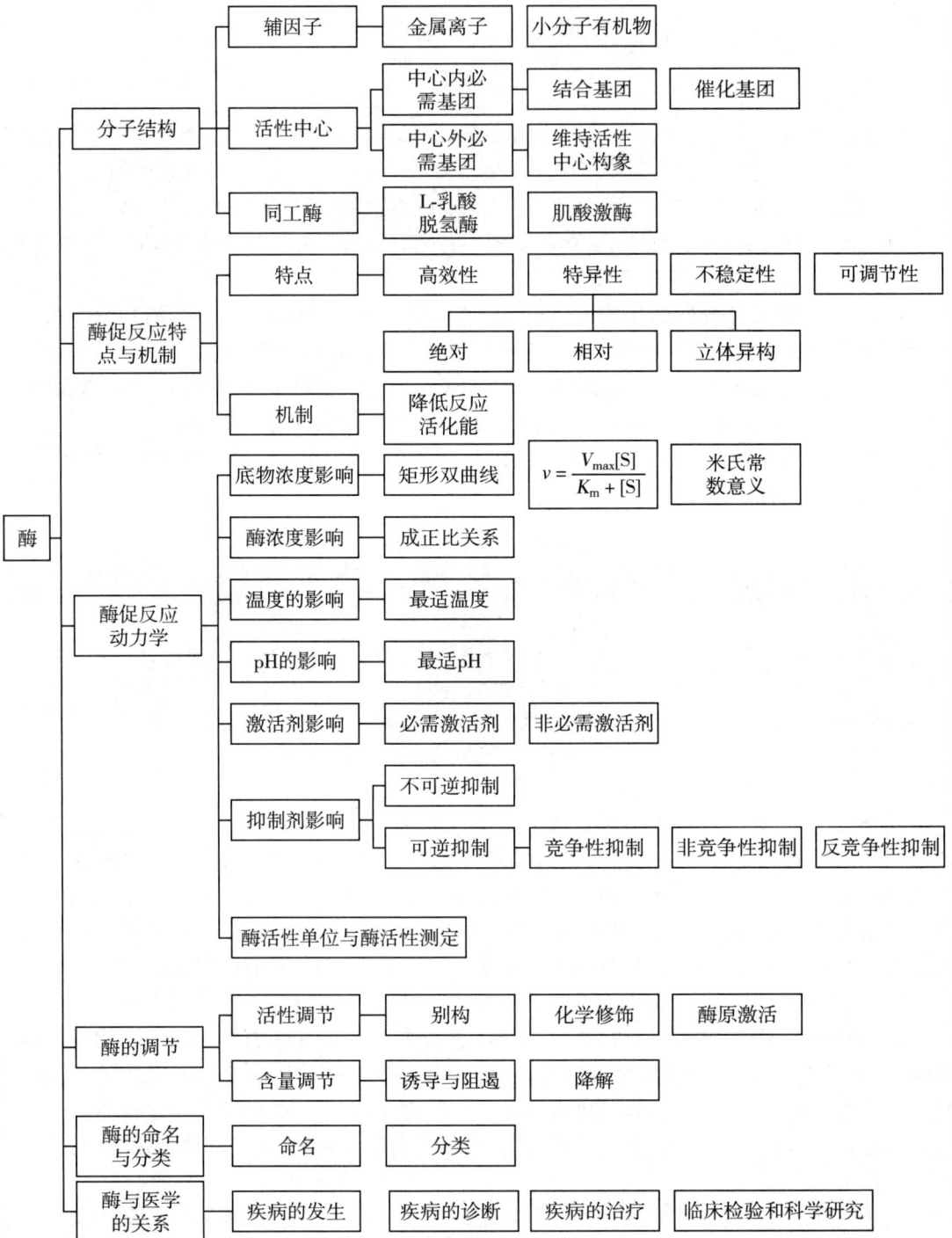

2. 学习方法

（1）对酶的学习可以结合在中学期间所学的催化剂的知识，理解掌握酶的基本概念和酶促反应特点。

（2）从酶本质是蛋白质，酶的活性是受环境因素影响和调节的，来理解酶的影响因素与调节等问题。

（王 晶 马晓磊）

笔记栏

扫一扫，
测一测

## 复习思考题

1. 简述酶促反应的特点。

2. 欲使一个酶促反应的速率达到最大反应速率的80%，则$[S]$与$K_m$的关系如何？

3. 试述磺胺类药物抑菌的作用机制，如何保证其有效地发挥抑菌作用。

4. 酶原激活的实质是什么？在酶原激活过程中主要是何种化学键发生断裂？

5. 简述温度如何对酶促反应速率产生双重影响。

6. 列举3种先天性酶缺陷的疾病，并指出所缺陷的酶及致病机制。

7. 根据酶催化的反应类型，可将酶分为哪6类？

06章PPT

PPT 课件

# ◇◇◇ 第六章 ◇◇◇

# 维生素和微量元素

### ↘ 学习目标

通过学习维生素的概念和分类,B 族维生素和维生素 C、维生素 A、维生素 D、维生素 E、维生素 K 的生化作用及结构、性质与缺乏症,为下一步学习酶学和营养学奠定基础。

维生素(vitamin)是机体重要营养素之一,主要作为辅酶或辅基的组成成分参与并调节机体物质代谢,保障正常的生理功能以维持机体健康,摄取过多或者过少都会导致疾病。

## 第一节 概 述

### 一、维生素的概念与特点

维生素是维持机体生理功能所必需的,多由食物供给的一类小分子有机化合物。虽然维生素既不构成机体组织成分,也不氧化分解释放能量,但通过参与多种生理生化过程而发挥重要作用。人体每日对维生素的需要量很少,常以微克计算,但由于不能自身合成或合成量不足,而必须由食物供给。若食物中长期缺乏维生素,就会导致相应的维生素缺乏症。

### 二、维生素的命名与分类

#### (一)维生素的命名

维生素常按发现的先后顺序用英文的大写字母 A、B、C、D、E 来命名,同一族的则在字母的右下角用不同的阿拉伯数字区分,如 $B_1$、$B_2$、$B_6$ 等。也有根据其化学结构或化学特征来命名,如维生素 $B_1$ 又称硫胺素,维生素 $B_2$ 又称核黄素;或根据其生理功能命名,如维生素 D 又称抗佝偻病维生素,维生素 K 又称凝血维生素,维生素 A 又称抗干眼病维生素。还有结合化学结构和生理功能来命名,如维生素 A 又称视黄醇。

#### (二)维生素的分类

维生素的种类很多,结构各异,通常根据其溶解性质分为脂溶性维生素和水溶性维生素两大类。

### 三、维生素缺乏与中毒

机体每日都需要补充一定量维生素,过多或者过少都会影响机体的正常代谢,导致疾病。

#### (一)维生素缺乏的原因

1. 摄取不足 膳食调配不合理,有偏食习惯或长期食欲不好等都会造成维生素缺乏;另外,食物的储存或加工方法不科学也可造成维生素的大量破坏与丢失。如小麦加工过精,稀饭加碱蒸煮等会损失维生素 $B_1$;蔬菜储存过久、先切后洗或烹饪时间过长会使维生素 C 大量破坏。

2. 吸收障碍 尽管食入足量的维生素,但吸收障碍,也可造成维生素的缺乏,如长期腹泻、肝胆系统疾病等可造成维生素缺乏。

3. 机体需要量增加 发育期儿童、妊娠或哺乳期妇女,对维生素 A、维生素 D、维生素 C 的需要量增加。重体力劳动、长期高热和慢性消耗性疾病患者等都对维生素 A、维生素 $B_1$、维生素 $B_2$、维生素 C、维生素 D 及维生素 PP 等的需要量增加,故必须增加这些维生素的摄入量,以满足机体的需要。

4. 服用某些药物 体内肠道细菌可合成维生素 K、维生素 $B_6$、泛酸、叶酸等供人体需要。若长期服用抗菌药物,可抑制肠道细菌的生长,导致这些维生素的缺乏。有些药物是维生素的拮抗剂,如一些抗肿瘤的化疗药物氨甲蝶呤和氨基蝶呤是叶酸拮抗剂,治疗结核病的异烟肼是烟酰胺拮抗剂,都会引起相应维生素的缺乏。

5. 其他原因 一些特异性的缺陷也可引起维生素缺乏症,如缺乏内因子影响维生素 $B_{12}$ 的吸收;长期日光照射不足,使体内维生素 $D_3$ 生成减少;肝、肾疾病可影响维生素 D 的羟化,导致活性维生素 D 的不足。

### (二)维生素中毒

维生素对维持机体正常生理功能非常重要,不可缺乏,但并非越多越好,如长期过量摄入则会导致维生素蓄积而引起中毒。一般来讲,水溶性维生素在体内达饱和后,多余部分可随尿液排出体外,不易引起机体中毒。脂溶性维生素摄入过多,常因不易排出体外而蓄积,导致机体中毒。

## 第二节 水溶性维生素

水溶性维生素有 B 族维生素(维生素 $B_1$、维生素 $B_2$、维生素 $B_6$、维生素 PP、维生素 $B_{12}$、泛酸、叶酸、生物素、硫辛酸)和维生素 C。水溶性维生素易溶于水而不溶于有机溶剂,易随尿排出,故体内储存较少,必须经常从食物中摄取。

### 一、维生素 $B_1$

1. 结构、性质及来源 维生素 $B_1$ 由含硫的噻唑环和含氨基的嘧啶环以亚甲基相连,故又称硫胺素(thiamine)。维生素 $B_1$ 是白色结晶,在中性及碱性溶液中遇热极易破坏,而在酸性溶液中则可耐受 120℃ 高温。氧化剂或还原剂都可以使其失活。

维生素 $B_1$ 广泛分布于植物种子的外皮及胚芽中,在坚果、动物内脏、蛋类、酵母中含量也很丰富。过分加工、淘洗、微波加热或用高压蒸汽加热等都会使食物中所含维生素 $B_1$ 有不同程度的损失。

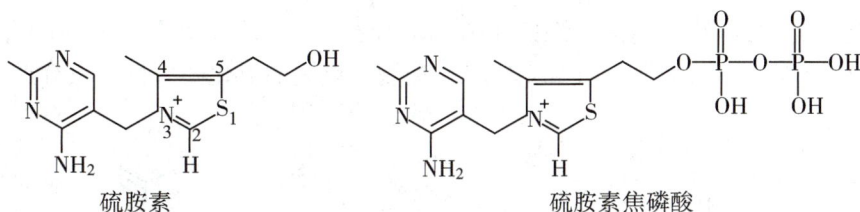

硫胺素　　　　　　　　　　硫胺素焦磷酸

2. 生化功能和缺乏症 在体内,维生素 $B_1$ 生成硫胺素焦磷酸(thiamine pyrophosphate,TPP)发挥作用,故 TPP 是维生素 $B_1$ 的活性形式,占维生素 $B_1$ 总量的80%。

维生素 $B_1$ 在糖代谢中发挥重要作用。TPP 是 α-酮酸脱氢酶系的辅因子,参与 α-酮酸的氧化脱羧。神经和肌肉等组织所需能量主要由糖代谢供应,若维生素 $B_1$ 缺乏导致 α-酮酸的氧化受阻,造成丙酮酸和 α-酮戊二酸的堆积,使能量供应不足,影响心肌、骨骼肌和神经系统的功能。临床表现为健忘、易怒、肢端麻木、共济失调、眼肌麻痹、肌肉萎缩和心力衰竭等症状,称为脚气病。隋唐时期的孙思邈曾用谷皮熬成米粥来预防和治疗脚气病。

TPP 也是转酮酶的辅因子,参与磷酸戊糖途径的代谢。缺乏维生素 $B_1$ 可使神经髓鞘中磷酸戊糖途径受阻,导致末梢神经炎和其他神经病变。

维生素 $B_1$ 可抑制胆碱酯酶水解乙酰胆碱;同时,TPP 又可促进丙酮酸氧化脱羧生成乙酰辅酶 A,后者是体内合成乙酰胆碱的原料之一。当维生素 $B_1$ 缺乏时,乙酰胆碱分解增多、合成减少,使胆碱能神经受到影响,表现为胃肠道蠕动变慢,消化液分泌减少,食欲减退、消化不良。

维生素 $B_1$ 缺乏多见于以大米为主食的地区,任何年龄均可发病。膳食中维生素 $B_1$ 含量不足为常见原因,另外吸收障碍和需要量增加以及酒精中毒也可导致维生素 $B_1$ 缺乏。

## 二、维生素 $B_2$

1. 结构、性质及来源　维生素 $B_2$ 是 6,7-二甲基异咯嗪与 D-核糖醇的缩合物,其水溶液呈黄绿色荧光,故又称为核黄素(riboflavin)。

维生素 $B_2$ 耐热,在中性或酸性溶液中稳定,但易被碱和紫外线破坏。

维生素 $B_2$ 广泛存在于自然界,动物的肝脏、心脏、蛋黄、乳汁及酵母中含量丰富,豆类、绿叶蔬菜等含量也较多,人体肠道细菌也能合成一部分。

2. 生化功能和缺乏症　在体内,维生素 $B_2$ 生成黄素单核苷酸(flavin mononucleotide,FMN)和黄素腺嘌呤二核苷酸(flavin adenine dinucleotide,FAD)发挥作用。FMN 和 FAD 是维生素 $B_2$ 的活性形式。

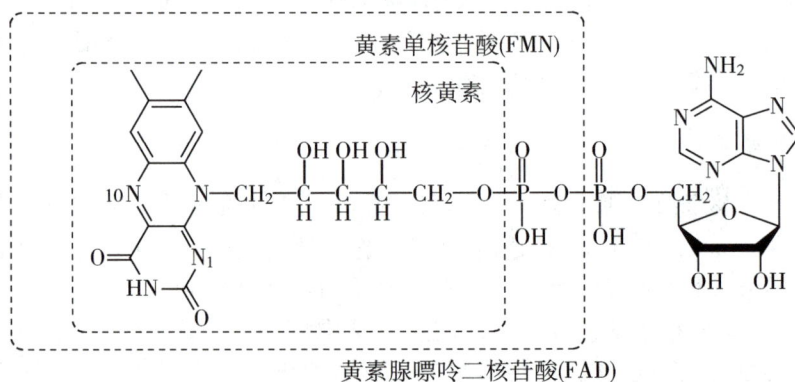

FMN 和 FAD 是多种需氧脱氢酶(如黄嘌呤氧化酶、单胺氧化酶等)和不需氧脱氢酶(如琥珀酸脱氢酶等)的辅基,在生物氧化过程中通过维生素 $B_2$ 异咯嗪环上 $N_1$ 和 $N_{10}$ 可反复接受氢($FMNH_2$、$FADH_2$)或释放氢(FMN、FAD),利用其可逆的氧化还原性而发挥递氢作用。

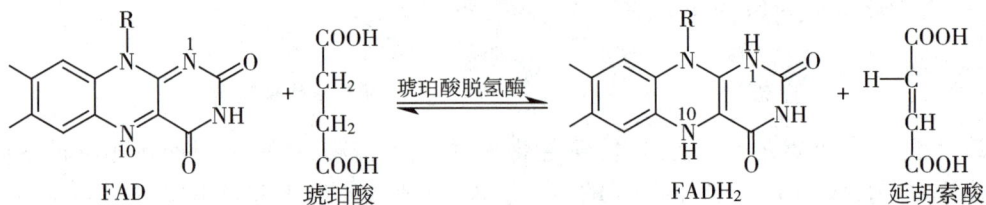

维生素 $B_2$ 缺乏的主要原因是膳食供应不足,如食物烹饪不科学(淘米过度、蔬菜切碎后浸泡、牛奶多次煮沸等),可引起唇炎、舌炎、口角炎、阴囊炎、脂溢性皮炎及眼结膜炎等。用光照法治疗新生儿黄疸时,在分解皮肤胆红素的同时,核黄素也可被破坏,引起新生儿维生素 $B_2$ 缺乏症。

### 三、维生素 PP

1. 结构、性质及来源　自然界中维生素 PP 包括烟酸(nicotinic acid,曾称尼克酸)和烟酰胺(nicotinamide,曾称尼克酰胺)。

维生素 PP 是白色结晶,耐热,120℃条件下加热 20 分钟不被破坏,在酸、碱性溶液中均比较稳定,是维生素中性质最稳定的一种。

维生素 PP 广泛存在于动植物体内,在动物内脏、肉类、酵母及谷类中含量丰富。色氨酸可以代谢生成维生素 PP,但产率很低。玉米中维生素 PP 和色氨酸贫乏,故长期单食玉米,能引起维生素 PP 缺乏症。

2. 生化功能和缺乏症　在体内,维生素 PP 生成烟酰胺腺嘌呤二核苷酸(nicotinamide adenine dinucleotide,NAD)和烟酰胺腺嘌呤二核苷酸磷酸(nicotinamide adenine dinucleotide phosphate,NADP)发挥作用。$NAD^+$ 和 $NADP^+$ 是维生素 PP 的活性形式。

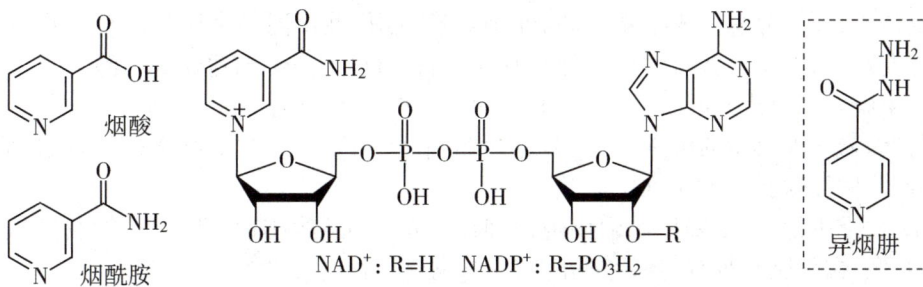

NAD 和 NADP 是多种氧化还原酶类的辅因子,通过维生素 PP 分子中的吡啶环能可逆地接受氢(NADH、NADPH)或释放氢($NAD^+$、$NADP^+$)而发挥递氢作用。其中,$NAD^+$ 是糖酵解和三羧酸循环中一些脱氢酶的辅酶,$NADP^+$ 是磷酸戊糖途径中葡糖-6-磷酸脱氢酶的辅酶。

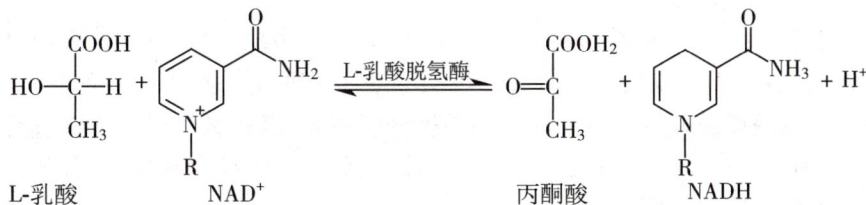

维生素 PP 缺乏症俗称"癞皮病",其临床表现为机体裸露的部位出现对称性皮炎,也可出现腹痛、腹泻以及痴呆等(痴呆是神经组织病变的结果),故维生素 PP 又称抗癞皮病维生素。

此外,烟酸在肝脏中能抑制甘油三酯和极低密度脂蛋白的合成,从而降低血浆中甘油三酯和胆固醇,近年来临床用于高胆固醇血症的治疗。大量服用烟酸或烟酰胺会导致血管扩张、皮肤潮红、瘙痒、胃肠不适等,严重可引起肝功能损害。

抗结核药异烟肼的结构与维生素 PP 类似,两者有拮抗作用,故长期服用异烟肼可能引起维生素 PP 的缺乏,可适当补充维生素 PP。

### 四、维生素 $B_6$

1. 结构、性质及来源　维生素 $B_6$ 包括吡哆醇(pyridoxine)、吡哆醛(pyridoxal)和吡哆胺(pyridoxamine)3 种,均为吡啶的衍生物。

维生素B<sub>6</sub>

吡哆醇:R=CH<sub>2</sub>OH
吡哆醛:R=CHO
吡哆胺:R=CH<sub>2</sub>NH<sub>2</sub>

维生素B<sub>6</sub>活性形式
磷酸吡哆醛:R=CHO
磷酸吡哆胺:R=CH<sub>2</sub>NH<sub>2</sub>

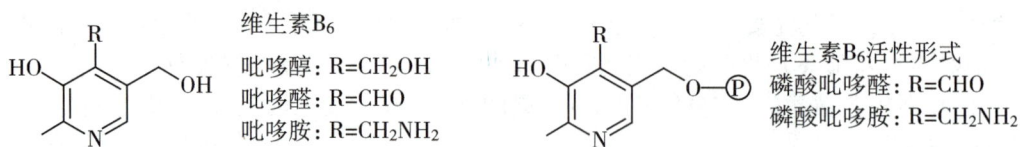

维生素 $B_6$ 对光、碱和热均敏感,高温下迅速破坏。维生素 $B_6$ 在动植物中分布很广,如蛋黄、肉类、鱼、乳汁以及谷物、种子外皮、卷心菜等均含有丰富的维生素 $B_6$。肠道细菌也能少量合成,人体一般不易出现缺乏症。

2. 生化功能和缺乏症　维生素 $B_6$ 的活性形式是磷酸吡哆醛(pyridoxal phosphate)和磷酸吡哆胺(pyridoxamine phosphate),两者可以相互转变。

其主要作用:①磷酸吡哆醛和磷酸吡哆胺是氨基酸转氨酶的辅酶,通过两者相互转变,起传递氨基的作用。②磷酸吡哆醛也是氨基酸脱羧酶的辅酶,能促进谷氨酸脱羧,生成 $\gamma$-氨基丁酸。$\gamma$-氨基丁酸是中枢神经系统的一种抑制性神经递质,故维生素 $B_6$ 在临床上常用于治疗妊娠呕吐和小儿惊厥。③磷酸吡哆醛也是 $\delta$-氨基-$\gamma$-酮戊酸($\delta$-aminolevulinic acid,ALA)合成酶的辅酶,参与血红素的合成,缺乏时可引起低色素性贫血。④磷酸吡哆醛还是糖原磷酸化酶的重要组成部分,参与糖原分解。

此外,维生素 $B_6$ 还与同型半胱氨酸的代谢有关。在体内,同型半胱氨酸除了甲基化生成甲硫氨酸外,还可分解生成半胱氨酸,而维生素 $B_6$ 是催化同型半胱氨酸分解代谢酶的辅酶。研究发现,高同型半胱氨酸血症是心血管疾病、血栓形成和高血压的危险因子,其中 2/3 的高同型半胱氨酸血症与叶酸、维生素 $B_{12}$ 和维生素 $B_6$ 缺乏有关。

目前,尚未发现典型的维生素 $B_6$ 缺乏的病例,但吡哆醛可与抗结核药异烟肼结合而失活,故长期使用异烟肼需补充维生素 $B_6$。

临床上,维生素 $B_6$ 主要用于治疗中枢神经兴奋症状和周围神经炎、药物及妊娠等引起的呕吐、贫血、白细胞减少等,还用于肝炎、动脉粥样硬化的辅助治疗。

维生素 $B_6$ 与其他水溶性维生素不同,过量服用可引起中毒,主要是对神经造成损伤,表现为周围感觉神经病变。

## 五、泛酸

1. 结构、性质及来源　泛酸(pantothenic acid)又称遍多酸、维生素 $B_5$,因在自然界广泛分布而得名。它是由 $\beta$-丙氨酸通过酰胺键与二甲基羟丁酸缩合而成的一种酸性物质,在中性溶液中耐热,在酸性或碱性溶液中加热则易被分解破坏,但对氧化剂及还原剂极稳定。

泛酸在食物中普遍存在,尤其在动物组织、谷物、豆类及酵母中含量丰富,肠内细菌亦能合成,因而单纯的泛酸缺乏症极为罕见。

2. 生化功能和缺乏症　泛酸的活性形式是辅酶 A(CoA,HSCoA,CoA-SH)和酰基载体蛋白质(acyl carrier protein,ACP)。在体内,泛酸生成 CoA 和 ACP 而发挥作用。其中 CoA 是酰基转移酶的辅酶,ACP 参与脂肪酸的合成。因此,泛酸在糖、脂肪和蛋白质代谢过程中起重要作用。

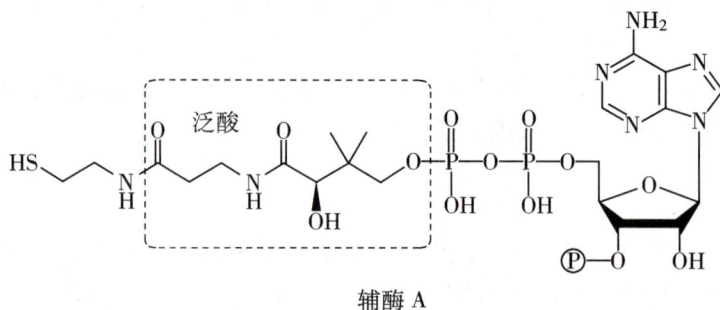

辅酶 A

泛酸不足可能影响肾上腺功能,从而影响生育能力,但目前没有发现典型的泛酸缺乏症。临床上在治疗其他维生素 B 缺乏症时,若同时给予适量的泛酸,常可提高疗效。泛酸还用于改善厌食、乏力等症状,对白细胞减少症、原发性血小板减少性紫癜、功能性低热、脂肪肝、各种肝炎及动脉粥样硬化、心肌梗死等疾病有辅助治疗作用。

## 六、生物素

1. 结构、性质及来源 生物素(biotin)又称维生素 H、维生素 $B_7$,是由带有戊酸侧链的噻吩和尿素结合的骈环。自然界至少有 2 种生物素——α 生物素及 β 生物素。

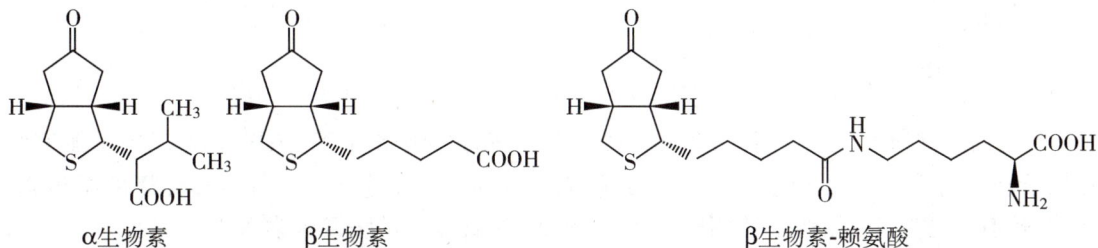

α生物素　　　　　β生物素　　　　　　　　　　β生物素-赖氨酸

生物素为无色针状结晶体,在酸性溶液中较稳定,在碱性溶液中易被破坏,氧化剂或高温可使其失活。

生物素分布广泛,在蛋黄、牛奶、肝脏、酵母、谷类及蔬菜中均含有,肠道细菌也能合成。

2. 生化功能和缺乏症 生物素是丙酮酸羧化酶、乙酰 CoA 羧化酶以及丙酰 CoA 羧化酶的辅因子,其所携带的羧基可与羧化酶活性中心的赖氨酸残基的 ε 氨基通过酰胺键共价结合,作为羧基载体,参与羧化反应,在糖、脂肪和蛋白质代谢中具有重要意义。

临床上罕见生物素缺乏症。卵清中含有抗生物素蛋白,能与生物素结合而抑制其吸收,可致缺乏,加热可使抗生物素蛋白变性,因此鸡蛋宜熟后食用。长期服用抗生素抑制肠道菌代谢,也会造成生物素缺乏,引起疲乏、恶心、呕吐、食欲减退、皮炎和毛发脱落。

## 七、叶酸

1. 结构、性质及来源 叶酸(folic acid)亦称蝶酰谷氨酸,因其缺乏能引起贫血,故又称抗贫血维生素。叶酸是由蝶呤啶、对氨基苯甲酸和谷氨酸组成。

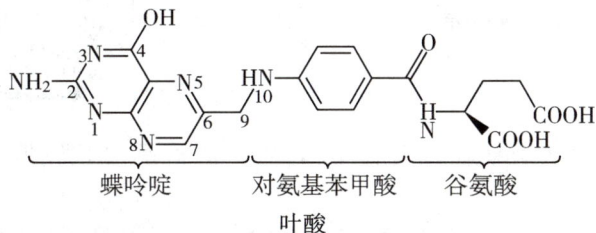

蝶呤啶　　　　对氨基苯甲酸　　谷氨酸

叶酸

叶酸对光和酸敏感,受热时易分解。

叶酸广泛分布于肝、鸡蛋、肉类、谷物、水果和各种绿叶蔬菜中,人类肠道细菌也能合成。

2. 生化功能和缺乏症 在体内,叶酸还原生成 5,6,7,8-四氢叶酸($FH_4$ 或 THF)发挥作用。四氢叶酸是叶酸的活性形式。

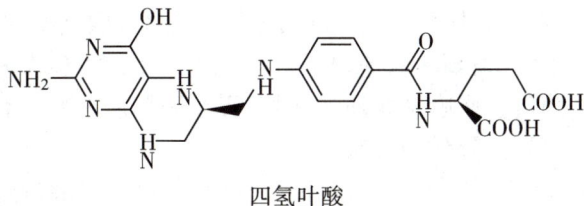

四氢叶酸

四氢叶酸是一碳单位转移酶类的辅因子,参与一碳单位代谢。叶酸缺乏时,DNA 的合成及细胞分裂特别是红细胞的发育成熟受到影响,表现为幼红细胞分裂减慢、细胞体积变大,导致巨幼红细胞贫血;叶酸缺乏还可引起高同型半胱氨酸血症,增加动脉粥样硬化、血栓形成和高血压的危险;抗癌药物氨基蝶呤、氨甲蝶呤与叶酸的结构相似,均为叶酸还原酶的竞争性抑制剂,使用时须注意叶酸的补充。

临床上,叶酸用于治疗巨幼红细胞贫血,还用于再生障碍性贫血及白细胞减少症的辅助治疗。体内通常有一定量的叶酸储备,因此由于叶酸摄取不足或吸收障碍造成对代谢的影响通常发生在 3~4 个月后。孕妇代谢旺盛应适当补充叶酸,以降低胎儿脊柱裂和神经管畸形的危险性。

### 八、维生素 $B_{12}$

1. 结构、性质及来源　维生素 $B_{12}$ 是一类含钴、氰、咕啉环、3′-磷酸-5,6-二甲基苯并咪唑核苷和氨基丙醇的化合物,所以又称钴胺素(cobalamin),是唯一含有金属元素的维生素。在体内,有氰钴胺素、羟钴胺素、甲钴胺素以及 5′-脱氧腺苷钴胺素等多种形式。

维生素 $B_{12}$ 在弱酸条件下稳定、耐热,但对光敏感,氧化剂或还原剂均易使其破坏。

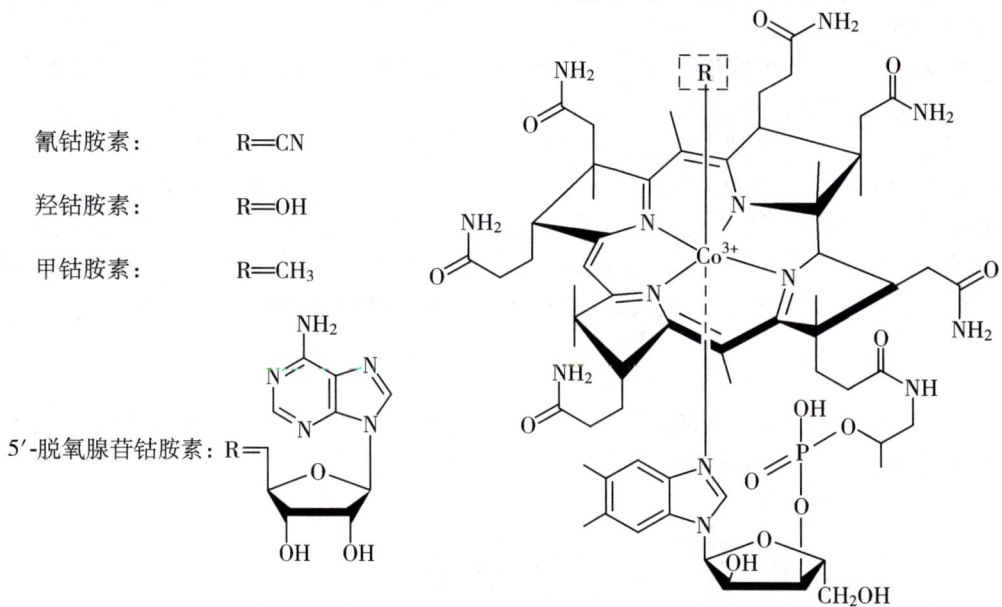

维生素 $B_{12}$ 广泛存在于动物性食物中,特别是海产品、肉类、肝;植物性食物中含量极少。

2. 生化功能和缺乏症　维生素 $B_{12}$ 在体内的活性形式是甲钴胺素和 5′-脱氧腺苷钴胺素。

甲钴胺素参与一碳单位代谢,如作为甲基转移酶的辅因子参与甲硫氨酸循环。若缺乏维生素 $B_{12}$,$N^5$—$CH_3$—$FH_4$ 上的甲基不能转移出去,一碳单位代谢受阻,造成体内游离的四氢叶酸缺乏、核酸合成障碍,从而影响红细胞成熟,产生巨幼红细胞贫血。

5′-脱氧腺苷钴胺素是 L-甲基丙二酰 CoA 变位酶的辅酶,催化琥珀酰 CoA 的生成。若缺乏维生素 $B_{12}$,则 L-甲基丙二酰 CoA 大量堆积,其结构与丙二酰 CoA 相似,影响脂肪酸的正常合成。脂肪酸的合成障碍会影响髓鞘质的转换,引起髓鞘质变性退化,进而造成进行性脱髓鞘,引起神经髓鞘变性退化,导致智力衰退。

食物中维生素 $B_{12}$ 常与蛋白质结合在一起,在胃酸和胃蛋白酶的作用下游离,再与胃幽门部黏膜分泌的一种内因子结合,于回肠被吸收。萎缩性胃炎及胃切除术后,导致内因子缺乏,或回肠切除等均可影响维生素 $B_{12}$ 吸收,应注意肌内注射补充维生素 $B_{12}$,口服无效。

　　临床上,正常饮食罕见维生素 $B_{12}$ 缺乏症。临床上,维生素 $B_{12}$ 主要用于治疗恶性贫血及巨幼红细胞贫血,还用于神经炎、神经萎缩等的治疗。

## 📖 知识链接

### 维生素与同型半胱氨酸

　　同型半胱氨酸(Hcy)是甲硫氨酸代谢的中间产物,涉及多种代谢酶和辅因子,如叶酸、维生素 $B_{12}$、维生素 $B_6$ 等。叶酸($N^5$—$CH_3$—$FH_4$)作为甲基的供体参与同型半胱氨酸甲基化生成甲硫氨酸,而催化此反应的酶是甲基转移酶,辅酶是维生素 $B_{12}$,所以叶酸、维生素 $B_{12}$ 水平降低均会提高血清中同型半胱氨酸水平。同型半胱氨酸的另一代谢途径是在胱硫醚合成酶的催化下进一步转变成半胱氨酸和 $\alpha$-酮丁酸,而胱硫醚合成酶的辅酶是维生素 $B_6$,因此叶酸、维生素 $B_{12}$、维生素 $B_6$ 缺乏均可导致同型半胱氨酸血症。

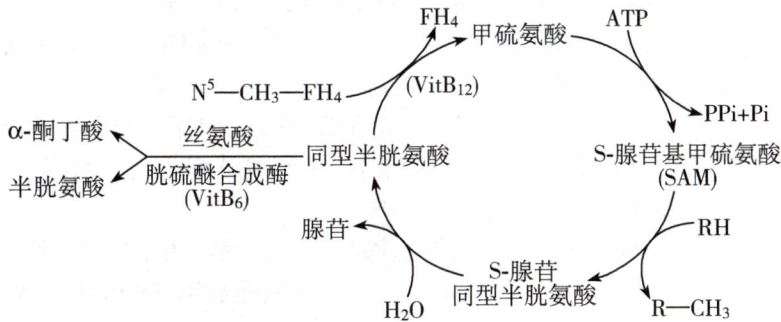

高同型半胱氨酸与主要相关疾病

　　1. 高血压　中国一项大型流行病学研究结果表明,高水平同型半胱氨酸高血压患者,心血管事件的发生率是正常水平高血压患者的 5 倍,较正常人高出 25~30 倍。

　　2. 脑卒中　有研究发现,许多年轻脑卒中患者并没有高血压、糖尿病、高血脂等传统的危险因素,仅仅与高水平同型半胱氨酸有关。

　　3. 终末期肾病　终末期肾病患者普遍存在高同型半胱氨酸血症,发生率是正常人的 30 倍以上,尤其是透析的患者,冠心病的发生率比普通人高 10~20 倍,其原因主要是与高同型半胱氨酸血症相关。更有学者提出,高同型半胱氨酸血症是终末期肾病患者发生冠心病的一个独立致病因素。

　　4. 妊娠相关疾病　有研究发现,对于高同型半胱氨酸血症的孕妇,胎盘血管病变、胚泡毒性导致畸胎、复发性早期流产及妊娠高血压综合征的发生率都显著高于正常水平的孕妇。

　　5. 老年性痴呆　美国弗雷明汉医学研究中心对平均 76 岁的老年人进行了研究,发现高同型半胱氨酸血症老年人患老年性痴呆的危险性比正常水平老年人增加 1 倍,认为是老年痴呆的一个重要危险因素。

　　总之,同型半胱氨酸与多种疾病相关,诸如冠心病、高血压、糖尿病、脑血管疾病、动脉粥样硬化、妊娠期高血压综合征、某些肿瘤、骨质疏松、骨折等,应引起临床医师的高度重视。

## 九、硫辛酸

硫辛酸(lipoic acid)又称 α-硫辛酸,其结构为 6,8-二硫辛酸,是 α-酮酸氧化脱羧酶系的辅因子,以酰胺键与酶活性中心赖氨酸的 ε-氨基结合,参与 α-酮酸氧化脱羧反应。

硫辛酸广泛分布于动植物以及微生物中,人体能合成,故临床上未发现硫辛酸缺乏症。

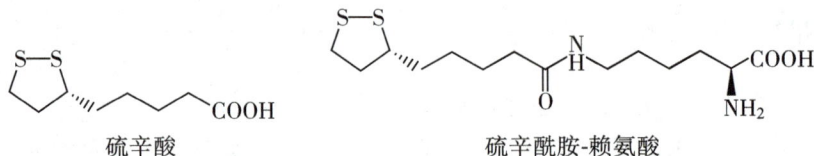

硫辛酸　　　　　　　　硫辛酰胺-赖氨酸

## 十、维生素 C

维生素 C 是一种酸性化合物,具有防治坏血病的作用,故又称抗坏血酸。

### (一) 结构、性质及来源

维生素 C 为多羟基六碳化合物,在体内以内酯形式存在。$C_2$ 和 $C_3$ 烯醇式羟基可解离出 $H^+$,因而其水溶液具有较强的酸性。脱掉 H 后生成脱氢维生素 C,因此,维生素 C 是较强的还原剂,弱氧化剂就可使其氧化,如 $Cu^{2+}$、$Fe^{3+}$ 以及空气中的 $O_2$ 都可使其氧化。不耐热,加热可使维生素 C 约有 5%~50%甚至更多的损失。

维生素 C 广泛存在于新鲜水果、蔬菜中,如番茄、柑橘、柠檬、辣椒、酸枣等富含维生素 C。由于植物组织中存在抗坏血酸氧化酶,能使维生素 C 氧化而失活,干燥、久存等处理可使维生素 C 遭到破坏,故干菜中几乎不含维生素 C。

维生素 C 和脱氢维生素 C 通过相互转化,参与体内的氧化还原反应。脱氢维生素 C 继续氧化生成二酮古洛糖酸后丧失活性,后者还可进一步氧化成草酸和 L-苏阿糖酸。

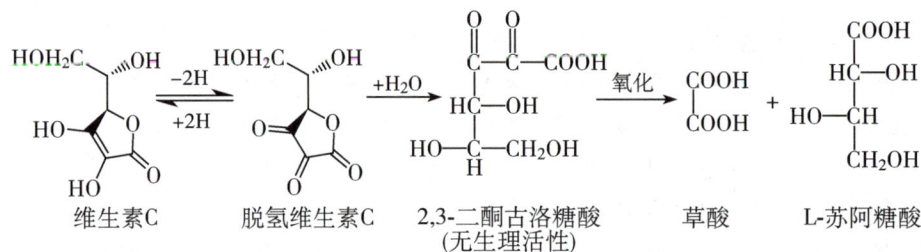

维生素C　　　　脱氢维生素C　　　2,3-二酮古洛糖酸　　　草酸　　　L-苏阿糖酸
　　　　　　　　　　　　　　　　(无生理活性)

### (二) 生化功能和缺乏症

1. **参与体内羟化反应**　体内物质代谢的很多过程都需要羟化反应,维生素 C 以辅因子的形式参与其中。

(1) 促进胶原蛋白的合成:维生素 C 是羟化酶的辅因子之一,参与胶原蛋白修饰过程中脯氨酸和赖氨酸的羟化,未经羟化的前胶原之间不能交联成为正常的胶原纤维。胶原是结缔组织、骨及毛细血管等的重要组分。若维生素 C 缺乏,胶原蛋白不能形成正常的结构,就会导致毛细血管壁的通透性增加,易破裂出血,创口溃疡不易愈合,易发生骨折;牙齿易脱落,即坏血病。

(2) 参与类固醇的羟化:维生素 C 是 7α-羟化酶的辅因子,参与催化体内胆固醇转变成胆汁酸的过程。此外,在肾上腺皮质,维生素 C 还参与胆固醇合成肾上腺皮质激素的羟化反应。

(3) 参与芳香族氨基酸的代谢:色氨酸转化成 5-羟色胺、对羟苯丙酮酸生成尿黑酸以及去甲肾上腺素生成过程中的羟化反应均需要维生素 C 参与。

**2. 参与体内氧化还原反应** 维生素 C 通过还原型与氧化型的相互转变发挥递氢作用，参与体内许多氧化还原反应。

（1）保护巯基功能：体内有很多酶或蛋白质需要还原态的巯基发挥其功能。维生素 C 可使谷胱甘肽（GSH）的巯基保持还原态，进而通过还原型谷胱甘肽（GSH）与氧化型谷胱甘肽（GSSG）的互变，保护生物膜上脂质及脱辅基酶的巯基免遭氧化损伤，维持细胞膜与蛋白酶的正常结构与功能（图 6-1）。

（2）促进造血作用：维生素 C 可将高铁血红蛋白还原为血红蛋白，恢复其运氧能力；还可将食物中的 $Fe^{3+}$ 还原成 $Fe^{2+}$，有利于食物中铁的吸收。

（3）促进四氢叶酸的合成：维生素 C 参与四氢叶酸的生成，促进一碳单位代谢，并有利于造血作用。

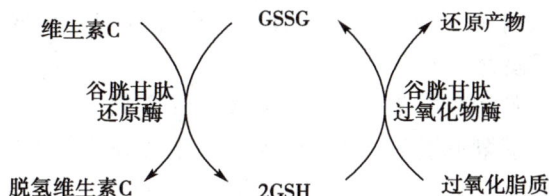

图 6-1 维生素 C 抗氧化损伤的作用

维生素的故事

临床上，维生素 C 用于坏血病、高铁血红蛋白症的治疗，以及病毒性疾病、创伤、血小板减少性紫癜、缺铁性贫血等的辅助治疗。维生素 C 缺乏直接影响胆固醇转化，引起体内胆固醇增多，是动脉粥样硬化的危险因素之一。世界卫生组织（WHO）建议每日维生素 C 摄入量不能超过 1g。长期大剂量服用维生素 C 可致胃肠功能紊乱、腹泻，使尿液酸化，形成尿酸结石或草酸钙结石。

---

**课堂互动**

问题：下列哪项不是维生素 C 的生理功能（　　）

A. 作为脱氢酶的辅酶，参与脱氢反应

B. 可作为羟化酶的辅因子，参与羟化反应

C. 作为脱羧酶的辅酶，参与脱羧反应

D. 清除自由基，具有抗氧化作用

---

# 第三节　脂溶性维生素

脂溶性维生素包括维生素 A、维生素 D、维生素 E、维生素 K 等，均不溶于水，易溶于脂肪及有机溶剂。在食物中，脂溶性维生素常与脂质物质共存，在小肠吸收时需要胆汁酸的协助。若脂质吸收不良，可导致脂溶性维生素的吸收障碍，甚至产生相应的维生素缺乏症。吸收后，脂溶性维生素在血液中与血浆脂蛋白或某些特异蛋白结合后运输，如视黄醇结合蛋白。脂溶性维生素在体内有一定储存，不易被排泄，服用过多可导致中毒。

## 一、维生素 A

### （一）结构、性质及来源

维生素 A 的化学结构是含有脂环的不饱和一元醇，有维生素 $A_1$ 和维生素 $A_2$ 两种。维生素 $A_1$ 也称视黄醇（retinol），主要存在于海鱼的肝脏中。维生素 $A_2$ 又称 3-脱氢视黄醇（3-dehydroretinol），主要存在于淡水鱼的肝脏中。维生素 $A_2$ 比维生素 $A_1$ 在环上多 1 个双键，但其活性只有维生素 $A_1$ 的一半。

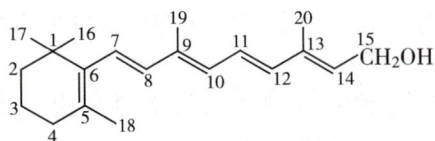

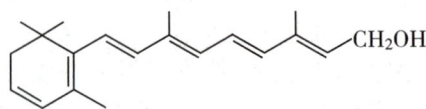

维生素 A₁(视黄醇)                              维生素 A₂(3-脱氢视黄醇)

维生素 A 分子中均含有多个双键,化学性质活泼,易在空气中氧化,或受紫外线破坏,因此,维生素 A 制剂应避光保存。但在油溶液中较稳定,一般烹调方法对食物中维生素 A 的破坏较少。

维生素 A 在肝、蛋黄、乳类中含量较多。植物中不含维生素 A,但含有多种胡萝卜素,其中 β-胡萝卜素最重要。β-胡萝卜素可在小肠上皮黏膜细胞内酶促裂解成维生素 A,故 β-胡萝卜素也称维生素 A 原。胡萝卜、红辣椒、菠菜、芒果等果蔬中富含 β-胡萝卜素。

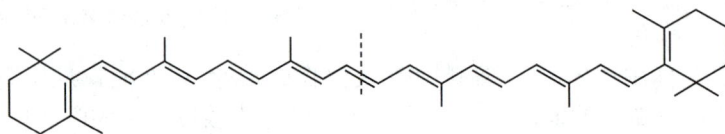

β-胡萝卜素

肝脏是维生素 A 储存的主要场所,占全身总量的 95%。正常机体维生素 A 的储存量足够机体利用数月。

### (二)生化功能和缺乏症

体内视黄醇脱氢成视黄醛(retinal)反应是可逆的,后者进一步氧化为视黄酸(retinoic acid)的反应不可逆。它们均是维生素 A 的活性形式(图 6-2)。

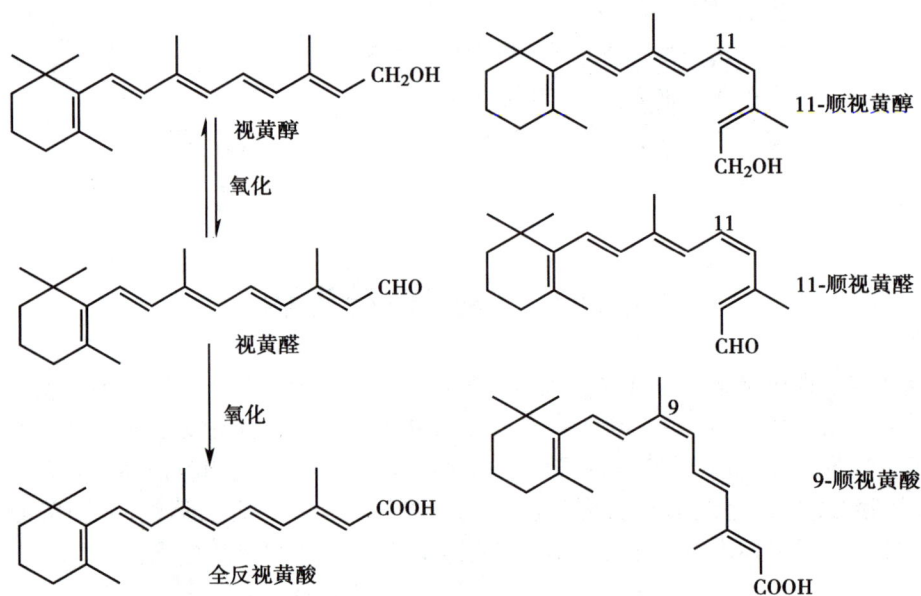

图 6-2　维生素 A 的活性衍生物

1. 维生素 A 是构成视觉细胞内感光物质的成分　视网膜杆状细胞中视色素是视紫红质(rhodopsin)。视紫红质由 11-顺视黄醛与视蛋白结合而成。在弱光下,视紫红质感光,使 11-顺视黄醛异构为全反视黄醛,而与视蛋白分离,出现褪色反应,造成胞外 $Ca^{2+}$ 内流,使杆状细胞的膜电位发生变化,激发神经冲动传导至大脑而产生暗视觉。

若视循环的关键物质 11-顺视黄醛的补充不足,视紫红质合成减少,对弱光敏感性降低,从明处到暗处看清物质所需的时间即暗适应时间延长,严重时会发生"夜盲症"。肝脏内维生素 A 含量丰富,并且全反视黄醇在异构酶的作用下转变成 11-顺视黄醇也是在肝内完成,从而完成视循环。隋唐时期,孙思邈就已用猪肝治疗维生素 A 缺乏症——雀目(夜盲症),现代医学较好诠释了"肝开窍于目"的中医理论。视紫红质合成和再生过程如图 6-3 所示。

2. 视黄酸调控基因表达　许多组织细胞核内存在视黄酸及其衍生物的受体,可与配体结合形成复合物,再与靶基因应答元件结合,从而调控基因表达。①视黄酸具有促进上皮细胞分化与生长、维持上皮组织正常功能的作用。维生素 A 缺乏可引起严重的上皮角化,而眼结膜黏液分泌细胞的丢失与角化,以及糖蛋白分泌的减少均可引起角膜干燥,出现眼干燥症(xerophthal-mia,俗称干眼病)。因此,维生素 A 又称抗干眼病维生素。还可使银屑病角化过度的表皮正常化而用于银屑病的治疗。②视黄酸可促进生长、发育、繁殖。维生素 A 的缺乏使肾上腺、性腺中的类固醇激素合成减少,影响机体的生长、发育和繁殖,使机体生长停滞,发育不良。

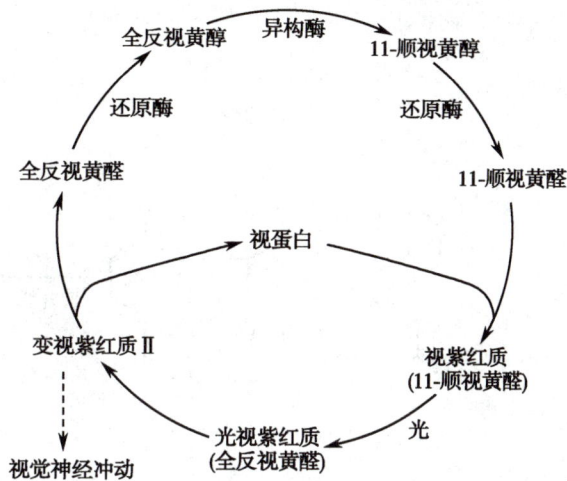

图 6-3　视循环

3. 其他作用　维生素 A 有抑制癌变、促进癌细胞凋亡等作用;维生素 A 和 β-胡萝卜素能直接清除自由基,防止细胞膜和富含脂质的组织氧化损伤。

临床上,维生素 A 主要用于治疗夜盲症、眼干燥症、皮肤干燥、痤疮等,但长期过量摄入可引起中毒,症状有肝损伤、骨异常、关节痛、头痛、呕吐、脱发、食欲减退等。

## 二、维生素 D

### (一) 结构、性质及来源

维生素 D 的化学本质为类固醇衍生物,包括维生素 $D_2$ 和维生素 $D_3$。

维生素 $D_2$ 又称麦角钙化醇(ergocalciferol)。植物和酵母的麦角固醇不能被人体吸收,在紫外线照射下,可转变成能被吸收的维生素 $D_2$(图 6-4a)。维生素 $D_3$ 又称为胆钙化醇(cholecalciferol),人体 7-脱氢胆固醇在皮下经紫外线照射,发生异构化生成维生素 $D_3$(图 6-4b)。麦角固醇和 7-脱氢胆固醇统称维生素 D 原。

维生素 $D_3$ 主要存在于鱼肝油、肝、奶、蛋黄中,但一般人只要充分接受阳光照射,就可以满足生理需要。

维生素 $D_3$ 须在肝脏和肾脏中转化成 $1,25\text{-}(OH)_2\text{-}D_3$ 才能发挥生理功能。其活化过程为:经肝细胞微粒体的 25-羟化酶系催化,在 NADPH、$Mg^{2+}$、$O_2$ 的参与下,维生素 $D_3$ 羟化生成 $25\text{-}(OH)\text{-}D_3$,再在肾脏 1α-羟化酶系的催化下进一步羟化成为 $1,25\text{-}(OH)_2\text{-}D_3$(图 6-4b),这是维生素 $D_3$ 最主要的活性形式。

### (二) 生化功能和缺乏症

$1,25\text{-}(OH)_2\text{-}D_3$ 主要参与调节钙、磷代谢。作用途径有:促进肠黏膜对钙、磷的吸收,同时在甲状旁腺的协同作用下,影响骨组织的钙代谢,提高血钙、血磷的含量,既有利于骨骼的

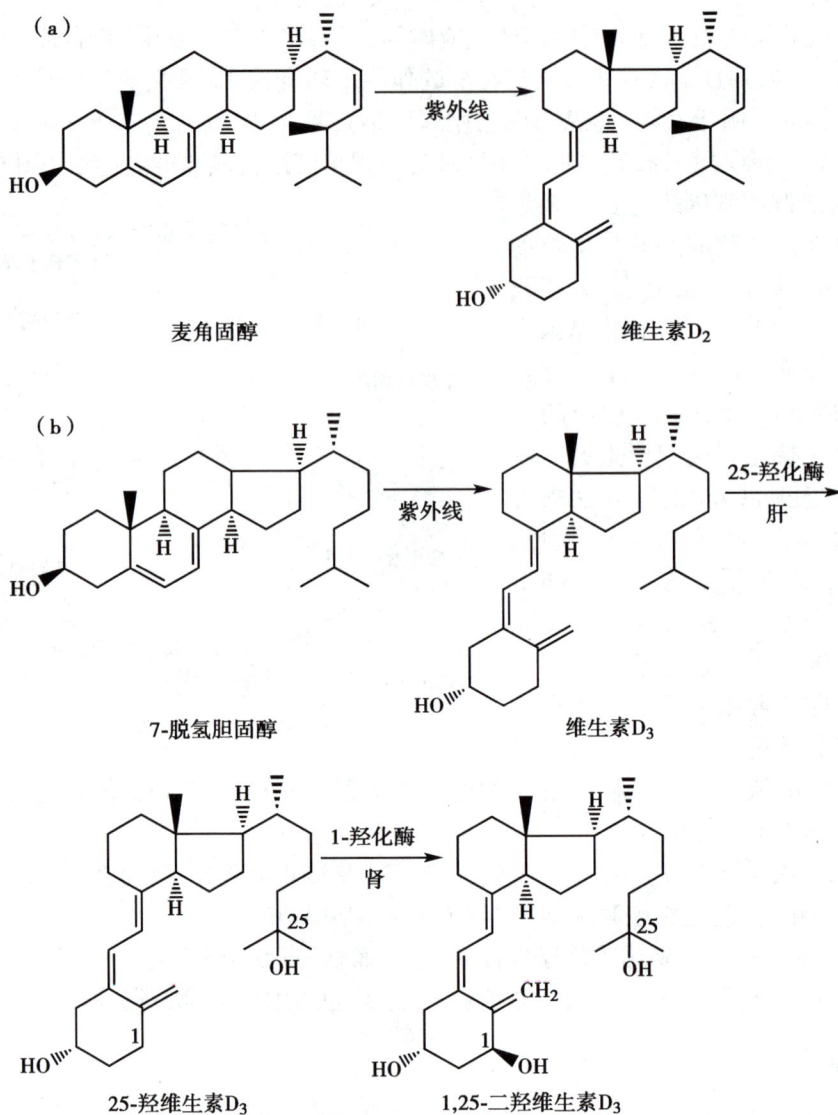

（a）

麦角固醇　　　　　　　　　　紫外线　　　　　　　　维生素D₂

（b）

7-脱氢胆固醇　　　　　　　　紫外线　　　　　25-羟化酶　肝　　　　　维生素D₃

25-羟维生素D₃　　　1-羟化酶　肾　　　　1,25-二羟维生素D₃

图 6-4　维生素 D 原转变为维生素 D

生长和钙化,又维持着血钙和血磷的稳定;促进肾小管对钙、磷的重吸收,减少尿钙、尿磷排出。

其次,1,25-$(OH)_2$-$D_3$ 具有影响细胞分化的功能。皮肤、大肠、前列腺、乳腺、心、脑、骨骼肌、胰岛 β 细胞、单核细胞和活化的 T 淋巴细胞和 B 淋巴细胞等均存在维生素 D 受体,1,25-$(OH)_2$-$D_3$ 具有调节这些组织细胞分化的功能。如具有促胰岛素分泌作用,可对抗 1 型和 2 型糖尿病;对某些肿瘤细胞还具有抑制增殖和促进分化的作用,如低日照与大肠癌和乳腺癌的高发病率和死亡率有一定的相关性;维生素 D 缺乏可引起自身免疫性疾病等。

缺乏维生素 D,儿童由于成骨作用障碍可患佝偻病,成人则出现骨软化症,甚至可出现自发性骨折,而中老年人易发生骨质疏松症。当肝、肾有严重疾病时,可造成维生素 $D_3$ 羟化过程障碍,而出现维生素 D 缺乏症的表现。

临床上维生素 D 主要用于防治佝偻病、骨软化症、老年性骨质疏松症等。然而,维生素 D 服用过多可导致中毒,主要表现为高钙血症、高钙尿症,可引起软组织钙化,以及厌食、呕吐、乏力、烦躁、头痛、骨痛等。

**课堂互动**

问题:维生素 D 的活性形式是(　　)

　　A. 维生素 $D_3$　　B. 25-OH-$D_3$　　C. 1,25-(OH)$_2$-$D_3$　　D. 24,25-(OH)$_2$-D

### 三、维生素 E

#### (一)结构、性质及来源

维生素 E 又称生育酚(tocopherol),是苯并二氢吡喃的衍生物,根据其侧链的不同可分为生育酚和生育三烯酚两类,每类又根据甲基的数目和位置的不同分为 α、β、γ、δ 4 种,其中以 α 生育酚分布最广,生理活性最强。

| 生育酚 | $R_1$ | $R_2$ | 生理活性 |
|---|---|---|---|
| α | −$CH_3$ | −$CH_3$ | 100 |
| β | −$CH_3$ | −H | 50 |
| γ | −H | −$CH_3$ | 10 |
| δ | −H | −H | 3 |

生育酚的基本结构

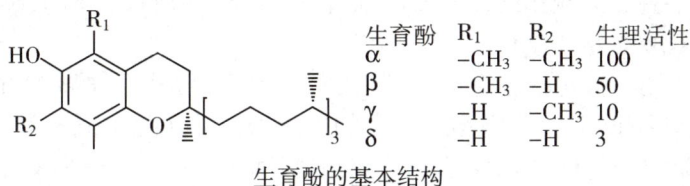

无氧条件下,维生素 E 对热稳定,200℃时也不会被破坏。但其对氧极为敏感,易被氧化,因此可作为抗氧化剂防止体内其他生物分子被氧化破坏。

维生素 E 在麦胚和棉籽中含量最多,豆类、谷物和蔬菜中含量也丰富。

#### (二)生化功能和缺乏症

1. 抗氧化作用　维生素 E 分子中的酚羟基极易被氧化,是体内重要的脂溶性抗氧化剂,故能使体内一些多不饱和脂肪酸、巯基化合物等免遭氧化破坏,从而维持细胞膜和细胞器的完整性及稳定性,维持巯基酶的活性。目前认为,自由基与人体的疾病、衰老有关,由于维生素 E 的抗氧化性,能对抗自由基对人体的危害,故可用于抗衰老和预防疾病。

2. 抗不育作用　动物实验结果表明,维生素 E 能维持鼠的生殖功能,缺乏时雄鼠的睾丸退化,精子形成障碍;雌鼠卵巢退化,胎盘及胚胎萎缩而被吸收,引起流产。临床上,维生素 E 用作治疗习惯性流产或先兆性流产和不育症等。

3. 促进血红素合成　新生儿缺乏维生素 E 时可发生轻度溶血性贫血,这可能与血红蛋白合成减少及红细胞寿命缩短有关。维生素 E 能提高血红素合成过程中的关键酶 δ-氨基-γ-酮戊酸合酶及 δ-氨基-γ-酮戊酸脱水酶的活性,促进血红素合成。所以,孕妇及哺乳期的妇女及新生儿应注意补充维生素 E。

4. 可调节基因表达　维生素 E 可以上调或下调与维生素 E 的摄取和降解相关的基因、脂质摄取与动脉硬化的相关基因、表达某些细胞外基质蛋白的基因、细胞黏附与炎症的相关基因,以及细胞信号系统和细胞周期调节的相关基因等,因而,维生素 E 具有抗炎、维持正常免疫功能和抑制细胞增殖的作用,并可降低血浆低密度脂蛋白(LDL)的浓度。维生素 E 在预防和治疗冠状动脉粥样硬化性心脏病、肿瘤和延缓衰老方面具有一定的作用。

由于食物中维生素 E 分布广泛,来源充足,一般不易缺乏。某些疾病可引起缺乏症,表现为中枢神经系统和血管系统损害、肌营养障碍等。

## 四、维生素K

### （一）结构、性质及来源

维生素 K 又称凝血维生素,是 2-甲基-1,4-萘醌的衍生物,常见的有维生素 $K_1$ 和维生素 $K_2$ 两种。维生素 $K_1$ 主要存在于绿叶蔬菜和动物肝脏中,维生素 $K_2$ 则是人体肠道中细菌的代谢产物。维生素 $K_3$ 是人工合成的水溶性甲萘醌,可口服或注射。

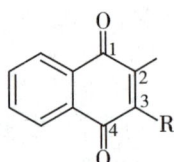

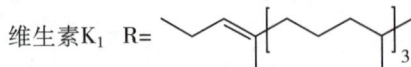

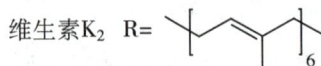

### （二）生化功能和缺乏症

维生素 K 是 γ-谷氨酰羧化酶的辅因子,催化一类钙结合蛋白(维生素 K 依赖性蛋白或 Gla 蛋白)特定谷氨酸的 γ-羧化作用。

1. 参与凝血作用　参与凝血因子 II(凝血酶原)以及另外 3 种凝血因子 VII、IX、X 和抗凝物质蛋白等翻译后的修饰。可将多个位点的谷氨酸残基羧化生成 γ-羧基谷氨酸残基,进而通过 γ-羧基谷氨酸残基螯合 $Ca^{2+}$ 后转化为活性凝血因子而维持正常凝血功能。维生素 K 缺乏会导致上述凝血因子活性降低,凝血时间延长,易发生皮下、肌肉及胃肠道出血。

2. 参与骨代谢　已知骨中骨钙蛋白和骨基质 Gla 蛋白均是维生素 K 依赖蛋白。骨钙蛋白的 γ-谷氨酰羧化也需要维生素 K 的参与来促进骨代谢。

维生素 K 不能通过胎盘,母乳中维生素 K 含量又低,新生儿刚出生肠道无细菌不能合成维生素 K,故孕妇产前应给予适量的维生素 K,以预防新生儿出血。此外,维生素 K 对降低动脉粥样硬化也具有重要作用,因为骨基质 Gla 蛋白也存在于血管壁。

维生素 K 缺乏症很罕见,但严重肝、胆疾患或长期使用抗菌药物抑制了肠道细菌,可产生维生素 K 缺乏症。

临床上,维生素 K 主要用于低凝血酶原血症及由维生素 K 缺乏所致的出血,如阻塞性黄疸、肝硬化、长期服用广谱抗生素的患者、早产儿等。

---

**课堂互动**

问题:下列疾病分别是由哪种维生素缺乏引起的?
①脚气病　②癞皮病　③坏血病　④巨幼红细胞贫血　⑤眼干燥症　⑥佝偻病
⑦新生儿出血

---

# 第四节　微 量 元 素

无机元素对维持人体正常生理功能至关重要,按人体每日的需要量可分为微量元素和常量元素。常量元素是指含量占人体体重 0.01% 以上的各种元素,包括钙、磷、钠、钾、镁、硫和氯等,这类元素需要量较多,在维持机体内环境平衡方面发挥着重要的作用,其含量异常可导致酸碱平衡紊乱,神经、肌肉的兴奋性和细胞膜的通透性异常等。微量元素是指含量占人体体重万分之一以下,每日需要量在 100mg 以下的元素。主要包括铁、铜、锌、锰、钴、铬、碘、硒、氟等,虽然机体所需甚微,但对维持机体正常生理功能起重要作用。本节重点介绍一下微量元素。

### 一、铁

铁(Fe)是体内含量最多的微量元素之一。成年男子每千克体重平均约含铁 50mg,成年女子则为 30mg。儿童、成年男性及绝经期妇女每日铁的生理需要量约 1mg,妊娠期妇女约需 3.6mg。猪肝、鱼、黑木耳、海带、大豆和蛋黄等含铁比较丰富。

铁是人体血红蛋白、肌红蛋白、细胞色素、过氧化物酶、过氧化氢酶、黄素蛋白、铁硫蛋白、运铁蛋白等的重要组分,其中血红蛋白中含铁量最多,约占体内总铁量的 75% 左右,存在于铁卟啉化合物中;25% 为非血红素铁,存在于含铁蛋白中。铁主要参与体内氧的运输、生物氧化、酶的催化以及提高免疫力等。

体内铁有两个来源:食物中的非血红素铁和血红素铁,以后者为主。十二指肠和空肠上段是吸收铁的主要部位。胃酸、维生素 C 和谷胱甘肽可将 $Fe^{3+}$ 还原为 $Fe^{2+}$,促进铁的吸收。磷酸盐、草酸盐、植酸等与铁反应生成不溶性盐影响铁的吸收。血浆中铁与运铁蛋白结合而运输。

体内铁的缺乏或过剩均会导致疾病。如铁的缺乏可导致缺铁性贫血,但体内铁沉积过多可引起器官损伤,如出现肝硬化、肝癌、糖尿病、皮肤色素沉着以及内分泌紊乱等。

### 二、铜

成人体内含铜(Cu)量约 100~150mg,其中约 50%~70% 存在于肌肉和骨骼中,20% 左右存在于肝脏,5%~10% 分布于血液。人体每日需要量约为 1.5~2.0mg。富含铜的食物是牡蛎、蛤类、小虾及动物肝肾等。食物中铜主要在十二指肠吸收,随后被运至肝脏,参与铜蓝蛋白的组成。肝脏是调节体内铜代谢的主要器官。铜可经胆汁排出,极少部分由尿排出。

体内大部分铜作为蛋白质或酶的组分而存在,小部分铜以游离状态存在。

铜是体内细胞色素氧化酶、抗坏血酸氧化酶、酪氨酸酶、单胺氧化酶、超氧化物歧化酶等多种酶的辅基,是生物氧化过程中不可缺少的重要离子,还参与铁代谢和造血过程,加速血红蛋白和铁卟啉的合成以及红细胞的成熟与释放。

铜缺乏会导致能量代谢障碍,ATP 合成减少,儿童发育迟缓、脑组织萎缩、神经组织脱髓鞘等,也可导致血红蛋白合成障碍引起贫血。

### 三、锌

成人体内含锌(Zn)约 1.5~2.5g。成人每日需要量为 15~20mg。肉类、豆类、坚果、麦胚等含锌丰富,主要在小肠中吸收。肠腔内有与锌特异结合的因子,能促进其吸收。锌在血液中与清蛋白或运铁蛋白结合而被运输,随胰液、胆汁排泄入肠腔,由粪便排出,部分锌可从尿液及汗排出。

锌广泛分布于各种组织,是含锌金属酶的组成成分,与 DNA 聚合酶、碱性磷酸酶、碳酸酐酶、乳酸脱氢酶、谷氨酸脱氢酶、超氧化物歧化酶等 80 多种酶的活性相关,参与体内多种物质的代谢;人体 300 多种蛋白质含锌指结构,如固醇类及甲状腺素等的受体 DNA 结合区均含有锌指结构,在基因调控中发挥重要作用。因此,缺锌会引起生长发育迟缓、智力发育不良、伤口愈合迟缓、神经精神障碍等;儿童可出现发育不良和睾丸萎缩等。

### 四、锰

正常成人体内含锰（Mn）12～20mg，分布于各组织。成人每日锰的需要量是 2～5mg；坚果、茶叶、叶菜、谷类富含锰，吸收率为 3%～4%。锰被吸收后经小肠壁进入血液循环，入血后大部分与丙种球蛋白和清蛋白结合，少量与运铁蛋白结合而运输。体内的锰主要由粪便、胆汁、尿液排泄。

锰在体内主要储存于骨、肝、胰腺和肾，是精氨酸酶、丙酮酸羧化酶、$Mn^-$ 超氧化物歧化酶、RNA 聚合酶等多种酶的组成成分；锰离子还是磷酸化酶、醛缩酶、半乳糖基转移酶等的激活剂，且该作用可被镁所取代。机体正常免疫功能、血糖水平、生殖、骨骼生长、抗自由基等均需要锰的参与。锰缺乏时，生长发育会受到影响，但过量摄入会引起中毒，如导致精神病和帕金森神经功能障碍等。

### 五、钴

正常成人体内含钴（Co）1.1～1.5mg。富含钴的食物有小虾、扇贝、肉类、粗麦粉及动物肝脏等。食物中的钴被肠道细菌代谢生成维生素 $B_{12}$ 后才能被吸收利用。钴缺乏可引起维生素 $B_{12}$ 缺乏，从而导致巨幼红细胞贫血。由于人体排钴能力强，很少有钴蓄积的现象。

### 六、铬

成人体内含铬（Cr）2～7mg，日摄入量 30～40μg 即可满足需求。入血的铬与运铁蛋白结合，被运至肝脏及全身。铬主要随尿排泄。

铬在体内是铬调素的组成成分。铬调素可激活胰岛素受体，促进靶细胞对葡萄糖的吸收，具有降血糖效应。铬缺乏主要表现在胰岛素抵抗，葡萄糖耐量受损，使血清胆固醇和血糖上升。健康人罕见铬缺乏，但过量可出现中毒，如临床上铬及其化合物主要侵害皮肤和呼吸道如皮炎、胃肠道溃疡，严重者可发生急性肾衰竭。

### 七、碘

成年人含碘（I）约 30～50mg。碘主要由食物提供，如紫菜、海带等海产品含量丰富。碘的吸收部位主要在小肠。体内碘 85% 由肾排泄，其他由汗腺排出。

体内碘大部分在甲状腺内参与合成甲状腺素，其余分散在各种组织中。甲状腺素是影响神经系统发育最重要的激素，可促进机体物质代谢和能量代谢，促进机体生长发育，特别是对脑和骨的发育尤为重要。

缺碘会导致碘缺乏病（iodine deficiency disorder，IDD，缺碘导致的一组疾病的总称）。如缺碘可引起甲状腺肿大，严重可导致发育停滞、痴呆，如胎儿期缺碘则可致呆小病；但摄入过多又可导致高碘性甲状腺肿，表现为甲状腺功能亢进及一些中毒症状。

### 八、硒

人体内硒（Se）的含量约 14～21mg。成人每日需硒约 30～50μg。硒在十二指肠吸收，入血后与硒的转运蛋白结合（硒蛋白 P）而运输，主要随尿及汗液排泄。

硒是硒代半胱氨酸的组成元素，参与构成近 30 种含硒蛋白质，如谷胱甘肽过氧化物酶、硒氧还蛋白还原酶、碘化甲腺原氨酸脱碘酶等。主要发挥抗氧化作用，如清除过氧化物,阻止细胞膜脂质过氧化物的生成;硒蛋白 P 除在内皮系统发挥抗氧化作用外,还是硒的转运蛋白,是血浆中的主要硒蛋白;而碘化甲腺原氨酸脱碘酶可以调节甲状腺激素的活性(激活或去激活),也是硒通过调节甲状腺激素水平来维持机体生长、发育与代谢的重要途径。

硒缺乏可导致糖尿病、心血管病、克山病、大骨节病、神经变性疾病等。硒过多也会引起中毒症状。

## 九、氟

人体内氟(F)含量约为 2~6g,其中 90% 存在于骨及牙中。每日需要量约 0.5~1mg。氟主要经胃肠吸收,入血后主要与球蛋白结合后被运输。氟约 80% 从尿排出。

氟为骨骼、牙齿的重要组分,可被羟基磷灰石吸附生成氟磷灰石,加强对龋齿的抵抗作用,与牙齿、骨的形成及钙磷代谢密切相关。缺氟可导致骨质疏松、易发生骨折、牙釉质受损易碎等,但氟过高也可诱发疾病。

综上所述,微量元素与人体的生长发育、衰老、疾病等密切相关,其与地方病、职业病、衰老及肿瘤等相关性研究不断推进,必将为人类健康作出贡献。

### 学习小结

1. 学习内容

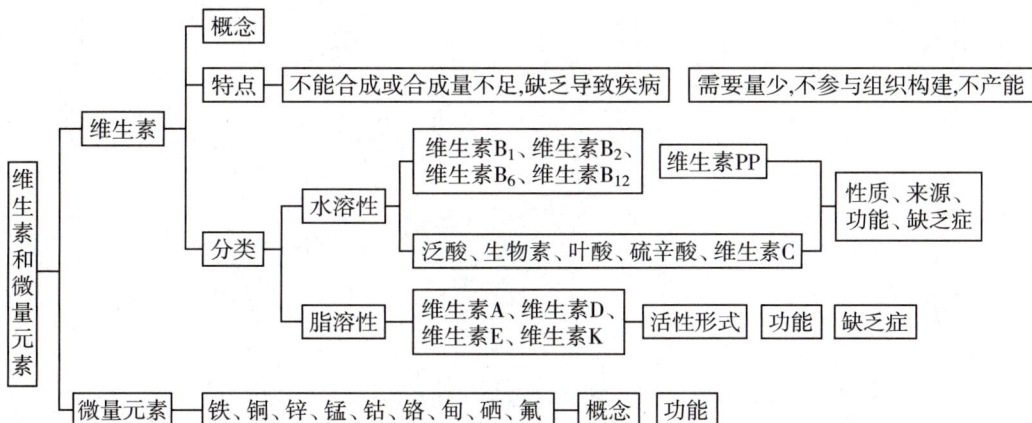

2. 学习方法
(1) 学习维生素章节首先要熟悉每种维生素的结构特点和来源。
(2) 掌握维生素的活性形式就能更好地理解和掌握维生素的功能及缺乏症。
(3) 理解矿物元素在体内的分布就能很好地了解其生理功能。

(魏敏惠　宋高臣)

### 复习思考题

1. 何谓维生素? 有哪些特点?
2. 简述维生素缺乏的主要原因。
3. 何谓水溶性维生素? 主要包括哪几类?

4. 简述 B 族维生素的活性形式和主要生化作用。

5. 试从维生素角度分析巨幼红细胞贫血的发生机制。

6. 简述维生素 A、维生素 C、维生素 D 的生化作用。

7. 何谓脂溶性维生素？主要包括哪几类？

8. 简述微量元素铁、锌、碘、硒的生理功能。

# ◆◆◆ 第七章 ◆◆◆

# 生 物 氧 化

📐 **学习目标**

通过本章的学习,掌握生物氧化的概念、特点和方式,体内两条重要呼吸链的组成及作用,ATP 的生成方式等内容,为学习三大营养物质分解代谢中能量变化等相关内容奠定基础。

## 第一节 概 述

生物氧化是从能量代谢角度研究生命本质。本章主要探讨生命活动所需的能量源自何处? 生物体内的能量是如何产生、储存、转化和利用的?

代谢是生命最基本的特征。在物质代谢过程中伴随的能量释放、转移、储存和利用称为能量代谢(energy metabolism)。ATP 是物质代谢和能量代谢的联系枢纽,通过 ATP 的合成与分解实现了能量的储存、转移和利用。

🔍 **知识链接**

### 关于生物氧化的研究

1785 年,Lavoisier 最早提出"生物氧化"的概念。1820 年,Liebig 提出生物体通过分解反应提供能量。1850 年,Kölliker 在肌肉细胞中发现线粒体。1900 年,Michaelis 证明线粒体具有氧化还原反应的功能。1913 年,Warburg 从细胞匀浆中分离出线粒体,并发现它能够消耗氧。1929 年,Keillin 提出了呼吸链的概念。1940 年,Ochoa 测定了呼吸链中 $O_2$ 消耗与 ATP 生成的关系,提出了磷/氧比值(P/O)的概念。1948 年,Green 证实线粒体含所有参与三羧酸循环的酶。1949 年,Lehninger 发现脂肪酸氧化为 $CO_2$ 的过程也是在线粒体内完成。1961 年,Mitchell 提出"化学渗透假说"。1976 年,Hatefi 纯化了呼吸链 4 个独立的复合体。1977 年,Boyer 提出结合变构模型。1994 年,Walker 分析了牛心线粒体 ATP 合酶的晶体结构,进一步揭示了 ATP 生成的机制。

## 一、生物氧化的概念

生命活动所需的能量主要来源于体内有机物的氧化分解。糖类、脂肪和蛋白质等营养物质在体内经过一系列的氧化分解,最终生成 $CO_2$ 和 $H_2O$,并释放能量的过程称为生物氧化(biological oxidation)。此过程在组织细胞内进行,并伴随肺的呼吸作用,吸入 $O_2$,呼出 $CO_2$,故生物氧化又称为组织呼吸或细胞呼吸。生物氧化过程中释放的能量,其中一部分使腺苷二磷酸(ADP)磷酸化生成 ATP,供生命活动所需,另一部分主要以热能的形式释放,用于维持体温恒定。

根据生物氧化的特点,可将其分为 3 个阶段:第一阶段,糖类、脂肪和蛋白质等营养物质通过各自的代谢途径,生成大量乙酰 CoA 和少量 ATP;第二阶段,乙酰 CoA 进入三羧酸循环,氧化、脱羧生成 $NADH + H^+$、$FADH_2$ 和 $CO_2$,以及少量 ATP;第三阶段,$NADH + H^+$ 或 $FADH_2$ 携带的 2H 通过线粒体内膜上的呼吸链传递给氧,生成水并释放大量的能量,通过化学渗透机制,驱动 ATP 合酶(ATP synthase)生成大量 ATP(图 7-1)。

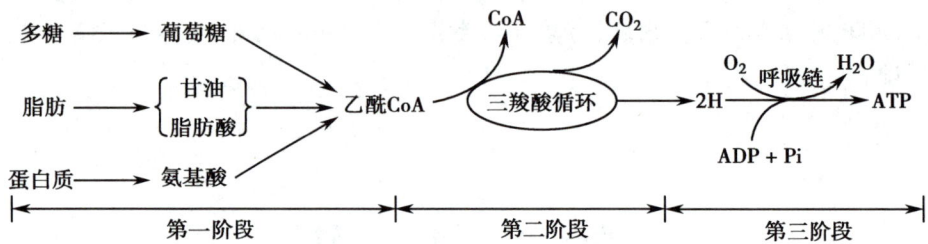

图 7-1 生物氧化的 3 个反应阶段

## 二、生物氧化的特点

糖类、脂肪和蛋白质等营养物质在体内的氧化与体外的燃烧相比,都需要消耗氧,最终产物都是 $CO_2$ 和 $H_2O$,并释放出相同的能量,但两者的反应条件和反应过程截然不同。

1. 生物氧化是在温和的生理环境中(37℃,pH 近中性),在一系列酶的催化下逐步进行;体外燃烧是在高温条件下进行的,且不需要酶的参与。

2. 营养物质在生物氧化过程中逐步释放能量,并尽可能多地以化学能的形式储存于高能化合物中,使其得到最有效的利用;体外燃烧能量是骤然释放的,并以光和热的形式向环境中散发。

3. 生物氧化中 $CO_2$ 是有机酸经脱羧作用产生的;体外燃烧产生 $CO_2$ 是有机物中的碳在高温条件下与空气中的氧气直接化合生成。

4. 生物氧化中 $H_2O$ 是有机物分子中脱下的氢,经呼吸链传递,最终与氧结合生成;体外燃烧产生的 $H_2O$ 是有机物中的氢在高温条件下与空气中的氧气直接化合生成。

## 三、二氧化碳的生成

生物氧化的特点之一就是 $CO_2$ 是有机酸在酶的催化下脱羧产生的。根据脱羧是否伴有氧化反应,将脱羧分为单纯脱羧和氧化脱羧;又根据脱掉的羧基在有机酸分子中的位置分为 α-脱羧和 β-脱羧。因此,体内有 4 种不同的脱羧方式。

1. α-单纯脱羧

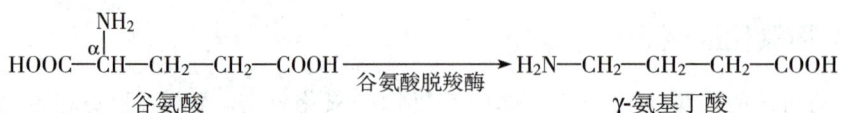

**2. α-氧化脱羧**

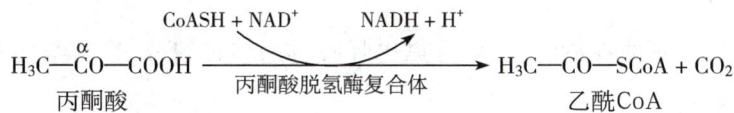

**3. β-单纯脱羧**

**4. β-氧化脱羧**

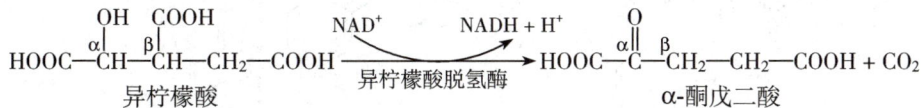

## 四、物质的氧化方式

生物氧化中,物质的氧化方式有 3 种——加氧、脱氢和失电子。它们的化学本质相同,但以脱氢为主。

1. 加氧  底物分子中加入氧原子或氧分子,如苯丙氨酸、色氨酸的分解代谢中包含一系列加氧反应。

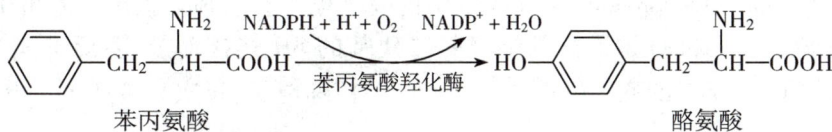

2. 脱氢  底物分子在脱氢酶催化下脱掉氢原子,如甘油醛-3-磷酸脱氢。

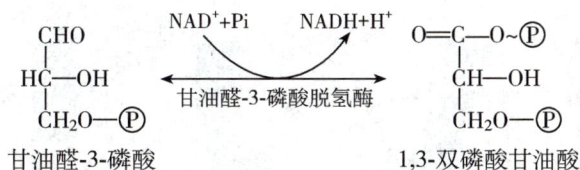

3. 失电子  细胞色素蛋白中二价铁离子的氧化。

$$Fe^{2+} \xrightarrow{\ -e^- \ } Fe^{3+}$$

## 第二节  线粒体氧化体系

真核细胞的主要产能阶段,如三羧酸循环和氧化磷酸化均是在线粒体内进行,因此,线粒体是细胞进行生物氧化和能量转换的主要场所,为细胞的各种活动提供能量。

### 一、呼吸链的概念

呼吸链(respiratory chain)是指线粒体内膜中一组排列有序的递氢体和递电子体,可将代谢物脱下的电子传递给氧,生成水并释放能量,因此,也称电子传递链(electron transport chain)。

## 二、呼吸链的组成

用胆酸类物质处理线粒体内膜,可分离出呼吸链的多种组分,按其结构和功能,分为以下四大类。

### (一)黄素蛋白酶类及其辅基

黄素蛋白酶是一类需氧或不需氧脱氢酶,其辅基只有两种——黄素单核苷酸(FMN)和黄素腺嘌呤二核苷酸(FAD)。辅基 FMN 和 FAD 以核黄素(维生素 $B_2$)为主要成分,其分子中异咯嗪环中 $N_1$ 和 $N_{10}$ 可逆地结合氢,生成 $FMNH_2$ 和 $FADH_2$,发挥传递氢的作用。

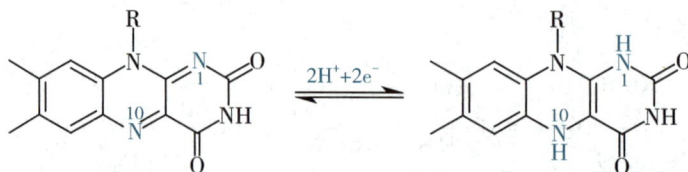

根据辅基不同,黄素蛋白酶分为两大类:①辅基是 FMN 的黄素蛋白酶($FP_1$),如 NADH 脱氢酶,它可催化进入呼吸链的 $NADH + H^+$ 将 2H 转移给 FMN 生成 $FMNH_2$;②辅基是 FAD 的黄素蛋白酶($FP_2$),如琥珀酸脱氢酶、脂酰辅酶 A 脱氢酶等,可催化琥珀酸等底物脱氢,将底物的 2H 转移给辅基 FAD 生成 $FADH_2$。

呼吸链中的 $FMNH_2$ 或 $FADH_2$ 再将 2H 传递给泛醌(CoQ,又称辅酶 Q)。

### (二)铁硫蛋白类

铁硫蛋白(iron-sulfur protein)是呼吸链中的一类电子传递体。铁硫中心由 1 个或多个非血红素 Fe 离子和无机硫原子 S 及半胱氨酸残基的 SH 连接而成,主要形式为 $Fe_2S_2$ 和 $Fe_4S_4$,可通过 $Fe^{3+}$ 与 $Fe^{2+}$ 的变价($Fe^{3+} + e^- \rightleftharpoons Fe^{2+}$)传递电子,每次只传递 1 个电子,属于单电子传递体。

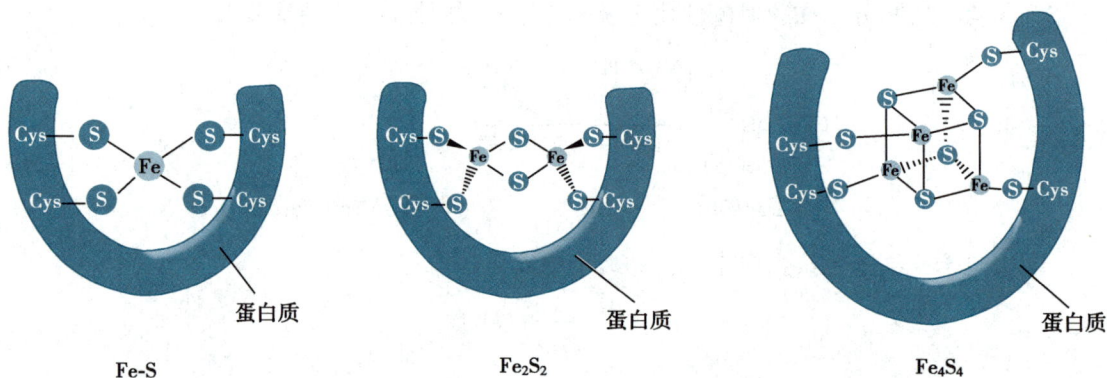

Fe-S      $Fe_2S_2$      $Fe_4S_4$

在呼吸链中,铁硫蛋白往往和其他递氢体或递电子体(如黄素酶类或细胞色素类)结合成复合物而存在。根据组成的复合物不同,有的铁硫蛋白参与将 2H 从 $FMNH_2$(或 $FADH_2$)传递给 CoQ 的反应,有的协助细胞色素传递电子。

### (三)辅酶 Q

辅酶 Q(coenzyme Q,CoQ)是广泛存在于生物界的一种脂溶性醌类化合物,又称为泛醌(ubiquinone,Q)。在其 $C_6$ 上有若干($n$)异戊二烯单位构成的侧链。不同来源的 CoQ,侧链的异戊二烯单位数目不同,人和哺乳动物的 Q 是 10 个,通常用 $CoQ_{10}$ 表示。

泛醌能可逆接受 1 个电子和 1 个质子成半醌(CoQH),还能再可逆接受 1 个电子和 1 个质子还原成二氢泛醌($CoQH_2$)。因此,CoQ 是递氢体。

$$\text{泛醌} \quad\xrightarrow[-H^++e^-]{+H^++e^-}\quad \text{泛醌自由基} \quad\xrightarrow[-H^++e^-]{+H^++e^-}\quad \text{二氢泛醌}$$

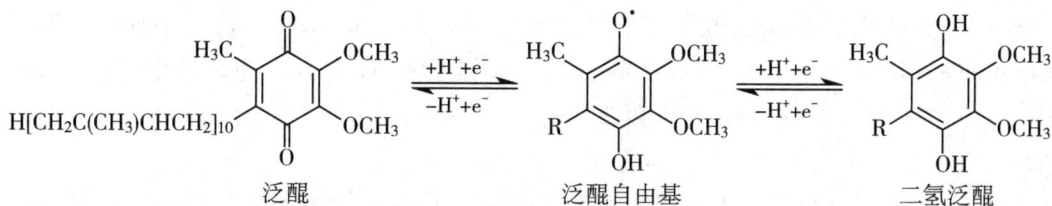

CoQ 在呼吸链中处于中心地位。它接受 $FMNH_2$（或 $FADH_2$）与铁硫蛋白传递来的 $2H（2H^++2e^-）$ 生成 $CoQH_2$，进而将 2 个 $H^+$ 释入介质中，而将 2 个电子传递给后续的细胞色素，自身重新被氧化成 CoQ。

### （四）细胞色素类

细胞色素（cytochrome，Cyt）是一类位于线粒体内，以铁卟啉为辅基的蛋白质，可利用辅基中 $Fe^{2+}$ 与 $Fe^{3+}$ 的互变（$Fe^{2+}\rightleftharpoons Fe^{3+}+e^-$）传递电子，属于单电子传递体。不同来源的细胞色素各不相同，现已发现的细胞色素有 30 多种。根据吸收光谱的不同，细胞色素可分为 Cyt a、Cyt b 和 Cyt c 三大类（图7-2）。每一类又可以根据其最大吸收峰的微小差别再分成几种亚类，如呼吸链中 Cyt a 类可分为 Cyt a 和 Cyt $a_3$，由于这两个亚类通常形成紧密复合物，不易分开，所以常表示为 Cyt $aa_3$；Cyt b 类有 Cyt $b_{560}$、Cyt $b_{562}$ 和 Cyt $b_{566}$ 三种形式；Cyt c 类又有 Cyt c、Cyt $c_1$ 之别。

不同的细胞色素其铁卟啉环的侧链各不相同，辅基与脱辅基酶的结合方式也不相同。Cyt c 和 Cyt $c_1$ 中的辅基通过共价键与多肽链相连（图7-2），其他细胞色素的辅基与多肽链都是非共价键连接。

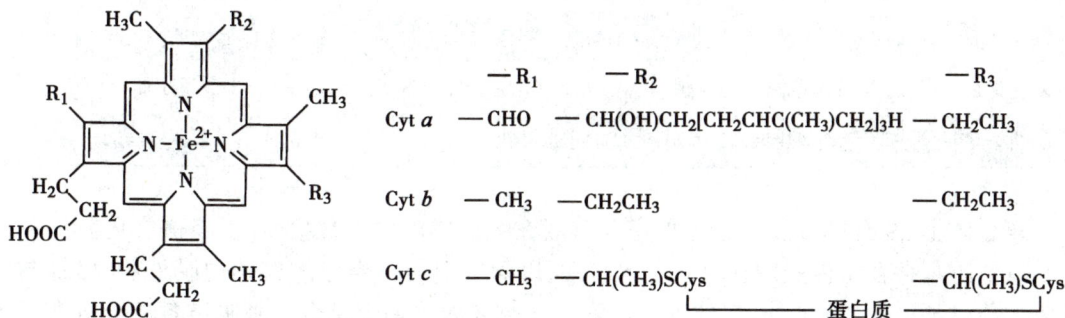

**图 7-2 细胞色素**

参与呼吸链组成的细胞色素有 Cyt b、Cyt $c_1$、Cyt c、Cyt a 和 Cyt $a_3$ 等至少 5 种。各种细胞色素根据卟啉环中铁离子价态的变化按以下顺序传递电子：

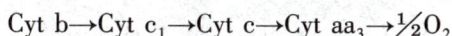

$$Cyt\ b\rightarrow Cyt\ c_1\rightarrow Cyt\ c\rightarrow Cyt\ aa_3\rightarrow \tfrac{1}{2}O_2$$

### 📖 知识链接

#### 细胞色素 c 与细胞凋亡

细胞凋亡（apoptosis）是一种由基因决定的、细胞遵循固定程序主动结束自己生命的死亡方式，又被称为程序性细胞死亡（programmed cell death，PCD），其在机体生长发育过程中普遍存在。在哺乳动物中，由线粒体介导的凋亡途径是其两条经典的凋亡通路之一，而细胞色素 c 在此过程中发挥关键作用。当细胞接受某些来自内部的凋亡信号如 DNA 损伤、营养或能量供给不足时，线粒体外膜通透性增加，进而导致细胞色素 c 从膜间隙大量释入细胞质，促进凋亡蛋白酶激活因子 1（apoptotic protease activating factor-1，Apaf1）的聚合及凋亡体（apoptosome）的形成，并进一步作用，最终使细胞走向凋亡。

Cyt $aa_3$ 的作用是将 Cyt c 的电子直接传递给 $\frac{1}{2}O_2$，所以把 Cyt $aa_3$ 称为细胞色素氧化酶（cytochrome oxidase，CO）。Cyt $aa_3$ 中除含铁卟啉辅基外，还含有参与传递电子的铜离子，$Cu^+ \rightleftharpoons Cu^{2+}+e^-$。2 个铁卟啉辅基和 2 个铜离子（$Cu_A$、$Cu_B$）共同构成了 Cyt $aa_3$ 的活性中心。

Cyt b、Cyt $c_1$ 和 Cyt c 分子的铁卟啉辅基中铁原子的 6 个配位键均已饱和，分别与卟啉环和蛋白质形成了配位键。而 Cyt $a_3$ 则不同，还保留了 1 个配位键，能与 $\frac{1}{2}O_2$ 结合并将电子传递给 $\frac{1}{2}O_2$ 而使之激活为 $O^{2-}$，后者与基质中的 $2H^+$ 形成 $H_2O$ 分子。但 Cyt $a_3$ 这个配位键也可与 CO、$CN^-$ 等毒物结合，这种结合一旦发生，Cyt $a_3$ 便失去传递电子的能力，进而阻断了 $O_2$ 的还原和 $H_2O$ 的生成，导致机体不能利用氧而窒息死亡。

### 三、呼吸链各组分在线粒体内膜上的分布

除 CoQ 和 Cyt c 外，呼吸链其余成分组装成四大复合体（复合体Ⅰ、复合体Ⅱ、复合体Ⅲ、复合体Ⅳ）存在于线粒体内膜。1976 年，Hatefi 利用胆酸盐溶解和硫酸铵分级沉淀等方法，处理线粒体内膜得到了呼吸链的 4 种复合体（表 7-1）。

表 7-1  呼吸链复合体

| 复合体 | 酶名称 | 辅酶或辅基 | 功能 |
| --- | --- | --- | --- |
| 复合体Ⅰ | NADH 脱氢酶 | FMN、Fe-S | 将 NADH 的 H 传递给 CoQ |
| 复合体Ⅱ | 琥珀酸脱氢酶 | FAD、Fe-S、Cyt b | 将琥珀酸等底物的 H 传递给 CoQ |
| 复合体Ⅲ | 泛醌-细胞色素 c 还原酶 | Cyt b、Cyt $c_1$、Fe-S | 将电子从 CoQ 逐步传递给 Cyt c |
| 复合体Ⅳ | 细胞色素氧化酶 | Cyt $aa_3$、$Cu_A$、$Cu_B$ | 将电子从 Cyt c 逐步传递给 $O_2$ |

复合体Ⅰ、复合体Ⅲ和复合体Ⅳ完全镶嵌在线粒体内膜中，复合体Ⅱ镶嵌在内膜的基质侧。CoQ 游离存在于内膜中；Cyt c 呈水溶性，以静电引力结合于线粒体内膜外侧，极易与线粒体内膜分离。除 Cyt c 外，其他细胞色素与线粒体内膜紧密结合。呼吸链各成分分布概况如图 7-3 所示。

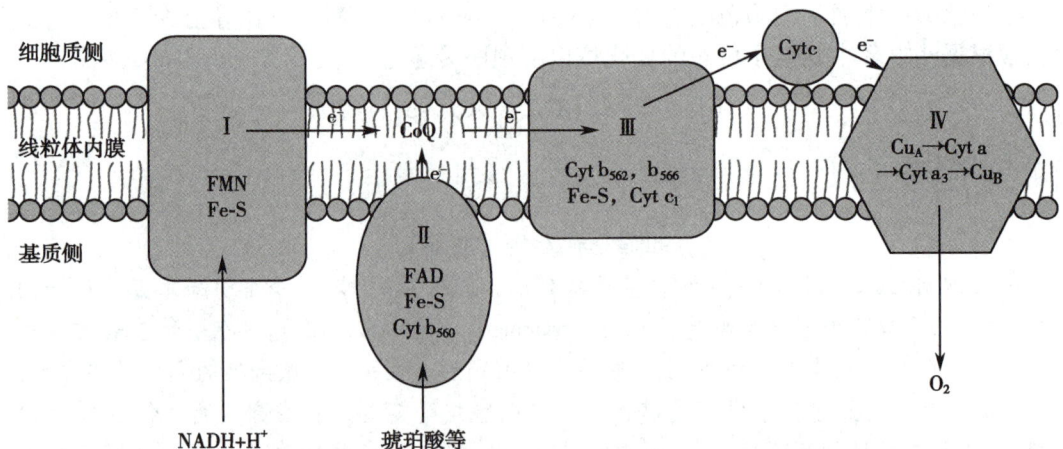

图 7-3  呼吸链各组成成分在线粒体内膜上的分布

### 四、体内重要的呼吸链

目前,已发现体内重要的呼吸链有 2 条——NADH 氧化呼吸链和琥珀酸氧化呼吸链。

1. NADH 氧化呼吸链　将 NADH+H$^+$所携带的 2H 经过一系列传递,最终与氧结合生成水,这一传递途径称为 NADH 氧化呼吸链。

$$NADH→复合体Ⅰ→CoQ→复合体Ⅲ→Cyt\ c→复合体Ⅳ→O_2$$

NADH+H$^+$进入 NADH 氧化呼吸链将氢与电子依次经过 FMN、CoQ、Cyt c 类等一系列传递,最后交给 O$_2$ 生成 H$_2$O,在此过程中逐步释放能量,驱动 ADP 磷酸化生成约 2.5 分子 ATP。

NADH 氧化呼吸链是体内分布最广泛的一条呼吸链。在生物体内,大多数脱氢酶的辅酶是 NAD$^+$,如异柠檬酸脱氢酶、苹果酸脱氢酶、丙酮酸脱氢酶和 α-酮戊二酸脱氢酶等,催化底物脱氢所生成的 NADH+H$^+$均通过该呼吸链氧化产能。

2. 琥珀酸氧化呼吸链　琥珀酸氧化呼吸链由复合体Ⅱ、CoQ 和细胞色素体系组成。

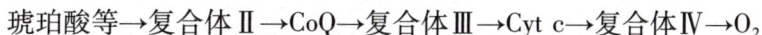

$$琥珀酸等→复合体Ⅱ→CoQ→复合体Ⅲ→Cyt\ c→复合体Ⅳ→O_2$$

体内以 FAD 为辅基的脱氢酶,催化底物脱下的 2H 交给其辅基生成的 FADH$_2$,进入琥珀酸氧化呼吸链进一步传递。该呼吸链与 NADH 氧化呼吸链的主要差别:FADH$_2$ 直接将氢传给 CoQ,再往下的传递则与 NADH 氧化呼吸链相同。FADH$_2$ 氧化呼吸链的复合体Ⅱ在传递电子对时释放的能量较少,因而只能生成约 1.5 分子 ATP。

琥珀酸脱氢酶、甘油-3-磷酸脱氢酶、脂酰辅酶 A 脱氢酶等的辅基均为 FAD,都属于黄素蛋白酶类,催化琥珀酸、脂酰 CoA 等底物脱下的 2H 均进入琥珀酸氧化呼吸链氧化产能。

3. 呼吸链的排列依据　呼吸链各组分的排序主要依据下列研究结果确定。

（1）根据各组分的标准氧化还原电位（$E^{\circ\prime}$）值确定排序:呼吸链是由一系列偶联的氧化还原反应组成,在反应中,电子总是由低氧化还原电位的电子供体向高氧化还原电位的电子受体传递,由此可确定呼吸链各组分的顺序。

（2）根据各组分的氧化态和还原态的吸收光谱不同排序:可将离体线粒体置于无氧气、有底物的反应体系,此时呼吸链各组分都处于还原状态,而后缓慢给氧,观察反应体系吸收光谱变化的时间顺序,从而确定呼吸链各组分的排列顺序。

（3）加入不同特异性抑制剂确定呼吸链的排列顺序:不同抑制剂可分别阻断呼吸链不同组分的电子传递,被阻断部位以前的组分处于还原状态,而其后的组分处于氧化状态,通过测定这些组分吸收光谱的不同变化就可确定呼吸链的排列顺序。

（4）通过体外分拆和重组呼吸链的 4 种复合体,以确定呼吸链的排列顺序。

## 第三节　生物氧化与能量代谢

糖、脂肪和蛋白质三大营养物质在生物氧化过程中所释放的能量,约 50% 以上以热能的形式散发于周围环境中,剩余的能量则以化学能的形式储存于某些高能化合物（如 ATP 中）,为多种生命活动,如运动、神经传导、化学反应等提供能量。

### 一、高能化合物的种类

高能化合物是指水解其某些特殊的化学键后,能够释放大量自由能（$\Delta G^{\circ\prime}$）的化合物。

这些化学键被称为高能键,常用"~"表示。高能键连接的化学基团就称为高能基团。体内的高能化合物主要是高能磷酸化合物和高能硫酯化合物(表7-2),分别含有高能磷酸键和高能硫酯键,其中高能键结合的磷酸基团称为高能磷酸基团,用"~℗"表示。事实上,高能化合物中并不是被水解的化学键含有特别多的能量,其水解时释放的能量来自整个高能化合物分子。为了方便叙述,故保留高能键这一术语。

表 7-2　部分高能化合物水解标准自由能变化

| 高能化合物 | ATP | 磷酸肌酸 | 1,3-双磷酸甘油酸 | 磷酸烯醇丙酮酸 | 乙酰CoA |
|---|---|---|---|---|---|
| $\Delta G^{\circ\prime}$ ( kJ/mol ) | -30.5 | -43.9 | -49.3 | -61.9 | -31.4 |

ATP 是最重要的高能化合物,是最主要的直接供能物质。人体约95%的 ATP 都来自线粒体,所以线粒体是生物氧化的主要场所。

## 二、ATP 的生成

ATP 的生成方式主要有两种——底物水平磷酸化和氧化磷酸化,以氧化磷酸化为主。

### (一)底物水平磷酸化

底物水平磷酸化(substrate level phosphorylation)是指营养物质通过分解代谢生成高能化合物,再通过高能基团转移给 ADP 形成 ATP 的过程。例如,葡萄糖有氧氧化过程中,有 3 次底物水平磷酸化反应。

(1) 1,3-双磷酸甘油酸在酶催化下把~℗转移给 ADP,生成 ATP。

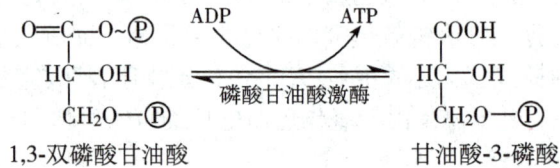

1,3-双磷酸甘油酸　　　　　　　甘油酸-3-磷酸

(2) 磷酸烯醇丙酮酸在酶催化下把~℗转移给 ADP,生成 ATP。

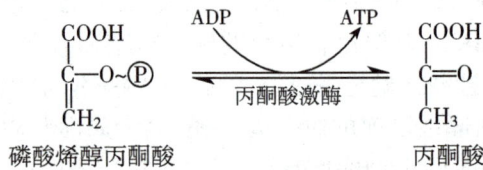

磷酸烯醇丙酮酸　　　　　　丙酮酸

(3) 琥珀酰 CoA 在酶催化下把~℗转移给 ADP,生成 ATP。

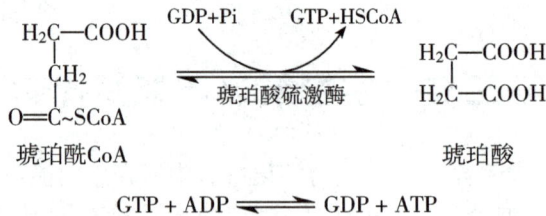

琥珀酰CoA　　　　　　　　　　琥珀酸

$$GTP + ADP \rightleftharpoons GDP + ATP$$

### (二)氧化磷酸化

在生物氧化中,代谢物脱下的氢经呼吸链氧化生成水,所释放的能量能够驱动 ADP 磷酸化生成 ATP(ADP+Pi→ATP+H$_2$O),即该物质氧化释放出的能量偶联 ADP 磷酸化生成 ATP 而将能量储存起来,此过程称为氧化磷酸化(oxidative phosphorylation)。

底物·2H ----呼吸链----→ 1/2 O₂     底物氧化 ⎫
                                              ⎬ 偶联
                释放能量                      ⎪
                  ↓                           ⎪
ADP + H₃PO₄ ══════════════→ ATP    ADP磷酸化 ⎭
                  ↓
                释放
                  ↓
                自由能

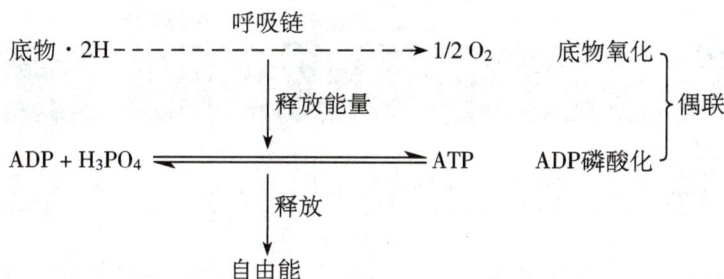

氧化磷酸化生成的 ATP 约占体内总 ATP 的 80%,是维持生命活动所需要能量的主要来源。氧化与磷酸化偶联的部位可通过 P/O 比值实验和自由能变化确定。

1. P/O 比值  P/O 比值是指氧化磷酸化过程中,每消耗 1mol 氧原子(即½molO₂)所消耗的无机磷摩尔数,即生成 ATP 的摩尔数。研究氧化磷酸化最常用的方法是测定线粒体的无机磷(P)和氧(½O₂)的消耗量。

如将不同的底物、ADP、H₃PO₄、Mg²⁺和分离到的线粒体在模拟细胞质的环境中进行孵育反应,发现在消耗氧气的同时消耗了一定数量的无机磷,分别测定氧(½O₂)和无机磷(P)的消耗量,即可计算出不同底物的 P/O 比值(表 7-3)。

表 7-3 体外不同底物的 P/O 比值

| 底物 | 呼吸链传递过程 | P/O 比值 | ATP 生成数目 |
| --- | --- | --- | --- |
| β-羟丁酸 | $NAD^+ \rightarrow FMN \rightarrow CoQ \rightarrow Cyt \rightarrow \frac{1}{2}O_2$ | 2.5 | 2.5 |
| 琥珀酸 | $FAD \rightarrow CoQ \rightarrow Cyt \rightarrow \frac{1}{2}O_2$ | 1.5 | 1.5 |
| 抗坏血酸 | $Cyt\ c \rightarrow Cyt\ aa_3 \rightarrow \frac{1}{2}O_2$ | 1 | 1 |
| Cyt c (Fe²⁺) | $Cyt\ aa_3 \rightarrow \frac{1}{2}O_2$ | 1 | 1 |

通过 P/O 比值实验,可以测得 NADH 氧化呼吸链 P/O 比值为 2.5,FADH₂ 氧化呼吸链 P/O 比值为 1.5,即每传递 1 对电子,NADH 氧化呼吸链生成 2.5 分子 ATP,而琥珀酸氧化呼吸链生成 1.5 分子 ATP。通过不同底物 P/O 比值的测定,可以确定复合体Ⅰ、复合体Ⅲ、复合体Ⅳ是氧化磷酸化的偶联部位(图 7-4)。

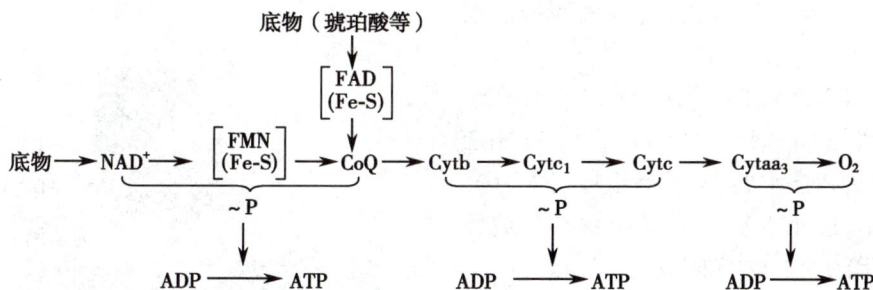

底物(琥珀酸等)
↓
⎡ FAD ⎤
⎣(Fe-S)⎦
↓
底物 → NAD⁺ → ⎡ FMN ⎤ → CoQ → Cytb → Cytc₁ → Cytc → Cytaa₃ → O₂
              ⎣(Fe-S)⎦
              ~P              ~P                    ~P
              ↓               ↓                     ↓
ADP → ATP        ADP → ATP              ADP → ATP

图 7-4 氧化磷酸化偶联部位示意图

2. 自由能变化  自由能变化测定实验进一步证实了上述氧化磷酸化的偶联部位。呼吸链中有 3 个阶段有较大的氧化还原电位差($E^{o\prime}$)和标准自由能变化($\Delta G^{o\prime}$),而生成每摩尔 ATP 约需能 30.5kJ,所以这 3 个阶段释放的自由能均足以推动合成 ATP(表 7-4)。

表 7-4　呼吸链标准氧化还原电位差和自由能变化

| 3 个阶段 | NADH→CoQ | 细胞色素 $b$ →细胞色系 $c$ | 细胞色素 $aa_3$ → $O_2$ |
| --- | --- | --- | --- |
| 标准氧化还原电位差 /V | 0.36 | 0.18 | 0.53 |
| 标准自由能变化 /（kJ/mol） | −69.5 | −34.7 | −102.3 |

ER 7-1

Peter Mitchell
——一位卓越的科学家

3. 氧化磷酸化合成 ATP 的机制　呼吸链在传递电子过程中是如何与 ADP 磷酸化生成 ATP 偶联的？1961 年，P. Mitchell 提出化学渗透假说（chemiosmotic hypothesis），较好地阐释了氧化磷酸化偶联机制（图 7-5）。该学说认为，呼吸链在传递电子过程中释放出来的能量不断地将 $H^+$ 从线粒体内膜的基质侧逆浓度梯度泵到内膜外侧，由于 $H^+$ 不能自由透过线粒体内膜，结果使得线粒体内膜外侧 $H^+$ 浓度增高，基质内 $H^+$ 浓度降低，在线粒体内膜两侧形成一个跨膜的电化学梯度（$H^+$ 浓度梯度和跨膜电位差），并储存能量。

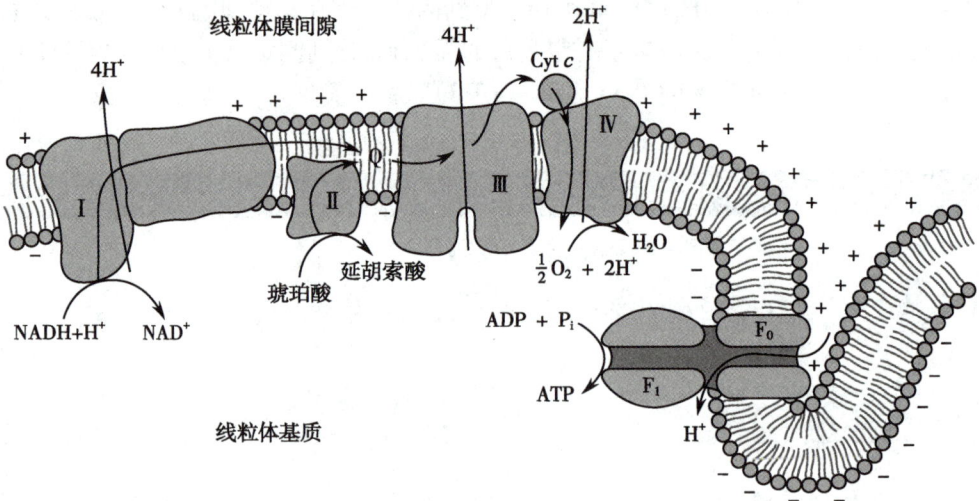

图 7-5　化学渗透假说

当 $H^+$ 顺浓度梯度通过线粒体内膜的质子通道回流到线粒体基质时，所释放的能量驱动位于基质侧的 ATP 合酶（ATP synthase）催化 ADP 和 Pi，生成并释放 ATP。目前，大量实验结果已验证了化学渗透假说，为该假说提供了实验依据。

（1）ATP 合酶的结构：ATP 合酶存在于真核生物线粒体内膜或原核生物质膜上，由疏水的 $F_0$ 亚基和亲水的 $F_1$ 亚基组成（图 7-6）。$F_0$ 为 $ab_2c_{9\text{-}12}$ 疏水性复合体，嵌在线粒体内膜中，构成了跨线粒体内膜的氢离子通道。$F_1$ 为 $\alpha_3\beta_3\gamma\delta\varepsilon$ 复合体，位于线粒体基质侧，其中 ATP 和 ADP 结合点位于 $\alpha$ 和 $\beta$ 亚基上，催化位点在 $\beta$ 亚基上，催化合成 ATP。

ATP 合酶具有非常精巧的发动机样结构。$F_0$ 的 $\alpha b_2$ 与 $\alpha_3\beta_3\delta$ 稳固结合，组成稳定的"定子"部分。$F_1$ 的 $\gamma\varepsilon$ 共同组成"转子"

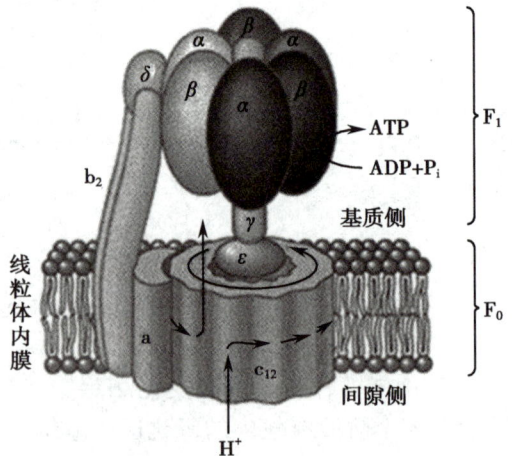

图 7-6　ATP 合酶示意图

部分,其上端穿过 $\alpha_3\beta_3$ 的中心轴,下端与内膜中的 c 环紧密结合(图 7-6)。此外,$\gamma$ 还与 $\beta$ 亚基疏松结合,影响其活性中心构象。

(2) ATP 合酶的作用机制:1977 年,P. Boyer 提出了结合变构机制(binding change mechanism),解释了 ATP 合酶的作用机制。

ATP 合酶的 $\beta$ 亚基有 3 种构象:①无活性的开放型(O),与 ATP 结合能力低;②无活性的疏松型(L),与 ADP 和 Pi 疏松结合;③有合成 ATP 活性的紧密型(T),可紧密结合 ATP。当 $H^+$ 顺电化学梯度通过 $F_0$ 的质子通道时,使 $\gamma\varepsilon c_{9\text{-}12}$ 相对 $\alpha_3\beta_3$ 转动(图 7-6)。在转动过程中,$\gamma$ 依次与各 $\alpha\beta$ 单元相互作用,使其每组 $\beta$ 亚基活性中心构象发生 O→L→T→O 的循环变化,"转子"循环一周约合成 3 分子 ATP,从活性中心释放 ATP(图 7-7)。

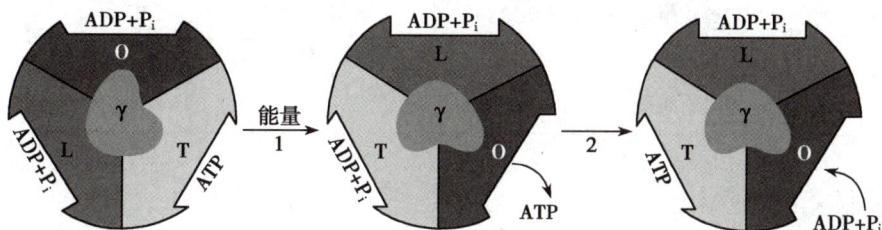

图 7-7　ATP 合酶催化机制

实验证明,每合成 1 分子 ATP 需要 4 个 $H^+$,其中 3 个 $H^+$ 通过 $F_0$ 的质子通道回流至线粒体基质,另 1 个 $H^+$ 用于 ADP、Pi 和 ATP 的转运。因此,每传递 1 对电子,NADH 氧化呼吸链传递泵出 10 个 $H^+$,约合成 2.5 分子 ATP,而琥珀酸氧化呼吸链泵出 6 个 $H^+$,生成 1.5 分子 ATP。

(3) 腺苷酸和磷酸的转运:ADP 和 Pi 的不断供应是确保线粒体氧化磷酸化正常进行的基本条件。线粒体在连续合成 ATP 时,需要不断运入原料 ADP 和 Pi,并运出产物 ATP,此过程是由腺苷酸移位酶(adenine nucleotide translocase,ANT)催化完成的。该酶又称为 ATP-ADP 移位酶(ATP-ADP translocase),约为 32kDa,是二聚体蛋白。其每个亚基都含有 6 个跨膜的 $\alpha$ 螺旋构成跨膜通道,可将膜间隙侧的 $ADP^{3-}$ 与基质中等量的 $ATP^{4-}$ 进行跨膜交换,以保持线粒体内外腺苷酸水平的平衡(在细胞 pH 中,ADP、ATP 呈解离状态,二者进行跨膜交换时,实际向膜间隙净转移 1 个负电荷,而膜间隙的高正电性有利于 ATP 的泵出)。该酶约占线粒体内膜总蛋白量的 14%,因此,腺苷酸跨内膜转运不是 ATP 合成的限速步骤。$Ca^{2+}$ 可促进腺苷酸的转运,而长链脂酰辅酶 A 的作用则相反。

另外,磷酸转运蛋白可将细胞质中的 $H^+$ 和 $H_2PO_4^-$ 同比例地转运至线粒体基质。

4. 影响氧化磷酸化的因素　氧化磷酸化是机体合成 ATP 的最主要途径,是能量代谢的核心。因此,机体根据能量需求调节 ATP 的生成量。氧化磷酸化的速率受以下因素影响:

(1) ADP:机体氧化磷酸化速率主要受 ADP 调节。当机体 ATP 消耗增多时,ATP 浓度下降,ADP 浓度升高,同时进入线粒体的 ADP 和 Pi 增多,促进氧化磷酸化。反之,当机体利用 ATP 减少时,ADP 不足,氧化磷酸化速度减慢。这种调节作用使体内 ATP 的生成速度适应生理需要,防止能源浪费。

(2) 呼吸链抑制剂:呼吸链抑制剂(respiratory chain inhibitor)能够在特定部位阻断呼吸链中的电子传递,从而阻断氧化磷酸化的进行。例如安眠药异戊巴比妥、杀虫剂鱼藤酮等可阻断复合体 I 中从铁硫蛋白向泛醌的电子传递;杀菌剂萎锈灵是复合体 II 的抑制剂;抗霉素 A、黏噻唑菌醇主要作用于复合体 III;而氰化物（$CN^-$）、叠氮化物（$N_3^-$）、CO 和 $H_2S$ 等则是复合体 IV 的抑制剂,对呼吸链的电子传递均有选择性阻断作用,使细胞呼吸作用停止,此时即使供氧充足,也不能被细胞利用。如在城市火灾事故中,室内装饰材料燃烧时释放的 $CN^-$ 和 CO 会造成人双重中毒,导致细胞代谢障碍,甚至危及生命（表 7-5）。

表 7-5　部分氧化磷酸化抑制剂

| 氧化磷酸化成分 | 复合体 I | 复合体 II | 复合体 III | 复合体 IV | ATP 合酶 |
|---|---|---|---|---|---|
| 抑制剂 | 鱼藤酮 | 萎锈灵 | 抗霉素 A | $CN^-$ | 寡霉素 |
| | 粉蝶霉素 A | | 黏噻唑菌醇 | $N_3^-$ | |
| | 异戊巴比妥 | | | CO | |

### 病案分析

病案实例:

孙某,女,21 岁,1 小时前被同租室友发现昏倒在浴室内。入院时,患者意识不清,呼之不应,小便失禁,瞳孔缩小,对光反射消失,角膜反射迟钝,颈软、无抵抗,口唇樱桃红色。T 39.0℃,P 112 次/min,R 28 次/min,BP 90/50mmHg。血清胆碱酯酶活力 40%。

实验室检查:血液中碳氧血红蛋白浓度 67%。

（3）解偶联剂:解偶联剂（uncoupler）能使氧化与磷酸化之间的偶联过程脱离,使呼吸链中的 $H^+$ 不经过 ATP 合酶的 $H^+$ 通道回流,从而使电化学梯度中储存的能量以热的形式散发而无 ATP 生成。2,4-二硝基酚（2,4-dinitrophenol,DNP）是一种强解偶联剂,其作用机制是摆渡质子,破坏线粒体内膜两侧的 $H^+$ 梯度,此时,呼吸链的电子传递虽然照常进行,但释放的能量以热能的形式散失,不能使 ADP 磷酸化生成 ATP。

人体（特别是新生儿）或冬眠哺乳动物体内棕色脂肪组织的线粒体内膜存在大量解偶联蛋白（uncoupling protein,UCP）,目前发现有 5 种同源蛋白,分别为 $UCP_1$、$UCP_2$、$UCP_3$、$UCP_4$、$UCP_5$。$UCP_1$ 在内膜上形成单向质子通道,使膜间隙侧的 $H^+$ 回流至基质,释放的能量不用于合成 ATP,与非震颤性产热有关,主要调节体温。$UCP_2$ 的组织分布广泛,其解偶联机制类似于 $UCP_1$,但释放的能量没有转化为热能,而是用于清除线粒体内的活性氧类（reactive oxygen species,ROS）,可能在抗感染、免疫调节、细胞凋亡和老化以及脂肪肝等与氧化损伤相关的病理生理过程中发挥重要作用。$UCP_3$ 主要存在于骨骼肌中,与能量代谢的调节有关。$UCP_4$ 和 $UCP_5$ 特异性存在脑组织中并有较高的表达,推测其作用可能也与体温调节、能量代谢以及自由基的产生有关。UCP 的含量和活性受多种因素的影响,而游离脂肪酸为 UCP 的激动剂,能提高 UCP 的解偶联能力。

新生儿硬肿病就是由于新生儿体内缺乏棕色脂肪组织,不能维持正常体温,导致皮下脂肪组织凝固所致。

（4）甲状腺激素：正常机体细胞高钾低钠的内环境是由 $Na^+$-$K^+$-ATP 酶维持的，为此约消耗细胞内 ATP 总量的 1/3；神经元细胞会更高。甲状腺激素（thyroid hormone）可诱导许多组织（脑组织除外）细胞膜上 $Na^+$-$K^+$-ATP 酶的生成，使 ATP 分解加速，ADP 浓度升高，转运进入线粒体后氧化磷酸化也随之加速，促进营养物质的氧化分解，使产能与产热均增加。此外，甲状腺激素还可以诱导解偶联蛋白基因表达，使其解偶联作用增强。因此，临床上甲状腺功能亢进的患者常出现基础代谢率升高，怕热、易出汗等症状。

（5）ATP 合酶抑制剂：如寡霉素、二环己基碳二亚胺等，可通过与 $F_0$ 结合阻断 $H^+$ 回流，抑制 ATP 合酶的活性。由于线粒体内膜两侧电化学梯度的增高可抑制呼吸链组分的质子泵功能，因此 ATP 合酶抑制剂可同时抑制电子传递和 ATP 的合成。

（6）线粒体 DNA 的突变：人线粒体 DNA（mitochondrial DNA，mtDNA）编码呼吸链复合体 I 中的 ND1～ND6 和 ND4L，复合体 III 中的 Cyt b，复合体 IV 中 SU1～SU3，以及 ATP 合酶中的 ATP6 和 ATP8 等 13 种相关蛋白；还有编码的 22 个 tRNA 和 2 个 rRNA 可参与线粒体蛋白质的合成。

线粒体 DNA 为裸露环状结构，缺乏组蛋白保护和 DNA 损伤修复系统。氧化磷酸化过程产生的氧自由基对 mtDNA 的损伤是其发生突变的主要诱因，使其突变率约为核基因的 10～20 倍。线粒体 DNA 突变导致氧化磷酸化功能障碍和能量代谢失常，引起细胞结构、功能的病理改变。机体内不同组织和器官对 ATP 的需求不同，因此不同的线粒体突变类型会导致不同的疾病，但多是耗能较多的部位发病，如神经系统、生殖系统等。随着年龄增长，线粒体发生严重缺陷的概率在增加，帕金森病、阿尔茨海默病等退行性疾病的发病率也随之上升。

## 三、ATP 的利用与储存

ATP 是生物体内最重要的高能化合物，主要来自糖、脂肪、蛋白质等物质的生物氧化。物质分解代谢释放的能量必须转化为 ATP 的形式才能被机体的各种生理活动利用，因此，ATP 是机体所需能量的直接供体。

$$ATP + H_2O \longrightarrow ADP + H_3PO_4 + 能量$$

生理条件下，ATP 分子不能在细胞中储存。当 ATP 供应充足时，ATP 的 ~Ⓟ 可转移给肌酸生成磷酸肌酸，ATP 所携带的能量以磷酸肌酸的形式储存；当机体 ATP 缺乏时，磷酸肌酸可将 ~Ⓟ 转移给 ADP 生成 ATP，以供机体需要。该过程主要发生在消耗 ATP 迅速的组织细胞，如骨骼肌、肌肉和脑等，用于维持该组织 ATP 水平。

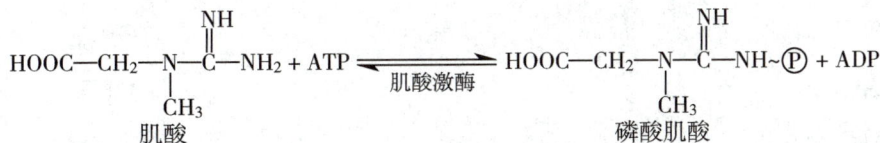

$$\underset{肌酸}{HOOC-CH_2-N-\overset{\overset{NH}{\|}}{C}-NH_2} + ATP \underset{肌酸激酶}{\rightleftharpoons} \underset{磷酸肌酸}{HOOC-CH_2-N-\overset{\overset{NH}{\|}}{C}-NH~Ⓟ} + ADP$$

$$\underset{CH_3}{} \qquad\qquad \underset{CH_3}{}$$

除此之外，细胞中还存在腺苷酸激酶（adenylate kinase，AK），可催化 AMP、ADP 和 ATP 相互转化，以调节机体对能量的需求。

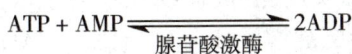

$$ATP + AMP \underset{腺苷酸激酶}{\rightleftharpoons} 2ADP$$

另外,生物体内糖原、磷脂、蛋白质等合成时需要 UTP、GTP、CTP 的生成和补充,都有赖于 ATP 提供高能量磷酸基团。

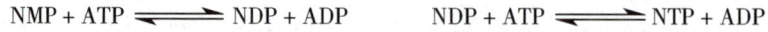

$$NMP + ATP \rightleftharpoons NDP + ADP \qquad NDP + ATP \rightleftharpoons NTP + ADP$$

综上所述,生物体内能量的利用、转移和储存都是以 ATP 为中心的,营养物质生物氧化合成 ATP,生命活动利用 ATP,ATP 的合成与利用构成 ATP 循环,ATP 循环是能量代谢的核心(图 7-8)。

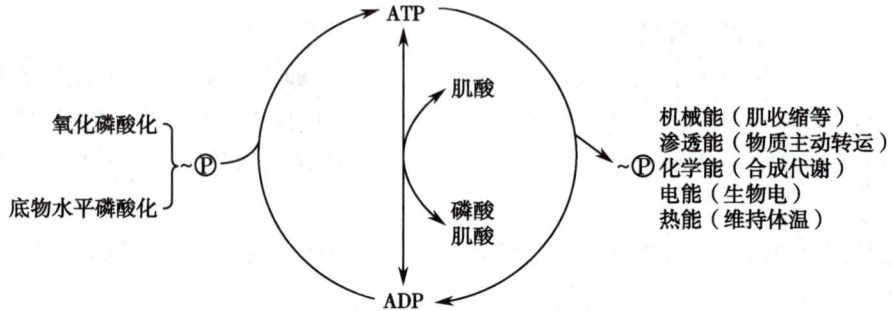

图 7-8 ATP 循环

## 四、细胞质 NADH 的氧化

线粒体是双层膜细胞器,外膜对物质的通透性高、选择性低,内膜则相反。线粒体内膜上有许多转运蛋白体系,可对多种物质进行选择性运输(表 7-6)。前面已经介绍了腺苷酸和磷酸的转运,本部分重点探讨与能量代谢密切相关的还原型烟酰胺腺嘌呤二核苷酸(reduced nicotinamide adenine dinucleotide,NADH)的转运。

表 7-6 线粒体内膜转运蛋白对代谢物的转运

| 转运蛋白 | 进入线粒体 | 出线粒体 |
| --- | --- | --- |
| ATP-ADP 移位酶 | $ADP^{3-}$ | $ATP^{4-}$ |
| 磷酸盐转运蛋白 | $H_2PO_4^- + H^+$ | |
| 二羧酸转运蛋白 | $HPO_4^{2-}$ | 苹果酸 |
| α-酮戊二酸转运蛋白 | 苹果酸 | α-酮戊二酸 |
| 谷氨酸-天冬氨酸转运蛋白 | 谷氨酸 | 天冬氨酸 |
| 单羧酸转运蛋白 | 丙酮酸 | $OH^-$ |
| 三羧酸转运蛋白 | 苹果酸 | 柠檬酸 |
| 碱性氨基酸转运蛋白 | 鸟氨酸 | 瓜氨酸 |
| 肉碱转运蛋白 | 脂酰肉碱 | 肉碱 |

呼吸链的入口在线粒体内膜基质侧,因而线粒体内生成的 NADH 可直接进入呼吸链氧化,但细胞质中甘油醛-3-磷酸或乳酸等物质脱氢生成的 NADH 不能直接透过线粒体内膜进

入呼吸链,而需要通过特殊的穿梭系统(shuttle system)才能将其携带的氢转运到线粒体内,进入呼吸链氧化。目前,已知细胞质中 NADH 的转运机制主要有甘油-3-磷酸穿梭和苹果酸-天冬氨酸穿梭两种机制。

### (一)甘油-3-磷酸穿梭

甘油-3-磷酸穿梭主要发生在脑和骨骼肌等组织(图 7-9)。

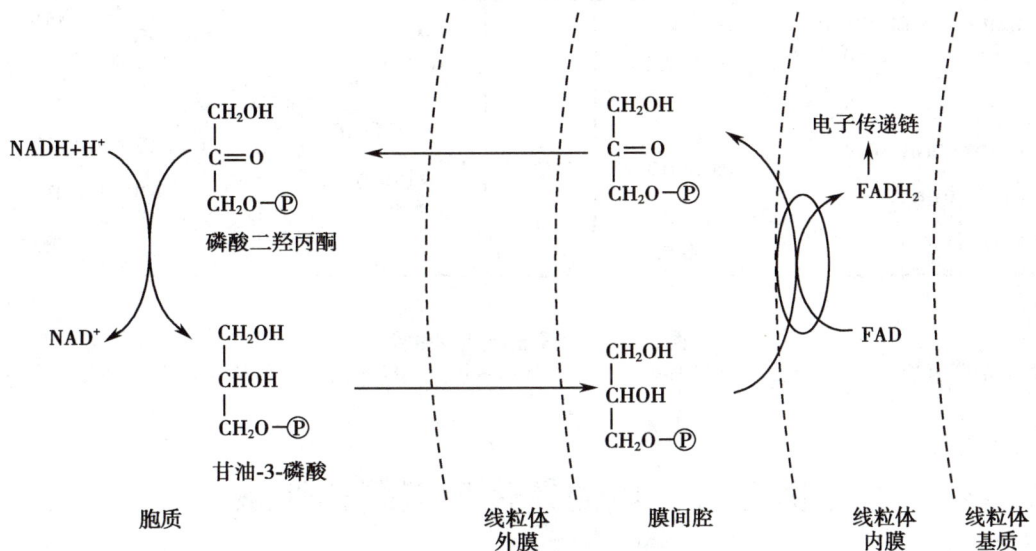

图 7-9 甘油-3-磷酸穿梭

细胞质中 NADH+H$^+$ 在甘油-3-磷酸脱氢酶催化下,将磷酸二羟丙酮还原成甘油-3-磷酸。甘油-3-磷酸可以通过线粒体外膜进入膜间隙,在内膜胞质侧以 FAD 为辅基的磷酸甘油脱氢酶催化下脱氢,生成磷酸二羟丙酮和 FADH$_2$,前者又回到胞质中继续穿梭,而 FADH$_2$ 则进入琥珀酸氧化呼吸链,生成 1.5 分子 ATP。

因此,在脑、骨骼肌等组织的糖有氧氧化过程中,胞质 NADH 通过甘油-3-磷酸穿梭进入线粒体内琥珀酸氧化呼吸链。此时,1 分子葡萄糖彻底氧化可生成约 30 分子 ATP。

### (二)苹果酸-天冬氨酸穿梭

苹果酸-天冬氨酸穿梭主要在肝脏和心肌中进行,有 2 种转运蛋白和 2 种酶协同参与(图 7-10)。

胞质中 NADH 在苹果酸脱氢酶作用下,将草酰乙酸还原成苹果酸。后者通过线粒体内膜上的苹果酸-α-酮戊二酸转运蛋白进入线粒体,再在线粒体基质中苹果酸脱氢酶作用下脱氢生成草酰乙酸和 NADH+H$^+$。后者进入 NADH 氧化呼吸链,并生成 2.5 分子 ATP;线粒体内生成的草酰乙酸不能直接穿越线粒体内膜,须经天冬氨酸氨基转移酶作用转变为天冬氨酸,然后经天冬氨酸-谷氨酸转运蛋白穿过线粒体膜,再转氨基生成草酰乙酸,以继续穿梭作用。

因此,在糖有氧氧化时,肝脏和心肌组织胞质 NADH 可通过苹果酸-天冬氨酸穿梭机制进入线粒体氧化。此时,1 分子葡萄糖彻底氧化可生成约 32 分子 ATP。

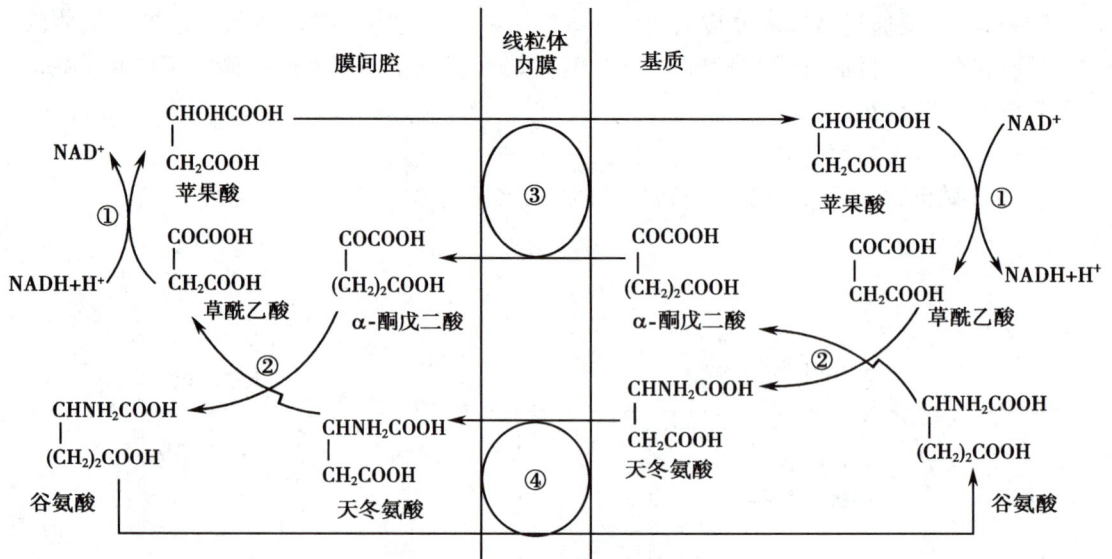

图 7-10 苹果酸-天冬氨酸穿梭

①苹果酸脱氢酶 ②天冬氨酸氨基转移酶 ③苹果酸-α-酮戊二酸转运蛋白 ④天冬氨酸-谷氨酸转运蛋白

# 第四节 其他氧化与抗氧化体系

除细胞的线粒体外,微粒体、内质网等细胞器也存在着氧化体系,主要参与对底物的氧化修饰、转化等,而无 ATP 的生成。此外,线粒体呼吸链在产能的同时,也会产生超氧阴离子($\cdot O_2^-$)、羟自由基($\cdot OH$)等副产物,主要是由于呼吸链在传递电子过程中一些漏出的电子直接交给氧,使氧部分被还原。这些未被完全还原的氧分子总称为活性氧类(reactive oxygen species,ROS)。

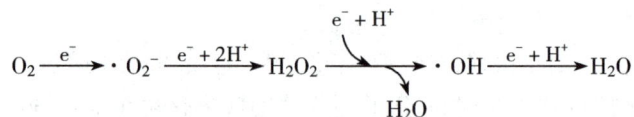

$$O_2 \xrightarrow{e^-} \cdot O_2^- \xrightarrow{e^- + 2H^+} H_2O_2 \xrightarrow[\substack{\searrow \\ H_2O}]{e^- + H^+} \cdot OH \xrightarrow{e^- + H^+} H_2O$$

呼吸链是机体产生 ROS 的主要部位;胞质中的黄嘌呤氧化酶、微粒体中的细胞色素 P450 氧化还原酶等催化的反应需要氧为底物,也可产生 ROS。ROS 化学性质活泼,氧化性极强。尽管人体内的某些白细胞在特定情况下,可利用呼吸链"漏洞"产生较多 ROS 以杀死被吞噬的微生物,但由于 ROS 能使脂质氧化、蛋白硝基化而损伤细胞膜或膜蛋白,还可直接引起蛋白质及核酸等生物大分子氧化损伤而丧失功能,进而破坏细胞的正常结构和功能,因此对机体危害非常大。但在生物进化过程中,机体已建立了有效的抗氧化体系,可以及时清除 ROS,防止其累积造成有害影响。

## 一、抗氧化酶体系

正常机体存在各种抗氧化酶、小分子抗氧化剂等,形成了重要的防御体系以对抗活性氧类的损害。

1. 超氧化物歧化酶 体内产生的活性氧类如 $\cdot O_2^-$、$\cdot OH$ 等可被机体广泛存在的超氧化物歧化酶(superoxide dismutase,SOD)清除。

$$2 \cdot O_2^- + 2H^+ \xrightarrow{SOD} H_2O_2 + O_2$$

该酶于 1969 年由 Fridovich 等发现,能催化超氧阴离子自由基歧化生成 $H_2O_2$ 和 $O_2$,而 $H_2O_2$ 可被活性极高的过氧化氢酶进一步分解,从而修复受损细胞,复原自由基对机体造成的损伤。

根据活性中心的金属离子不同将 SOD 分为 3 种,其中真核生物含有 2 种,均为四聚体金属蛋白:一种称为 Cu/Zn-SOD,每个亚基含有 $Cu^{2+}$ 和 $Zn^{2+}$ 作为辅基;线粒体中还存在 Mn-SOD。此外,大多数真核藻类在其叶绿体基质中还存在 Fe-SOD。SOD 基因表达异常与很多疾病的发生、发展密切相关,例如 Cu/Zn-SOD 基因缺陷,导致体内·$O_2^-$ 不能及时清除而损伤神经元,可引起肌萎缩性侧索硬化症。

2. **过氧化氢酶**　生成的 $H_2O_2$ 可被过氧化氢酶分解。过氧化氢酶(catalase)有两种功能:①分解 $H_2O_2$ 为 $H_2O$ 和 $O_2$,催化效率极高,每秒可催化超过 40 000 底物分子转变为产物,因此,在正常情况下体内不会发生 $H_2O_2$ 的蓄积;②通过催化过氧化氢与醛、醇和酚等化合物反应,参与生物转化。

$$2H_2O_2 \longrightarrow 2H_2O + O_2 \qquad H_2O_2 + RH_2 \longrightarrow R + 2H_2O$$

过氧化氢酶主要存在于过氧化物酶体、胞质及微粒体中,是过氧化物酶体的标志酶,含有 4 个血红素辅基,约占过氧化物酶体总蛋白的 40%。

适量的 $H_2O_2$ 对机体也有一定的生理作用,如在粒细胞与吞噬细胞中,$H_2O_2$ 可氧化杀死病原微生物;甲状腺细胞中产生的 $H_2O_2$ 可使 $2I^-$ 氧化为 $I_2$ 参与酪氨酸碘化过程等。

3. **过氧化物酶**　是催化 $H_2O_2$ 氧化酚类或芳香族胺类等有毒代谢物的酶,因而既可清除过氧化氢,也可清除酚、胺等有毒物质的双重作用。

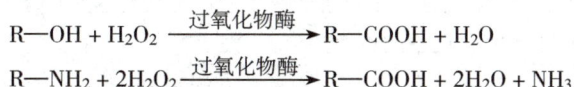

$$R{-}OH + H_2O_2 \xrightarrow{\text{过氧化物酶}} R{-}COOH + H_2O$$
$$R{-}NH_2 + 2H_2O_2 \xrightarrow{\text{过氧化物酶}} R{-}COOH + 2H_2O + NH_3$$

过氧化物酶(peroxidase)是一类含血红素辅基的缀合酶,分布于乳汁、白细胞、血小板等体液或细胞中,如谷胱甘肽过氧化物酶、嗜酸性粒细胞过氧化物酶和甲状腺过氧化物酶等。

谷胱甘肽过氧化物酶(glutathione peroxidase,GSH-Px)是机体内广泛存在的含金属硒(Se)的过氧化物酶。它能利用体内重要的抗氧化剂——还原型谷胱甘肽(GSH),把有毒的脂质过氧化物还原成无毒且较稳定的羟基化合物,同时还可以将脑组织、心肌细胞和骨骼肌中产生的 $H_2O_2$ 分解生成水。

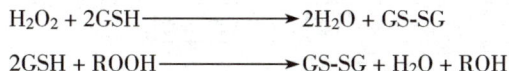

$$H_2O_2 + 2GSH \longrightarrow 2H_2O + GS\text{-}SG$$
$$2GSH + ROOH \longrightarrow GS\text{-}SG + H_2O + ROH$$

上述反应中生成的氧化型谷胱甘肽(GSSG)在谷胱甘肽还原酶的作用下,利用磷酸戊糖途径提供的还原型烟酰胺腺嘌呤二核苷酸磷酸(reduced nicotinamide adenine dinucleotide phosphate,NADPH)作为供氢体,重新转变为还原型谷胱甘肽,从而循环利用,以保护细胞膜的结构及功能不易受过氧化物的干扰及损害。

临床诊断中,常利用红细胞中含有过氧化物酶,可将联苯胺氧化成蓝色化合物的特性,来观察粪便中有无隐血。

另外,体内其他小分子自由基清除剂有维生素 C、维生素 E、β-胡萝卜素、泛醌等,它们与体内的抗氧化酶共同组成人体抗氧化体系。

## 二、细胞色素 P450 单加氧酶

人微粒体细胞色素 P450 单加氧酶(monooxygenase),催化氧分子中的 1 个氧原子加到底物分子上(羟化),另 1 个氧原子还原为水,即 1 个 $O_2$ 同时起两种作用,故又称此酶为混合功能氧化酶。其作用机制比较复杂,但总反应可以表示为:

笔记栏

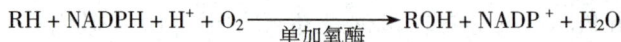

$$RH + NADPH + H^+ + O_2 \xrightarrow{\text{单加氧酶}} ROH + NADP^+ + H_2O$$

该酶系可羟化许多脂溶性药物或毒物,从而参与体内类固醇激素、胆汁酸、儿茶酚胺的合成,维生素 D 的活化等生物转化。

细胞色素 P450 单加氧酶是含量最丰富、催化反应最复杂的单加氧酶类,含细胞色素 P450。细胞色素 P450 属于 Cyt b 类,可利用辅基中 $Fe^{2+}$ 与 $Fe^{3+}$ 的互变($Fe^{2+} \rightleftharpoons Fe^{3+} + e^-$)传递电子,属于单电子传递体,因其还原态与 CO 结合后在波长 450 处有最大吸收峰而得名。

真核生物和原核生物中已经发现 500 多种 Cyt P450 基因,根据结构可分为 74 个家族,其中 20 个家族已经完成基因组定位。目前,Cyt P450 基因多态性的研究备受重视,因其分布具有种属、个体、组织、器官的差异性,会出现同一物质在不同个体内代谢产生不同产物,导致代谢异常及疾病,还会出现因个体对药物和毒物的代谢物不同而表现对药物或毒物的敏感性不同。因此,研究 Cyt P450 基因多态性及其催化反应的特点,对于实现临床个体化用药,降低药物不良反应,避免接触敏感性有毒物质具有重要意义。

## 学习小结

1. 学习内容

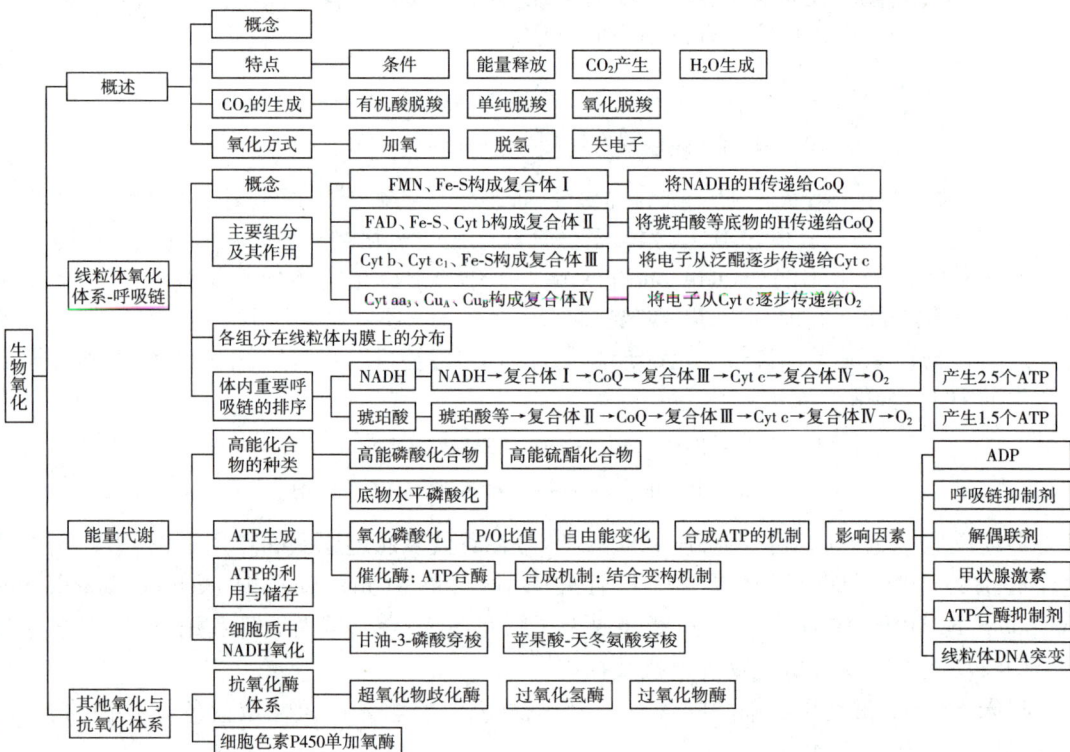

2. 学习方法

(1) 首先要从所学的 B 族维生素和辅酶(或辅基)的相关知识抓住本章的学习主线——呼吸链,由表及里,理解呼吸链的概念,以及体内呼吸链的组成和作用。

(2) 从氧化释放能量的角度理解 ATP 生成、储存和利用的方式。

扫一扫,
测一测

(卓少元 姚 青)

## 复习思考题

1. 什么是生物氧化？体内氧化与体外氧化有何异同点？
2. 什么是呼吸链？试述呼吸链的组成成分及功能。
3. NADH 氧化呼吸链和琥珀酸氧化呼吸链有何异同点？
4. 写出 NADH 呼吸链，并注明与 ATP 偶联的部位。
5. 简述化学渗透假说的主要内容。
6. 什么是氧化磷酸化？影响氧化磷酸化的因素有哪些？
7. 如何理解生物体内的能量代谢是以 ATP 为中心的？

◇◇◇ **第八章** ◇◇◇

# 糖 代 谢

糖类是多羟基醛或多羟基酮及其多聚物或衍生物的总称,是为机体供能的主要物质。糖代谢是指葡萄糖在体内的一系列复杂的化学反应过程,包括糖的合成代谢和分解代谢等。葡萄糖还可在机体内转变成多种非糖物质,如甘油、乳酸、脂肪及非必需氨基酸等;有些非糖物质(如甘油、乳酸和生糖氨基酸等)也可转变为葡萄糖。本章将重点介绍葡萄糖在机体内的代谢。

## 第一节 概 述

### 一、糖类的消化与吸收

#### (一)糖类的消化

膳食中的糖主要有植物淀粉、动物糖原、麦芽糖、蔗糖、乳糖、葡萄糖等,一般以淀粉为主。唾液和胰液中都含有 α-淀粉酶,可作用于淀粉分子内的 α-1,4-糖苷键,使淀粉水解。

淀粉的消化从口腔开始,主要在小肠内进行。在 α-淀粉酶作用下,淀粉被水解为麦芽糖和麦芽三糖(约占 65%)及含分支的异麦芽糖和由 4~9 个葡萄糖残基构成的 α-临界糊精(约占 35%)。在小肠黏膜刷状缘上含有 α-葡萄糖苷酶及 α-临界糊精酶,α-葡萄糖苷酶(包括麦芽糖酶)水解没有分支的麦芽糖和麦芽三糖;α-临界糊精酶(包括异麦芽糖酶)则可水解 α-1,4-糖苷键和 α-1,6-糖苷键,将 α-糊精和异麦芽糖水解成葡萄糖。肠黏膜细胞还存在蔗糖酶和乳糖酶等,分别水解蔗糖和乳糖。有些成人由于缺乏乳糖酶,在食用牛奶后发生乳糖消化吸收障碍,可引起腹胀、腹泻、腹痛等症状。

食物中含有大量的纤维素,因人体内不产生 β-葡萄糖苷酶而不能对其分解利用,但其具有刺激肠蠕动、促进排便等功效,有利于身体健康。

#### (二)糖类的吸收

当糖类被消化分解成单糖后被小肠吸收,经门静脉入肝,再经肝静脉进入血液循环,转运到全身各组织氧化利用。所有的单糖均可被吸收,但由于吸收机制的不同,其吸收速度各不相同。各种单糖的相对吸收率如下:

D-半乳糖>D-葡萄糖>D-果糖>D-甘露糖

小肠黏膜细胞对葡萄糖及半乳糖的吸收是一个依赖于特定载体的主动转运过程,在吸收过程中同时伴有 $Na^+$ 的转运,此过程间接消耗 ATP。这类葡萄糖转运体被称为 $Na^+$ 依赖型葡萄糖转运体(图 8-1),它们主要存在于小肠黏膜和肾小管上皮细胞,因此体内对葡萄糖及半乳糖的吸收率较高。而果糖和甘露糖可能是通过单纯扩散机制吸收的,所以吸收率较低。

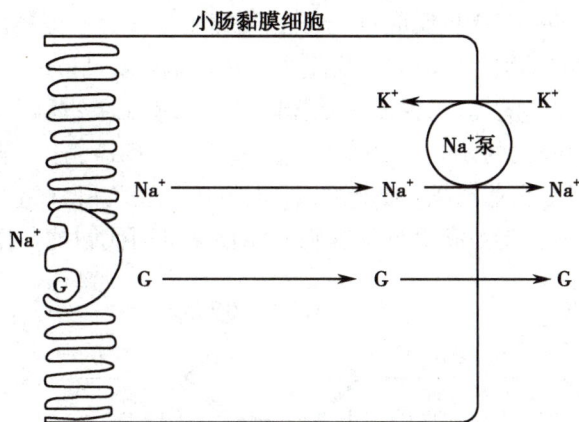

图 8-1 $Na^+$ 依赖型葡萄糖转运体

---

📖 **知识拓展**

### 先天性葡萄糖-半乳糖吸收不良症

先天性葡萄糖-半乳糖吸收不良症(congenital glucose-galactose malabsorption)是由于小肠上皮细胞转运葡萄糖、半乳糖的膜载体蛋白异常,致使葡萄糖和半乳糖吸收障碍,患者肠道内渗透压改变而使肠液增加,出现水样腹泻。患儿喂食含葡萄糖和半乳糖的食物后随着腹泻加重继而出现脱水、营养不良等症状。

---

## 二、糖代谢概况

糖代谢是由一系列酶催化的复杂的化学反应过程。葡萄糖吸收入血后,首先由葡萄糖转运体(glucose transporter,GLUT)将葡萄糖转运到细胞内,进而实现体内的代谢过程。葡萄糖在不同类型细胞中的代谢途径有所不同,其分解代谢主要包括糖的无氧分解、有氧氧化、磷酸戊糖途径及糖原的分解,合成代谢主要包括糖异生和糖原的合成。

# 第二节 葡萄糖分解代谢

葡萄糖在细胞内的分解代谢途径与细胞内氧含量有关。在有氧情况下,葡萄糖进行有氧氧化,生成 $CO_2$ 和 $H_2O$,并逐步放出能量;在缺氧情况下,葡萄糖进行无氧分解生成乳酸,并伴有少量的能量生成。葡萄糖主要通过这两条途径为机体提供能量。此外,还可通过磷酸戊糖途径使葡萄糖生成核糖-5-磷酸、$NADPH+H^+$ 和 $CO_2$;该途径主要为核苷酸合成提供戊糖骨架和为胞质中还原反应提供氢。

## 一、糖的无氧氧化

在氧供应不足或缺氧情况下,葡萄糖经一系列酶促反应生成丙酮酸进而还原生成乳酸的过程,称之为糖的无氧氧化(anaerobic oxidation)。糖的无氧氧化分为糖酵解(glycolysis)和乳酸生成两个阶段。糖的无氧氧化全部反应均在胞质中进行。

### (一) 糖酵解的反应过程

糖酵解的反应过程包含 10 步反应:1 分子葡萄糖生成 2 分子丙酮酸。

1. 葡萄糖磷酸化生成葡糖-6-磷酸　　反应由己糖激酶(hexokinase,HK)催化,消耗 1 分子 ATP,为不可逆反应,需要 $Mg^{2+}$。己糖激酶是糖酵解的第 1 个关键酶和调节位点。

肝内催化葡萄糖磷酸化的酶是葡糖激酶(glucokinase,GK),它对葡萄糖的亲和力很低,这表明肝细胞与其他细胞在葡萄糖代谢上的不同:肝脏主要为肝外组织细胞提供葡萄糖,维持血糖恒定;肝外组织则主要为满足自身细胞的能量需求而代谢葡萄糖。

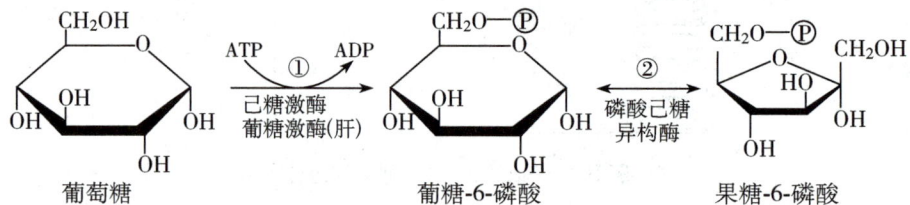

葡萄糖　　　　　　　　　　葡糖-6-磷酸　　　　　　　果糖-6-磷酸

**课堂互动**

问题:体内催化葡萄糖磷酸化生成葡糖-6-磷酸的酶有两种——己糖激酶和葡糖激酶。己糖激酶对葡萄糖的 $K_m$ 值远小于平时细胞内的葡萄糖浓度。此外,己糖激酶受葡糖-6-磷酸强烈抑制,而葡糖激酶不受葡糖-6-磷酸的抑制。请根据上述描述,说明两种酶在调节上的特点。

2. 葡糖-6-磷酸异构生成果糖-6-磷酸　　反应由磷酸己糖异构酶催化,反应是可逆的,需要 $Mg^{2+}$。

3. 果糖-6-磷酸磷酸化生成果糖-1,6-双磷酸　　反应由磷酸果糖激酶-1(phosphofructokinase 1,PFK1)催化,这也是一步耗能的不可逆反应,消耗 1 分子 ATP,需要 $Mg^{2+}$。磷酸果糖激酶-1 是糖酵解的第 2 个关键酶和调节位点。

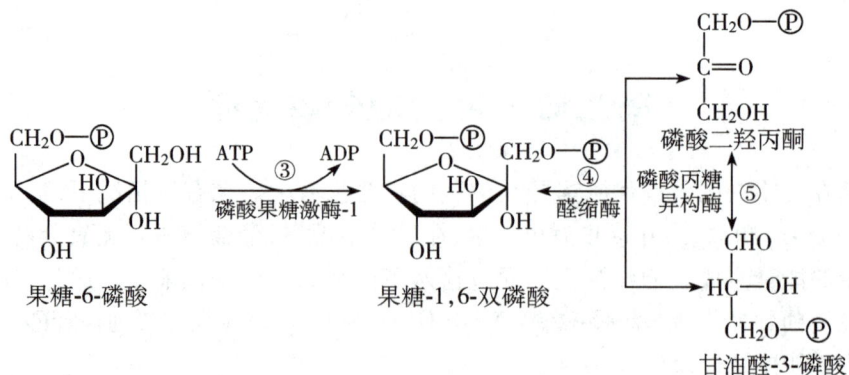

果糖-6-磷酸　　　　　　　　果糖-1,6-双磷酸　　　　　　　　　　甘油醛-3-磷酸

4. 果糖-1,6-双磷酸裂解生成磷酸二羟丙酮和甘油醛-3-磷酸　该过程是由醛缩酶催化的可逆反应。

5. 磷酸二羟丙酮异构生成甘油醛-3-磷酸　反应是由磷酸丙糖异构酶催化的可逆反应。磷酸二羟丙酮与甘油醛-3-磷酸是同分异构体,但在细胞内,反应趋向磷酸二羟丙酮生成甘油醛-3-磷酸。所以,每1分子果糖-1,6-双磷酸相当于产生2分子甘油醛-3-磷酸。

6. 甘油醛-3-磷酸脱氢并磷酸化生成1,3-双磷酸甘油酸　反应由甘油醛-3-磷酸脱氢酶催化,甘油醛-3-磷酸的醛基脱氢同时磷酸化生成含有高能磷酸键的1,3-双磷酸甘油酸。甘油醛-3-磷酸脱氢酶的辅因子 $NAD^+$ 被还原成 $NADH+H^+$。这是糖酵解途径中唯一的脱氢反应,它可为缺氧状态下丙酮酸还原成乳酸提供氢。甘油醛-3-磷酸脱氢酶是巯基酶,可被重金属离子抑制。

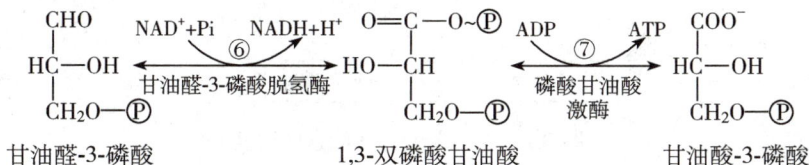

7. 1,3-双磷酸甘油酸生成甘油酸-3-磷酸(又称3-磷酸甘油酸)　反应由磷酸甘油酸激酶催化,将1,3-双磷酸甘油酸上的高能磷酸基团转移给 ADP 生成 ATP 和甘油酸-3-磷酸,需要 $Mg^{2+}$。这是糖酵解过程中第1次产生 ATP 的反应,这种能量的获得方式称为底物水平磷酸化。

8. 甘油酸-3-磷酸异构生成甘油酸-2-磷酸　是由磷酸甘油酸变位酶催化的可逆反应,需要 $Mg^{2+}$。

9. 甘油酸-2-磷酸脱水生成磷酸烯醇丙酮酸　反应由烯醇化酶催化,需要 $Mg^{2+}$。生成的高能化合物——磷酸烯醇丙酮酸(phosphoenolpyruvate,PEP),为下一步产能做好了准备。

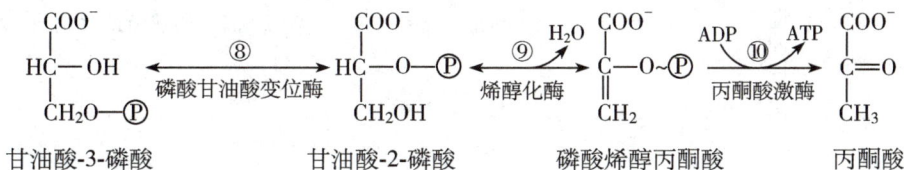

10. 磷酸烯醇丙酮酸生成丙酮酸　反应由丙酮酸激酶(pyruvate kinase)催化,将磷酸烯醇丙酮酸的高能磷酸基团转移给 ADP 生成 ATP 及丙酮酸,这是糖酵解途径中第2次通过底物水平磷酸化产生 ATP 的反应。这步反应是不可逆的,丙酮酸激酶是糖酵解的第3个关键酶和调节位点,需要 $K^+$ 和 $Mg^{2+}$ 参与。

### (二) 丙酮酸被还原为乳酸

这一反应由乳酸脱氢酶(lactate dehydrogenase,LDH)催化,丙酮酸还原成乳酸,反应所需的氢原子来自上述第6步反应中的甘油醛-3-磷酸脱氢生成的 $NADH+H^+$。在缺氧情况下,氢原子用于将丙酮酸还原为乳酸,NADH 重新转变为 $NAD^+$,糖酵解才能继续进行。

除葡萄糖外,其他己糖也可转变成磷酸己糖进入糖酵解途径。例如,果糖在己糖激酶的催化下可转变成果糖-6-磷酸;甘露糖经己糖激酶催化生成6-磷酸甘露糖,后者在异构酶的作用下转变为果糖-6-磷酸(图8-2)。

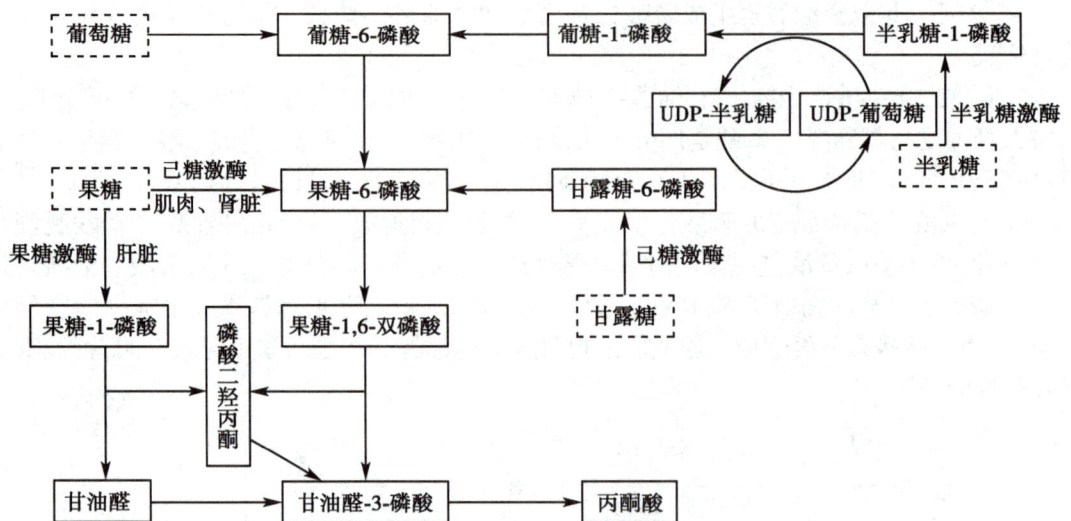

图 8-2　各种单糖进入糖酵解途径

### 知识拓展

#### 巴斯德效应机制

法国科学家巴斯德(Louis Pasteur)在研究中发现,酵母菌在无氧环境中可以发酵生醇,此过程与糖酵解相似。将其转移至有氧环境,发酵生醇过程即被抑制,此现象称为巴斯德效应。这是因为丙酮酸的代谢去向是由 $NADH+H^+$ 决定的。在缺氧时,$NADH+H^+$ 不能进入线粒体被氧化,丙酮酸就作为受氢体被还原生成乳酸。在有氧的情况下,$NADH+H^+$ 可进入线粒体内氧化生成 ATP;同时,丙酮酸也进入线粒体进行有氧氧化,因而不生成乳酸,所以氧抑制了酵解。

#### (三) 糖酵解的调节

在整个糖酵解过程中,己糖激酶(葡糖激酶)、磷酸果糖激酶-1 和丙酮酸激酶所催化的反应是不可逆的,是糖酵解过程中的关键酶,分别受别构调节物和激素的调节。

1. 己糖激酶和葡糖激酶　己糖激酶和葡糖激酶存在于不同组织中,催化糖酵解的第 1 个反应,使葡萄糖磷酸化。该酶受葡糖-6-磷酸的反馈抑制。

2. 磷酸果糖激酶-1　在糖酵解的一系列反应中,最重要的限速步骤是由磷酸果糖激酶-1 催化的不可逆反应。该酶受多种别构调节物的影响,ATP 和柠檬酸是此酶的别构抑制剂,AMP、ADP、果糖-1,6-双磷酸和果糖-2,6-双磷酸是该酶的别构激活剂。磷酸果糖激酶-1 的调节途径如下:

(1) ATP/AMP 是调节磷酸果糖激酶-1 的重要因素:磷酸果糖激酶-1 可被 ATP 抑制,但 AMP 可以抵消 ATP 的抑制作用。这样就使得糖酵解对细胞内能量的需求很敏感:当 ATP 水平低(和/或 AMP 多)时,反应加速,以便产生足量的 ATP;而当 ATP 充足时,反应减慢。

(2) 柠檬酸可抑制磷酸果糖激酶-1 的活性:三羧酸循环的第 1 个产物就是柠檬酸,它可抑制磷酸果糖激酶-1 的活性。细胞质出现高浓度的柠檬酸意味着生物氧化过度,即能量过剩,因此糖酵解受到抑制。

(3) 果糖-2,6-双磷酸可激活磷酸果糖激酶-1,是其最重要的别构激活剂,能促进糖酵解。

3. 丙酮酸激酶　丙酮酸激酶催化糖酵解的第 3 个不可逆步骤,果糖-1,6-双磷酸是该酶的别构激活剂,而 ATP 和丙酮酸对该酶有抑制作用。

糖的无氧氧化是体内葡萄糖分解供能的重要途径之一,在某些组织尤其是骨骼肌中,主要通过上述关键酶的调控以满足其对能量的需求。

### （四）糖的无氧氧化的生理意义

1. 是机体在缺氧或剧烈运动时获得能量的主要途径　如剧烈运动时,骨骼肌处于相对缺氧状态,由于葡萄糖进行有氧氧化的反应过程比糖的无氧氧化长,通过糖的无氧氧化可迅速获得 ATP,因而使糖的无氧氧化过程加强,以补充运动所需的能量。人们从平原进入高原的初期,组织细胞也通过增强糖的无氧氧化过程来适应缺氧的环境。在一些病理情况下,例如严重贫血、大量失血、呼吸障碍、循环障碍等因素氧气供给不足时,也使糖的无氧氧化过程加强,甚至可因该反应过度进行,引起血液中乳酸浓度升高,而发生乳酸性酸中毒。

2. 是某些组织细胞获得能量的有效方式　成熟红细胞不含线粒体,不能进行有氧氧化,靠糖的无氧氧化维持其能量的需要。皮肤、睾丸、视网膜、神经组织、白细胞、骨髓等代谢极为活跃,即使在不缺氧时也进行糖的无氧氧化获得能量。

3. 糖的无氧氧化的中间产物是其他物质的合成原料　如磷酸二羟丙酮是甘油-3-磷酸的合成原料,甘油酸-3-磷酸是丝氨酸、甘氨酸和半胱氨酸的合成原料等。

ER-8-1

免疫细胞代
谢重编程

## 二、糖的有氧氧化

葡萄糖在有氧条件下彻底氧化成 $H_2O$ 和 $CO_2$ 并产生能量的过程称为糖的有氧氧化(aerobic oxidation)。糖的有氧氧化是糖分解代谢的主要方式,绝大多数细胞都是通过此途径获得能量的。糖的有氧氧化与糖的无氧氧化有一段共同的代谢过程,即从葡萄糖转变为丙酮酸的过程,在有氧条件下,丙酮酸进入线粒体,氧化脱羧生成乙酰 CoA,后者再经三羧酸循环彻底氧化成 $CO_2$ 和 $H_2O$(图 8-3)。

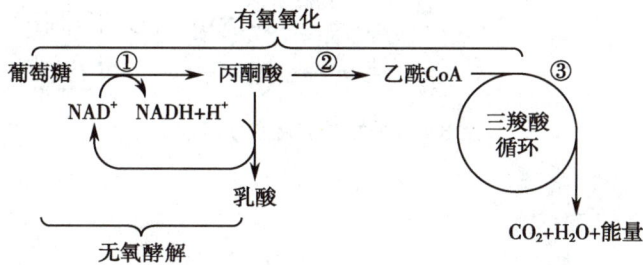

图 8-3　糖的有氧氧化与糖酵解的关系

糖的有氧氧化的反应过程可分为 3 个阶段:①在细胞质中葡萄糖氧化分解生成丙酮酸;②丙酮酸进入线粒体氧化脱羧生成乙酰 CoA;③乙酰 CoA 进入三羧酸循环彻底氧化成 $CO_2$ 和 $H_2O$,合成 ATP。

### （一）葡萄糖氧化分解生成丙酮酸

与糖酵解过程几乎相同,在胞质中进行,所不同的是生成的 2 分子 $NADH+H^+$ 不参与丙酮酸还原为乳酸的反应,而是穿梭进入线粒体参与呼吸链的氧化磷酸化并产生 ATP。第一阶段的通式概括如下:

$$葡萄糖+2NAD^++2ADP \xrightarrow{氧化分解} 2丙酮酸+2NADH+2H^++2ATP+2H_2O$$

### （二）丙酮酸氧化脱羧生成乙酰 CoA

在有氧条件下,胞质中的丙酮酸透过线粒体膜进入线粒体后,经丙酮酸脱氢酶系(复合物)催化,氧化脱羧并与辅酶 A 结合而生成乙酰 CoA。这是一个高度不可逆的反应,也是糖类经丙酮酸进入三羧酸循环的必经之路。

$$H_3C-\overset{\underset{\|}{O}}{C}-COOH \xrightarrow[\substack{丙酮酸脱氢酶系 \\ NAD^+ \quad NADH+H^+}]{\substack{HSCoA \quad CO_2}} H_3C-\overset{\underset{\|}{O}}{C}\sim SCoA$$

丙酮酸                           乙酰辅酶A

丙酮酸脱氢酶系由丙酮酸脱氢酶($E_1$)、二氢硫辛酰胺转乙酰酶($E_2$)和二氢硫辛酰胺脱氢酶($E_3$)3 种酶,以及硫胺素焦磷酸(TPP)、硫辛酸、黄素腺嘌呤二核苷酸(FAD)、氧化型烟酰胺腺嘌呤二核苷酸($NAD^+$)、辅酶 A(CoA)等辅因子共同构成。丙酮酸脱氢酶系催化的反应分 5 步进行,形成了紧密相连的连锁反应结构(图 8-4),故催化效率极高,是糖的有氧氧化的关键酶之一。

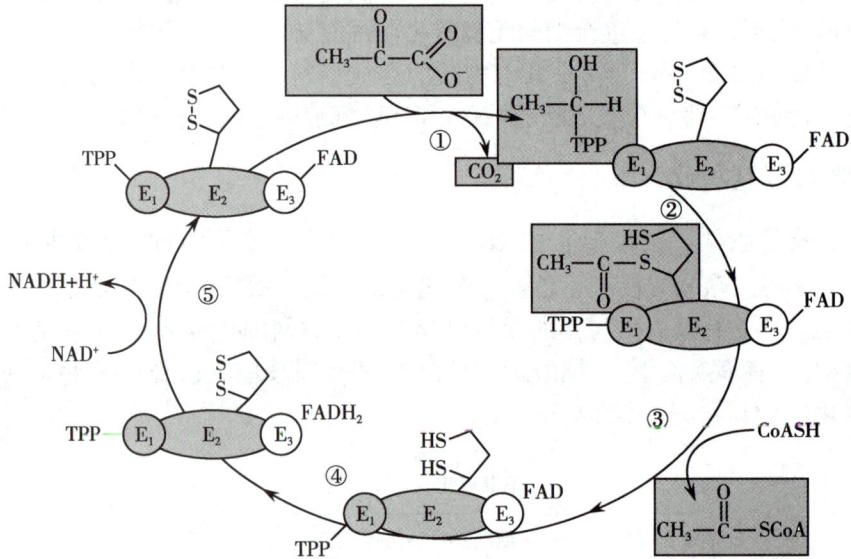

图 8-4 丙酮酸氧化脱羧过程

**知识拓展**

#### 丙酮酸脱氢酶缺乏症

丙酮酸脱氢酶系是糖进入有氧氧化过程的关键酶。目前,在儿童中已发现丙酮酸脱氢酶系中各种亚基(催化亚基和调节亚基)先天性缺陷所致的疾病。由于此酶的缺陷,导致丙酮酸不能继续氧化产生 ATP,使脑组织不能有效地利用葡萄糖供能,影响了儿童脑组织的发育和功能,严重者可导致死亡。

此外,丙酮酸不能进一步氧化,致使患儿血液中乳酸、丙酮酸和丙氨酸的浓度显著升高,出现慢性乳酸性酸中毒。丙酮酸脱氢酶系异常可通过皮肤成纤维细胞培养并进行酶学测定予以鉴定。此类患者在一定程度上可通过进食生酮食物和限制糖的摄入使病情缓解或得到控制。

### （三）三羧酸循环

在线粒体内,乙酰 CoA 与草酰乙酸缩合生成柠檬酸,经一系列代谢又生成草酰乙酸,形成一个循环。该循环的第 1 个产物柠檬酸含有 3 个羧基,故称三羧酸循环(tricarboxylic acid cycle,TCA 循环)或柠檬酸循环(citric acid cycle)。该循环由 Hans Krebs 最终阐明,所以又称克雷布斯循环(Krebs cycle)。

1. 三羧酸循环反应过程　三羧酸循环反应过程包含 8 步反应(图 8-5)。从乙酰 CoA 进入三羧酸循环开始,每个循环经过 4 次脱氢、2 次脱羧,生成 3 分子 $NADH+H^+$、1 分子 $FADH_2$ 及 2 分子 $CO_2$,通过底物水平磷酸化生成 1 分子 GTP。

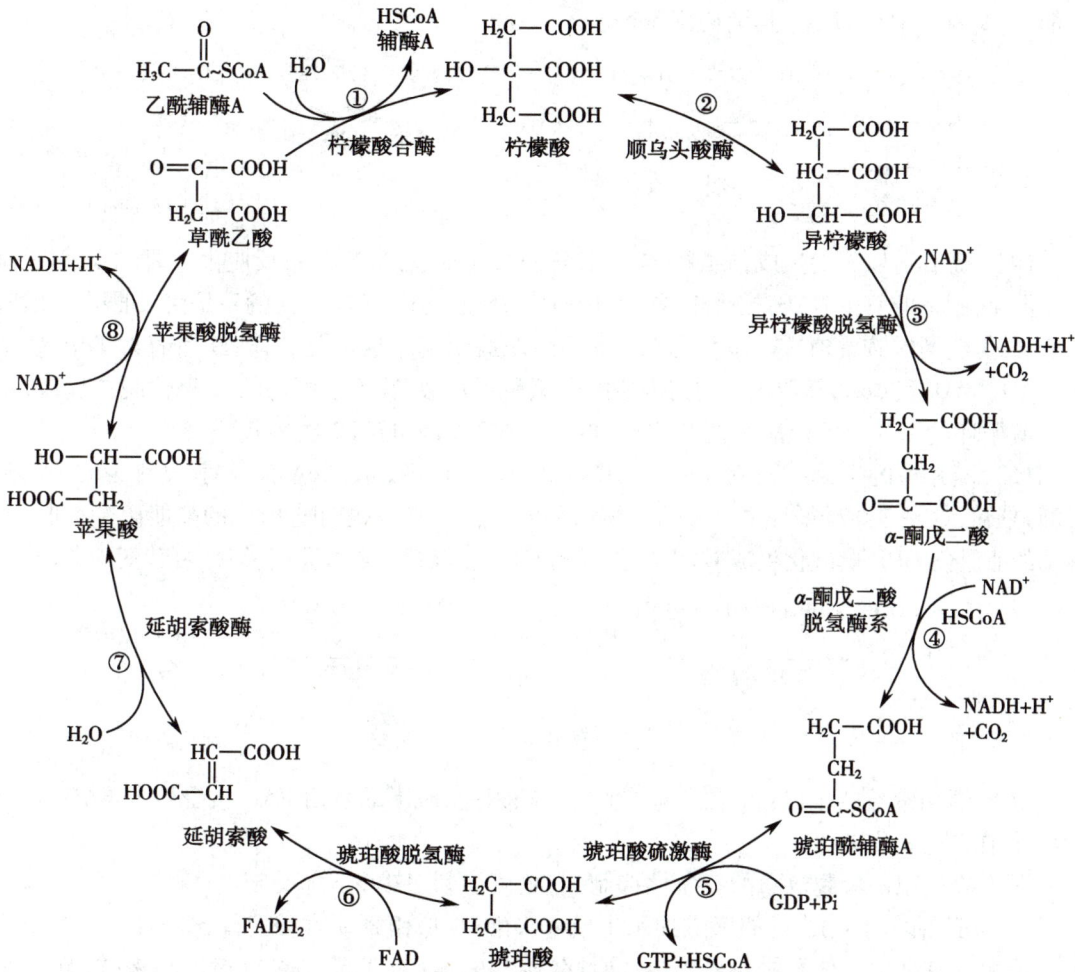

图 8-5　三羧酸循环

（1）柠檬酸的生成:乙酰 CoA 与草酰乙酸缩合生成柠檬酰 CoA,然后迅速水解成柠檬酸和 CoA,是由柠檬酸合酶催化的不可逆反应。柠檬酸合酶为别构酶,是三羧酸循环的第 1 个关键酶和调节点。

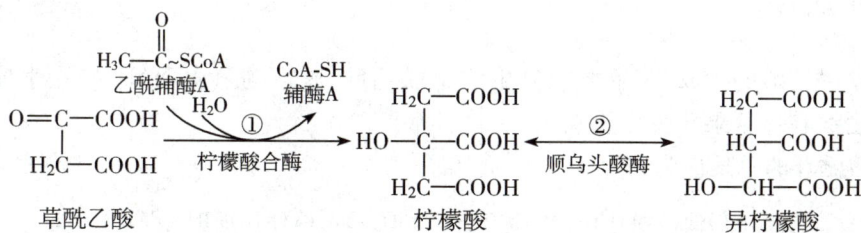

（2）异柠檬酸的生成：柠檬酸先脱水转变为顺乌头酸，再加水形成异柠檬酸，是由顺乌头酸酶催化的可逆反应。

（3）α-酮戊二酸的生成：异柠檬酸氧化脱羧生成 α-酮戊二酸，脱下的氢由 $NAD^+$ 接受生成 $NADH+H^+$，释放 1 分子 $CO_2$，反应由异柠檬酸脱氢酶催化。该反应属于不可逆的 β-氧化脱羧反应，也是三羧酸循环的第 1 次氧化脱羧反应。异柠檬酸脱氢酶为三羧酸循环的第 2 个关键酶和调节点。

细胞内有 2 种异柠檬酸脱氢酶，辅酶分别为 $NAD^+$ 和 $NADP^+$。前者位于线粒体，后者主要位于胞质中。线粒体中的异柠檬酸脱氢酶是一种别构酶，ADP 和 $NAD^+$ 是该酶的别构激活剂，ATP 和 $NADH+H^+$ 是其别构抑制剂。

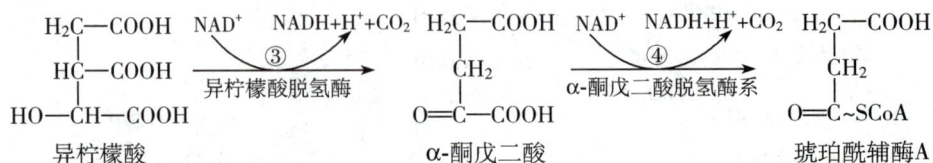

（4）琥珀酰 CoA 的生成：α-酮戊二酸氧化脱羧生成琥珀酰 CoA，反应由 α-酮戊二酸脱氢酶系催化，脱下的氢由 $NAD^+$ 接受生成 $NADH+H^+$，释放 1 分子 $CO_2$。该酶系是由 α-酮戊二酸脱氢酶、二氢硫辛酰胺琥珀酰转移酶及二氢硫辛酰胺脱氢酶组成的复合体，其辅酶为 TPP、硫辛酸、FAD、$NAD^+$ 和 CoA，其催化机制与丙酮酸脱氢酶系相似，属于不可逆的 α-氧化脱羧反应，是三羧酸循环的第 3 个关键酶和调节位点，也是三羧酸循环的第 2 次氧化脱羧反应。

（5）琥珀酸的生成：琥珀酰 CoA 生成琥珀酸，反应由琥珀酰 CoA 合成酶（又称为琥珀酸硫激酶）催化，这是三羧酸循环中唯一的底物水平磷酸化反应。琥珀酰 CoA 的高能硫酯键断开，释出的能量使 GDP 磷酸化生成 GTP，所生成的 GTP 经核苷二磷酸激酶催化，可转变为 ATP。

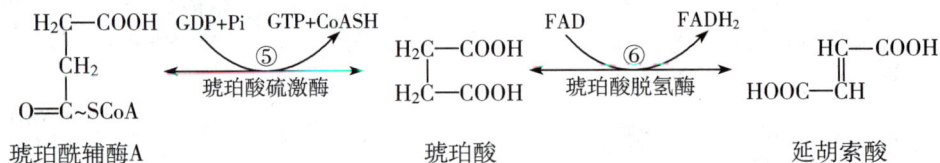

（6）延胡索酸的生成：琥珀酸脱氢生成延胡索酸，脱下的氢由 FAD 接受生成 $FADH_2$，反应由琥珀酸脱氢酶催化。

丙二酸是琥珀酸脱氢酶的竞争性抑制剂，故可抑制三羧酸循环。

（7）苹果酸的生成：延胡索酸加水生成苹果酸，反应由延胡索酸酶催化。

该酶具有高度立体异构特性，只能催化延胡索酸（反丁烯二酸），对于马来酸（顺丁烯二酸）则无催化作用。

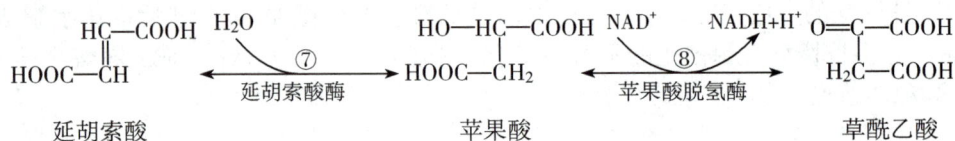

（8）草酰乙酸的生成：苹果酸脱氢生成草酰乙酸，脱下的氢由 $NAD^+$ 接受生成 $NADH+H^+$。反应由线粒体苹果酸脱氢酶催化。

三羧酸循环的总反应为：

$$乙酰CoA+2H_2O+3NAD^++FAD+GDP \longrightarrow 2CO_2+CoA+3NADH+3H^++FADH_2+GTP$$

**2. 三羧酸循环的特点** 主要表现为乙酰基彻底氧化,且整个循环不可逆。

（1）三羧酸循环中每 1 个循环消耗 1 个乙酰基。反应过程中有 4 次脱氢（其中 3 次以 $NAD^+$ 为受氢体,1 次以 FAD 为受氢体）和 2 次脱羧反应、1 次底物水平磷酸化,这样每 1 个循环共产生 10 个 ATP 和 2 个 $CO_2$。

（2）三羧酸循环中有 3 个不可逆反应,即柠檬酸合酶、异柠檬酸脱氢酶及 α-酮戊二酸脱氢酶系所催化的反应在生理条件下是不可逆的,使整个循环不可逆。上述 3 种酶为三羧酸循环的关键酶。

（3）三羧酸循环从草酰乙酸开始,最后仍生成草酰乙酸。虽其数量不变,元素示踪实验结果显示最后生成的草酰乙酸已被更新。

### （四）糖的有氧氧化的调节

糖的有氧氧化是机体获得能量的主要方式。通过调节糖的有氧氧化的反应速率,可以更好地满足机体对能量的需求。糖的有氧氧化的 3 个阶段均有调节点,第一阶段的调节见糖酵解途径,这里主要介绍对后两个阶段的调节。

**1. 对丙酮酸脱氢酶系的调节** 可通过别构效应和化学修饰两种方式进行快速调节。

AMP 能激活丙酮酸脱氢酶系,而 ATP 对该酶系有抑制作用。乙酰 CoA 及 $NADH+H^+$ 对丙酮酸脱氢酶系有反馈抑制作用,当乙酰 CoA/CoA 和 $NADH+H^+$/$NAD^+$ 比值升高时,酶活性被抑制。如当饥饿或脂肪酸被大量利用时,乙酰 CoA 及 $NADH+H^+$ 合成量增加,丙酮酸脱氢酶系的活性被反馈抑制,糖的有氧氧化被抑制。此时,大多数组织器官可利用脂肪酸作为能量来源,以确保大脑对葡萄糖的需要。

丙酮酸脱氢酶激酶可使丙酮酸脱氢酶系磷酸化而失去活性;去磷酸化则其恢复活性。乙酰 CoA 和 $NADH+H^+$ 除对酶有直接抑制作用外,还可间接通过增强丙酮酸脱氢酶激酶的活性而使丙酮酸脱氢酶系失活。

**2. 对三羧酸循环的调节** 三羧酸循环受多种因素的调控。异柠檬酸脱氢酶和 α-酮戊二酸脱氢酶系是三羧酸循环中最重要的调节点,二者在 NADH/$NAD^+$ 和 ATP/ADP 比率高时被反馈抑制。ADP 是异柠檬酸脱氢酶的别构激活剂。氧化磷酸化对三羧酸循环也有影响,通过三羧酸循环生成的 $NADH+H^+$ 和 $FADH_2$ 如不能有效进行氧化磷酸化,则三羧酸循环过程将受阻（图 8-6）。

总的来说,当细胞消耗能量而使 ADP/ATP 或 AMP/ATP 比率升高时,糖的有氧氧化的 3 个阶段的关键酶均被激活,氧化磷酸化过程也被激活,从而加速糖的有氧氧化,产生 ATP;反之,上述酶活性降低,糖的有氧氧化减弱。

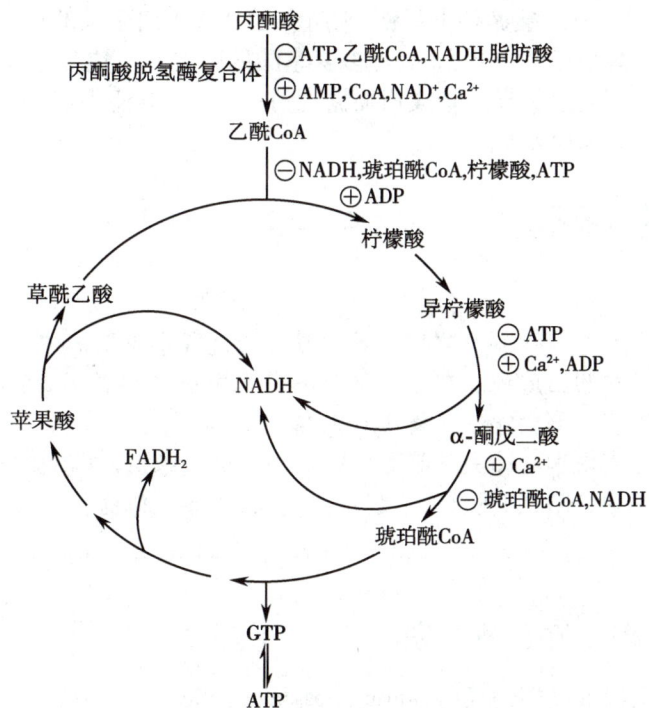

图 8-6 三羧酸循环的调节

### （五）糖的有氧氧化的生理意义

1. 氧化供能 有氧条件下,每分子葡萄糖彻底氧化可净生成30分子或32分子ATP(表8-1),为糖酵解 ATP 生成量的 15~16 倍,在一般生理条件下,是绝大多数组织细胞的首选供能方式。

表 8-1 葡萄糖有氧氧化时 ATP 的生成

| | 主要反应过程 | 递氢体 | 生成 ATP 数 |
|---|---|---|---|
| 第一阶段 | 葡萄糖→葡萄糖-6-磷酸 | | −1 |
| | 果糖-6-磷酸→果糖-1, 6-双磷酸 | | −1 |
| | 甘油醛-3-磷酸→1, 3-双磷酸甘油酸 | $NAD^+$ | 2.5 ×2[△] ( 或 1.5 ×2[*] ) |
| | 1, 3-双磷酸甘油酸→甘油-3-磷酸 | | 1 ×2 |
| | 磷酸烯醇丙酮酸→丙酮酸 | | 1 ×2 |
| 第二阶段 | 丙酮酸→乙酰 CoA | $NAD^+$ | 2.5 ×2 |
| 第三阶段 | 异柠檬酸→α-酮戊二酸 | $NAD^+$ | 2.5 ×2 |
| | α-酮戊二酸→琥珀酰 CoA | $NAD^+$ | 2.5 ×2 |
| | 琥珀酰 CoA→琥珀酸 | | 1 ×2 |
| | 琥珀酸→延胡索酸 | FAD | 1.5 ×2 |
| | 苹果酸→草酰乙酸 | $NAD^+$ | 2.5 ×2 |
| 合计 | | | 32（或 30） |

[△] 由于每分子葡萄糖可裂解为 2 分子丙糖,故乘 2;
[*] 根据 NADH 进入呼吸链的途径而定。

2. 三羧酸循环是三大营养物质氧化分解的共同途径 糖、脂肪、氨基酸在体内均可代谢生成乙酰 CoA,进入三羧酸循环彻底氧化分解并生成 ATP。因此,它是体内糖、脂肪和蛋白质三大营养物质分解代谢的最终共同途径。

3. 三羧酸循环也是糖、脂肪和氨基酸代谢联系的枢纽 糖代谢的中间产物乙酰 CoA 是脂肪酸合成的重要原料;许多氨基酸的碳架是三羧酸循环的中间产物,当生糖氨基酸分解代谢时可通过糖异生合成葡萄糖。另一方面,由葡萄糖分解代谢产生的中间产物则可用于合成非必需氨基酸。

### 🔍 知识拓展

#### 果糖-1,6-双磷酸

果糖-1,6-双磷酸系葡萄糖代谢过程中重要的中间产物,存在于人及其他一切高等动植物细胞内。糖在氧化分解过程中先要磷酸解,逐步生成果糖-1,6-双磷酸,然后再进行分解供能。果糖-1,6-双磷酸在临床上主要用于冠心病心绞痛、急性心肌梗死、心力衰竭和心律失常等的辅助治疗。研究指出,直接提供作为关键酶底物的果糖-1,6-双磷酸,可以加快糖的分解供能过程,改善机体的代谢功能。

## 三、磷酸戊糖途径

磷酸戊糖途径(pentose phosphate pathway)是指从糖酵解的中间产物葡糖-6-磷酸开始形成旁路,经过脱氢、脱羧等一系列反应生成果糖-6-磷酸和甘油醛-3-磷酸,从而返回糖酵解途径。这是一个不产能的代谢途径,其主要意义是生成 NADPH+H$^+$ 和核糖-5-磷酸(磷酸戊糖)。该途径位于各组织细胞的胞质中。

### (一)磷酸戊糖途径的反应过程

反应可分为 2 个阶段,第一阶段是经氧化反应生成磷酸戊糖和 NADPH;第二阶段是经基团转移,生成果糖-6-磷酸和甘油醛-3-磷酸(图 8-7)。

1. 磷酸戊糖和 NADPH 的生成 葡糖-6-磷酸经氧化、脱羧生成磷酸戊糖、NADPH 和 $CO_2$。步骤如下:

葡糖-6-磷酸脱氢生成 6-磷酸葡萄糖酸内酯,同时将 NADP$^+$ 还原成 NADPH,反应由葡糖-6-磷酸脱氢酶催化(该酶是磷酸戊糖途径的关键酶)。接着在内酯酶的催化下,6-磷酸葡萄糖酸内酯水解生成 6-磷酸葡萄糖酸,后者在 6-磷酸葡萄糖酸脱氢酶作用下再次脱氢并自发脱羧生成核酮糖-5-磷酸,同时生成 NADPH 及 $CO_2$。核酮糖-5-磷酸在异构酶作用下转变为核糖-5-磷酸,或在差向异构酶的作用下转变为木酮糖-5-磷酸。

在第一阶段中共生成 1 分子磷酸戊糖和 2 分子 NADPH,前者用以合成核苷酸,后者用于许多化合物的合成代谢。

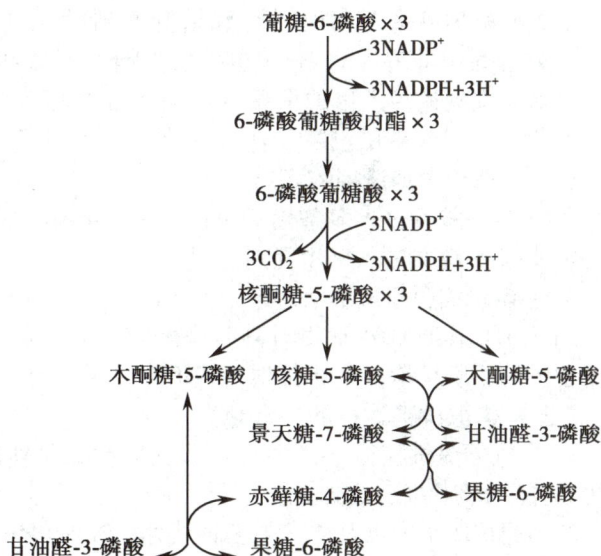

图 8-7 磷酸戊糖途径

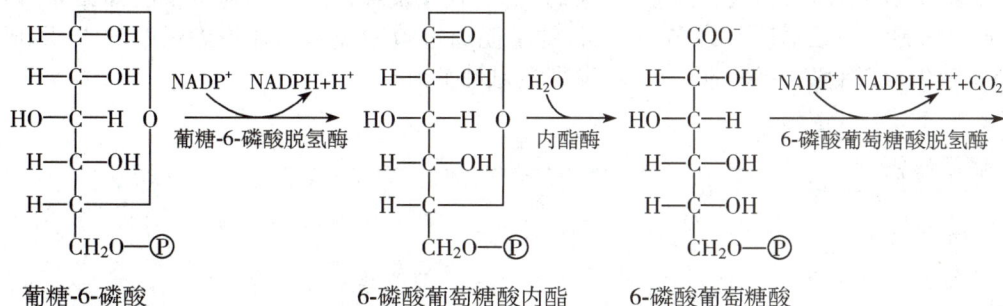

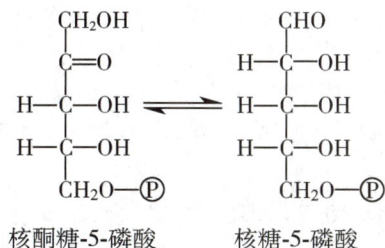

葡糖-6-磷酸    6-磷酸葡萄糖酸内酯    6-磷酸葡萄糖酸

核酮糖-5-磷酸    核糖-5-磷酸

2. 果糖-6-磷酸和甘油醛-3-磷酸的生成 机体对 NADPH 的消耗量远大于磷酸戊糖,多余的戊糖需要通过第二阶段——一系列基团转移反应,每 3 分子磷酸戊糖可生成 2 分子磷酸己糖和 1 分子磷酸丙糖,返回糖酵解的代谢途径再次利用。

基团转移反应过程较为复杂,可分为两类,即转酮醇酶反应和转醛醇酶反应。所生成的磷酸戊糖经转酮醇酶作用首先接受由木酮糖-5-磷酸提供的 2C 单位生成景天糖-7-磷酸(七碳糖)和甘油醛-3-磷酸,接着由转醛醇酶催化,从景天糖-7-磷酸转移出 3C 单位给甘油醛-3-

磷酸生成赤藓糖-4-磷酸(四碳糖)和果糖-6-磷酸,最后赤藓糖-4-磷酸在转醛醇酶催化下,接受由木酮糖-5-磷酸提供的 2C 单位生成果糖-6-磷酸和甘油醛-3-磷酸。

由磷酸戊糖途径产生的果糖-6-磷酸和甘油醛-3-磷酸可进入糖酵解途径进行分解代谢;果糖-6-磷酸也可经磷酸己糖异构酶催化转变为葡糖-6-磷酸,重新进入磷酸戊糖途径。

### (二)磷酸戊糖途径的调节

葡糖-6-磷酸可进入多条代谢途径。葡糖-6-磷酸脱氢酶是磷酸戊糖途径的关键酶,其活性决定葡糖-6-磷酸进入该途径的流量。

葡糖-6-磷酸脱氢酶的活性受 $NADPH/NADP^+$ 比例的影响,NADPH 对该酶具有较强的抑制作用,$NADPH/NADP^+$ 比例升高时磷酸戊糖途径被抑制、比例降低时被激活。因此,磷酸戊糖途径的活跃度取决于机体对 NADPH 的需求。

### (三)磷酸戊糖途径的生理意义

1. 为机体提供核糖-5-磷酸 磷酸戊糖途径是体内利用葡萄糖生成核糖-5-磷酸的唯一途径,为体内核苷酸合成提供了原料。

2. NADPH 作为供氢体参与多种代谢 $NADPH+H^+$ 与 $NADH+H^+$ 不同,它携带的氢不进入氧化呼吸链合成 ATP,而是作为供氢体参与体内多种代谢反应。

(1)为脂肪酸、胆固醇、类固醇激素等合成提供氢,因此,脂质合成旺盛的组织器官,磷酸戊糖途径都很活跃。

(2)NADPH 参与体内羟化反应:有些羟化反应与生物合成有关,如从鲨烯合成胆固醇,从胆固醇合成胆汁酸、类固醇激素等;有些羟化反应则与生物转化有关,如激素灭活等。

(3)NADPH 是谷胱甘肽还原酶的辅酶,参与氧化型谷胱甘肽(GSSG)还原成还原型谷胱甘肽(GSH)的反应,维持细胞内高水平的 GSH。GSH 是体内重要的抗氧化剂,可清除活性氧和其他氧化剂,保护细胞膜上的巯基或巯基酶等重要物质免受氧化。GSH 是维持红细胞正常结构与功能所必需的,有研究表明,这部分代谢消耗了红细胞约 10% 的葡萄糖。

若红细胞内缺乏葡糖-6-磷酸脱氢酶,则不能通过磷酸戊糖途径得到足够的 NADPH,导致 GSH 减少,红细胞膜容易氧化破裂,发生溶血性贫血。

### 病案分析

病案实例:

患者,男,28 岁。面色苍白,因排浓茶色尿 2 日入院。患者主诉:近 2 天在日常锻炼中感到疲劳和呼吸困难,并伴有面色苍白,逐渐加重,有间歇性发热、恶心、呕吐。追问病史:3 天前患者去广西岳父家探亲,食用了当地有名的蚕豆汤,近期无其他旅居史。其母亲曾有类似病史。

查体:体温 38℃,心率在 110 次/min 时有轻微心动过速,呼吸急促,38 次/min。皮肤及巩膜黄染,结膜及口唇苍白。心肺无异常,肝肿大,脾无触及,双肾无叩击痛,神经系统无异常。

实验室检查:RBC $1.85×10^{12}$/L,Hb 48g/L,血细胞比容为 21%。结合总胆红素 13.5μmol/L,非结合胆红素 92.5μmol/L。尿潜血(+),尿蛋白(++)。尿胆素原(+)尿胆红素(-)。

问题讨论:

1. 该病的初步诊断和诊断依据是什么?
2. 该病发病的生化机制是什么?

ER-8-2

病案分析

## 第三节　糖　原　代　谢

糖原是动物体内糖的储存形式。糖原代谢是指葡萄糖与糖原的相互转化,包括糖原的合成与分解。肝脏和肌组织是合成和储存糖原的主要器官,其糖原分别称为肝糖原和肌糖原。健康成人肝糖原总量约占肝重的 7%～10%;肌糖原占骨骼肌重量的 1%～2%。当机体需要葡萄糖时,肝糖原可以迅速被水解成葡萄糖以供急需,是血糖的重要来源。这对于一些依赖葡萄糖作为能量来源的组织,如脑、红细胞等尤为重要。肌糖原则主要提供肌肉收缩所需的能量。

糖原代谢主要在肝脏和肌肉的细胞质中进行,发生在糖原的非还原端。

### 一、糖原的合成

体内由葡萄糖合成糖原的过程称为糖原的合成。

葡萄糖合成糖原的过程由 5 种酶催化进行。详细过程如下:

1. 葡糖-6-磷酸的生成　这步反应与糖酵解的第一步相同,消耗 ATP。

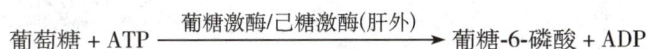

$$\text{葡萄糖 + ATP} \xrightarrow{\text{葡糖激酶/己糖激酶(肝外)}} \text{葡糖-6-磷酸 + ADP}$$

2. 葡糖-1-磷酸的生成　葡糖-6-磷酸在磷酸葡糖变位酶催化下生成葡糖-1-磷酸。

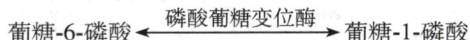

$$\text{葡糖-6-磷酸} \underset{\text{磷酸葡糖变位酶}}{\rightleftharpoons} \text{葡糖-1-磷酸}$$

3. 尿苷二磷酸葡糖(UDPG)的生成　葡糖-1-磷酸生成 UDPG,反应由 UDPG-焦磷酸化酶催化,为糖原合成提供活性葡萄糖。反应中所释放出的 PPi 随即被磷酸酶催化水解生成 2 分子磷酸,使反应不可逆。该反应消耗 1 分子 UTP。

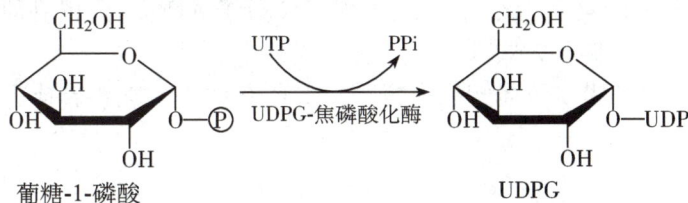

葡糖-1-磷酸　　　　　　　　　　　　　　UDPG

4. 糖原的生成　在糖原合酶的催化下,由 UDPG 提供活性葡萄糖基,转移到细胞内原有的糖原引物上,在其非还原端上以 α-1,4-糖苷键逐个加入葡萄糖残基。糖原合酶是糖原合成的关键酶。

重复进行上述 4 步反应使糖原分子直链不断延伸。需要说明的是糖原合酶不能合成新的糖原分子,只能把葡萄糖基连接到已有的糖原分子(糖原引物)上。

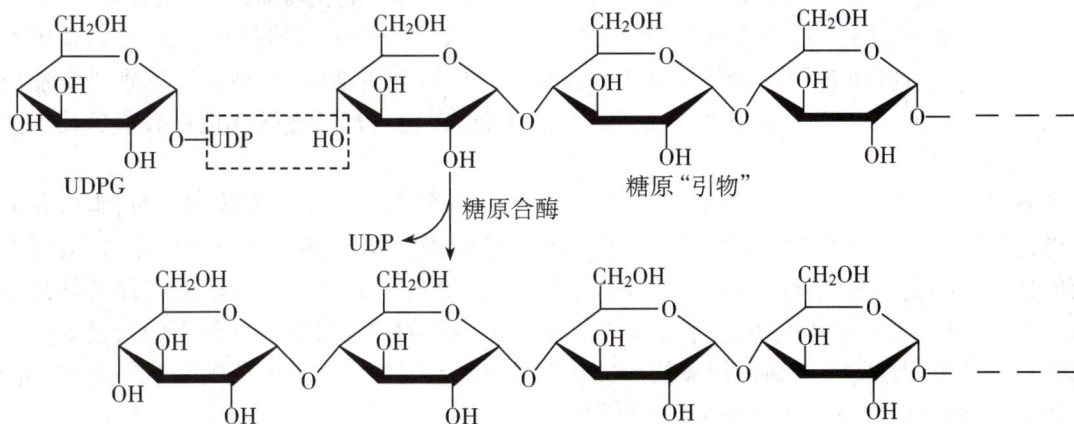

5. 分支化　当糖原链延伸到 12~18 个葡萄糖残基时,糖原分支酶就将含有 6~7 个葡萄糖残基的糖链转移至邻近的糖链上,并以 α-1,6 糖苷键相连,从而形成糖原分子的分支。糖原分支酶仅在肝细胞和肌细胞内高表达(图 8-8)。合成的糖原主要以颗粒形式存在于胞质中。

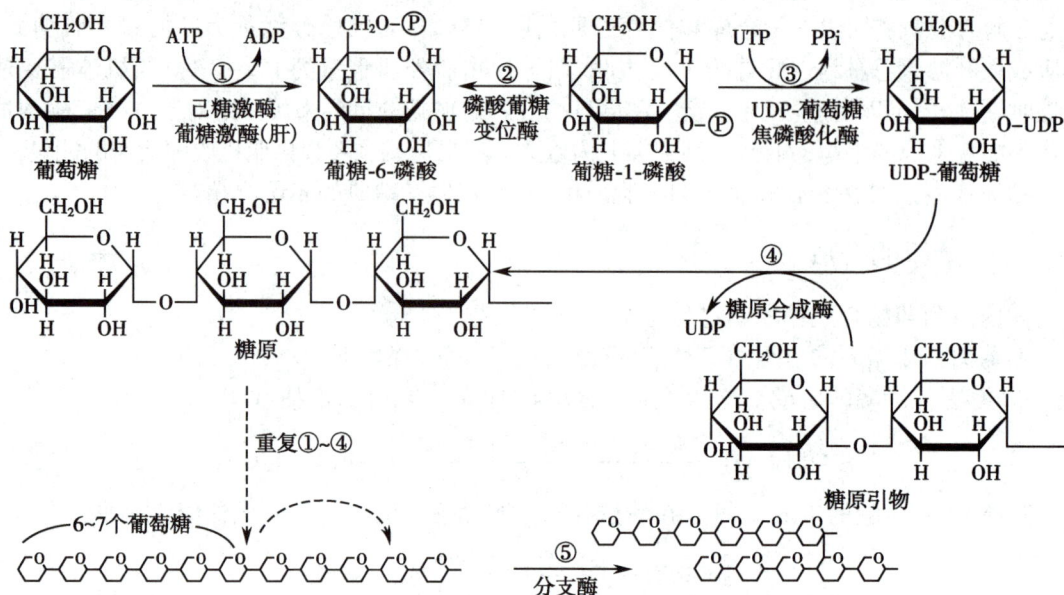

图 8-8　糖原合成过程

糖原合成时每增加 1 个葡萄糖单位需要消耗 2 个高能化合物(1 分子 ATP 和 1 分子 UTP,细胞内 ATP 与 UTP 可以互变,故认为需消耗 2 分子 ATP)。所以糖原的合成主要发生在进食后,作为糖的一种储存方式。

除葡萄糖外,其他单糖也可先转化为糖原合成途径中间产物,再合成糖原。

## 二、糖原的分解

糖原分解为葡萄糖的过程称为糖原的分解。糖原的分解过程由 4 种酶催化进行。催化反应如下:

1. 糖原分解为葡糖-1-磷酸　从糖原糖链的非还原端开始磷酸解,由糖原磷酸化酶催化,生成葡糖-1-磷酸和比原先少了 1 分子葡萄糖残基的糖原。磷酸化酶是糖原分解的关键酶。

2. 葡糖-6-磷酸的生成　葡糖-1-磷酸由磷酸葡糖变位酶催化转变为葡糖-6-磷酸。

3. 葡萄糖的生成　在葡糖-6-磷酸酶催化下,葡糖-6-磷酸生成葡萄糖,补充血糖。

葡糖-6-磷酸酶主要存在于肝脏和肾皮质,因此饥饿时肝糖原能够补充血糖,维持血糖稳定。糖尿病患者胰岛 β 细胞和肠黏膜细胞也有少量葡糖-6-磷酸酶,其他组织特别是骨骼肌中该酶活性很低,所以肌糖原几乎不能分解成葡萄糖,只能进行糖酵解或进行有氧氧化而为肌肉组织供能。

4. 脱支　当糖链上的葡萄糖基逐个磷酸解至距离分支点约 4 个葡萄糖基时,磷酸化酶不能再发挥作用。糖原磷酸化酶只能分解 α-1,4 糖苷键,对 α-1,6-糖苷键无作用,需要脱支酶的参与。脱支酶催化分两步进行:①将 4 糖基分支糖链上的 3 个葡萄糖基转移到邻近糖链末端,仍以 α-1,4-糖苷键连接;②发挥 α-1,6-葡萄糖苷酶活性将分支处留下的通过 α-1,6-糖苷键与糖链相连的 1 个葡萄糖残基水解成为游离的葡萄糖。在磷酸化酶与脱支酶的协同作用下,糖原可以完全磷酸解和水解(图 8-9)。

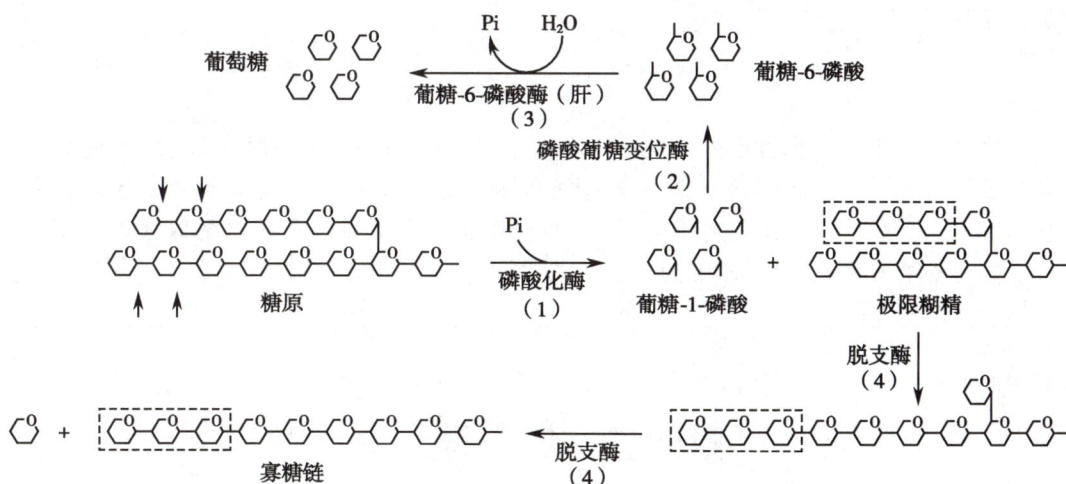

图 8-9　糖原的分解

糖原的合成及分解代谢途径可归纳于图 8-10。

## 三、糖原代谢的调节

糖原合酶和糖原磷酸化酶是糖原代谢不同途径的关键酶,其活性的高低决定糖原代谢的方向。糖原磷酸化酶是最早阐明机制的酶,糖原合酶和糖原磷酸化酶都受化学修饰调节和别构调节。

### (一)化学修饰调节

糖原合酶和磷酸化酶活性均受磷酸化和去磷酸化的化学修饰调节。

糖原合酶和磷酸化酶以其活性不同分为 a、b 两种形式。糖原合酶 a 有活性,磷酸化成糖原合酶 b 后即失去活性。而糖原磷酸化酶被磷酸化时,使活性很低的磷酸化酶 b 转变为活性强的磷酸化酶 a。

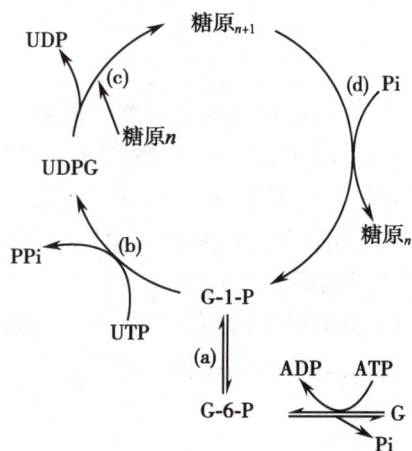

图 8-10　糖原的合成及分解代谢途径

当机体受某些因素影响时,如血糖水平下降、剧烈运动、应激反应时,肾上腺素、胰高血糖素分泌增加,使糖原合酶 a 磷酸化失去活性,抑制了糖原合成;同时磷酸化酶 b 磷酸化而活化,转变成磷酸化酶 a,促进了糖原分解。

### (二)别构调节

糖原合酶和磷酸化酶都是由多亚基构成的寡聚酶,可受代谢物的别构调节。葡糖-6-磷酸是糖原合酶 b 的别构激活剂,当葡萄糖浓度增高时,葡糖-6-磷酸激活糖原合酶 b 转变为有活性的糖原合酶 a,使糖原合成速度加快。AMP 是磷酸化酶 b 的别构激活剂,当细胞能量供应不足时,AMP 浓度增高,使磷酸化酶 b 别构激活,加速糖原分解。

## 四、糖原代谢的生理意义

糖原的合成与分解是调节血糖浓度恒定的重要方式。进食后,一部分糖可在肝和肌肉等组织合成肝糖原和肌糖原暂时储存起来,防止血糖浓度过高;肝糖原分解是空腹 12 小时补充血糖的主要来源。

肌糖原虽不能直接补充血糖,但分解过程中产生的葡糖-6-磷酸可以进入肌细胞经糖酵解或糖的有氧氧化途径,释放能量维持肌肉收缩以减少对血糖的利用。

**知识拓展**

### 糖原贮积症

　　糖原贮积症是一种由于先天缺乏与糖原代谢有关的酶类(如脱支酶)所引起的糖原在组织器官中大量蓄积的疾病。其特征为糖原结构改变或数量增加并在组织内堆积。由于缺失的糖原代谢的酶不同,引起的病理反应也不同。不同类型的糖原贮积症对机体的影响程度也不同,轻者无严重后果,重者可导致死亡。

## 第四节　糖　异　生

　　由非糖物质合成葡萄糖的过程称为糖异生。能转变为糖的非糖物质主要有甘油、有机酸(乳酸、丙酮酸及三羧酸循环中各种羧酸)和生糖氨基酸等。在生理条件下,肝脏是糖异生的主要器官,肾脏也有少量糖异生。饥饿和酸中毒时,肾脏糖异生作用加强并可缓解酸中毒。

### 一、糖异生途径

　　糖异生途径基本上是糖酵解途径的逆反应过程。糖酵解反应大部分是可逆的,只有3步不可逆反应,分别由己糖激酶、磷酸果糖激酶-1 和丙酮酸激酶 3 个关键酶催化,必须"绕过去"才能实现糖异生。其过程如下:

　　1. 丙酮酸羧化支路　由两步反应完成:①胞质中的丙酮酸进入线粒体,在以生物素为辅酶的丙酮酸羧化酶催化下,由 ATP 供能,羧化生成草酰乙酸;②草酰乙酸透出线粒体,在胞质中磷酸烯醇丙酮酸羧化激酶的催化下,生成磷酸烯醇丙酮酸,此反应需 GTP 参与。这样可以实现糖酵解过程中的一个不可逆反应的逆向过程。

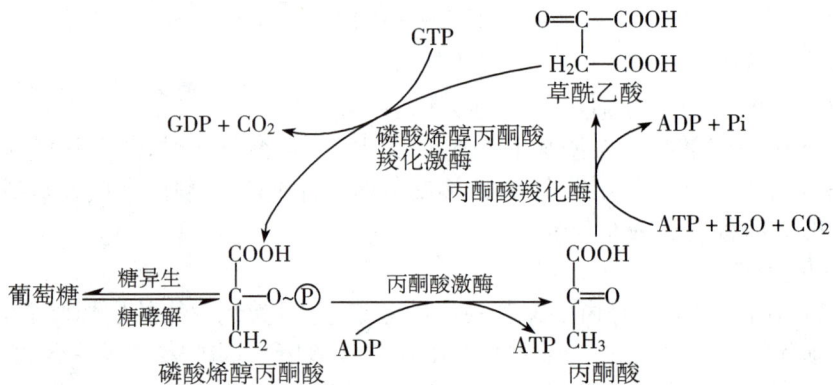

　　2. 果糖-1,6-双磷酸生成果糖-6-磷酸　由果糖-1,6-双磷酸酶催化,果糖-1,6-双磷酸生成果糖-6-磷酸,并释放磷酸。

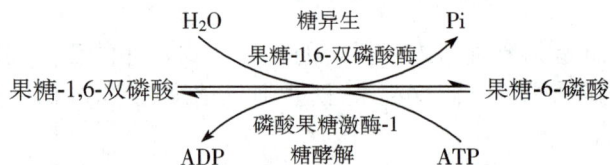

　　3. 葡糖-6-磷酸水解生成葡萄糖　在葡糖-6-磷酸酶催化下,葡糖-6-磷酸水解为葡萄糖。

$$H_2O \quad 糖异生 \quad Pi$$

葡糖-6-磷酸酶

葡糖-6-磷酸 $\xrightarrow{\hspace{4cm}}$ 葡萄糖

己糖激酶

$$ADP \quad 糖酵解 \quad ATP$$

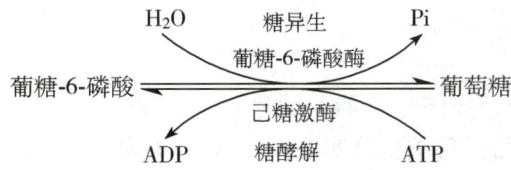

由上可见,在糖酵解的 3 个不可逆反应中,作用物的互变反应分别由不同的酶催化,这种互变循环称之为底物循环。机体通过对糖异生和糖酵解途径的调节,从而使代谢根据体内的需求进行。糖异生途径如图 8-11 所示。

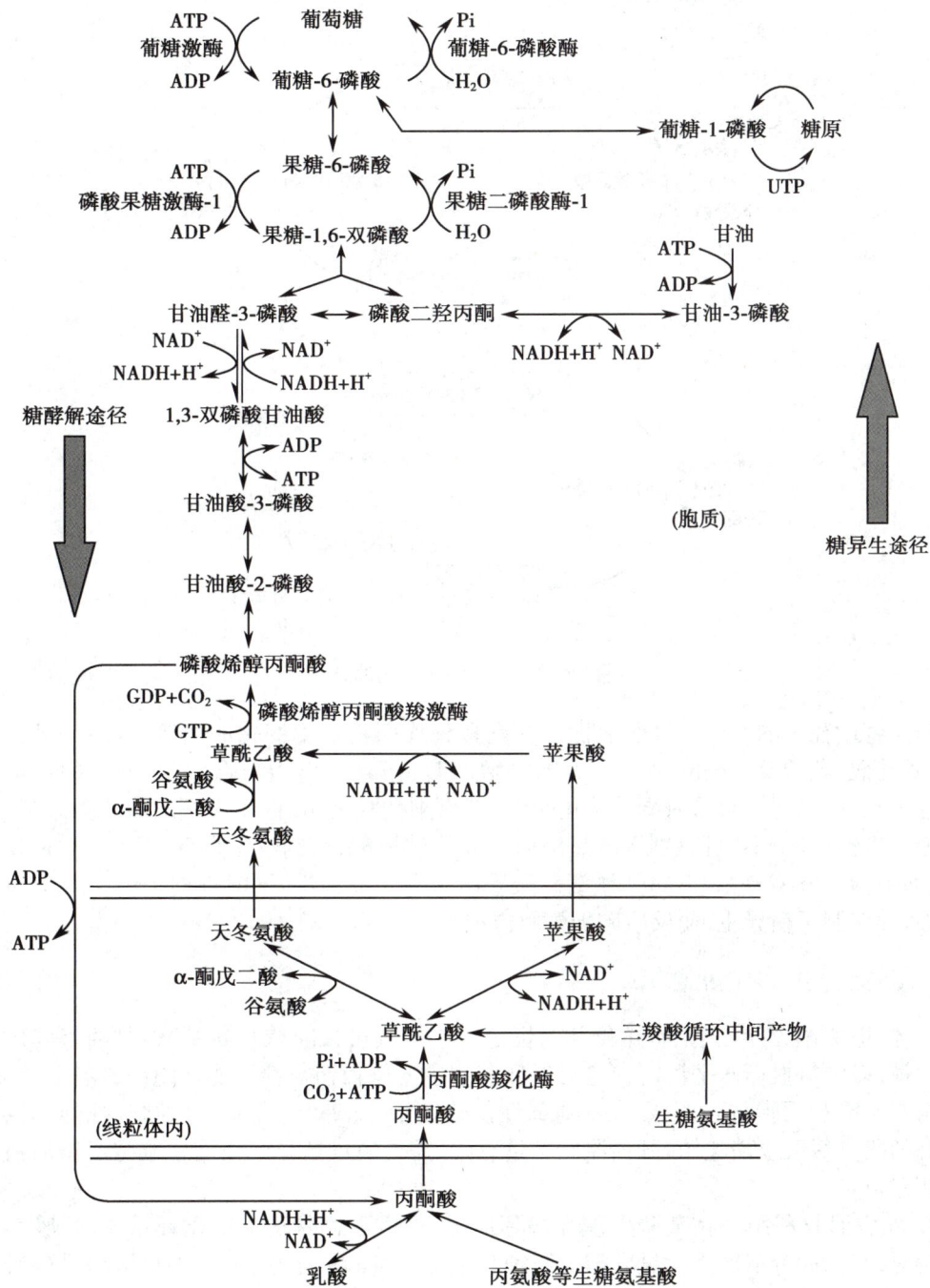

图 8-11 糖异生途径

## 二、糖异生的调节

糖异生与糖酵解是两条方向相反的代谢途径。如果丙酮酸进行有效的糖异生,就必须抑制糖酵解途径,防止葡萄糖又重新分解成丙酮酸,反之亦然。这种调节主要是对 2 个底物循环进行调节(图 8-12)。

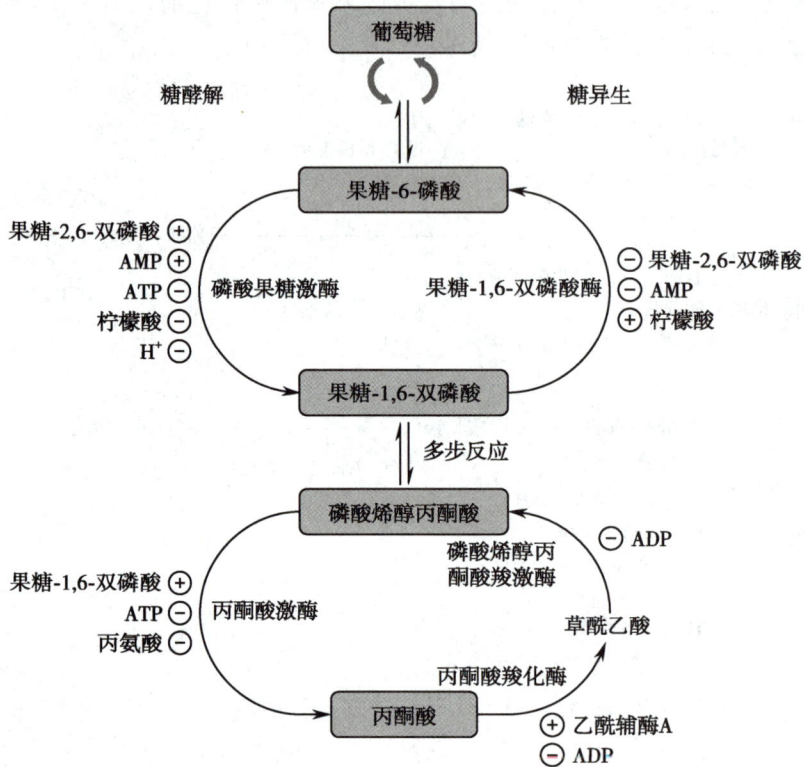

图 8-12 糖异生途径的调节

糖异生途径中的 4 个关键酶活性可受到多种代谢物浓度变化的调节。如:当肝细胞内甘油、氨基酸、乳酸及丙酮酸等糖异生原料增加时,糖异生作用增强;脂肪酸氧化生成乙酰 CoA 增多时,可以别构激活丙酮酸羧化酶,抑制丙酮酸脱氢酶,促使丙酮酸羧化为草酰乙酸,加速糖异生作用。ATP 可以别构激活果糖-1,6-双磷酸酶,抑制磷酸果糖激酶-1,促进糖异生作用;而果糖-2,6-双磷酸和 AMP 激活磷酸果糖激酶-1 的活性,同时抑制果糖-1,6-双磷酸酶的活性,即抑制了糖异生,使反应向糖酵解方向进行(图 8-12)。

## 三、糖异生的生理意义

1. 在饥饿情况下维持血糖浓度相对恒定 空腹或饥饿时依赖氨基酸、甘油等物质异生成葡萄糖,以维持血糖水平恒定。这对保证某些主要依赖葡萄糖供能的组织具有重要意义,如脑组织不能利用脂肪酸,主要依赖葡萄糖供给能量;此外,肾髓质、血细胞、视网膜以及休息状态的肌肉每天也消耗糖,肝糖原储备量有限,需要通过糖异生作用来维持饥饿时血糖浓度的相对恒定。

2. 乳酸回收利用 在某些生理和病理情况下,例如剧烈运动或循环系统、呼吸系统功能障碍时,肌糖原分解产生大量乳酸。肌细胞不能使乳酸异生成糖,需经血液将乳酸转运至肝脏,再合成葡萄糖释入血液,这样构成了乳酸循环,也称作 Cori 循环(图 8-13)。这样对回收乳酸,避免营养物质浪费,防止乳酸性酸中毒的发生等都有一定意义。

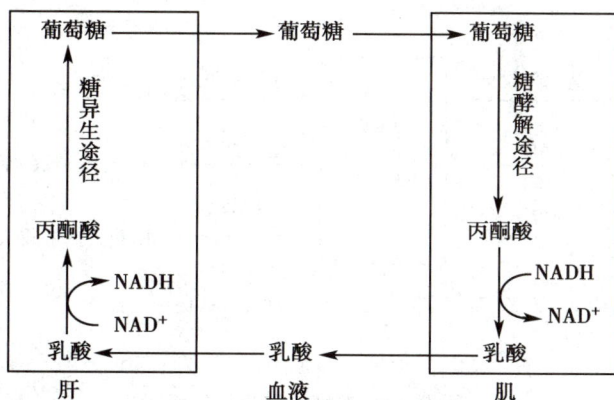

图 8-13  乳酸循环

3. 协助氨基酸代谢  某些氨基酸脱氨基产生的 α-酮酸(如丙酮酸、草酰乙酸等)可通过糖异生途径生成糖。因此,从食物中消化吸收的氨基酸可通过糖异生合成葡萄糖。

> **知识拓展**
>
> **新生儿低血糖症**
>
> 新生儿低血糖症是指无论胎龄和日龄,静脉血糖低于 2.2mmol/L 即可诊断,而低于 2.6mmol/L 为临床需要处理的界限值。新生儿低血糖症形成的原因:①糖原和脂肪贮存不足:低出生体重儿包括早产儿和小于胎龄儿,贮存能量少,出生后代谢所需能量又相对高,易发生低血糖症;②耗糖过多:新生儿患严重疾病如窒息、硬肿病、败血症和呼吸窘迫综合征等均因伴有代谢率增加、缺氧、低体温及摄入减少而易发生低血糖症;③高胰岛素血症:见于糖尿病母亲的婴儿、溶血病、巨大胎儿、Beckwith 综合征、胰岛细胞增殖症、胰岛 β 细胞瘤等;④内分泌和代谢性疾病:垂体功能、甲状腺功能、肾上腺皮质功能低下,生长激素缺乏,胰高血糖素缺乏;⑤遗传代谢及其他疾病:半乳糖血症、糖原贮积症、果糖不耐受、枫糖尿症、甲基丙二酸尿症、丙酸血症、遗传性酪氨酸血症等。

# 第五节  血  糖

血糖是血液中的游离葡萄糖。正常人空腹血糖浓度为 3.89~6.11mmol/L。进餐后血糖稍高,不久就恢复正常。这是因为在神经、激素及某些功能器官的调节下,使血糖的来源和去路处于动态平衡状态。

## 一、血糖的来源和去路

血糖有多条来源与去路,受到严格调节,使血糖水平保持稳定(图 8-14)。

### (一)血糖的来源

1. 食物中的糖  从食物中消化吸收的葡萄糖或其他单糖(如果糖、半乳糖等)生成的葡萄糖,为血糖的主要来源。

2. 肝糖原分解  肝糖原分解生成的葡萄糖是空腹时血糖的直接来源。

来源　　　　　　　　　　　　　　　　　　　　去路

食物糖　—消化吸收→　┌──────┐　—氧化分解→　$CO_2 + H_2O$

肝糖原　—分解→　│血糖<br>3.89~6.11<br>mmol/L│　—糖原合成→　肝糖原、肌糖原

非糖物质　—糖异生→　└──────┘　—转化→　脂肪、氨基酸、其他糖

↓ > 8.89~10.00mmol/L

尿糖

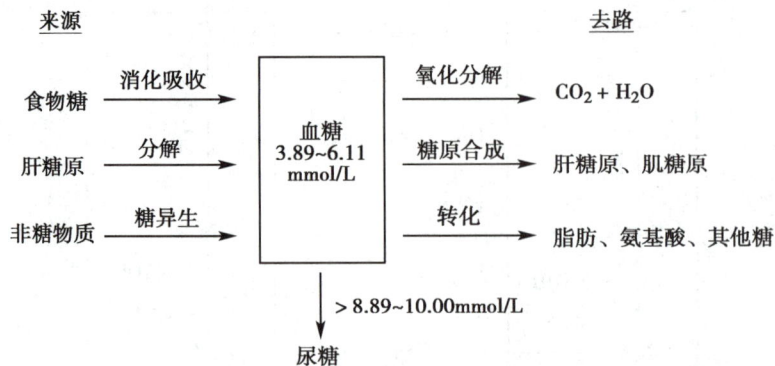

图 8-14　血糖的来源和去路

3. 糖异生作用　由非糖物质,如甘油、乳酸、某些氨基酸等在肝脏中转变成葡萄糖而进入血液循环。

### （二）血糖的去路

1. 氧化分解供能　血糖进入全身各组织细胞彻底氧化分解成 $CO_2$ 和 $H_2O$,并释放大量能量。这是血糖的主要去路。

2. 合成糖原　血糖进入肝脏、肌肉等组织后合成肝糖原和肌糖原而被储存。

3. 转变为非糖物质和其他糖类　血糖在各组织中可转变为非糖物质,如脂肪和某些氨基酸等,也可转变为核糖、脱氧核糖、氨基糖、唾液酸和糖醛酸等。

4. 血糖过高时可随尿排出　生理状态下,肾小管细胞能将原尿中的葡萄糖几乎全部重吸收入血;当血糖浓度高于 8.89~10.00mmol/L,即超过肾小管重吸收糖的能力（肾糖阈）时则出现糖尿。

## 二、血糖浓度的调节

血糖浓度的恒定主要依赖肝脏、肾脏等器官及激素等多种调节机制。

### （一）肝脏调节

肝脏是调节血糖浓度的最主要器官。肝脏对血糖浓度的调节是在神经、激素的控制下,通过糖原的合成与分解及糖异生作用来实现的。当血糖浓度高于正常值时,肝糖原的合成作用加强,糖异生作用减弱,使血糖降低;当血糖浓度低于正常值时,肝糖原分解作用加强,并可使非糖物质经糖异生作用转变成葡萄糖,以提高血糖浓度。

### （二）肾脏调节

肾脏对血糖也具有调节作用,主要表现在对葡萄糖的重吸收能力,但是有一定限度,其极限值为 8.89~10.00mmol/L（该值称为肾糖阈）。只要血糖水平不超过肾糖阈,肾脏对葡萄糖具有极强的重吸收能力,不会出现尿糖。如果一次性摄入大量的糖,超过肾糖阈时,则出现一过性糖尿;肾糖阈是可以变化的,如有的妊娠妇女出现暂时性糖尿,是由于肾糖阈降低的缘故。糖尿病患者因机体糖代谢受到影响,血糖超过肾糖阈,所以出现尿糖。

严重饥饿时,肾皮质还可通过糖异生维持血糖。

### （三）神经和激素的调节

1. 神经调节　是指通过反射调节代谢。用电刺激交感神经系的视丘下部腹内侧核或内脏神经,能促进肝糖原分解,使血糖升高;用电刺激副交感神经系的视丘下部外侧核或迷走神经时,可刺激胰岛素分泌,促进肝糖原合成,使血糖降低。

2. **激素调节** 是指激素通过信号转导调节代谢。胰岛 β 细胞分泌的胰岛素是机体内使血糖降低的主要激素;使血糖升高的激素主要有胰岛 α 细胞分泌的胰高血糖素,肾上腺髓质分泌的肾上腺素及皮质分泌的糖皮质激素、生长素、甲状腺素等。它们对血糖浓度的调节主要通过对糖代谢各途径的影响而实现(表 8-2)。

各激素的调节作用并非孤立地进行,而是互相协调又互相制约,共同维持血糖的正常水平。

表 8-2 调节血糖浓度的激素及其作用机制

| 激 素 | | 效 应 |
|---|---|---|
| 降血糖激素 | 胰岛素 | 1. 促进肌肉、脂肪细胞摄取葡萄糖<br>2. 诱导糖的有氧氧化途径关键酶的活性增强,促进葡萄糖的氧化利用<br>3. 抑制糖异生作用(抑制糖异生的 4 种关键酶活性)<br>4. 增强糖原合酶活性,抑制磷酸化酶活性,加速糖原合成,抑制糖原分解<br>5. 促进糖类转变为脂肪 |
| 升血糖激素 | 胰高血糖素 | 1. 促进肝糖原分解补充血糖<br>2. 抑制肝细胞糖酵解<br>3. 促进糖异生<br>4. 抑制糖原合成 |
| | 肾上腺素 | 1. 促进肝糖原分解补充血糖;促进肌糖原分解和糖酵解<br>2. 促进糖异生作用 |
| | 糖皮质激素 | 1. 抑制组织细胞对葡萄糖的摄取<br>2. 促进糖异生 |
| | 生长素 | 1. 抑制肌细胞吸收葡萄糖<br>2. 促进糖异生 |
| | 甲状腺素 | 1. 促进糖的吸收<br>2. 促进葡萄糖在组织细胞内的氧化分解<br>3. 促进肝糖原的分解和糖异生 |

### 思政元素

#### 中国科学家首次人工合成胰岛素

胰岛素拥有最多的"蛋白质之最"——最早用来治病的蛋白质,最早测定出序列的蛋白质,最早人工合成出来的蛋白质,最早用基因工程方法生产的蛋白质药物,使用最多的蛋白质药物,使用的突变体最多的蛋白质药物,剂型最多的蛋白质药物,获诺贝尔奖最多的蛋白质。

作为人体内降低血糖浓度最重要的蛋白质分子,1953 年,英国化学家 F. Sanger(桑格)用化学方法完成了第一个活性蛋白质——牛胰岛素分子的氨基酸序列测定,并因此于 1958 年获得诺贝尔化学奖。然而人类有史以来第一次人工合成有活性的蛋白质则归功于我国科学家的巨大贡献。1965 年 9 月 17 日,即桑格率先测定了牛胰岛素的化学结构 10 年后,中国科学家完成了结晶牛胰岛素的全合成。经过严格鉴定,它的结构、生物活性、物理化学性质、结晶形状都和天然的牛胰岛素完全一样。这是世界上第一个人工合成的蛋白质,标志着人类在认识生命、探索生命奥秘的征途中迈出了关键性的一步。中国此项人工合成牛胰岛素研究的参与者众多,在当时的困难条件下,我国能完成此项研究实属不易。

虽然我国人工合成牛胰岛素的工作因为种种原因最终未能获得诺贝尔奖,但该项研究举世公认的巨大价值是无法用金钱和荣誉来衡量的。

# 第六节　糖代谢紊乱

糖代谢紊乱是机体由于某些生理或病理的原因,使糖代谢障碍而引起的血糖来源和去路失衡。糖代谢紊乱表现为低血糖、高血糖及糖尿病等类型。

## 一、低血糖

成人空腹血糖浓度低于 2.8mmol/L 时,称为低血糖。低血糖表现为饥饿感和四肢无力,以及因低血糖刺激而引起的交感神经兴奋和肾上腺素分泌增加等症状,如脸色苍白、心慌、多汗、头晕、手颤等。

低血糖可见于长期不能进食、持续剧烈体力活动、胰岛 β 细胞增生或癌变、胰岛 α 细胞功能低下、治疗时应用胰岛素过量、升高血糖激素分泌减少以及严重肝疾病等。

脑组织对低血糖比较敏感,因为脑组织功能活动所需的能量主要来自糖的氧化供能。当血糖浓度过低时,脑组织因缺乏能源而导致功能障碍。若血糖浓度继续下降低于 2.52mmol/L 时,就会严重影响脑的功能,出现惊厥和昏迷,称为"低血糖昏迷"。

## 二、高血糖

成人空腹血糖浓度高于 7.0mmol/L,称为高血糖。如果血糖值超过肾糖阈值时,还可出现尿糖。某些生理情况下,如情绪激动、交感神经兴奋及肾上腺素分泌增加,导致肝糖原大量分解所致的尿糖,称为情感性尿糖;一次性进食大量的糖,血糖迅速上升出现的尿糖,称为饮食性尿糖。其特点是高血糖和尿糖是暂时的,空腹血糖均为正常。以上均为生理性高血糖,不属于病理性高血糖。

由于慢性肾炎、肾病综合征等引起肾小管对糖的重吸收能力减弱,肾糖阈降低出现的尿糖,称肾性糖尿,此时血糖正常。在某些情况下,出现持续性高血糖和尿糖,特别是空腹血糖和糖耐量曲线异常,就属于病理性高血糖。临床上病理性高血糖及糖尿多见于糖尿病。

## 三、糖尿病

糖尿病(diabetes mellitus)系胰岛素绝对或相对不足,或胰岛素利用低下导致的糖、脂、蛋白质等代谢紊乱的代谢性疾病。主要症状是持续性高血糖,常伴有糖尿和多尿症。糖尿病的病因尚不完全清楚,临床上常见 1 型糖尿病和 2 型糖尿病。1 型糖尿病又称胰岛素依赖型糖尿病,是由于胰岛素分泌不足所致,多与遗传有关。2 型糖尿病又称非胰岛素依赖型糖尿病,常见于成人发病,与生活习惯、不健康饮食以及遗传因素有关。2 型糖尿病患者血液中的胰岛素水平相对不足或产生胰岛素抵抗,导致体内糖代谢紊乱,首先是葡萄糖转运受阻,同时伴随糖异生作用加强,以及脂肪合成受阻。由于葡萄糖的氧化利用障碍导致细胞内能量供应不足,常因饥饿感而多食;多食又进一步使血糖升高,血糖含量超过肾糖阈时,葡萄糖从尿中排出而出现糖尿,随着糖的大量排出,必然带走大量水分,因而引起多尿;体内因失水过多,血液浓缩,渗透压增高,引起口渴,因而多饮;同时导致体内脂肪及蛋白质分解加强,使身体逐渐消瘦,体重减轻。因此,有糖尿病的所谓"三多一少"(多食、多饮、多尿及体重减少)的症状,严重的糖尿病患者还出现酮血症及代谢性酸中毒。

## 四、糖耐量试验

人体处理所给予的葡萄糖的能力称为葡萄糖耐量(glucose tolerance)或耐糖现象。糖耐量试验(glucose tolerance test,GTT)是临床上检查糖代谢的常用方法。首先检测受试者早晨空腹血糖含量,然后一次进食葡萄糖75g,或按每千克体重0.5g葡萄糖的剂量静脉注射50%葡萄糖溶液,此后每隔30分钟采血,共4次,分别测定血糖浓度。以时间为横坐标,血糖浓度为纵坐标,绘成的曲线称为糖耐量曲线(图8-15)。

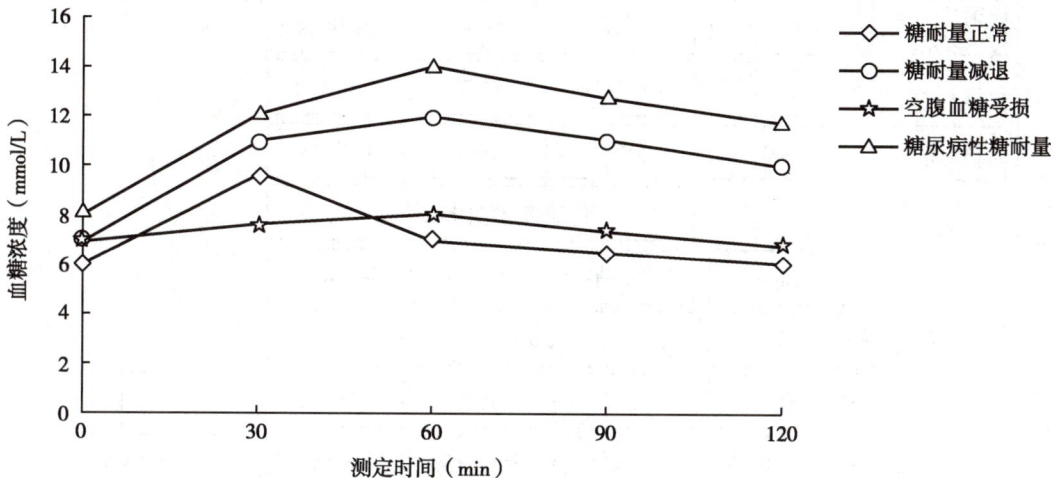

图 8-15　不同人群的糖耐量曲线

健康人糖代谢的调节结构健全,即使一次食入大量的糖,血糖浓度仅暂时升高,在1小时内达到高峰,一般不超过肾糖阈;约2~3小时即可恢复到正常水平。如果血糖上升后恢复缓慢或血糖无明显升高甚至不升高,均反映血糖调节的障碍,称为耐糖现象失常。

糖耐量试验结合空腹血糖可协助诊断糖尿病及相关状态:

1. 糖耐量正常　当空腹血糖<6.1mmol/L,进食葡萄糖2小时后血糖<7.8mmol/L,人体对血糖调节能力正常。

2. 糖耐量减退　当空腹血糖<7.0mmol/L,进食葡萄糖2小时后血糖介于7.8~11.1mmol/L,提示人体对葡萄糖的调节能力轻度下降。

3. 空腹血糖受损　当空腹血糖介于6.1~7.0mmol/L,且进食葡萄糖2小时后血糖≤7.8mmol/L,说明人体对进食葡萄糖后的血糖调节能力尚好,但对空腹血糖调节能力轻度减退。

4. 糖尿病　当空腹血糖≥7.0mmol/L或进食葡萄糖2小时后血糖≥11.1mmol/L,有尿糖,说明人体处理进食葡萄糖的能力明显降低。

糖耐量试验可以受许多因素的影响,如年龄、饮食、药物、应激、标本采集及血糖测定方法等,但可以反映近期机体内糖代谢的状况。

笔记栏

## 学习小结

1. 学习内容

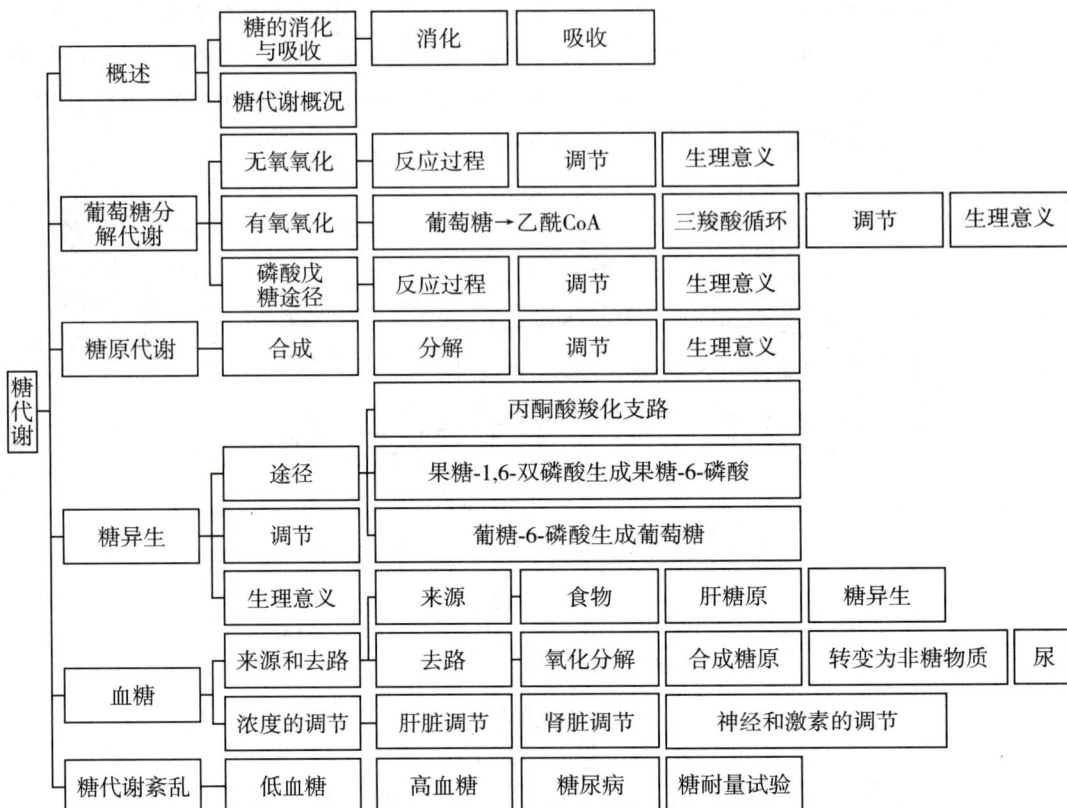

2. 学习方法

（1）学习本章时首先对糖的复杂代谢途径作概括性的理解,对主要代谢途径有一个比较清晰的概念;学习糖分解代谢途径时首先要把糖酵解和三羧酸循环途径弄清楚,注意各反应途径中能量的产生和消耗;对糖代谢的每条途径都要知道其在生物体内的意义;最后通过血糖的来源和去路的学习对全章作一总结,并能了解糖代谢紊乱引起的临床疾病。

（2）要抓住本章内容的核心,即:1 分子葡萄糖是怎样被彻底分解代谢的,此过程通过酶促脱羧和脱氢反应实现的,同时生成 $CO_2$、$H_2O$ 并释放能量。再将其他相关问题与此相联系,就能对此章的内容有很好的理解与掌握。

（陈美娟　樊建慧）

扫一扫,<br>测一测

## 复习思考题

1. 糖酵解过程分为几个阶段？各阶段为何？
2. 简述丙酮酸脱氢酶系的组成。
3. 简述糖的有氧氧化的 3 个阶段。
4. 糖的有氧氧化及三羧酸循环有何生理意义？
5. 从反应条件、反应部位、终产物、产能等方面比较糖酵解与糖的有氧氧化的不同。
6. 磷酸戊糖途径有何生理意义？

7. 肝糖原和肌糖原的代谢途径有何不同？为什么？

8. 为什么说肌肉剧烈活动时,肌糖原也是间接补充血糖的途径?

9. 体内葡糖-6-磷酸有哪些代谢去向?

10. 乳酸是如何异生成葡萄糖的?

11. 简述糖异生的生理意义。

12. 简述血糖的来源与去路。

# 第九章

# 脂 质 代 谢

## 学习目标

通过学习甘油三酯、类脂的代谢以及血脂等内容,掌握甘油三酯的分解代谢;血浆脂蛋白的分类、命名、组成特点及其功能;胆固醇的转化。熟悉脂质的生理功能;血脂的来源与去路。了解三酰甘油和胆固醇的合成。

脂质(lipid)是甘油三酯(triglyceride,TG,又称三酰甘油、脂肪、油脂)和类脂的总称,又称脂类。其共同特征是不溶或微溶于水而易溶于非极性的有机溶剂。脂质具有多种生物学功能,其中甘油三酯是机体内主要的储能和供能物质;类脂包括磷脂(phospholipid,PL)、糖脂(glycolipid)、胆固醇(cholesterol,Ch)及胆固醇酯(cholesterol ester,ChE)等,是生物膜的重要组成成分。此外,胆固醇还是胆汁酸、维生素 $D_3$、类固醇激素等的合成原料。

## 第一节　脂质的消化、吸收和分布

### 一、脂质的消化与吸收

1. 脂质的消化　食物中的脂质主要是脂肪,此外还含少量磷脂、胆固醇及胆固醇酯等。唾液中无消化脂质的酶;胃液中含有少量脂肪酶,最适 pH 约为 4.0,进入小肠后失活;小肠是食物脂质的主要消化场所,胆汁酸盐将脂质乳化成微团,在各种消化酶如胰脂肪酶、辅脂肪酶、磷脂酶 $A_2$ 及胆固醇酯酶等催化下分别水解生成相应的消化产物。

胰脂肪酶可特异地水解甘油三酯第 1、3 位酯键,生成 2-甘油一酯和 2 分子脂肪酸;辅脂肪酶通过解除胆汁酸盐对胰脂肪酶活性的抑制而促进甘油三酯的水解;磷脂酶 $A_2$ 可催化甘油磷脂分子中第 2 位酯键水解,生成脂肪酸和溶血磷脂;食物中的胆固醇酯经胰腺分泌的胆固醇酯酶水解,生成游离胆固醇和脂肪酸。

2. 脂质的吸收　脂质的吸收部位主要在十二指肠下段和空肠上段。上述消化产物如2-甘油一酯、长链脂肪酸、溶血磷脂及游离胆固醇等与胆汁酸盐形成更小的微团后进入小肠黏膜细胞,重新酯化成甘油三酯、磷脂、胆固醇酯等,然后与载脂蛋白 B48、载脂蛋白 C、载脂蛋白 AI、载脂蛋白 AIV 等一起组装成乳糜微粒(chylomicron,CM),经淋巴进入血液循环。一些短链和中链脂肪酸,经胆汁酸盐乳化后直接被肠黏膜细胞吸收,通过门静脉进入血液循环。

**知识链接**

### 脂 肪 泻

脂肪泻临床上又叫作脂肪吸收不良,是一种因脂质消化吸收障碍导致粪便中脂质过多的疾病。其原因主要有:胆道梗阻导致胆汁酸盐排入肠腔减少;小肠广泛切除、小肠缺血、肠道脂代谢障碍综合征等引起小肠黏膜上皮细胞的消化功能障碍;胰腺疾病时胰脂肪酶分泌不足等。以上均可造成大量的脂质物质从大便中排出。

## 二、脂质的分布

脂肪主要分布于皮下、肠系膜、腹腔大网膜、内脏周围等部位。这些脂肪称为脂库。脂库中储存脂肪的量因人而异,因其含量易受膳食、运动、神经和激素等多种因素的影响而发生变动,故称为可变脂。类脂是构成细胞膜的基本成分,约占体重的5%,在各种器官和组织中含量比较恒定,膳食营养状况和机体活动等因素对其影响较小,因此又称为固定脂或基本脂。

## 第二节 甘油三酯的代谢

甘油三酯是机体重要的储能形式及能量来源,其代谢包括分解代谢与合成代谢。通过氧化分解,甘油三酯可释放大量的能量供机体所用。机体可以利用甘油-3-磷酸和脂肪酸合成甘油三酯。肝脏、脂肪组织及小肠是甘油三酯合成的主要场所,合成原料主要来自糖代谢。

### 一、甘油三酯的分解代谢

#### (一)脂肪的动员

储存在脂肪细胞中的甘油三酯被脂肪酶逐步水解,生成甘油和游离脂肪酸并释放入血,供其他组织氧化利用的过程,称为脂肪动员(fat mobilization)(图9-1)。脂肪动员所释放出的甘油可以直接入血运输至肝、肾、肠等组织;游离脂肪酸水溶性差,需要与血液中清蛋白结合,以脂肪酸-清蛋白复合体的形式在血液中转运,主要被心、肝、骨骼肌等组织摄取利用。

脂肪动员过程中,甘油三酯在胰脂肪酶、激素敏感性脂肪酶(hormone-sensitive lipase,HSL)、甘油一酯脂肪酶的作用下逐步水解成甘油和脂肪酸。HSL 的活性受多种激素的调节,肾上腺素、胰高血糖素、促肾上腺皮质激素、生长素等能增加该酶的活性,从而促进脂肪动员,被称为脂解激素;而胰岛素、前列腺素 $E_2$、雌激素等能够抑制此酶的活性,被称为抗脂解激素。

#### (二)甘油的氧化

甘油易溶于水,可直接进入体循环,输送到全身各组织器官氧化利用。在组织细胞中,甘油首先经甘油激酶(glycerol kinase)催化转变成甘油-3-磷酸,后者在甘油-3-磷酸脱氢酶的作用下脱氢生成磷酸二羟丙酮,进入糖代谢途径进一步氧化分解或者异生成葡萄糖。肝、肾

ER-9-1

运动强度与脂解激素分泌

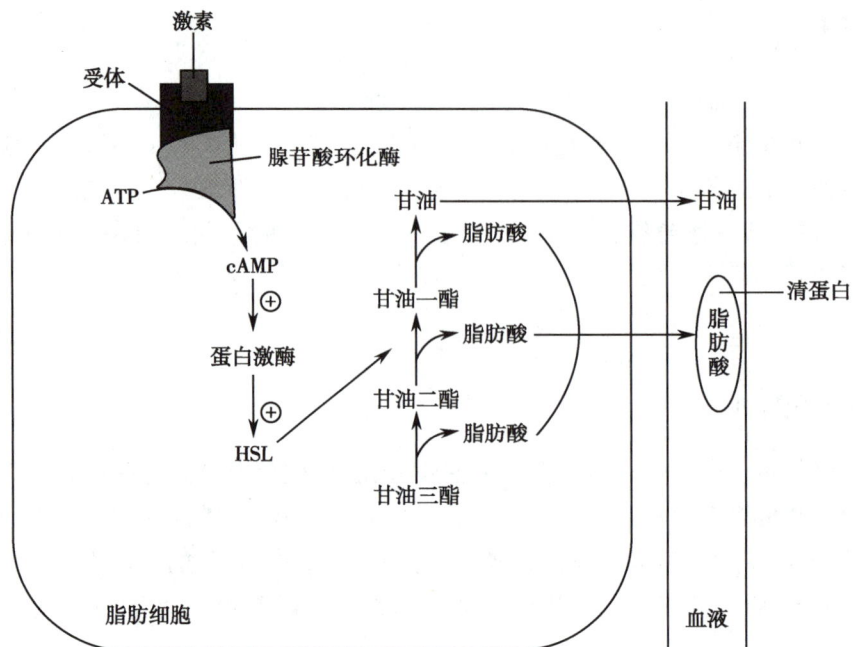

图 9-1　脂肪动员示意图

和肠黏膜等组织中含有丰富的甘油激酶,因此甘油的代谢主要在这些组织中进行。骨骼肌等组织因该酶的活性很低,故不能很好地利用甘油。

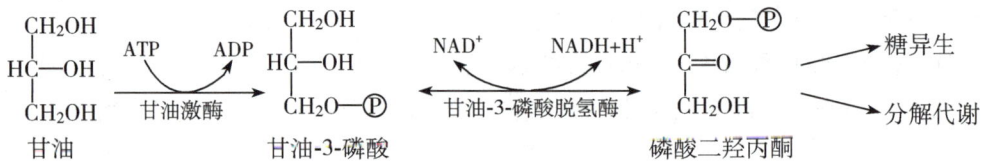

### （三）脂肪酸的氧化分解

除脑组织外,机体大多数组织均能氧化利用脂肪酸,其中以肝、心和骨骼肌等组织最为活跃。机体内脂肪酸的氧化方式有多种,主要是 β 氧化。

1. 脂肪酸的 β 氧化　该途径首先是脂肪酸活化成脂酰 CoA,然后由肉碱转运进入线粒体,经过 β 氧化降解成乙酰 CoA,乙酰 CoA 进入三羧酸循环彻底氧化成 $CO_2$ 和 $H_2O$,并释放大量能量供机体利用。

（1）脂肪酸的活化:脂肪酸氧化分解前必须先活化,该过程在线粒体外进行。脂肪酸经内质网或线粒体外膜上的脂酰 CoA 合成酶催化,活化生成脂酰 CoA 并释放焦磷酸（PPi）。该过程需要 ATP、CoA 及 $Mg^{2+}$ 的参与。

脂酰 CoA 含有高能硫酯键,化学性质活泼,易于进一步氧化分解。此外,由于反应过程中生成的 PPi 立即被焦磷酸酶催化水解生成 2 分子磷酸,使反应不可逆,因此每分子脂肪酸活化实际消耗 2 个高能键,相当于消耗 2 分子 ATP。

生成的脂酰 CoA 既可进入线粒体氧化分解,又可在细胞质中合成类脂。

（2）脂酰 CoA 进入线粒体：催化脂酰 CoA 氧化分解的酶系存在于线粒体基质中，而上述活化反应是在线粒体外进行的，因此脂酰 CoA 必须进入线粒体才能进一步进行氧化分解代谢。短链及中链（10 个碳原子以下）的脂酰 CoA 容易渗透通过线粒体内膜，长链脂酰 CoA 不能直接透过线粒体内膜，需要肉碱（3-羟-4-三甲氨基丁酸）作为载体进行转运。

在线粒体内膜的两侧存在肉碱脂酰转移酶，可催化脂酰 CoA 与肉碱之间的脂酰基转移过程（图 9-2）。

线粒体内膜两侧的肉碱脂酰转移酶有 2 种同工酶。位于外侧的肉碱脂酰转移酶 I，催化脂酰 CoA 将长链脂酰基转移给肉碱生成脂酰肉碱，后者经线粒体内膜上的脂酰肉碱-肉碱移位酶进入线粒体内，在线粒体内膜内侧的肉碱脂酰转移酶 II 的作用下，重新转变成脂酰 CoA 进入线粒体基质。肉碱脂酰转移酶 I 是脂肪酸 β 氧化的关键酶，调节该酶的活性可以控制脂肪酸 β 氧化的速率。

（3）β 氧化过程：脂酰 CoA 进入线粒体后逐步进行氧化降解，由于氧化发生在脂酰基的 β-碳原子上，故称为 β 氧化，其过程包括脱氢、加水、再脱氢和硫解 4 步反应。β 氧化过程如下：

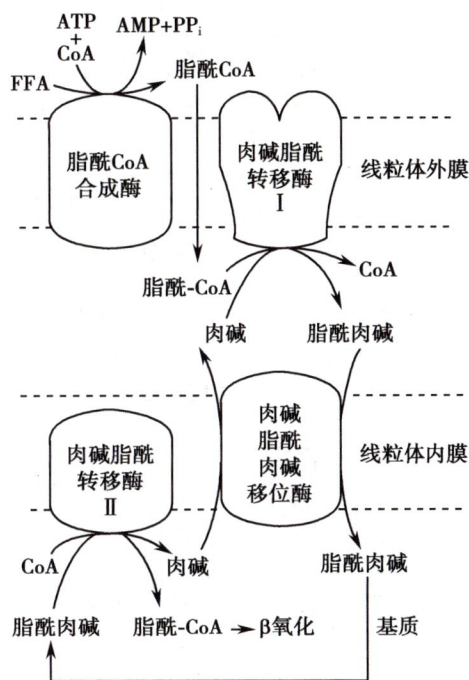

图 9-2　脂酰 CoA 进入线粒体

1）脱氢：反应由脂酰 CoA 脱氢酶催化，脂酰 CoA 在 α、β 碳原子上各脱下 1 个氢原子，生成 α,β-烯脂酰 CoA。脱下的 2H 由 FAD 接受生成 $FADH_2$。

2）加水：反应由 α,β-烯脂酰 CoA 水化酶催化，α,β-烯脂酰 CoA 加 $H_2O$ 生成 β-羟脂酰 CoA。

3）再脱氢：反应由 β-羟脂酰 CoA 脱氢酶催化，β-羟脂酰 CoA 脱氢，生成 β-酮脂酰 CoA，脱下的 2H 被 $NAD^+$ 接受生成 $NADH+H^+$。

4）硫解：反应由 β-酮脂酰 CoA 硫解酶催化，在 CoA 的参与下，β-酮脂酰 CoA 的 α 与 β 碳原子之间的共价键断裂，生成 1 分子乙酰 CoA 和 1 分子比原来少 2 个碳原子的脂酰 CoA。

经过上述 β 氧化过程生成的比原来少 2 个碳原子的脂酰 CoA，再经过脱氢、加水、再脱氢、硫解，又生成 1 分子乙酰 CoA。如此反复进行，最终脂酰 CoA 全部分解为乙酰 CoA（图 9-3）。

（4）乙酰 CoA 进入三羧酸循环：脂肪酸 β 氧化所生成的大部分乙酰 CoA，进入三羧酸循环彻底氧化分解。

脂肪酸氧化分解是体内能量供应的重要途径。以 16 碳的软脂酸彻底氧化为例：1 分子软脂酸共进行 7 次 β 氧化，产生 8 分子乙酰 CoA、7 分子 $FADH_2$ 和 7 分子 $NADH+H^+$。其中，1 分子 $FADH_2$ 经过呼吸链氧化产生 1.5 分子 ATP，1 分子 $NADH+H^+$ 氧化生成 2.5 分子 ATP；1 分子乙酰 CoA 彻底氧化为 $CO_2$ 和 $H_2O$，产生 10 分子 ATP。因此，1 分子软脂酸彻底氧化总共生成 $7 \times (2.5+1.5) + 8 \times 10 = 108$ 分子 ATP，减去脂肪酸活化时消耗的 2 分子 ATP，净生成 106 分子 ATP（表 9-1）。

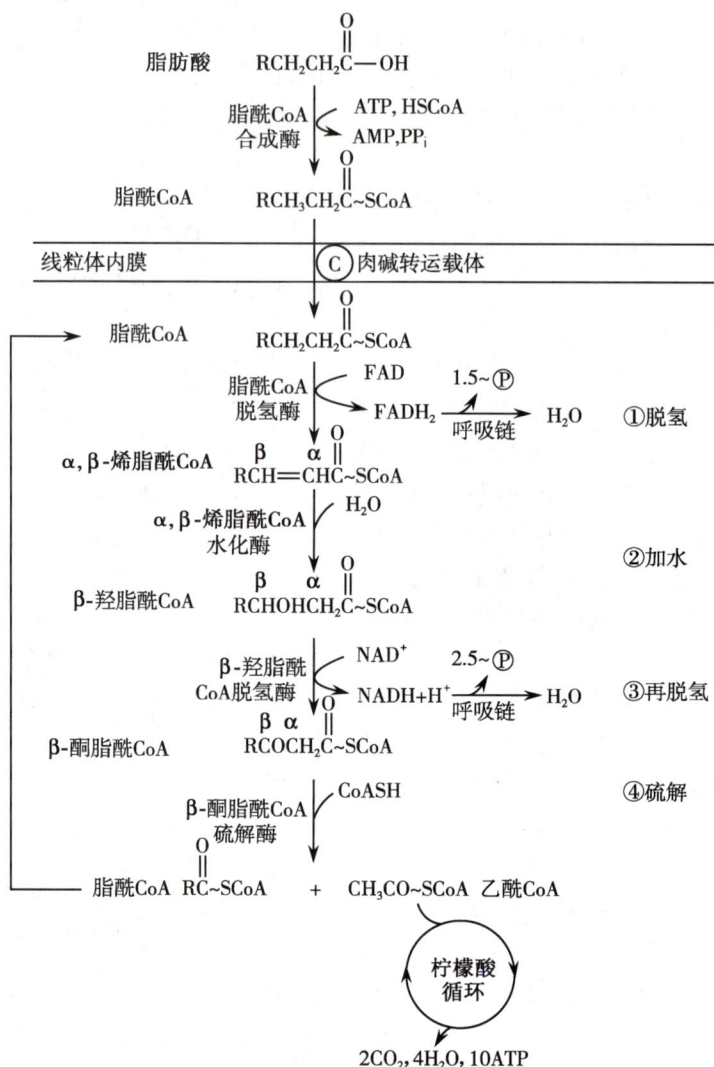

图 9-3 β 氧化过程

表 9-1 软脂酸 β 氧化生成的 ATP

| 8 乙酰 CoA | 7FADH$_2$ | 7NADH | 活化消耗的 ATP | 净生成 ATP 数 |
|---|---|---|---|---|
| 10×8 | 1.5×7 | 2.5×7 | 2 | 106 |

2. 脂肪酸的其他氧化途径 β 氧化是脂肪酸氧化最重要的途径,除此之外,机体内还存在 ω 氧化和 α 氧化等其他氧化途径。

(1) 脂肪酸的 ω 氧化:在肝细胞和肾细胞的内质网中,脂肪酸可经羟化酶、脱氢酶催化使其 ω 端的甲基氧化生成羧基,形成 α, ω-二羧酸,进入线粒体再进行 β 氧化。

(2) 脂肪酸的 α 氧化:在过氧化物酶体中,脂肪酸经羟化酶的催化生成 α-羟脂酸,通过 α-氧化脱羧生成比原来少 1 个碳原子的脂肪酸,再进行 β 氧化。

(3) 奇数碳脂肪酸的氧化:奇数碳脂肪酸可以进行 β 氧化,只是最后生成 1 分子丙酰 CoA,后者经多步反应可生成琥珀酰 CoA,进入三羧酸循环彻底氧化。

(4) 不饱和脂肪酸的氧化:不饱和脂肪酸也能在线粒体内进行 β 氧化。所不同的是,天然不饱和脂肪酸所含的顺式双键要异构成反式构型,再进入 β 氧化。

**知识拓展**

### 左 旋 肉 碱

左旋肉碱(L-carnitine),1905 年俄国人 Gulewitsch 和 Krimberg 从肉类提取物中发现,目前已应用于医药、保健和食品等领域。作为转运活化的脂肪酸进入线粒体的载体,在长时间较高强度运动中,可以提高脂肪酸的氧化,提高运动减脂的效果;促进乳酸的分解,起到抗疲劳作用;提高心肌细胞脂肪酸的利用和血液中的高密度脂蛋白水平,保护心血管系统;促进脂肪酸氧化,防止脂肪在肝细胞内过量蓄积,预防和治疗脂肪肝。

### （四）酮体的生成和利用

脂肪酸 β 氧化生成的乙酰 CoA,在心肌和骨骼肌等组织中直接进入三羧酸循环彻底氧化分解。而在肝细胞中,β 氧化产生的大量乙酰 CoA 已经超出其能量需要,过剩的乙酰 CoA 在肝线粒体内转变为乙酰乙酸、β-羟丁酸和丙酮,这 3 种物质统称为酮体(ketone body)。

酮体是脂肪酸在肝细胞中氧化分解时特有的中间代谢物。肝内生成的酮体被输出至肝外组织氧化利用。

1. 酮体的生成　乙酰 CoA 在肝细胞线粒体酮体合成酶体系的催化下生成酮体。反应过程如下(图 9-4):

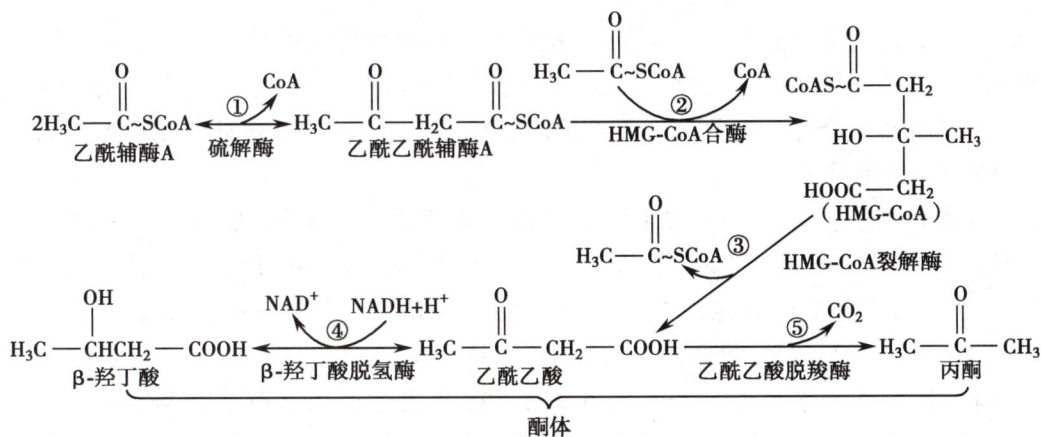

图 9-4　酮体的生成

（1） 2 分子乙酰 CoA 在硫解酶作用下缩合生成乙酰乙酰 CoA,是可逆反应。

（2） 乙酰乙酰 CoA 在 β-羟基-β-甲戊二酸单酰辅酶 A(HMG-CoA)合酶的催化下,再与 1 分子乙酰 CoA 缩合生成 HMG-CoA。

（3） HMG-CoA 在 HMG-CoA 裂解酶作用下,裂解生成乙酰乙酸和乙酰 CoA。

（4） 乙酰乙酸可由 NADH+H$^+$ 还原生成 β-羟丁酸,反应由 β-羟丁酸脱氢酶催化。少量乙酰乙酸可自发脱羧或由乙酰乙酸脱羧酶催化生成丙酮。

2. 酮体的利用　肝组织有活性较强的酮体合成的酶类,但缺少利用酮体的酶,心、脑、肾、骨骼肌等肝外许多组织具有活性很强的代谢酮体的酶,能将酮体重新裂解成乙酰 CoA 作为供能物质进行氧化利用,所以肝产生的酮体需经血液运输到肝外组织利用(图 9-5)。

$$CH_3CHOHCH_2COOH$$
β-羟丁酸

NAD⁺

β-羟丁酸脱氢酶

NADH+H⁺

H₂C—COOH

H₂C—CoSCoA
琥珀酰辅酶A

CoASH + ATP

乙酰乙酸硫激酶 ②

PPi + AMP

$$CH_3COCH_2COOH$$
乙酰乙酸

①
琥珀酰辅酶A转硫酶

$$CH_3COCH_2COSCoA$$
乙酰乙酰辅酶A

H₂C—COOH

H₂C—COOH
琥珀酸

CoA

硫解酶

$$2CH_3CO\sim SCoA$$
乙酰辅酶A

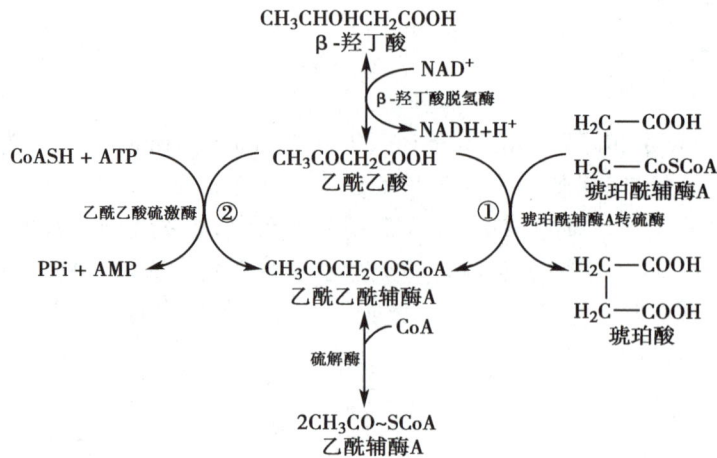

图 9-5 酮体的利用

（1）β-羟丁酸的代谢：在β-羟丁酸脱氢酶作用下，β-羟丁酸脱氢生成乙酰乙酸。

（2）乙酰乙酸的代谢：乙酰乙酸需活化成乙酰乙酰CoA才能利用。活化有两条途径：①在心、肾、脑和骨骼肌线粒体，由琥珀酰CoA转硫酶（又称β-酮脂酰辅酶A转移酶）催化生成乙酰乙酰CoA；②在肾、心和脑线粒体，也可由乙酰乙酸硫激酶催化，生成乙酰乙酰CoA。

（3）乙酰乙酰CoA在硫解酶作用下生成2分子乙酰CoA，进入三羧酸循环。丙酮生成量很少，不能被利用，主要随尿排出，也可经肺呼出。

3. 酮体代谢的生理意义　酮体是脂肪酸在肝细胞中氧化分解时特有的中间代谢物，是肝脏向肝外组织输出能源的一种形式。肝组织β氧化的能力很强，产生大量的乙酰CoA，但乙酰CoA不能直接透过生物膜，而水溶性的酮体易于透过血脑屏障和肌肉毛细血管壁，为肌肉组织及脑组织提供了重要能源。

正常情况下，机体60%~70%的能量来自糖代谢，脂肪动员较少，体内不会生成大量的酮体。但在饥饿和糖尿病时，大量脂肪酸在肝脏氧化，酮体生成量明显增多，可代替葡萄糖成为脑和肌肉组织的主要能源，以维持它们的正常生理功能。饥饿3~4天时，脑组织每天消耗50g酮体；饥饿2周以后，酮体的消耗量每天可达100g。

健康机体酮体一经生成即被肝外组织利用，因此血中仅含有少量酮体（为0.03~0.50mmol/L），其中乙酰乙酸占28%~30%，β-羟丁酸占70%左右，丙酮在2%以下。饥饿、糖尿病、高脂低糖膳食等均可导致机体脂肪动员加速，酮体生成过多，超过肝外组织利用的能力，从而使血中酮体含量异常升高（4.8~9mmol/L），称为酮血症；此时尿液中也会出现酮体（日排泄量500mmol，而健康人排泄量不到12mmol），称为酮尿症。乙酰乙酸和β-羟丁酸都是较强的有机酸。酮症酸中毒是一种临床常见的代谢性酸中毒。

**课堂互动**

问题：生酮饮食（ketogenic-diet，KD）是一种脂肪高比例、碳水化合物低比例、蛋白质和其他营养素适量的配方饮食，近年来受到减脂人群较多关注，同时也饱受争议。请结合所学内容，分析这种饮食方式是否具有合理性。

## 二、甘油三酯的合成代谢

人体内的甘油三酯可来自食物脂质的消化吸收，也可以自身合成。肝、脂肪及小肠等组织是脂肪合成的主要场所。

甘油三酯的合成原料是脂肪酸和甘油。脂肪酸和甘油可以来自食物，但主要是从葡萄糖等营养物质转化而来。

### （一）脂肪酸的合成

1. 合成部位与原料　脂肪酸合成酶系主要存在于肝、肾、脑、肺、乳腺、脂肪等组织的细胞质中，其中肝脏合成脂肪酸的能力最强，是机体合成脂肪酸的主要部位，而脂肪组织是储存脂肪的主要场所。

乙酰 CoA 和 NADPH+H$^+$是合成脂肪酸的主要原料，其中乙酰 CoA 主要来自糖代谢，而NADPH+H$^+$则主要来自磷酸戊糖途径。脂肪酸合成过程中还需要 $CO_2$、ATP 及 $Mn^{2+}$ 等的参与。

2. 乙酰 CoA 的转运　细胞内的乙酰 CoA 全部在线粒体内产生，而合成脂肪酸的酶系存在于细胞质中，并且乙酰 CoA 不能自由透过线粒体内膜。因此，线粒体内的乙酰 CoA 需要通过柠檬酸-丙酮酸循环（citrate-pyruvate cycle）才能进入细胞质用于脂肪酸的合成。具体反应途径如下（图 9-6）。

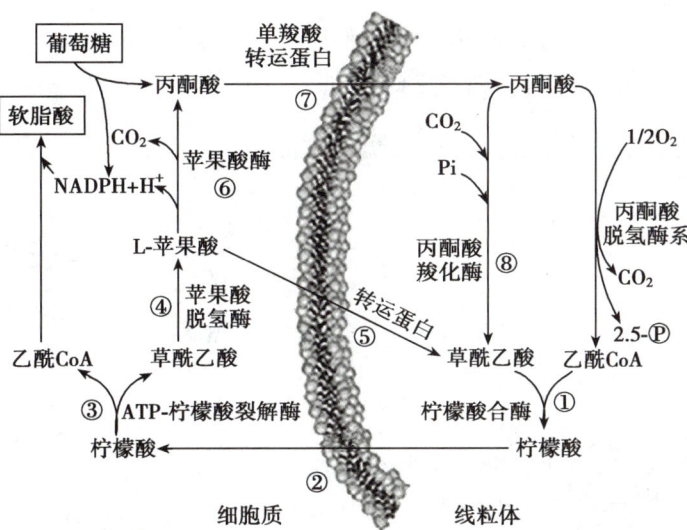

图 9-6　柠檬酸-丙酮酸循环
①柠檬酸合酶　②三羧酸转运蛋白　③ATP-柠檬酸裂解酶　④苹果酸脱氢酶
⑤转运蛋白　⑥苹果酸酶　⑦单羧酸转运蛋白　⑧丙酮酸羧化酶

①线粒体内的乙酰 CoA 首先与草酰乙酸缩合生成柠檬酸；②柠檬酸通过线粒体内膜上的转运蛋白进入细胞质；③柠檬酸经 ATP-柠檬酸裂解酶催化，分解为乙酰 CoA 和草酰乙酸，乙酰 CoA 作为脂肪酸合成的原料；④草酰乙酸在苹果酸脱氢酶作用下被还原成苹果酸；⑤苹果酸可再经线粒体内膜载体转运至线粒体内，脱氢生成草酰乙酸，开始新一轮循环；⑥但苹果酸主要是在苹果酸酶作用下氧化脱羧生成丙酮酸和 $CO_2$，同时生成的 NADPH+H$^+$参与脂肪酸的合成；⑦丙酮酸通过转运蛋白进入线粒体；⑧在丙酮酸羧化酶的作用下，丙酮酸再转变为草酰乙酸，然后继续与乙酰 CoA 缩合，将乙酰 CoA 转运至胞质，用于软脂酸合成。图9-6 中相关转运蛋白详见表 7-6。

除乙酰 CoA 外,脂肪酸合成过程中还需要 NADPH+H$^+$、$CO_2$、ATP 及 Mn$^{2+}$ 等,其中 NADPH+H$^+$ 是脂肪酸合成过程中必需的供氢体,主要来自磷酸戊糖途径和柠檬酸-丙酮酸循环。

3. 软脂酸的合成  内源性脂肪酸的合成需先合成软脂酸再加工成机体所需要的各种脂肪酸。

(1) 丙二酸单酰 CoA 的生成:乙酰 CoA 羧化成丙二酸单酰 CoA 是脂肪酸合成的第一步反应,反应由乙酰 CoA 羧化酶催化。该酶为脂肪酸合成的关键酶,存在于细胞质中,生物素为其辅酶,Mn$^{2+}$ 为激活剂,长链脂酰 CoA 为其抑制剂。此外,该酶还受化学修饰调节。饥饿时,胰高血糖素分泌,刺激乙酰 CoA 羧化酶发生磷酸化修饰而抑制其活性,使脂肪酸合成受抑制。而饱食后,胰岛素分泌增加,可促进乙酰 CoA 羧化酶去磷酸化而活化,促进脂肪酸合成。

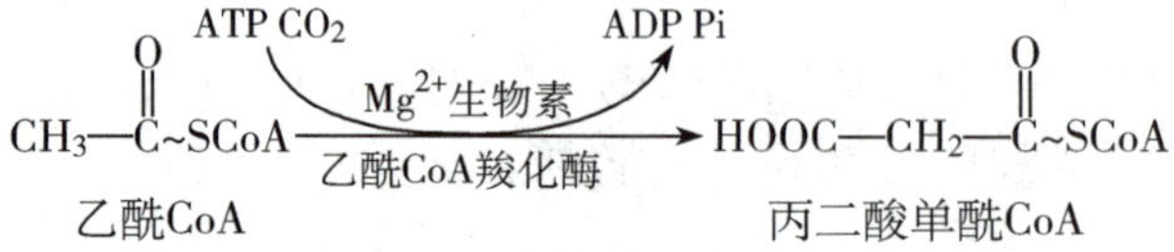

(2) 软脂酸的合成过程:各种生物合成脂肪酸的过程基本相似。在大肠杆菌中,催化此过程的酶为脂肪酸合酶复合体,由 1 个酰基载体蛋白质(acyl carrier protein,ACP)和围绕在其周围的 7 种酶所组成。而哺乳动物的脂肪酸合酶是一种多功能酶,分子结构中的 ACP 中心及 7 种酶活性中心均在一条多肽链上,由一个基因所编码,两分子脂肪酸合酶首尾相连构成的二聚体为其活性形式。

软脂酸是人体首先合成的脂肪酸,过程非常复杂。乙酰 CoA 需经过 7 次循环,每次由丙二酸单酰 CoA 提供 2 个碳原子,每一循环过程包括缩合、加氢、脱水、再加氢 4 个步骤(图 9-7)。

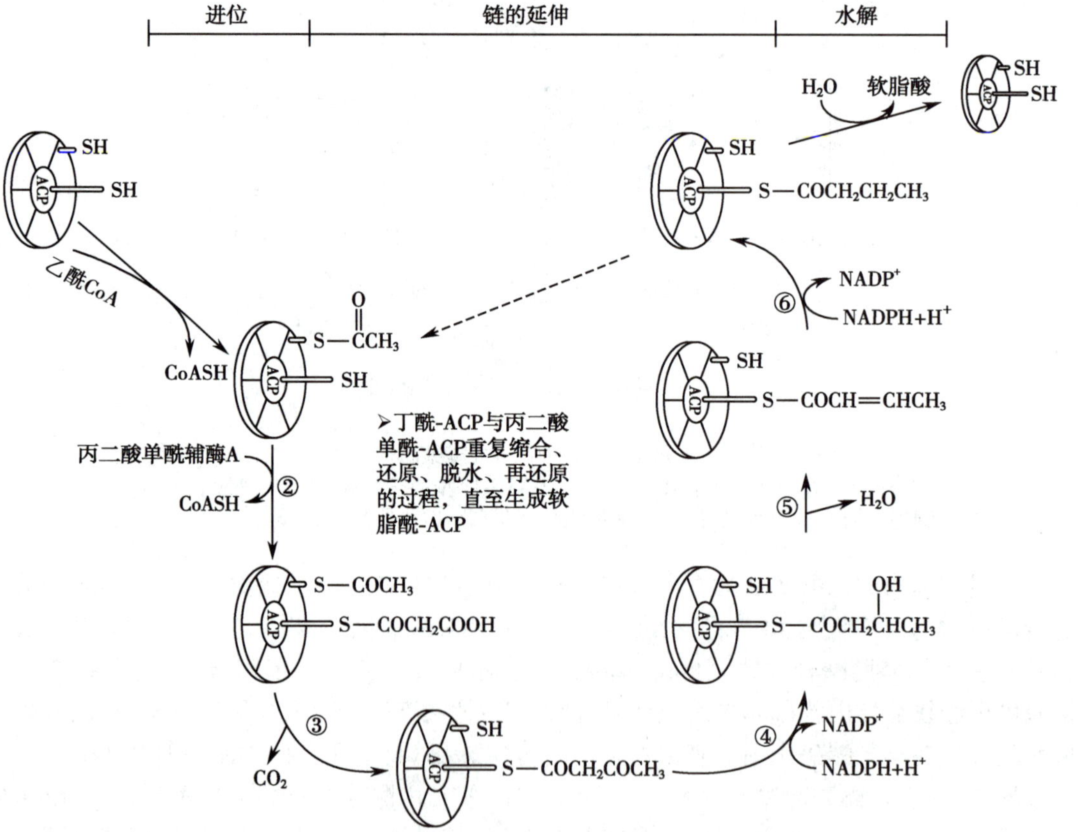

图 9-7  软脂酸的合成过程

脱羧缩合:该阶段包含3步反应。①乙酰 CoA 首先与合酶的巯基相结合;②丙二酸单酰 CoA 与 ACP 的巯基相结合;③合酶上的乙酰基经 β-酮脂酰-ACP 合酶的催化转移并与 ACP 上丙二酰基缩合,同时脱羧释放 $CO_2$,生成 β-酮丁酰-ACP。

加氢:④β-酮脂酰-ACP 还原酶催化 β-酮丁酰-ACP 还原为 β-羟丁酰-ACP,由 NADPH+ $H^+$ 提供氢。

脱水:⑤在 β-羟丁酰-ACP 脱水酶的作用下,β-羟丁酰-ACP 脱去 1 分子 $H_2O$ 生成 α,β-烯丁酰-ACP。

再加氢:⑥在 α,β-烯丁酰-ACP 还原酶催化下,α,β-烯丁酰-ACP 还原成丁酰-ACP,反应由 NADPH+ $H^+$ 提供氢。

通过上述一轮反应,碳原子数目由 2 个增至 4 个,即乙酰基转变为丁酰基。如此,以丙二酸单酰 CoA 作为 2 碳单位的供体,反复进行缩合、加氢、脱水、再加氢的过程,经过 7 次循环生成 16 碳的软脂酰-ACP,最后经软脂酰-ACP 水解酶作用生成软脂酸。软脂酸合成的总反应式为:

$$乙酰CoA + 7丙二酸单酰CoA + 14(NADPH + H^+) \longrightarrow 软脂酸 + 7CO_2 + 6H_2O + 8HSCoA + 14NADP^+$$

4. 脂肪酸碳链的加工 脂肪酸合酶主要催化合成软脂酸。而人体内需要分子质量大小不同的多种脂肪酸,都是在软脂酸的基础上加工完成的,主要包括碳链的延长或缩短、改变饱和度等过程。

(1)脂肪酸碳链的延长:主要在滑面内质网或线粒体内进行,场所不同过程不一样。①滑面内质网上:脂肪酸碳链的延长反应过程与软脂酸的合成相似,但不需要 ACP。一般可将脂肪酸碳链延长至 24 个碳原子,但以 18 碳的硬脂酸居多。②线粒体内:脂肪酸碳链的延长反应过程与 β 氧化的逆过程类似,通过加氢、脱水、再加氢等反应过程延长碳链,但供氢体是 NADPH+ $H^+$,催化加氢的酶与 β 氧化也不一样,一般可延长脂肪酸碳链至 24 个或 26 个碳原子,但以 18 碳的硬脂酸居多。

(2)不饱和脂肪酸的合成:人体需要的不饱和脂肪酸主要是通过脂酰 CoA 去饱和酶系和脂肪酸去饱和酶系生成的,该酶系可催化脂酰 CoA 和脂肪酸脱氢,引入双键,从而将饱和脂肪酸转化为不饱和脂肪酸。

但人体由于缺乏 $\Delta^9$ 以上去饱和酶系,只能合成软油酸和油酸等单不饱和脂肪酸,不能合成亚油酸、亚麻酸及花生四烯酸等多不饱和脂肪酸,它们都必须由食物提供,因此称为必需脂肪酸。

### (二)甘油-3-磷酸的生成

合成甘油三酯所需的甘油-3-磷酸主要由糖代谢转变生成。糖代谢产生的磷酸二羟丙酮经甘油-3-磷酸脱氢酶催化还原成为甘油-3-磷酸。此外,在肝、肾、肠黏膜等组织中含有丰富的甘油激酶,此酶能催化甘油磷酸化生成甘油-3-磷酸。

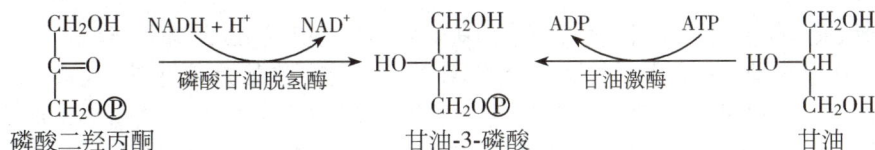

### (三)甘油三酯的合成

在肝及脂肪组织细胞中,甘油三酯主要经甘油二酯途径合成。在此途径中,脂肪酸先活化成脂酰 CoA(见脂肪酸 β 氧化),然后与甘油-3-磷酸缩合,生成溶血磷脂酸,反应由酰基转移酶催化,该酶继续催化溶血磷脂酸与脂酰 CoA 缩合生成磷脂酸;磷脂酸脱去磷酸生成甘油二酯,反应由磷脂酸磷酸酶催化,甘油二酯在酰基转移酶催化下,再与另一分子脂酰 CoA 缩合生成甘油三酯(图 9-8)。

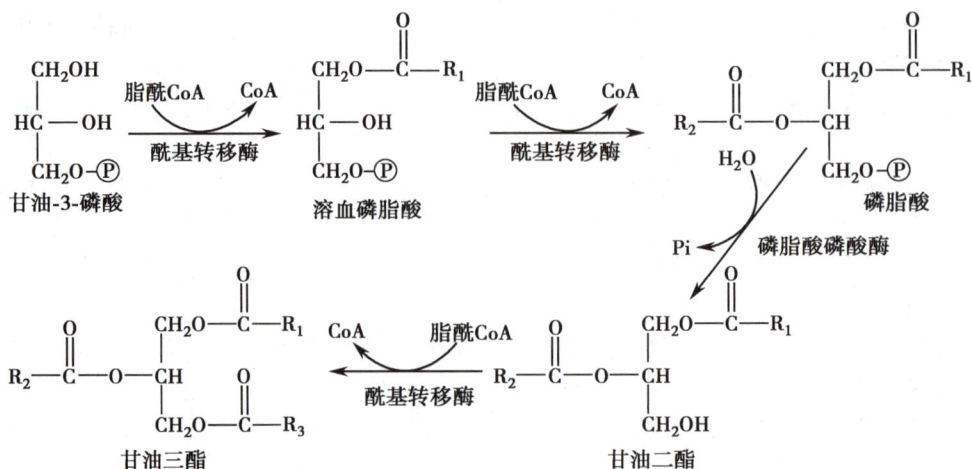

图 9-8 甘油三酯合成过程

此外,在小肠黏膜细胞中主要通过甘油一酯途径合成甘油三酯,即消化吸收的甘油一酯与游离脂肪酸合成甘油三酯。

### 三、激素对甘油三酯代谢的调节

对甘油三酯代谢影响较大的激素有胰岛素,它能促进甘油三酯的合成。还有肾上腺素、胰高血糖素、甲状腺素、糖皮质激素、生长素等,能促进甘油三酯的分解。其中,以胰岛素、肾上腺素和胰高血糖素最为重要。

1. 胰岛素　胰岛素是促进甘油三酯合成的主要激素。胰岛素的作用分两方面:一方面能诱导乙酰 CoA 羧化酶、ATP-柠檬酸裂解酶等的基因表达,从而加速脂肪酸的合成;同时胰岛素可激活酰基转移酶,从而促进磷脂酸和甘油三酯的合成。另一方面它可抑制激素敏感性脂肪酶、肉碱脂酰转移酶Ⅰ等的活性,从而抑制脂肪动员。

2. 胰高血糖素和肾上腺素　能抑制甘油三酯合成并促进脂肪动员。胰高血糖素对乙酰 CoA 羧化酶活性有抑制作用,故能抑制脂肪酸的合成,抑制甘油三酯的合成。胰高血糖素可激活激素敏感性脂肪酶,从而促进脂肪动员。

### 病案分析

病案实例:

患者,女,65 岁,因"口干、多饮多尿 10 余年加重伴恶心呕吐 2 天,神志不清 2 小时入院"。10 余年前,因口干、多饮多食多尿入院检查,诊断为糖尿病,空腹血糖均在 12mmol/L 以上,平素不规律服用降糖药。两天前"三多一少"症状加重,头晕乏力,恶心呕吐数次。2 小时前,患者出现神志不清,呼吸困难,呼气有"烂苹果味",入院急诊。体格检查:体温 38℃,脉搏 86 次/min,血压 90/55mmHg,呼吸深大、35 次/min,神志不清。呼吸增强,双肺无干湿啰音。实验室检查:血常规示白细胞(WBC)计数 $15.9×10^9/L$;尿常规示尿酮体(+++),尿糖(+++);随机血糖 46.80mmol/L;血清 $HCO_3^-$ 4.2mmol/L,$β$-羟丁酸 12.1mmol/L,乙酰乙酸 5.1mmol/L,血钾 5.09mmol/L,血钠 141mmol/L。

ER-9-2

病案分析

# 第三节　类脂的代谢

类脂包括磷脂、糖脂和类固醇。其中磷脂根据组成不同又可分为甘油磷脂和鞘磷脂。本节重点介绍甘油磷脂和胆固醇的代谢。

## 一、甘油磷脂的代谢

机体内含量最多的甘油磷脂为磷脂酰胆碱(卵磷脂)和磷脂酰乙醇胺,占体内磷脂总量的 75% 以上。

### (一)甘油磷脂的分解

机体内存在多种催化甘油磷脂水解的磷脂酶如磷脂酶 $A_1$、磷脂酶 $A_2$、磷脂酶 C 和磷脂酶 D 等,它们分别作用不同的键得到不同的水解产物。磷脂酶 $A_1$、磷脂酶 $A_2$、磷脂酶 C 和磷脂酶 D 共同作用生成甘油、脂肪酸、磷酸、胆碱或乙醇胺等。甘油和脂肪酸均可进一步氧化分解成 $CO_2$ 和 $H_2O$;胆碱经氧化和脱甲基后生成甘氨酸,脱下的甲基可用于其他物质的合成。

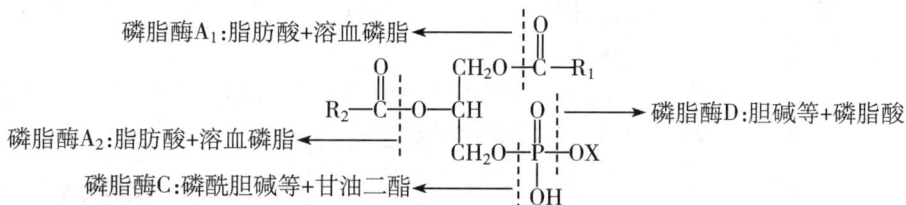

磷脂酶$A_1$:脂肪酸+溶血磷脂

磷脂酶$A_2$:脂肪酸+溶血磷脂

磷脂酶C:磷酰胆碱等+甘油二酯

磷脂酶D:胆碱等+磷脂酸

事实上,生物膜中磷脂代谢的中间产物常可再酯化形成新的磷脂分子。磷脂分子中各种组分处于动态更新中,甚至整个磷脂分子也可以在膜性结构之间进行交换。

### (二)甘油磷脂的合成

人类可从蛋黄、瘦肉、大豆等食物中摄取甘油磷脂,同时机体也能自行合成。

1. 合成部位与原料　人体全身各组织细胞均能合成甘油磷脂,其中以肝、肾及小肠等组织中的合成最为活跃。

甘油磷脂合成的基本原料为甘油-3-磷酸、脂肪酸、乙醇胺、胆碱、丝氨酸及肌醇等。其中,脂肪酸和甘油-3-磷酸主要来自糖代谢,但甘油磷脂分子中 C-2 位的多不饱和脂肪酸必须由食物供给。胆碱、乙醇胺可从食物中获得,也可由丝氨酸脱羧生成乙醇胺,后者由 S-腺苷基甲硫氨酸提供甲基转变为胆碱。此外,还需要 ATP、CTP 等参与。

2. 合成过程　甘油磷脂的合成主要有两种途径,分别合成不同的磷脂。甘油二酯合成途径合成磷脂酰胆碱及磷脂酰乙醇胺,胞苷二磷酸(CDP)-甘油二酯合成途径合成磷脂酰肌醇、磷脂酰丝氨酸和心磷脂(又称双磷脂酰甘油)。

(1)甘油二酯合成途径:在 ATP 存在的条件下,胆碱或乙醇胺首先受相应激酶的作用生成磷酸胆碱或磷酸乙醇胺,然后与 CTP 作用,生成 CDP-胆碱或 CDP-乙醇胺,后两者再分别与甘油二酯缩合成磷脂酰胆碱或磷脂酰乙醇胺。

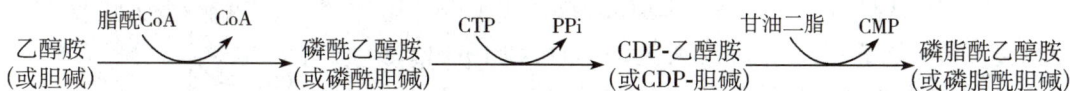

乙醇胺　　　　　　　　磷酰乙醇胺　　　　　　　　CDP-乙醇胺　　　　　　　磷脂酰乙醇胺
(或胆碱)　　　　　　　(或磷酰胆碱)　　　　　　　(或CDP-胆碱)　　　　　　(或磷脂酰胆碱)

脂酰CoA　CoA　　　　　CTP　PPi　　　　　　甘油二脂　CMP

(2)CDP-甘油二酯合成途径:甘油三酯合成过程中产生的磷脂酸,可与 CTP 反应生成 CDP-甘油二酯;CDP-甘油二酯与肌醇缩合,生成磷脂酰肌醇,与丝氨酸缩合,生成磷脂酰丝氨酸,与磷脂酰甘油缩合,生成心磷脂。

$$磷脂酸 \xrightarrow[\text{CTP} \quad \text{PPi}]{} CDP\text{-}甘油二酯 \xrightarrow[\text{肌醇} \quad \text{CMP}]{} 磷脂酰肌醇$$

除上述基本途径外,由 S-腺苷基甲硫氨酸提供甲基给磷脂酰乙醇胺可直接生成磷脂酰胆碱,这种方式生成的磷脂酰胆碱占人肝脏合成量的 10%~15%。磷脂酰丝氨酸亦可由丝氨酸与磷脂酰乙醇胺的乙醇胺交换而来。

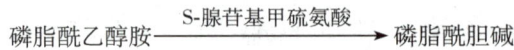

$$磷脂酰乙醇胺 \xrightarrow{\text{S-腺苷基甲硫氨酸}} 磷脂酰胆碱$$

## 二、胆固醇的代谢

正常成人体内约含胆固醇 140g,广泛存在于全身各组织中。胆固醇是机体组织细胞的基本成分,也是机体内重要类固醇化合物如维生素 $D_3$、胆汁酸、类固醇激素等的前体。机体除从食物中摄取胆固醇(外源性胆固醇)外,亦可自身合成(内源性胆固醇)。

### (一)胆固醇的合成

1. 合成的部位与原料 除成熟红细胞及成年动物脑组织外,几乎全身组织均可合成胆固醇。其中肝脏合成能力最强,占体内胆固醇合成总量的 70%~80%。其次是小肠,约占10%。胆固醇合成主要在胞质和滑面内质网中进行。

胆固醇合成的基本原料是乙酰 CoA,还需要 $NADPH+H^+$、ATP 等参加。其中乙酰 CoA主要来自糖的有氧氧化,$NADPH+H^+$ 来自磷酸戊糖途径。

2. 合成过程 胆固醇的合成过程非常复杂,有近 30 种酶参与,可分为 3 个阶段(图 9-9)。

(1)甲羟戊酸的合成:在硫解酶的催化下,2 分子乙酰CoA 缩合生成乙酰乙酰 CoA,然后再与 1 分子乙酰 CoA 缩合生成 HMG-CoA。在滑面内质网(和过氧化物酶体)上,HMG-CoA 接受 $NADPH+H^+$ 提供的 2H 被还原生成甲羟戊酸(mevalonic acid,MVA),反应由 HMG-CoA 还原酶催化,该酶是胆固醇合成的关键酶。

(2)鲨烯的合成:在细胞质中一系列酶的催化下,由ATP 供能,MVA 经过磷酸化、脱羧等反应生成异戊烯焦磷酸及其异构物二甲基丙烯焦磷酸(5 个碳),然后 2 分子异戊烯焦磷酸及 1 分子二甲基丙烯焦磷酸缩合生成法尼焦磷酸(15 个碳)。2 分子法尼焦磷酸经过缩合生成含 30 个碳原子的鲨烯(squalene)。

(3)胆固醇的合成:鲨烯具有与固醇母核相似的结构,与细胞质中的固醇载体蛋白(SCP)结合,在酶的作用下环化生成羊毛固醇,后者经一系列氧化、脱羧及还原等反应,生成胆固醇(图 9-9)。

乙酰 CoA 是胆固醇合成的基本原料,每合成 1 分子胆固醇,需要 18 分子乙酰 CoA 及大量的 ATP 和 $NADPH+$$H^+$,这些物质大部分来自糖的分解代谢,因此膳食中糖的摄入过多会使机体胆固醇合成增多,而饥饿时胆固醇合成减少。

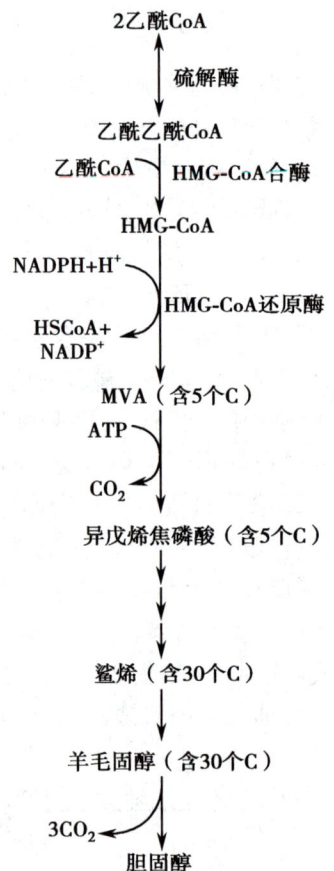

2乙酰CoA
↓ 硫解酶
乙酰乙酰CoA
乙酰CoA ↓ HMG-CoA合酶
HMG-CoA
$NADPH+H^+$ ↓ HMG-CoA还原酶
HSCoA+ $NADP^+$
MVA(含5个C)
ATP ↓
$CO_2$
异戊烯焦磷酸(含5个C)
↓
鲨烯(含30个C)
↓
羊毛固醇(含30个C)
$3CO_2$ ↓
胆固醇

图 9-9 胆固醇合成简要过程

### （二）胆固醇的酯化

游离胆固醇和胆固醇酯是胆固醇在体内的两种存在方式。胆固醇酯是胆固醇的储存形式和转运形式。根据场所不同,胆固醇的酯化方式有 2 种。

1. 在组织细胞中,由脂酰 CoA 胆固醇酰基转移酶( acyl CoA cholesterol acyltransferase, ACAT)催化,将脂酰 CoA 的脂酰基转移到胆固醇 C-3 羟基上,生成胆固醇酯。

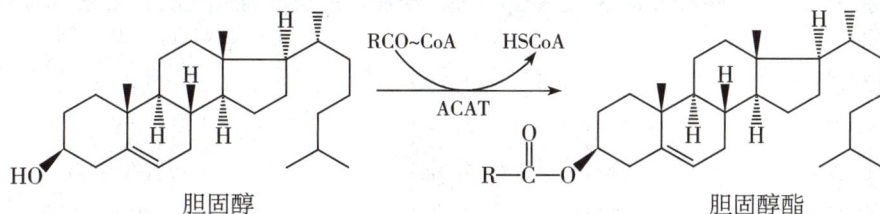

2. 在血浆中,由卵磷脂-胆固醇酰基转移酶( lecithin-cholesterol acyltransferase, LCAT)催化,将磷脂酰胆碱的脂酰基转移到胆固醇 C-3 羟基上,生成胆固醇酯和溶血磷脂酰胆碱。

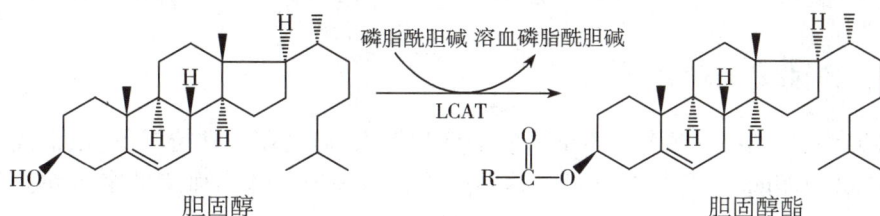

LCAT 由肝脏合成分泌入血发挥作用。肝细胞受损时,血浆中 LCAT 活性降低,导致血浆中胆固醇酯的含量下降。临床可据此评价肝功能。

### （三）胆固醇的转化与排泄

胆固醇在人体内不能分解成 $CO_2$ 和 $H_2O$,因此不是能源物质,但可以转化为多种重要的类固醇化合物,包括胆汁酸和类固醇激素(肾上腺皮质激素、雌二醇、孕酮、睾酮等)等。

体内胆固醇可直接随胆汁或通过肠黏膜进入肠道,其中大部分被重吸收,只有部分胆固醇被肠道细菌还原成为粪固醇,随粪便排出体外。

### （四）胆固醇代谢的调节

胆固醇合成受多种因素的调节,主要调节点是 HMG-CoA 还原酶、脂酰 CoA 胆固醇酰基转移酶、胆固醇 7α-羟化酶、低密度脂蛋白受体。调节因素包括激素、胆固醇和营养状况等,它们直接或通过激素信号转导间接改变这些受体和酶的结构和数量,从而维持细胞内胆固醇的稳态。如 HMG-CoA 还原酶是胆固醇合成的关键酶,通过改变此酶活性可影响体内胆固醇的合成,如膳食胆固醇可通过抑制 HMG-CoA 还原酶的活性反馈抑制肝脏中胆固醇的合成。肾上腺素和甲状腺素可促进此酶活性,使胆固醇合成加强。由于甲状腺素又能促进胆固醇转变为胆汁酸,且后一作用大于前者,故最终结果是使血浆胆固醇降低。因此,甲状腺功能亢进症患者,血浆胆固醇含量较正常偏低;而甲状腺功能减退的患者常伴有高胆固醇血症及动脉粥样硬化。

## 第四节　血脂与血浆脂蛋白

血液中的脂质统称为血脂,主要包括甘油三酯、磷脂、胆固醇、胆固醇酯和游离脂肪酸( free fatty acid, FFA)等。

血脂含量易受年龄、性别、膳食、职业、运动状况及代谢等多种因素的影响,波动范围较大。我国正常成年人空腹 12~14 小时血脂的组成及含量见表 9-2。

表 9-2 正常成人空腹血脂的组成及含量

| 脂质 | 正常参考值 | |
| --- | --- | --- |
| | mmol/L（平均值） | mg/dl（平均值） |
| 总脂 | — | 400~700（500） |
| 甘油三酯 | 0.11~1.69（1.13） | 10~150（100） |
| 总胆固醇 | 2.59~6.47（5.17） | 100~250（200） |
| 游离胆固醇 | 1.03~1.81（1.42） | 40~70（55） |
| 胆固醇酯 | 1.81~5.17（3.75） | 70~200（145） |
| 总磷脂 | 48.44~80.73（64.58） | 150~250（200） |
| 游离脂肪酸 | — | 5~20（15） |

## 一、血脂的来源和去路

血脂的含量虽然易受多种因素的影响而变化较大,但是在正常情况下,正常成人血浆总脂含量在 400~700mg/dl 范围内波动。这是因为正常情况下体内血脂的来源和去路维持动态平衡。

（一）血脂的来源

1. 外源性脂质　即经消化吸收进入血液的食物脂质。

2. 内源性脂质　包括机体内合成和经脂肪动员进入血液的脂质。

（二）血脂的去路

1. 氧化分解供能。

2. 进入脂库中储存。

3. 参与生物膜构成。

4. 转变为其他物质。

## 二、血浆脂蛋白

脂质难溶于水,无论外源性还是内源性脂质均需与蛋白质结合成溶解度较大的脂蛋白复合体,方可通过血液运输,即脂质以脂蛋白的形式在血液中运输,供机体各组织利用。如果脂蛋白代谢发生障碍,可使甘油三酯、胆固醇等在血液中堆积,从而导致异常脂蛋白血症、动脉粥样硬化、肥胖症等。

（一）血浆脂蛋白的分类与命名

常用电泳法和超速离心法对血浆脂蛋白进行分类和命名。

1. 电泳法　不同脂蛋白所含蛋白质的种类和数量不同,在生理条件下具有不同的表面电荷,颗粒大小也不相同,因此在电场中的迁移率不同。根据脂蛋白在电场中泳动速度的快慢,可将其分为 α-脂蛋白、前 β-脂蛋白、β-脂蛋白和乳糜微粒（CM）4 类。①α-脂蛋白泳动速度最快,相当于血浆 $\alpha_1$ 球蛋白的位置,占血浆脂蛋白总量的 30%~47%;②前 β-脂蛋白位于血浆 $\alpha_2$ 球蛋白的电泳位置,占血浆脂蛋白总量的 4%~16%;③β-脂蛋白位于血浆 β 球蛋白的位置,含量最多,占血浆脂蛋白总量的 48%~68%;④乳糜微粒停留在原点,正常人空腹血浆中不应检出乳糜微粒,仅在进食后出现（图 9-10）。

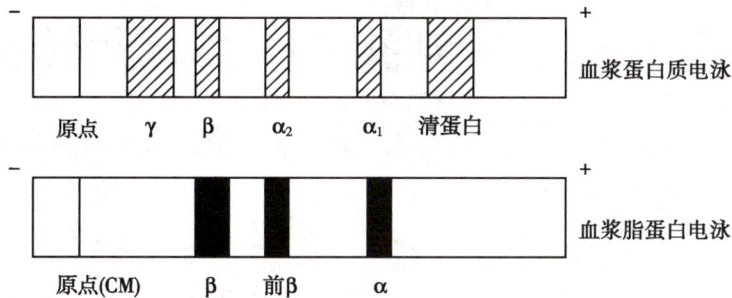

图 9-10　血浆脂蛋白命名及电泳图谱

2. 超速离心法　由于各种脂蛋白所含脂质及蛋白质比例不同,因而密度也各不相同。若脂蛋白组成中脂质含量高,蛋白质含量少,则密度低;反之,密度高。通过密度梯度离心分析血浆时,各种脂蛋白因密度不同漂浮或沉降。根据漂浮或沉降的情况,可将血浆脂蛋白按密度从小到大分为 4 类:乳糜微粒(CM)、极低密度脂蛋白(very low density lipoprotein, VLDL)、低密度脂蛋白(low density lipoprotein,LDL)和高密度脂蛋白(high density lipoprotein, HDL)。

两种分类方法中,脂蛋白的对应关系是:α-脂蛋白相当于 HDL、前 β-脂蛋白相当于 VLDL、β-脂蛋白相当于 LDL。

除上述 4 类脂蛋白外,还有密度介于 VLDL 和 LDL 之间的中密度脂蛋白(intermediate density lipoprotein,IDL)和脂蛋白 a。IDL 是 VLDL 在血浆中降解的中间产物。脂蛋白 a 的脂质组成与 LDL 类似,但其载脂蛋白包括载脂蛋白 A(ApoA)。目前认为,脂蛋白 a 是冠心病的独立危险因素。

### (二)血浆脂蛋白的组成与结构

血浆脂蛋白由脂质和载脂蛋白组成。各种血浆脂蛋白具有相似的基本结构。

1. 血浆脂蛋白的组成　各类血浆脂蛋白主要由蛋白质、甘油三酯、磷脂、胆固醇及胆固醇酯组成,但各组分的含量和比例却相差较大。①CM:含甘油三酯最多,为食物中的甘油三酯,占脂蛋白颗粒的 84%～90%,蛋白质仅占 1.5%～2.5% 左右,故密度最小,血浆静止即会漂浮;②VLDL:含甘油三酯亦多,占脂蛋白的 50%～65%,但其甘油三酯的来源与乳糜微粒不同,主要为肝脏合成的内源性甘油三酯;③LDL:胆固醇及胆固醇酯含量较高,约占 45%～50%,是一类运输胆固醇的脂蛋白颗粒;④HDL:蛋白质含量最多,达 40%～55%,因此密度最高。

2. 载脂蛋白　血浆脂蛋白中的蛋白质部分称为载脂蛋白(apolipoprotein, Apo),分为ApoA、ApoB、ApoC、ApoD、ApoE 等 5 类,由于氨基酸组成的差异,每类又分为若干亚类,如ApoA 又分为 ApoAⅠ、ApoAⅡ、ApoAⅣ;ApoB 又分为 ApoB48 和 ApoB100。各类脂蛋白颗粒所含的载脂蛋白不同,HDL 主要含 ApoAⅠ、ApoAⅡ和 ApoE;LDL 几乎只含 ApoB100;VLDL除含 ApoB100 外,还含 ApoCⅠ、ApoCⅡ、ApoCⅢ和 ApoE;而 CM 则主要含 ApoB48(表 9-3)。

载脂蛋白的主要功能是结合和转运脂质。此外,不同的载脂蛋白还参与调节脂蛋白代谢关键酶的活性及脂蛋白受体的识别,从而在脂蛋白代谢中发挥重要作用。如 ApoAⅠ能激活卵磷脂-胆固醇酰基转移酶(LCAT),从而促进 HDL 成熟和胆固醇逆向转运;ApoCⅡ是脂蛋白脂肪酶(lipoprotein lipase, LPL)的激活剂,能够促进 CM 及 VLDL 的降解。ApoAⅠ、ApoB100 和 ApoE 分别是 HDL 受体、LDL 受体、IDL 及 CM 残余颗粒受体识别的信号和结合的配体。

表 9-3　载脂蛋白的分布及功能

| 载脂蛋白 | 分子量/Da | 主要分布 | 合成场所 | 功能 |
|---|---|---|---|---|
| ApoA I | 28 233 | HDL | 肝脏、小肠 | 激活 LCAT，识别 HDL 受体 |
| ApoA II | 17 380 | HDL | 肝脏、小肠 | 稳定 HDL 结构，抑制脂蛋白脂肪酶（LPL） |
| ApoA IV | 44 000 | HDL、CM | 小肠 | 辅助激活 LPL，激活 LCAT |
| ApoB48 | 240 000 | CM | 小肠 | |
| ApoB100 | 513 000 | VLDL、LDL | 肝脏 | 识别 LDL 受体，促进 LDL 内吞 |
| ApoC I | 7 000 | VLDL、HDL | 肝脏、小肠 | 调节 ApoE 与 VLDL 相互作用，激活 LCAT |
| ApoC II | 8 837 | VLDL、CM、HDL | 肝脏 | 激活 LPL |
| ApoC III | 8 751 | VLDL、HDL、CM | 肝脏、小肠 | 抑制 LPL 和肝脂肪酶 |
| ApoD | 32 500 | HDL | 肝脏、小肠 | 与 LCAT 形成复合体 |
| ApoE | 34 145 | CM、VLDL、HDL | 肝脏、脑、脾 | 识别 LDL 受体 |

3. 血浆脂蛋白的结构　各种血浆脂蛋白具有相似的基本结构。疏水性较强的甘油三酯和胆固醇酯构成脂蛋白的核心，位于脂蛋白的内部；而载脂蛋白、磷脂及游离胆固醇等以单分子层覆盖在脂蛋白表面，其亲水基团朝外，疏水基团朝向内部，与脂蛋白核心的疏水分子相联系，从而构成具有较强亲水性的球形脂蛋白颗粒，使脂质易于在血浆中运输（图 9-11）。

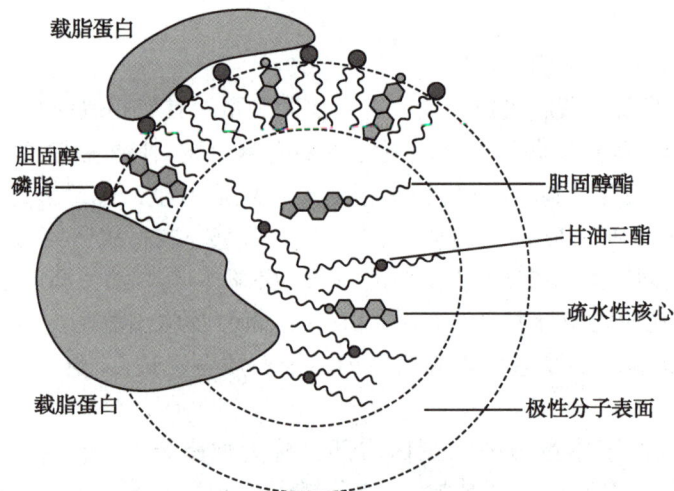

图 9-11　血浆脂蛋白结构示意图

（三）血浆脂蛋白的功能与代谢

不同血浆脂蛋白的形成部位不同，其功能与代谢过程也不同。

1. 乳糜微粒　在小肠黏膜上皮细胞形成，其功能是转运外源性甘油三酯和胆固醇。CM 的形成与代谢经历新生 CM→成熟 CM→CM 残体的转化过程。

食物脂质消化吸收后，小肠黏膜细胞内重新合成的甘油三酯、磷脂及胆固醇酯，与 ApoB48、ApoA 结合组装成新生 CM。新生 CM 经淋巴入血，从 HDL 处获得 ApoC 和 ApoE，并将部分 ApoA 转移给 HDL，形成成熟 CM。在随血液循环流经心肌、骨骼肌、脂肪等组织时，成熟 CM 的 ApoC Ⅱ 激活毛细血管内皮细胞表面的 LPL,使 CM 中的甘油三酯水解,释放的大量脂肪酸被组织细胞摄取利用。CM 失去甘油三酯的同时,其表面的 ApoA、ApoC 以及磷脂和游离胆固醇转移到 HDL,最后 CM 内核中 90% 以上的甘油三酯被水解,颗粒变小,成为富含 ApoB48、ApoE 和胆固醇酯的 CM 残体。后者与肝细胞膜上的 ApoE 受体结合后,进入肝细胞降解。因此,CM 不但以游离脂肪酸和甘油的形式向心肌、骨骼肌、脂肪组织、肝脏运送外源性甘油三酯,同时也将小肠吸收的胆固醇送至肝脏。

CM 代谢迅速,在血液中的半衰期仅为 5~15 分钟,因此正常人空腹 12~14 小时不能检测出 CM,如果血浆中仍能检出 CM,系 Ⅰ 型异常脂蛋白血症,多因先天性 LPL 或 ApoC Ⅱ 缺陷所致。

2. 极低密度脂蛋白　主要在肝细胞内形成,少量形成于小肠黏膜上皮细胞。功能是从肝脏转运内源性甘油三酯和胆固醇到肝外组织。

肝脏的甘油三酯主要来自以葡萄糖为原料的自身合成,部分也来自 CM 残粒及脂肪动员产生的游离脂肪酸的酯化。肝细胞将甘油三酯、磷脂和胆固醇与自身合成的 ApoB100 及 ApoE 一起组装成 VLDL,并分泌入血。

VLDL 分泌入血后,代谢过程与 CM 相似,从 HDL 处获得 ApoC,其中的 ApoC Ⅱ 激活肝外组织毛细血管内皮细胞表面的 LPL,VLDL 中的甘油三酯在 LPL 作用下水解,同时表面的 ApoC、磷脂和胆固醇则转移至 HDL,再从 HDL 处接受胆固醇酯,形成中密度脂蛋白(IDL)。

IDL 中甘油三酯和胆固醇的含量大致相等,载脂蛋白主要为 ApoB100 和 ApoE。部分 IDL 通过 ApoE 受体介导,被肝细胞摄取,其余 IDL 在 LPL 和肝脂肪酶(hepatic lipase,HL)的作用下,甘油三酯进一步被水解,而表面过剩的 ApoE 转移至 HDL,最终转变为富含胆固醇酯、胆固醇和 ApoB100 的低密度脂蛋白(LDL)。

VLDL 在血中的半衰期为 6~12 小时。正常人空腹血浆中含有 VLDL,其浓度与甘油三酯水平呈正相关。

3. 低密度脂蛋白　由 VLDL 在血浆中转化而来,其主要功能是将肝脏合成的内源性胆固醇向肝外转运。

LDL 主要通过与细胞膜上的 LDL 受体结合而进入细胞内降解。LDL 受体广泛存在于全身各组织器官(包括动脉壁)细胞膜表面,而肝是主要器官,可特异地识别并结合含 ApoB100 或 ApoE 的脂蛋白,故又称 ApoB、ApoE 受体。血浆中 LDL 可与其受体特异结合而进入细胞内,并在溶酶体内被水解,释放出游离胆固醇而被机体组织所利用。此外,LDL 还可被修饰,修饰的 LDL(即氧化型低密度脂蛋白,oxidized LDL,oxLDL)可被单核-吞噬细胞系统中的巨噬细胞和血管内皮细胞清除。

正常人血浆中的 LDL 每天降解量占总量的 45%,其中 2/3 LDL 经受体途径降解,1/3 由单核-吞噬细胞系统清除。LDL 在血浆中的半衰期为 2~3 天。

4. 高密度脂蛋白　肝脏和小肠均可合成 HDL,其主要功能是从肝外组织向肝内转运胆固醇。

新生 HDL 主要由磷脂、游离胆固醇和 ApoA、ApoC 及 ApoE 组成,呈盘状。进入血液循环后,其中的 ApoA Ⅰ 激活血浆 LCAT,后者催化 HDL 中卵磷脂第 2 位的脂酰基转移至胆固醇第 3 位的羟基上形成酯键,生成溶血卵磷脂和胆固醇酯,此过程所消耗的卵磷脂和游离胆固醇可不断从细胞膜、CM 及 VLDL 得到补充。溶血卵磷脂与血浆清蛋白结合,送往各组织细胞,用于膜磷脂的更新。疏水的胆固醇酯进入 HDL 的核心,使其体积逐渐增大,转变为球

笔记栏

状成熟 HDL。

成熟的 HDL 被肝细胞通过受体介导摄取、降解。研究表明,血浆胆固醇酯的 90% 以上来自 HDL,其中 70% 在胆固醇酯转移蛋白(cholesterol ester transfer protein,CETP)的作用下从 HDL 转运至 VLDL,后者再代谢成 LDL,通过 LDL 受体途径在肝内被清除;20% 通过 HDL 受体在肝内被清除;10% 由特异的 ApoE 受体介导在肝内被清除。

在肝细胞内,机体不能将胆固醇彻底分解,大部分胆固醇转化为胆汁酸或直接以游离胆固醇形式通过胆汁分泌入肠道。HDL 在血浆中的半衰期为 3~5 天。

HDL 通过这种机制可将肝外组织、其他血浆脂蛋白以及动脉壁的胆固醇逆向转运至肝脏进行转化或排出体外,减少胆固醇在肝外组织的沉积,因而有对抗动脉粥样硬化的作用。

各类血浆脂蛋白的主要成分、合成场所及功能见表9-4。

表9-4　血浆脂蛋白的主要成分、合成场所及功能

| 分类 | | 合成场所 | 主要成分 | | 主要功能 |
| --- | --- | --- | --- | --- | --- |
| 电泳法 | 超速离心法 | | 脂质/% | 蛋白质/% | |
| 乳糜微粒 | CM | 小肠黏膜 | 甘油三酯 (80~90) | 0.5~2 | 转运外源性甘油三酯和少量胆固醇 |
| 前 β-脂蛋白 | VLDL | 肝 | 甘油三酯 (50~70) | 5~10 | 转运内源性甘油三酯和少量胆固醇 |
| β-脂蛋白 | LDL | 血浆 | 总胆固醇 (45~50) | 20~25 | 从肝转运胆固醇至肝外 |
| α-脂蛋白 | HDL | 肝、小肠黏膜 | 磷脂及总胆固醇 (20~35 及 20) | 50 | 从肝外逆向转运胆固醇至肝 |

FR-9-3

低密度脂蛋白的认知误区

## 三、脂蛋白代谢紊乱

### (一)异常脂蛋白血症

空腹血脂水平持续高于正常范围上限称为高脂血症(hyperlipidemia)。临床上,高脂血症主要是指血浆胆固醇或甘油三酯的含量单独或二者同时超过正常上限的异常状态,分别称为高胆固醇血症或高甘油三酯血症。由于血脂是以脂蛋白形式在血浆中存在和运输的,高脂血症表现为不同类型的血浆脂蛋白水平增高或降低,因此高脂血症也可以认为是异常脂蛋白血症(dyslipoproteinemia)。

正常人的血脂上限标准因地区、种族、膳食、年龄、职业以及测定方法等的不同而有差异。一般成人以空腹 12~14 小时后,血浆甘油三酯超过 2.26mmol/L,胆固醇超过 6.21mmol/L,儿童胆固醇超过 4.14mmol/L 作为高脂血症的诊断标准。

传统的分类方法将异常脂蛋白血症分为 6 种类型(表9-5)。我国的异常脂蛋白血症患者主要为Ⅱ型(约占 40%)和Ⅳ型(占 50% 以上)。

异常脂蛋白血症从病因上分为原发性和继发性两大类。继发性异常脂蛋白血症由某些疾病引起,如糖尿病、肾病综合征、甲状腺功能减退症等。原发性异常脂蛋白血症的病因多不明确。现已证实,部分为载脂蛋白异常、脂蛋白受体缺陷或代谢酶缺乏引起的脂蛋白代谢障碍。

表 9-5 异常脂蛋白血症分型

| 类型 | 血浆脂蛋白变化 | 血脂变化 | |
|---|---|---|---|
| I | CM 升高 | 胆固醇↑ | 甘油三酯↑↑↑ |
| IIa | LDL 升高 | 胆固醇↑↑ | |
| IIb | LDL 和 VLDL 同时升高 | 胆固醇↑↑ | 甘油三酯↑↑ |
| III | IDL 升高（电泳出现宽 β-带） | 胆固醇↑↑ | 甘油三酯↑↑ |
| IV | VLDL 升高 | | 甘油三酯↑↑ |
| V | VLDL 和 CM 同时升高 | 胆固醇↑ | 甘油三酯↑↑↑ |

## （二）动脉粥样硬化

动脉粥样硬化（atherosclerosis，AS）指一类动脉壁的退行性病理变化。主要是由于血液中胆固醇含量过多,沉积于大、中动脉内膜上,形成粥样斑块,导致动脉内皮细胞损伤,脂质浸润、管腔狭窄甚至阻塞,从而影响受累器官的血液供应。以动脉粥样硬化为病理基础的疾病如冠状动脉粥样硬化性心脏病（简称冠心病）等心血管疾病严重危害着人类的健康。

动脉粥样硬化的发病机制非常复杂,与血浆脂蛋白代谢异常密切相关。研究表明,粥样斑块中的胆固醇来自 LDL。当血液中 LDL 水平升高时,可堆积在动脉分支或弯曲等处,导致动脉粥样硬化的发生。LDL 的氧化产物 oxLDL 可被巨噬细胞和平滑肌细胞膜上的清道夫受体识别并吞噬,并且清道夫受体的作用不受细胞内胆固醇的下调影响,因此,血液中 oxLDL 水平增高可引起巨噬细胞内胆固醇摄入与流出失衡,导致巨噬细胞内胆固醇和胆固醇酯大量聚集而形成泡沫细胞,促进动脉粥样硬化的发生。

VLDL 是 LDL 的前体,故 VLDL 水平升高可间接引起 LDL 的升高。VLDL 还可引起巨噬细胞内甘油三酯的堆积,对动脉粥样硬化的发生有促进作用。因此,血浆 LDL 和 VLDL 增高的患者,动脉粥样硬化的发病率显著升高。

HDL 的主要功能是将肝外组织包括动脉壁、巨噬细胞等组织细胞的胆固醇逆向转运至肝,从而降低动脉壁胆固醇含量。同时 HDL 还具有抑制 LDL 氧化的作用。流行病学调查也表明,血浆中 HDL 的水平与动脉粥样硬化的发生呈负相关。因此,血浆 LDL 及 VLDL 含量升高和 HDL 含量降低是导致动脉粥样硬化的关键因素。故降低 LDL 和 VLDL 的水平和提高 HDL 的水平是防治动脉粥样硬化、冠心病的基本原则。

## （三）肥胖症

全身性的脂肪堆积过多,而导致体内发生一系列病理生理变化,称为肥胖症。目前,国际上用身体质量指数（body mass index，BMI，又称体重指数）作为肥胖度的衡量标准。$BMI = $ 体重（kg）/[身高（m）]$^2$。我国规定 BMI 在 24~26 为轻度肥胖;BMI 在 26~28 为中度肥胖;BMI>28 为重度肥胖。

## 学习小结

1. 学习内容

脂质代谢
- 消化、吸收、分布
- 甘油三酯代谢
  - 分解代谢
    - 脂肪动员
    - 甘油氧化
    - 脂肪酸氧化分解
      - β氧化：脱氢、加水、再脱氢、硫解
      - 其他氧化途径：ω氧化、α氧化、奇数碳脂肪酸氧化、不饱和脂肪酸氧化
    - 酮体生成和利用
      - 肝内生成：乙酰乙酸、β-羟丁酸、丙酮
      - 肝外利用：β-羟丁酸→乙酰乙酸→乙酰CoA
  - 合成代谢
    - 软脂酸：合成、缩合、加氢、脱水、再加氢
    - 甘油-3-磷酸：碳链加工、延长、去饱和
    - 甘油三酯
  - 激素对代谢的调节
- 类脂代谢
  - 甘油磷脂
    - 分解
    - 合成：甘油二酯途径、CDP-甘油二酯途径
  - 胆固醇
    - 合成：部位与原料、过程（甲羟戊酸的合成、鲨烯的合成、胆固醇的合成）
    - 酯化：ACAT、LCAT
    - 转化与排泄：胆汁酸、类固醇激素
    - 代谢调节：HMG-CoA还原酶、ACAT、胆固醇7α-羟化酶、低密度脂蛋白受体
- 血脂与血浆脂蛋白
  - 血脂来源和去路
    - 血脂组成：甘油三酯、磷脂、胆固醇、胆固醇酯、游离脂肪酸
    - 来源、去路
  - 血浆脂蛋白
    - 分类与命名：CM、VLDL、LDL、HDL
    - 组成与结构
    - 功能与代谢
  - 脂蛋白代谢紊乱：异常脂蛋白血症、动脉粥样硬化、肥胖症

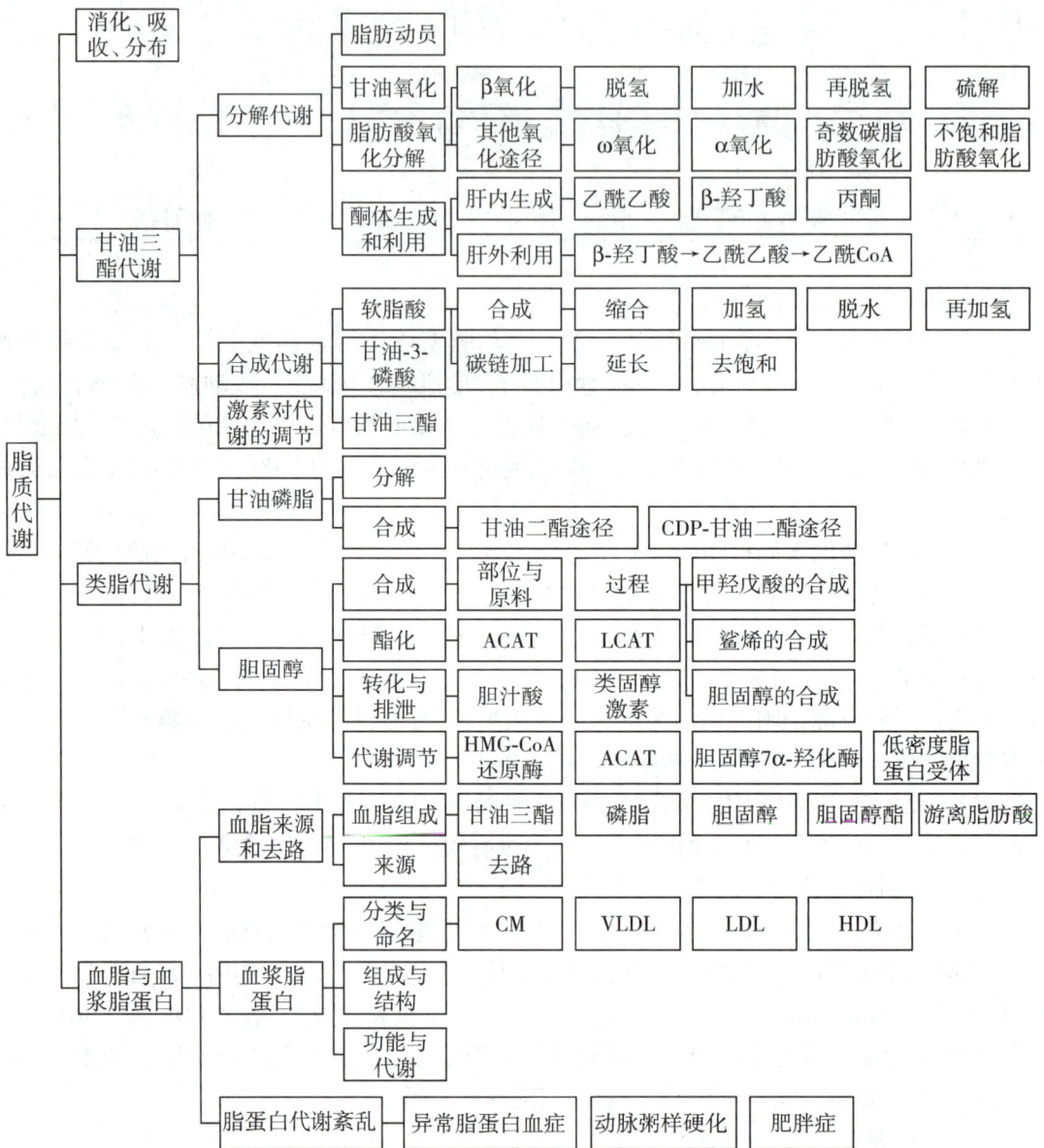

2. 学习方法　本章脂质化合物代谢包括分解代谢和合成代谢两类，但是其中更重要的是甘油三酯的分解代谢。类脂的具体化合物较多且功能各异，可将其按类别和功能归类理解代谢的途径与意义。同时注意与相关章节内容相互联系。"血浆脂蛋白"一节的学习可依据血浆脂蛋白的结构特点理解其分类以及功能。

扫一扫，测一测

（赵丹玉　张菡菡）

## 复习思考题

1. 何谓血脂？血脂包含哪些成分？其以何种形式在血液中运输？

2. 简述血浆脂蛋白的分类、组成特点及功能。

3. 试述 1 分子硬脂酸彻底氧化分解的过程，并计算生成多少分子的 ATP。（写出主要反应过程及关键酶）

4. 简述甘油氧化分解的过程。

5. 试述酮体生成和利用的过程（包括主要部位、原料、反应过程及关键酶）。

6. 试述乙酰 CoA 的主要代谢去路。

7. 简述血脂的来源与去路。

# 第十章

# 蛋白质分解代谢

　　蛋白质是生命的物质基础,其代谢包括合成代谢和分解代谢两方面。有关蛋白质的合成代谢将在蛋白质的生物合成一章中讨论,本章主要介绍蛋白质分解代谢。蛋白质在体内分解时,首先被水解为氨基酸,而后各种氨基酸通过脱氨基或脱羧基作用进一步分解;或者转变为其他物质;或者重新参与蛋白质的合成。因此,氨基酸代谢是蛋白质分解代谢的中心内容。

## 第一节　概　　述

### 一、蛋白质是生命的物质基础

　　生物体内重要的生理活动均由蛋白质参与完成。蛋白质代谢对于保障机体生命活动正常进行起着十分重要的作用。

　　1. 维持组织细胞的生长、更新和修补　蛋白质是组织细胞的主要成分,各种组织细胞的蛋白质总是处于新陈代谢之中,人体只有不断从膳食中获得足够的蛋白质,才能维持组织细胞的生长、更新和修补。

　　2. 参与体内多种重要的生理活动　体内多种重要的生理活动都是由蛋白质来完成的。如血红蛋白运输氧;催化体内代谢反应的酶;调节物质代谢和生理活动的某些激素、信号转导分子及调节蛋白;参与机体防御功能的抗体等。肌肉收缩、物质的运输、血液凝固等也都离不开蛋白质。

　　3. 作为能源物质氧化供能　蛋白质还能分解代谢释放能量供机体利用,每克蛋白质在体内氧化分解可释放 17.19kJ 的能量。正常生理状态下,成人每日约有 10% 的能量来自蛋白质氧化分解。蛋白质氧化供能的作用是其次要功能。

　　4. 其他化合物的重要原料　蛋白质分解为氨基酸,氨基酸可以作为许多具有重要生理功能化合物的原料,如儿茶酚胺类激素、甲状腺素等。

### 二、体内蛋白质的代谢状况

　　人体每日究竟需要摄入多少蛋白质才能维持机体组织细胞的生长、更新和修补呢? 体内蛋白质的代谢状况可根据氮平衡来确定。

### （一）氮平衡

氮平衡（nitrogen balance）是指每日氮的摄入量与排出量之间的关系，用以评价机体蛋白质代谢状况。摄入的氮主要来源于食物中的蛋白质，用于体内蛋白质的合成；而排出的氮主要来源于尿、粪中的含氮化合物，大部分是蛋白质在体内分解的产物。因此，分析摄入氮与排出氮之间的关系在一定程度上可以反映体内蛋白质的合成和分解概况。氮平衡有以下 3 种情况：

1. 氮总平衡　摄入氮＝排出氮，反映体内蛋白质的合成与分解处于动态平衡。常见于健康成年人。

2. 氮正平衡　摄入氮＞排出氮，反映体内蛋白质合成代谢占优势。常见于儿童、孕妇和康复期患者。

3. 氮负平衡　摄入氮＜排出氮，反映体内蛋白质分解代谢占优势。常见于长时间饥饿、消耗性疾病、大面积烧伤、大量失血等患者。

### （二）蛋白质的生理需要量

氮平衡实验研究结果表明，在不进食蛋白质时，成人每天最少也要分解约 20g 蛋白质。由于食物蛋白质与人体蛋白质组成的差异，不可能全部被利用，因此，成人每天至少需补充 30~50g 食物蛋白质才能维持氮总平衡，这是蛋白质的最低生理需要量。我国营养学会推荐正常成人每日蛋白质需要量为 80g。

## 三、蛋白质的营养价值

对组成蛋白质的 20 种氨基酸进行营养缺乏性实验，结果显示，氨基酸可分为必需氨基酸（essential amino acid）和非必需氨基酸两大类。

### （一）必需氨基酸

必需氨基酸是指人体需要但体内不能合成，必须由食物供给的氨基酸，共有 9 种，包括缬氨酸、亮氨酸、异亮氨酸、苏氨酸、赖氨酸、甲硫氨酸、组氨酸、苯丙氨酸和色氨酸，其中组氨酸为婴幼儿所必需。其他 11 种氨基酸体内可以合成，不必由食物供给，这类氨基酸称为非必需氨基酸。精氨酸虽然能够在人体内合成，但合成量不多，若长期供应不足或需要量增加也能造成氮负平衡，因此，有人将这种氨基酸也归为营养必需氨基酸。

### （二）食物蛋白质的营养价值

食物蛋白质的营养价值是指食物中蛋白质在体内的利用率，是蛋白质的质量指标。蛋白质的营养价值高低主要取决于必需氨基酸的种类、数量和比例。一般来说，含必需氨基酸的种类齐、数量足、比例合理的蛋白质营养价值高，反之营养价值低。动物蛋白质所含必需氨基酸的种类、含量与比例接近人体需要，故营养价值高；植物蛋白一般营养价值较低（表 10-1）。

表 10-1　常用食物中蛋白质含量

| 食品名称 | 蛋白质含量/% | 食品名称 | 蛋白质含量/% |
| --- | --- | --- | --- |
| 猪肉 | 13.3~18.5 | 稻米 | 8.5 |
| 牛肉 | 15.8~21.2 | 小麦 | 12.4 |
| 羊肉 | 14.3~18.7 | 小米 | 9.0 |
| 鸡肉 | 21.5 | 玉米 | 8.6 |
| 鲤鱼 | 18.1 | 高粱 | 9.5 |
| 鸡蛋 | 13.4 | 大豆 | 39.2 |
| 牛奶 | 3.3 | | |

### （三）食物中蛋白质的互补作用

将营养价值低的蛋白质混合食用，彼此间必需氨基酸可以得到相互补充，从而提高蛋白质的营养价值，称为食物蛋白质的互补作用。例如，谷类蛋白质中赖氨酸含量低而色氨酸含量高，豆类蛋白质中赖氨酸含量高而色氨酸含量低，两者混合食用即可提高蛋白质的营养价值（表 10-2）。因此，食品种类多样化，是提高蛋白质营养价值的重要途径。

表 10-2 蛋白质的营养价值和互补作用

| 食物蛋白 | 营养价值/% | 食物蛋白 | 营养价值/% | |
| --- | --- | --- | --- | --- |
| | | | 单独用 | 混合用 |
| 鸡蛋 | 94 | 玉米 | 60 | |
| 牛奶 | 85 | 大豆 | 64 | 73 |
| 猪肉 | 74 | 小米 | 57 | |
| 大米 | 77 | 面粉 | 52 | |
| 红薯 | 72 | 牛肉 | 69 | 89 |
| 鲑鱼 | 72 | 豆腐 | 65 | |
| 白菜 | 76 | 面筋 | 67 | 77 |
| | | 小麦 | 67 | |

### 知识链接

#### 全静脉营养制剂

全静脉营养制剂是将机体所需的营养素按一定的比例以静脉滴注方式直接输入体内的注射剂，可提供维持人体代谢或修复组织所必需的氨基酸、脂肪酸、维生素、电解质和微量元素等，使患者在不能进食或高代谢的情况下，仍可维持良好的营养状况，供给患者足够的能量，增进自身免疫能力，促进伤口愈合，帮助机体度过危险的病程。

氨基酸为全静脉营养制剂的氮源，供机体合成所需的各种蛋白质。目前临床上多用复方氨基酸液提供生理性静脉蛋白质营养，它由 9 种人体必需氨基酸和 8~10 种非必需氨基酸组成。一般来说，氨基酸液中必需氨基酸应占总氮量的 40% 以上，用于满足机体合成蛋白质的需要。

## 第二节 蛋白质的消化、吸收和腐败

### 一、蛋白质的消化

蛋白质是生物大分子，结构复杂，未经消化很难吸收；同时，消化过程还可以消除食物蛋白质的抗原性，避免产生免疫过敏、毒性反应。蛋白质的消化从胃开始，主要在小肠中进行，在多种蛋白酶和肽酶的协同作用下，最终水解为氨基酸，是体内氨基酸的主要来源。

### （一）胃内消化

胃黏膜主细胞能分泌无活性的胃蛋白酶原。胃蛋白酶原在胃酸激活下转变为有活性的胃蛋白酶,胃蛋白酶又反过来激活胃蛋白酶原。胃蛋白酶属于内肽酶,是从肽链内部水解肽键,对肽键的要求并不苛刻,最适 pH 为 1.5~2.5,主要水解芳香族氨基酸、甲硫氨酸、亮氨酸等所形成的肽键,产物为多肽和少量氨基酸。

### （二）小肠内消化

小肠是消化蛋白质的主要场所。小肠内有胰腺和肠黏膜细胞分泌的多种蛋白水解酶和肽酶,在这些酶的协同作用下,将蛋白质分解为氨基酸。参与小肠蛋白质消化的酶有:

1. 胰腺分泌的蛋白酶　统称为胰酶,根据作用部位的不同,分为内肽酶和外肽酶两类。内肽酶(endopeptidase)能水解肽链非末端肽键产生寡肽,如胰蛋白酶、糜蛋白酶(又称胰凝乳蛋白酶)和弹性蛋白酶等;外肽酶可从肽链两端逐个水解氨基酸,包括氨肽酶(aminopeptidase)、羧肽酶 A(carboxypeptidase A)和羧肽酶 B(carboxypeptidase B)。

2. 肠黏膜细胞分泌的蛋白酶　根据它们的水解作用,分为两类:

（1）肠激酶:肠激酶(enterokinase)是由肠黏膜细胞合成的蛋白水解酶,在胆汁酸作用下,可大量释放入肠液。肠激酶能特异性地催化胰蛋白酶原激活为胰蛋白酶,后者可以依次激活糜蛋白酶原、弹性蛋白酶原和羧肽酶原,继而启动蛋白水解作用。

（2）寡肽酶:寡肽酶存在于肠黏膜细胞纹状缘和胞液中,如氨肽酶和二肽酶等。氨肽酶可将寡肽从氨基末端逐个水解氨基酸并产生二肽,二肽再经二肽酶催化水解生成氨基酸。

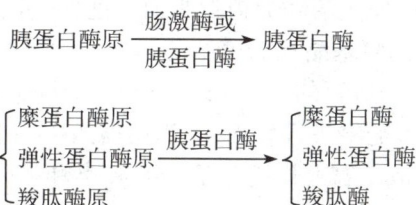

$$\text{胰蛋白酶原} \xrightarrow[\text{胰蛋白酶}]{\text{肠激酶或}} \text{胰蛋白酶}$$

$$\left\{ \begin{array}{l} \text{糜蛋白酶原} \\ \text{弹性蛋白酶原} \\ \text{羧肽酶原} \end{array} \right. \xrightarrow{\text{胰蛋白酶}} \left\{ \begin{array}{l} \text{糜蛋白酶} \\ \text{弹性蛋白酶} \\ \text{羧肽酶} \end{array} \right.$$

食物蛋白在胃肠道各种消化酶的共同作用下,通常有 95% 被完全水解为游离的氨基酸,有利于机体吸收和利用。

## 二、氨基酸的吸收和转运

氨基酸的吸收主要在小肠进行。其吸收机制尚未完全阐明,一般认为是一个耗能的主动吸收过程,主要通过氨基酸载体进行转运吸收。

### （一）氨基酸载体

肠黏膜细胞、肾小管上皮细胞和肌肉细胞等膜上均具有转运氨基酸的载体蛋白,将氨基酸主动吸收入细胞内。参与氨基酸吸收转运的载体蛋白至少有 4 种类型:

1. 中性氨基酸载体　是转运氨基酸的主要载体。主要转运侧链不带电荷的氨基酸,包括芳香族氨基酸和部分脂肪族氨基酸。

2. 碱性氨基酸载体　转运速度仅为中性氨基酸载体的 10%,主要转运精氨酸、赖氨酸等碱性氨基酸。

3. 酸性氨基酸载体　转运速度很慢,转运天冬氨酸、谷氨酸。

4. 亚氨基酸和甘氨酸载体　转运速度也很慢,主要转运脯氨酸、羟脯氨酸和甘氨酸。

### （二）转运方式

氨基酸的吸收过程简述如下:小肠黏膜细胞胞膜上转运氨基酸的载体蛋白,与氨基酸和 $Na^+$ 结合形成三联复合物,使载体蛋白的构象发生改变,把氨基酸和 $Na^+$ 一起转移入肠黏膜细胞内。$Na^+$ 则被钠泵消耗 ATP 泵出胞外,并消耗 ATP。基于氨基酸结构的差异,其载体蛋白也不相同。但由于氨基酸结构有一定的相似性,它们在吸收转运过程中存在竞争。这种通过载体蛋白转运系统吸收氨基酸的过程不仅存在于小肠黏膜细胞,也存在于肾小管细胞和肌肉细胞等胞膜上。

除了以上氨基酸吸收机制外,在肠黏膜上还存在着吸收二肽或三肽的转运体系,这也是一个耗能的主动吸收过程。

### 三、蛋白质的腐败

未被消化的蛋白质和未被吸收的氨基酸,在大肠下部受肠道菌作用被分解,称之为蛋白质的腐败(putrefaction)。腐败过程主要以水解、脱羧基、脱氨基以及碳链降解等方式进行。腐败产物中,除少数(如维生素、脂肪酸等)有一定的营养价值外,大多数产物对人体是有害的,如胺类、酚类、氨、吲哚及硫化氢等。

1. 胺类的生成 肠道细菌蛋白酶可使未被消化的蛋白质水解成氨基酸,经脱羧作用产生有毒的胺类化合物。如组氨酸脱羧生成组胺,赖氨酸脱羧生成尸胺,酪氨酸脱羧生成酪胺,色氨酸脱羧生成色胺,苯丙氨酸脱羧生成苯乙胺等。

组胺和尸胺有降血压作用,酪胺和色胺有升压作用,这些有害物质主要在肝内分解转化而排出体外。当肝功能受损时,酪胺和苯乙胺可进入脑组织,在 $\beta$-羟化酶作用下,生成 $\beta$-羟酪胺和苯乙醇胺,其结构类似于儿茶酚胺,故称为假神经递质。假神经递质可竞争性地干扰儿茶酚胺,阻碍神经冲动传递,使大脑功能被抑制而昏迷,这可能是肝昏迷发生的原因之一。

2. 氨的生成 未被吸收的氨基酸在肠道细菌作用下可发生脱氨基作用生成氨,这是肠道氨的重要来源之一。此外,肠道氨的另一来源是肠道的尿素酶分解来自血液扩散进入肠腔的尿素产生的氨。肠道产生的氨进入血液,成为血氨的主要来源之一。

3. 其他腐败有害物的生成 腐败作用除了产生胺类和氨外,还可生成苯酚、吲哚、甲基吲哚及硫化氢等有害物质。正常情况下,上述有害物质大部分随粪便排出,只有小部分被吸收,在肝代谢转变而解毒,故不会发生中毒现象。

## 第三节 氨基酸的代谢概况

体内氨基酸处于不断地被获取、利用和消耗的动态变化之中。除了用于蛋白质生物合成之外,氨基酸在分解代谢过程中也不断被消耗,而体内消耗掉的氨基酸主要依赖食物蛋白进行补充。

### 一、氨基酸代谢库

通过食物蛋白质而吸收的氨基酸(外源性氨基酸)、体内组织蛋白质降解产生的氨基酸以及少量合成的氨基酸(内源性氨基酸),是体内氨基酸的主要来源,这些游离氨基酸分布于全身各处,参与体内代谢,称为氨基酸代谢库(amino acid metabolic pool)。内源性氨基酸不能保证机体的需要,必须提供足够食物蛋白质以获得机体所需的氨基酸,因此,氨基酸代谢库内氨基酸的来源和去路保持动态平衡,对正常代谢和各种生命活动十分重要。

### 二、氨基酸的来源与去路

体内氨基酸的来源有:
1. 食物蛋白质消化、吸收。
2. 体内合成的非必需氨基酸。

ER-10-1

芳香族氨基酸、支链氨基酸与肝病患者

3. 组织蛋白分解。

人体组织蛋白主要通过溶酶体途径和蛋白酶体途径进行降解。溶酶体含有多种组织蛋白酶,蛋白质通过此途径降解不需要消耗 ATP。蛋白酶体途径降解蛋白质需要有泛素的参与。

### 📖 知识链接

#### 泛 素 化

泛素化是指泛素(一类低分子量的蛋白质)分子在一系列特殊的酶作用下,将细胞内的蛋白质分类,从中选出靶蛋白分子,并对靶蛋白进行特异性修饰的过程。这些特殊的酶包括泛素激活酶、缀合酶、连结酶和降解酶等。泛素化在蛋白质的定位、代谢、功能、调节和降解中都起着十分重要的作用。同时,它也参与了细胞周期、增殖、凋亡、分化、转移、基因表达、转录调控、信号传递、损伤修复、炎症免疫等几乎一切生命活动的调控。泛素化与肿瘤、心血管等疾病的发病密切相关。因此,作为近年来生物化学研究的一个重大成果,它已然成为研究、开发新药物的新靶点。

体内氨基酸去路有:

1. 合成组织蛋白、酶和激素等　维持组织细胞的生长、更新和修补。

2. 脱氨基　是氨基酸的主要分解途径,被称为一般代谢。通过脱氨基作用,产生 $\alpha$-酮酸和氨。

3. 脱羧基　氨基酸可脱羧基产生 $CO_2$ 和胺类化合物。

4. 合成含氮生物活性物质　属于个别氨基酸代谢,可转变为一些含氮生物活性物质(如嘌呤、嘧啶及氨基酸衍生物激素等)。

由于各种氨基酸具有共同的结构特点,因此它们有共同的代谢途径。但不同氨基酸由于结构的差异,代谢方式也有差别。体内氨基酸代谢的概况见图 10-1。

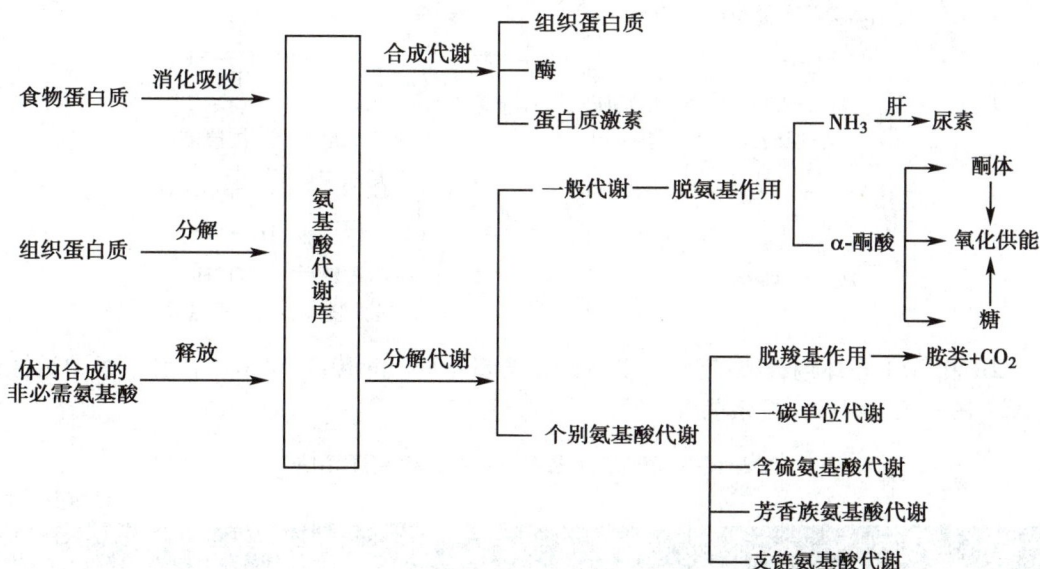

图 10-1　体内氨基酸代谢概况

# 第四节　氨基酸的一般代谢

氨基酸的分解代谢包括一般代谢和个别氨基酸代谢。一般代谢通常是指脱氨基代谢，即生成氨和 α-酮酸。氨主要转化为尿素排出体外，α-酮酸则可进一步代谢利用。

## 一、氨基酸脱氨基

氨基酸脱氨基是氨基酸在体内分解的主要途径，在多数组织中均可进行。大多数氨基酸借此途径转变为氨和 α-酮酸。由于氨基酸结构的差异，脱氨基的方式也不同，主要有转氨基作用（transamination）、氧化脱氨作用（oxidative deamination）、联合脱氨作用（transdeamination）及其他脱氨基作用。

### （一）转氨基作用

1. 转氨基作用与转氨酶　转氨基作用是指氨基酸在氨基转移酶（aminotransferase）的催化下，将一个氨基酸的 α-氨基转移到另一个 α-酮酸的羰基位置上，生成相应的 α-酮酸和新的 α-氨基酸。此过程只发生了氨基的转移，而无游离氨产生。反应如下：

$$\underset{\text{氨基酸1}}{\text{HOOC}\!-\!\overset{\text{NH}_2}{\underset{\text{H}}{\text{C}}}\!-\!\text{R}_1} + \underset{\alpha\text{-酮酸2}}{\text{HOOC}\!-\!\overset{\text{O}}{\text{C}}\!-\!\text{R}_2} \xrightleftharpoons{\text{转氨酶}} \underset{\alpha\text{-酮酸1}}{\text{HOOC}\!-\!\overset{\text{O}}{\text{C}}\!-\!\text{R}_1} + \underset{\text{氨基酸2}}{\text{HOOC}\!-\!\overset{\text{NH}_2}{\underset{\text{H}}{\text{C}}}\!-\!\text{R}_2}$$

转氨基作用是可逆的。因此，转氨基作用既是氨基酸的脱氨基分解过程，也是体内某些非必需氨基酸合成的重要途径。除了赖氨酸、脯氨酸和羟脯氨酸等个别氨基酸外，大多数氨基酸都能进行转氨基作用。

氨基转移酶简称转氨酶（transaminase），种类多、分布广、特异性强。不同的氨基酸与 α-酮酸之间的转氨基只能由专一的转氨酶催化。在各种转氨酶中，以谷丙转氨酶（glutamic-pyruvic transaminase，GPT）和谷草转氨酶（glutamic-oxaloacetic transaminase，GOT）最为重要。谷丙转氨酶又称丙氨酸转氨酶（alanine aminotransferase，ALT），谷草转氨酶又称天冬氨酸转氨酶（aspartate aminotransferase，AST）。催化反应如下：

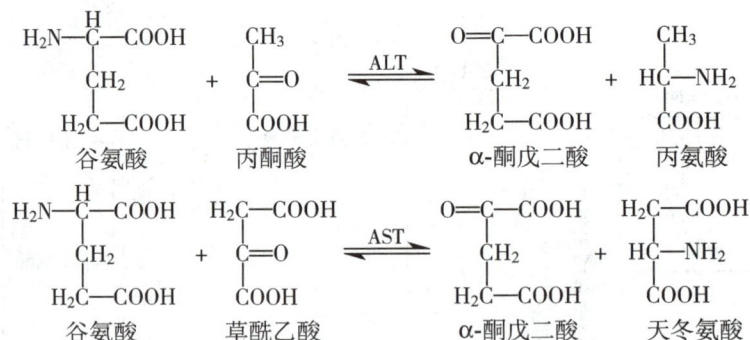

ALT 和 AST 在体内分布广泛，但各组织中含量不同（表 10-3）。ALT 在肝组织中活性最高，AST 在心肌组织中活性最高。

表 10-3　正常成人各组织中 ALT 和 AST 活性

U/每克湿组织

| 组织 | 心 | 肝 | 骨骼肌 | 肾 | 胰腺 | 脾 | 肺 | 血清 |
|------|------|------|------|------|------|------|------|------|
| ALT | 7 100 | 44 000 | 4 800 | 19 000 | 2 000 | 1 200 | 700 | 16 |
| AST | 156 000 | 142 000 | 99 000 | 91 000 | 28 000 | 14 000 | 10 000 | 20 |

转氨酶属于胞内酶,正常情况下主要存在于组织细胞内,血清中活性很低。当组织受损细胞膜通透性增高或细胞破裂时,转氨酶大量释放入血,使血中转氨酶活性明显增高。例如急性肝炎患者血清 ALT 活性显著增高,急性心肌梗死患者血清 AST 活性明显上升。故临床常用 ALT 和 AST 作为疾病的诊断和预后指标。

2. 转氨基作用机制 各种转氨酶的辅酶都是磷酸吡哆醛(维生素 $B_6$ 的磷酸酯)结合在转氨酶活性中心赖氨酸残基的 $\varepsilon$-氨基上。在转氨基作用过程中,磷酸吡哆醛先从氨基酸接受氨基转变为磷酸吡哆胺,氨基酸则转变成 $\alpha$-酮酸,磷酸吡哆胺进一步将氨基转移给另一种 $\alpha$-酮酸而生成相应的氨基酸,同时磷酸吡哆胺又转变为磷酸吡哆醛。在转氨基作用过程中,磷酸吡哆醛和磷酸吡哆胺的相互转变,起着传递氨基的作用。转氨基作用机制见图 10-2。

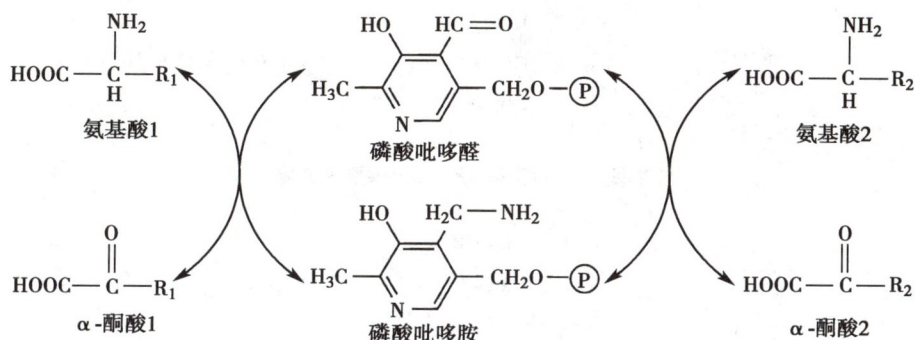

图 10-2 转氨基作用机制

3. 转氨基作用的生理意义 转氨基作用不仅是体内多数氨基酸脱氨基的重要方式,也是体内合成非必需氨基酸和氨基酸互变的重要途径之一。另外,转氨基作用还是联合脱氨作用的重要组成环节。

### (二)氧化脱氨作用

1. 氧化脱氨作用与 L-谷氨酸脱氢酶 氧化脱氨作用是指氨基酸在酶的作用下,氧化脱氢,水解脱氨,产生游离氨和 $\alpha$-酮酸,反应在线粒体进行。催化氧化脱氨作用的酶有 L-谷氨酸脱氢酶和氨基酸氧化酶,以 L-谷氨酸脱氢酶为主。L-谷氨酸是哺乳动物组织中唯一能以相当高的速率进行氧化脱氨作用的氨基酸。反应如下:

L-谷氨酸脱氢酶是能以 $NAD^+$ 或 $NADP^+$ 为辅酶的不需氧脱氢酶,广泛分布于哺乳动物的肝、肾和脑等大多数组织的线粒体中,活性高(肌肉组织中该酶活性较低),专一性强,催化的反应可逆,细胞内可通过其逆反应合成谷氨酸。

L-谷氨酸脱氢酶是一种别构酶,由 6 个相同的亚基聚合而成,每个亚基的分子量为 56 000。ATP 和 GTP 为该酶的别构抑制剂,GDP 和 ADP 是别构激活剂。因此,当机体能量不足时,L-谷氨酸脱氢酶经别构激活,可加速氨基酸氧化,对机体的能量代谢起着重要的调节作用。

2. 氧化脱氨作用的生理意义 L-谷氨酸脱氢酶只能催化 L-谷氨酸氧化脱氨,因而该反应也有局限性。但当 L-谷氨酸脱氢酶和转氨酶联合(联合脱氨作用)时,几乎所有氨基酸都可以脱去氨基,释放游离氨。因此,L-谷氨酸脱氢酶在氨基酸代谢上占有重要地位。

### (三)联合脱氨作用

联合脱氨作用又称转脱氨基作用(transdeamination)。该途径是前面介绍的两种氨基酸脱氨基方式的组合,即由转氨酶和 L-谷氨酸脱氢酶联合催化的脱氨基反应。

1. 转氨基偶联 L-谷氨酸氧化脱氨基 转氨基作用只是把氨基酸中的氨基转移给 α-酮戊二酸或其他 α-酮酸,没有实现真正的脱氨基作用,而氨基转移酶与 L-谷氨酸脱氢酶协同作用,先通过转氨基作用使其他氨基酸的氨基转移给 α-酮戊二酸生成 L-谷氨酸,然后 L-谷氨酸再氧化脱氨基,生成游离氨。

体内大多数氨基酸均由此途径被分解为 α-酮酸和 $NH_3$(图 10-3)。该途径主要在肝、肾等组织中进行。

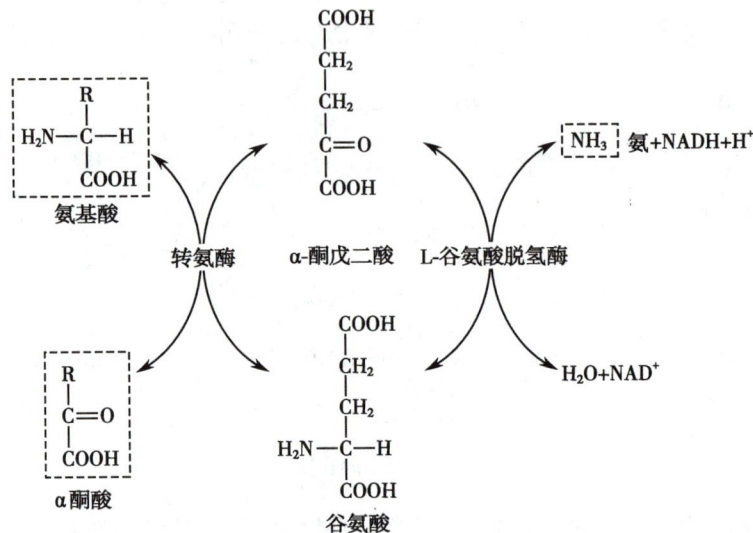

图 10-3 转氨基作用偶联 L-谷氨酸氧化脱氨基

2. 联合脱氨作用的生理意义 联合脱氨作用的方式是可逆的,是生成游离氨的主要方式,同时还是体内合成非必需氨基酸的主要途径之一。

（四）其他脱氨基作用

除上述脱氨基作用形式外,某些氨基酸还可通过其他方式脱去氨基,产生氨和 α-酮酸。常见的有丝氨酸的脱水脱氨基作用、半胱氨酸的脱硫化氢脱氨基作用以及天冬氨酸的直接脱氨基作用等。

## 二、氨的代谢

体内代谢产生的氨及消化道吸收的氨进入血液,形成血氨。氨有毒性,特别是脑组织对氨的作用极为敏感。解除氨毒的主要途径是在肝内合成尿素,再经肾排出体外。正常成人血氨浓度为 $47 \sim 65 \mu mol/L$。

（一）氨的来源与去路

1. 来源 ①体内氨基酸脱氨基作用;②体内含氮化合物的分解,如胺类、嘌呤、嘧啶等;③食物蛋白质的腐败和扩散入肠道的尿素水解产生氨,每天约有 4g 氨经肠道吸收,通过门静脉运输到肝进一步代谢;④肾小管上皮细胞经水解谷氨酰胺分泌氨,在碱性尿液中被重吸收。故临床上肝硬化腹水的患者不宜使用碱性利尿剂,以免使血氨升高。

2. 去路 ①体内 80%~90% 氨在肝内合成尿素;②合成谷氨酰胺;③合成某些含氮化合物,如嘌呤碱基、嘧啶碱基、非必需氨基酸等;④在酸性尿条件下,经肾泌氨与 $H^+$ 结合后以铵盐形式排出体外(图 10-4)。

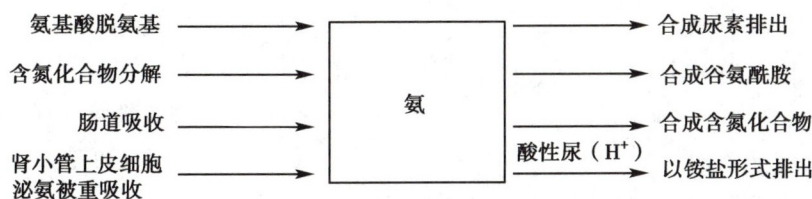

图 10-4　氨的来源与去路

### （二）氨的转运

氨在体内是有毒物质，各组织中产生的氨必须以无毒的形式经血液运输到肝或肾，大部分以尿素的形式排出体外，仅少部分氨在肾内以铵盐的形式随尿排出。氨是以丙氨酸或谷氨酰胺形式进入血液被运输的。

1. 丙氨酸-葡萄糖循环　骨骼肌主要以丙酮酸作为氨基受体，经转氨基作用生成丙氨酸，丙氨酸经血液运输到肝。在肝中，丙氨酸经联合脱氨作用释放出氨用于尿素合成，同时生成的丙酮酸经糖异生途径合成葡萄糖。葡萄糖再由肝细胞释放入血液，被输送到肌肉组织，并沿糖分解途径转变成丙酮酸后，再接受氨生成丙氨酸。丙氨酸和葡萄糖反复地在肌肉组织与肝之间进行氨的转运，这一过程称为丙氨酸-葡萄糖循环（图 10-5）。该循环对机体的意义有两点：①使肌肉中有毒的氨以无毒的丙氨酸形式输出；②肝糖异生产生的葡萄糖为肌肉组织提供能量。

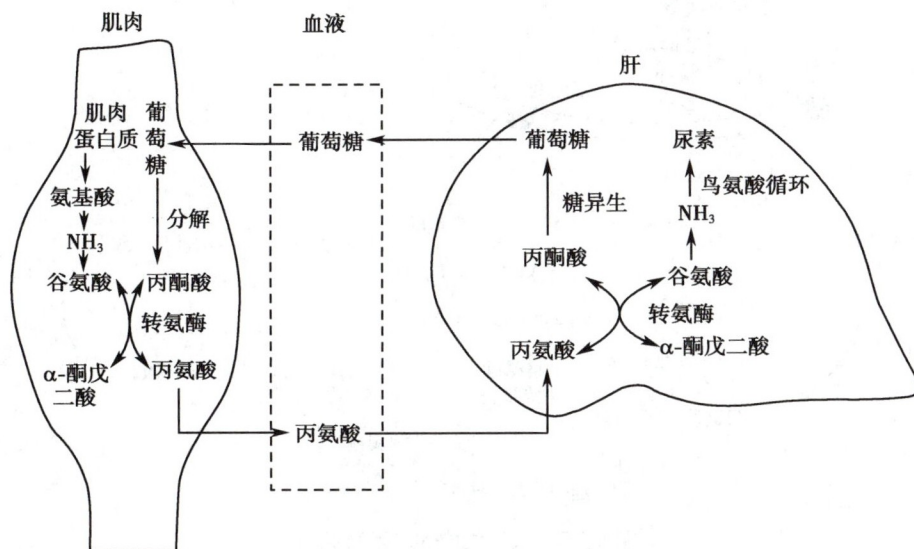

图 10-5　丙氨酸-葡萄糖循环

2. 谷氨酰胺的运氨作用　在脑、肌肉等组织细胞的线粒体内，谷氨酰胺是由谷氨酰胺合成酶催化氨和谷氨酸合成的。谷氨酰胺在这些组织合成后，经血液输送到肝或肾，再经谷氨酰胺酶水解生成谷氨酸和氨。在肝中的氨被转化生成尿素解毒；在肾中的氨最终以铵盐形式排泄。经过谷氨酰胺在不同组织中合成与分解反应，实现了对氨的运输和解毒作用。尤其在脑组织，以谷氨酰胺形式运氨，对于维持正常的脑功能具有重要意义。

$$\begin{array}{c}\text{COOH}\\|\\\text{H}_2\text{N—C—H}\\|\\\text{CH}_2\text{CH}_2\text{COOH}\end{array}\quad\xrightleftharpoons[\substack{\text{谷氨酰胺酶}}]{\substack{\text{NH}_3+\text{ATP}\qquad\text{ADP}+\text{Pi}\\\text{谷氨酰胺合成酶}\\\text{NH}_3\qquad\text{H}_2\text{O}}}\quad\begin{array}{c}\text{COOH}\\|\\\text{H}_2\text{N—C—H}\\|\\\text{CH}_2\text{CH}_2\text{CO—NH}_2\end{array}$$

谷氨酸　　　　　　　　　　　　　　　　　　　　　　　　谷氨酰胺

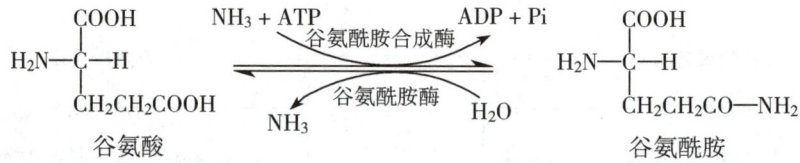

### （三）尿素的合成

尿素(urea)是体内解氨毒并排泄的主要形式。

1. 肝是尿素合成的主要器官　动物实验结果表明,切除犬的肝,则血和尿中的尿素含量明显下降。若再给此动物输入或饲喂氨基酸,则出现血中氨基酸和氨的含量均升高,而尿素含量仍很低,最后动物死于氨中毒。若切除犬的肾而保留肝,则血中尿素含量明显升高。此外,暴发性肝衰竭患者的血及尿中几乎无尿素。这些结果都说明,肝是尿素合成的主要器官,肾是排泄尿素的主要器官。

2. 尿素合成途径　肝合成尿素的途径称鸟氨酸循环(ornithine cycle),又称尿素循环(urea cycle)。1932年,Hans Krebs 和 Kurt Henseleit 在一系列实验的基础上提出了尿素合成的鸟氨酸循环学说,后被放射性核素示踪实验证实(图10-6)。

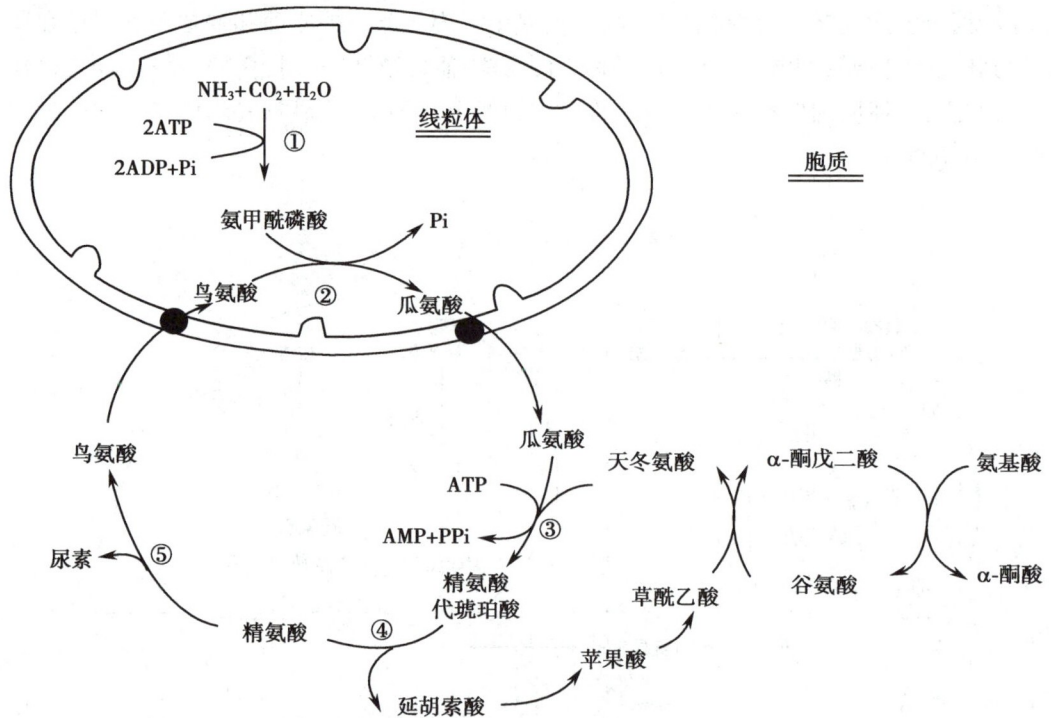

图 10-6　尿素生成的鸟氨酸循环

经过鸟氨酸循环,可将1分子 $CO_2$ 和2分子氨结合生成1分子尿素。

鸟氨酸循环的中间过程比较复杂,大体可分为以下4个步骤:

（1）氨甲酰磷酸合成:氨和 $CO_2$ 首先在线粒体内氨甲酰磷酸合成酶 I（CPS-I）催化下,消耗2分子 ATP,生成氨甲酰磷酸(carbamyl phosphate)。在此反应中,还需要有 $Mg^{2+}$、N-乙酰谷氨酸(AGA)参与。

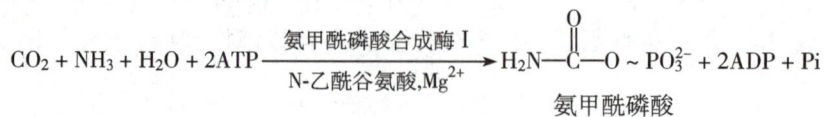

$$CO_2+NH_3+H_2O+2ATP\xrightarrow[\text{N-乙酰谷氨酸,Mg}^{2+}]{\text{氨甲酰磷酸合成酶 I}}\underset{\text{氨甲酰磷酸}}{H_2N-\overset{\overset{\displaystyle O}{\|}}{C}-O\sim PO_3^{2-}}+2ADP+Pi$$

CPS-Ⅰ是别构酶,AGA 是此酶的别构激活剂,可诱导该酶分子构象改变,暴露出某些巯基,从而增加了酶与 ATP 的亲和力,促进氨甲酰磷酸的合成。氨甲酰磷酸是高能化合物,性质活泼,易在酶的催化下与鸟氨酸缩合生成瓜氨酸。

(2) 瓜氨酸合成:在鸟氨酸氨甲酰基转移酶(ornithine carbamyl transferase,OCT)的催化下,把氨甲酰磷酸分子中的氨甲酰基转移到鸟氨酸的氨基上生成瓜氨酸。

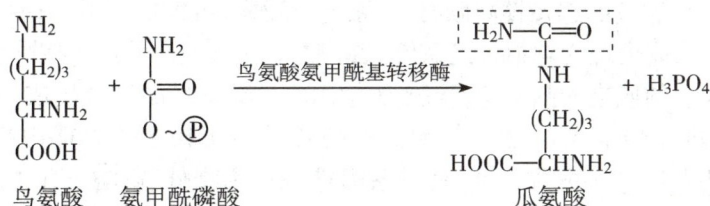

以上两步反应都不可逆。CPS-Ⅰ和 OCT 通常以复合物的形式存在于肝细胞的线粒体内。

(3) 精氨酸合成:瓜氨酸在线粒体内合成后,由膜载体转移到线粒体外。在胞质中于精氨酸代琥珀酸合成酶的催化下,消耗 ATP 与天冬氨酸缩合生成精氨酸代琥珀酸,后者再经精氨酸代琥珀酸裂解酶的催化,生成精氨酸和延胡索酸。

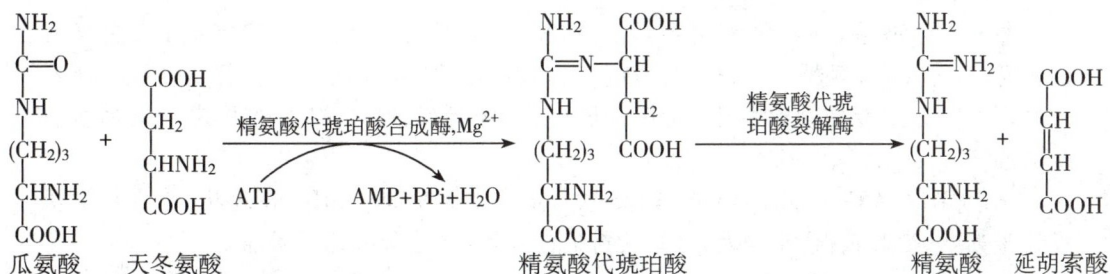

该反应中,天冬氨酸提供合成尿素的第 2 个氮原子。反应所生成的延胡索酸可经三羧酸循环转化成草酰乙酸,后者再经天冬氨酸转氨酶催化又重新生成天冬氨酸,参与下一轮反应。在上述转氨基反应中,谷氨酸的氨基实际上可由体内多种氨基酸转移而来,通过谷氨酸使多种氨基酸的氨基以天冬氨酸形式参与尿素的合成。由此可见,鸟氨酸循环与三羧酸循环相呼应,鸟氨酸循环与转氨基作用相关联,延胡索酸和天冬氨酸起着至关重要的桥梁作用(图 10-6)。

(4) 精氨酸水解:精氨酸在精氨酸酶(arginase)的作用下,水解生成尿素和鸟氨酸。鸟氨酸再通过线粒体内膜上的载体转运又重返线粒体,为参加下一次循环做准备。

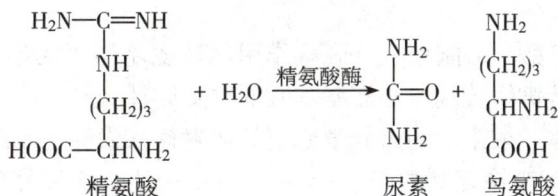

通过一次鸟氨酸循环,生成 1 分子尿素,要耗用 3 分子 ATP(4 个高能磷酸键),故尿素合成是一个耗能的过程。鸟氨酸循环总反应如下:

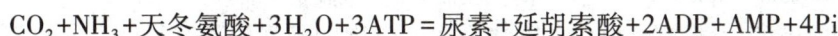

$$CO_2 + NH_3 + 天冬氨酸 + 3H_2O + 3ATP = 尿素 + 延胡索酸 + 2ADP + AMP + 4Pi$$

在鸟氨酸循环中,CPS-Ⅰ是尿素合成启动的关键酶,其活性受 AGA 别构激活;精氨酸代琥珀酸合成酶是尿素合成启动后的关键酶,调节该酶活性可以影响尿素合成的速度,精氨酸

笔记栏

又是 AGA 合成酶的激活剂。因此,给予精氨酸,可加速尿素合成。

CPS-Ⅰ存在于线粒体,其催化特点是以氨为氮源合成氨甲酰磷酸,进而参与尿素的合成。在胞质中还存在着另一种参与氨甲酰磷酸合成的酶——CPS-Ⅱ,它以谷氨酰胺为氮源催化合成氨甲酰磷酸,用于嘧啶核苷酸(pyrimidine nucleotide)的合成。

氨具有毒性,合成尿素是解除氨毒的主要方式。肝功能严重受损或尿素合成相关酶(如鸟氨酸氨甲酰基转移酶)的遗传性缺陷时,尿素合成障碍,可致血氨增高,称为高氨血症(hyperammonemia)。临床表现为中枢神经系统紊乱症状,如呕吐、厌食、间歇性共济失调、嗜睡等。一般认为,大量的氨进入脑组织,与脑细胞中的 α-酮戊二酸结合生成谷氨酸,也可与脑中的谷氨酸结合进一步生成谷氨酰胺,结果一方面消耗了较多的 NADH 和 ATP 等能源物质,另一方面消耗大量的 α-酮戊二酸,使三羧酸循环速率降低,影响 ATP 的生成,使脑组织供能不足;此外,这个过程还消耗了谷氨酸,而谷氨酸是神经递质。能量及神经递质严重缺乏将导致脑功能障碍,严重时出现昏迷。

### 病案分析

病案实例:

患者,男,50 岁,因神志恍惚伴黑便,呕吐 4 小时入院。患者入院前 4 小时突发言语含糊,行为异常,烦躁不安,轻微四肢抽搐,精神萎靡,解多次少量黑便,伴呕吐,急诊入院。既往史:9 年前被诊断为"①丙肝肝硬化(失代偿期);②2 型糖尿病",其间多次入院治疗。

查体:T 36.4℃,P 92 次/min,R 23 次/min,BP 139/89mmHg,昏迷状,全身皮肤巩膜轻度黄染,贫血貌;瞳孔等大,对光反射迟钝,其他体格检查未见异常。

实验室检查:血常规示白细胞计数 18.61×10⁹/L↑,红细胞计数 2.23×10¹²/L↓,血红蛋白 59.00g/L↓↓,血小板计数 761.00×10⁹/L↑。血生化示总胆红素 37.55μmol/L↑,结合胆红素 17.68μmol/L↑,非结合胆红素 19.87μmol/L↑,血糖(空腹)16.46mmol/L↑,血氨 102.30μmol/L↑,ALT 170U/L↑。

ER-10-2

病案分析

### 三、α-酮酸的代谢

氨基酸脱氨基后生成的另一个中间代谢产物为含碳的 α-酮酸,其在体内主要有三方面的代谢途径:

1. 合成非必需氨基酸　α-酮酸联合脱氨作用或转氨基作用的逆过程氨基化,重新生成相应的 α-氨基酸。这是机体合成非必需氨基酸的重要途径。

2. 转变为糖或酮体　根据动物营养学研究和放射性核素标记示踪实验,已确定有 13 种氨基酸能转变成糖,故称生糖氨基酸(glycogenic amino acid)。2 种氨基酸即亮氨酸和赖氨酸只能转变为酮体或脂肪,称生酮氨基酸(ketogenic amino acid)。5 种氨基酸即苯丙氨酸、酪氨酸、色氨酸、异亮氨酸、苏氨酸既能转变成糖,又能转变成酮体,称生酮生糖氨基酸(ketogenic and glycogenic amino acid),又称生糖兼生酮氨基酸。

氨基酸能转变为糖或酮体的过程,本质上是不同的氨基酸脱氨基后产生的各种 α-酮酸,分别通过不同的中间代谢物或进入糖代谢途径,经糖异生产生葡萄糖;或进入酮体合成途径生成酮体。

3. 氧化供能　α-酮酸在线粒体内经三羧酸循环与呼吸链的偶联作用彻底氧化生成 $CO_2$ 和水,并释放出能量以供生理活动需要。

# 第五节　个别氨基酸的代谢

氨基酸的一般代谢过程是体内组成蛋白质的 20 种氨基酸的共有代谢途径。然而各种氨基酸 R 侧链不同,因而又有各自特殊的代谢途径,并产生一些具有重要生理活性的中间产物。

## 一、氨基酸脱羧基

氨基酸脱羧基是氨基酸分解代谢的另一种方式。部分氨基酸经 α-脱羧基作用生成胺类化合物。催化这些反应的酶是氨基酸脱羧酶,辅酶是磷酸吡哆醛。

氨基酸脱羧基后生成的胺类化合物虽然含量不高,但都具有特殊的生理功能。正常情况下,体内广泛存在着胺氧化酶,特别在肝内此酶的活性较高,它们能使胺氧化生成相应的醛和酸,后者再进一步彻底氧化成 $CO_2$ 和 $H_2O$。

下面介绍几种氨基酸脱羧基产生的重要化合物。

### （一）γ-氨基丁酸

γ-氨基丁酸(γ-aminobutyric acid,GABA)是由谷氨酸在谷氨酸脱羧酶的催化下脱羧基生成的。脑组织中该酶活性很高,因而 GABA 在脑组织中的浓度较高。GABA 是中枢神经系统的抑制性神经递质。

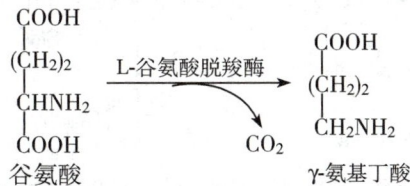

### （二）组胺

组胺(histamine)是由组氨酸在组氨酸脱羧酶的催化下脱羧基生成的。组胺在体内分布广泛,在乳腺、肺、肝、肌肉及胃黏膜等组织的肥大细胞中含量较高。组胺是一种很强的血管舒张剂,能增加毛细血管的通透性,引起血压下降;组织创伤或炎症部位由于组胺的释放,可引起局部组织水肿。组胺能使支气管平滑肌痉挛导致哮喘。组胺还能刺激胃酸和胃蛋白酶分泌。

### （三）5-羟色胺

色氨酸经色氨酸羟化酶的作用生成 5-羟色氨酸,再经 5-羟色氨酸脱羧酶催化脱羧基生成 5-羟色胺(5-hydroxytryptamine,5-HT)。这两种酶在脑和肾中活性比较高,其中色氨酸羟化酶是合成 5-HT 的限速酶,受脑内 5-HT 浓度的反馈抑制。

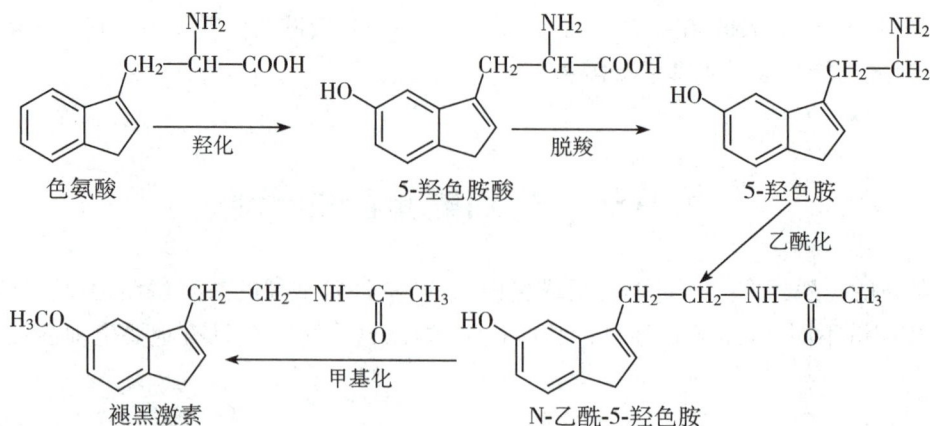

5-羟色胺在体内分布广泛,其作用在中枢和外周组织各不相同。脑组织中的 5-HT 是一种中枢抑制性神经递质,与调节睡眠、体温和镇痛等有关;在松果体,5-羟色胺经乙酰化、甲基化等反应生成褪黑激素(melatonin),与机体的生物节律、神经系统、生殖系统和免疫系统功能密切相关。在外周组织中,5-HT 具有收缩血管作用。5-HT 经单胺氧化酶催化生成 5-羟色醛,进一步氧化生成 5-羟吲哚乙酸随尿排出。

### (四)多胺

多胺(polyamine)是指含有 2 个以上氨基的胺类化合物,是体内腐胺、亚精胺(精脒)和精胺的总称。腐胺是鸟氨酸脱羧的产物。亚精胺和精胺都是在腐胺的基础上由 S-腺苷基甲硫氨酸提供丙胺基后生成的产物(图 10-7)。

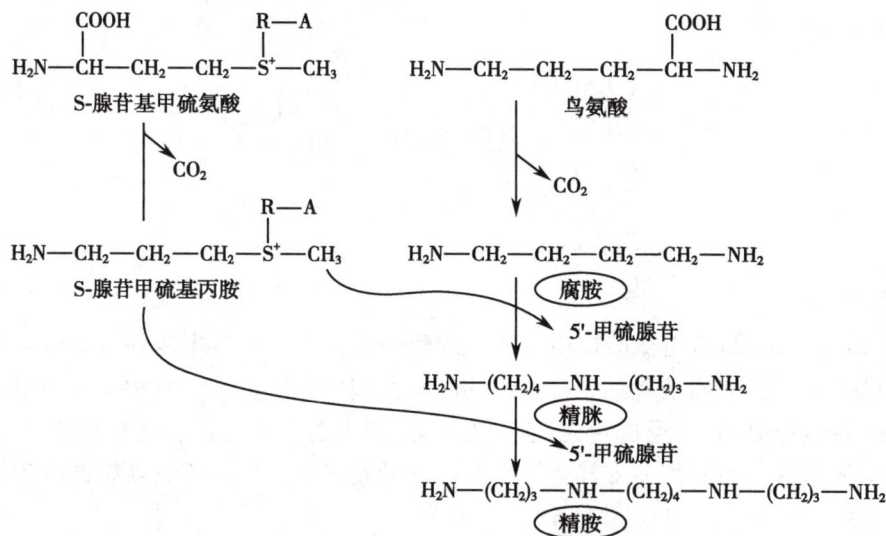

图 10-7 腐胺、精脒和精胺形成的过程

多胺在哺乳动物体内分布很广,尤其是在生长旺盛的组织,如胚胎、再生肝、肿瘤组织内含量较高,与这些组织中多胺合成的关键酶——鸟氨酸脱羧酶活性较强有关。在体内,多胺大部分与乙酰基结合随尿排出,小部分氧化成 $CO_2$ 和 $NH_3$。多胺本身带有大量的正电荷,易与带负电荷的核酸结合,可能在转录和细胞分裂的调控中起作用。由于多胺在肿瘤组织中含量较高,故临床上常测定患者血及尿中的多胺含量,作为肿瘤非特异性辅助诊断指标之一。

### 二、一碳单位代谢

某些氨基酸在分解代谢过程中,能够产生含有 1 个碳原子的有机基团,称为一碳单位 (one carbon unit),又叫一碳基团。一碳单位的生成、转变、运输及参与物质合成的反应过程称为一碳单位代谢。

#### (一)一碳单位的种类与来源

体内重要的一碳单位主要有甲基(—CH₃)、亚甲基(—CH₂—)、次甲基(—CH ═)、甲酰基(—CHO)和亚氨甲基(—CH ═NH)等,主要来自甘氨酸、组氨酸、丝氨酸和色氨酸等的分解代谢。

#### (二)一碳单位的生成与载体

1. **一碳单位的载体**　一碳单位不能游离存在,需与四氢叶酸(tetrahydrofolic acid,$FH_4$,THF)结合而被转运,参与嘌呤、嘧啶、胆碱、肾上腺素等多种重要物质的合成代谢。四氢叶酸是一碳单位的载体。在体内,四氢叶酸是由叶酸(F)经二氢叶酸($FH_2$)还原酶催化生成的。

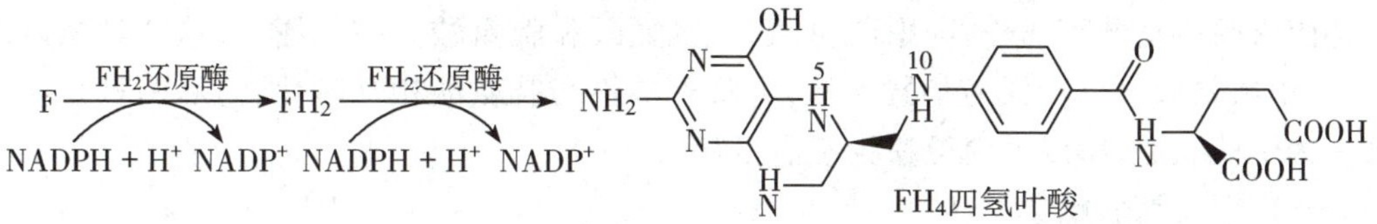

$$F \xrightarrow[\text{NADPH}+\text{H}^+ \quad \text{NADP}^+]{FH_2\text{还原酶}} FH_2 \xrightarrow[\text{NADPH}+\text{H}^+ \quad \text{NADP}^+]{FH_2\text{还原酶}} \quad FH_4\text{四氢叶酸}$$

2. **一碳单位的生成**　一碳单位主要来自丝氨酸、甘氨酸、色氨酸及组氨酸的分解代谢,代谢过程非常复杂。代谢产生的一碳单位不能游离存在,均需转移到四氢叶酸分子上,而四氢叶酸的 $N^5$ 或 $N^{10}$ 是携带一碳单位的位点。一碳单位的种类及与四氢叶酸的结合形式见表 10-4。

表 10-4　一碳单位与四氢叶酸的结合形式

| 一碳单位名称 | 结构 | 与四氢叶酸结合位点 | 举例 |
| --- | --- | --- | --- |
| 甲基 | —CH₃ | $N^5$ | $N^5$-甲基四氢叶酸 |
| 亚甲基 | —CH₂— | $N^5$ 和 $N^{10}$ | $N^5$ 和 $N^{10}$-亚甲基四氢叶酸 |
| 次甲基 | —CH ═ | $N^5$ 和 $N^{10}$ | $N^5$ 和 $N^{10}$-次甲基四氢叶酸 |
| 甲酰基 | —CHO | $N^5$ 或 $N^{10}$ | $N^{10}$-甲酰基四氢叶酸 |
| 亚氨甲基 | —CH ═ NH | $N^5$ | $N^5$-亚氨甲基四氢叶酸 |

#### (三)一碳单位的互变与代谢意义

1. **一碳单位的互变**　一碳单位可由不同氨基酸分解代谢产生,但在不同形式的一碳单位之间,除 $N^5$-甲基四氢叶酸($N^5$—CH₃—$FH_4$)的生成为不可逆反应外,其余均可通过氧化还原作用而彼此互变(图 10-8)。

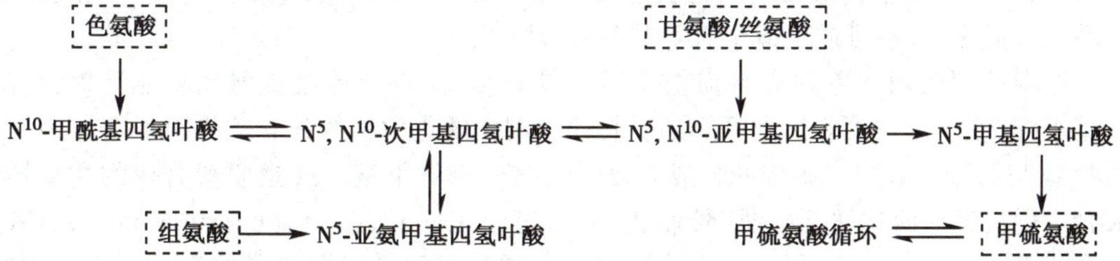

图 10-8　一碳单位的生成与互变

2. 一碳单位代谢的生理意义 一碳单位将氨基酸代谢与核苷酸代谢密切联系起来,在核酸的生物合成中具有重要作用。

(1) 作为合成嘌呤和嘧啶的原料:嘌呤碱基中的 $C_2$ 和 $C_8$ 分别由 $N^{10}$—CHO—$FH_4$ 和 $N^5$,$N^{10}$=CH—$FH_4$ 供给;脱氧胸苷酸(dTMP)的甲基由 $N^5$,$N^{10}$—$CH_2$—$FH_4$ 提供。氨基酸的一碳单位代谢与核苷酸合成代谢密切相关,因此一碳单位代谢与细胞的增殖、组织生长和机体发育等功能有关。一碳单位代谢障碍或四氢叶酸不足时,可引起某些病理性改变,如巨幼红细胞贫血。磺胺药和某些抗肿瘤药正是通过干扰了细菌或肿瘤细胞的叶酸或四氢叶酸的合成,进而影响一碳单位代谢与核苷酸的合成而发挥药理作用的。

(2) 参与重要物质的合成:一碳单位代谢还与 S-腺苷基甲硫氨酸的循环相关,通过 S-腺苷基甲硫氨酸参与的甲基化反应,间接参与胆碱、肌酸、卵磷脂、肾上腺素等的合成及核苷酸的甲基化修饰等多种代谢过程。

### 三、含硫氨基酸代谢

体内含硫氨基酸有 3 种,即甲硫氨酸、半胱氨酸和胱氨酸。在代谢上,这 3 种氨基酸相互联系,甲硫氨酸可以转变为半胱氨酸,半胱氨酸能与胱氨酸相互转化,但后两种氨基酸不能转变为甲硫氨酸,所以甲硫氨酸为必需氨基酸。

#### (一) 甲硫氨酸代谢

1. S-腺苷基甲硫氨酸的生成 甲硫氨酸分子中含有 S-甲基,可用于体内多种生物活性物质的甲基化,但 S-甲基必须活化后才能作为甲基化供体。S-腺苷基甲硫氨酸(S-adenosyl-methionine,SAM)中的甲基称为活性甲基。SAM 是甲硫氨酸在腺苷转移酶催化下,接受由 ATP 提供的腺苷而生成(图 10-9)。SAM 称为活性甲硫氨酸,参与体内 50 多种物质的甲基化反应,如胆碱、肌酸、肾上腺素等的合成。

2. 甲硫氨酸循环 即活性甲基循环,其反应过程:SAM 转移甲基后,生成 S-腺苷基同型半胱氨酸,经水解脱去腺苷转变为同型半胱氨酸。同型半胱氨酸在 $N^5$—$CH_3$—$FH_4$ 和维生素 $B_{12}$ 的参与下,接受由 $N^5$—$CH_3$—$FH_4$ 提供的甲基生成甲硫氨酸,随后甲硫氨酸再与 ATP 反应重新生成 SAM,这一过程称为甲硫氨酸循环(methionine cycle)(图 10-9)。

尽管这一循环可以再生甲硫氨酸,但由于体内不能合成同型半胱氨酸,它只能由前体甲硫氨酸转变产生,所以体内实际上仍不能合成甲硫氨酸,必须从食物中不断获得。在这一循环中,维生素 $B_{12}$ 是 $N^5$—$CH_3$—$FH_4$ 转甲基酶的辅酶,能够传递 $N^5$—$CH_3$—$FH_4$ 上的甲基到同型半胱氨酸上去,使 $FH_4$ 再生。因此,当维生素 $B_{12}$ 缺乏时,不仅影响甲硫氨酸的生成,而且也使组织中游离的 $FH_4$ 含量减少,一碳单位的转运能力下降,导致核酸合成障碍,影响细胞分裂,引起巨幼红细胞贫血。

体内同型半胱氨酸的主要代谢途径有 2 条:约 50% 同型半胱氨酸甲基化重新生成甲硫氨酸;另约 50% 同型半胱氨酸通过转硫途径分解代谢,需要维生素 $B_{12}$ 的参与,在胱硫醚酶等一系列酶催化下,不可逆生成半胱氨酸和 α-酮丁酸。

同型半胱氨酸对血管内皮有损伤作用。维生素 $B_{12}$ 缺乏或胱硫醚酶功能受损,会出现高同型半胱氨酸血症,目前认为可能是引起动脉粥样硬化发病的独立危险因子。

3. 参与肌酸的合成 肌酸的合成需要甲硫氨酸提供甲基。肝是肌酸合成的主要器官。肌酸合成后再经血液运送到心肌、骨骼肌、大脑等组织,经肌酸激酶(creatine kinase,CK)催化转变成磷酸肌酸(creatine phosphate)。肌酸和磷酸肌酸是体内能量储存及利用的重要化合物,储存 ATP 提供的高能磷酸键。

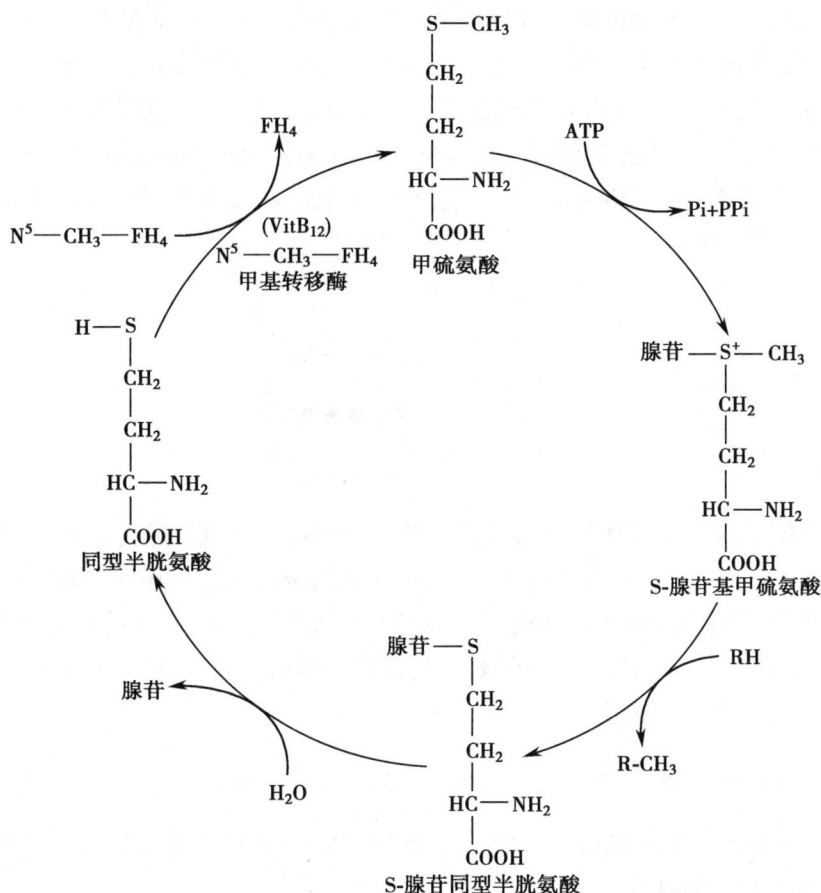

图 10-9 甲硫氨酸循环

肌酸激酶由 M 型（肌肉型）和 B 型（脑型）两种亚基组成。胞质中有 3 种肌酸激酶同工酶,即 MM 型、BB 型及 MB 型,分别分布于骨骼肌、脑和心肌组织。当心肌梗死时,血清中 MB 型肌酸激酶活性增高,可作为急性心肌梗死辅助诊断的指标之一。

肌酸和磷酸肌酸分解代谢的终产物都是肌酐（creatinine）。肌酐主要是肌肉中的磷酸肌酸以不可逆的非酶促反应生成,经血液随尿排出。正常人,每日尿中肌酐的排出量恒定在 1.4g 左右,血浆肌酐为 $50\sim120\mu mol/L$。肾功能障碍时,肌酐排泄障碍,血中浓度升高。血浆和尿中肌酐的测定有助于肾功能不全的临床诊断。

### （二）半胱氨酸与胱氨酸代谢

1. 半胱氨酸与胱氨酸的互变　半胱氨酸含巯基（—SH）,而胱氨酸含二硫键（—S—S—）,二者在体内可经氧化还原互变。

2. 半胱氨酸生成牛磺酸　半胱氨酸经氧化、脱羧可生成牛磺酸（taurine）,后者是构成结合型胆汁酸的重要组成成分。

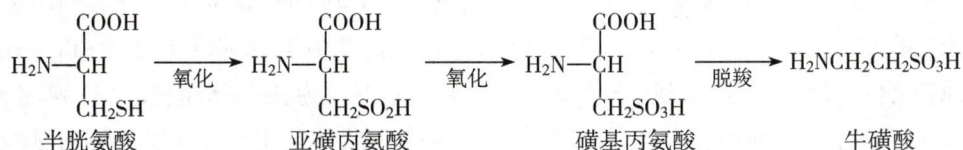

半胱氨酸　—氧化→　亚磺丙氨酸　—氧化→　磺基丙氨酸　—脱羧→　牛磺酸

3. 半胱氨酸生成活性硫酸根　含硫氨基酸氧化分解均可产生硫酸根,但半胱氨酸是体内硫酸根的主要来源。半胱氨酸通过脱氨、脱硫化氢生成丙酮酸、$NH_3$ 和 $H_2S$。$H_2S$ 进一步氧化生成硫酸。体内硫酸一部分以无机盐形式随尿排出,另一部分被 ATP 活化生成活性硫酸根,即 3′-磷酸腺苷-5′-磷酰硫酸(3′-phosphoadenosine-5′-phosphosulfate,PAPS)。PAPS 的化学性质活泼,可使某些物质硫酸酯化,参与肝生物转化、糖胺聚糖(如肝素、硫酸软骨素等)的合成以及蛋白质的硫酸化。

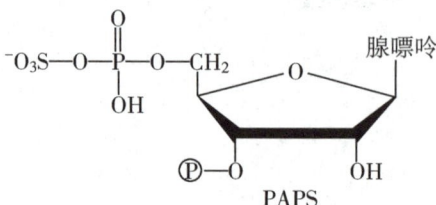

$$^-O_3S-O-\overset{\overset{\displaystyle O}{\|}}{\underset{\underset{\displaystyle OH}{|}}{P}}-O-CH_2 \quad\quad 腺嘌呤$$

PAPS

4. 半胱氨酸参与合成谷胱甘肽　谷胱甘肽(glutathione,GSH)是由谷氨酸、半胱氨酸和甘氨酸构成的三肽。GSH 中的巯基具有还原性,可作为体内重要的还原剂,清除活性氧及其他氧化剂;保护体内许多酶或蛋白质的巯基免遭氧化而失活。GSH 中的巯基还可与外源性的毒物,如药物或致癌剂等结合,从而阻断这些物质与体内生物大分子 DNA、RNA 或蛋白质结合,以保护机体免遭毒物损害。

## 四、芳香族氨基酸代谢

芳香族氨基酸包括苯丙氨酸、酪氨酸、色氨酸,其中苯丙氨酸、色氨酸为营养必需氨基酸,它们主要在肝中分解代谢。

### (一)苯丙氨酸羟化为酪氨酸

正常情况下,苯丙氨酸在肝内生成酪氨酸,反应由苯丙氨酸羟化酶(phenylalanine hydroxylase)催化,以四氢生物蝶呤为辅酶。此反应不可逆,因而酪氨酸不能转变为苯丙氨酸。

苯丙氨酸羟化酶先天性缺乏时,苯丙氨酸不能羟化生成酪氨酸,只能通过转氨基作用生成苯丙酮酸。苯丙酮酸在血液中积累,对中枢神经系统具有毒性作用,可导致患儿智力发育障碍。过多的苯丙酮酸及其部分代谢产物(苯乳酸、苯乙酸等)可以随尿液排出,临床上称之为苯丙酮尿症(phenylketonuria,PKU)。治疗原则是早发现,严格控制膳食中苯丙氨酸的摄入量。

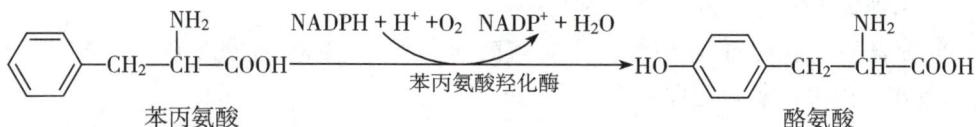

$$\text{苯丙氨酸} \xrightarrow[\text{苯丙氨酸羟化酶}]{NADPH+H^++O_2 \quad NADP^++H_2O} \text{酪氨酸}$$

苯丙氨酸　　　　　　　　　　　　　　　　　　　　　　　　酪氨酸

### (二)酪氨酸代谢

1. 酪氨酸转变为甲状腺激素　甲状腺激素(thyroid hormone)是甲状腺分泌的激素的统称,包括三碘甲腺原氨酸($T_3$)和四碘甲腺原氨酸($T_4$)等,其中 $T_4$ 又称甲状腺素(thyroxine)。

它们的合成过程是:首先甲状腺球蛋白中的酪氨酸碘化为 3-碘化酪氨酸(一碘酪氨酸)和 3,5-碘化酪氨酸(二碘酪氨酸),然后 2 分子二碘酪氨酸缩合生成 $T_4$;或二碘酪氨酸与一碘酪氨酸缩合成 $T_3$。$T_3$ 的生理活性比 $T_4$ 大 3~5 倍。

一碘酪氨酸　　　　　　　　　　　　　　二碘酪氨酸

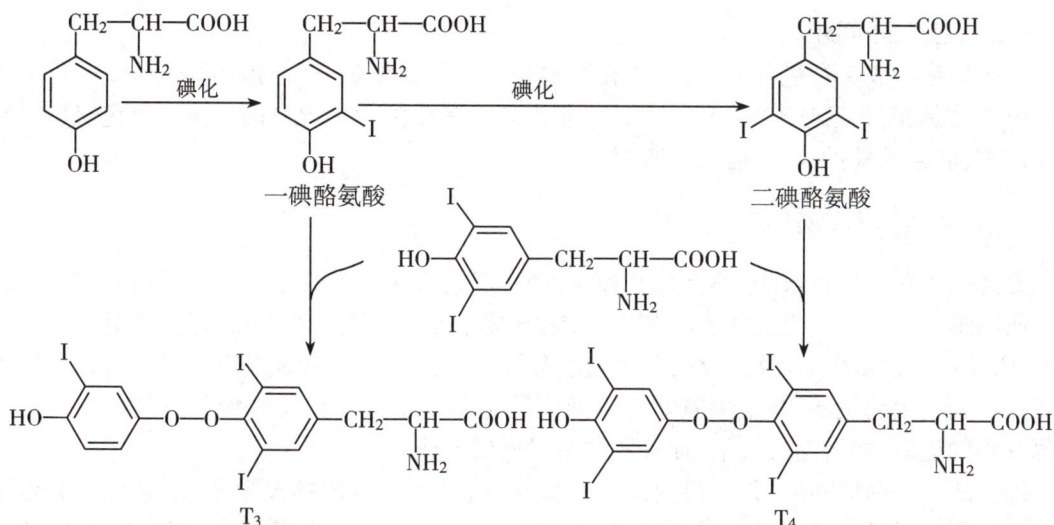

$T_3$　　　　　　　　　　　　　　　　　　$T_4$

甲状腺激素的主要作用是促进糖类、脂质和蛋白质代谢以及能量代谢;促进机体生长、发育,特别对骨和脑的发育尤为重要。婴幼儿缺乏甲状腺激素时,中枢神经系统发育出现障碍,长骨生长停滞,以致表现出智力迟钝和身材矮小等特征,称为呆小病(cretinism,又称克汀病)。某些地区因饮食中缺少碘,可以影响甲状腺激素的合成,在垂体分泌的促甲状腺素(thyroid stimulating hormone,TSH)刺激下,使甲状腺组织增生、肿大,引起地方性甲状腺肿。在食盐中加碘可预防碘缺乏。

2. 酪氨酸转变为儿茶酚胺类物质　在神经组织或肾上腺髓质中,酪氨酸在酪氨酸羟化酶催化下生成多巴(又称3,4-二羟苯丙氨酸),然后多巴脱羧生成多巴胺(dopamine)。多巴胺侧链β碳原子再被羟化生成去甲肾上腺素(noradrenalin,norepinephrine)。去甲肾上腺素由SAM提供甲基生成肾上腺素(adrenaline,epinephrine)(图10-10)。多巴胺、去甲肾上腺素、肾上腺素属于具有儿茶酚结构的胺类物质,统称为儿茶酚胺(catecholamine)。

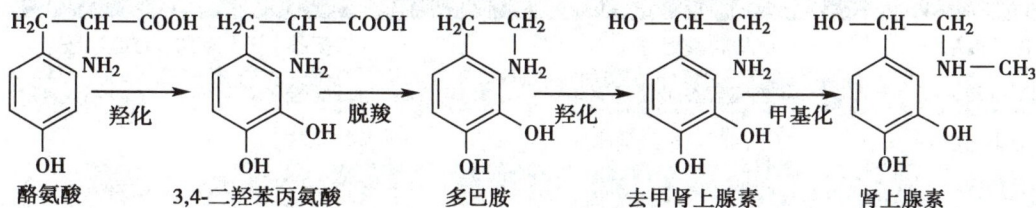

图 10-10　儿茶酚胺的合成

肾上腺素、多巴胺、去甲肾上腺素在中枢神经系统发挥着重要作用。帕金森病(Parkinson disease)的发生与脑内多巴胺含量减少有关。酪氨酸羟化酶是合成儿茶酚胺的关键酶,其活性受儿茶酚胺的反馈抑制。

3. 酪氨酸转变为黑色素　在皮肤和毛囊等的黑色素细胞中,酪氨酸酶(一种含 $Cu^{2+}$ 的氧化酶)催化酪氨酸羟化生成多巴,后者经氧化、脱羧、脱氨等反应生成吲哚醌,吲哚醌再经聚合生成黑色素(melanin)。酪氨酸酶先天性缺陷的患者,黑色素合成障碍,皮肤、毛发等发白,称为白化病(albinism)。

4. 酪氨酸氧化分解　酪氨酸经酪氨酸转氨酶的作用,生成对羟基苯丙酮酸,后者经尿黑酸(homogentisic acid)等中间产物进一步转变成乙酰乙酸和延胡索酸,分别参与酮体或糖代谢。因此,苯丙氨酸与酪氨酸都是生酮生糖氨基酸。当体内缺乏尿黑酸氧化酶时,尿黑酸降解受阻,大量尿黑酸从尿中排出,经空气氧化使尿呈棕色,称为尿黑酸尿症(alkaptonuria)。

### （三）色氨酸代谢

色氨酸除生成 5-羟色胺外,还可以在肝中分解。色氨酸在一系列酶催化下开环,可生成一碳单位、丙酮酸和乙酰乙酰 CoA 等,故色氨酸是一种生酮生糖氨基酸。少部分色氨酸可转变成烟酸,但合成量很少,不能满足需要。

## 五、支链氨基酸代谢

支链氨基酸包括亮氨酸、异亮氨酸和缬氨酸,都是营养必需氨基酸。支链氨基酸分解主要在肌肉组织中进行。经过若干反应步骤,缬氨酸分解产生琥珀酰 CoA;亮氨酸分解产生的 HMG-CoA 经裂解可生成乙酰乙酸;异亮氨酸分解产生乙酰 CoA 和琥珀酰 CoA。所以这 3 种氨基酸分别是生糖氨基酸、生酮氨基酸以及生酮生糖氨基酸。胰岛素能促进肌肉组织对支链氨基酸的摄取,并抑制其分解,促进肌肉蛋白质的合成。

综上所述,氨基酸除了作为蛋白质合成原料外,还可转变成神经递质、激素以及其他重要的含氮生理活性物质参与体内的代谢过程(表 10-5)。如精氨酸经一氧化氮合酶(nitric oxide synthase,NOS)催化生成一氧化氮(NO),而 NO 是一种重要的信号分子,广泛分布于生物体内各组织尤其是神经组织中,在心脑血管调节、神经免疫调节等方面有着十分重要的生物学作用,近年来受到高度关注。

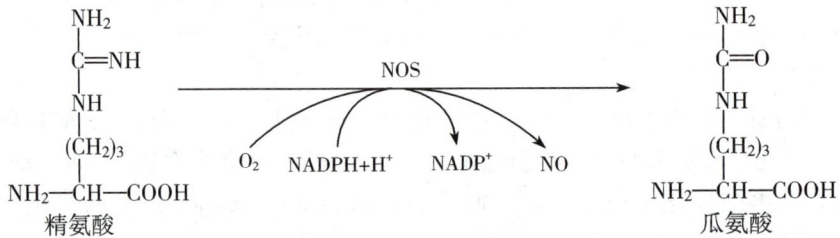

表 10-5 氨基酸衍生的重要含氮生理活性物质

| 含氮生理活性物质 | 生理功能 | 氨基酸来源 |
| --- | --- | --- |
| 嘌呤碱基 | 核苷酸组分 | 甘氨酸、天冬氨酸、谷氨酰胺 |
| 嘧啶碱基 | 核苷酸组分 | 天冬氨酸 |
| 卟啉化合物 | 合成血红素类成分 | 甘氨酸 |
| 肌酸 | 能量储存 | 甘氨酸、精氨酸、甲硫氨酸 |
| 儿茶酚胺 | 激素、神经递质 | 苯丙氨酸、酪氨酸 |
| 甲状腺激素 | 激素 | 酪氨酸 |
| 黑色素 | 皮肤、毛发等色素 | 酪氨酸 |
| 烟酸 | 维生素 | 色氨酸 |
| 褪黑激素 | 调节睡眠、记忆,抗氧化等 | 色氨酸 |
| 5-羟色胺 | 血管收缩剂、神经递质 | 色氨酸 |
| 牛磺酸 | 结合型胆汁酸成分 | 半胱氨酸 |
| 组胺 | 血管舒张剂 | 组氨酸 |
| 多胺 | 细胞增殖促进剂 | 鸟氨酸、甲硫氨酸 |
| γ-氨基丁酸 | 神经递质 | 谷氨酸 |

## 学习小结

### 1. 学习内容

蛋白质分解代谢
- 概述
  - 生命物质基础 — 氮平衡 | 氮总平衡 | 氮正平衡 | 氮负平衡
  - 体内蛋白质代谢状况 — 心理需量 | 最低生理需要量
  - 营养价值 — 必需氨基酸 | 食物蛋白质营养价值 | 互补作用
- 消化、吸收和腐败
  - 消化
  - 吸收和转运 — 氨基酸载体 — 中性 | 碱性 | 酸性 | 亚氨基酸、甘氨酸
  - 腐败 — 胺类 | 氨 | 其他腐败有害物
- 氨基酸的代谢概况
  - 氨基酸代谢库
  - 来源 — 食物 | 体内合成 | 组织蛋白分解
  - 去路 — 合成组织蛋白 | 脱氨基 | 脱羧基 | 合成含氮生物活性物质
- 氨基酸的一般代谢
  - 脱氨基 — 转氨基作用 | 氧化脱氨基作用 | 联合脱氨基作用 | 其他脱氨基作用
  - 氨的代谢
    - 来源与去路
    - 转运 — 丙氨酸-葡萄糖循环 | 谷氨酰胺转运
    - 尿素的合成 — 鸟氨酸循环
  - α-酮酸代谢 — 合成非必需氨基酸 | 转变为糖或酮体 | 氧化供能
- 个别氨基酸的代谢
  - 脱羧基 — γ-氨基丁酸 | 组胺 | 5-羟色胺 | 多胺
  - 一碳单位 — 种类与来源 | 生成与载体 | 互变与代谢意义
  - 含硫氨基酸 — 甲硫氨酸 | 甲硫氨酸循环 | 半胱氨酸与胱氨酸
  - 芳香族氨基酸 — 苯丙氨酸 | 羟化为酪氨酸；酪氨酸 | 甲状腺激素 | 儿茶酚胺物质 | 黑色素 | 氧化分解
  - 支链氨基酸 — 色氨酸

### 2. 学习方法

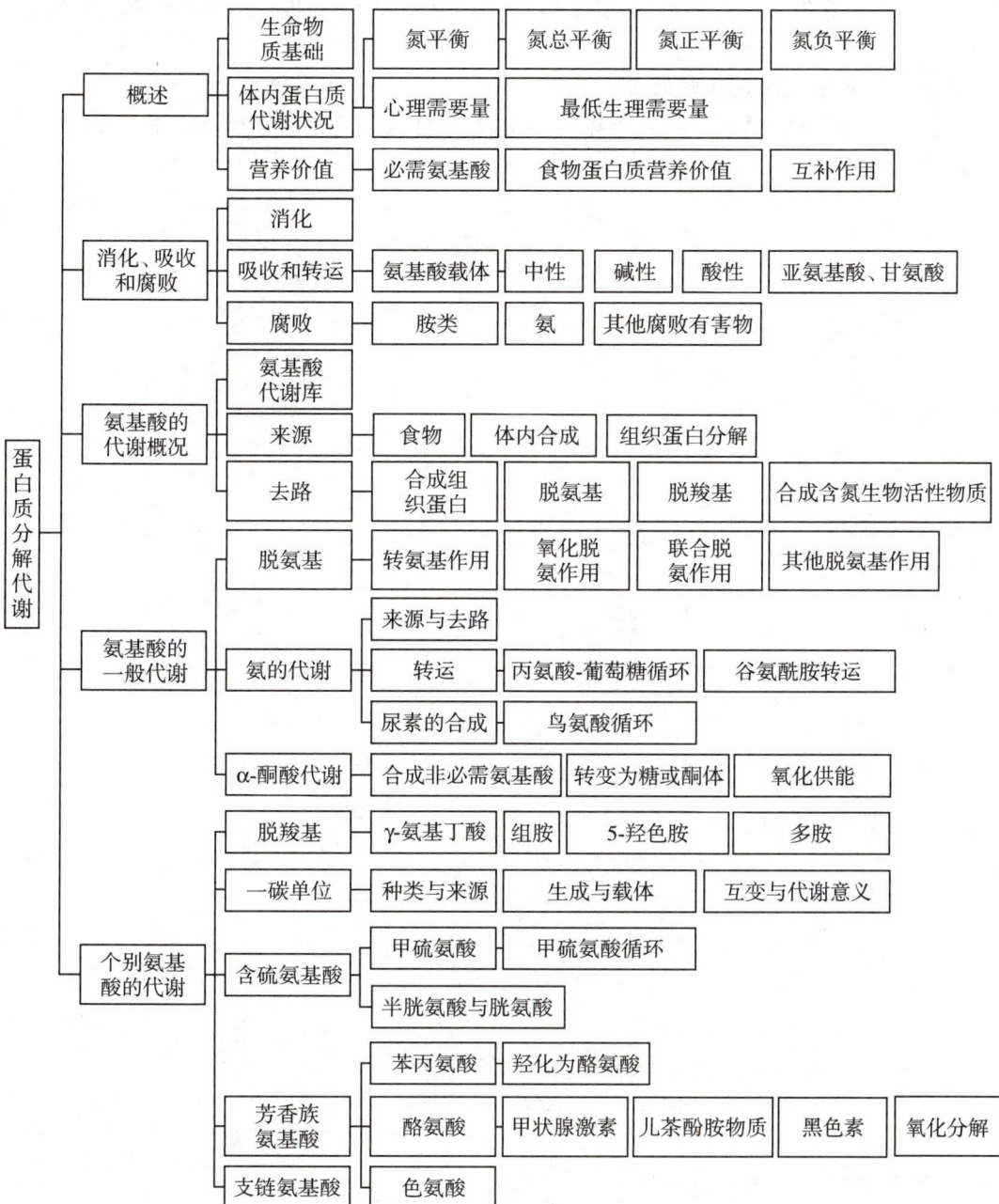

本章知识点要充分与蛋白质化学一章相结合,如利用氮平衡实验评价机体蛋白质代谢状况,蛋白质的营养价值可以和日常膳食相联系,比较有趣味性。从氨基酸的代谢概况——氨基酸的来源和去路,重点分析分解代谢的两个途径,即一般代谢的脱氨基作用及脱羧基作用的产物及去路,掌握氨基酸的去向、氨的代谢、尿素的生成,以及个别氨基酸的代谢产生的具有特殊生物学活性的物质。

（杨奕樱　卢　群）

### 复习思考题

1. 蛋白质在体内水解产生的氨基酸既能转变成糖又能转变为脂肪,因此,有人认为每天只要摄入足够量的蛋白质也能满足机体的需要,无须摄入糖和脂肪。此想法正确吗? 为什么?

2. 举例说明常见的氨基酸代谢异常疾病的生化机制,以及预防和治疗方案。

3. 为什么高血氨或肝性脑病(又称肝昏迷)的患者禁用肥皂水灌肠及使用碱性利尿剂?

4. 请以氨中毒学说探讨肝性脑病的发病机制。

# 第十一章

## 核苷酸代谢

**学习目标**

通过本章的学习,掌握核苷酸的生物学功能,核苷酸从头合成和补救途径的概念、特点、合成原料,嘌呤核苷酸的分解代谢终产物及临床意义;熟悉抗代谢物的概念及作用机制;了解核酸的消化吸收。为今后学习药理学及相关疾病的发生等内容打下基础。

核苷酸在人体内广泛分布,具有多种生物学功能:①dNTP 和 NTP 分别是核酸(DNA 和 RNA)合成的原料,这是其最主要的功能;②是生物体的主要能源物质(如 ATP、GTP 等);③某些核苷酸衍生物是许多物质生物合成的活性中间体,如尿苷二磷酸葡糖(UDPG)、胞苷二磷酸胆碱(CDP-胆碱)分别为糖原、甘油磷脂合成的活性中间体;④组成酶的辅因子,如腺苷酸是 $NAD^+$、$NADP^+$、FAD 和 CoA 的组成成分;⑤参与代谢调节,如 cAMP、cGMP 可作为激素的第二信使,参与物质代谢调节。

食物中的核酸多以核蛋白形式存在。在胃中受胃酸的作用,水解为核酸和蛋白质。核酸的消化、吸收主要在小肠进行,在胰液和肠液中多种水解酶的作用下逐步水解(图11-1)。各级水解产物被小肠黏膜细胞吸收,除戊糖可被重新利用参与体内戊糖代谢外,大部分被分解排出体外。可见,食物来源的嘌呤碱和嘧啶碱极少被机体利用,体内所需核苷酸主要由机体细胞自身合成。因此,食物提供的核苷酸不是人体健康所必需的营养物质。

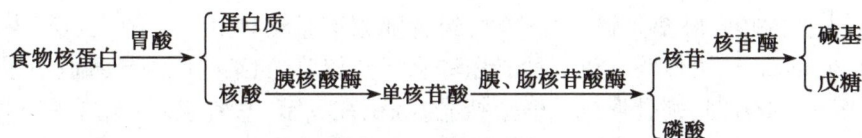

**图 11-1 核酸的消化**

核苷酸代谢异常是某些疾病发病的重要环节,例如,恶性肿瘤、病毒的繁殖和致病都与核酸有着密切的关系。而许多嘌呤或嘧啶的类似物可通过干扰核苷酸的代谢,抑制肿瘤细胞 DNA 的复制,达到抗肿瘤目的。

本章重点讨论核苷酸在体内的分解代谢与合成代谢,以及有关抗代谢物的作用机制。

# 第一节　核苷酸的分解代谢

## 一、嘌呤核苷酸的分解代谢

### （一）腺苷一磷酸（AMP）的分解代谢

经核苷酸酶催化，AMP 水解释放磷酸生成腺苷，经腺苷脱氨酶（adenosine deaminase，ADA）催化脱氨基生成次黄苷；或经脱氨酶催化，AMP 脱氨基生成肌苷一磷酸（IMP），再经核苷酸酶水解释放磷酸生成次黄苷。次黄苷经磷酸解，释放核糖-1-磷酸（R-1-P），生成次黄嘌呤。经黄嘌呤氧化酶催化，转变为黄嘌呤，后者再经黄嘌呤氧化酶催化生成尿酸（uric acid）。黄嘌呤氧化酶是嘌呤分解代谢中的主要调节酶。

### 知识链接

#### 重症联合免疫缺陷病

腺苷脱氨酶（ADA）是一种能将腺苷脱氨基变为肌苷（又称次黄苷、次黄嘌呤核苷）的酶。该基因突变导致 ADA 活性及稳定性均降低，可引起腺苷水平升高，进而又促进腺苷酸、脱氧腺苷酸及脱氧腺苷三磷酸（dATP）等过度集聚。高浓度 dATP 对正在分裂的淋巴细胞具有高度选择性毒性，杀伤淋巴细胞，导致免疫缺陷。这是因为核糖核苷二磷酸还原酶的功能是催化 DNA 合成原料即 4 种脱氧核苷酸的合成。而 dATP 是此酶的抑制剂，其含量增加将抑制免疫细胞中 DNA 的合成，造成免疫细胞发育失常。所以正常情况下淋巴细胞具有高活性的 ADA。已发现约有 85% 的 ADA 缺陷患者往往伴有致死性的重症联合免疫缺陷病（severe combined immunodeficiency disease，SCID），患者不能抵抗任何微生物的感染，只能在无菌条件下生活。

### （二）鸟苷一磷酸（GMP）的分解

经核苷酸酶催化，GMP 脱去磷酸生成鸟苷，再经磷酸解，释放核糖-1-磷酸（R-1-P），生成鸟嘌呤，再脱氨生成黄嘌呤。再经黄嘌呤氧化酶催化生成尿酸（图 11-2）。

尿酸是人体内嘌呤碱基分解的终产物，经肾随尿液排出体外。正常人血浆中尿酸含量为 0.12~0.36mmol/L，男性略高于女性。尿酸水溶性较差，当某些原因导致血中尿酸含量升高，超过 0.48mmol/L 时，则会形成尿酸盐结晶，沉积在关节、软骨组织，出现关节疼痛，称为痛风。若沉积在肾中，则会形成肾结石。原发性痛风属于先天性代谢异常，患者的次黄嘌呤鸟嘌呤磷酸核糖基转移酶（hypoxanthine-guanine phosphoribosyltransferase，HGPRT）出现缺陷，使嘌呤碱利用率下降，分解加强，形成过量的尿酸。此外，进食高嘌呤食物、体内核酸大量分解（如白血病、恶性肿瘤等接受放疗、化疗时），或肾病使尿酸排泄障碍，均可导致血尿酸升高。临床上常用别嘌呤醇（allopurinol）治疗痛风。别嘌呤醇与次黄嘌呤结构类似，可竞争性抑制黄嘌呤氧化酶，从而抑制尿酸的生成。黄嘌呤和次黄嘌呤的水溶性比尿酸的水溶性大得多，因此不会出现沉积形成结石。同时，别嘌呤醇与磷酸核糖基焦磷酸（phosphoribosyl pyrophosphate，PRPP）反应生成别嘌呤核苷酸，不仅消耗 PRPP 的含量，而且别嘌呤核苷酸与 IMP 结构相似，反馈抑制嘌呤核苷酸（purine nucleotide）从头合成的酶系，均可使嘌呤核苷酸合成减少，其分解产物尿酸也随之下降。

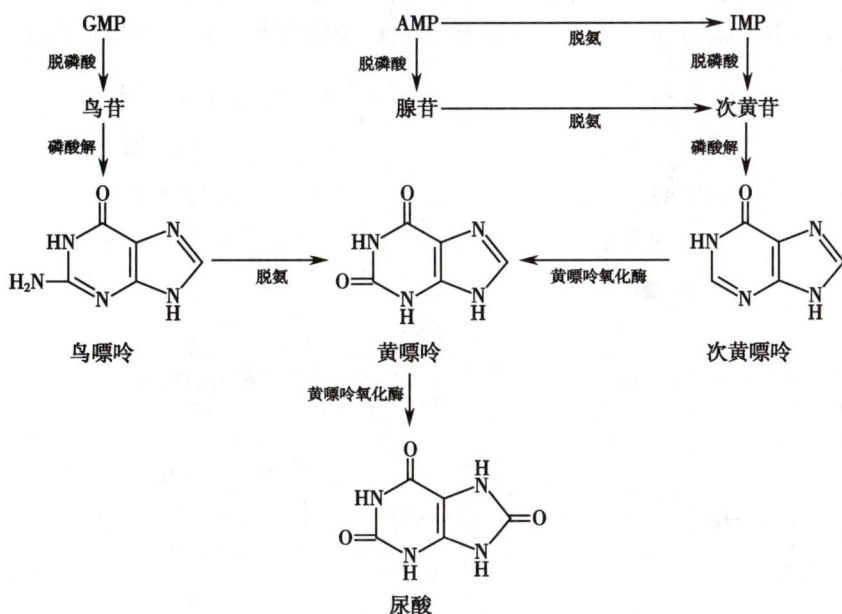

图 11-2 嘌呤核苷酸的分解代谢

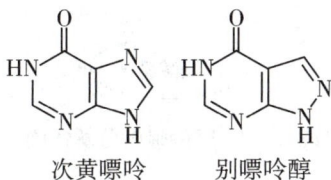

次黄嘌呤　　别嘌呤醇

## 病案分析

病案实例:

张某,男,42 岁,身高 170cm,体重 87kg,以"反复出现足关节肿痛 3 年,加重 1 天"为主诉入院。3 年前出现双足关节肿痛,常在饮酒、劳累后加重。1 天前饮酒后,夜间突发右足关节剧烈疼痛,双膝关节疼痛,活动受限。右膝红肿痛,不能负重。

体格检查:右膝关节肿胀明显,皮肤色泽较暗红,皮温较左侧高,内侧压痛明显,活动受限;左膝关节轻压痛,按压双侧髌骨感疼痛,双侧膝关节伸屈活动受限。右足关节局部肿胀变形、触痛,以右第 1 距趾关节为甚。

实验室检查:血尿酸 0.72mmol/L↑,肾功能正常,B 超未提示双肾结石。

问题讨论:

1. 该患者初步诊断可能是什么病? 诊断依据是什么?
2. 该患者发病的生化机制是什么?
3. 临床上常用别嘌呤醇治疗痛风的生化机制是什么?

病案分析

## 二、嘧啶核苷酸的分解代谢

嘧啶核苷酸(pyrimidine nucleotide)首先经过核苷酸酶及磷酸化酶的作用,除去磷酸及核糖,产生的嘧啶碱基再进一步分解。胞嘧啶脱氨基转变成尿嘧啶后,经还原、开环和水解最终

生成 $NH_3$、$CO_2$ 及 β-丙氨酸;胸腺嘧啶经过上述类似的过程最终生成 $NH_3$、$CO_2$ 和 β-氨基异丁酸。由嘧啶碱分解生成的 β-氨基酸易溶于水,可直接随尿排出或进一步分解(图 11-3)。

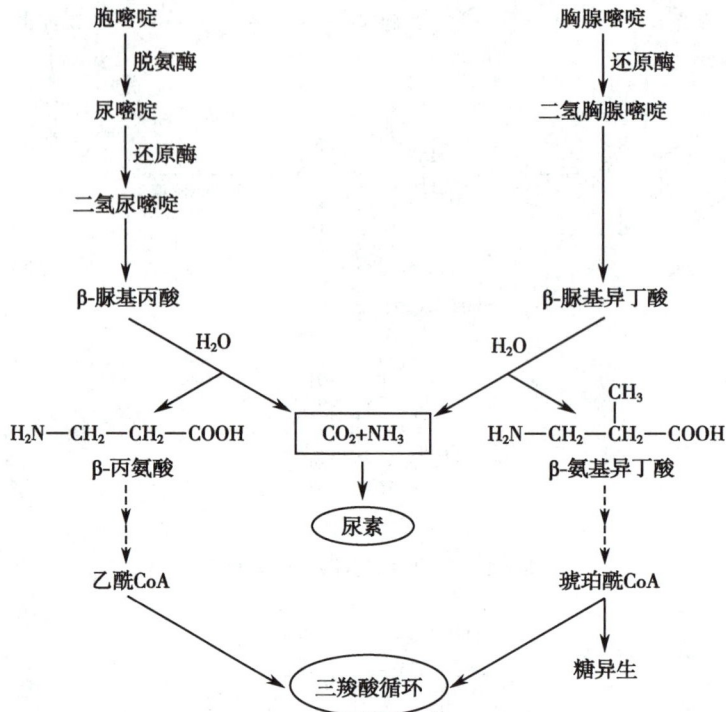

图 11-3 嘧啶碱的分解代谢

当摄入 DNA 丰富的食物,或经化疗、放疗的癌症患者,体内 DNA 分解增强,尿中的 β-氨基异丁酸排量增多。故检测尿中的 β-氨基异丁酸含量对监测放射性损伤有一定的临床指导意义。

**思政元素**

### 中医痛风理论奠基者——朱丹溪

朱丹溪是中医金元四大家之一。金元时期是中医理论发展的一个重要时期。痛风和其他中医关节病渐分泾渭的标志,就是朱丹溪明确提出了痛风的病因病机、症状特点、治疗和鉴别诊断的方法,痛风作为独立病名的地位从此被确立。可以毫不夸张地说,朱丹溪就是中医痛风理论奠基者,著有《丹溪手镜》(卷之中《痛风》)。

朱丹溪当年拜师学医的故事,被民间津津乐道,流传至今。朱丹溪早年潜心儒家经典。43 岁开始拜师学医,为了从师于当时一位医术集大成者罗知悌先生,历尽艰辛。文献记载:"蒙叱骂者五七次","日拱立于其门,大风雨不易"。很难想象一个步入 43 岁的中年人,却像个小学生一样,每天恭恭敬敬地站在罗先生的门口,等待他的接见,从早到晚,风雨无阻。终于赢得罗知悌的赏识,收其为徒。从此,朱丹溪的医术水平大幅提高,并且青出于蓝而胜于蓝,一生著书颇丰,并且总结出"滋阴"的重要性,终成一代名医,后世尊其为滋阴派的代表。其中"保和丸""越鞠丸"就是其千古名方。

故成大医者,必有一颗愿用毕生所学,尽微薄之力,拯救苍生之心。朱丹溪 43 岁拜师从医,用行动告诉我们,再晚的开始也不迟,只要认定目标坚持,终将学有所成。

# 第二节　核苷酸的合成代谢

体内合成核苷酸的途径有 2 条,即从头合成(de novo synthesis)和补救途径(salvage pathway)。机体利用磷酸核糖、氨基酸、一碳单位与 $CO_2$ 等简单物质为原料,经一系列连续酶促反应合成核苷酸的过程,称从头合成。直接利用体内游离的碱基或核苷,经简单反应合成核苷酸的过程,称补救途径。从头合成以肝组织为主,其次是小肠黏膜和胸腺组织。补救途径是脑、骨髓等组织核苷酸合成的重要方式。

## 一、嘌呤核苷酸的合成代谢

### (一)嘌呤核苷酸的从头合成

1. 合成原料　除某些细菌外,几乎所有的生物都能合成嘌呤核苷酸。嘌呤核苷酸的从头合成在胞质中进行。经放射性核素示踪实验证明,合成嘌呤环的原料分别是天冬氨酸、一碳单位(甲酰基)、谷氨酰胺、甘氨酸和 $CO_2$ (图 11-4)。合成嘌呤核苷酸还需核糖-5-磷酸,由磷酸戊糖途径提供。

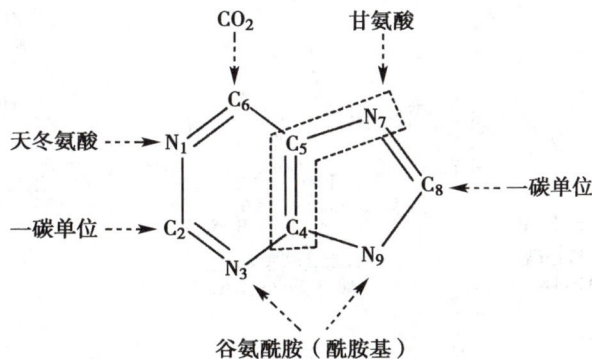

图 11-4　嘌呤碱从头合成的元素来源

2. 合成过程　嘌呤核苷酸的从头合成过程较为复杂。首先核糖-5-磷酸(R-5-P)活化为磷酸核糖基焦磷酸(PRPP);然后在 PRPP 基础上逐步加上各种原料合成次黄嘌呤核苷酸(IMP,又称肌苷一磷酸、肌苷酸);IMP 进一步转变为腺嘌呤核苷酸(AMP,又称腺苷一磷酸、腺苷酸)和鸟嘌呤核苷酸(GMP,又称鸟苷一磷酸、鸟苷酸)。嘌呤核苷酸的从头合成过程分为以下 4 个阶段:

(1)磷酸核糖基焦磷酸(PRPP)的生成:糖代谢中,经磷酸戊糖途径生成的 R-5-P 在磷酸核糖基焦磷酸合成酶(PRPP 合成酶)催化下,由 ATP 提供焦磷酸,生成 PRPP。PRPP 是提供 R-5-P 的活性中间体,参加各种核苷酸的合成,故此步反应是核苷酸合成代谢过程中的重要步骤之一。

(2)次黄嘌呤核苷酸(IMP)的合成:该阶段由磷酸核糖基焦磷酸(PRPP)提供核糖-5-磷酸(R-5-P),经过约 10 步化学反应,逐步加上各种原料合成 IMP(图 11-5)。

首先,PRPP 脱去焦磷酸并与谷氨酰胺提供的氨基结合形成 5-磷酸核糖胺,再与甘氨酸缩合并接受 $N^{10}$-甲酰四氢叶酸提供的甲酰基转变成甲酰甘氨酰胺核苷酸,再接受谷氨酰胺的酰胺氮并脱水环化形成 5-氨基咪唑核糖核苷酸。5-氨基咪唑核糖核苷酸接受 $CO_2$ 羧化后

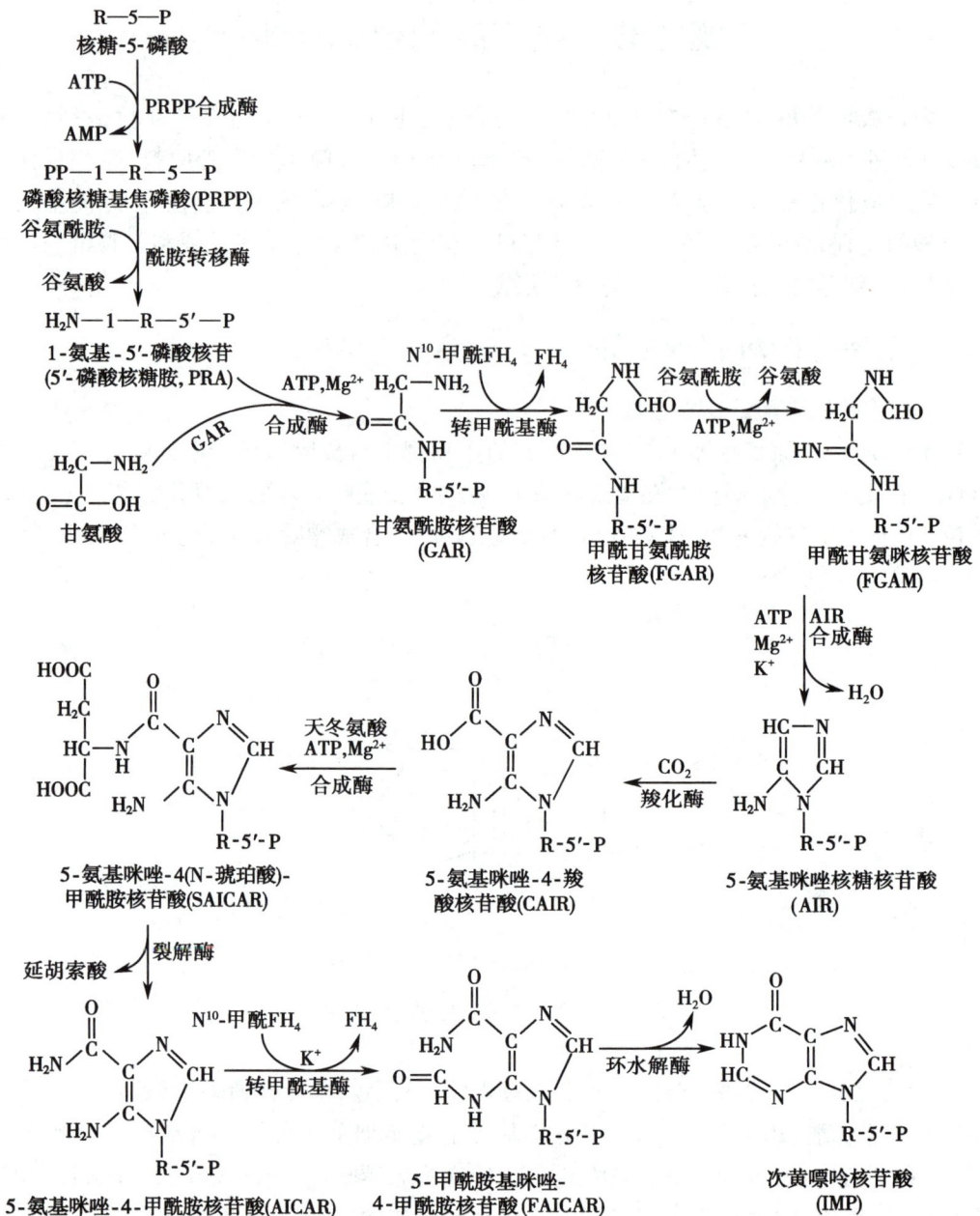

图 11-5 IMP 的从头合成

进一步与天冬氨酸缩合,后者脱去延胡索酸并进一步接受 $N^{10}$-甲酰四氢叶酸提供的甲酰基,然后脱水环化生成 IMP。

（3）AMP 和 GMP 的生成:以 IMP 为起点,在合成酶催化下由 GTP 供能,IMP 与天冬氨酸缩合,然后释放出延胡索酸生成 AMP。IMP 也可使嘌呤环上 C-2 氧化生成黄嘌呤核苷酸（XMP,又称黄苷一磷酸、黄苷酸）,后者进一步接受谷氨酰胺提供的氨基生成 GMP,该反应需 ATP 供能(图 11-6)。

（4）GTP 和 ATP 的生成:在激酶催化下,由 ATP 提供磷酸基,GMP 可连续发生 2 次磷酸化进一生成 GTP;AMP 经磷酸化反应生成 ADP,ADP 经底物水平磷酸化或氧化磷酸化生成 ATP。生成的 GTP 和 ATP 可作为 RNA 合成的原料(图 11-7)。

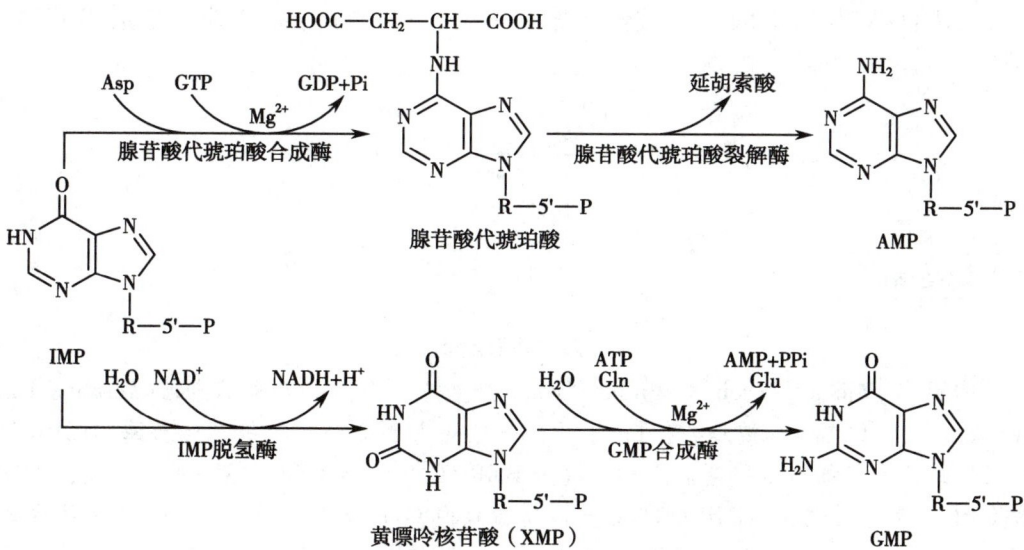

图 11-6　AMP 和 GMP 的生成

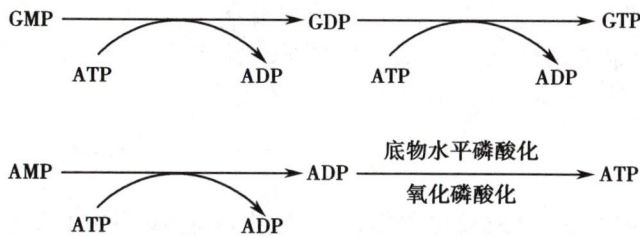

图 11-7　GTP 和 ATP 的生成

由上所述,嘌呤核苷酸是在磷酸核糖分子上逐步合成嘌呤环,而不是先合成嘌呤碱再与磷酸核糖结合,这是与嘧啶核苷酸从头合成过程区别的关键点。

**课堂互动**

问题:核苷酸从头合成与糖类、氨基酸及维生素代谢有何联系?

### (二)嘌呤核苷酸的补救途径

细胞利用已有的嘌呤碱基或嘌呤核苷重新合成嘌呤核苷酸,即为补救途径。此过程比较简单,消耗能量也少,约占体内嘌呤核苷酸合成总量的 10%。脑和骨髓组织是补救途径的主要场所。补救途径可分为以下 2 种方式:

其一,利用现成的嘌呤碱基合成嘌呤核苷酸。由 PRPP 供给磷酸核糖,利用现成的嘌呤碱基为底物,在酶作用下直接合成嘌呤核苷酸。催化此反应的酶有两种:腺嘌呤磷酸核糖基转移酶(adenine phosphoribosyltransferase,APRT)和次黄嘌呤鸟嘌呤磷酸核糖基转移酶(hypoxanthine-guanine phosphoribosyltransferase,HGPRT)。

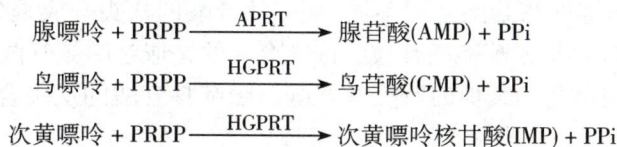

$$腺嘌呤 + PRPP \xrightarrow{APRT} 腺苷酸(AMP) + PPi$$

$$鸟嘌呤 + PRPP \xrightarrow{HGPRT} 鸟苷酸(GMP) + PPi$$

$$次黄嘌呤 + PRPP \xrightarrow{HGPRT} 次黄嘌呤核苷酸(IMP) + PPi$$

其二,嘌呤核苷的磷酸化合成嘌呤核苷酸。反应由腺苷激酶催化生成腺苷酸,消耗 ATP。

$$\text{腺嘌呤核苷} \xrightarrow[\text{腺苷激酶}]{ATP \qquad ADP} \text{腺苷酸}$$

### 知识链接

#### 莱施-奈恩综合征

1964 年,Michael Lesch 和 Willian Nyhan 首次描述了莱施-奈恩综合征(Lesch-Nyhan syndrome),也称自毁容貌综合征,是由于次黄嘌呤鸟嘌呤磷酸核糖基转移酶(HGPRT)的遗传缺陷引起的遗传代谢病。如果缺失 HGPRT,次黄嘌呤和鸟嘌呤不能转化为 IMP 和 GMP 而降解为尿酸,GMP 的减少会导致细胞内 GTP 含量的减少,而 GTP 是体内四氢生物蝶呤从头合成的起始原料,后者是芳香族氨基酸羟化酶的辅因子,四氢生物蝶呤不足直接影响芳香族氨基酸羟基化,进而影响 5-羟色胺、儿茶酚胺等神经递质的合成。患者表现为尿酸增高及神经系统异常。如脑发育不全、智力低下、攻击性和破坏性行为。1 岁后可出现手足徐动,继而发展为肌肉强迫性痉挛,四肢麻木,发生自残行为,常咬伤自己的嘴唇、手和足趾,故亦称自毁容貌综合征。

核苷酸补救途径比从头合成简单得多,可以减少能量和一些氨基酸的消耗。脑和骨髓等组织缺乏从头合成的酶系,故补救途径成为唯一能提供核苷酸的途径。如果遗传缺陷导致 HGPRT 完全缺失,患儿可表现为自毁容貌综合征,或称莱施-奈恩综合征。

#### (三)嘌呤核苷酸从头合成的调节

为使核苷酸的合成量处于最适水平,机体对核苷酸合成途径进行精密的调节。PRPP 合成酶和 PRPP 酰胺转移酶是 IMP 生成过程中的 2 个关键酶,其活性均可被产物 IMP、AMP 及 GMP 反馈抑制,而 PRPP 则可促进 PRPP 酰胺转移酶的活性。在 IMP 转化为 AMP 和 GMP 的过程中,AMP 对腺苷酸代琥珀酸合成酶的抑制只影响 AMP 的合成,GMP 对次黄嘌呤核苷酸脱氢酶的抑制只影响 GMP 的生成;而 ATP 可以促进 GMP 的生成,GTP 可以促进 AMP 的生成。这种自身反馈抑制、相互交叉促进的调节作用对于维持细胞内 AMP 和 GMP 浓度的平衡具有重要意义(图 11-8)。自身反馈调节的核苷酸可以来自从头合成,也可以来自补救途径。

### 二、嘧啶核苷酸的合成代谢

体内嘧啶核苷酸也有从头合成与补救途径 2 条途径。

#### (一)嘧啶核苷酸的从头合成

1. 合成原料　同位素示踪实验结果证明,嘧啶环可利用天冬氨酸、谷氨酰胺和 $CO_2$ 为原料合成(图 11-9)。

2. 合成过程　与嘌呤核苷酸合成不同,嘧啶核苷酸的从头合成是先合成嘧啶环,再与 PRPP 中的磷酸核糖连接形成嘧啶核苷酸。首先合成的是尿嘧啶核苷酸(UMP,又称尿苷一磷酸、尿苷酸),然后再转化为其他的嘧啶核苷酸。嘧啶核苷酸的从头合成过程可分为以下 4 个阶段。

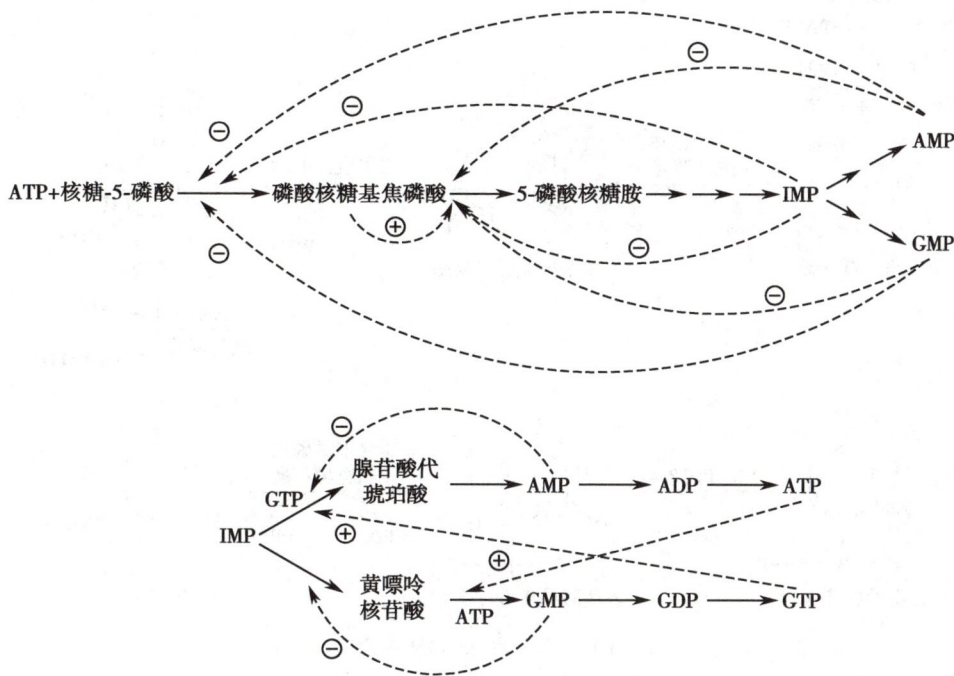

图 11-8 嘌呤核苷酸从头合成的调节

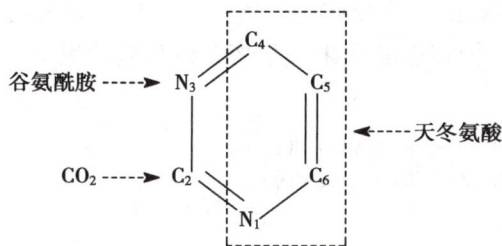

图 11-9 嘧啶碱从头合成的元素来源

ER-11-2

乳清酸尿症

（1）氨甲酰磷酸的合成：在胞液中，谷氨酰胺与 $CO_2$ 在氨甲酰磷酸合成酶 Ⅱ（carbamyl phosphate synthetase Ⅱ，CPS-Ⅱ）催化下，由 ATP 供能，生成氨甲酰磷酸。

需要说明的是，鸟氨酸循环也有氨甲酰磷酸的生成，但催化合成的酶是氨甲酰磷酸合成酶 Ⅰ，且合成场所也不同。鸟氨酸循环中氨甲酰磷酸的生成是在线粒体内。

（2）乳清酸的生成：氨甲酰磷酸通过多步反应生成含嘧啶环的乳清酸（orotic acid）。首先，氨甲酰磷酸与天冬氨酸生成氨基甲酰天冬氨酸，经二氢乳清酸酶（dihydroorotase）催化脱水闭环，形成具有嘧啶环的二氢乳清酸（dihydroorotic acid），在二氢乳清酸脱氢酶的作用下，脱氢成为乳清酸。

（3）UMP 的生成：在乳清酸磷酸核糖转移酶催化下，乳清酸从 PRPP 中获得磷酸核糖，形成乳清酸核苷酸，然后再由乳清酸核苷酸脱羧酶催化脱去羧基，生成尿嘧啶核苷酸（UMP）（图 11-10）。

（4）UTP、CTP 的生成：UMP 通过尿苷酸激酶和核苷二磷酸激酶的连续作用，生成尿苷三磷酸（UTP），UTP 在胞苷三磷酸（CTP）合成酶催化下，消耗一分子 ATP，从谷氨酰胺接受氨基形成 CTP。生成的 UTP 和 CTP 可作为 RNA 合成原料。

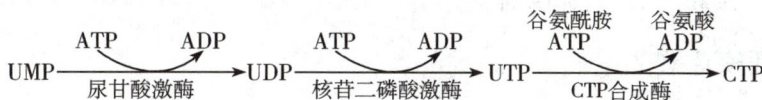

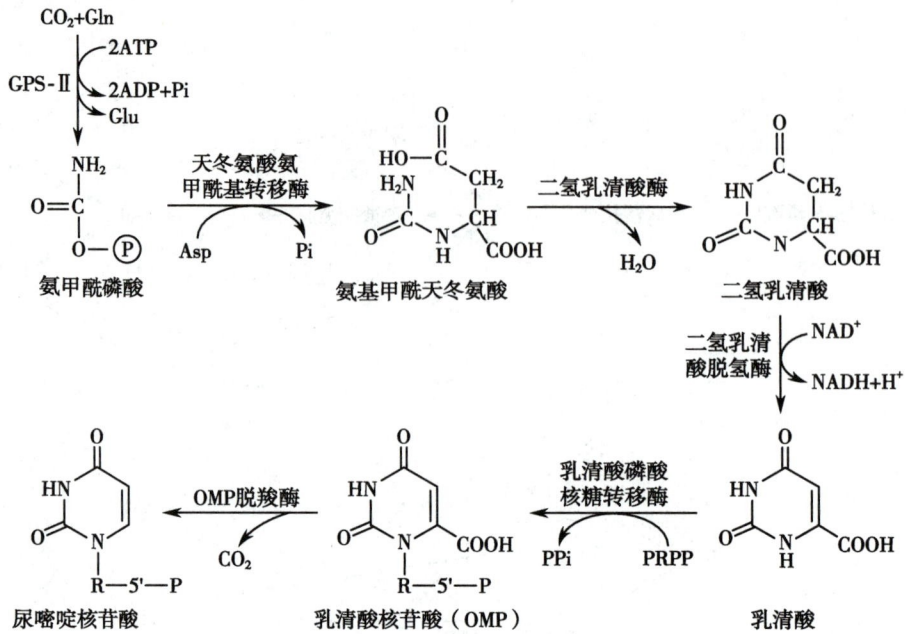

图 11-10　UMP 的从头合成

### （二）嘧啶核苷酸补救途径

与嘌呤核苷酸的补救途径相似,嘧啶核苷酸的补救途径也是利用游离的嘧啶碱基或嘧啶核苷经过简单的反应,催化生成相应的嘧啶核苷酸。主要包括 2 类反应:其一,在嘧啶核苷激酶作用下生成嘧啶核苷酸;其二,嘧啶磷酸核糖转移酶催化某些嘧啶核苷酸的生成。例如 UMP 可通过以下 2 种方式进行补救途径。

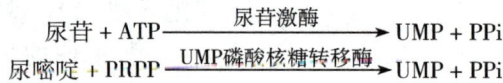

$$\text{尿苷} + \text{ATP} \xrightarrow{\text{尿苷激酶}} \text{UMP} + \text{PPi}$$

$$\text{尿嘧啶} + \text{PRPP} \xrightarrow{\text{UMP磷酸核糖转移酶}} \text{UMP} + \text{PPi}$$

### （三）嘧啶核苷酸从头合成的调节

原核生物和真核生物嘧啶核苷酸的从头合成具有不同的调节机制(图 11-11)。

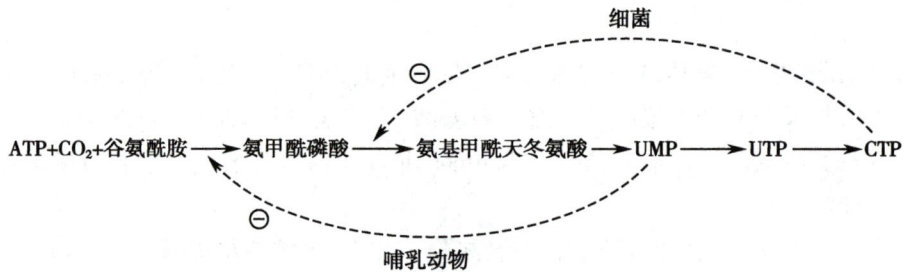

图 11-11　嘧啶核苷酸从头合成的调节

细菌嘧啶核苷酸从头合成的关键酶是天冬氨酸氨甲酰基转移酶,下游产物 CTP 为别构抑制剂,受其反馈抑制。

哺乳动物嘧啶核苷酸从头合成的关键酶是氨甲酰磷酸合成酶Ⅱ,是别构酶,PRPP 为该酶的别构激活剂,UMP 为别构抑制剂。

## 三、脱氧核苷酸的生成

脱氧核苷酸包括脱氧嘌呤核苷酸和脱氧嘧啶核苷酸,是 DNA 的组成成分。

### （一）在 NDP 水平上还原生成

脱氧核苷酸是核苷酸的还原产物。现已证明,除脱氧胸苷一磷酸(dTMP,又称脱氧胸苷酸)外,体内脱氧核苷酸是在核苷二磷酸(NDP)水平上直接还原生成,反应由核苷二磷酸还原酶催化,脱氧核苷二磷酸(dNDP)再发生磷酸化生成脱氧核苷三磷酸(dNTP)作为合成 DNA 的原料。

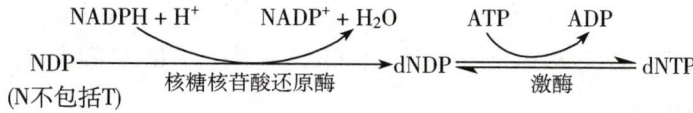

$$\underset{\text{(N不包括T)}}{\text{NDP}} \xrightarrow[\text{核糖核苷酸还原酶}]{\text{NADPH} + \text{H}^+ \quad \text{NADP}^+ + \text{H}_2\text{O}} \text{dNDP} \underset{\text{激酶}}{\overset{\text{ATP} \quad \text{ADP}}{\rightleftharpoons}} \text{dNTP}$$

核糖核苷酸还原酶为一种别构酶。当某一种 NDP 转化成 dNDP 时,往往受到其他核苷三磷酸的别构调节,从而使合成 DNA 所需的 4 种脱氧核苷酸维持恰当比例。

### （二）dTMP 的生成

与其他脱氧核苷酸不同,dTMP 是在脱氧尿苷酸(dUMP,又称脱氧尿苷一磷酸)水平上使 C-5 发生甲基化而生成,反应由胸苷酸合酶催化,由 $N^5, N^{10}$-甲烯基四氢叶酸提供甲基。dUMP 主要来自 2 个途径:一个是由脱氧尿苷二磷酸(dUDP)水解去掉磷酸而生成,另一个是由脱氧胞苷一磷酸(dCMP)脱氨基而生成。在大多数细胞中,经 dCMP 脱氨生成 dUMP 是主要来源。dTMP 进一步磷酸化生成脱氧胸苷二磷酸(dTDP)和脱氧胸苷三磷酸(dTTP)(图 11-12)。

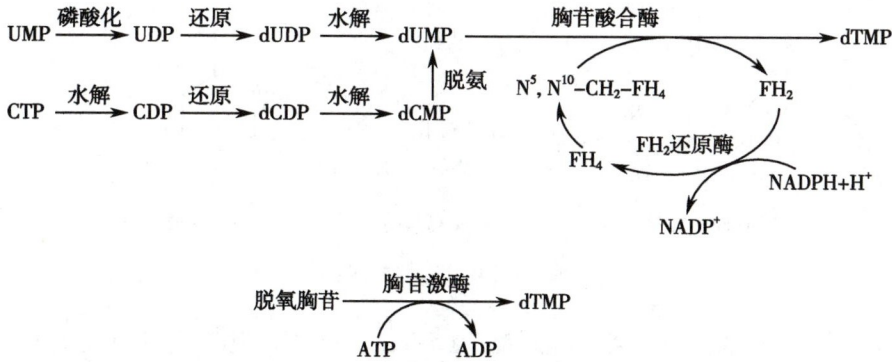

图 11-12　脱氧胸腺嘧啶核苷酸的生成

胸苷酸合酶和二氢叶酸还原酶常被作为肿瘤化疗作用的靶点。此外,细胞内还存在胸苷激酶(thymidine kinase,TK),可催化脱氧胸苷磷酸化生成 dTMP。胸苷激酶在正常肝组织中活性很低,但在再生肝中活性升高,恶性肿瘤时明显升高,并与肿瘤的恶性程度有关。

各种核苷酸相互转化汇总如图 11-13 所示。

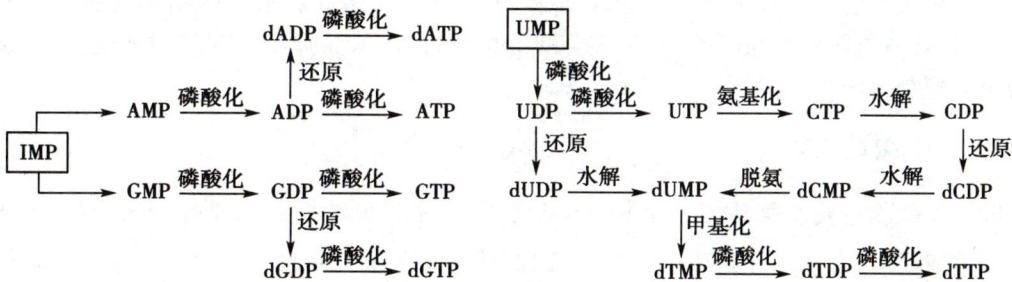

图 11-13　核苷酸的合成与转化

# 第三节　核苷酸的抗代谢物

抗代谢物是指在化学结构上与正常代谢物相似,能够竞争性拮抗正常代谢过程的物质。核苷酸抗代谢物大多通过与正常代谢物竞争与酶的结合,或用以假乱真方式干扰或抑制核苷酸的正常代谢,进而阻断核酸和蛋白质的生物合成,发挥抗肿瘤作用。

核苷酸抗代谢物的种类很多,包括碱基类似物、氨基酸类似物、叶酸类似物、核苷类似物等。

## 一、碱基类似物

碱基类似物包括嘌呤碱基类似物和嘧啶碱基类似物两大类。

1. 嘌呤碱基类似物　主要有 6-巯基嘌呤(6-mercaptopurine,6-MP)、6-巯基鸟嘌呤及 8-氮杂鸟嘌呤等,其中 6-MP 在临床上最常用(图 11-14)。6-MP 的结构与次黄嘌呤相似,唯一区别仅在于用巯基取代了次黄嘌呤的羟基。其作用机制是:其一,6-MP 可与 PRPP 结合生成 6-巯基嘌呤核苷酸,后者与 IMP 结构类似,因而可竞争性抑制 IMP 向 AMP 和 GMP 的转化;其二,6-MP 可直接竞争性抑制 HGPRT 的活性,使 PRPP 分子中的磷酸核糖不能向鸟嘌呤及次黄嘌呤转移,从而阻止嘌呤核苷酸的补救途径;其三,6-MP 还可反馈抑制 PRPP 酰胺转移酶,干扰磷酸核糖胺的形成,进而阻断嘌呤核苷酸的从头合成。因此,6-MP 是临床常用的抗肿瘤药物和免疫抑制剂。

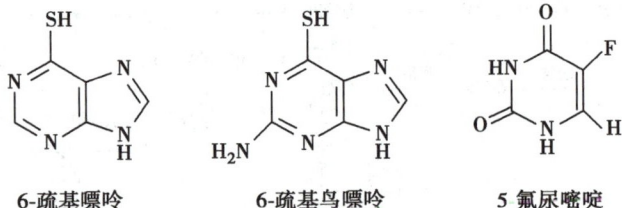

图 11-14　碱基类似物

2. 嘧啶碱基类似物　主要有 5-氟尿嘧啶(5-fluorouracil,5-FU),是临床上常用的抗肿瘤药物(图 11-14)。5-FU 在细胞内必须转变成一磷酸脱氧氟尿嘧啶核苷(FdUMP)或三磷酸氟尿嘧啶核苷(FUTP)后才能发挥作用。其作用机制是:其一,FdUMP 与 dUMP 的结构相似,是胸苷酸合酶的竞争性抑制剂,可阻断 dTMP 的合成,从而抑制 DNA 的生物合成;其二,FUTP 则能“以假乱真”作为假底物掺入合成 RNA,从而破坏 RNA 的结构与功能。

## 二、氨基酸类似物

氨基酸类似物主要有氮杂丝氨酸、6-重氮-5-氧正亮氨酸等。它们的结构与谷氨酰胺相似,可干扰谷氨酰胺所参与嘌呤、嘧啶核苷酸的合成过程,从而抑制核苷酸的合成,如氮杂丝氨酸可以抑制 CTP 的生成等。

## 三、叶酸类似物

叶酸类似物主要有氨基蝶呤和氨甲蝶呤。它们能竞争性抑制二氢叶酸还原酶,使 $FH_2$ 不能还原成 $FH_4$,阻断 $FH_4$ 携带一碳单位,因此使嘌呤分子中来自一碳单位的 $C_2$ 及 $C_8$ 得不到供应,从而抑制嘌呤核苷酸的合成过程。氨甲蝶呤还可干扰叶酸代谢,使 dUMP 不能利用一碳单位甲基化而生成 dTMP,进而影响 DNA 的生成。临床上常用氨甲蝶呤治疗白血病。

## 四、核苷类似物

核苷类似物主要有阿糖胞苷和环胞苷(安西他滨),是重要的抗癌药物。阿糖胞苷是胞苷的结构类似物,能抑制核苷二磷酸还原酶,使胞苷二磷酸(CDP)不能还原成脱氧胞苷二磷酸(dCDP),从而影响 DNA 的合成,也可转化成阿糖胞苷三磷酸后抑制 DNA 聚合酶活性,从而抑制肿瘤细胞 DNA 的合成以达到抗肿瘤目的。

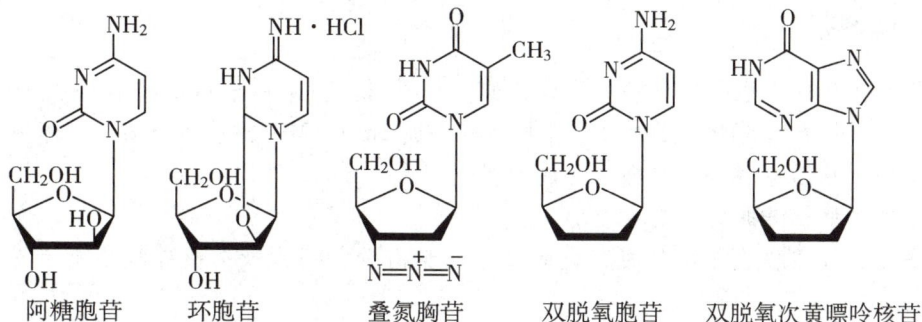

阿糖胞苷　　　环胞苷　　　叠氮胸苷　　　双脱氧胞苷　　双脱氧次黄嘌呤核苷

还有一些抗代谢物作为假底物掺入病原体生物大分子中,使其结构及功能异常,从而抑制病原体的生长发育,如抗艾滋病药物叠氮胸苷(AZT,齐多夫定)、双脱氧胞苷(DDC)、双脱氧次黄嘌呤核苷(DDI)磷酸化产物等。

目前,抗代谢物已广泛应用于抗肿瘤、抗病毒新药的研制与开发中。然而,抗代谢物的作用良莠不齐,对正常增殖旺盛的组织细胞以及正常免疫活性细胞都有一定的毒性作用。因而,使化疗患者易出现恶心、呕吐、脱发,白细胞、红细胞和血小板减少等副作用,使患者免疫能力低下。此时,可在医师指导下,使用一些免疫增强剂或扶正中药,促使免疫功能恢复。

### 📖 学习小结

1. 学习内容

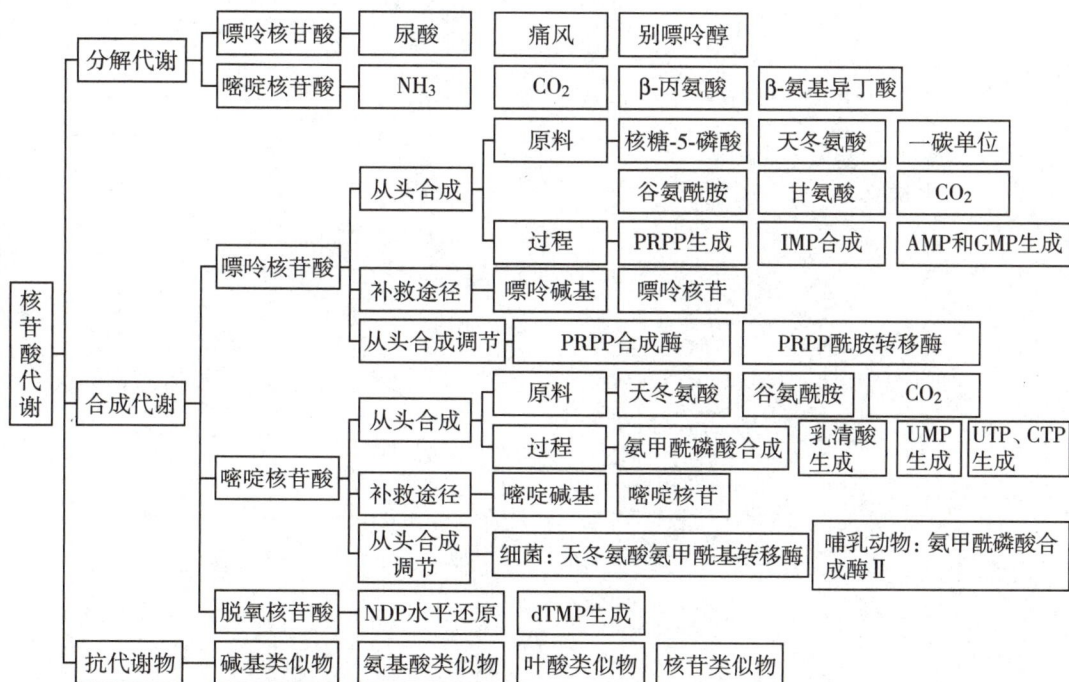

2. 学习方法 学习本章首先要理解核酸在体内分解的概况及核苷酸的主要生理功能,围绕核酸是否是营养必需品理解核酸合成的原料——核苷酸的从头合成和补救途径过程及分解代谢产物;了解抗代谢物的作用机制。

（李桂兰 扈瑞平）

### 复习思考题

1. 假如细胞中存在合成核苷酸的全部前体物质,请问:①从核糖-5-磷酸合成 1mol 腺苷酸需要消耗多少摩尔 ATP？②如果用补救途径合成 1mol AMP,细胞可节省多少摩尔 ATP？

2. 试解释 6-巯基嘌呤抑制核酸合成的机制。

3. 举例说明核苷酸的主要生理功能。

4. 嘌呤核苷酸和嘧啶核苷酸合成的基本原料有哪些？为什么核苷酸不属于必需营养物质？

5. 试比较嘌呤核苷酸与嘧啶核苷酸从头合成的区别关键点。

6. 机体如何协调合成 DNA 所需 4 种脱氧核苷三磷酸的比例？

7. 核苷酸的抗代谢物可作为临床抗肿瘤药物,请分析各自作用的机制。

# ◆◆◆ 第十二章 ◆◆◆

# 代谢的整合与调节

## 学习目标

通过学习本章物质代谢的特点及相互联系、肝在物质代谢中的作用、肝外重要组织器官的物质代谢特点以及物质代谢调节的主要方式,可理解各种代谢之间互相联系、保障其有条不紊地进行的因素,建立生物体代谢的整体概念,为学习其他相关课程奠定基础。

生物体内的新陈代谢是由许多代谢途径组成的,这些代谢途径由一系列连续的酶促反应构成,如物质的合成与分解、能量的转化与传递等,从而形成具有特定功能的代谢途径。肝是物质代谢相互联系的重要场所,在糖类、脂质、蛋白质、维生素和激素的代谢过程中起重要作用。由于生物体内有着精细的自我调节机制,使各种代谢途径相互联系、相互协调、相互制约和有条不紊地进行,从而维持代谢平衡。

代谢调节是维持细胞正常功能、保证机体正常生长发育的重要条件。一旦调节机制发生障碍,某一代谢环节运转失调,就会造成机体的代谢紊乱,引发多种疾病,甚至死亡。

## 第一节 物质代谢的特点

物质代谢是生命的基本特征。机体与周围环境不断地进行物质交换,这种物质交换称为物质代谢。物质代谢通过消化、吸收、中间代谢和排泄 4 个阶段来完成。所谓中间代谢就是指经过消化、吸收的外界营养物质和体内原有的物质,在各组织细胞中进行的一系列合成代谢和分解代谢的过程。在进行合成代谢和分解代谢时必然伴随能量的转移过程,因此,物质代谢过程中同时伴有能量的交换称为能量代谢。

### 一、整体性

体内糖类、脂质、蛋白质、水、无机盐、维生素和核苷酸等各种物质的代谢不是彼此孤立而是同时进行的,并且各物质代谢之间和各条代谢途径之间彼此相互联系,或相互转变、相互依存、相互制约,构成统一的整体。例如糖类氧化分解生成的能量保证了脂肪、蛋白质、核酸、糖原等物质合成时的能量需求,同时产生的一些中间产物可经过各自不同的代谢途径转变为脂肪、胆固醇、非必需氨基酸等。

### 二、可调节性

机体存在着精细的调节机制,通过不断调节各种物质代谢的方向和速度以适应内外环境的变化,从而保证体内错综复杂的物质代谢能够有条不紊地进行,保障机体各项生命活动的正常。

### 三、组织特异性

由于各组织、器官的结构不同,所含酶系的种类和含量各有差异,故各组织、器官的代谢途径及功能各有特点,所以物质代谢具有组织特异性。例如肝可以合成酮体,而肝外组织如心、肾、脑可以利用酮体;脂肪组织的功能主要是储存和动员脂肪;成熟红细胞因为没有线粒体,能量主要来自糖酵解等。

### 四、ATP 是机体能量储存及利用的共同形式

体内能量的直接利用形式是 ATP。糖类、脂质、蛋白质在体内氧化分解释放出的能量,均以高能磷酸键的形式储存在 ATP 中。生长、发育、运动等生命活动所涉及的各种生物合成、肌肉收缩、神经冲动的传导、物质的吸收转运、体温的维持等均可直接利用 ATP。

### 五、NADPH 是合成代谢所需的还原当量

NADPH 来自糖的磷酸戊糖途径,为体内的合成代谢提供所需的还原当量。如脂肪酸、胆固醇等物质的合成所需要的氢由 NADPH 提供。

## 第二节 物质代谢的相互联系

体内糖类、脂质、蛋白质和核苷酸等的代谢不是彼此孤立的,而是在细胞内同时进行,且彼此相互关联,或相互转变,或相互依存。它们通过共同的中间代谢物乙酰 CoA,经三羧酸循环和氧化磷酸化等构成统一的整体。糖类、脂质在体内氧化分解释放的能量保证了体内蛋白质、核酸、多糖等合成时的能量需要;而合成的各种酶类作为生物催化剂又可促进体内糖类、脂质、蛋白质等各种物质的代谢顺利进行。当一种物质代谢障碍时可引起其他物质代谢的紊乱,如糖尿病时,糖代谢出现障碍,可引起脂质代谢、蛋白质代谢甚至水盐代谢和酸碱平衡发生紊乱。

### 一、在能量代谢上的联系

从能量供应的角度看,三大营养物质可以互相代替,并互相制约。一般情况下,供能以糖类及脂肪为主,糖类提供总能量的 50%~70%,脂肪提供总能量的 20%~25%;在糖类和脂肪供应充足时,机体不会为了供能而分解组织蛋白。由于糖类、脂肪、蛋白质分解代谢有着共同的通路,所以任何一种供能物质的代谢占优势,常常能抑制和节约其他供能物质的代谢。如糖类供应不足或糖代谢障碍时,脂肪动员加强,酮体的合成增加,心及脑等组织选择以酮体供能;糖异生增强;蛋白质分解加速,氨基酸分解供能,以满足机体对能量的需要。

### 二、糖代谢与脂质代谢的相互联系

糖代谢与脂质代谢的交汇点主要在乙酰 CoA 和磷酸二羟丙酮。

糖类分解产生的乙酰 CoA 和 NADPH 可合成脂肪酸和胆固醇;而磷酸二羟丙酮可以还原成甘油-3-磷酸,进而脂肪酸和甘油-3-磷酸合成脂肪储存于脂库。因此,摄入低脂高糖膳食同样可使人肥胖及血浆甘油三酯升高。

脂肪分解产生甘油和脂肪酸。①甘油:磷酸化生成甘油-3-磷酸,然后脱氢生成磷酸二羟丙酮进入糖代谢途径,可彻底氧化,也可通过糖异生途径生成葡萄糖;②脂肪酸:通过 β 氧化产生的乙酰 CoA,主要经三羧酸循环彻底氧化,或在肝内合成酮体。由于乙酰 CoA 不能逆转

变成丙酮酸,所以体内糖类与脂肪的关系以糖类转化成脂肪为主,即糖类可转化成脂肪,而脂肪只有甘油部分可以转变为糖类,但量很少。

### 三、糖代谢与氨基酸代谢的相互联系

α-酮酸是糖代谢与氨基酸代谢的重要交汇点。

糖代谢过程中产生的 α-酮酸通过转氨基生成非必需氨基酸。如丙酮酸生成丙氨酸、α-酮戊二酸生成谷氨酸、草酰乙酸生成天冬氨酸等。除了酪氨酸与组氨酸外,其他非必需氨基酸虽然生成过程复杂,但均由糖类提供碳骨架。因体内不能产生合成必需氨基酸所需的α-酮酸,故无法合成 9 种必需氨基酸。所以仅依赖糖类不能维持氮平衡,必须不断摄入足够的优质蛋白质。

组成人体蛋白质的 20 种氨基酸,除生酮氨基酸(亮氨酸、赖氨酸)外,其他氨基酸分解代谢生成的 α-酮酸都可以经糖异生途径转变为糖类。这是饥饿或摄入较多蛋白质时糖异生的主要原料来源。

### 四、脂质代谢与氨基酸代谢的相互联系

氨基酸可以转化成脂质:氨基酸可分解生成乙酰 CoA,进而合成脂肪酸和胆固醇;丝氨酸可以合成磷脂酰丝氨酸、磷脂酰乙醇胺(二者统称脑磷脂)及磷脂酰胆碱(卵磷脂)等甘油磷脂,还可以合成鞘氨醇,进而合成鞘磷脂;甘氨酸可以合成结合型胆汁酸。

脂质仅脂肪中的甘油部分可转变成非必需氨基酸,但这种转化无法满足体内蛋白质合成的需要,故没有实际意义。

### 五、核苷酸与糖类和氨基酸代谢的相互联系

核苷酸是生命不可缺少的物质,其合成主要由糖类和氨基酸提供原料:①葡萄糖经磷酸戊糖途径提供核糖-5-磷酸;②丝氨酸、组氨酸、色氨酸和甘氨酸等代谢产生一碳单位,提供碱基合成原料;③甘氨酸、天冬氨酸和谷氨酰胺则直接参与合成碱基;④核苷酸合成所需的能量来自糖类和脂肪的氧化分解。

核苷酸的分解代谢与糖类和氨基酸的分解代谢亦有着密切联系:核糖-5-磷酸通过磷酸戊糖途径转化或分解;各类碱基分解产生的氨通过鸟氨酸循环合成尿素;嘧啶碱分解产生 β-氨基酸等(图 12-1)。

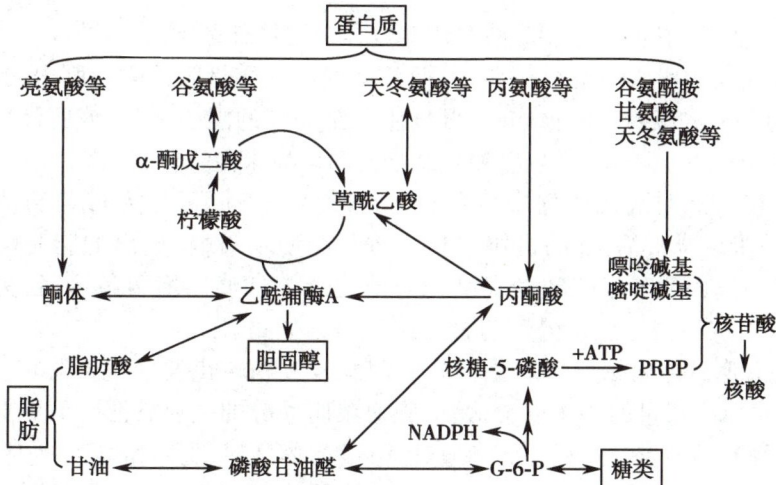

图 12-1　糖类、脂质、氨基酸和核苷酸代谢的相互联系

综上所述,各代谢途径通过一些共同的中间产物相互联系,形成纵横交错的网络。机体通过控制处于交汇点的代谢物进入不同途径的量,调控每一条代谢途径,从而保证代谢有条不紊地进行,维持正常的生命活动。

# 第三节 肝在物质代谢中的作用

肝是人体最大的实质性器官,也是体内最大的腺体。肝不仅在糖类、脂质、蛋白质、维生素和激素的代谢过程中起重要作用,是物质代谢相互联系的重要场所,而且还具有转化、分泌和排泄等重要功能。肝复杂多样的生物化学功能与独特的形态组织结构和化学组成特点密切相关。

## 一、肝在糖代谢中的作用

肝是维持血糖浓度恒定的重要器官。肝细胞主要通过糖原合成与分解、糖异生维持血糖的相对恒定,以保障全身各组织,尤其是大脑和红细胞的能量供应。

饱食状态下血糖浓度升高,大量的葡萄糖通过葡萄糖转运体2(glucose transporter 2, GLUT2)被肝细胞摄取并合成肝糖原储存。由于肝糖原储量有限,过多的葡萄糖可以转化成脂肪,并通过 VLDL 输出,储存于脂肪组织。空腹状态下血糖浓度降低,肝糖原可迅速水解成葡萄糖以补充血糖,维持血糖恒定。但肝中糖原的储存量有限,饥饿十几个小时后,储存的肝糖原即被消耗殆尽。肝还可通过糖异生合成葡萄糖,维持血糖水平。

肝内葡糖-6-磷酸是葡萄糖、果糖、半乳糖和甘露糖互变的枢纽物质。通过葡糖-6-磷酸,小肠吸收的其他单糖等转化为葡萄糖,作为血糖的补充来源。

肝细胞内磷酸戊糖途径也很活跃,为肝的生物转化提供足够的 NADPH。肝细胞中的葡萄糖还通过糖醛酸途径生成 UDP-葡糖醛酸,作为肝生物转化结合反应中最重要的结合物质。

肝受损时,肝糖原合成和分解、糖类的转化能力下降,难以维持正常血糖水平,可出现耐糖能力下降、餐后高血糖、饥饿低血糖等,还会影响到体内的生物转化。

## 二、肝在脂质代谢中的作用

肝在脂质的消化、甘油三酯和脂肪酸代谢过程中均具有重要作用。

1. 参与脂质消化吸收 肝分泌胆汁,胆汁中的胆汁酸是胆固醇在肝内的转变产物,可乳化脂质,促进脂质的吸收。肝损伤时,肝细胞分泌胆汁的能力下降,或胆汁排出障碍等均可导致脂质的消化、吸收不良,产生厌油腻及脂肪泻等临床症状。

2. 甘油三酯和脂肪酸代谢的中枢器官 饱食状态下肝可将大量葡萄糖分解代谢成乙酰 CoA,进一步合成甘油三酯;饥饿时机体进行脂肪动员,释放出的脂肪酸在肝内进行氧化分解。肝一方面调节脂肪酸彻底氧化与酯化合成甘油三酯两条途径,另一方面协调乙酰 CoA 进入三羧酸循环氧化分解与合成酮体两条去路。

3. 胆固醇代谢的主要场所 肝是机体胆固醇合成和转化的最重要器官。肝中胆固醇的合成量占全身总合成量的 3/4 以上,是空腹血浆胆固醇的主要来源。肝中胆汁酸的生成是体内代谢胆固醇的最重要途径。肝能通过 ApoE 受体、LDL 受体和 HDL 受体,从血液中摄取外源性胆固醇、内源性胆固醇和肝外组织细胞中多余的胆固醇,将其转化为胆汁酸,经胆道排出;也可将胆固醇不加修饰地随胆汁排出体外,以防止体内胆固醇过量积累。肝主要通过调节胆固醇合成量、转化及排出量来维持机体胆固醇的平衡。

肝合成的甘油三酯、磷脂和胆固醇组装成 VLDL 分泌入血,输送至肝外组织利用。若肝合成甘油三酯的量超过 VLDL 的生成能力,则甘油三酯积存于肝内,称为脂肪肝。

### 三、肝在蛋白质代谢中的作用

肝内蛋白质的合成与分解代谢极为活跃。

1. 蛋白质合成的重要场所　肝合成大量蛋白质,其蛋白质的更新速度远远高于肌肉等组织。不仅满足自身结构和功能的需要,还合成多种分泌蛋白质输送至肝外满足机体功能所需,如血浆蛋白质中的清蛋白、凝血酶原、纤维蛋白原等。成人肝每日约合成 12g 清蛋白,约占全身清蛋白总量的 1/20,几乎占肝合成蛋白质总量的 1/4。血浆清蛋白除了作为许多脂溶性物质(如游离脂肪酸、胆红素等)的非特异性运输载体外,在维持血浆胶体渗透压方面也起着重要作用。凝血酶原及纤维蛋白原等与凝血有关。

2. 氨基酸分解的主要场所　肝细胞含有丰富的氨基酸代谢酶,是氨基酸转氨基、脱氨基、脱羧基等反应非常活跃的器官。肝通过这些酶的催化可分解氨基酸、合成非必需氨基酸,还可利用氨基酸代谢生成各种含氮化合物如嘌呤类衍生物、嘧啶类衍生物、肌酸、乙醇胺、胆碱等,供机体所需。

3. 清除血氨、合成尿素的主要场所　肠道腐败作用产生的 $NH_3$、各组织氨基酸分解产生的 $NH_3$,均可在肝内合成尿素以解氨毒。机体合成尿素所必须的氨甲酰磷酸合成酶 I 及鸟氨酸氨甲酰基转移酶只存在于肝细胞线粒体。肝的病变会导致尿素合成下降,血氨浓度升高,发生氨中毒。

### 四、肝在维生素代谢中的作用

肝在维生素的吸收、储存、运输及转化等方面起重要作用。

1. 在脂溶性维生素的吸收和转运中具有重要作用　肝合成和分泌的胆汁酸,参与脂溶性维生素(A、D、E、K)在消化道的吸收。胆汁分泌障碍会导致脂溶性维生素吸收不足,甚至出现缺乏。肝合成和分泌视黄醇结合蛋白,可与视黄醇结合在血液中运输。肝可以合成维生素 D 结合蛋白,血浆中 85% 的维生素 D 代谢物与之结合而运输。

2. 储存多种维生素　人体内维生素 A、维生素 D、维生素 E、维生素 K 及维生素 $B_{12}$ 主要储存于肝,如肝中维生素 A 的含量占体内总量的 95%。

3. 能转化维生素　多种维生素在肝内转变为辅酶的组成成分。例如,烟酰胺可转变为 $NAD^+$ 及 $NADP^+$ 的组成成分;泛酸可转变为辅酶 A 的组成成分;维生素 $B_1$ 磷酸化为硫胺素焦磷酸等。肝细胞还可将 β-胡萝卜素转变为维生素 A,使维生素 $D_3$ 羟化为 25-羟维生素 $D_3$。维生素 K 还是肝参与合成凝血因子 II、凝血因子 VII、凝血因子 IX、凝血因子 X 不可缺少的物质。

### 五、肝在激素代谢中的作用

激素对调节人体的生理与代谢功能极为重要。多种激素在发挥其调节作用后便被分解或转化,从而降低或失去其活性,此过程称为激素灭活。该过程主要在肝中进行。

肝细胞膜上存在一些受体,可与多种水溶性激素特异性结合,并通过内吞作用,使之进入肝细胞内进行代谢转化。一些类固醇激素可通过扩散进入肝细胞,与胞内的 UDP-葡糖醛酸或 PAPS 等活性物质结合而失活。严重肝损伤时,其对激素的灭活能力下降,体内的雌激素、醛固酮、抗利尿激素等水平升高,可出现男性乳房女性化、蜘蛛痣、肝掌(雌激素对小血管的扩张作用)以及水、钠潴留等现象。

## 第四节　肝外重要组织器官的物质代谢特点

机体各组织器官满足基本功能所需要的代谢基本相同,但人体各组织器官由于细胞分化和结构不同、所含酶系的组成和含量不同,因此功能各异,代谢各有特点。只有满足了这些组织器官功能的代谢需要,这些组织器官才能正常行使功能。不同组织器官的代谢、代谢中间产物及终产物,通过血液循环、神经系统的调节和激素的调节,使各组织器官有机协调,联系成一个整体。

### 一、心

心肌主要通过氧化脂肪酸、酮体和乳酸获得能量,以有氧氧化为主,极少进行糖酵解。心肌在饱食状态下也可利用葡萄糖,在餐后数小时或饥饿时利用脂肪酸和酮体,在运动中或运动后则利用乳酸。心肌富含乳酸脱氢酶,以 LDH1 为主,与乳酸亲和力强,能催化乳酸氧化成丙酮酸,后者可转变为草酰乙酸,有利于有氧氧化。

### 二、脑

脑是机体耗能大、耗氧量大的器官,其耗氧量占全身耗氧总量的 $20\% \sim 25\%$。葡萄糖是脑的主要供能物质,因为脑内没有糖原,也没有作为能量储存的脂肪及蛋白质用于分解代谢。脑每天消耗葡萄糖约 100g,耗用的葡萄糖主要由血糖供应。长期饥饿、血糖供应不足时,脑主要利用酮体供能。饥饿 $3 \sim 4$ 天时,脑每天消耗约 50g 酮体。饥饿 2 周后,脑每天消耗的酮体可达 100g。

血液与脑组织之间可迅速进行氨基酸交换。脑中氨基酸的脱氨基作用主要由腺苷酸脱氨酶催化,通过氨基酸的代谢调控机制,维持脑内特有游离氨基酸的种类及数量。

### 三、骨骼肌

骨骼肌收缩所需要的能量由 ATP 提供,不同类型的骨骼肌具有的糖酵解、氧化磷酸化能力不同。静息状态下肌组织获取能量通常以有氧氧化肌糖原、脂肪酸、酮体为主,剧烈运动时则以糖的无氧氧化供能为主。因骨骼肌所储存的 ATP 含量有限,磷酸肌酸是肌肉中能量储存的形式,短暂的骨骼肌收缩活动后,磷酸肌酸在肌酸激酶催化下开始分解,生成 ATP,满足肌肉收缩能量所需。骨骼肌有一定的糖原储备,但因为缺乏葡糖-6-磷酸酶,所以肌糖原分解不能直接补充血糖。

### 四、成熟红细胞

成熟红细胞的主要能量来自糖酵解。因为成熟红细胞没有线粒体,不能进行三羧酸循环,所以成熟红细胞不能进行糖类和其他营养物质的有氧氧化,也不能利用脂肪酸和其他非糖物质作为能源。

### 五、脂肪组织

脂肪组织是储存和释放能量的重要场所。餐后消化吸收的脂质除部分氧化供能外,其余部分主要在肝内合成脂肪。内源性和外源性脂肪分别以 VLDL 和 CM 形式入血,在肝外组织 LPL 作用下被水解摄取,合成脂肪储存于脂肪细胞,而脂肪细胞也能将糖类转化为脂肪储存。饥饿时主要靠分解储存于脂肪组织的脂肪供能,此时激素敏感性脂肪酶被激活,将储存于脂肪组织的脂肪转变为脂肪酸和甘油,释放入血,供机体其他组织氧化利用。

## 六、肾

肾是除肝外唯一能进行糖异生和合成酮体的器官。肾髓质无线粒体,主要靠糖酵解供能,而肾皮质主要靠脂肪酸和酮体的有氧氧化供能。正常情况下,肾糖异生产生的葡萄糖较少,约为肝糖异生葡糖糖量的10%。但长期饥饿(5~6周)后,肾糖异生能力大大增强,每天可异生葡萄糖40g,与肝糖异生的量几乎相等。

## 第五节 物质代谢调节的主要方式

代谢调节是生物在长期进化过程中,为适应环境和自身发展的需要而逐渐形成的一种能力,而且代谢调节的复杂程度随进化程度升高而增加。代谢调节大体上可分3个水平,即细胞水平调节(酶水平调节)、激素水平调节和整体水平调节(神经-体液调节)。细胞水平调节是最原始、最基本的调节方式,激素和整体水平调节是随着生物进化的发展而完善起来的调节机制,最终也要通过细胞水平调节而发挥作用。3个水平的调节机制相互协作,使机体适应体内外环境变化,维持各种物质的适宜浓度,保证生命活动的能量供求。

### 一、细胞水平调节

细胞水平调节是指通过细胞内代谢物浓度的变化来改变酶的活性,影响酶促反应速度,从而对代谢进行调节。细胞水平调节包括细胞内酶的区域化分布、酶活性的调节和酶含量的调节。

#### (一)代谢酶系的亚细胞分布与关键酶

1. 代谢酶系的区域化分布 细胞是生物体的结构与功能基本单位,具有复杂而精细的结构,被细胞膜与外界分隔。细胞内部有广泛的膜系统将其进一步分隔成许多区域或亚细胞结构。代谢酶系分布在细胞的特定区域或亚细胞结构内(表12-1),可使各种代谢途径的反应有序进行,既可避免相互干扰,又利于彼此协调,还可通过控制代谢物的跨膜转运速度来调节代谢速度。

表 12-1 主要代谢途径的酶系在细胞内的分布

| 酶系或酶 | 分布 | 酶系或酶 | 分布 |
| --- | --- | --- | --- |
| 糖酵解 | 细胞质 | 胆固醇合成 | 细胞质和内质网 |
| 磷酸戊糖途径 | 细胞质 | 磷脂合成 | 内质网 |
| 糖原合成 | 细胞质 | 尿素合成 | 线粒体和细胞质 |
| 糖异生 | 线粒体和细胞质 | 蛋白质合成 | 细胞质和内质网 |
| 脂肪酸合成 | 细胞质 | DNA 及 RNA 合成 | 细胞核 |
| 脂肪酸 β 氧化 | 线粒体 | 呼吸链及氧化磷酸化 | 线粒体 |
| 三羧酸循环 | 线粒体 | 多种水解酶 | 溶酶体 |
| 酮体生成 | 肝细胞线粒体 | 羟化酶系 | 内质网 |

2. 代谢途径的关键酶及调节 每条代谢途径由一系列酶促反应组成,其反应速度和方向由 1 个或几个关键酶的活性决定。关键酶的调节方式有两种:酶活性的调节和酶含量的调节(见第五章)。各重要代谢途径中的关键酶见表 12-2。

表 12-2 重要代谢途径中的关键酶

| 代谢途径 | 关键酶 |
| --- | --- |
| 糖酵解 | 己糖激酶(肌)、葡糖激酶(肝)、磷酸果糖激酶-1、丙酮酸激酶 |
| 三羧酸循环 | 柠檬酸合酶、异柠檬酸脱氢酶、α-酮戊二酸脱氢酶系 |
| 糖原分解 | 糖原磷酸化酶 |
| 糖原合成 | 糖原合酶 |
| 糖异生 | 丙酮酸羧化酶、磷酸烯醇丙酮酸羧化激酶、果糖 1,6-双磷酸酶、葡糖-6-磷酸酶 |
| 脂肪动员 | 激素敏感性脂肪酶 |
| 脂肪酸合成 | 乙酰 CoA 羧化酶 |
| 胆固醇合成 | HMG-CoA 还原酶 |

### (二)酶活性的调节

酶的结构与功能密切相关,改变脱辅基酶的结构就可改变酶的活性。酶结构的调节包括别构调节和化学修饰调节。

1. 酶的别构调节 各代谢途径中的关键酶大多属于别构酶,其调制物可能是底物、代谢途径的终产物或某些中间产物,也可能是 ATP、ADP 和 AMP 等小分子(表 12-3)。

表 12-3 一些重要代谢途径中的别构酶及其调制物

| 代谢途径 | 别构酶 | 别构激活剂 | 别构抑制剂 |
| --- | --- | --- | --- |
| 糖酵解 | 己糖激酶 | | 葡糖-6-磷酸 |
| | 磷酸果糖激酶-1 | AMP、ADP、FDP | 柠檬酸、ATP |
| | 丙酮酸激酶 | FDP | ATP、乙酰 CoA |
| 三羧酸循环 | 柠檬酸合酶 | AMP | ATP、长链脂酰 CoA |
| | 异柠檬酸脱氢酶 | AMP、ADP | ATP |
| 糖异生 | 丙酮酸羧化酶 | 乙酰 CoA | |
| 糖原分解 | 糖原磷酸化酶 b | AMP(肌) | ATP(肌)、葡糖-6-磷酸(肌)、葡萄糖(肝) |
| 糖原合成 | 糖原合酶 | 葡糖-6-磷酸 | |
| 脂肪酸合成 | 乙酰 CoA 羧化酶 | 柠檬酸 | 长链脂酰 CoA |
| 氨基酸代谢 | 谷氨酸脱氢酶 | ADP | GTP、ATP、NADH |
| 嘌呤合成 | 谷氨酰胺-PRPP 酰胺转移酶 | | AMP、GMP |
| 嘧啶合成 | 天冬氨酸氨基甲酰转移酶(细菌) | | CTP、UTP |
| | 氨甲酰磷酸合成酶Ⅱ(哺乳动物) | | UMP |

2. 酶的化学修饰调节 酶的化学修饰调节是调节酶结构的一种重要方式,其中磷酸化与去磷酸化最为常见。多种代谢途径中的关键酶受到磷酸化的修饰调节(表 12-4)。

表 12-4　化学修饰调节对酶活性的影响

| 酶 | 化学修饰类型 | 酶活性改变 |
| --- | --- | --- |
| 糖原磷酸化酶 | 磷酸化/脱磷酸 | 激活/抑制 |
| 糖原磷酸化酶 b 激酶 | 磷酸化/脱磷酸 | 激活/抑制 |
| 糖原合酶 | 磷酸化/脱磷酸 | 抑制/激活 |
| 丙酮酸脱氢酶 | 磷酸化/脱磷酸 | 抑制/激活 |
| 磷酸果糖激酶-2 | 磷酸化/脱磷酸 | 抑制/激活 |
| 激素敏感性脂肪酶 | 磷酸化/脱磷酸 | 激活/抑制 |
| HMG-CoA 还原酶 | 磷酸化/脱磷酸 | 抑制/激活 |
| 乙酰 CoA 羧化酶 | 磷酸化/脱磷酸 | 抑制/激活 |

**课堂互动**

问题：100m 跑的距离很短，一般在 13 秒左右完成，但是跑下来后会出现肌肉酸痛，而慢跑 800m 后肌肉酸痛反而不明显，为什么？此时体内如何进行酶的调节？

### （三）酶含量的调节

酶含量的调节是通过改变脱辅基酶的合成速度和降解速度来调节酶的数量，从而调节代谢。酶促反应速度与酶的浓度成正比。由于改变脱辅基酶数量特别是合成脱辅基酶所需时间较长，其调节效应通常在几小时以后才能表现出来，所以酶含量的调节是一种慢速调节方式。酶含量的调节主要包括对脱辅基酶合成的诱导与阻遏、脱辅基酶降解的调节。

现将别构调节、化学修饰调节和酶含量调节的主要内容汇总于表 12-5。

表 12-5　几种酶活性调节方式的比较

| 调节方式 | 调节物质 | 酶分子变化 | 特点及生理意义 |
| --- | --- | --- | --- |
| 别构调节 | 调制物：底物、产物或其他小分子物质 | 调制物通过非共价键与酶的调节亚基（或部位）结合，引起酶分子构象的改变 | 可防止产物堆积和能源浪费，有效利用代谢物，作用快 |
| 化学修饰调节 | 激素等调节因子 | 酶分子发生共价键变化（磷酸化/脱磷酸化等） | 耗能少，作用快，有放大效应，可满足应激 |
| 酶含量调节 | 诱导剂、阻遏剂，可以是激素、药物以及底物、终产物 | 酶数量增加或减少 | 耗能多，调节效应出现慢但维持时间长久，除去调节物质后仍保持调节效应一段时间 |

## 二、激素水平调节

激素是内分泌细胞合成和分泌的一类化学信号物质。这些物质随血液循环到达全身各处，并作用于效应细胞，通过信号转导对其代谢进行调节。这种通过激素进行调节的方式称为激素水平调节。

通过激素对代谢进行调节是高等生物体内调节代谢的重要方式。激素之所以能对特定的组织或细胞(称为激素的靶组织或靶细胞)发挥作用，就在于靶细胞上具有能和激素特异性结合的激素受体。激素与相应的受体特异性结合后，通过一系列细胞信号转导途径，引起代谢改变,发挥代谢调节作用。激素作用的特点是不同的激素可作用于不同的组织细胞,产生不同的生物效应,表现较高的组织特异性和效应特异性。例如,胰高血糖素受体只存在于肝和脂肪组织细胞膜上,不存在于肌肉细胞,所以胰高血糖素对肌肉细胞没有调节作用。

激素可根据受体定位分为两大类:激素受体位于细胞膜上的称为膜受体激素,包括蛋白质激素、肽类激素和儿茶酚胺等;激素受体位于细胞内的称为胞内受体激素,包括类固醇激素和甲状腺激素等。激素受体是药物或毒素最重要的靶点。因为受体定位不同,两类激素的调节机制也不同。

### (一)膜受体激素的调节

靶细胞的膜受体与激素结合后构象及活性发生改变,触发并启动信号转导途径,引起细胞内代谢的改变。细胞膜是信号转导的主要屏障,大多数胞外信息分子不能进入细胞,而是通过与靶细胞上的特异受体结合后在胞内产生第二信使,生成胞内信息分子,引起细胞内一系列改变,迅速传递信息,最终调节细胞功能。

膜受体介导的信号转导存在多种途径,不同的受体所介导的信号转导途径是不同的,各途径之间既相对独立又存在着一定的联系。以下为几条主要的信号转导途径。

1. cAMP-蛋白激酶 A 途径 该途径以靶细胞内 cAMP 浓度改变和激活蛋白激酶 A(protein kinase A,PKA)为主要特征。其信号转导过程有多个环节,可表示为:

激素→膜受体→G 蛋白→AC→cAMP→PKA→关键酶或功能蛋白质磷酸化→生物效应

(1) cAMP 的生成:激素先与膜受体结合形成激素-受体复合物,使无活性的三聚体 $G_s$-GDP 转变为有活性的 $G_s$($G_{s\alpha}$-GTP),进而激活腺苷酸环化酶(adenylate cyclase,AC)(图 12-2)。

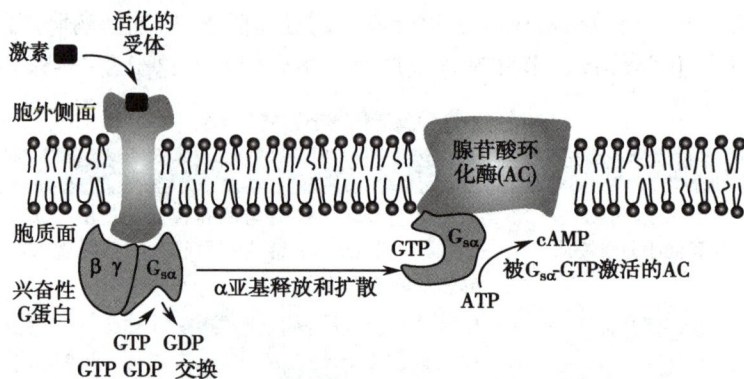

图 12-2 激素通过兴奋性 G 蛋白($G_s$)激活腺苷酸环化酶

cAMP-蛋白激酶 A 途径有两类作用相反的三聚体 G 蛋白:除上述兴奋性 G 蛋白($G_s$)外,还有抑制性 G 蛋白($G_i$),有些激素与受体结合后激活 $G_i$,而 $G_{i\alpha}$-GTP 则抑制 AC 的活性。

AC 属于嵌膜蛋白,活性中心位于细胞质面,其作用是催化 ATP 生成 cAMP,cAMP 在磷酸二酯酶(phosphodiesterase,PDE)催化下可水解成无活性的 5′-AMP。

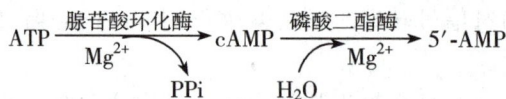

$$ATP \xrightarrow[Mg^{2+}]{腺苷酸环化酶} cAMP \xrightarrow[Mg^{2+}]{磷酸二酯酶} 5'-AMP$$

正常细胞内 cAMP 的平均浓度为 $10^{-6}$mol/L,在激素作用下可升高 100 倍以上。cAMP 浓度与 AC 和 PDE 活性相关。如胰岛素可激活 PDE,加速 cAMP 降解;某些药物如茶碱则抑制 PDE 使 cAMP 浓度升高。

（2）cAMP 浓度受激素调节：作用于膜受体的激素本身不进入细胞，而是通过膜受体改变细胞内第二信使的浓度，进而产生效应。大多数肽类激素如血管升压素、甲状旁腺激素、胰高血糖素以及儿茶酚胺的 β 受体等可激活 $G_s$，经 $G_s$ 活化 AC，使 cAMP 增多。而生长抑素及儿茶酚胺 $\alpha_2$ 受体可通过激活 $G_i$ 抑制 AC 活性，使 cAMP 减少，从而发挥抑制作用。

**知识链接**

### 第 二 信 使

第二信使是将激素所携带的信息传递到细胞内，使之产生生理效应的细胞内信使。第二信使学说是 Sutherland 等于 20 世纪 60 年代提出的，由此 Sutherland 于 1971 年获得诺贝尔生理学或医学奖。该学说认为，激素是第一信使，作用于靶细胞膜上的相应受体，并激活腺苷酸环化酶，使细胞内的 ATP 生成 cAMP。而 cAMP 作为第二信使别构激活的蛋白激酶，引起细胞内多种生物效应。研究表明，除 cAMP 外，cGMP、三磷酸肌醇、二酰甘油、$Ca^{2+}$、前列腺素等均可作为第二信使。

（3）cAMP 激活 PKA：cAMP 的生物效应主要是通过激活 PKA 实现的。PKA 是由 2 个催化亚基（catalytic subunit，C）和 2 个调节亚基（regulatory subunit，R）构成的四聚体（$C_2R_2$）。PKA 以四聚体形式存在时无催化活性，当 2 个调节亚基分别与 2 个 cAMP 结合后，引起脱辅基酶别构，使催化亚基与调节亚基解离，PKA 被激活（图 12-3）。

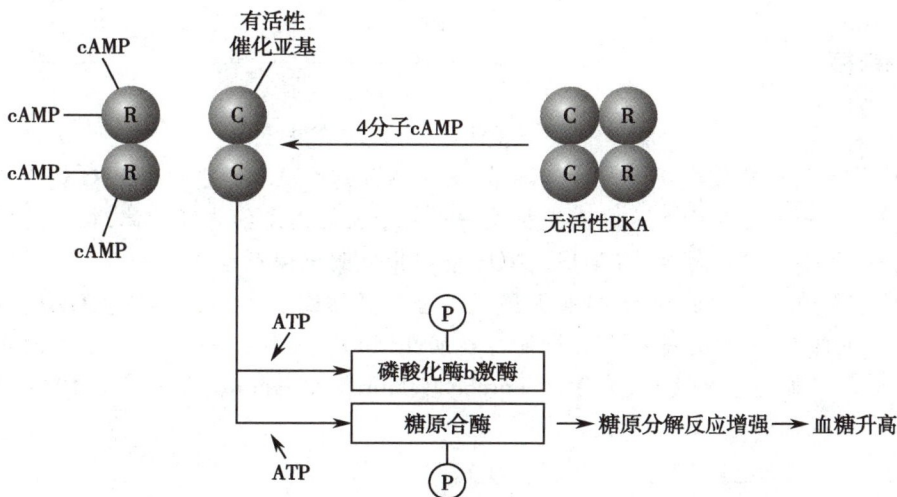

图 12-3　cAMP 激活 PKA 促糖原分解

（4）PKA 的生物学效应：蛋白激酶是能催化蛋白质或酶发生磷酸化反应的酶。蛋白激酶已经鉴定的有 400 多种，广泛存在于各组织。PKA 可催化靶蛋白丝氨酸/苏氨酸（Ser/Thr）残基磷酸化，是丝氨酸/苏氨酸蛋白激酶的一种。PKA 主要在物质代谢和基因表达调控中发挥作用。

1）对代谢的调节作用：PKA 可使有活性的糖原合酶 a 磷酸化，转变成无活性的糖原合酶 b，从而抑制糖原合成，还可激活糖原磷酸化酶 b 激酶，进而激活磷酸化酶，促进糖原分解

（图 12-3）。激素信号通过信号转导中连续几步的酶促反应放大了 $10^4$ 倍。另外,PKA 还可使乙酰 CoA 羧化酶磷酸化,使其活性降低,抑制脂肪酸合成。

2）对基因表达等的调节作用:PKA 激活后也可以进入核内,磷酸化一些转录因子,直接调节转录因子的活性,诱导基因表达。细胞核内受 cAMP、PKA 调节的基因转录调控区,都存在一个 DNA 保守序列 TGACGTC,是 DNA 结合域,称为 cAMP 反应元件(cAMP response element,CRE）。能与 CRE 结合的蛋白质称为 cAMP 反应元件结合蛋白(cAMP response element binding protein,CREB）。PKA 的催化亚基可使 CREB 的 133 位 Ser 残基磷酸化而被激活,促进基因的表达。

PKA 还可使细胞核内的组蛋白、酸性蛋白以及胞质的核糖体、膜蛋白、微管蛋白及受体蛋白磷酸化,从而调控这些蛋白质的功能。

**2. cGMP-蛋白激酶 G 途径**　cGMP 也是第二信使,由鸟苷酸环化酶(guanylate cyclase,GC）催化 GTP 生成,其含量为 cAMP 的 $1/100 \sim 1/10$。

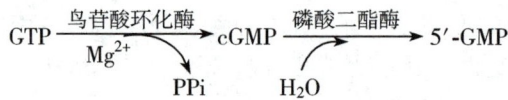

$$GTP \xrightarrow[Mg^{2+}]{鸟苷酸环化酶} cGMP \xrightarrow[H_2O]{磷酸二酯酶} 5'\text{-}GMP$$

该途径以靶细胞内 cGMP 浓度改变和激活蛋白激酶 G(protein kinase G,PKG）为主要特征。其信号转导过程有多个环节,可表示为:

激素→受体→GC→cGMP→PKG→关键酶或功能蛋白磷酸化→生物效应

目前发现有两类鸟苷酸环化酶,它们都是激素受体:一类属于膜受体,可被心房肽等激活;另一类属于胞内受体,可被 NO 或 CO 激活。

蛋白激酶 G 激活后在心肌及平滑肌收缩调节方面具有重要作用。如松弛血管平滑肌和增加尿钠,并间接地影响交感神经系统和肾素-血管紧张素-醛固酮系统,从而降低血压。

---

### 知识链接

#### 信号物质一氧化氮（NO）的发现

NO 作为信号物质广泛参与代谢调节,其中 NO 通过 cGMP-蛋白激酶 G 途径松弛血管平滑肌、扩张血管和降血压。乙酰胆碱等作用于血管内皮细胞膜受体,触发特定信号转导途径,激活一氧化氮合酶(NOS),NOS 催化精氨酸代谢产生 NO。

NO 扩散进入平滑肌细胞,结合并激活鸟苷酸环化酶受体,催化合成 cGMP。cGMP 激活蛋白激酶 G,催化关键酶或功能蛋白磷酸化,引起平滑肌松弛。NO 是首次发现的无机小分子气体类信号物质,发现者 Furchgott、Murad 和 Ignarro 因此获得 1998 年诺贝尔生理学或医学奖。

---

**3. 蛋白激酶 C 途径**　$Ca^{2+}$ 是机体内重要的第二信使。胞质中 $Ca^{2+}$ 浓度在 $10^{-7}\mu mol/L$,比细胞外浓度（约 $10^{-3}mol/L$）低得多。该途径以改变细胞质 $Ca^{2+}$ 水平和激活蛋白激酶 C(protein kinase C,PKC）为主要特征,是激素调节细胞代谢和基因表达的重要途径。

$Ca^{2+}$ 直接参与的信息传递途径有两种——蛋白激酶 C 途径和钙调蛋白途径。两个途径开始是共同的,在此简单介绍一下蛋白激酶 C 途径,可表示为:

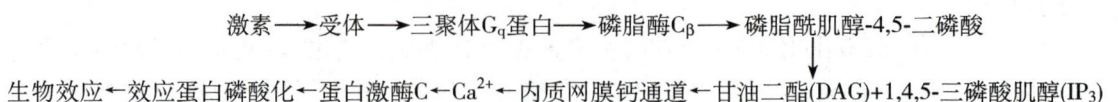

激素 ⟶ 受体 ⟶ 三聚体 $G_q$ 蛋白 ⟶ 磷脂酶 $C_\beta$ ⟶ 磷脂酰肌醇-4,5-二磷酸

生物效应←效应蛋白磷酸化←蛋白激酶C←$Ca^{2+}$←内质网膜钙通道←甘油二酯(DAG)+1,4,5-三磷酸肌醇($IP_3$)

激素与受体结合后,蛋白激酶 C 途径中的相关蛋白被激活,催化生成两种重要的第二信使——甘油二酯(DAG)和 1,4,5-三磷酸肌醇($IP_3$),从而促使 $Ca^{2+}$ 从内质网腔逸出,导致细胞质 $Ca^{2+}$ 增多,激活蛋白激酶 C。

蛋白激酶 C 与蛋白激酶 A 类似,激活后可催化靶蛋白的丝氨酸残基和/或苏氨酸残基磷酸化,产生短期或长期效应。如通过磷酸化修饰调节某些酶的活性,调节代谢;或磷酸化修饰某些转录因子,调节基因表达。

通过该途径发挥作用的激素有促甲状腺素释放激素、去甲肾上腺素、抗利尿激素、血管紧张素 II 等,而胞质中游离 $Ca^{2+}$ 浓度的改变是调节细胞生理活动的关键。

### (二)胞内受体激素的调节

通过胞内受体介导的信号分子通常具有脂溶性,包括糖皮质激素、盐皮质激素、雄激素、雌激素、孕激素、甲状腺激素($T_3$、$T_4$)、1,25-$(OH)_2$-$D_3$ 等,除甲状腺激素外均为类固醇化合物。

胞内受体又可分为胞质内受体和核内受体,如糖皮质激素的受体属于胞质内受体,盐皮质激素、甲状腺激素等的受体属于核内受体。

这类激素发挥作用时先要穿过细胞膜。糖皮质激素与胞质内受体结合后使其构象发生改变,暴露出 DNA 结合域,形成的激素-受体复合物以二聚体形式穿过核孔进入核内;核受体激素则需要从胞质进入细胞核后与核受体结合。在细胞核内,激素-受体复合物与靶基因启动子序列内的 DNA 的特异序列激素应答元件(hormone response element,HRE)结合,从而调控靶基因的表达,如调节关键酶或功能蛋白质在细胞内的数量,引起生物学效应(图 12-4)。

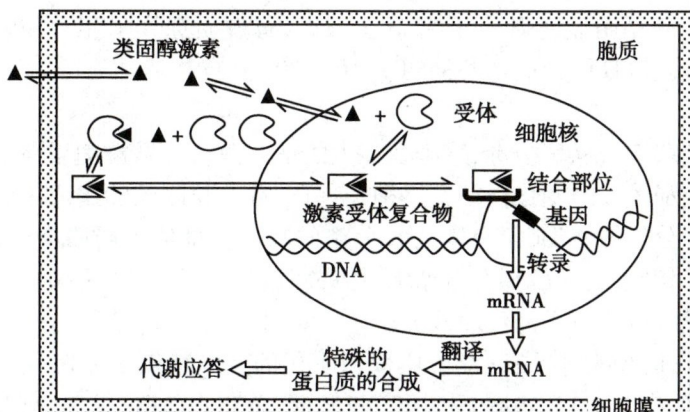

图 12-4　激素通过胞内受体对代谢的调节作用

以糖皮质激素调节肝细胞糖异生的过程为例,简单说明胞内激素受体的作用机制:糖皮质激素穿过肝细胞膜进入细胞质,与糖皮质激素受体结合,形成激素-受体复合物,使受体构象发生改变。复合物穿过核孔进入细胞核,激素-受体复合物的 DNA 结合域与靶基因启动子序列内的激素应答元件结合,促进糖异生关键酶基因的表达,使靶脱辅基酶的数量增加,糖异生速度加快。

## 三、整体水平调节

机体处于不同的生理和病理情况下,神经系统的活动、激素的分泌和各代谢途径中的酶的活性都要发生相应的变化,使各种物质代谢的速度与内外环境的变化相适应,以保证机体的各种功能正常运行。下面以饥饿和应激为例来讨论物质代谢的整体调节。

笔记栏

### （一）饥饿

1. 短期饥饿 1~3 天不能进食为短期饥饿,此时糖原已所剩无几,血糖浓度趋于降低。这种变化会引起胰岛素分泌减少,胰高血糖素分泌增加。由此机体对代谢发生以下调整:

（1）糖异生作用加强:短期饥饿,肝糖异生明显增加,其主要原因是肝糖原消耗殆尽,血胰岛素与胰高血糖素比值降低,此时肝每天约异生 150g 葡萄糖,其中 30% 来自乳酸和丙酮酸,10% 来自甘油,其余来自氨基酸。

（2）脂肪动员增加,酮体生成增多:饥饿早期,机体逐渐从以糖类氧化供能为主转变为以脂肪酸氧化供能为主,使糖类的利用得到抑制。随后肝内酮体生成量显著升高,肝外组织即以脂肪酸和酮体作为主要燃料,此时人心肌 3/4 的能量来自酮体氧化。

（3）肌肉蛋白质分解加强:脂肪动员增加后,随后是肌肉组织的蛋白质分解加强,导致氮负平衡。大部分氨基酸转变成丙氨酸和谷氨酰胺释放入血,可作为糖异生的原料,也可直接氧化供能。

总之,饥饿时组织细胞对葡萄糖的利用下降,机体的主要能源来自储存的脂肪,其次是蛋白质。所以,短期饥饿时补充葡萄糖不仅可以减少酮体的生成,而且还可以防止体内蛋白质的消耗与分解。

2. 长期饥饿 长期饥饿时机体的代谢会相应做进一步调整。

（1）脂肪动员进一步加强,肝内酮体的生成大量增加,特别是脑组织利用酮体的能力进一步增强,每日消耗酮体约 50g,提供大脑所需能量的 60%~70%,可节约 50% 左右的葡萄糖。由于机体主要利用脂肪酸供能,对维持血糖水平、减少蛋白质分解有一定意义。

（2）体内蛋白质分解代谢明显减少(维持机体基本功能),氮负平衡缓解。

（3）肾糖异生作用明显增强:肝内糖异生减少,肾皮质糖异生能力加强,原料主要是甘油、乳酸和丙酮酸等,每日可合成葡萄糖 40g,其中 20g 来自甘油。

### （二）应激

因创伤、剧痛、寒冷、缺氧、中毒、感染及强烈的情绪激动等异常刺激所引起的紧张状态,可导致一系列神经和体液的变化。如交感神经兴奋,肾上腺髓质和皮质激素分泌增加,胰高血糖素和生长激素分泌的增加,伴有胰岛素分泌的减少。虽然不同原因引起的应激状态在代谢上的改变不尽相同,但一般都有血糖水平升高、脂肪动员增强、蛋白质分解加强、糖原合成减少和脂肪合成减少等一系列代谢改变。

综上所述,应激时糖类、脂肪和蛋白质代谢变化的共同特点是分解代谢增强,合成代谢减少,血液中分解代谢的中间产物如葡萄糖、氨基酸、游离脂肪酸、甘油、乳酸、酮体和尿素等含量增加,使代谢适应环境变化,维持机体的代谢平衡。

---

### 🔍 知识链接

#### 代 谢 组 学

代谢组学(metabolomics)是一门对某一生物体或细胞内所有小分子代谢产物进行定性和定量检测,同时分析其中代谢物谱变化规律的新兴科学。代谢物谱的变化受生理、病理和诸多因素的影响,它的意义之一在于告诉我们生物体或细胞当下发生了什么变化。液相色谱-质谱法(LC/MS)、气相色谱-质谱法(GC/MS)等是目前代谢组学研究常用的技术,灵敏度高,重现性好。代谢组学与基因组学、转录组学和蛋白质组学共同构成系统生物学。

**学习小结**

1. 学习内容

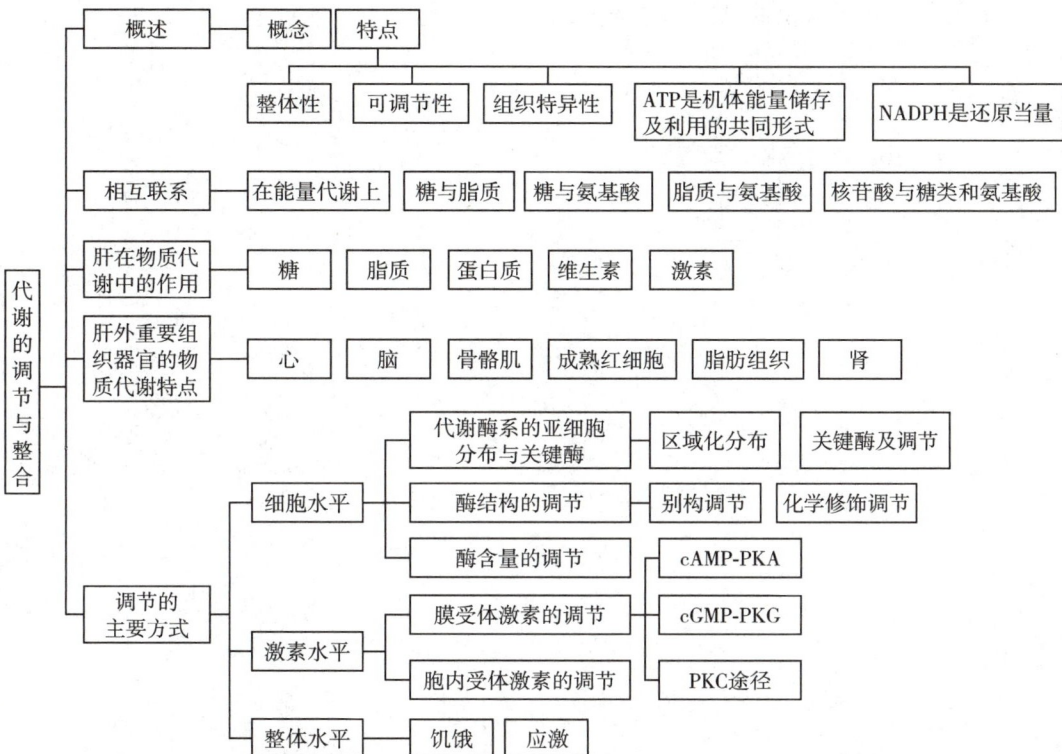

2. 学习方法

（1）本章介绍了物质代谢的相关概念、特点及研究方法,肝在物质代谢中的作用,肝外重要组织器官的物质代谢特点,同时将前面各章节中有关代谢之间的相互联系及其调控的内容做总结性的综合叙述。通过本章的学习,能认识到全书各章内容都是互相联系的,而且是如何通过这些内容的有机联系以阐明生命过程中的化学现象、生命活动的整体观。在学习本章时应复习前面已学过的酶、维生素、生物氧化、糖代谢、脂质代谢、蛋白质分解代谢及核苷酸代谢章节的内容。

（2）对本章的学习,应在较好地理解三大物质代谢的基础上,把握其中各个代谢途径中的限速酶和中间化合物。它们是三大物质之间相互转化的基础,各水平的调节也是主要通过它们实现的。

扫一扫,
测一测

（蔡　标　赵京山）

## 复习思考题

1. 简述物质代谢的概念及特点。

2. 简述糖类、脂质、蛋白质和核苷酸代谢的相互联系。

3. 简述肝在物质代谢中的作用。

4. 简述肝外重要组织器官的物质代谢特点。

5. 物质代谢的调节的主要方式有哪些?

6. 简述体内主要代谢途径的关键酶。

7. 试从调节物质、酶分子变化、特点及生理意义等方面比较酶的调节方式。

8. 简述 cAMP-蛋白激酶 A 信号转导途径。

# 第十三章

# DNA 的生物合成

## 学习目标

通过本章的学习,理解并掌握 DNA 生物合成的原理及相关基础知识,为分子生物学、药理学等课程的学习奠定基础。

生物体内的遗传信息以特定的核苷酸排列顺序储存在 DNA 分子上,并通过 DNA 的生物合成由亲代传递给子代。DNA 的生物合成是在细胞内通过一系列酶促反应生成 DNA 分子的过程,包括 3 种方式:DNA 指导的 DNA 合成、RNA 指导的 DNA 合成及 DNA 修复合成。①DNA 指导的 DNA 合成,是以亲代 DNA 中的遗传信息为模板,并将其准确传递给子代 DNA 的过程,称为 DNA 复制(DNA replication),是细胞内 DNA 生物合成的最主要方式。DNA 复制之后,在子代个体发育过程中遗传信息通过转录(transcription)由 DNA 传递给 RNA 进而翻译(translation)合成有特定生物学功能的蛋白质,使子代与亲代表现出相似的遗传性状。上述遗传信息的传递方式,由 F. Crick 于 1958 年提出并总结为经典的中心法则(central dogma)(图 13-1)。②RNA 指导的 DNA 合成,是以 RNA 为模板合成 DNA 的过程。该 DNA 合成方式中遗传信息的流动方向与转录过程相反,因此称为逆转录(reverse transcription,又称反转录)。逆转录现象是 1970 年由 H. Temin 和 D. Baltimore 在致癌 RNA 病毒研究中发现的,它的发现补充了经典中心法则。③DNA 修复合成,是指生物体内的 DNA 修复合成系统,可修复某些自发原因或环境因素引起的 DNA 损伤,以保持遗传信息的稳定性。本章将对 DNA 生物合成的 3 种方式分别介绍。

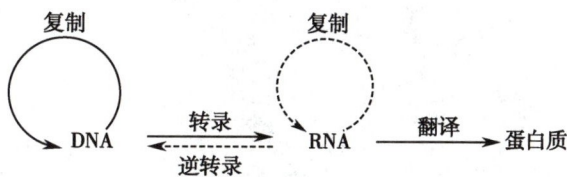

图 13-1　中心法则

## 第一节　DNA 复制

### 一、复制的基本规律

DNA 复制的本质是以亲代 DNA 为模板合成子代 DNA 的过程。无论原核生物还是真核生物,DNA 的复制合成都需要 DNA 模板、dNTP 原料、DNA 聚合酶、引物和 $Mg^{2+}$。DNA 聚合酶催化脱氧核苷酸以 $3'$,$5'$-磷酸二酯键相连合成 DNA,合成方向为 $5'\rightarrow3'$。DNA 复制遵循以下规律:

### （一）半保留复制

DNA 合成时,亲代 DNA 双链解开,形成 2 股单链;这 2 股单链再分别作为模板,按照碱基配对原则指导合成新的子代 DNA。子代 DNA 分子含有 1 股亲代 DNA 链和 1 股新合成的 DNA 链,这种复制方式称为半保留复制(semiconservative replication)(图 13-2)。

1958 年,M. Meselson 和 F. Stahl 首次通过实验在大肠杆菌($E.\ coli$)中证实了 DNA 的半保留复制方式(图 13-3)。他们先将大肠杆菌置于以 $^{15}NH_4Cl$ 为唯一氮源的培养基(重培养基)中培养约 15 代,使其 DNA 全部被标记为 $^{15}N$-DNA。然后再将大肠杆菌转移至以 $^{14}NH_4Cl$ 为氮源的培养基(轻培养基)中继续培养。在不同时间收集菌体,裂解细胞,用氯化铯密度梯度离心法分析 DNA。由于 $^{15}N$-DNA 的密度大于普通 $^{14}N$-DNA,因此密度梯度离心实验中 $^{15}N$-DNA 区带(高密度带、重 DNA 区带)位于 $^{14}N$-DNA 区带(低密度带、轻 DNA 区带)的下方,$^{14}N/^{15}N$-DNA 区带(中密度带、杂交 DNA 区带)则位于两者之间。实验结果表明,细菌在重培养基中繁殖时合成的 DNA 为 1 条高密度带($^{15}N/^{15}N$);转入轻培养基后子一代 DNA 为 1 条中密度带($^{14}N/^{15}N$);子二代 DNA 为中密度带($^{14}N/^{15}N$)和低密度带($^{14}N/^{14}N$)2 条区带。随着在轻培养基中培养代数的增加,低密度带增强,而中密度带含量保持不变。上述实验结果证明,DNA 是以半保留复制方式合成的。

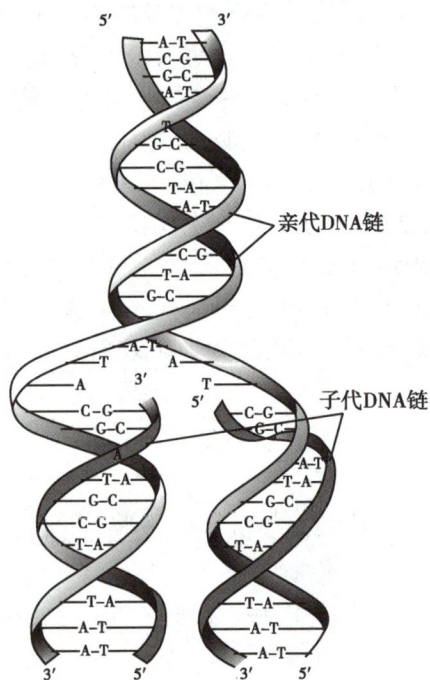

图 13-2　半保留复制

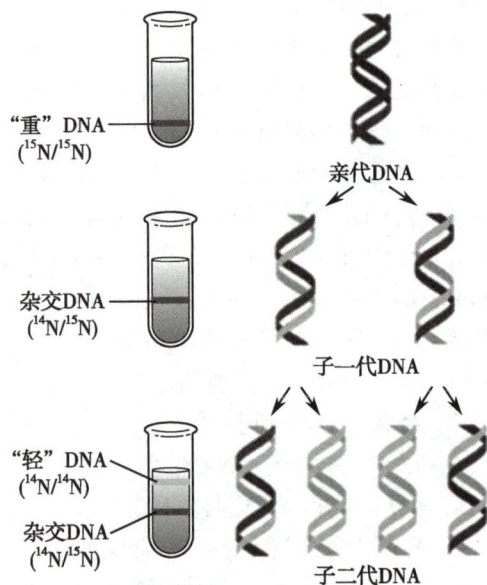

图 13-3　Meselson-Stahl 实验

### （二）从复制起点双向复制

DNA 复制起始于 DNA 序列的特定位点——复制起点(replication origin,ori)。从 DNA 复制起点开始的 1 个 DNA 复制区域称为复制子(replicon)。原核生物基因组 DNA 通常只存在 1 个复制起点,复制时形成单复制子结构;真核生物 DNA 分子含有多个复制起点,可以从这些复制起点同时启动复制,形成多复制子结构(图 13-4)。

复制时,DNA 双链于复制起点处开始解链,形成 Y 字形分叉,称为复制叉(replication fork)。绝大多数生物的 DNA 复制,是从 1 个复制起点开始同时沿 2 个方向解链,形成方向相反的 2 个复制叉,称为双向复制(bidirectional replication)。双向复制是最常见的 DNA 复制方式(图 13-5)。

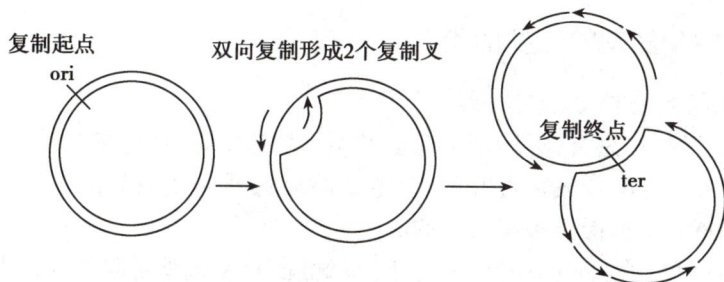

（a）原核生物环状DNA的单点起始双向复制

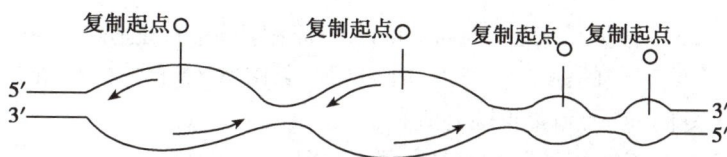

（b）真核生物DNA的多点起始双向复制

图 13-4　DNA 复制的起点和方向

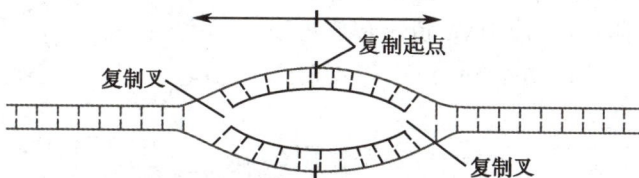

图 13-5　从复制起点双向复制

### （三）半不连续复制

DNA 的 2 股链是反向互补的,因此同一复制叉上作为模板的 2 股亲代 DNA 链方向相反,而 DNA 聚合酶只能催化 $5'→3'$ 方向的 DNA 合成,因此 2 股新生链的合成方向也是相反的。其中一股新生链的合成方向与解链方向相同,可以连续合成,称为前导链(leading strand);另一股新生链的合成方向与解链方向相反,不能连续合成,称为后随链(lagging strand)(图 13-6)。后随链的合成必须等到模板链解开一定长度后,才开始合成一段;该段合成完毕后又须等待下一段模板链解链到足够长度,再合成下一段。这些分段合成的后随链片段称为冈崎片段(Okazaki fragment)。冈崎片段连接起来就形成一条完整的 DNA 链。DNA 复制过程中,前导链连续合成,后随链不连续合成,这种复制方式称为半不连续复制(semidiscontinuous replication)。

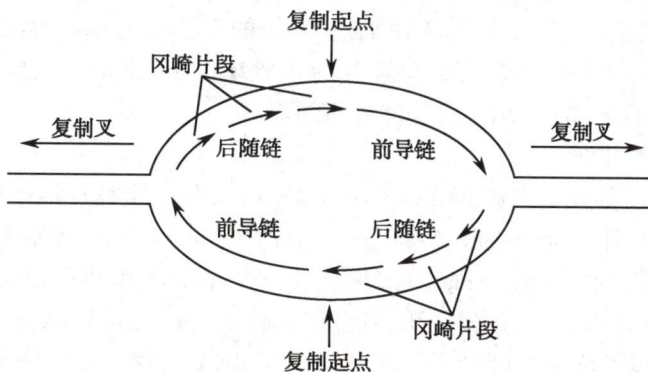

图 13-6　半不连续复制

243

## 二、参与 DNA 复制的主要酶类

### （一）解链酶与拓扑学变化的酶类

在 DNA 复制过程中，只有亲代 DNA 双链解链，暴露碱基，才能按照模板上碱基序列的指导完成子代 DNA 的复制合成。将 DNA 双螺旋局部解开为 2 股单链主要是由解旋酶、拓扑异构酶和单链 DNA 结合蛋白协作完成的。

1. 解旋酶　在解旋酶（helicase）的催化下，双螺旋 DNA 碱基对间的氢键断开，生成 2 股单链模板。参与大肠杆菌 DNA 复制的 DnaB 蛋白就是解旋酶，它发挥作用时需要 ATP 供能。

2. 拓扑异构酶　拓扑异构酶（topoisomerase）简称拓扑酶，是一类能够改变 DNA 分子构象但保持 DNA 性质不变的酶。它可以切断或形成 DNA 分子中的磷酸二酯键，理顺 DNA 链，从而使 DNA 复制、转录和重组顺利进行。

拓扑酶广泛存在于原核细胞和真核细胞中，有多种亚型，其中较为重要的是 I 型拓扑酶和 II 型拓扑酶。前者主要作用于 DNA 双链中的一股链，它切断单链后，使断端绕另一条互补链顺松弛超螺旋的方向旋转，然后封闭切口，使 DNA 负超螺旋松弛（图 13-7）。它主要参与 RNA 转录合成，作用时无须消耗 ATP。

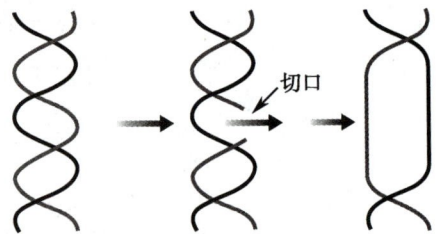

图 13-7　I 型拓扑酶的作用

II 型拓扑酶又称旋转酶（gyrase），主要作用是同时切开 DNA 超螺旋的 2 条链，切口旋转后，重新连接，进而封闭切口，改变 DNA 的拓扑构象，反应过程消耗 ATP（图 13-8）。它主要参与 DNA 复制合成，不仅能消除解链中形成的正超螺旋，还可以引入负超螺旋，以利于 DNA 解链的进行。

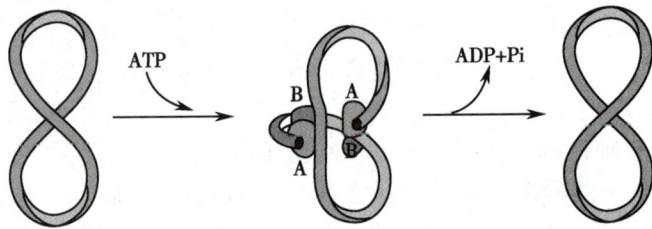

图 13-8　II 型拓扑酶的作用

3. 单链 DNA 结合蛋白　单链 DNA 结合蛋白（single-stranded DNA binding protein，SSB）是同四聚体（每个亚基含 177 个氨基酸残基）。解开的 2 股单链 DNA 模板不稳定，有重新配对形成双链的倾向。SSB 可紧密结合在解开的 2 股单链上，稳定其构象，有利于复制的进行。另外，SSB 还能保护单链 DNA 免遭核酸酶的降解。

### （二）引发酶与引发体

DNA 聚合酶不能催化 2 个游离 dNTP 通过 3′,5′-磷酸二酯键直接连接，只能催化 dNTP 依次连接到与模板互补结合的一股核酸链——引物（primer）的 3′-羟基末端上。因此，子代 DNA 合成时，总是先由引发酶（primase）催化合成一小段 RNA 引物（长度为十几到几十个核苷酸）。该酶是一种特殊的 RNA 聚合酶，其分子量较催化转录的 RNA 聚合酶要小。它以单链 DNA 为模板，按碱基配对原则沿 5′→3′ 方向合成 RNA 引物。大肠杆菌的引发酶由 dnaG 基因编码。

DNA 复制起始,引发酶需要在其他复制因子的参与下和解旋酶组装成引发体(primosome),才能催化 RNA 引物合成。

---

**课堂互动**

问题:DNA 复制时需要先合成一段 RNA 引物,在复制完成前再去除,此过程既耗时又耗能,有什么生物学意义呢?

---

### (三) DNA 聚合酶

DNA 聚合酶(DNA polymerase)是以单链 DNA 为模板,催化合成其互补 DNA 链的一类酶。大肠杆菌 DNA 聚合酶主要有 3 种:DNA 聚合酶Ⅰ、DNA 聚合酶Ⅱ和 DNA 聚合酶Ⅲ(表 13-1)。

表 13-1　大肠杆菌 DNA 聚合酶

| 主要性质 | DNA 聚合酶Ⅰ | DNA 聚合酶Ⅱ | DNA 聚合酶Ⅲ |
| --- | --- | --- | --- |
| 分子量/kDa | 103 | 90 | ~900 |
| 分子数/细胞 | 400 | 100 | 20 |
| $5' \rightarrow 3'$ 聚合酶活性 | + | + | + |
| $3' \rightarrow 5'$ 外切酶活性 | + | + | + |
| $5' \rightarrow 3'$ 外切酶活性 | + | − | − |
| 聚合速度/(nt/s) | 16 ~20 | 40 ~50 | 250 ~1 000 |
| 连续性 | 3 ~200 | 1 500 | ≥500 000 |
| 主要功能 | 切除 RNA 引物 DNA 修复 | DNA 修复 | DNA 复制合成 |

1. **DNA 聚合酶的共同作用**　三者均具有 $5' \rightarrow 3'$ 聚合酶活性。它们以单链 DNA 为模板,以引物的 $3'$-羟基末端为起点,$5' \rightarrow 3'$ 方向合成模板链的互补链。

2. **各种聚合酶的特殊作用**　3 种 DNA 聚合酶除了具有共同的聚合酶活性外,还有各自不同的特性和作用。

(1) DNA 聚合酶Ⅲ是主要的复制酶:DNA 聚合酶Ⅲ全酶是由 α、β、γ、δ、δ′、ε、θ、τ、χ 和 ψ 10 种亚基构成的蛋白质,其中 α、ε 和 θ 亚基组成核心酶。α 亚基具有 $5' \rightarrow 3'$ 聚合酶活性;ε 亚基具有 $3' \rightarrow 5'$ 外切酶活性,可切除延伸链末端错配的核苷酸,发挥校对(proofreading)功能,提高 DNA 聚合酶Ⅲ催化合成 DNA 的保真性;θ 亚基可能有组建核心酶的作用。β 亚基是一个环形蛋白质,其功能犹如夹子,分布在核心酶两边的 β 亚基能够稳稳夹住 DNA 分子并使酶沿模板滑动,提高了 DNA 复制过程中酶的持续合成能力。其余亚基统称为 γ-复合物,有促进全酶结合至模板上及增强核心酶活性的作用(图 13-9)。

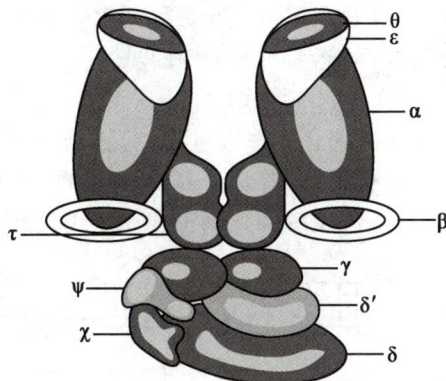

图 13-9　DNA 聚合酶Ⅲ

DNA 聚合酶Ⅲ的聚合酶活性很高,主要负责催化 DNA 的复制合成。它合成 DNA 的速度非常快,每秒可催化 $10^3$ 以上个脱氧核苷酸发生聚合,并且一般聚合大于 500 000 个核苷酸后才脱离模板。

该酶还具有 $3'\rightarrow5'$ 外切酶活性,可以校对 DNA 复制时出现的错误(图 13-10)。当新合成的 DNA 链 $3'$ 末端出现错配碱基时,DNA 聚合酶立即停止前进,激活其 $3'\rightarrow5'$ 外切酶活性,将错配的核苷酸切除,直至 $3'$ 末端重新引入正确配对的核苷酸才继续合成 DNA。通过校对功能,可将 DNA 复制的错误率降至最低,保证了遗传信息从亲代到子代 DNA 的准确传递。

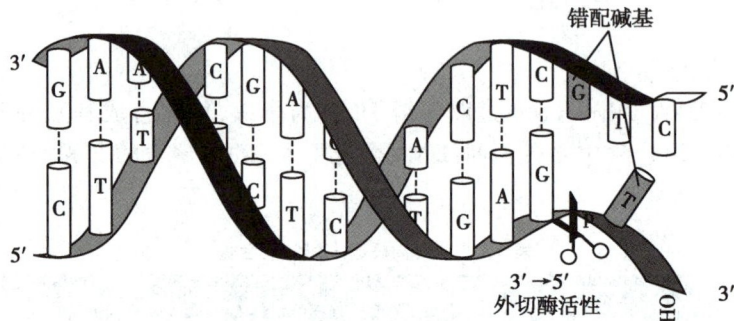

图 13-10 DNA 聚合酶Ⅲ的 $3'\rightarrow5'$ 外切酶活性与校对功能

(2) DNA 聚合酶Ⅰ是多功能酶:DNA 聚合酶Ⅰ具有 $5'\rightarrow3'$ 聚合酶活性、$3'\rightarrow5'$ 外切酶活性及 $5'\rightarrow3'$ 外切酶活性,是一个典型的多功能酶,参与引物切除、DNA 修复等过程。

大肠杆菌 DNA 聚合酶Ⅰ是 1958 年由 Arthur Kornberg 和他的合作者发现的首个 DNA 聚合酶。它是分子量为 103kDa 的单一肽链大分子。用枯草杆菌蛋白酶处理该酶,可获得大、小 2 个片段。其中大片段肽链含 605 个氨基酸残基,称为克列诺酶(Klenow enzyme),又称克列诺片段(Klenow fragment)、克列诺聚合酶(Klenow polymerase),兼具 $5'\rightarrow3'$ 聚合酶和 $3'\rightarrow5'$ 外切酶活性;小片段肽链含 323 个氨基酸残基,只具有 $5'\rightarrow3'$ 外切酶活性。

DNA 聚合酶Ⅰ的 $5'\rightarrow3'$ 聚合酶活性尽管可以催化 DNA 合成,但当 DNA 链延伸到 20 个核苷酸时,酶就会脱离模板,即 DNA 聚合酶Ⅰ仅能催化中等程度的 DNA 聚合反应。研究发现,DNA 聚合酶Ⅰ基因失活对细胞活性的影响并不严重,表明它并非主要的复制酶。DNA 聚合酶催化 DNA 链的合成,只能在 RNA 引物的基础上逐步延伸。当新链延伸至一定长度后,需要 DNA 聚合酶Ⅰ的 $5'\rightarrow3'$ 外切酶活性将 RNA 引物切除,留下的空隙有赖于 DNA 聚合酶Ⅰ的 $5'\rightarrow3'$ 聚合酶活性进行填补。

(3) DNA 聚合酶Ⅱ可能具有修复功能:DNA 聚合酶Ⅱ兼具 $5'\rightarrow3'$ 聚合酶和 $3'\rightarrow5'$ 外切酶活性,但没有 $5'\rightarrow3'$ 外切酶活性。该酶的聚合酶活性、聚合速度及延伸能力远低于 DNA 聚合酶Ⅲ,可能参与 DNA 修复。

### (四)DNA 连接酶

前导链的合成连续进行,后随链的 DNA 合成则是不连续的。后随链上分段合成的冈崎片段间留有切口,需要由 DNA 连接酶(DNA ligase)催化切口处的 DNA 链的 $3'$-羟基和相邻 DNA 链的 $5'$-磷酸基之间形成磷酸二酯键,从而将 DNA 片段连接成 DNA 长链(图 13-11)。

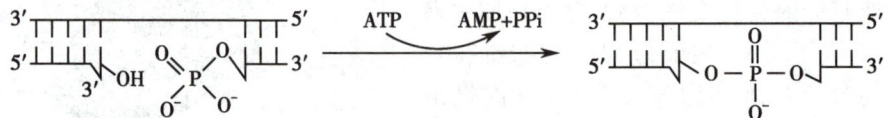

图 13-11 DNA 连接酶的作用

### 三、DNA 生物合成的过程

#### （一）原核生物的 DNA 生物合成

根据对大肠杆菌（*E. coli*）的研究，原核生物的 DNA 复制过程，大致分为起始、延伸和终止 3 个阶段。

1. 起始阶段　这一阶段中在复制起点处装配引发体，形成复制叉并合成 RNA 引物。

（1）DNA 解链：大肠杆菌染色体 DNA 的复制起点称为 *oriC*，长度为 245bp，包括 3 组串联重复的 13bp 序列和 5 段 9bp 的序列。串联重复的 13bp 序列富含 AT，是解链起始区；反向重复的 9bp 序列则是 DnaA 蛋白识别区。

DNA 解链过程由 DnaA、DnaB、DnaC 3 种蛋白质共同参与完成。首先多个 DnaA 蛋白（大约 20~40 个）识别并结合 *oriC* 的 9bp 序列，继而 DnaA 蛋白互相靠近，形成复合体结构，促使富含 AT 区的 DNA 解链。DnaB 蛋白（解旋酶）在 DnaC 蛋白的协同下，结合并沿解链方向移动，使双链解开足够长度用于复制，并逐步置换出 DnaA 蛋白。DNA 双股超螺旋在解旋酶、拓扑异构酶和 SSB 的协同作用下，局部解开为 2 股单链模板，形成复制叉（图 13-12）。

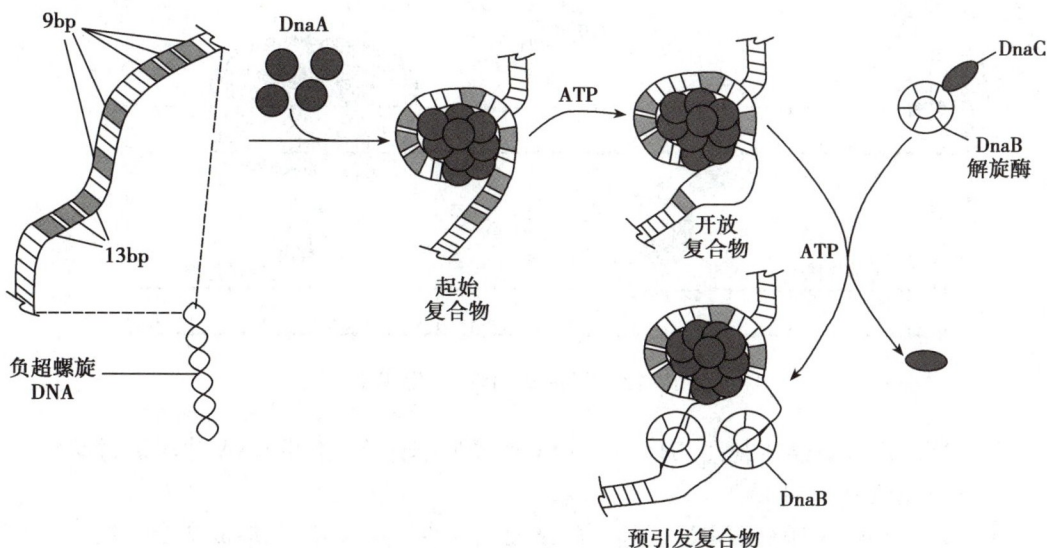

图 13-12　原核生物的复制起始部位及解链

（2）形成引发体：在 DNA 双链解链的基础上，形成了 DnaB、DnaC 蛋白与复制起点结合的复合体（预引发复合物），引发酶 DnaG 与该复合物进一步组装成较大的引发体。

（3）合成 RNA 引物：引发体中含有 DnaB 蛋白（解旋酶）和 DnaG 蛋白（引发酶）。解旋酶可催化引发体下游的 DNA 继续解链。引发酶则以解开的 DNA 单链为模板，按照碱基配对原则催化合成 RNA 引物。RNA 引物的长度为数十个核苷酸，其延伸方向为 5′→3′，其 3′-羟基末端是 DNA 复制的起始点。

2. 延伸阶段　该阶段主要由 DNA 聚合酶Ⅲ催化 DNA 合成。

在 DNA 聚合酶Ⅲ催化下，以 dNTP 为原料、RNA 引物的 3′-羟基末端为起点，按照碱基配对原则，合成模板链的互补 DNA 链。前导链可以连续合成，后随链的合成是不连续的。后随链上每一个冈崎片段在合成开始时，都需要先合成一段 RNA 引物。不同种属的冈崎片段长短不一，原核生物的冈崎片段包含 1 000~2 000 个核苷酸，真核生物则只包含数百个核苷酸。

3. 终止阶段　该阶段主要包括 DNA 聚合酶Ⅰ切除 RNA 引物并填补空隙、DNA 连接酶封闭切口及复制终止等过程。

（1）切除引物：DNA 复制过程中，2 条新生成的子代 DNA 链都是在 RNA 引物的基础上延伸得到的。前导链连续合成后其 5′端留有 RNA 引物，后随链中众多冈崎片段的 5′端也留下了相应的 RNA 引物。这些 RNA 引物在前导链和冈崎片段延伸至一定长度后，会全部由 DNA 聚合酶Ⅰ切除并合成 DNA 进行填补（图 13-13）。

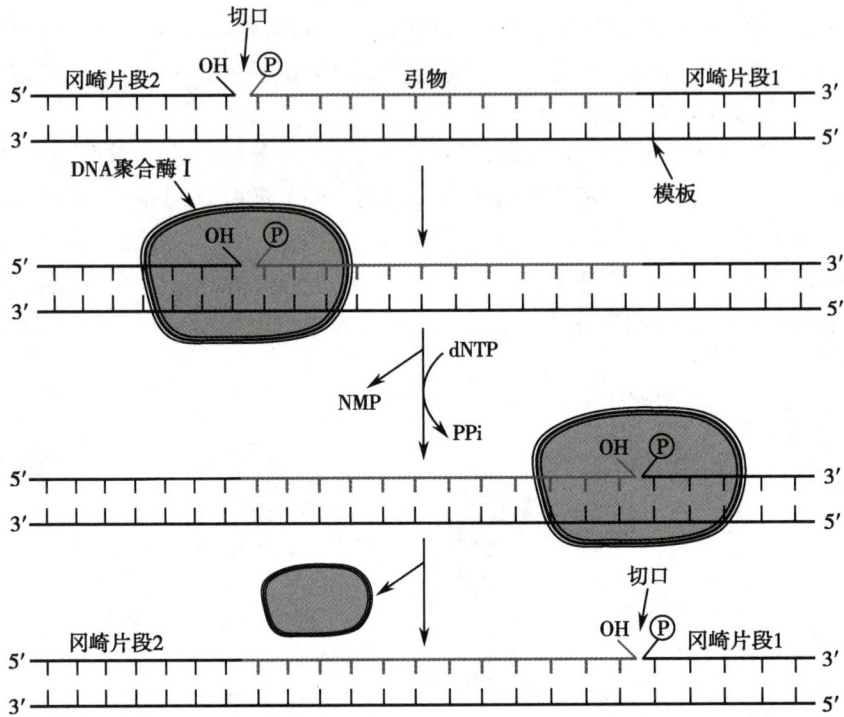

图 13-13　DNA 聚合酶Ⅰ切除引物

（2）DNA 连接酶连接封闭切口：在 DNA 连接酶催化下，相邻 DNA 片段通过磷酸二酯键连接，形成完整 DNA 子链。

（3）复制终止：大肠杆菌 DNA 呈环状，从复制起点（oriC）开始，形成 2 个复制叉进行双向复制，它们的汇合点就是复制终点（Ter），一般位于复制起点的相对处。研究发现，在复制叉汇合点两侧含有特殊碱基序列构成的终止区，可以阻止 DnaB 蛋白的解链作用，从而抑制复制叉的行进，终止 DNA 复制。

现将参与大肠杆菌 DNA 复制的蛋白（酶）及作用汇总于表 13-2；复制过程见图 13-14。

表 13-2　参与大肠杆菌 DNA 复制的蛋白（酶）及其作用

| 蛋白质（酶） | 主要作用 |
| --- | --- |
| 拓扑异构酶 | 松弛超螺旋 |
| 解旋酶（DnaB 蛋白） | 解开双链，活化引发酶 |
| SSB | 稳定解开的单链 DNA |
| DnaA 蛋白 | 识别复制起点 |
| 引发酶（DnaG 蛋白） | 合成 RNA 引物 |
| DNA 聚合酶Ⅲ | 主要的复制酶，催化合成 DNA |
| DNA 聚合酶Ⅰ | 切除引物 |
| DNA 连接酶 | 封闭切口 |

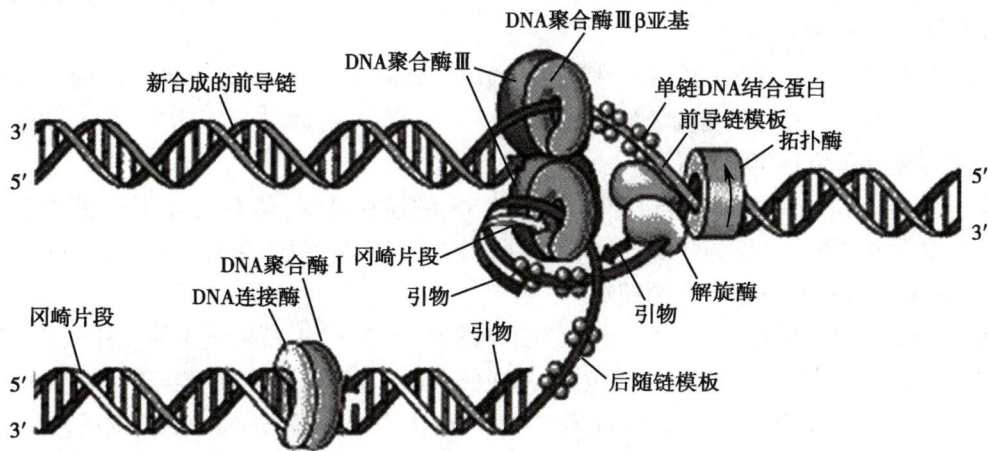

图 13-14 大肠杆菌 DNA 复制过程简图

### （二）真核生物的 DNA 生物合成

真核生物 DNA 复制的主要过程与原核生物基本相同,但由于真核生物基因组较原核生物基因组更庞大,结构和功能也更复杂,因此真核生物的 DNA 复制过程也更加复杂:

1. 真核生物染色体 DNA 分子巨大,含有多个复制起点　真核细胞 DNA 复制速度约为50nt/s,仅为原核细胞的 1/10,但真核细胞基因组 DNA 庞大,含有多个复制起点,呈多点双向复制,因此 DNA 合成的总速率很高。

2. 真核细胞的 DNA 聚合酶种类多　真核细胞中存在 α、β、γ、δ、ε 等十几种 DNA 聚合酶。DNA 聚合酶 δ 催化染色体 DNA 合成,DNA 聚合酶 α 催化 RNA 引物合成,DNA 聚合酶 γ 催化线粒体 DNA 合成,DNA 聚合酶 β 和 ε 参与染色体 DNA 的损伤修复。

3. 真核细胞 RNA 引物及冈崎片段比原核细胞短　真核细胞 DNA 复制所需的 RNA 引物约为 10 个核苷酸,冈崎片段为 100 ~ 200 个核苷酸,均比原核细胞短。因此,真核生物 DNA 复制过程中,引物合成的频率相当高。

4. 真核生物 DNA 的合成受细胞周期时相的控制　真核细胞从一个有丝分裂期到下一个有丝分裂期所发生的连续过程,即从 M 期→$G_1$ 期→S 期→$G_2$ 期(→M 期)周而复始,称为细胞周期(cell cycle)。各时相的转变受到周期蛋白(cyclin)和周期蛋白依赖性激酶(cyclin-dependent kinase,CDK)等的精确调控。真核生物只在细胞周期的 S 期合成 DNA,并且仅复制 1 次,使 DNA 量增加 1 倍。

### （三）端粒与端粒酶

真核生物染色体 DNA 是线性分子。在复制过程中,2 股新生链 5′端切除 RNA 引物后留下的短缺无法由 DNA 聚合酶催化填补,造成子代 DNA 分子上有 1 个不完整的 5′末端。如此连续进行复制,子代 DNA 将会逐渐变短,造成遗传信息的丢失。但是事实并非如此,端粒和端粒酶的发现很好地解答了这个问题。Blackburn、Greider 和 Szostak 3 位科学家因发现了端粒和端粒酶,并揭示了它们对染色体 DNA 的保护作用,分享了 2009 年的诺贝尔生理学或医学奖。他们的成果解决了生物学研究领域的一个重大问题:在细胞分裂时染色体如何完整地自我复制并避免降解。

1. 端粒与端粒酶　端粒(telomere)是真核生物线性染色体末端由 DNA-蛋白质紧密结合形成的特殊结构,其形态上膨大成粒状。端粒的主要功能是补偿 DNA 5′末端去除 RNA 引

笔记栏

物后造成的短缺,防止由于染色体融合、重组或降解而引起遗传信息丢失,从而维持染色体结构的完整性与稳定性。

大多数生物的端粒 DNA 是由非常短并且数目精确的核苷酸重复序列构成的。其 5′端端粒的重复单位是 $C_xA_y$,3′端端粒的重复单位是 $T_yG_x$($x$、$y$ 的数目为 1~4)。如人的染色体 3′端端粒的重复单位是 TTAGGG。

端粒酶(telomerase)是一种自身携带模板 RNA 的逆转录酶,其本质为 RNA-蛋白质复合物。它能在缺少 DNA 模板的情况下,依赖其所携带的 RNA 模板,催化端粒 DNA 的 3′端延伸,补偿因引物去除所引起的末端缩短。

端粒合成的具体过程:①端粒酶借助其自身的 RNA 与 DNA 模板链中的互补碱基序列识别并结合;②端粒酶以自身 RNA 为模板,发挥逆转录酶作用,催化 dNTP 连到 DNA 链的 3′末端;③端粒酶再移位到新的端粒末端,重复延伸过程(图 13-15);④达到一定长度后,其延伸的 3′端还可以反折为双链,先形成非标准碱基对,反折后的 3′端继续延伸并填补 5′端空缺。

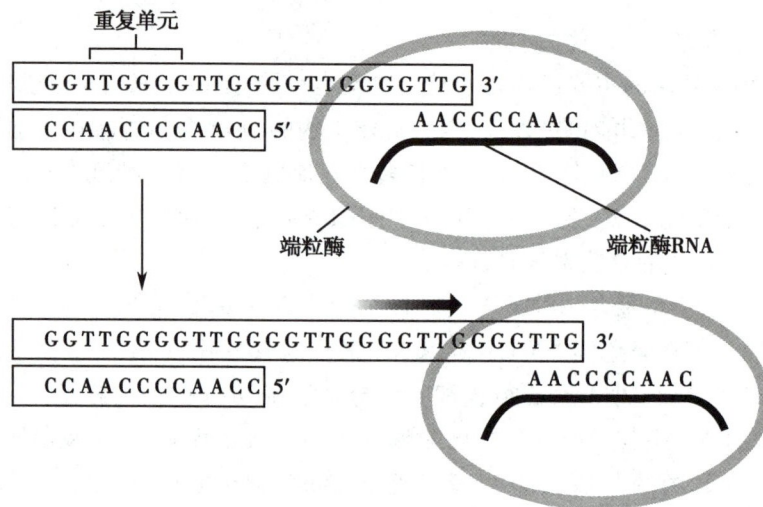

图 13-15　端粒合成

2. 端粒酶与衰老的关系　越来越多的研究证明,端粒的平均长度随着培养细胞分裂次数的增多和人类年龄的增长而逐渐变短。实验发现,体细胞每次有丝分裂,若没有端粒酶活化和作用,将会丢失 50~200bp 长度的端粒。丢失的核苷酸如果达到数千个时,细胞就会停止分裂而老化。反之,活化的端粒酶可使端粒 DNA 序列延伸,细胞旺盛地分裂、增殖,大大延长细胞生长寿命。这些证据表明端粒的长度控制着细胞衰老的进程,端粒的缩短可能是触发细胞衰老的“分子钟”,而端粒酶活性的下降是引起端粒缩短进而加速细胞老化的重要原因。

3. 端粒酶与肿瘤的发生　端粒 DNA 序列的长度或端粒酶活性与细胞分裂、增殖速度有关。在胚系细胞中,端粒酶可以维持端粒的长度。随着细胞的发育,端粒酶活性下降,端粒逐渐变短。在正常人体细胞中,端粒的程序性缩短,可以限制转化细胞的生长能力,而端粒酶的重新活化可使细胞永生化和促进肿瘤的形成。端粒酶活性测试结果也证实了端粒酶与细胞永生化和肿瘤形成的关联性。

因此,深入研究端粒、端粒酶活性和细胞衰老、肿瘤发生的关系,具有重要的理论意义和临床诊断价值。

# 第二节 逆 转 录

逆转录又称反转录,是以 RNA 为模板,dNTP 为原料,合成与模板互补的 DNA 的过程。此反应是由逆转录酶(reverse transcriptase)催化完成的。逆转录过程中遗传信息的流动方向与中心法则所描述的转录方向相反。

## 一、逆转录酶与逆转录病毒

逆转录酶最早是 H. Temin 和 D. Baltimore 于 1970 年从一些致癌 RNA 病毒中发现的,它能以病毒 RNA 为模板催化合成带有病毒信息的 DNA。该酶具有 3 种活性,分别为:①逆转录酶活性,催化以 RNA 为模板合成互补 DNA 链;②RNA 酶活性,催化 RNA-DNA 异源双链中的 RNA 水解;③DNA 聚合酶活性,催化以单链 DNA 为模板合成互补 DNA 链,从而得到双链 DNA。

逆转录病毒是一类 RNA 病毒。它们在逆转录酶的催化下生成的 DNA 复制品,可以整合到宿主细胞染色体中,借助于宿主细胞的酶系,经过复制、转录继而翻译出病毒蛋白,从而引发癌变。因此,逆转录酶在正常细胞的恶性转化过程中发挥了关键性作用。若能控制该酶活性,将有助于阻抑某些癌症的发生与发展。

## 二、逆转录过程

逆转录过程包括以下三阶段:①首先,逆转录酶以病毒 RNA 为模板,催化合成与模板互补的 DNA 链,形成 RNA-DNA 异源双链分子;②然后,水解去除异源双链分子中的 RNA,留下游离的单链互补 DNA(complementary DNA,cDNA);③最后,以 cDNA 单链为模板,合成另一条互补 DNA 链,形成双链互补 DNA。由此生成的 DNA 分子,携带有病毒 RNA 的遗传信息(图 13-16)。

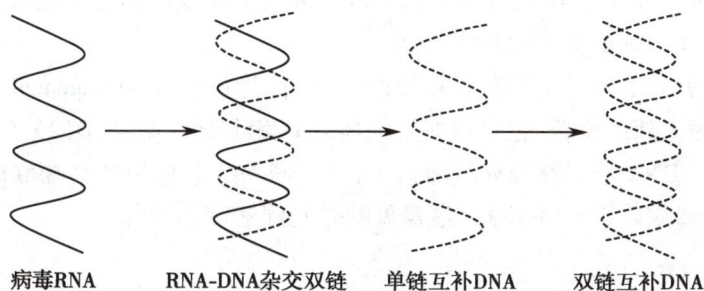

病毒RNA    RNA-DNA杂交双链    单链互补DNA    双链互补DNA

图 13-16 RNA 病毒中的逆转录酶作用

## 三、逆转录研究的意义

逆转录现象的发现拓宽了病毒致癌理论。此外,逆转录酶还是分子生物学研究中一类重要的工具酶。人类基因组 DNA 十分庞大,欲从中选取一个目的基因难度较大,但从组织细胞中提取该基因的 mRNA,再经逆转录酶催化合成其 cDNA 则较为容易。而 cDNA 可进一步用于构建 cDNA 文库、重组 DNA 及制备探针。

# 第三节　DNA 的损伤与修复

在生物进化过程中,DNA 复制的高度准确性保证了种属的延续。然而由于 DNA 分子巨大,在高速率复制的过程中难免会发生一些错误。另外,理化因素(如紫外线照射、电离辐射和化学诱变剂等)的作用也可引起 DNA 的组成和结构发生变化。DNA 损伤可能产生两种后果:一是 DNA 的结构永久性改变,即突变;二是 DNA 失去作为复制和转录模板的功能。

对于 DNA 损伤,一方面生物体具备修复损伤的能力,以保证遗传信息的稳定性;另一方面,DNA 突变也不能全部被修复,否则生物就无法进化。因此,突变是生物进化、演变的动力,赋予了生物的多样性。然而,在生命活动中的 DNA 突变,又有相当一部分是遗传病、肿瘤等疾病发生的分子基础。

## 一、DNA 的损伤

突变(mutation)是指脱氧核苷酸序列的异常变化,其化学本质是 DNA 损伤(DNA damage)。

### (一)引发 DNA 损伤的因素

引发 DNA 损伤的因素包括生物体内因素和环境因素。由生物体内因素引发的突变称为自发突变(spontaneous mutation)。由环境因素诱发 DNA 结构损伤引起的突变称为诱发突变(induced mutation),简称诱变。DNA 突变如果未被修复而保留下来,对于体细胞而言,可影响其功能;对于性细胞而言,则会因突变而影响其后代。

### (二)DNA 损伤的主要类型

1. 错配　错配(mismatch)是指 DNA 分子中的一个碱基被另一个碱基所取代,也称点突变(point mutation)。如果一个嘌呤被另一个嘌呤取代,或一个嘧啶被另一个嘧啶取代,称为转换(transition)。如果嘌呤被嘧啶取代,或嘧啶被嘌呤取代,则称为颠换(transversion)。

2. 插入或缺失　指 DNA 分子中插入或缺失 1 个或多个碱基对,有可能导致移码突变(frameshift mutation),即突变位点后的遗传密码全部发生改变。但是当插入或缺失的碱基对数量是 3 的整倍数时,则不会引起移码突变。

3. 重排　DNA 分子中发生的较大片段的交换,称为重排(rearrangement)。移位的 DNA 片段可以反方向插入新的位置,也可以在染色体之间发生交换重组(图 13-17)。

4. 共价交联　DNA 分子在紫外线照射下,可使同一链上相邻 2 个嘧啶碱基之间发生共价连接,形成嘧啶二聚体(图 13-18)。最常见的是胸腺嘧啶二聚体。

## 二、DNA 损伤的修复

DNA 的各种损伤中,有的是自发损伤,有的是环境诱发的损伤,也有的是 DNA 复制出错形成的错配碱基等。生物在长期进化过程中建立和发展了一整套较为完备的 DNA 修复系统,以保证遗传信息传递的稳定性。

### (一)直接修复

直接修复(direct repair)是指不切除损伤碱基或核苷酸,直接将其修复。光修复和烷基化修复都属于直接修复。光修复是由光修复酶催化完成的。该酶在 300~600nm 波长的光照射下被激活,使紫外线照射所形成的嘧啶二聚体之间的共价键断裂以修复 DNA 损伤(图 13-18)。

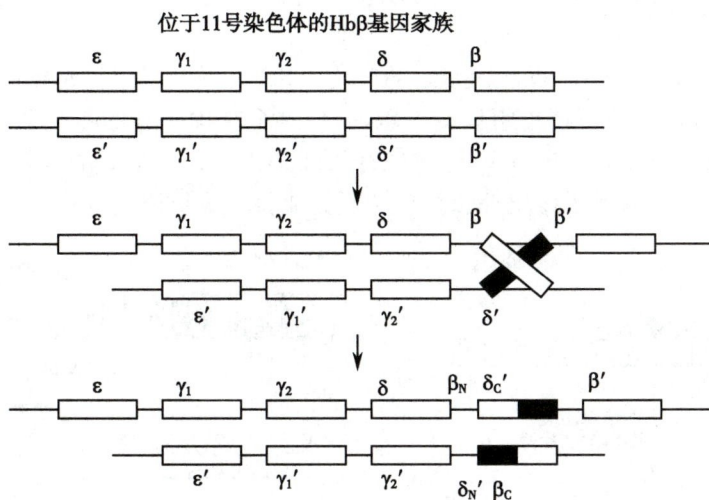

图 13-17  基因重排与地中海贫血

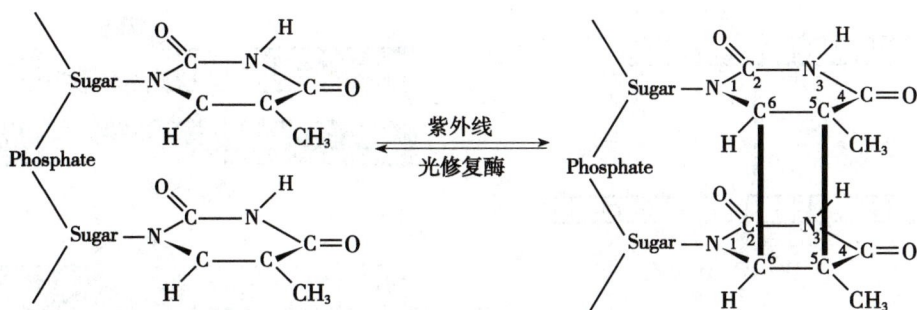

图 13-18  嘧啶二聚体的形成及光修复机制

### （二）切除修复

切除修复（excision repair）是细胞内最重要且最有效的一种修复机制。它是在一系列酶的协同作用下完成的。首先切除包含损伤部位的局部 DNA 链；然后再由 DNA 聚合酶以另一条完整的 DNA 链为模板，填补损伤切除后留下的缺口；最后由 DNA 连接酶封闭切口，使 DNA 恢复正常结构与功能。

大肠杆菌的切除修复酶系统包括 Uvr ABC 核酸切割酶、DNA 聚合酶 I 和 DNA 连接酶。Uvr ABC 核酸切割酶包括 UvrA、UvrB 和 UvrC 蛋白。首先由紫外线特异的 UvrA、UvrB 和 UvrC 蛋白相继识别和结合 DNA 损伤部位；然后由 UvrC 切除损伤 DNA，继而 DNA 聚合酶 I 以另一条完整链为模板填补缺口；最后由 DNA 连接酶封闭切口，使 DNA 结构与功能恢复正常（图 13-19）。真核生物的切除修复酶系统不同于大肠杆菌，该修复系统异常是人类一种隐性遗传病——着色性干皮病的主要发病机制。

### （三）重组修复

损伤通常发生于双链 DNA 的一条链中，另一条链仍保持正常结构。因此，上述两种修复方式能以正常链为模板，修复损伤 DNA 链，于复制前将 DNA 结构恢复正常，然后进行 DNA 复制。然而，在某些情况下，损伤同时发生在双链 DNA 两条链的同一部位，使得 DNA 分子不能提供正常链作为模板进行修复；或者当 DNA 分子的一条链损伤范围较大时，来不及修复就需要进行复制。此时由于损伤部位没有正常链作为模板，复

ER-13-1

遗传性着色
性干皮病

制出来的子链会出现缺口。这个缺口可以诱导并激活重组蛋白进行重组修复(recombination repair)。

重组蛋白 RecA 是大肠杆菌 recA 基因的产物。RecA 可以利用正常复制的 DNA 分子中完好链的一段核苷酸片段进行重组修复。RecA 将这个结构正常的核苷酸片段切割下来并发生转移,以修复损伤缺口(图 13-20)。原来正常的 DNA 分子留下的缺口,则在 DNA 聚合酶 I 和 DNA 连接酶参与下予以填补、封口,从而完成整个重组修复过程。

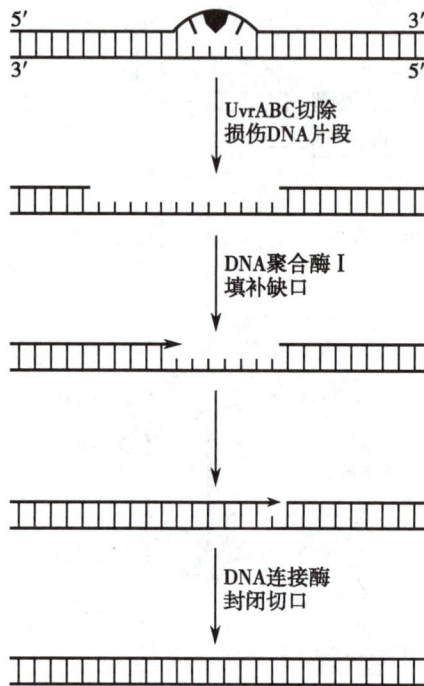

图 13-19　切除修复

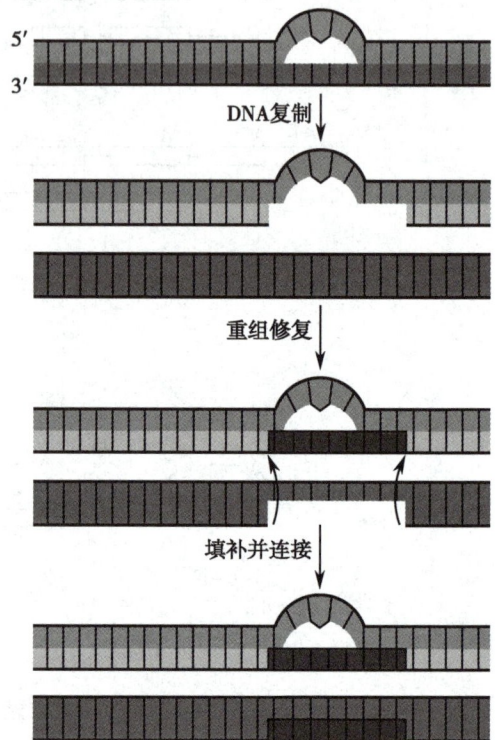

图 13-20　重组修复

### (四) SOS 修复

在某些情况下,当 DNA 损伤难以修复时,细胞会采取一种应急修复措施,诱导产生一类识别碱基特异性低、缺乏校对功能的 DNA 聚合酶,对损伤进行应急修复,称为 SOS 修复 (SOS repair),又称错误倾向修复(error-prone repair)。这种修复合成的 DNA 分子含较多错误信息,会引起大范围的基因突变。细菌实验证明,能诱发 SOS 修复的化学药物,很多都是哺乳类动物的致癌剂,提示 SOS 修复与基因突变、细胞癌变关系密切。

损伤 DNA 的精确修复,可以保证遗传信息传递的稳定,也有利于防止癌变。因此,DNA 的损伤与修复机制研究引起了科学界的高度重视,也是肿瘤学研究的热点课题之一。

### 📖 知识链接

#### DNA 损伤修复缺陷与肿瘤发生

众多研究表明,DNA 损伤→DNA 修复异常→基因突变→肿瘤发生是贯穿肿瘤发生发展过程的前始动环节。先天性 DNA 损伤修复缺陷患者容易发生恶性肿瘤。DNA 损伤可导致原癌基因激活,也可使抑癌基因失活,而癌基因与抑癌基因的表达失衡是细胞恶变的重要分子机制。目前已发现参与 DNA 修复的多种基因具有抑癌基因的功能,而这些基因在多种肿瘤的进程中,发生突变而失活。例如 *Brca* 基因(breast cancer gene)编码的蛋白可以与重组蛋白质 Rad 51 相互作用,参与 DNA 损伤修复的启动,调控细胞周期。而 *Brca* 基因失活可增加细胞对辐射的敏感性,导致细胞对双链 DNA 修复能力下降。现已发现,女性的 *Brca*1 和 *Brca*2 两个基因如果同时发生突变失活,其一生之中患上乳腺癌和卵巢癌的概率高达 90%,远远高于普通人。著名影星安吉丽娜·朱莉通过基因检测发现自己有家族遗传性 *Brca*1 基因突变,于 2013 年和 2015 年分别对自己的乳腺和卵巢做了预防性的切除手术,以期大大降低日后患上恶性肿瘤的概率。她的经历一经公开,便引起了全球对遗传性乳腺癌和卵巢癌易感基因 *Brca* 检测的关注。

## 学习小结

1. 学习内容

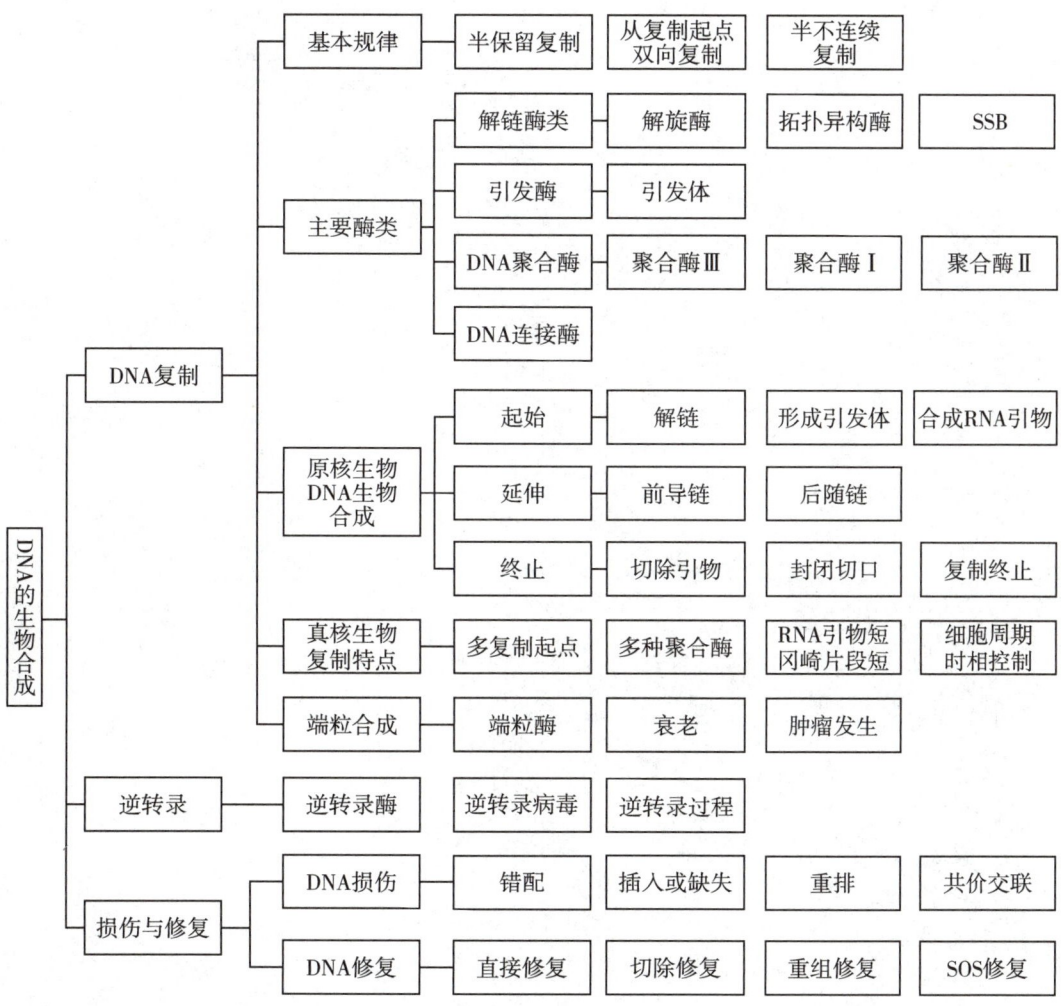

2. 学习方法　通过在生物课程中所学到的生物遗传学法则中复制的知识,来学习本章中所展开的内容,就能很好地、较深入地理解 DNA 生物合成各环节及其所涉及的问题。

（郑　纺　斯越秀）

## 复习思考题

1. 什么是半保留复制？DNA 复制有哪些特点？
2. 请简述大肠杆菌($E. coli$)的 3 种 DNA 聚合酶功能的异同。
3. 请叙述原核生物 DNA 复制的过程。
4. DNA 复制是如何实现其高保真性的？
5. 什么是逆转录？逆转录酶的发现有什么医学意义？
6. DNA 损伤与修复的类型有哪些？

# 第十四章

# RNA 的生物合成

📝 **学习目标**

通过对本章的学习,理解转录的方式、模板、酶类、转录过程及转录后加工修饰,为进一步学习基因表达及基因表达调控等内容奠定基础。

RNA 的生物合成是细胞内通过酶促反应生成 RNA 分子的过程,包括两种方式——转录和 RNA 复制。转录(transcription)是指以 DNA 为模板,以 NTP 为原料,在 RNA 聚合酶(RNA polymerase,RNAP)催化下,合成 RNA 的过程。细胞内的各种 RNA(包括 mRNA、rRNA 和 tRNA 等)都是以 DNA 为模板,在 RNA 聚合酶的催化下合成的。通过转录生成的含有遗传信息的 mRNA 由细胞核运输至细胞质并与核糖体结合,作为蛋白质合成的直接模板,指导蛋白质的合成;tRNA、rRNA 也参与蛋白质的合成。RNA 复制是除逆转录病毒以外的 RNA 病毒在宿主细胞中合成 RNA 的常见方式。

转录和复制有许多相似之处:①以 DNA 为模板;②聚合过程均以磷酸二酯键连接核苷酸;③以 $5'\rightarrow3'$ 方向延伸;④遵守碱基配对规则。但转录和复制也有以下显著区别:①转录只以 DNA 的一条链为模板;②转录不需要引物;③合成 RNA 时以 U 与 DNA 模板上的 A 配对;④复制时全部基因组 DNA 都被复制,而转录仅选择其中部分基因。

## 第一节　参与转录的主要物质及作用

### 一、DNA 模板

转录过程中,DNA 模板以碱基配对原则决定了合成的 RNA 序列,即 DNA 作为模板指导 RNA 的合成。通过此过程,将 DNA 模板上的遗传信息传递到 RNA 分子上。

细胞在不同的生长发育阶段和不同环境中,根据需要表达不同的基因,即只表达基因组的一部分,而不是全部的基因,这一特征称为选择性转录。

在体外,RNA 聚合酶能利用 DNA 两条单链分别作为模板进行转录。但在体内,DNA 双链的特定区段(基因)仅有其中一条链用作模板。其中作为模板指导转录的一条链称为模板链(template strand);另一条链不被转录,称为编码链(coding strand)。编码链与新合成的 RNA 分子碱基序列基本相同,仅以 T 代替 U。不同基因的模板链并不总是位于同一条 DNA 单链上,转录的这一特征称为不对称转录(asymmetrical transcription)。

### 二、合成 RNA 的原料

合成 RNA 需要 4 种核糖核苷三磷酸(NTP:ATP、GTP、CTP、UTP)作为 RNA 聚合酶的底物。二价金属离子 $Mg^{2+}$、$Mn^{2+}$ 是 RNA 聚合酶的必需辅因子。

### 三、RNA 聚合酶

原核生物 RNA 聚合酶是一种多聚体蛋白质，真核生物 RNA 聚合酶有 3 种，分别转录不同类型的 RNA。

1. 原核生物 RNA 聚合酶  目前研究比较清楚的是大肠杆菌（$E.\ coli$）RNA 聚合酶，是由 5 种亚基组成的六聚体蛋白质（$\alpha_2\beta\beta'\omega\sigma$），分子量为 480kDa。在 RNA 聚合酶中，$\alpha_2\beta\beta'\omega$ 亚基之间结合较为紧密，称为核心酶（core enzyme）。$\sigma$ 亚基与核心酶结合较松弛，与核心酶一起组成全酶。$\sigma$ 亚基的功能是识别转录的起始位点，使 RNA 聚合酶全酶在 DNA 模板的正确位置上结合以开始转录。细胞内的转录起始阶段需要的是 RNA 聚合酶全酶，而转录延伸阶段仅需要核心酶。有关大肠杆菌 RNA 聚合酶的各亚基及其功能见表 14-1，其中 $\omega$ 亚基功能尚不明确，没有在表格中列出。

表 14-1  大肠杆菌 RNA 聚合酶

| 亚基 | 分子量 | 亚基数目 | 功能 |
| --- | --- | --- | --- |
| $\alpha$ | 36 512 | 2 | 决定哪些基因被转录 |
| $\beta$ | 150 618 | 1 | 催化聚合反应 |
| $\beta'$ | 155 613 | 1 | 结合 DNA 模板，双螺旋解链 |
| $\sigma$ | 70 263 | 1 | 识别起始点，结合启动子 |

原核细胞的 RNA 聚合酶可被利福平特异性抑制，因为利福平可专一性结合 RNA 聚合酶的 $\beta$ 亚基。

2. 真核生物 RNA 聚合酶  真核生物 RNA 聚合酶比原核生物 RNA 聚合酶更复杂。已发现真核生物有 3 种 RNA 聚合酶，分别是 RNA 聚合酶 Ⅰ、RNA 聚合酶 Ⅱ 和 RNA 聚合酶 Ⅲ。

RNA 聚合酶 Ⅰ 位于细胞核的核仁，转录产物为 rRNA 的前体，rRNA 的前体再加工成 18S、5.8S、28S rRNA。RNA 聚合酶 Ⅱ 位于核质，转录产物为核内不均一 RNA（hnRNA），然后 hnRNA 被加工为 mRNA；RNA 聚合酶 Ⅱ 也合成一些非编码 RNA、微小 RNA 等。RNA 聚合酶 Ⅲ 位于核质，催化合成的产物都是小分子量的 RNA，包括各种 tRNA、5S rRNA 和 snRNA 等。

---

**知识链接**

#### 细菌 RNA 聚合酶抑制剂与抗生素药物

细菌 RNA 聚合酶（RNA polymerase，RNAP）在细菌的生命周期中发挥重要的作用，是催化转录合成 RNA 的关键酶，而细菌 RNA 聚合酶抑制剂可阻止细菌 RNA 链的延伸，抑制 RNA 及后续蛋白质的合成，从而达到灭菌的目的。

近年来，RNAP 已成为筛选高效广谱抗菌药物的热门靶标。例如，细菌 RNA 聚合酶抑制剂利福霉素类药物是治疗结核病的一线药物。利福霉素能与细菌的 RNAP 形成紧密的复合物，通过阻断长度为 2~3nt 的新生转录物从 RNA 聚合酶上的离开而抑制转录的起始。由于哺乳动物的 RNA 聚合酶与原核生物的差别很大，所以利福霉素在很好的治疗结核病的同时也不会对患者产生很强的毒副作用，因此可用作抗生素。又如半合成的利福霉素 B 衍生物利福平，为口服抗结核药，对结核杆菌有高效灭杀作用，并能杀死麻风杆菌，具有广谱的抗菌作用。利福平与其他抗结核药联合用于各种结核病（包括结核性脑膜炎）的治疗。

ER-14-1

真核生物 RNA 聚合酶抑制剂与毒蘑菇中毒

3. RNA 聚合酶的特点　原核生物和真核生物的 RNA 聚合酶具有以下共同特点：①以一股 DNA 链为模板，按照碱基互补配对原则转录合成 RNA；②不需要引物，RNA 聚合酶能够直接催化转录起点处 2 个游离的核苷酸形成磷酸二酯键；③按照 5′→3′ 方向催化合成 RNA；④有聚合活性而无 3′→5′ 外切酶活性，无校对功能，错配率较高；⑤可与基因表达调控蛋白相互作用。

# 第二节　转录的过程

原核生物和真核生物 RNA 的转录合成遵循着共同的规律，分为起始、延伸、终止 3 个阶段。但原核生物和真核生物 RNA 聚合酶的种类不同，与模板结合的特异性不同，所以转录起始有较大区别，转录终止也不相同。

## 一、转录的起始

### （一）原核生物的转录起始

原核生物的转录是不连续、分区段进行的，每一转录区段视为一个转录单位，称为操纵子（operon）。操纵子包括 1 个转录起点、若干个结构基因及其相应的调控序列。调控序列中被 RNA 聚合酶识别、结合和启动转录的 DNA 序列，被称为启动子（promoter），位于转录区上游。通常将转录起点（transcription start point）在 DNA 编码链上标以+1，从转录起点开始，顺转录方向的碱基序列称为下游（downstream），用正数表示。反之为上游（upstream），用负数表示。见图 14-1。

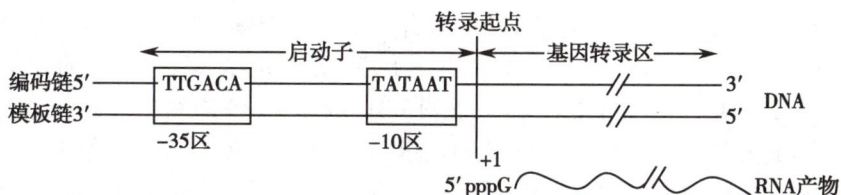

图 14-1　原核生物启动子

1. 原核生物的启动子　原核生物的启动子长度为 40~60bp，其中有两段高度保守的序列，分别位于−35 区和−10 区。位于−35 区的共有序列为 TTGACA，是 RNA 聚合酶依靠 σ 因子识别并初始结合的位点，又称 RNA 聚合酶识别位点；位于−10 区的序列也称普里布诺框（Pribnow box），共有序列为 TATAAT，是 RNA 聚合酶牢固结合的位点，又称 RNA 聚合酶结合位点。−10 区富含 A-T 碱基对，容易解链，有利于 RNA 聚合酶结合并启动转录。

2. 转录起始过程　转录起始是 RNA 聚合酶结合到 DNA 模板上，DNA 双链局部打开，形成转录起始复合体（transcription initiation complex）。

转录不需要引物，首先由 σ 因子识别 DNA 启动子的−35 区，RNA 聚合酶全酶与−35 区相结合。此阶段酶与模板的结合相对松弛，全酶沿模板滑动至−10 区并跨入转录起点，双螺旋 DNA 解开约 17bp，形成转录泡（transcription bubble），暴露出 DNA 模板链，有利于 RNA 聚合酶催化聚合反应。根据模板链序列，加入前 2 个 NTP，其中第 1 个核苷酸通常是 GTP。RNA 聚合酶催化 5′GTP（5′pppG-OH）与第 2 个 NTP 聚合生成 5′pppGpN-OH，3′端的游离羟基可与下一个 NTP 形成磷酸二酯键，使 RNA 链延伸下去。RNA 链 5′端的三磷酸基一直保留到转录后加工时才被修饰或切除。

当合成出 8~9nt 的 RNA 片段后，σ 亚基从全酶上脱落，核心酶沿 DNA 链前移进入延伸阶段。

### （二）真核生物的转录起始

1. **真核生物的启动子** 真核生物转录起始也需要 RNA 聚合酶识别启动子并形成转录起始复合体。真核生物 RNA 聚合酶有 3 种,分别识别不同类型的启动子。RNA 聚合酶 II 所识别的 II 类启动子,包括在转录起点上游-25bp 的 TATA 框(TATA box,又称 TATA 盒,共有序列为 TATAAA),其作用与原核生物-10 区相似。有部分基因的启动子没有 TATA 框。多数基因启动子在-40 到-110bp 附近还有 1 个或多个 CAAT 框(CAAT box,又称 CAAT 盒)和GC 框(GC box,又称 GC 盒)。

2. **转录因子和转录起始复合体的形成** 除了 RNA 聚合酶外,在真核生物的转录起始和延伸阶段还需要一些称为转录因子(transcription factor,TF)的蛋白质参加。与 RNA 聚合酶 I、RNA 聚合酶 II、RNA 聚合酶 III 对应的 TF,分别称为 TF I、TF II、TF III。真核生物的TF II 见表 14-2。

表 14-2 参与 RNA 聚合酶 II 转录的 TF II

| 转录因子 | 功能 |
| --- | --- |
| TF II D | TBP 亚基结合 TATA 框 |
| TF II A | 辅助 TBP-DNA 结合 |
| TF II B | 与 TF II D-TF II A 复合物,结合 RNA 聚合酶 II |
| TF II E | 解旋酶,结合 TF II H |
| TF II F | 促进 RNA 聚合酶 II 结合及作为其他因子结合的桥梁 |
| TF II H | 解旋酶、作为蛋白激酶催化 C 端结构域(CTD)磷酸化 |

转录起始过程中,TF II D 首先与 TATA 框结合,因为 TF II D 含有 TATA 结合蛋白(TATA-binding protein,TBP)。随后是 TF II A、TF II B、TF II F、RNA 聚合酶 II、TF II E 和 TF II H 依次结合,形成闭合复合物。TF II H 利用依赖 ATP 的 DNA 解旋酶活性在转录起点区域解链 11~15bp,形成开放复合物。TF II H 利用其蛋白激酶活性使 RNA 聚合酶 II 大亚基 C 端结构域磷酸化,磷酸化的 RNA 聚合酶 II 构象改变,离开启动子区域向下游移动,进入转录延伸阶段。见图 14-2。

#### 🔍 知识链接

### 真核生物转录的分子基础研究

2006 年 10 月 4 日,瑞典皇家科学院宣布将本年度诺贝尔化学奖授予美国斯坦福大学医学院 Roger D. Kornberg 教授,以表彰他在"真核转录的分子基础"的研究领域中作出的巨大贡献。

转录是生物体将储存于 DNA 中的遗传信息拷贝到 mRNA 上的过程。Kornberg 的研究小组历经 10 年的时间研究培育出了一套适用于转录过程研究的体外酵母细胞转录体系,并且创造性地结合运用晶体和生物化学的相关知识,利用 X 线和计算机测算技术描绘出了 RNA 聚合酶的全动态晶体图片。通过这些图片可以看到 RNA 链的形成过程,以及 DNA 分子和 RNA 聚合酶在这个过程中的精确位置,从而进一步深入地理解了转录调控机制。诺贝尔奖公告称:"这些照片真正革命性的地方是 Kornberg 抓住了转录的过程。"

ER-14-2

RNA 干扰

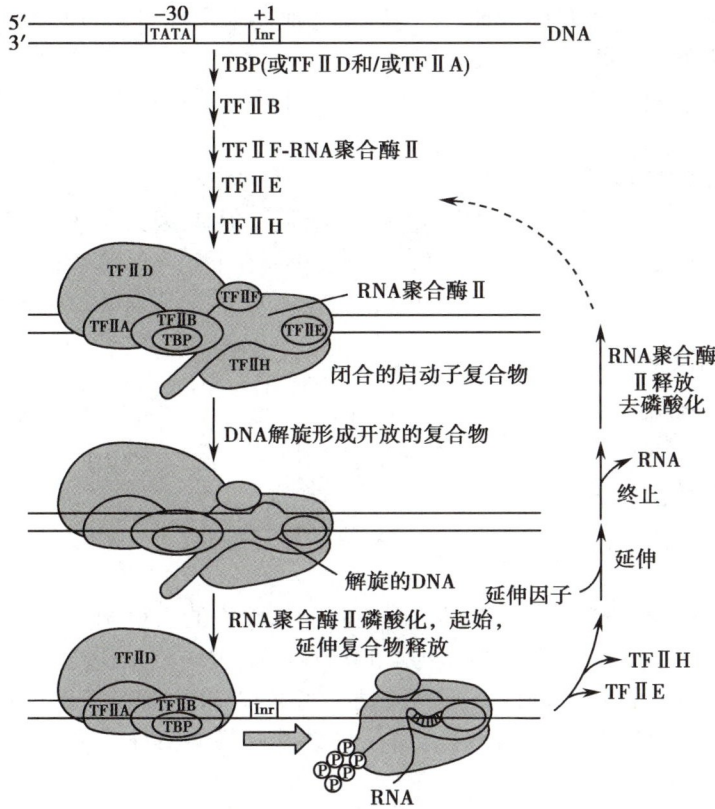

图 14-2　真核生物 RNA 聚合酶Ⅱ与通用转录因子参与的转录过程

## 二、转录的延伸

### （一）原核生物的转录延伸

当 σ 因子脱离 DNA 模板及 RNA 聚合酶后,剩下的核心酶沿着 DNA 模板向下游移动。在 RNA 聚合酶的催化下,作为原料的 NTP,在模板 DNA 的指导下,依次进入反应体系,以 3′,5′-磷酸二酯键相连形成 RNA 链,合成方向是 5′→3′。新 RNA 生成后,暂时与模板链形成长度约 8bp 的 RNA-DNA 杂交体,这种结合不紧密,RNA 的 5′端会脱离模板链甩出,已经转录完毕的 DNA 模板链与编码链重新恢复双螺旋结构。转录的延伸过程见图 14-3。

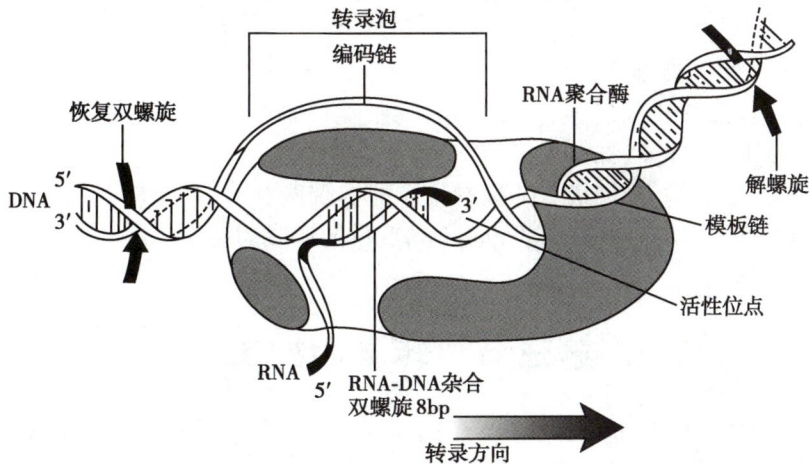

图 14-3　转录的延伸

在原核生物转录延伸过程中,RNA 链的转录合成尚未完成时即以自身为模板开始蛋白质的生物合成(翻译),因此存在转录和翻译同步进行的普遍现象。并且在 1 个 DNA 分子上,有多个转录复合物同时进行 RNA 的合成,电子显微镜下观察转录产物可以看到其图形类似羽毛状。

### (二)真核生物的转录延伸

真核生物 mRNA 转录延伸机制与原核生物基本相同。但是,因为真核生物基因组 DNA 与组蛋白构成核小体,RNA 聚合酶前移过程会处处遇到核小体。近年来的转录实验证明,在转录过程中会出现核小体的移位和解聚现象。此外,真核生物有核膜相隔,没有转录与翻译偶联的现象。

## 三、转录的终止

在转录延伸过程中,当 RNA 聚合酶行进到 DNA 模板的转录终止序列——终止子(terminator)时,RNA 聚合酶从 DNA 模板上脱离,释放 RNA 链,转录终止。

### (一)原核生物的转录终止

根据是否需要蛋白质因子的参与,原核生物的转录终止分为依赖 ρ 因子与非依赖 ρ 因子两大类。

1. 依赖 ρ 因子的转录终止 ρ 因子是由相同亚基组成的六聚体蛋白质,具有 ATP 酶和解旋酶双重活性。目前认为 ρ 因子终止转录的机制是:ρ 因子结合到新生 RNA 的 5′端,靠水解 ATP 产生的能量沿着 RNA 链向 3′方向移动。当 RNA 聚合酶在终止序列处暂停时,ρ 因子与 RNA 聚合酶的 β 亚基结合。此时 ρ 因子借助其解旋酶活性使 DNA-RNA 异源双链拆离,RNA 链释放,转录终止。

2. 非依赖 ρ 因子的转录终止 DNA 模板上靠近终止区域有些特殊碱基序列,转录出的 RNA 产物可以形成特殊的结构:①有一段连续的 U 序列,与模版链以 A-U 对结合。②U 序列之前存在富含 G/C 的反向重复序列,可以形成发夹结构(hairpin structure)。发夹结构可以削弱 A-U 结合力,并改变 RNA 与核心酶的结合,使转录复合物解体,转录终止。见图 14-4。

转录终止时,核心酶从模板上脱落下来,与 σ 因子重新结合成全酶,开始新的转录过程。

### (二)真核生物的转录终止

真核生物的转录终止与转录后加工密切相关。真核生物 mRNA 带有的多腺苷酸[poly(A)]尾巴结构,在模板上并没有相应的多聚胸苷酸,而是转录后添加的。真核生物 mRNA 的转录终止是与 poly(A)尾[poly(A)tail]的形成同时发生的。

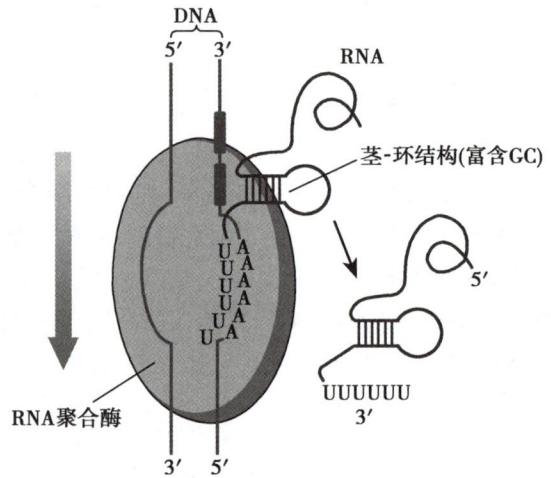

图 14-4 原核生物非依赖 ρ 因子的转录终止

## 第三节 转录后加工

转录生成的 RNA 是不具有生物学活性的初级转录产物。原核生物(除 mRNA 外)和真核生物初级转录产物均需要经过加工才能成为有活性的 RNA。本节主要介绍真核生物的转录后加工。

## 一、真核生物 mRNA 的转录后加工

真核生物 mRNA 转录后,需要在 5′端加帽、3′端加尾,并进行剪接等加工修饰过程。

### (一) 加帽和加尾

1. 加帽　大多数真核生物 mRNA 的 5′端存在特殊结构,第 1 个核苷酸是 7-甲基鸟苷酸,通过 5′-羟基与第 2 个核苷酸的 5′-羟基以三磷酸连接,该结构称为 5′帽子。真核生物 mRNA 的 5′帽子结构形成于转录的早期,当时 RNA 仅合成了 20～30nt。5′帽子结构可以使 mRNA 免受核酸酶的攻击,并在翻译过程中为核糖体识别 mRNA 提供信号。

2. 加尾　多 A 尾[poly(A) tail]的生成是在多腺苷酸聚合酶的催化下,由 ATP 聚合而成。多腺苷酸[简称多(A)]的长度一般为 80～250 个核苷酸,且长度随 mRNA 的寿命而缩短。随着多腺苷酸的缩短,翻译活性也随之下降。多腺苷酸有稳定和保护 mRNA 3′端的作用,并与 mRNA 从细胞核进入胞质的转运有关。

### (二) 剪接

真核生物的结构基因(structural gene)是由若干个编码区和非编码区互相间隔开,称为割裂基因(split gene,又称断裂基因)。在割裂基因中能表达为成熟 RNA 的编码序列称为外显子(exon),在剪接过程中被除去的间隔序列称为内含子(intron)。需要将 mRNA 前体中的内含子去掉,把外显子连接起来,成为具有连续编码框的成熟 mRNA,才能用于指导蛋白质的合成。图 14-5 为鸡卵清蛋白基因的结构及其 mRNA 的转录后加工过程。鸡卵清蛋白基因全长 7.7kb,有 8 个外显子,包括先导序列 L 和外显子 1～7,共编码 386 个氨基酸。有 7 个内含子,即图中 A 至 G,将外显子隔开。

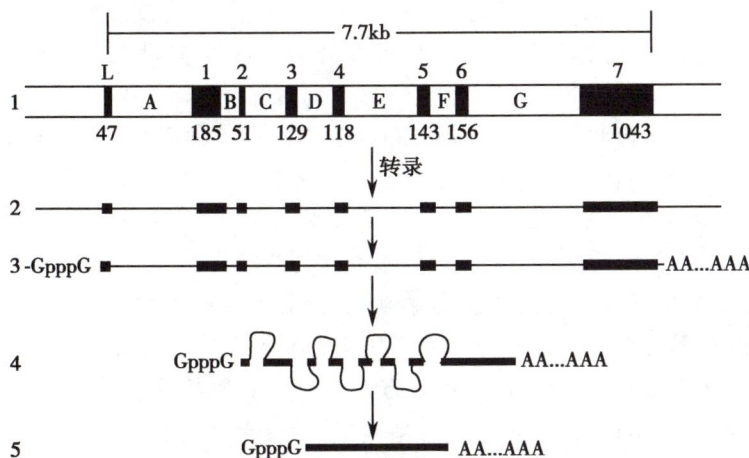

**图 14-5　鸡卵清蛋白基因结构及转录后加工过程**
1. 鸡卵清蛋白基因　2. 初级转录产物　3. mRNA 前体的首尾修饰
4. 剪接过程　5. 成熟 mRNA

去除 RNA 前体上的内含子,把外显子连接成为成熟的、有功能的 RNA 的过程称为剪接(splicing)。大多数真核生物内含子 5′末端为 GU,3′末端为 AG。在靠近 3′端剪接位点(splicing site,splice site)上游 18～40 个核苷酸处有一段保守序列,称内含子分支点(intron branch point)。5′-GU……AG-3′称为剪接接口或边界序列。剪接后,GU 或 AG 不一定被去除。

mRNA 的剪接通过 2 次转酯反应完成。第 1 次转酯反应需要细胞核内的含鸟苷酸 pG、ppG 或 pppG 的辅酶,内含子分支点中的 2′-OH 攻击内含子的 5′端,并与 5′端的 G 形成 2′, 5′-磷酸二酯键,这时内含子弯曲成套索状,与内含子 5′端相连的外显子 3′-OH 游离出来。第 2 次转酯反应由外显子游离的 3′-OH 攻击内含子 3′端,与第 2 个外显子的 5′磷酸形成 3′,5′-磷酸二酯键(图 14-6)。这样,2 个外显子相连起来而内含子则被切除掉。

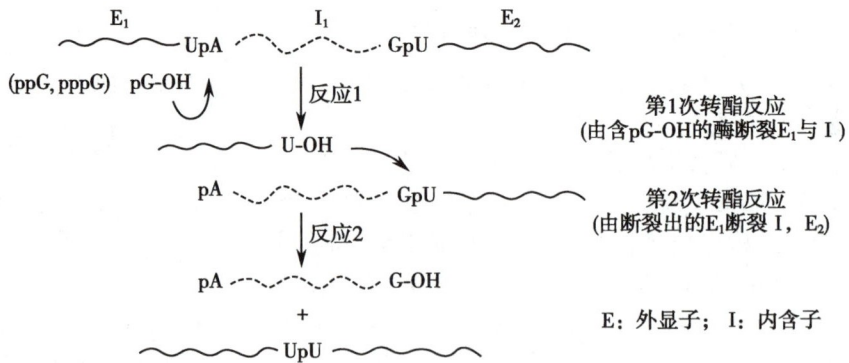

**图 14-6 剪接过程的 2 次转酯反应**
箭头表示由核糖的 3′-OH 对磷酸二酯键的亲电子攻击

### 课堂互动

问题:真核生物 mRNA 的加工包括哪些过程?为什么一个真核基因转录加工产生的 mRNA 可以在不同组织中指导不同蛋白质的合成?有何生物学意义?

### 思政元素

#### 施一公研究团队完成剪接体介导的 RNA 剪接过程解析

1977 年,科学家们首次发现来自于腺病毒的 mRNA 与其对应的 DNA 转录模板并不能形成连续的异源双链,而是在异源双链的不同位置伸出了环状的 DNA 单链。这个重大发现表明了 RNA 剪接的存在。RNA 剪接反应的化学本质,包含两步转酯反应,而负责执行这一化学反应的是细胞核内一个巨大且高度动态变化的分子机器——剪接体(spliceosome)。由于剪接体高度的动态性和复杂性,获得不同状态的剪接体的高分辨率三维结构,搞清催化剪接反应的活性中心的精细结构与功能,一直被公认为世界难题。

2008 年,40 岁的国际著名结构生物学家、美国普林斯顿大学终身讲席教授施一公,全职回到中国,受聘为清华大学终身教授,并组建团队迎难而上,致力于剪接体结构的解析,经过 7 年的钻研,终于在 2015 年公布了通过单颗粒冷冻电镜方法解析的酵母剪接体 3.6Å($3.6×10^{-10}$m)的高分辨率三维结构,首次展示了剪接体催化中心近原子分辨率的结构,阐述了剪接体对 mRNA 前体进行剪接的基本机制。这一重大研究成果对 RNA 剪接机制的研究产生革命性影响。成果全部发表于国际顶级期刊《科学》和《细胞》(*Science* 7 篇,*Cell* 3 篇)。施一公团队首次将剪接体介导的 RNA 剪接过程完整地串联起来,为理解 RNA 剪接的分子机制提供了最清晰、最全面的结构信息,从结构信息中回答了剪接体对不同前信使 RNA(pre-mRNA)底物识别的特异性等重要科学问题。施一公研究团队成为世界上首个、也是唯一一个成功捕获并解析了 RNA 剪接过程中所有完全组装剪接体高分辨率三维结构系列成果的团队。

## 二、真核生物 tRNA 的转录后加工

RNA 聚合酶Ⅲ催化合成 tRNA 的初级转录产物,其加工过程包括以下 4 个步骤:①在核

糖核酸酶 P 的作用下,切除 5′末端的 16 个核苷酸;②由核糖核酸酶 D(RNase D)从 3′末端除去个别碱基后,在核苷酸转移酶的作用下,换上 CCA-OH 序列;③通过剪接切除内含子,使反密码子正好位于反密码子环的顶端;④部分碱基的修饰:包括嘌呤甲基化生成甲基嘌呤、尿嘧啶核苷酸转变为假尿嘧啶核苷酸、尿嘧啶还原为二氢尿嘧啶、腺苷酸脱氨成为次黄嘌呤核苷酸。

### 三、真核生物 rRNA 的转录后加工

RNA 聚合酶 I 催化生成一条 45S 的 rRNA 前体。45S rRNA 在一系列酶催化下裂解产生 18S rRNA、5.8S rRNA 及 28S rRNA。rRNA 成熟后,在核仁上与相关蛋白质装配成大、小 2 个亚基,通过核孔转运到胞质,参与蛋白质的生物合成。

### 四、核酶在转录后加工中的作用

20 世纪 80 年代初,Cech 在研究四膜虫 rRNA 剪接时发现,将反应体系中所有蛋白质去除后,剪接反应仍可完成。由于 rRNA 的剪接不需要任何蛋白质参与即可完成,说明 RNA 本身就有酶的作用。因此,把具有酶催化活性的 RNA 命名为核酶(ribozyme)。

核酶大多在古老的生物中发现,有人认为它是现代生物物种内存在的"活"化石,对研究生命的起源和进化具有重大意义。核酶的发现,也对传统的酶学提出了挑战。更有意义的是,由于核酶结构的阐明,可以用人工合成的小区段 RNA,配合在需要破坏其结构的 RNA 或 DNA 分子上,这就是人工设计的核酶。

### 学习小结

1. 学习内容

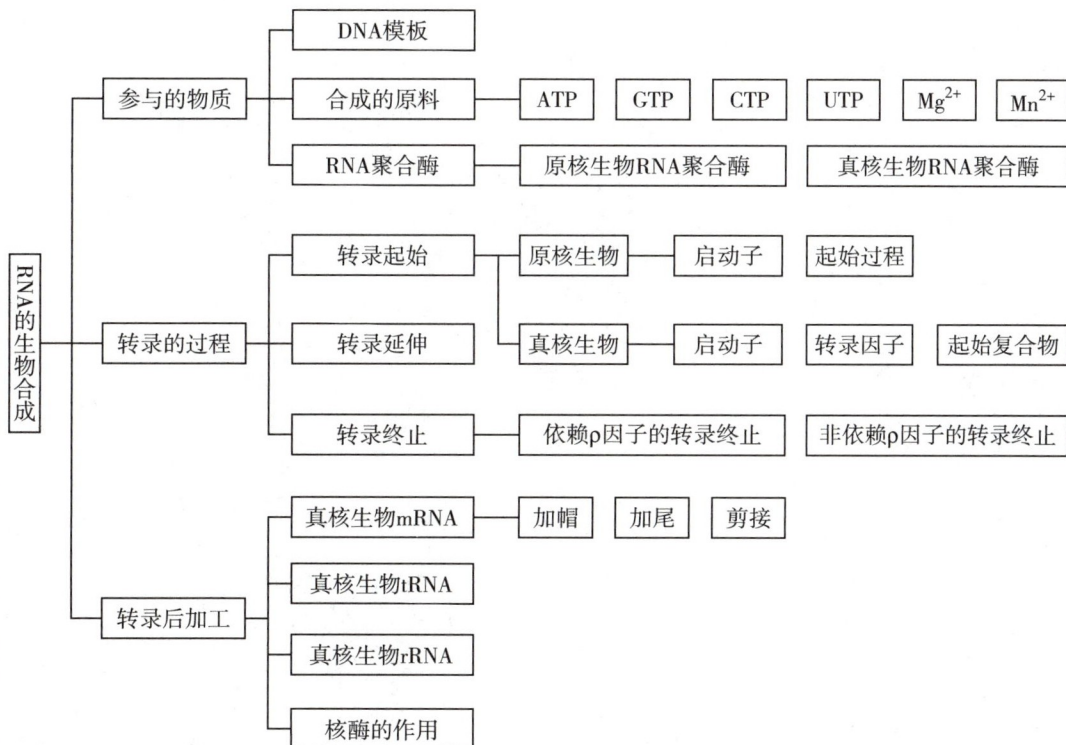

笔记栏

扫一扫，
测一测

2. 学习方法　转录是生物遗传中心法则中的环节之一，学习时要在此基础上理解转录过程中所涉及的具体问题。并结合 DNA 的生物合成从以下几方面比较性地学习更有助于理解本章内容，如 RNA 合成的基本特征、模板、参与的酶及主要物质、转录过程等。

（姜　颖　斯越秀）

## 复习思考题

1. 对于真核生物的 mRNA 来说，帽子结构和 poly(A)尾的添加有什么作用？

2. 真核生物的 mRNA 前体加工过程包括哪几个步骤？

3. 多腺苷酸聚合酶同 RNA 聚合酶在功能上有什么不同？

4. 为什么转录的调节经常涉及启动子和启动子相互作用蛋白？

5. 与 DNA 聚合酶不同，RNA 聚合酶没有校正活性，试述为什么缺少校正功能却不会对细胞产生危害。

15章PPT

PPT 课件

# 第十五章

# 蛋白质的生物合成

## 学习目标

通过本章的学习,掌握参与蛋白质生物合成的物质及其作用、蛋白质生物合成的过程、影响蛋白质合成的作用机制,为学习药理学、分子生物学等其他医学课程奠定基础。

蛋白质的生物合成是遗传信息表达的最终阶段。蛋白质是生命的物质基础,它赋予细胞乃至个体生物学功能和表型。蛋白质的生物合成是指用转录得到的携带遗传信息的 mRNA 指导多肽链合成的过程,也称为翻译(translation)。该过程的本质是将 mRNA 分子中 A、G、C、U 4 种核苷酸序列携带的遗传信息(核酸语言)转换成蛋白质一级结构中 20 种氨基酸的排列顺序(蛋白质语言)。

翻译包含起始、延伸和终止 3 个连续过程。肽链合成后还要通过翻译后的加工修饰,包括折叠形成天然蛋白质的三维构象、对一级结构和空间结构的修饰等,才能成为有活性的天然蛋白质。多种蛋白质在细胞质中合成后,还需要运输到相应的亚细胞部位或分泌到细胞外才能发挥作用。

## 第一节 蛋白质生物合成体系

蛋白质生物合成是一个涉及数百种分子的复杂耗能过程:合成原料是 20 种标准氨基酸;mRNA 是蛋白质生物合成的直接模板;tRNA 作为特异氨基酸的"搬运工具";rRNA 和多种核糖体蛋白质构成的核糖体是蛋白质生物合成的场所。除上述 RNA 外,参与蛋白质生物合成的分子还包括氨基酸活化及肽链合成起始、延伸和终止阶段的多种蛋白质因子、酶类、供能物质和某些无机离子等。

### 一、mRNA——蛋白质生物合成的直接模板

mRNA 分子含有从 DNA 转录出来的遗传信息,是蛋白质合成的直接模板。由于原核基因(prokaryotic gene)与真核基因(eukaryotic gene)结构不同,转录得到的 mRNA 结构也有所不同。

在原核生物中,数个功能相关的结构基因常串联在一起,构成一个转录单位,转录生成的一个 mRNA 往往编码几种功能相关的蛋白质,称为多顺反子 mRNA(polycistronic mRNA)。转录产物一般不需加工,即可作为翻译的模板。

在真核生物中,结构基因的遗传信息是不连续的,初级转录产物需加工为成熟的 mRNA 才可作为翻译的模板。真核细胞一个 mRNA 只编码一种蛋白质,称为单顺反子 mRNA(monocistronic mRNA）。

### （一）密码子

在 mRNA 阅读框架内,每 3 个相邻核苷酸组成 1 个三联体密码子(codon),编码一种氨基酸。由于 mRNA 分子上有 A、G、C、U 4 种核苷酸,密码子含有 3 个核苷酸,所以 4 种核苷酸可组合成 64($4^3$)个三联体的遗传密码(表 15-1)。在 64 个遗传密码子中,有 3 个密码子(UAA、UAG、UGA)不编码任何氨基酸,它们只作为肽链合成的终止信号,称为终止密码子(termination codon,stop codon);其余 61 个密码子分别编码 20 种标准氨基酸,其中 AUG 既编码多肽链中的甲硫氨酸,又作为肽链合成的起始信号,称为起始密码子(initiation codon)。在某些原核生物中,GUG 也可充当起始密码子。

表 15-1 遗传密码表

| 第 1 个核苷酸 (5′) | 第 2 个核苷酸 | | | | 第 3 个核苷酸 (3′) |
| --- | --- | --- | --- | --- | --- |
| | U | C | A | G | |
| U | 苯丙氨酸 UUU | 丝氨酸 UCU | 酪氨酸 UAU | 半胱氨酸 UGU | U |
| | 苯丙氨酸 UUC | 丝氨酸 UCC | 酪氨酸 UAC | 半胱氨酸 UGC | C |
| | 亮氨酸 UUA | 丝氨酸 UCA | 终止密码子 UAA | 终止密码子 UAG | A |
| | 亮氨酸 UUG | 丝氨酸 UCG | 终止密码子 UGA | 色氨酸 UGG | G |
| C | 亮氨酸 CUU | 脯氨酸 CCU | 组氨酸 CAU | 精氨酸 CGU | U |
| | 亮氨酸 CUC | 脯氨酸 CCC | 组氨酸 CAC | 精氨酸 CGC | C |
| | 亮氨酸 CUA | 脯氨酸 CCA | 谷氨酰胺 CAA | 精氨酸 CGA | A |
| | 亮氨酸 CUG | 脯氨酸 CCG | 谷氨酰胺 CAG | 精氨酸 CGG | G |
| A | 异亮氨酸 AUU | 苏氨酸 ACU | 天冬酰胺 AAU | 丝氨酸 AGU | U |
| | 异亮氨酸 AUC | 苏氨酸 ACC | 天冬酰胺 AAC | 丝氨酸 AGC | C |
| | 异亮氨酸 AUA | 苏氨酸 ACA | 赖氨酸 AAA | 精氨酸 AGA | A |
| | 甲硫氨酸 AUG | 苏氨酸 ACG | 赖氨酸 AAG | 精氨酸 AGG | G |
| G | 缬氨酸 GUU | 丙氨酸 GCU | 天冬氨酸 GAU | 甘氨酸 GGU | U |
| | 缬氨酸 GUC | 丙氨酸 GCC | 天冬氨酸 GAC | 甘氨酸 GGC | C |
| | 缬氨酸 GUA | 丙氨酸 GCA | 谷氨酸 GAA | 甘氨酸 GGA | A |
| | 缬氨酸 GUG | 丙氨酸 GCG | 谷氨酸 GAG | 甘氨酸 GGG | G |

### （二）遗传密码的特点

遗传密码具有如下特点:

1. 方向性 密码子及组成密码子的各碱基在 mRNA 序列中的排列具有方向性,即遗传密码阅读方向只能是从 5′→3′,从起始密码子开始,到终止密码子结束。

2. 连续性 mRNA 分子中编码氨基酸序列的各个三联体密码子及密码子中各碱基是连续排列的。翻译时从 5′端特定起始点开始,每 3 个碱基为 1 组,向 3′端方向连续阅读,每次读码时每个碱基只读 1 次,不重复阅读。基于遗传密码的连续性,如果 mRNA 阅读框内插入或缺失碱基,就可能会使此后的读码产生错译,造成后续氨基酸序列大部分被改变,其编码的蛋白质丧失功能(图 15-1),称为移码突变(frameshift mutation)。插入或缺失的核苷酸是 3 的整数倍时,不会引起移码突变。

3. 简并性 有的氨基酸可由多个密码子编码,这一特性称为遗传密码的简并性(表 15-

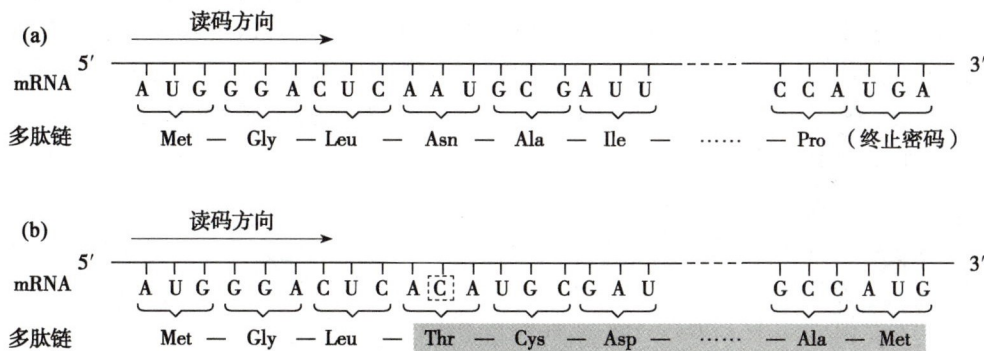

**图 15-1 遗传密码的连续性与移码突变**
（a）氨基酸的排列顺序对应于 mRNA 序列中密码子的排列顺序 （b）核苷酸插入导致移码突变

2）。61 个密码子编码 20 种氨基酸,显然两者不是一对一的关系。从遗传密码表中可知,除甲硫氨酸和色氨酸只对应 1 个密码子外,其他氨基酸都有 2 个、3 个、4 个或 6 个密码子为之编码。编码同一个氨基酸残基的 2 个或 2 个以上的密码子称为简并密码子(degenerate codon),也称同义密码子(synonymous codon,synonym codon)。比较编码同一氨基酸残基的几个密码子可发现:同义密码子的第 1、2 位碱基多相同,而第 3 位碱基可以不同,即密码子的特异性主要由前两位核苷酸决定,如甘氨酸的密码子是 GGU、GGC、GGA、GGG,缬氨酸的密码子是 GUU、GUC、GUA、GUG,所以这些密码子第 3 位碱基的突变可能不影响所翻译氨基酸的种类,这种突变类型称为同义突变(synonymous mutation)。因此,遗传密码的简并性可以减弱基因突变的生物学效应。

**表 15-2 遗传密码的简并性**

| 同义密码子数目 | 氨基酸 |
| --- | --- |
| 6 | Leu、Ser、Arg |
| 4 | Gly、Pro、Ala、Val、Thr |
| 3 | Ile |
| 2 | Phe、Tyr、Cys、His、Gln、Glu、Asn、Asp、Lys |
| 1 | Met、Trp |

4. 摆动性 翻译过程中,氨基酸的正确加入依赖于 mRNA 编码区的密码子与 tRNA 反密码子环的反密码子之间配对结合。然而密码子与反密码子配对时,有时会出现不严格遵守常见的碱基配对原则的情况,称为摆动配对(wobble pairing)。摆动配对常见于密码子的第 3 位碱基与反密码子的第 1 位碱基间,两者虽不严格互补,也能相互识别。如 tRNA 反密码子的第 1 位出现肌苷(inosine,I)时,可分别与密码子的第 3 位碱基 A、C、U 配对(表 15-3)。摆动配对的碱基间形成特异、低键能的氢键连接,有利于翻译时 tRNA 迅速与密码子分离。因此,摆动配对使密码子与反密码子的相互识别具有灵活性,可使一种 tRNA 能识别 mRNA 的 1~3 种简并密码子。

**表 15-3 密码子与反密码子配对的摆动现象**

| tRNA 反密码子第 1 位碱基 | A | C | G | U | I |
| --- | --- | --- | --- | --- | --- |
| mRNA 密码子第 3 位碱基 | U | G | C、U | A、G | A、C、U |

5. 通用性　蛋白质生物合成的整套遗传密码,从原核生物、真核生物到人类都通用,即遗传密码表中的这套密码基本上适用于生物界的所有物种,具有通用性。这表明各种生物是从同一祖先进化而来的。但近年研究发现,动物的线粒体和植物的叶绿体中的密码系统与通用密码子有一定差别。如在线粒体内,AUA 兼作甲硫氨酸密码子,AGA、AGG 可作为终止密码子,而 UGA 编码色氨酸。

**知识链接**

### 挑战"中心法则"的微生物——朊病毒

　　1996 年春天,英国饲养的大约 15 万头牛得了一种新的神经疾病,称为牛海绵状脑病(俗称"疯牛病")、一时间"谈牛色变"。其罪魁祸首"朊病毒(prion)",由美国生物化学家斯坦利·B·布鲁辛纳(Stanley B. Prusiner)于 1982 年发现并揭示其致病机制,获 1997 年诺贝尔生理学或医学奖。

　　在体内,蛋白质合成后的加工与成熟过程中,多肽链的正确折叠对其功能的发挥至关重要。若蛋白质错误折叠,严重的构象改变可导致疾病的发生,即所谓蛋白质构象病。

　　疯牛病是一种典型的蛋白质构象病。正常的朊蛋白二级结构以 α 螺旋为主,异常的朊蛋白以 β 折叠为主。后者即所谓的"朊病毒"。朊病毒攻击大脑的朊蛋白,使之构象改变并与其结合,形成朊病毒二聚体,二聚体再攻击朊蛋白,形成朊病毒四聚体,最终产生淀粉样纤维沉淀。这种过程周而复始,使脑组织中的朊病毒不断积蓄,造成脑组织退行性病变。朊病毒具有传染性,如果健康牛食用含病牛骨粉的食料,就会染上疯牛病。人类朊病毒病有库鲁病、克-雅病、格斯特曼综合征及致死性家族型失眠症等。

　　朊病毒属于蛋白质,没有通常认为是遗传物质的 DNA、RNA 等成分。这一发现有力补充了遗传学理论,对病理学、分子病毒学、分子遗传学等学科的发展至关重要,相关研究将丰富生物学领域的内容,对探索生命起源与生命现象的本质有重要意义。临床实践上,该发现为揭示与痴呆有关的疾病(如阿尔茨海默病、帕金森病)的生物学机制以及诊断与防治提供信息,并为今后的药物开发和新治疗方法的研究奠定基础。

## 二、核糖体——蛋白质生物合成的场所

　　核糖体是由 rRNA 和核糖体蛋白质组成的复合体。参与蛋白质生物合成的各种成分在核糖体上将氨基酸合成多肽链。因此,核糖体是蛋白质生物合成的场所。

### (一)核糖体组成和结构

　　核糖体在蛋白质生物合成中的作用与它的成分及结构密切相关。在原核细胞中,核糖体可以游离形式存在,也可以与 mRNA 结合形成串珠状的多核糖体。真核细胞中的核糖体可游离存在,也可以与细胞内质网相结合形成粗面内质网。

　　核糖体由大、小 2 个亚基组成,每个亚基包含多种核糖体蛋白和 rRNA。大、小亚基所含的蛋白质,多是参与蛋白质生物合成过程的酶和蛋白质因子。rRNA 分子含有很多局部双螺旋结构区,可折叠生成复杂三维构象作为亚基结构骨架,使各种核糖体蛋白附着结合,装配成完整亚基。

　　核糖体在蛋白质的生物合成中起重要作用。这是由于:①核糖体的小亚基有供 mRNA

附着的位置。当大、小亚基聚合时,两者之间形成的裂隙是容纳 mRNA 的部位(图 15-2a)。核糖体沿着 mRNA5′→3′移动。②核糖体有结合氨酰 tRNA 和肽酰 tRNA 的部位(图 15-2b)。氨酰位(aminoacyl site,A 位)可与氨酰 tRNA 结合,肽酰位(peptidyl site,P 位)是肽酰 tRNA 结合的位置。这两个部位主要由大、小亚基蛋白质成分共同构成,而且是非特异性的,无论何种氨酰 tRNA 或肽酰 tRNA 均可与之结合。③大亚基上有脱酰 tRNA 的出口位(exit site,E 位)(图 15-2b)。④大亚基有肽酰转移酶活性中心,可催化形成肽键。⑤核糖体还具有多种参与翻译起始、延伸和终止的蛋白质因子的结合部位。

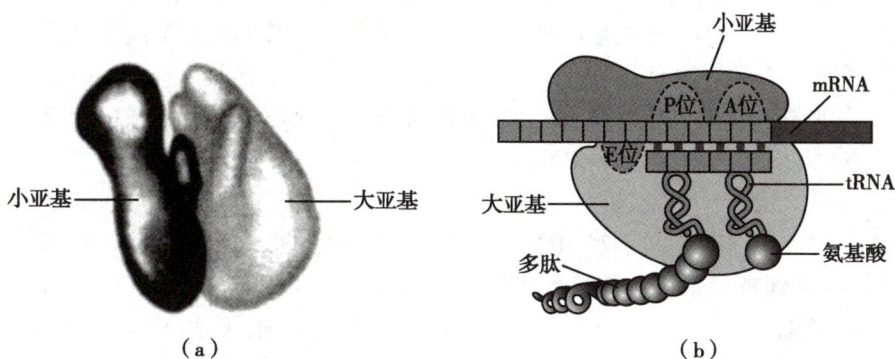

图 15-2　原核生物核糖体结构模式
(a)核糖体大、小亚基间裂隙为 mRNA 结合部位　(b)翻译过程中核糖体结构模式

大、小亚基的结合是蛋白质合成的开始。只有在进行蛋白质合成时,2 个亚基才结合成为完整的核糖体;蛋白质合成一旦终止,核糖体就立即解离成游离的大、小亚基。

### (二)肽酰转移酶

肽酰转移酶(peptidyl transferase)催化邻近的氨基酸间形成肽键,即催化氨基酸之间脱水缩合。该酶属于核酶,其化学本质不是蛋白质。原核生物为 23S rRNA,真核生物是 28S rRNA。

原核生物的肽酰转移酶活性中心位于核糖体的大亚基内。在蛋白质合成过程中,肽酰 tRNA 结合在 P 位、另一个氨酰 tRNA 结合在 A 位,2 个 tRNA 的反密码子与 mRNA 的 2 个密码子互补结合。肽酰转移酶的活性中心发挥作用,将肽酰基转移到位于 A 位的氨酰 tRNA 的氨基上,在两者之间形成肽键,即 A 位上的氨基酸被添加至肽链中,肽链得以延伸。

## 三、tRNA——结合并运载氨基酸的工具

在蛋白质合成过程中,mRNA 开放阅读框的密码子序列决定了蛋白质的氨基酸序列,但是密码子与氨基酸并不能直接相互识别,而是通过 tRNA 来实现。tRNA 是蛋白质合成过程中的连接物(adapter,adaptor),具有两个关键部位:一个是氨基酸的结合部位;另一个是mRNA 上密码子的结合部位。这表明 tRNA 是既可携带特异的氨基酸,又可特异地识别 mRNA 上密码子的双重功能分子。氨基酸结合部位是 tRNA 氨基酸臂 3′末端的 CCA-OH,识别并结合密码子的部位是 tRNA 反密码子环上的反密码子。通过 tRNA 的接合作用使氨基酸能够按 mRNA 信息的指导"对号入座",保证核酸到蛋白质遗传信息传递的准确性。

### (一)氨基酸的活化

氨基酸的活化是指氨基酸的 α-羧基与特异 tRNA 的 3′末端 CCA-OH 结合形成氨酰 tRNA 的过程,这一反应由氨酰 tRNA 合成酶(aminoacyl tRNA synthetase)催化完成,每活化 1 分子氨基酸需要消耗 2 个高能磷酸键。第一步是氨酰 tRNA 合成酶(E)识别它所催化的氨

基酸及另一底物 ATP,并在酶的催化下,ATP 分解为焦磷酸和 AMP,氨基酸的羧基与 AMP 上磷酸之间形成一个酯键,生成中间复合物氨酰 AMP-E,得到活化的氨基酸。第二步是氨酰 AMP-E 与 tRNA 作用生成氨酰 tRNA,并重新释放出 AMP 和酶。

$$总反应式为:氨基酸 + tRNA + ATP \xrightarrow{氨酰tRNA合成酶} 氨酰tRNA + AMP + PPi$$

氨基酸与 tRNA 分子的正确结合,是保证翻译准确性的关键步骤之一。氨酰 tRNA 合成酶在其中起着主要作用。氨酰 tRNA 合成酶存在于细胞质,对底物氨基酸和 tRNA 都有高度特异性。绝大多数生物基因组编码 20 种氨酰 tRNA 合成酶,该酶可识别特异的氨基酸和数种 tRNA,因此每一种氨酰 tRNA 合成酶都催化一种标准氨基酸与多种 tRNA 的 3′-羟基特异连接。

### (二)氨酰 tRNA 的表示方法

如用 3 个字母缩写代表氨基酸,各种氨基酸和对应的 tRNA 结合形成的氨酰 tRNA 可表示为 Asp-tRNA$^{Asp}$、Ser-tRNA$^{Ser}$、Gly-tRNA$^{Gly}$ 等。

密码子 AUG 可编码甲硫氨酸(Met),同时也是起始密码子。原核生物和真核生物都有两种负载甲硫氨酸的 tRNA,且两种 tRNA 与甲硫氨酸结合时是由同一种氨酰 tRNA 合成酶催化完成的,可分别被起始或延伸过程中相关的酶和因子所识别(表 15-4)。

原核生物的起始甲硫氨酰 tRNA(Met-tRNA$^{Met}$)被甲酰化,生成 N-甲酰甲硫氨酰 tRNA(fMet-tRNA$^{fMet}$)。N-甲酰甲硫氨酸的生成由转甲酰基酶催化。

$$N^{10}-甲酰基四氢叶酸 + 甲硫氨酰tRNA \longrightarrow N-甲酰甲硫氨酰tRNA + 四氢叶酸$$

#### 表 15-4 甲硫氨酰 tRNA

| 生物 | 名称缩写 | 功能 |
| --- | --- | --- |
| 原核生物 | fMet-tRNA$_f$$^{Met}$ 或 fMet-tRNA$^{fMet}$ | 翻译起始,与核糖体小亚基的 P 位结合 |
| | Met-tRNA$_m$$^{Met}$ | 翻译延伸,与 70S 核糖体的 A 位结合 |
| 真核生物 | Met-tRNA$_i$$^{Met}$ | 翻译起始,与核糖体小亚基的 P 位结合 |
| | Met-tRNA$^{Met}$ | 翻译延伸,与 80S 核糖体的 A 位结合 |

#### 课堂互动

问题:

1. 如何理解密码子的摆动性?有何生物学意义?

2. 一个编码蛋白质的基因,由于插入一段 4 个核苷酸序列而被破坏的功能,是否可被一个核苷酸的缺失所恢复?解释原因。

3. 一个双螺旋 DNA 片段的模板链含有顺序:5′-GTTAACACCCCTGACTTCGCGCCGTCG-3′

请写出从这条链转录产生的 mRNA 的碱基顺序。

## 第二节 蛋白质的生物合成过程

在翻译过程中,核糖体从开放阅读框的 5′端 AUG 开始向 3′端阅读三联体遗传密码,而

多肽链的合成方向是从 N 端到 C 端。终止密码子前一位的三联体密码,翻译出肽链的 C 端氨基酸。蛋白质的生物合成是最复杂的生物化学过程之一,需要上百种蛋白质及数十种RNA 分子的参与。原核生物和真核生物的翻译过程不尽相同,所用术语也有区别,以下分别进行介绍。

## 一、原核生物的肽链合成过程

蛋白质生物合成的早期研究工作是利用大肠杆菌的无细胞体系进行的,所以对大肠杆菌的翻译过程了解较多。翻译过程分为起始(initiation)、延伸(extension)和终止(termination)3 个阶段,这 3 个阶段是在核糖体上完成的。原核生物的肽链合成过程涉及众多蛋白质因子(表 15-5)。

表 15-5　参与原核生物肽链合成的各种蛋白质因子

| 种类 | | 生物学功能 |
| --- | --- | --- |
| 起始因子 | IF-1 | 占据 A 位,防止其他氨酰 tRNA 进位 |
| | IF-2 | 促进 fMet-tRNA$^{fMet}$ 与 30S 小亚基结合 |
| | IF-3 | 促进大、小亚基分离,提高 P 位对结合 fMet-tRNA$^{fMet}$ 的敏感性 |
| 延伸因子 | EF-Tu | 结合 GTP,携带氨酰 tRNA 进入 A 位 |
| | EF-Ts | 调节亚基 |
| | EF-G | 有移位酶活性,促进 mRNA-肽酰 tRNA 由 A 位移至 P 位,促进脱酰 tRNA 的解离 |
| 释放因子 | RF-1 | 特异识别 UAA、UAG,诱导转肽酶转变成酯酶 |
| | RF-2 | 特异识别 UAA、UGA,诱导转肽酶转变成酯酶 |
| | RF-3 | 可与核糖体其他部位结合,有 GTP 酶活性,能介导 RF-1 及 RF-2 与核糖体的相互作用 |

### (一)肽链合成的起始

肽链合成的起始阶段是指 mRNA、起始氨酰 tRNA 分别与核糖体结合而形成翻译起始复合体(translation initiation complex)的过程。除需要 30S 小亚基、mRNA、fMet-tRNA$^{fMet}$ 和 50S大亚基外,此过程还需要起始因子(initiation factor,IF)、GTP 和 Mg$^{2+}$ 参与。原核生物有 3 种起始因子,即 IF-1、IF-2 和 IF-3。

1. 核糖体大、小亚基分离　蛋白质肽链合成连续进行,在肽链延伸过程中,核糖体的大小亚基是聚合的,一条肽链合成的终止实际上是下一轮翻译的起始。此时 IF-1、IF-3 与核糖体小亚基结合,促进大、小亚基分离。

2. mRNA 与核糖体小亚基定位结合　原核生物 mRNA 与核糖体小亚基准确定位结合的机制:在原核生物 mRNA 起始密码子 AUG 上游 10 个碱基左右的位置,通常含有一段富含嘌呤碱基的特殊序列(AGGAGGU),称为 SD 序列(Shine-Dalgarno sequence,SD sequence);它与原核生物核糖体小亚基 16S rRNA 的 3′ 端互补,从而使 mRNA 与小亚基结合。因此,mRNA 的 SD 序列又称为核糖体结合位点(ribosome binding site,RBS)。一条多顺反子mRNA 上的每个基因编码序列均拥有各自的 SD 序列和起始密码子 AUG,核糖体的小亚基可在 mRNA 的起始 AUG 上精确定位而形成复合体。

3. fMet-tRNA$^{fMet}$ 的结合　起始时 IF-1 结合在 A 位,阻止氨酰 tRNA 的进入。IF-2 首先与 GTP 结合,再结合 fMet-tRNA$^{fMet}$。在 IF-2 的帮助下,fMet-tRNA$^{fMet}$ 识别对应核糖体 P 位的mRNA 起始密码子 AUG,并与之结合。

4. 翻译起始复合体的形成　IF-2 具有完整核糖体依赖的 GTP 酶活性。当上述结合了 mRNA、fMet-tRNA^Met 的小亚基再与 50S 大亚基结合生成完整核糖体时,IF-2 结合的 GTP 就被水解,促使 IF-1、IF-2、IF-3 释放,形成由完整核糖体、mRNA、fMet-tRNA^fMet 组成的翻译起始复合体(图 15-3)。此时,fMet-tRNA^fMet 占据 P 位,而 A 位留空并对应 mRNA 上编码区的第 2 个密码子,为肽链延伸做好了准备。

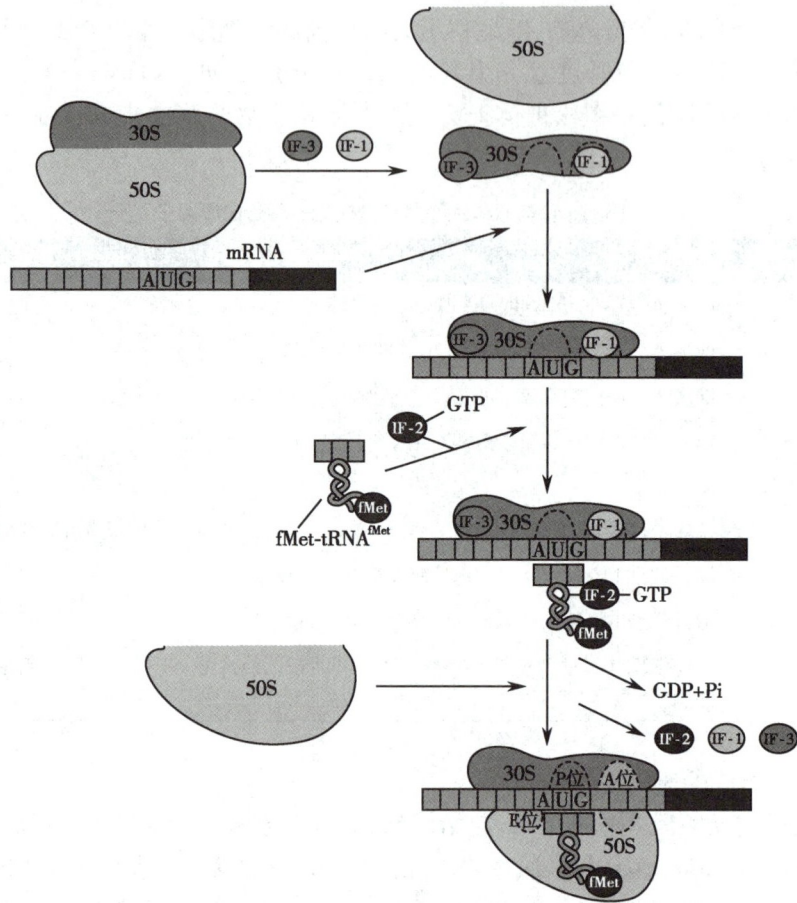

图 15-3　原核生物翻译起始复合体的形成

### (二) 肽链的延伸

肽链的延伸是指在 mRNA 的指导下,氨基酸依次进入核糖体并聚合成多肽链的过程。肽链延伸需要 GTP 和延伸因子(elongation factor,EF)的参与。

由于肽链延伸的过程是在核糖体上连续循环进行的,每次循环包含 3 个阶段:进位(entrance)、成肽(peptide bond formation)和易位(translocation)。每循环 1 次,肽链增加 1 个氨基酸残基,直至肽链合成终止。

1. 进位　是指 1 个氨酰 tRNA 按照 mRNA 模板的指导进入并结合到核糖体 A 位的过程。肽链合成起始后,核糖体 P 位已被起始氨酰 tRNA 占据,但 A 位是留空的,对应 AUG 后下一组三联体密码,进入 A 位的氨酰 tRNA 即由该密码子决定。

进位需要 EF-Tu 和 EF-Ts 的参与。当 EF-Tu-Ts 二聚体中的 EF-Tu 结合 GTP 时,便与 EF-Ts 分离,EF-Tu-GTP 处于活性状态;而当 GTP 水解为 GDP 时,EF-Tu-GDP 就失去活性。氨酰-tRNA 进位前,必须首先与活性的 EF-Tu-GTP 结合,才能被带入核糖体 A 位,使密码子与反密码子配对结合。同时,EF-Tu 的 GTP 酶发挥作用促使 GTP 水解,EF-Tu-GDP 从核糖体释出。随后 EF-Ts 与 EF-Tu 结合将 GDP 置换出去,并重新形成 EF-Tu-Ts 二聚体。由此可见,EF-Ts 实际上是 GTP 交换蛋白,可将 EF-Tu 上的 GDP 交换成 GTP,使 EF-Tu 进入新一轮循环,继续催化下一个氨酰 tRNA 进位(图 15-4)。

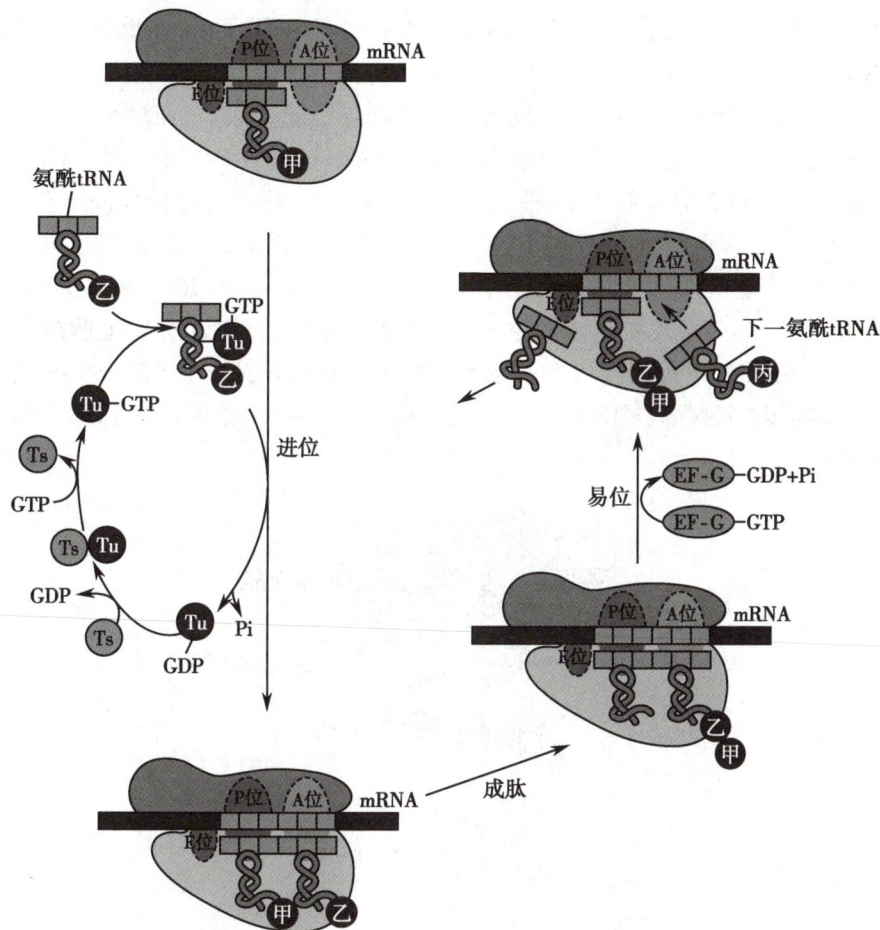

图 15-4　原核生物肽链的延伸

2. 成肽　进位后,核糖体的 A 位结合了 1 个氨酰 tRNA。在肽酰转移酶活性中心的催化下,P 位上起始氨酰 tRNA 的 N-甲酰甲硫氨酰基或肽酰 tRNA 的肽酰基转移到 A 位,并与 A 位上氨酰 tRNA 的 α-氨基形成肽键。第 1 个肽键形成以后,二肽酰 tRNA 占据核糖体 A 位,而脱酰 tRNA 仍在 P 位(图 15-4)。

3. 易位　在移位酶的催化下,核糖体向 mRNA 的 3′端移动 1 个密码子的距离,使 mRNA 序列上的下一个密码子进入核糖体的 A 位,而原来占据 A 位的肽酰 tRNA 移至 P 位(图 15-4)。同时,P 位的脱酰 tRNA 进入 E 位再脱离核糖体。在原核生物中,易位依赖于 EF-G 和 GTP。EF-G 有移位酶(translocase)活性,可结合并水解 1 分子 GTP,促进核糖体向 mRNA 的 3′端移动,使 A 位留空并对应下一组三联体密码,准备接受相应的氨酰 tRNA 进位,开始下一轮循环。

第一轮循环后,mRNA 分子上的第 3 个密码子进入 A 位,为下一个氨酰 tRNA 进位做好准备。再进行第二轮循环,进位-成肽-移位,P 位将出现三肽酰 tRNA。A 位又空出,再进行第三轮循环,这样每循环 1 次,肽链将增加 1 个氨基酸残基。核糖体依次沿 5′→3′方向阅读 mRNA 的遗传密码,肽链不断从 N 端向 C 端延伸(图 15-4)。

在肽链延伸的连续循环过程中,核糖体空间构象也发生着周期性改变,移位时脱酰 tR-NA 进入 E 位,可诱导核糖体发生构象变化,有利于下一个氨酰 tRNA 进入 A 位;而氨酰 tR-NA 的进位又诱导核糖体发生构象变化,促使脱酰 tRNA 从 E 位排出。

### (三)肽链合成的终止

肽链合成的终止是指核糖体 A 位出现 mRNA 的终止密码子后,多肽链合成停止,肽链从肽酰 tRNA 中释出,mRNA 及核糖体大、小亚基等分离的过程。

终止过程需要的蛋白质因子称为释放因子(release factor,RF)。原核生物有 3 种 RF,即 RF-1、RF-2 和 RF-3。RF-1 能特异识别终止密码子 UAA、UAG;RF-2 可识别 UAA、UGA;RF-3 具有 GTP 酶活性,可结合并水解 1 分子 GTP,促进 RF-1 和 RF-2 与核糖体的结合。

原核生物肽链合成的终止过程如下:肽链延伸直到 mRNA 的终止密码子进入核糖体 A 位时,终止密码子不能被任何氨酰 tRNA 识别和进位,只有 RF-1 或 RF-2 可在 RF-3 的帮助下识别结合终止密码子,并触发核糖体构象改变,激活其酯酶活性,水解新生肽链与结合在 P 位的 tRNA 之间的酯键,把多肽链从 P 位肽酰 tRNA 上释放出来,并促使 mRNA、脱酰 tRNA 及 RF 从核糖体脱离,紧接着在 IF-1 和 IF-3 的作用下,核糖体大、小亚基解离,开始新的翻译起始过程(图 15-5)。

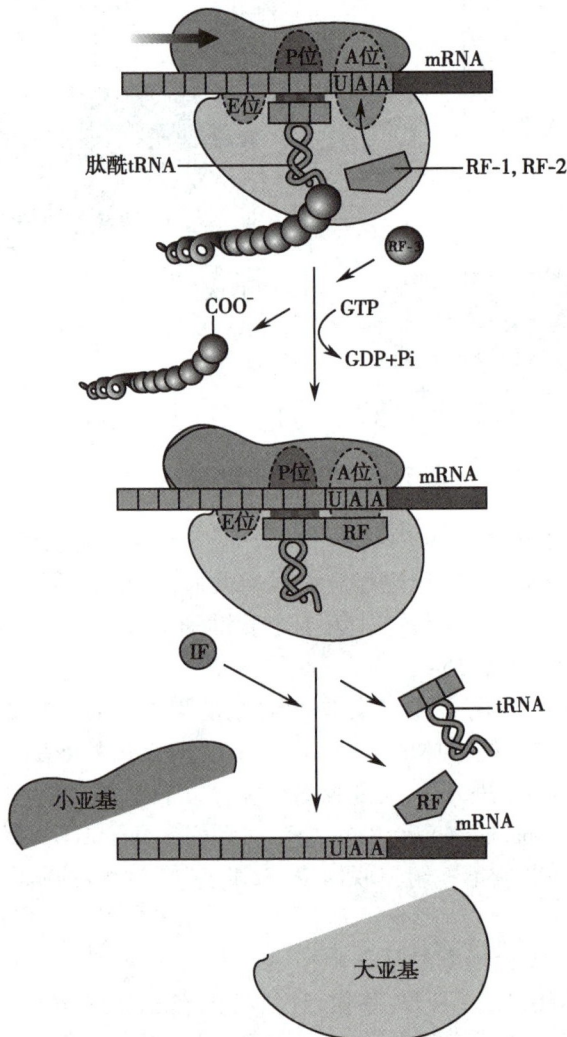

图 15-5 原核生物肽链合成的终止

## 二、真核生物的肽链合成过程

真核生物的肽链合成过程与原核生物的肽链合成过程类似,只是反应更复杂、涉及的蛋白质因子更多(表 15-6)。

**表 15-6 参与真核生物肽链合成的各种蛋白质因子**

| 种类 | | 生物学功能 |
|---|---|---|
| 起始因子 | eIF-1 | 多功能因子,参与肽链合成的多个环节 |
| | eIF-2 | 促进起始 Met-tRNAiMet 与小亚基结合 |
| | eIF-2B | 结合小亚基,促进大、小亚基分离 |
| | eIF-3 | 结合小亚基,促进大、小亚基分离;介导 mRNA-eIF-4F 复合物与小亚基结合 |
| | eIF-4A | eIF-4F 复合物成分,有 RNA 解旋酶活性,解除 mRNA 的 5'端发夹结构,使其与小亚基结合 |
| | eIF-4B | 结合 mRNA,促进 mRNA 扫描定位起始 AUG |
| | eIF-4E | eIF-4F 复合物成分,结合 mRNA 的 5'端帽子结构 |
| | eIF-4G | eIF-4F 复合物成分,结合 eIF-4E 和 poly(A)结合蛋白(PABP) |
| | eIF-5 | 促进各种起始因子从核糖体释放,进而结合大亚基 |
| | eIF-6 | 促进无活性的核糖体解聚生成大、小亚基 |
| 延伸因子 | eEF-1α | 结合 GTP,携带氨酰 tRNA 进入 A 位,相当于 EF-Tu |
| | eEF-1βγ | 调节亚基,相当于 EF-Ts |
| | eEF-2 | 有移位酶活性,促进 mRNA-肽酰 tRNA 由 A 位移至 P 位,促进 tRNA 脱酰基与释放,相当于 EF-G |
| 释放因子 | eRF | 识别终止密码子 |

### (一)肽链合成的起始

真核生物的肽链合成起始过程与原核生物相似,但顺序不同,所需的成分也有区别。如核糖体为 80S,起始因子(eIF)数目更多,起始甲硫氨酸不需甲酰化。真核生物起始 AUG 上游没有 SD 序列,但是 mRNA 有 5'端帽子和 3'端 poly(A)尾结构,小亚基首先识别结合 mRNA 的 5'端帽子结构,再移向起始密码子 AUG,并在那里与大亚基结合。

### (二)肽链的延伸

真核生物的肽链延伸过程和原核生物基本相似,只是延伸因子不同。

### (三)肽链合成的终止

真核生物肽链合成的终止过程尚不清楚,目前仅发现 1 种释放因子 eRF,可以识别全部 3 种终止密码子。

真核生物与原核生物肽链合成的主要步骤相同,但有一些差别(表 15-7)。

**表 15-7 原核生物与真核生物肽链合成过程的比较**

| | 原核生物 | 真核生物 |
|---|---|---|
| mRNA | 一条 mRNA 编码几种蛋白质 | 一条 mRNA 编码一种蛋白质 |
| | 转录后很少加工 | 转录后进行首、尾修饰及剪接 |
| | 转录、翻译和 mRNA 降解可同时发生 | mRNA 在细胞核内合成、加工后进入细胞质,再作为模板指导蛋白质合成 |

续表

| | 原核生物 | 真核生物 |
|---|---|---|
| 核糖体 | 30S 小亚基 +50S 大亚基 = 70S 核糖体 | 40S 小亚基 +60S 大亚基 =80S 核糖体 |
| 起始阶段 | 起始氨酰 tRNA 为 fMet-tRNA$^{fMet}$ | 起始氨酰 tRNA 为 Met-tRNA$_i$$^{Met}$ |
| | 核糖体小亚基先与 mRNA 结合，再与 fMet-tRNA$^{fMet}$ 结合 | 核糖体小亚基先与 Met-tRNA$_i$$^{Met}$ 结合，再与 mRNA 结合 |
| | mRNA 的 SD 序列与 16S rRNA 3′端的一段互补序列结合 | mRNA 的帽子结构与帽子结合蛋白复合物结合 |
| | 有 3 种 IF 参与起始复合体的形成 | 有至少 10 种 eIF 参与起始复合体的形成 |
| 延伸阶段 | 延伸因子为 EF-Tu、EF-Ts 和 EF-G | 延伸因子为 eEF-1α、eEF-1βγ 和 eEF-2 |
| 终止阶段 | 释放因子为 RF-1、RF-2 和 RF-3 | 释放因子为 eRF |

　　无论原核细胞还是真核细胞，一条 mRNA 模板链上可附着 10~100 个核糖体。这种多个核糖体与 mRNA 的聚合物称为多核糖体（polyribosome，polysome）。当一个核糖体与 mRNA 结合并开始翻译，沿 mRNA 向 3′端移动一定距离（约 80 个核苷酸）后，第 2 个核糖体又在 mRNA 的翻译起始部位结合，以后第 3 个、第 4 个核糖体相继结合到 mRNA 的翻译起始位点，这样在一条 mRNA 上常结合多个核糖体，呈串珠状排列，同时进行多条肽链的合成，大大增加了细胞内蛋白质的合成速率。原核生物 mRNA 转录后不需加工即可作为模板，转录和翻译偶联进行。因此，在电子显微镜下看到，原核生物 DNA 分子上连接着长短不一正在转录的 mRNA 分子，每条 mRNA 再附着多个核糖体进行翻译，显示为羽毛状结构。

　　蛋白质生物合成是耗能过程。首先，每分子氨基酸活化生成氨酰 tRNA 消耗 2 个高能磷酸键；其次，在肽链延伸阶段，进位和易位各消耗 1 个高能磷酸键。因此肽链每增加 1 个氨基酸残基实际消耗可能多于 4 个高能磷酸键。

## 第三节　蛋白质生物合成后的加工和靶向输送

　　新生多肽链不具备蛋白质生物学活性，必须经过复杂的加工修饰过程才能转变为具有天然构象的功能蛋白质，该过程称为翻译后修饰（post-translational modification）。主要包括多肽链折叠为天然的三维构象、肽链一级结构的修饰、肽链空间结构的修饰等。另外，在细胞质的核糖体上合成的蛋白质还需要靶向输送到特定细胞部位，如线粒体、溶酶体、细胞核，有的分泌到细胞外。

### 一、多肽链的折叠

　　核糖体上新合成的多肽链需逐步折叠成正确的天然构象（native conformation）才能成为有功能的蛋白质。新生肽链的折叠在肽链合成中、合成后完成，新生肽链 N 端在核糖体上一出现，肽链的折叠即开始。可能随着肽链的不断延伸而逐步折叠，产生正确的二级结构、模体、结构域直至形成完整空间构象。

　　蛋白质折叠的信息全部储存于肽链自身的氨基酸序列中，即蛋白质的空间构象由一级结构所决定。从热力学角度来看，蛋白质多肽链折叠成天然空间构象是一种释放自由能的自发过程。但实际上，细胞中大多数天然蛋白质折叠都不是自动完成的，而需要其他酶、蛋白质的辅助。这些辅助性蛋白质可以指导新生蛋白质按特定方式进行正确的折叠。下面介绍几种具有促进蛋白质折叠功能的大分子。

## （一）分子伴侣

分子伴侣（molecular chaperone）是细胞中的一类保守蛋白质，可识别肽链的非天然构象，促进各种功能域和整体蛋白质的正确折叠。分子伴侣有以下功能：①刚合成的蛋白质以未折叠的形式存在，其中的疏水性片段很容易相互作用而自发折叠，此时分子伴侣能有效地封闭蛋白质的疏水表面，防止错误折叠的发生；②对已经发生错误折叠的蛋白质，分子伴侣可以识别并帮助其恢复正确的折叠；③创建一个隔离的环境，使蛋白质的折叠互不干扰。

细胞内的分子伴侣至少有两大类：

1. 热激蛋白 热激蛋白（heat shock protein，Hsp）属于应激反应性蛋白质，高温应激可诱导该蛋白质合成。在高温条件下，Hsp 被诱导而表达增加，以尽量减少热变性对蛋白质的损害。Hsp 包括 Hsp70、Hsp40 和 GrpE 3 种成员，广泛存在于各种生物中。在蛋白质翻译后修饰过程中，对某些能自发性折叠的蛋白质，热激蛋白可促进需要折叠的多肽链折叠为有天然空间构象的蛋白质。

2. 伴侣蛋白 伴侣蛋白（chaperonin）是分子伴侣的另一家族，如大肠杆菌的 GroEL 和 GroES（真核细胞中同源物为 Hsp60 和 Hsp10）等；其主要作用是为非自发性折叠蛋白质提供能折叠形成天然空间构象的微环境，如 E. coli 中 10%~20% 的蛋白质折叠需要伴侣蛋白的辅助。

实际上，分子伴侣并未加快折叠反应速度，只是通过消除不正确折叠，增加正确折叠蛋白质的产率而促进天然蛋白质折叠。

## （二）蛋白质二硫键异构酶

多肽链内或肽链之间二硫键的正确形成对稳定分泌型蛋白、膜蛋白等的天然构象十分重要，这一过程主要在细胞内质网进行。多肽链的几个半胱氨酸间可能出现错配二硫键，影响蛋白质正确折叠。蛋白质二硫键异构酶（protein disulfide isomerase，PDI）在内质网腔内活性很高，可在较大区段肽链中催化错配二硫键断裂并形成正确二硫键连接，最终使蛋白质形成热力学最稳定的天然构象。

## （三）肽基脯氨酰基顺反异构酶

脯氨酸为亚氨基酸。多肽链中脯氨酸的亚氨基形成的肽键有顺反异构，空间构象差别明显。天然蛋白质中该肽键绝大部分是反式构型，仅 6% 为顺式构型。肽基脯氨酰基顺反异构酶（peptidyl-prolyl cis-trans isomerase，PPIase，又称旋转异构酶）可促进上述顺反两种异构体之间的转换，在肽链合成需形成顺式构型时，可使多肽在各脯氨酸弯折处形成准确折叠。肽基脯氨酰基顺反异构酶也是蛋白质三维空间构象形成的限速酶。

## 二、一级结构的修饰

### （一）N 端修饰

在蛋白质合成过程中，新生肽链的第 1 个氨基酸总是甲硫氨酸（真核生物）或 N-甲酰甲硫氨酸（原核生物）。但多数天然蛋白质并不是以甲硫氨酸或 N-甲酰甲硫氨酸为 N 末端的第 1 位氨基酸。细胞内有脱甲酰基酶或氨肽酶可以除去 N-甲酰基、N 端甲硫氨酸或 N 端附加序列。这一过程可在肽链合成过程中进行，也可以在肽链合成终止时才发生。

### （二）个别氨基酸修饰

某些蛋白质肽链中存在共价修饰的氨基酸残基，是肽链合成后特异加工产生的，主要包括磷酸化、糖基化、甲基化、乙酰化、羟基化等,这些修饰对于维持蛋白质的正常生物学功能是必需的。如某些信号蛋白分子的丝氨酸、苏氨酸或酪氨酸残基被磷酸化修饰参与细胞信息传递过程;某些凝血因子中谷氨酸残基的 γ-羧基化,使凝血因子侧链产生负电基团而能结合 $Ca^{2+}$;组蛋白分子的精氨酸可进行乙酰化修饰,从而改变染色质的结构影响基因表达;胶原蛋白前体的赖氨酸、脯氨酸残基发生羟基化,对成熟胶原形成链间共价交联结构是必需的;肽链中半胱氨酸间可形成链内或链间二硫键,参与维系蛋白质的空间构象。

### (三)多肽链的水解剪裁

某些无活性的蛋白前体可经蛋白酶水解,生成具有活性的蛋白质或多肽,如胰岛素原酶解生成胰岛素、多种蛋白酶原经裂解激活成蛋白酶等。另外,真核细胞某些大分子多肽前体,经翻译后加工,水解生成小分子活性肽类。例如腺垂体所合成的促黑素(melanocyte stimulating hormone,MSH)与促肾上腺皮质激素(adrenocorticotropic hormone,ACTH)的共同前体——阿黑皮素原(proopiomelanocortin,POMC)是由 265 个氨基酸残基构成的多肽,经不同的水解加工,可生成至少 10 种不同的肽类激素,包括 ACTH(三十九肽)、α-促黑素(α-MSH)、β-促黑素(β-MSH)、γ-促黑素(γ-MSH)、α-内啡肽(α-endorphin)、β-内啡肽(β-endorphin)、γ-内啡肽(γ-endorphin)、β-促脂解素(β-lipotropin)、γ-促脂解素(γ-lipotropin)、蛋氨酸脑啡肽等活性物质(图 15-6)。

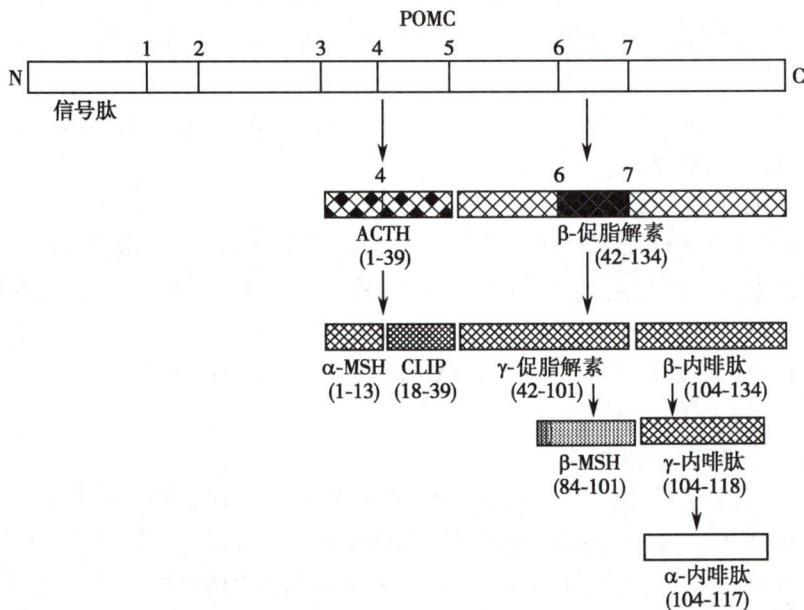

图 15-6　POMC 的水解加工

POMC 的水解位点由 Arg-Lys、Lys-Arg、Lys-Lys 序列构成,用数字 1~7 表示。各活性物质下方括号内的数字为其在 POMC 中对应的氨基酸编号(将 ACTH 的 N 端第 1 位氨基酸残基编为 1 号)

### 课堂互动

问题:

1. 蛋白质合成后的加工有哪些方式?
2. 原核生物是如何区分 AUG 是起始密码还是多肽链内部 Met 的密码的?

### 三、空间结构的修饰

有些蛋白质的多肽链合成后,除了正确折叠成天然空间构象之外,还需要经过某些其他的空间结构修饰,才能成为有功能的蛋白质。

#### （一）亚基聚合

具有四级结构的蛋白质由 2 条以上的肽链通过非共价聚合,形成寡聚体（oligomer）。蛋白质各个亚基相互聚合所需的信息仍储存在肽链的氨基酸序列之中,而且这种聚合过程往往有一定顺序,前一步骤常可促进后一步骤的进行。如血红蛋白分子 $\alpha_2\beta_2$ 亚基的聚合。质膜镶嵌蛋白、跨膜蛋白也多为寡聚体,虽然各亚基各自有独立功能,但又必须聚合后才能够发挥作用。

#### （二）辅基连接

对于结合蛋白来讲,如糖蛋白、脂蛋白、色蛋白、金属蛋白及各种带辅基的酶类等,其非蛋白部分（辅基）都是合成后连接上去的,这类蛋白只有结合了相应辅基,才能成为天然有活性的蛋白质。辅基（辅酶）与肽链的结合过程十分复杂,很多细节尚未研究清楚。如蛋白质添加糖链辅基的过程,称为糖基化（glycosylation）,主要发生在真核细胞的质膜蛋白或分泌型蛋白上,由多种糖基转移酶催化,在细胞内质网及高尔基体中完成。

#### （三）疏水脂链的共价连接

某些蛋白质,如 Ras 蛋白、G 蛋白等,翻译后需要在肽链特定位点共价连接 1 个或多个疏水性强的脂链、多异戊二烯链等。这些蛋白质通过脂链嵌入膜脂双层,定位成为特殊质膜内在蛋白,才成为具有生物学功能的蛋白质。

### 四、蛋白质的靶向输送

在生物体内,蛋白质的合成场所与发挥功能的场所通常被 1 层或多层生物膜所隔开,这样就产生了蛋白质转运的问题。蛋白质合成后被定向输送到其发挥作用的靶位点的过程,称为蛋白质靶向输送（protein targeting）。真核生物蛋白在细胞质核糖体上合成后,有 3 种去向:①保留在细胞质;②进入细胞核、线粒体或其他细胞器;③分泌到细胞外。上述后两种情况中,蛋白质都必须先通过膜性结构,经过复杂的靶向输送机制后才能到达目的地。

#### （一）信号肽与靶向输送

根据蛋白的不同定位,可分为胞浆蛋白、分泌蛋白、膜蛋白、核蛋白、细胞器蛋白。蛋白质的准确定位依赖于各种标签的引导,包括信号肽、线粒体定向肽、核定位信号等,其中信号肽最为常见。

信号肽（signal peptide）指新合成多肽链中用于指导其跨膜转移的氨基酸序列,由起始密码子之后的一段 RNA 编码,长 13~36 个氨基酸。信号肽具有保守的结构特征,一般分为 3 个区域:①位于氨基端的 n 区,约 1~5 个残基,带正电荷,包括 1 个或多个碱性氨基酸;②位于中间的疏水核心（h 区）,以中性氨基酸为主,含 7~15 个疏水性残基,是信号肽的主要功能区;③位于羧基端的 c 区,有 5~6 个残基,极性较强,包含信号肽切割位点,为加工区。

信号肽需要一种称为信号识别颗粒（signal recognition particle,SRP）的核糖核蛋白复合物进行识别。真核生物的 SRP 由 6 个蛋白质和 1 个 7SL RNA 组成,6 个蛋白质按照分子量命名为 SRP9、SRP14、SRP19、SRP54、SRP68 和 SRP72。人类编码 7SL RNA 的基因包括 RN7SL1、RN7SL2 和 RN7SL3。引导新生肽链向溶酶体、线粒体、内质网等转运的信号肽在发挥作用后,可以被信号肽酶水解。成熟的分泌蛋白质中并不存在信号肽。

#### （二）分泌蛋白质的靶向输送

部分蛋白质在细胞内合成后,需分泌到细胞外发挥作用,称为分泌蛋白质（secretory protein),如唾液淀粉酶、胃蛋白酶、消化酶、抗体和一部分激素。在核糖体上合成的分泌蛋白质,需经过内质网和高尔基体,再运输到细胞膜。

当肽链合成过程进行到终止密码子时,核糖体的大小亚基解聚,大亚基与核糖体受体解离,内质网膜上的蛋白孔道消失,内质网恢复成完整的脂双层结构。进入内质网腔内的多肽链在信号肽被水解切除后,进行折叠、组装、加糖基等一系列修饰过程,最终形成成熟的分泌蛋白质。继而内质网腔膨大、出芽,形成包裹蛋白质的具膜小泡,输送到高尔基体腔内,做进一步加工。接着,高尔基体边缘突起形成小泡,包裹着蛋白质运输到细胞膜,相互融合,把蛋白质释放到细胞外。

## 第四节　蛋白质生物合成的干扰和抑制

蛋白质的生物合成在细胞生理过程中有核心作用,因此也成为很多抗生素、毒素的作用靶点。抗生素等就是通过阻断真核、原核生物蛋白质合成体系中某组分的功能,干扰和抑制蛋白质生物合成过程而起作用的。

真核、原核生物的肽链合成过程既相似又有差别,这些差别在临床医学中有重要价值。如抗生素能杀灭细菌但对真核细胞无明显影响,可将蛋白质生物合成所必需的关键组分作为研究新抗菌药物的作用靶点,并可设计、筛选对病原微生物有特效,而不损害人体的药物。某些毒素也作用于基因信息传递过程,对毒素作用原理的了解,不仅能研究其致病机制,还可从中发现寻找新药的途径。

下面介绍某些干扰和抑制翻译过程的抗生素或生物活性物质的作用及机制。

### 一、抗生素类

抗生素为一类微生物来源的药物,可杀灭或抑制细菌。抗生素可以通过阻断细菌蛋白质生物合成而起抑制细菌生长和繁殖的作用。

#### (一)影响翻译起始的抗生素

伊短菌素(edeine)和密旋霉素(pactamycin)引起 mRNA 在核糖体上错位,从而阻碍翻译起始复合体的形成,对所有生物的蛋白质合成均有抑制作用。伊短菌素还可以影响起始氨酰 tRNA 的就位和 IF-3 的功能。

#### (二)影响翻译延伸的抗生素

1. 四环素族　包括土霉素、四环素等,能与原核生物核糖体小亚基 A 位结合,妨碍氨酰 tRNA 的进位,抑制细菌蛋白质的生物合成。

2. 氨基糖苷类　主要抑制革兰氏阴性菌的蛋白质合成,如链霉素(streptomycin)和卡那霉素(kanamycin)能与原核生物核糖体小亚基结合,改变其构象,引起读码错误,使毒素类细菌蛋白失活。高浓度时可抑制起始过程。结核杆菌对这两种抗生素敏感。

3. 氯霉素类　属于广谱抗生素,能与原核生物核糖体大亚基结合,阻止肽键形成,阻断翻译延伸过程。高浓度时,可对真核生物线粒体蛋白质合成有抑制作用,造成对人的毒性。

4. 大环内酯类　抑制葡萄球菌、链球菌等革兰氏阳性菌的蛋白质合成,机制是作用于 50S 大亚基,抑制移位酶 EF-G 的活性,阻止肽酰 tRNA 从 A 位转到 P 位。例如红霉素(erythromycin)、阿奇霉素(azithromycin)和克拉霉素(clarithromycin)。

5. 氨基核苷类　例如嘌呤霉素(puromycin),其结构与氨酰 tRNA 相似,可取代一些氨酰 tRNA 进入核糖体 A 位,但延伸中的肽酰-嘌呤霉素容易从核糖体脱落,中断肽链合成。嘌呤霉素对原核、真核生物翻译过程均有干扰作用,难以用作抗菌药物,但可尝试用于治疗肿瘤。

6. 林可酰胺类　作用于敏感菌核糖体大亚基 A 位和 P 位,阻止 tRNA 在这两个位置就位,抑制肽键形成,从而在翻译延伸阶段抑制细菌的蛋白质合成。例如林可霉素(lincomycin)和克林霉素(clindamycin)等属于此类抗生素。

## 二、毒素与干扰素类

### (一)毒素

抑制人体蛋白质合成的毒素,常见者为细菌毒素与植物毒素。细菌毒素有多种,如白喉毒素、假单胞菌外毒素、志贺毒素等,它们多在肽链延伸阶段抑制蛋白质的合成,其中以白喉毒素的毒性最大。

1. 白喉毒素　白喉毒素(diphtheria toxin)是白喉杆菌产生的毒蛋白,其主要作用就是抑制蛋白质的生物合成。

白喉毒素作为一种修饰酶,可使真核生物 eEF-2 发生 ADP 糖基化共价修饰,生成 eEF-2 腺苷二磷酸衍生物,使 eEF-2 失活(图 15-7)。它的催化效率很高,只需微量就能有效抑制蛋白质的生物合成,对真核生物的毒性极强。

除白喉毒素外,现知假单胞菌外毒素 A 也与白喉毒素一样,以相似机制起作用。

2. 植物毒素　某些植物毒蛋白也是肽链合成的阻断剂。如蓖麻籽所含的蓖麻毒蛋白(ricin)可催化真核生物核糖体 60S 大亚基上 28S rRNA 的特异腺苷酸发生脱嘌呤基反应,使 28S rRNA 降解,引起核糖体大亚基失活,抑制肽链延伸。

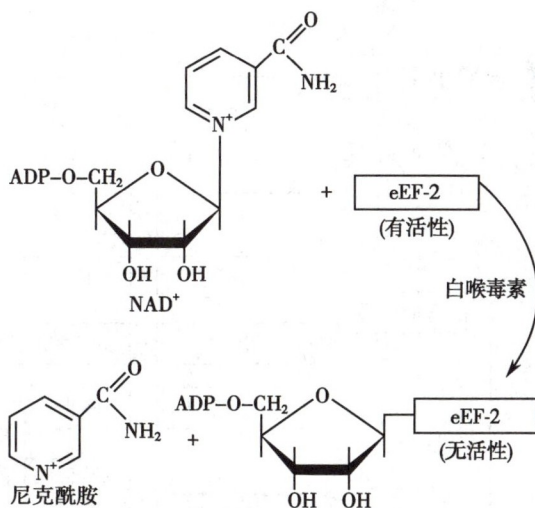

图 15-7　白喉毒素的作用机制

### (二)干扰素

干扰素(interferon,IFN)是真核细胞感染病毒后分泌的一类具有抗病毒作用的蛋白质,可抑制病毒基因的复制,增强巨噬细胞的吞噬功能和自然杀伤细胞的活性,从而清除病毒,保护宿主细胞。干扰素分为 α-(白细胞)型、β-(成纤维细胞)型和 γ-(淋巴细胞)型三大族类,每族类各有亚型,分别有各自的特异作用。

干扰素抑制病毒基因复制的分子机制有两方面:①干扰素在某些病毒双链 RNA 存在时,能诱导 eIF-2 蛋白激酶活化。该活化的激酶使真核生物 eIF-2 磷酸化失活,从而抑制病毒蛋白质合成(图 15-8a)。②干扰素先与双链 RNA 共同作用活化 2′,5′-寡腺苷酸合成酶(2′,5′-oligoadenylate synthetase),使 ATP 以 2′,5′-磷酸二酯键连接,聚合为 2′,5′-寡聚腺苷酸(2′,5′A)。2′,5′A 再活化核酸内切酶 RNase L,后者使病毒 mRNA 发生降解,阻断病毒蛋白质合成(图 15-8b)。

实验证明,干扰素这两方面的作用各自独立,没有相互依赖关系。它除抗病毒作用外,还有调节细胞生长分化、激活免疫系统等作用,因此临床应用十分广泛。目前,我国已能用基因工程技术生产人类各种干扰素,是继基因工程胰岛素之后,较早获准在临床使用的基因工程药物。

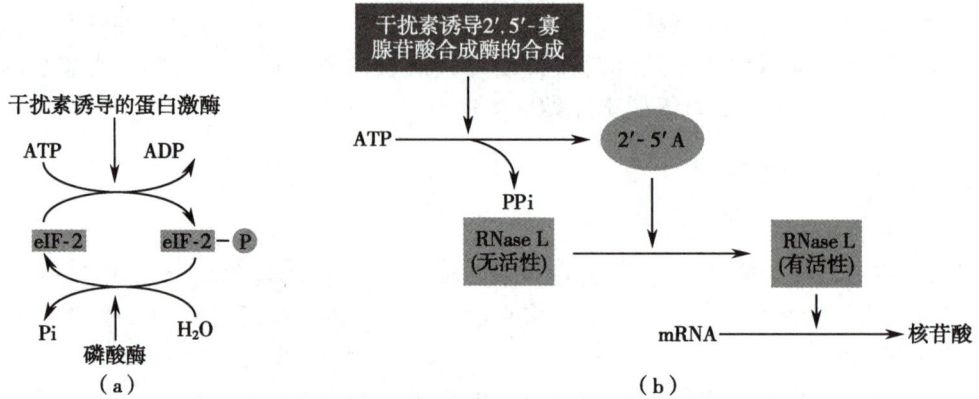

图 15-8　干扰素抗病毒作用的分子机制

## 学习小结

1. 学习内容

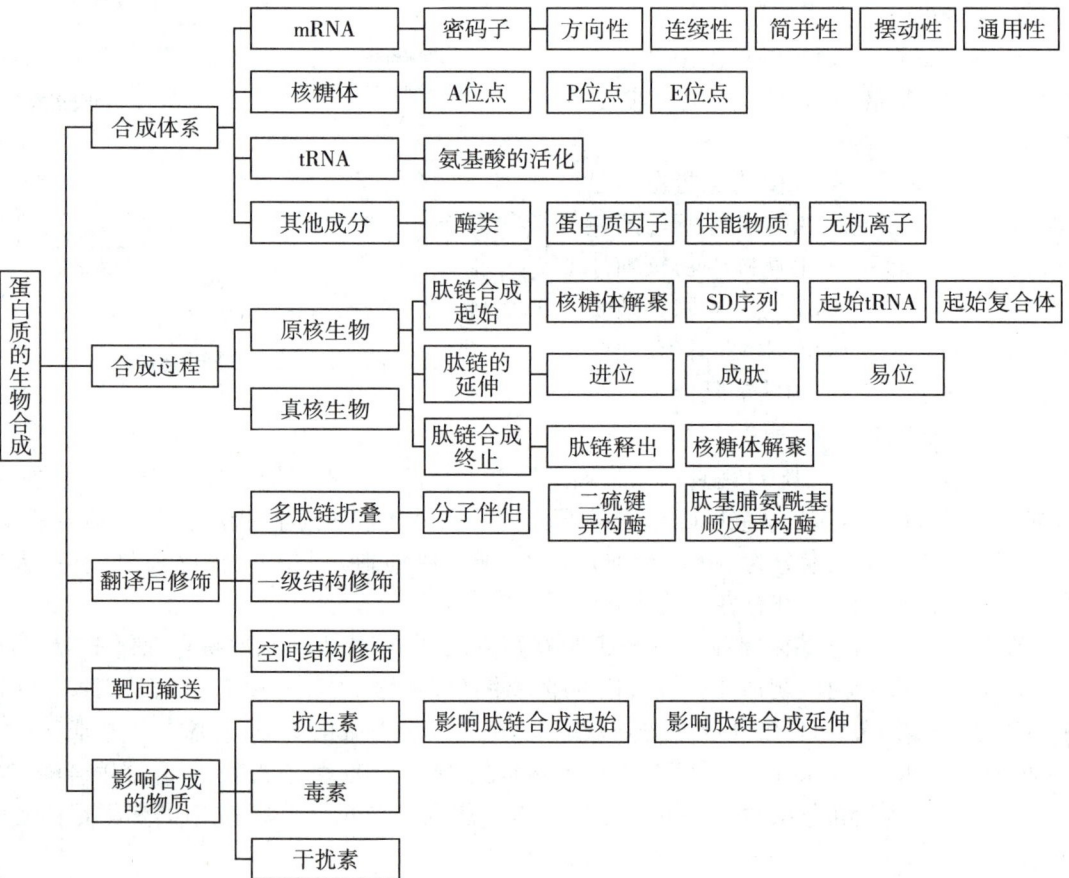

2. 学习方法

（1）蛋白质合成体系的学习首先要复习核酸（3 种 RNA）的结构与功能,注意前后章节的紧密联系,掌握 3 种 RNA 在蛋白质合成中的作用。

（2）蛋白质合成要以原核生物的肽链合成为基本学习内容,注重真核生物与原核生物蛋白质合成的差别。

（3）先复习蛋白质的结构与功能的基本内容,就比较容易掌握本章知识。

（4）蛋白质合成后的靶向输送主要指真核细胞中合成的蛋白质。

（龚张斌　李桂兰）

## 复习思考题

1. 参与原核生物蛋白质生物合成体系的组分有哪些? 它们具有什么功能?

2. 遗传密码有什么特点?

3. 原核、真核细胞内蛋白质生物合成的差别有哪些?

4. 举例说明常用抗生素抑制细菌生长繁殖的作用机制。

# ◆◇◆ 第十六章 ◆◇◆

# 基因表达调控

## 学习目标

通过本章的学习,理解生物体基因的基本表达方式和调控特点,为进一步学习基因诊断与基因治疗等分子生物学相关内容奠定基础。

基因(gene)是指能编码 RNA 或蛋白质的一段核酸序列,是生物体储存遗传信息的基本单位。基因表达(gene expression)是指基因转录和/或翻译的过程,其表达产物包括蛋白质和 RNA。在不同生长发育阶段和不同组织器官的细胞中,不同基因的表达有很大差异。基因表达调控(gene expression regulation)是指在一定调节机制下,控制基因激活、转录与翻译等过程,产生具有特异生物学功能的产物(包括 RNA 和蛋白质)。基因表达调控使细胞正常分裂、增殖、分化和凋亡,维持个体正常生长、发育、繁殖和衰老,并使生物体适应环境的变化。

## 第一节 概　　述

原核生物和真核生物在细胞及基因组结构上存在差异,基因表达方式有所不同,在基因表达与调控上遵循一些共同的基本规律,也有各自的特点。

### 一、基因表达的方式

不同基因的功能不同,对内、外环境信号刺激的反应不同,其表达的方式主要包括以下几种:

#### (一) 组成型表达

组成型表达(constitutive expression)是指在个体发育的全部阶段都能在大多数细胞中持续进行的基因表达。其基因表达产物通常是生命过程所必需的,较少受环境因素的影响。这类在生物个体的几乎所有细胞中持续表达的基因,称为管家基因(house-keeping gene),又称持家基因。例如,三羧酸循环是一个枢纽性代谢途径,该反应途径中脱辅基酶的编码基因就属于这类基因。管家基因较少受环境因素影响,在个体各生长阶段的大多数组织中持续表达,这类基因表达只受启动子与 RNA 聚合酶相互作用的影响,而基本不受其他机制调节。但事实上,组成型表达水平并非绝对的"一成不变",所谓"不变"是相对的。

#### (二) 诱导型表达和阻遏型表达

诱导型表达(inducible expression)是指在特定环境因素刺激下,基因表达被激活或表达产物增加。这类基因称为可诱导基因(inducible gene)。如细菌体内 DNA 出现损伤时,编码

DNA 修复酶的基因被激活,增加表达量,以增强 DNA 修复能力。阻遏型表达(repressible expression)是指在特定环境因素刺激下,基因表达被抑制或表达产物减少。这类基因称为可阻遏基因(repressible gene)。如机体内 ATP 供应充足时,编码糖酵解途径关键酶的基因的表达就会受到抑制。诱导和阻遏是生物体为适应环境的改变而作出的两种应答方式,在生物界普遍存在。

### (三) 协调表达

在生物体内,参与物质代谢的酶及转运蛋白等的编码基因的表达,必须协调一致才能确保代谢途径有条不紊地进行。这种在一定机制调控下,功能相关的一组基因协调一致、共同表达称为协调表达(coordinate expression)。这种调节称为协调调节(coordinate regulation),又称协同调节。基因的协调表达贯穿于多细胞生物生长发育的全过程。

## 二、基因表达的特点

原核生物和真核生物的基因表达都具有共同的特点——时间和空间特异性。

(1) 基因表达的时间特异性(temporal specificity)是指按功能需要,某一特定基因的表达严格按特定时间顺序发生。例如,在多细胞生物细胞分化、发育为组织和器官过程中,在各个发育阶段,相应基因严格按一定时间顺序进行表达,表现为与分化、发育阶段的一致性。因此,多细胞生物基因表达的时间特异性又称阶段特异性(stage specificity)。在不同发育阶段出现的基因表达产物与特定功能有关,并决定细胞向特定方向分化和发育。

(2) 基因表达的空间特异性(spatial specificity)是指多细胞生物个体在某一特定生长发育阶段,同一基因在不同的细胞或组织器官中的表达不同,从而导致特异性的蛋白质分布于不同的细胞或组织器官,又称为细胞特异性或组织特异性。例如胰岛素基因只在胰岛的 β 细胞中表达,甲胎蛋白基因只在肝细胞中表达。特定细胞或组织器官的基因表达状态,决定了其特有的形态和功能。

因原核生物和真核生物的细胞与基因组结构不同,其基因表达有各自特点。

### (一) 原核生物基因表达特点

原核生物多为单细胞生物,其基因组为超螺旋结构的闭合环状 DNA 分子,其基因表达特点如下:

1. 转录和翻译偶联  原核细胞缺乏核膜,无细胞核,染色质裸露在细胞质中。原核生物的基因包括编码区和非编码区,它的编码区是连续的,没有内含子和外显子,转录形成的mRNA 不需加工,转录和翻译都发生在细胞质中,且同步进行。

2. 以操纵子为基本转录单位  原核生物绝大多数基因按功能相关性,成簇串联于染色体上,共同组成一个转录单位——操纵子(operon)。所谓操纵子,是指由功能相关的多个结构基因(一般 2~6 个)及其上游的调控序列串联在一起构成的一个转录单位。这些功能相关的结构基因构成编码区,在同一调控序列控制下转录生成多顺反子 mRNA(polycistronic mRNA),指导多个蛋白质合成。操纵子的调控序列包括启动子、操纵基因(operator)以及调节基因(regulatory gene)。启动子(promotor)是 RNA 聚合酶和各种调节蛋白作用的部位,是决定基因表达效率的关键元件。各种原核基因转录起始点上游-10 区域及-35 区域,存在一些保守序列(conserved sequence)。*E. coli* 及一些细菌启动子的共有序列在-10 区域是 TATAAT,在-35 区域为 TTGACA。操纵基因是一段能被特异的阻遏蛋白识别和结合的 DNA 序列,与启动子毗邻,常与启动子交错、重叠,是原核基因阻遏蛋白(repressor)的结合位点。

3. σ因子决定基因转录的特异性 大肠杆菌的 RNA 聚合酶由 σ 因子和核心酶构成,σ因子识别和结合启动子,启动转录过程。不同的 σ 因子识别特异启动子,决定特异基因的转录激活,决定 mRNA、rRNA 和 tRNA 基因的转录。

### (二)真核生物基因表达特点

与原核生物相比,真核生物的基因组更大,结构更复杂,其基因表达特点如下:

1. 真核生物的基因为割裂基因(又称断裂基因),即编码蛋白质的基因是内含子和外显子交替出现的不连续基因,转录后需剪接去除内含子,经加工后才成为成熟 mRNA。真核细胞有核膜(有成形的细胞核),转录在细胞核内、翻译在细胞质内进行,且转录和翻译不同步。

2. 真核生物的一个结构基因转录只生成一条 mRNA,即单顺反子 mRNA(monocistronic mRNA),许多功能相关的蛋白或同种蛋白的不同亚基往往由多个基因协调表达。

3. 真核生物在细胞核内的 DNA 与多种蛋白质结合构成染色质,进一步组装成染色体。细胞质内的线粒体也含有 DNA,细胞核基因与线粒体基因的表达既独立又相互协调。

## 三、基因表达调控的特点

无论是原核生物还是真核生物,基因表达调控都体现在基因表达的全过程中。在基因激活、转录、转录后加工、RNA 转运和降解、翻译、翻译后修饰、蛋白质靶向转运和降解等环节中,每一个环节都可能受到调控。其中,转录(特别是转录起始)是基因表达调控的主要环节。

### (一)原核生物基因表达调控特点

原核生物多为单细胞生物,极易受外界环境的影响,需通过不断调控基因的表达,以适应细胞内外环境的改变。原核生物基因表达调控的主要特点有:

1. 调控的主要环节在转录起始,即主要调控转录起始复合体的形成速度,其次是翻译水平的调控。

2. 操纵子是表达调控的基本单元,通过 σ 因子特异性识别启动子,调节蛋白与调控序列结合而调控基因的表达。

3. 基因表达既有正调节,又有负调节。调控原核生物基因表达的调节蛋白有两种,即激活蛋白和阻遏蛋白,它们分别起正调节和负调节作用。功能相关的一组基因的表达往往受到同一因素的协同调控。

4. 基因表达存在弱化子调控机制,原核生物的转录与翻译过程偶联是弱化子调控的基础。

### (二)真核生物基因表达调控特点

与原核生物相比,真核生物的基因表达调控主要有以下特点:

1. 染色质结构的变化影响转录 真核生物细胞核内的基因组 DNA 与组蛋白等蛋白质形成染色质。染色质的结构、染色质中 DNA 和组蛋白的结合状态都影响转录。

2. 转录调控以正调节为主 真核生物 RNA 聚合酶单独存在时对启动子的亲和力很低,必须依赖多种转录因子的作用。很多转录因子可作为激活蛋白或阻遏蛋白,与调控序列结合而发挥调节作用,以正调节为主。

3. 翻译与转录分隔进行 原核生物细胞结构上的特点,决定了在原核基因转录还未完全结束时,就可以开始蛋白质的翻译。而真核细胞有核膜,转录与翻译存在时空差异。

4. 转录后加工更复杂 由于真核基因自身的结构特点,转录后必须经加帽、加尾、剪接等加工过程才能成为有功能的成熟 RNA。

# 第二节　原核生物基因表达调控

原核生物没有核膜,亚细胞结构及其基因组结构要比真核生物简单得多,其转录和翻译是偶联进行的。

## 一、转录水平的调控

原核生物基因表达调控是通过操纵子机制实现的。乳糖操纵子和色氨酸操纵子是原核生物基因表达调控的经典模式。

### (一)调控要素

转录调控(transcription regulation,transcriptional regulation,又称转录调节)以操纵子为基本调控单元,主要是控制转录起始。RNA 聚合酶、调控序列和调节蛋白是调控转录起始的基本要素。调控转录起始的本质是控制 RNA 聚合酶与启动子的识别与结合。

1. 调控序列　调控序列(regulatory sequence)是影响基因表达效率的 DNA 序列。根据作用机制,调控序列分为 2 类:①顺式作用元件(cis-acting element):是基因序列的一部分,与结构基因(转录区)在同一 DNA 链上,位于结构基因上游、下游或内部,包括启动子、终止子(terminator)、原核生物的操纵基因和激活蛋白结合位点、真核生物的增强子和沉默子等,通过与 RNA 聚合酶或调节蛋白结合来调控基因表达;②反式作用元件(trans-acting element):又称调节基因,可以与靶基因位于不同的 DNA 链上,通过其编码产物调控靶基因表达,其编码产物称为反式作用因子(trans-acting factor),包括蛋白质(即调节蛋白)和 RNA(如 miRNA 等)。

2. 调节蛋白　调节蛋白(regulatory protein)属于反式作用因子,是反式作用元件编码产物之一,通过与顺式作用元件结合来调控基因表达。调节蛋白与顺式作用元件结合产生的结果分 2 种情况:一种是促进基因表达,称为正调节(positive regulation);另一种是阻遏基因表达,称为负调节(negative regulation)。

### (二)乳糖操纵子

1961 年,Jacob 和 Monod 提出了乳糖操纵子模型,是最早发现的原核生物基因表达在转录水平的调控模式。

1. 乳糖操纵子的结构　大肠杆菌的乳糖操纵子(lac operon)由 3 个结构基因(*lacZ*、*lacY*、*lacA*)和位于其上游的调控序列组成。这些结构基因编码了参与乳糖分解代谢的 3 种酶——*lacZ* 基因编码 β 半乳糖苷酶,*lacY* 基因编码 β 半乳糖苷通透酶,*lacA* 基因编码半乳糖苷转乙酰基酶。调控序列包括操纵基因 *lacO*、启动子 *lacP* 以及分解代谢物激活蛋白质(catabolite gene activator protein,CAP)结合位点(简称 CAP 位点)(图 16-1①)。启动子 *lacP* 是 RNA 聚合酶的结合部位,操纵基因 *lacO* 是阻遏蛋白的结合部位,CAP 位点则是激活蛋白的结合部位。

2. 乳糖操纵子的阻遏调控　乳糖操纵子上游的调节基因 *lacI* 编码阻遏蛋白 LacI。在没有乳糖时,LacI 同四聚体会与操纵基因 *lacO* 结合,阻挡 RNA 聚合酶沿 DNA 模板链移动,抑制结构基因的转录(图 16-1②)。当有乳糖时,乳糖被存在的微量 β 半乳糖苷酶催化水解,同时生成少量副产物别乳糖(allolactose)。别乳糖作为诱导物与 LacI 结合而使其发生构象改变,不再与操纵基因 *lacO* 结合,失去阻遏作用,从而启动结构基因转录(图 16-1③)。别乳糖的类似物异丙基硫代-β-D-半乳糖苷(isopropylthio-β-D-galactoside,IPTG)具有很强的诱导作用,在分子生物学实验中被广泛使用。

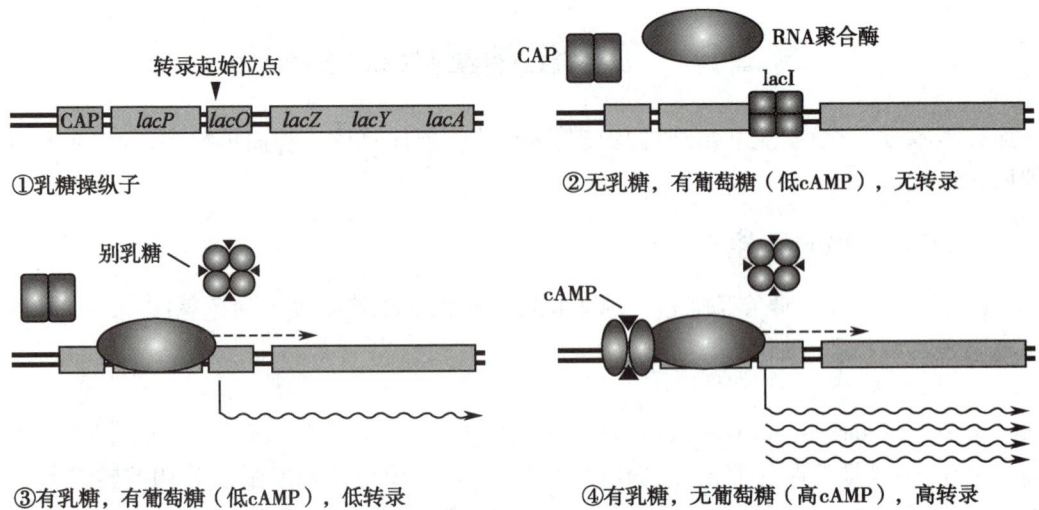

①乳糖操纵子　　　　　　　　　　　　②无乳糖，有葡萄糖（低cAMP），无转录

③有乳糖，有葡萄糖（低cAMP），低转录　　　④有乳糖，无葡萄糖（高cAMP），高转录

图 16-1　乳糖操纵子调控机制

3. 乳糖操纵子的激活调控　分解代谢物激活蛋白质（CAP）又称 cAMP 结合蛋白质（cAMP binding protein）。cAMP 与 CAP 同二聚体结合后改变其空间构象使之活化，CAP·cAMP 复合物与 CAP 位点结合后可增强 RNA 聚合酶的转录活性（图 16-1④）。

细菌细胞内的 cAMP 水平与葡萄糖水平呈负相关：当葡萄糖充足时，cAMP 水平低；当环境中葡萄糖缺乏时，cAMP 水平高。因此，环境中的葡萄糖可以通过调节 cAMP 水平间接影响 CAP 的活性，从而调节乳糖操纵子结构基因的表达。

因此，乳糖操纵子转录活性既受 CAP 的正调节，又受阻遏蛋白的负调节。两种调节机制根据环境中存在的碳源（葡萄糖/乳糖）及其含量协同调节乳糖操纵子的表达。当阻遏蛋白与操纵基因 lacO 结合时，CAP 对该系统不能发挥作用；但是如果没有 CAP 来加强转录活性，即使阻遏蛋白从操纵基因 lacO 上解离，转录活性仍很低。

## 知识拓展

### Jacob 与乳糖操纵子、别构调节和反馈调节理论

很早就已发现，在含有乳糖和葡萄糖的混合培养基中，E.coli 首先利用葡萄糖维持生长；一旦葡萄糖消耗殆尽，细菌生长呈短暂停止后又进入增殖。原来是细菌在后期开启了 β 半乳糖苷酶基因表达；该酶可以水解乳糖成半乳糖和葡萄糖，所以细菌重新获得碳源而继续增殖。为什么早期 β 半乳糖苷酶基因不表达，而在葡萄糖用完后才表达呢？1960 年，法国生物学家 Jacob F 和 Monod J 提出了著名的乳糖操纵子模型，并首次使用"operon"和"operator"等术语，解释了 β 半乳糖苷酶基因先期阻遏、后期激活的道理。他们还提出了小分子化合物 cAMP 对激活蛋白的别构激活理论，以及反馈调节理论。Jacob 和 Monod 由于这一理论创新而获得 1965 年诺贝尔生理学或医学奖。

## （三）色氨酸操纵子

大肠杆菌色氨酸操纵子（trp operon）编码一组催化分支酸合成色氨酸的酶类，其表达涉及阻遏调控和弱化子调控两种调控机制。

1. 色氨酸操纵子的结构　色氨酸操纵子由 5 个结构基因（trpE、trpD、trpC、trpB、trpA）和

位于其上游的调控序列组成。5 个结构基因串联在一起共同编码一组参与合成色氨酸的脱辅基酶,这些结构基因能否表达受其上游调控序列(操纵基因 *trpO*、启动子 *trpP* 和前导序列 *trpL*)的调控。

2. 色氨酸操纵子的阻遏调控　调节基因 *trpR* 编码色氨酸操纵子的阻遏蛋白 TrpR。当色氨酸缺乏时,TrpR 同二聚体不与操纵基因 *trpO* 结合,结构基因有转录活性。当色氨酸充足时,色氨酸(辅阻遏物)与阻遏蛋白结合,使阻遏蛋白别构而活化,活化的阻遏蛋白与操纵基因 *trpO* 结合,阻遏结构基因表达。

3. 色氨酸操纵子的弱化子调控　色氨酸操纵子的前导序列(leader sequence)*trpL* 位于结构基因 *trpE* 与操纵基因 *trpO* 之间,长度为 162bp。前导序列 *trpL* 转录生成的前导 mRNA 含有编号为 1、2、3、4 的 4 个区段。序列 1 编码了含有 14 个氨基酸残基的前导肽(leading peptide),其中第 10、11 位是 2 个连续的色氨酸。序列 2 和序列 3 存在互补序列(complementary sequence),可以形成发夹结构。序列 3 和序列 4 也存在互补序列,可以形成发夹结构,且该发夹结构之后有一段连续的 U 序列,是一个不依赖 ρ 因子的终止子结构,称为弱化子(attenuator)(图 16-2a)。

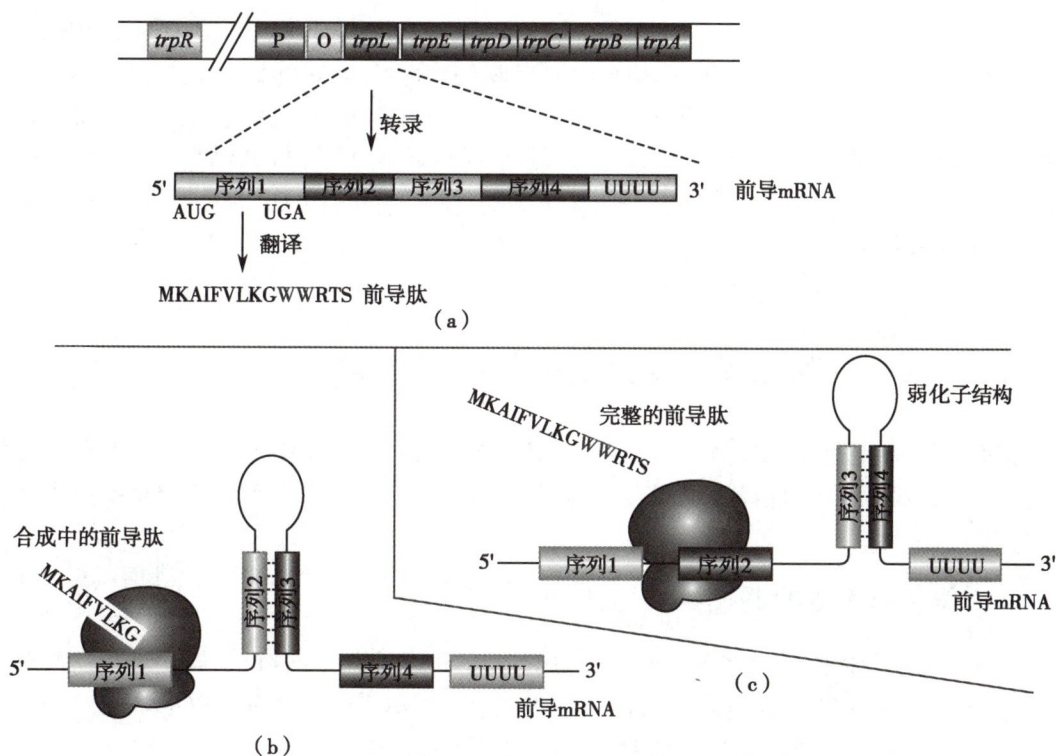

图 16-2　色氨酸操纵子的弱化子调控

转录与翻译偶联是弱化子调控的基础,色氨酰 tRNA 浓度的变化是弱化子调控的信号。

当色氨酸缺乏时,色氨酰 tRNA 供给缺乏,前导肽合成停止。核糖体停止在 2 个色氨酸密码子之前,并引起序列 2、序列 3 互补配对而阻止序列 3、序列 4 互补配对,使弱化子结构不能形成,RNA 聚合酶继续催化结构基因转录(图 16-2b)。当色氨酸充足时,随着前导肽合成,核糖体很快越过序列 1 并封闭序列 2,导致序列 3、序列 4 互补配对形成弱化子结构,使前方正在催化转录的 RNA 聚合酶脱落而终止转录(图 16-2c)。

只要培养基中存在一定量的色氨酸,就会通过弱化子调控而降低色氨酸操纵子的转录水平。当细菌体内色氨酸浓度很高时,通过阻遏调控使色氨酸操纵子基因表达关闭。弱化子调控实际上是通过前导肽的合成来更精细地控制转录水平。

## 二、翻译水平的调控

翻译水平的调控是原核生物表达调控的另一个重要层次,主要包括以下几种调控因素:

1. mRNA 稳定性 mRNA 的稳定性越高,翻译水平越高。细菌代谢速度很快,需要快速合成或降解 mRNA 以适应环境变化。原核生物不同 mRNA 的半衰期不同,多数为 2~3 分钟。降解 mRNA 的酶主要是 3′核酸外切酶。mRNA 3′端的茎-环结构能提高 mRNA 的稳定性,抵抗 3′核酸外切酶的降解。破坏茎-环结构将降低 mRNA 的稳定性。

2. SD 序列 mRNA 中起始密码子 AUG 上游约 10 个碱基位置上的 SD 序列有助于 mRNA 在核糖体小亚基上准确定位。SD 序列与起始密码子的距离及其与 16S rRNA 序列的互补程度影响翻译的起始效率。

3. 翻译阻遏 有些 mRNA 编码的蛋白质,可与自身 mRNA 结合而阻遏其翻译,称为翻译阻遏(translation repression)。

4. 反义 RNA 为适应环境的改变,细菌会产生反义非编码小分子 RNA。反义 RNA(antisense RNA,asRNA)是一类小分子单链 RNA,可与细胞内特定 mRNA(也包括其他 RNA)序列互补,影响基因复制和表达。研究表明,反义 RNA 可在多水平上参与基因复制和表达的调控:①在复制水平,与 RNA 引物结合,抑制复制;②在转录水平,与 RNA 结合使转录终止;③在翻译水平,与靶 mRNA 结合来阻断 30S 小亚基对起始密码子的识别及其与 SD 序列的结合,从而抑制翻译的起始。

# 第三节 真核生物基因表达调控

真核生物细胞结构及基因组结构远比原核生物复杂,其基因表达调控可发生在染色质活化、转录、转录后加工、翻译及翻译后修饰等多级水平,其中转录水平的调控是基因表达调控最重要的环节。

## 一、染色质水平的调控

染色质水平调控的本质是改变染色质的结构,这种调控稳定而持久,属于表观遗传调控(epigenetic regulation),即通过表观遗传修饰方式(如 DNA 甲基化、组蛋白甲基化、乙酰化、磷酸化等)对细胞内核酸或蛋白质的含量与功能进行调节的过程。

1. 染色质活化 细胞分裂间期的染色质大部分松开分散在核内,称为常染色质(euchromatin),松散染色质中的基因可以转录。许多真核基因的激活需要染色质重塑(chromatin remodeling),即改变核小体的核心结构,使转录因子和其他蛋白质更易接近 DNA。

2. 组蛋白修饰 真核生物的染色质具有核小体结构,这种组蛋白与 DNA 的结合可保护 DNA 免受损伤,维持基因的稳定,抑制基因的表达,而去除组蛋白则可提高基因转录的活性。组蛋白和 DNA 的结合与解离是真核基因表达调控的重要环节之一。组蛋白修饰(histone modification,如乙酰化、甲基化、磷酸化等)会影响其与 DNA 的结合及核小体的结构,从而影响转录。

3. DNA 甲基化 DNA 甲基化(DNA methylation)是最早发现的表观遗传修饰(epigenet-

ic modification)之一。哺乳动物基因组 DNA 在启动子区域有富含 CpG 碱基序列的区域,称为 CpG 岛(CpG island)。DNA 甲基化主要发生在 CpG 岛上的 C 碱基,形成 5-甲基胞嘧啶(5-methylcytosine)。DNA 甲基化能引起 DNA 构象改变,导致染色质结构、DNA 稳定性及 DNA 与蛋白质相互作用方式的改变,从而影响基因表达。甲基化修饰与基因表达呈负相关,即甲基化程度高的基因转录效率低。

真核生物染色质水平的调控还包括基因重排(gene rearrangement)、基因扩增(gene amplification)、染色体消减(chromosomal elimination,又称染色体丢失)等其他方式。

## 二、转录水平的调控

真核生物基因的转录受顺式作用元件、转录因子和 RNA 聚合酶的调节。

### (一)调控元件

顺式作用元件是指同一 DNA 分子中参与转录调控的 DNA 碱基序列,是转录起始的关键调节部位。根据顺式作用元件的功能特性及其所处的位置,将其分为启动子、增强子和沉默子等。

1. 启动子　启动子(promoter)是 RNA 聚合酶结合并启动转录的 DNA 碱基序列。真核基因的启动子比原核生物的复杂得多,一般包括转录起始点及其上游 100~200bp 序列,包含多个具有独立功能的 DNA 序列元件,每个元件长约 7~30bp。真核生物有 3 类 RNA 聚合酶分别识别不同的启动子。其中 II 类启动子,即 RNA 聚合酶 II 所识别的启动子研究得最透切,由核心启动子(core promoter)和上游启动子(upstream promoter)组成。两种启动子元件如下:

(1)核心启动子元件:核心启动子元件(core promoter element)指 RNA 聚合酶起始转录所必需的短序列元件,是决定转录起始位置的关键序列,也是通用转录因子 TF II D 的结合位点,包括转录起始点及其上游-25~-30bp 区域的 TATA 框(TATAAAA)。其作用是控制转录起始的准确性。

(2)上游启动子元件:上游启动子元件(upstream promoter element,UPE)包括通常位于-70~-90bp 区域的 CAAT 框(GCCAAT)和 GC 框(GGGCGG),以及距转录起始点更远的上游元件。

启动子决定了被转录基因的启动频率与精确性,如果启动子中的共有序列碱基被置换,转录活性会发生很大变化,如 TATA 框内碱基序列的突变可引起体外转录活性的降低。

2. 增强子　增强子(enhancer)是一种能够增强转录活性的特异 DNA 碱基序列。增强子的碱基序列常与启动子交错覆盖或连续,并具有以下特点:

(1)在同一条 DNA 链上可以远距离增加转录效率,通常距转录起始点 1~4kb,有时可达 30kb。

(2)增强效应与增强子的方向无关,改变其方向依然能发挥作用。

(3)无基因特异性,可与不同的结构基因组合并发挥增强效应。

(4)增强子要有启动子才能发挥作用,没有启动子存在时增强子不具有活性。但增强子对启动子没有严格的专一性,同一增强子可以影响不同类型启动子的转录。例如,当含有增强子的病毒基因整合到宿主细胞基因组时,能够增强宿主细胞基因整合区附近的某些基因转录活性;当增强子随某些染色体基因移位时,也能提高新位置周围基因的转录。增强子使某些癌基因转录活性增强,这可能是肿瘤发生的原因之一。

(5)必须与特定的蛋白因子结合后才能促进相关基因的转录,具有组织或细胞特异性。

例如,小鼠免疫球蛋白 H 链的增强子只在骨髓瘤细胞中有活性,在成纤维细胞中没有活性。增强子的增强作用取决于组织或细胞中是否存在能与增强子元件结合并能相互作用的蛋白因子。

3. 沉默子 沉默子(silencer)是对基因转录起阻遏作用的特异 DNA 碱基序列。在真核生物细胞中,沉默子对成簇基因选择性表达起重要调控作用。沉默子与特异蛋白因子结合后,能使正调节失去作用。

有的 DNA 元件既能够表现增强子的活性,又能表现沉默子的活性,这取决于与之结合的蛋白质的特性。如甲状腺激素受体,当单独结合在甲状腺激素应答元件上时,该元件具有沉默子的功能;当与其配体甲状腺激素结合后,再与甲状腺激素应答元件结合时,该元件则具有增强子的功能。

## (二) 转录因子

参与真核生物转录调控的调节蛋白即转录因子(transcription factor,TF),属于反式作用因子。

1. 转录因子分类 参与真核生物转录调控的转录因子,根据其功能特性可以分为 3 类:

(1) 通用转录因子:通用转录因子(general transcription factor)是 RNA 聚合酶结合启动子所必需的一组蛋白因子。对 3 种 RNA 聚合酶来说,除了个别转录因子成分(如 TFⅡD)是通用的,大多数成分是不同 RNA 聚合酶所特有的,如 TFⅡA、TFⅡB、TFⅡE、TFⅡF 及 TFⅡH,为 RNA 聚合酶Ⅱ催化所有 mRNA 转录所必需。

(2) 序列特异性转录因子:序列特异性转录因子(sequence-specific transcription factor)为个别基因转录所必需,决定该基因表达的时间特异性和空间特异性。起转录激活作用的转录因子称为转录激活因子(transcription activator),多为增强子结合蛋白。起转录抑制作用的转录因子称为转录抑制因子(transcription inhibitor),多为沉默子结合蛋白。

(3) 辅助转录因子(ancillary transcription factor):这类调节蛋白不与顺式作用元件直接结合,而是介导转录调控因子作用于 RNA 聚合酶-通用转录因子复合体,从而调节转录。如果这类调节蛋白与转录激活有协同作用,称为辅激活物(coactivator,又称辅激活蛋白);反之,与转录阻遏有协同作用的,则称为辅阻遏物(corepressor,又称协阻遏物)。

## 💻 知识拓展

### 关键转录因子可以改变一个细胞的命运

2006 年,日本京都大学 Yamanaka S 课题组在 *Cell* 杂志上报道了诱导多能干细胞(induced pluripotent stem cell,iPS cell)的研究。他们把 Oct3/4、Sox2、c-Myc 和 Klf4 这 4 种转录因子的基因克隆入病毒载体,然后引入小鼠成纤维细胞,发现可诱导细胞核重新编程并使细胞发生转化,产生的细胞在形态、基因表达、表观遗传修饰状态、细胞倍增能力、类胚体和畸形瘤生成能力、分化能力等方面都与胚胎干细胞相似,因此称其为诱导多能干细胞。2007 年 11 月,Yamanaka S 课题组和美国 Thompson J 的实验室几乎同时报道,利用这种技术可将人的皮肤成纤维细胞诱导为 iPS 细胞。2012 年 10 月 8 日,Yamanaka S 与英国发育生物学家 Gurdon JB 因在细胞核重新编程研究领域的杰出贡献而获得诺贝尔生理学或医学奖。

2. 转录因子的结构域　转录因子有两种重要结构域：一种是 DNA 结合结构域（DNA-binding domain），识别和结合特异 DNA 顺式作用元件；另一种是激活域（activation domain），与其他转录因子结合并发生相互作用，促进转录活性。常见的激活域有酸性激活域、富含谷氨酰胺域和富含脯氨酸域。转录因子的 DNA 结合结构域则主要有以下几种：

（1）锌指：锌指（zinc finger）是一类含锌离子的形似手指的结构域，由 1 个 α 螺旋和 2 个反向平行的 β 折叠组成。如图 16-3，每个重复的"指"状结构约含 23 个氨基酸残基，锌离子以 4 个配位键与 4 个半胱氨酸（$C_4$）结合，或 2 个半胱氨酸和 2 个组氨酸（$C_2H_2$）相结合。半胱氨酸与组氨酸之间的多肽链呈环状向外凸出，形成稳定的"锌指"结构单元。多个锌指结构可重复串联在一起，以其指部伸入 DNA 双螺旋的大沟，通过 5 个核苷酸与 DNA 结合，而且结合非常稳定。如与 GC 框结合的人成纤维细胞转录因子 SP1 中就有 3 个锌指模体结构。

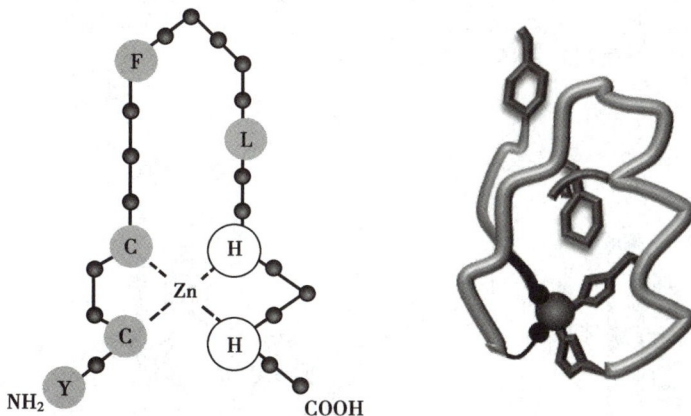

图 16-3　锌指结构
C＝半胱氨酸　　H＝组氨酸　　F＝苯丙氨酸　　L＝亮氨酸　　Y＝酪氨酸
Zn＝锌离子

（2）碱性螺旋-环-螺旋：碱性螺旋-环-螺旋（basic helix-loop-helix，bHLH）存在于部分真核生物的调节蛋白中，在多细胞生物的发育过程中参与基因表达调控。碱性螺旋-环-螺旋保守序列长约 50 个氨基酸残基，含 2 个 α 螺旋，由一段长度不确定的环连接，其中一个 α 螺旋的 N 末端富含碱性氨基酸残基。2 个碱性螺旋-环-螺旋通过一端的亮氨酸残基相互结合，形成二聚体。二聚体通过另一端富含碱性氨基酸残基的短序列嵌入 DNA 的大沟与 DNA 结合，类似于亮氨酸拉链一端的碱性区（图 16-4a,b）。

（3）碱性亮氨酸拉链：碱性亮氨酸拉链（basic leucine zipper，bZIP）又称碱性拉链模体（basic zipper motif）。该结构的特点是蛋白质分子的肽链中每隔 6 个氨基酸就有 1 个亮氨酸残基，这些亮氨酸残基都在 α 螺旋的同一侧出现。bZIP 通过疏水作用形成二聚体，称为亮氨酸拉链（leucine zipper）。该二聚体的另一端肽段富含碱性氨基酸残基，借其正电荷与 DNA 双螺旋链上带负电荷的磷酸基团结合（图 16-5a、b）。

（三）RNA 聚合酶

顺式作用元件与反式作用因子对基因转录活性的调节最终是由 RNA 聚合酶活性来体现的。RNA 聚合酶 II 是由 14~17 个亚基构成的聚合体，在转录起始前需要与通用转录因子结合，才能与启动子结合。一些转录因子在周围环境刺激下，在细胞内被诱导表达，然后发

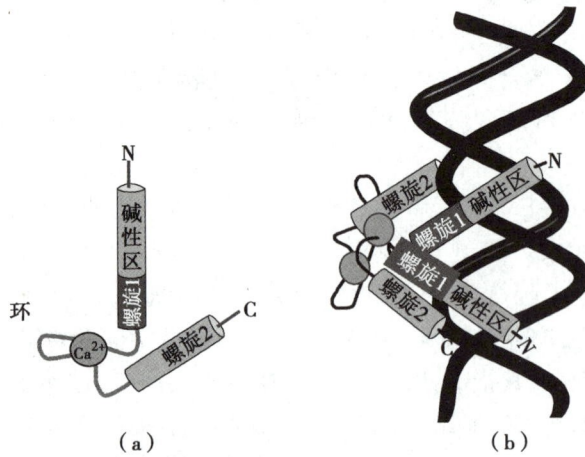

**图 16-4 碱性螺旋-环-螺旋结构**

（a）独立的碱性螺旋-环-螺旋模体结构示意图 （b）bLHL
模体二聚体与 DNA 结合的示意图。2 个 α 螺旋的碱性区
分别嵌入 DNA 双螺旋的大沟内

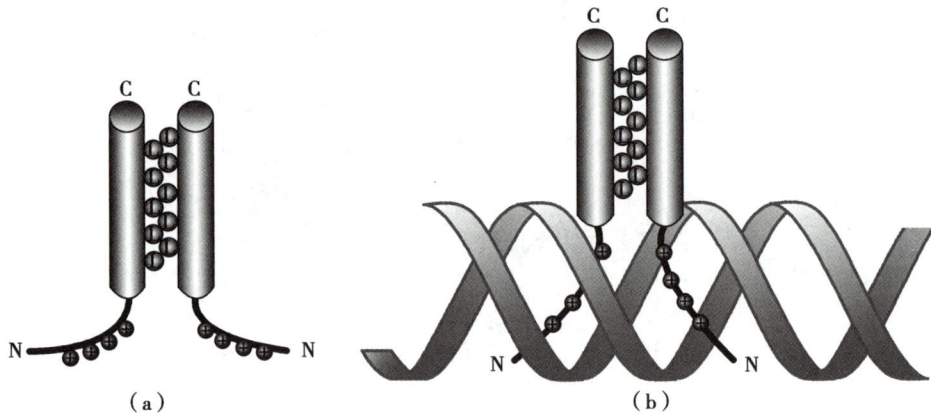

**图 16-5 碱性亮氨酸拉链结构**

（a）碱性亮氨酸拉链模体结构示意图 （b）bZIP 模体与 DNA 结合的示意图

生蛋白-蛋白相互作用或蛋白-DNA 相互作用,影响 RNA 聚合酶Ⅱ活性,从而使转录活性发
生改变。

### 三、转录后水平调控

1. 加帽和加尾 真核生物的 mRNA 转录后在 5′端形成帽子结构;该结构可增加 mRNA
的稳定性,使 mRNA 免于在 5′-核酸外切酶的作用下被降解,从而延长 mRNA 的半衰期。此
外,帽子结构还可通过与相应的帽子结合蛋白结合而提高翻译的效率,并参与 mRNA 从细胞
核向细胞质的转运。同时 3′端加上 poly(A)尾,除了组蛋白 mRNA 之外,真核生物的 mRNA
都有 poly(A)尾。Poly(A)及其结合蛋白可以防止 3′-核酸外切酶降解 mRNA,增加 mRNA 的
稳定性。如果 3′-端 poly(A)尾被去除,mRNA 分子将很快降解。此外,3′-poly(A)还参与了
翻译的起始过程。

2. 可变剪接 将真核生物的 mRNA 前体切除内含子拼接外显子的过程称为剪接(spli-
cing)。在不同的剪接方式中,外显子或内含子可以在成熟 mRNA 中保留或切除,因而外显

子或内含子是否存在于成熟 mRNA 中是可以选择的,这种剪接方式称为可变剪接(alternative splicing,又称选择性剪接)。通过可变剪接,1 个基因的初级转录产物可以产生 2 种以上的 mRNA,因而指导合成 2 种以上的蛋白质。

3. 转运 只有 5%~20% 的 mRNA 转运到胞质中,留在细胞核内的 mRNA 有 50% 在 1 小时内被降解。mRNA 从细胞核向胞质转运的机制目前尚不清楚。

## 四、翻译水平调控

真核生物 mRNA 的寿命比原核生物长得多,所以翻译水平的调控比原核生物更复杂,主要在翻译起始阶段。翻译调控的典型机制包括:

1. mRNA 稳定性 mRNA 是蛋白质合成的模板,它的稳定性将直接影响到基因表达最终产物的数量。

2. 上游可读框 上游可读框(upstream open reading frame,uORF)又称上游开放阅读框。有些 mRNA 的 5′UTR 中有 1 个或数个 AUG,称为 5′AUG。5′AUG 的阅读框与编码序列的阅读框不一致,如果从 5′AUG 开始翻译,很快就会遇到终止密码子,翻译产物为无活性短肽。因此,上游可读框一般对于翻译起始起负调节作用,使翻译维持在较低的水平。上游可读框多存在于原癌基因中,它们的缺失可以造成原癌基因的激活。

3. RNA 结合蛋白 RNA 结合蛋白是指那些能与 RNA 特异序列结合的蛋白质。RNA 结合蛋白参与基因表达调控的许多环节,包括对翻译起始的调控。

4. 翻译起始因子磷酸化 有些翻译起始因子(translation initiation factor)的磷酸化起抑制作用,如起始因子 eIF-4E 的磷酸化抑制翻译的起始;有些起始因子的磷酸化则起激活作用。也有的翻译起始因子与另一种蛋白质结合后被抑制,如果这种蛋白质被磷酸化,则可解除对起始因子的抑制,从而启动翻译。

5. 小分子 RNA 可引起转录后基因沉默 小分子 RNA 介导的转录后基因沉默(post-transcriptional gene silencing,PTGS)是近几年生命科学研究的热点之一。目前已发现有 2 种小分子 RNA 介导 PTGS——干扰小 RNA(small interfering RNA,siRNA)和微 RNA(microRNA,miRNA)。siRNA 与 miRNA 介导基因沉默的过程称为 RNA 干扰(RNA interference,RNAi)。RNAi 是指在进化过程中高度保守的、由双链 RNA 诱发的同源 mRNA 高效特异性降解,从而特异性地抑制目的蛋白表达的现象。其中,miRNA 由内源基因编码,前体含有不完善的发夹结构,能够识别多个目标,通常与目标 mRNA 的 3′UTR 结合,从而阻止翻译起始,但并不导致目标 mRNA 的水解;siRNA 多数来自外源的双链 RNA,作用方式通常为高度特异性地结合和降解目标 mRNA,可用于肿瘤、病毒感染等疾病的基因治疗,或用于基因结构与功能的研究。

6. 长链非编码 RNA 长链非编码 RNA(long non-coding RNA,lncRNA)是长度大于 200nt 的非编码 RNA(non-coding RNA,ncRNA)。长链非编码 RNA 不仅可在表观遗传、转录及转录后水平调控基因的表达,而且在剂量补偿效应(dosage compensation effect)、细胞周期调控和细胞分化调控等众多生命活动中也发挥重要作用。

## 五、翻译后水平调控

许多蛋白质合成后需要经过加工和修饰才具有生物学活性。翻译后水平的调控主要在多肽链的加工和折叠,产生不同功能的蛋白质。多肽链的加工过程包括 N 端氨基酸的去除、信号肽的切除、二硫键的形成和氨基酸侧链的修饰(如甲基化、糖基化、磷酸化等)。此外,多肽链还需折叠成特定的构象。这种多肽链的加工和折叠过程在基因表达的调控上起重要作用。

## 学习小结

1. 学习内容

```
                                      ┌─ 组成型表达
                        ┌─ 基因表达的方式 ─┼─ 诱导型表达和阻遏型表达
                        │                └─ 协调表达
                 ┌─ 概述 ─┼─ 基因表达的特点 ─┬─ 原核生物基因表达特点
                 │        │                └─ 真核生物基因表达特点
                 │        └─ 基因表达调控的特点 ─┬─ 原核生物基因表达调控特点
                 │                            └─ 真核生物基因表达调控特点
                 │
                 │                          ┌─ 调控要素
基因表达 ─┤        ┌─ 转录水平的调控 ─┼─ 乳糖操纵子的调控机制
 调控    │        │                 └─ 色氨酸操纵子的调控机制
         ├─ 原核生物基因表达调控 ─┤
         │        │                 ┌─ SD序列的影响
         │        └─ 翻译水平的调控 ─┼─ mRNA稳定性的影响
         │                          ├─ 反义RNA的调节作用
         │                          └─ 翻译阻遏
         │
         │                 ┌─ 染色质水平的调控
         │                 │                   ┌─ 顺式作用元件
         └─ 真核生物基因表达调控 ─┼─ 转录水平的调控 ─┼─ 反式作用因子
                           │                   └─ RNA聚合酶
                           ├─ 转录后水平的调控
                           ├─ 翻译水平的调控
                           └─ 翻译后水平的调控
```

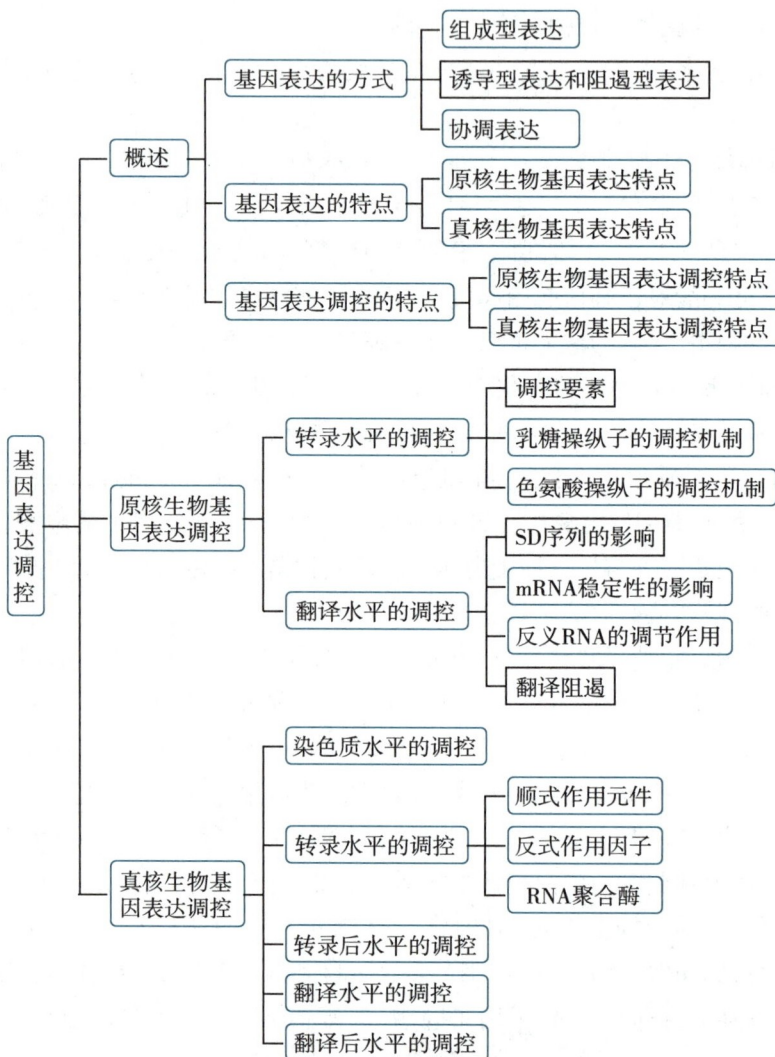

2. 学习方法　学习本章时要联系物质代谢的调控、RNA 的生物合成和蛋白质的生物合成等章节的有关内容,系统理解原核生物和真核生物基因表达调控方式和特点的异同。

扫一扫,
测一测

（钱荣华　肖建勇）

## 复习思考题

1. 简述原核生物基因表达调控的特点。
2. 试述大肠杆菌乳糖操纵子基因表达的调节机制。
3. 原核生物与真核生物基因表达调控有哪些异同?
4. 简述真核生物基因表达在转录水平上的调控。

◆◆◆　**第十七章**　◆◆◆

# 肝的生物化学

> ### 学习目标
>
> 通过对生物转化、药物代谢、胆色素代谢、胆汁酸代谢等内容的学习,掌握生物转化的概念与反应类型、药物在体内的代谢过程、胆红素的正常代谢以及胆汁酸的肠肝循环过程等,为后续诊断学、内科学、外科学等课程的学习奠定基础。

糖类、脂质、蛋白质、核苷酸等是维持人体新陈代谢不可缺少的物质。这些重要物质的代谢对于保障机体生命活动起十分重要的作用,前面已经详细介绍了各自的代谢途径、酶促反应的酶类以及代谢异常对机体的影响。在生物体内还有一些物质,既不是构成组织细胞的结构成分,又不能氧化供能,有的还对人体有潜在的毒性作用,长期蓄积对人体有害,这类物质称为非营养物质。非营养物质的产生、转化、排泄与肝脏的功能关系密切。

## 第一节　生　物　转　化

### 一、体内非营养物质的来源

非营养物质按其来源分为内源性和外源性两类。内源性物质包括体内物质代谢的产物或代谢中间物(如胺类、胆红素等),以及发挥生理作用后有待灭活的各种生物活性物质(如激素、神经递质等)。外源性物质是人体在日常生活和生产过程中不可避免接触的外源物(xenobiotics),如药物、毒物、环境化学污染物、食品添加剂以及从肠道吸收的腐败产物。非营养物质中绝大部分为脂溶性,必须经过代谢转化增强其极性和水溶性,使之易于随胆汁或尿液排出体外,此过程称为生物转化(biotransformation)。

肝脏是机体内生物转化最重要的器官。肝细胞的细胞质基质、内质网及线粒体内存在着大量生物转化酶类。其他组织如肺、脾、肾、肠等也有一定的生物转化作用。

### 二、生物转化的反应类型和特点

#### (一)生物转化的反应类型

生物转化分为第一相反应和第二相反应。第一相反应是功能基团反应,即对非营养物质进行氧化、还原和水解,可在分子中引入或使其暴露出羟基、羧基、巯基和氨基等极性基团;第二相反应是结合反应,将非营养物质或其经过第一相反应产生的极性基团与葡糖醛酸、硫酸、谷胱甘肽等内源性物质结合,产生极性较大的结合物。多数脂溶性非营养物质经过第一相反应和第二相反应后产生的转化产物易溶于水,易于排泄。也有些非营养物质只需要经过第一相反应、第二相反应后即可排出体外。同一种非营养物质的化学结构中往往含有多种可转化基团,可以经过不同类型的生物转化反应而得到不同的转化产物。

（二）生物转化的特点

生物转化的特点包括连续性、多样性和解毒与致毒的双重性。

1. 生物转化的连续性　物质在体内的生物转化是连续进行的。通常先进行第一相反应,再进行第二相反应。例如阿司匹林水解生成水杨酸,再与葡糖醛酸结合;或者水解后先氧化生成羟基水杨酸,再与葡糖醛酸结合。

2. 生物转化的多样性　同一种物质可以经过不同的生物转化生成不同的代谢产物。例如阿司匹林水解生成水杨酸,既可与甘氨酸结合生成水杨酰甘氨酸,又可与葡糖醛酸结合生成葡糖醛酸苷,还可水解后氧化成羟基水杨酸,再进行多种结合反应。

3. 解毒与致毒的双重性　物质经过肝脏的生物转化后,其毒性可能减弱,也可能增强,体现了肝脏生物转化解毒与致毒的双重性特点。例如,多环芳烃类化合物——苯并芘(benzopyrene),其本身没有直接致癌作用,但进入人体后,由肝微粒体环氧化酶、水合酶生物转化后成为强烈致癌物。

### 三、影响生物转化的因素

肝脏的生物转化受年龄、性别、营养、疾病、遗传、诱导物和抑制物等因素的影响。

1. 年龄　新生儿肝脏中生物转化酶系还不完善,对外源性非营养物质的转化能力较弱,容易发生药物和毒素中毒。例如新生儿的葡糖醛酸转移酶活性较低,出生 1~3 个月后才能接近成人水平,容易因胆红素代谢不畅而引发新生儿黄疸。老年人肝脏血流量及肾脏廓清速率下降,导致药物清除速率降低,药物在体内的半衰期延长。常规剂量用药后会发生药物蓄积,药效强且副作用较大。因此,针对新生儿和老年人的药物剂量应该低于成年人。

2. 性别　某些非营养物质在生物转化方面存在性别差异。如氨基比林在男性体内的半衰期为 13.4 小时,在女性体内只有 10.3 小时。女性体内醇脱氢酶活性高于男性,对乙醇的代谢能力强于男性。

3. 营养　在饥饿、营养不良及维生素缺乏时,均可导致肝细胞生物转化酶活性降低,从而影响生物转化的进行。

4. 疾病　由于肝脏是生物转化的重要器官,当肝脏受损或肝功能不良时,其对非营养物质的生物转化能力下降,药物和毒物易在体内蓄积造成肝损害,因此肝病患者用药要谨慎。

5. 遗传　由于不同个体生物转化酶编码基因的遗传多态性,个体间存在生物转化酶活性的差异,不同种族的遗传学特征也会体现在转化酶活性差异上。例如先天性假性琥珀酰胆碱酯酶缺陷的患者,其琥珀酰胆碱的代谢速度仅为正常人的一半。非营养物质的乙酰化代谢存在种族差异,依据代谢速度的不同分为快代谢型和慢代谢型,其中慢代谢型有较大概率发生药物不良反应。研究发现,52%的高加索人、日本人、因纽特人主要为快代谢型,斯堪的纳维亚人、犹太人为慢代谢型。

6. 诱导物　有些异源物可以诱导生物转化酶的合成,不仅促进异源物自身的代谢,还促进其他非营养物质的代谢。例如应用苯巴比妥治疗的患者,除对该药的转化能力增强外,对非那西丁、氯霉素、氢化可的松的转化能力也增强。苯巴比妥可诱导肝微粒体 UDP-葡糖醛酸转移酶的合成,促进游离胆红素(又称非结合胆红素)与葡糖醛酸的结合反应,临床上可用于治疗新生儿黄疸。

7. 抑制物　有些异源物是生物转化酶的抑制物,导致其他非营养物质的代谢速度减慢。

## 四、药物代谢

药物在体内的吸收、分布、代谢和排泄过程,称为药物代谢(drug metabolism)。药物从给药部位进入体循环的过程称为吸收(absorption),从体循环转运至各组织器官的过程称为分布(distribution)。药物在吸收过程中或进入体循环后,结构发生转变的过程称为代谢(metabolism)或生物转化。药物及其代谢物排出体外的过程称为排泄(excretion)。代谢和排泄过程又称为消除(elimination)。分布、代谢和排泄过程统称为处置(disposition)。

### (一) 药物的转运

药物在体内的吸收、分布和排泄过程,称为药物的转运(transport)。转运过程中药物没有发生结构的变化,但药物的吸收过程会影响药物进入体循环的速度和浓度,而分布过程则会影响药物到达疾病相关组织器官的能力,代谢和排泄过程与药物在体内存留的时间有关。药物在体内的转运直接影响药物在血液中和靶部位的浓度,从而影响药物疗效的发挥。

1. 药物的吸收　药物需要从给药部位经过吸收过程进入体循环,然后才能经血液循环运送到各个组织器官。血管内注射给药不需要吸收过程而直接进入体循环。口服、注射、皮肤外用等不同的给药方式有不同的吸收过程。

口服药物的吸收过程包括胃、小肠、大肠的吸收,药物经胃肠道上皮细胞进入血液,通过体循环分布至各组织器官发生疗效。

注射进入静脉或动脉血管的药物没有吸收过程,直接进入体循环,起效迅速。注射到骨骼肌或皮肤中的药物,经毛细血管吸收进入血液循环。注射到椎管内的药物可以克服血脑屏障进入脑内。

皮肤外用药物可用于治疗局部皮肤病,也可以经皮肤吸收后进入体循环发挥全身作用。药物需要经过角质层、活性表皮、真皮、皮下组织,才能被毛细血管吸收并进入体循环。

2. 药物的分布　药物从给药部位吸收进入体循环后,经血液运送至各组织器官中才能发挥治疗效果。如果药物能选择性分布于靶组织器官,尽量少向其他组织器官分布,就能够更好地发挥疗效并降低副作用。

3. 药物的排泄　体内的药物及其代谢物需要经过排泄过程才能排出体外。排泄途径主要有肾排泄和胆汁排泄,以及通过肠、肺、唾液腺、汗腺和乳腺等方式。如果药物排泄速度过快,体内药物量减少,会造成药效降低。如果药物排泄速度过慢,造成药物及其代谢物在体内积累,可能引起不良反应。

肾排泄是最主要的药物排泄途径。药物及代谢物经肾小球滤过到达肾小管后,其中部分药物可以被肾小管重吸收,有些药物则由肾小管主动分泌。

胆汁排泄是肾排泄之外最主要的排泄途径。进入肝脏的药物,被肝细胞摄取后,通过胆管膜转运至胆汁中,再排入肠道。

### (二) 药物代谢的反应类型

体内的药物在体液环境和酶的作用下,经过代谢过程,转变成为化学结构和理化性质不同于原形药物的代谢产物。这一过程主要在肝内进行,也可能发生在肠黏膜、肾、肺等其他器官组织。但药物在进入体循环以前可能由于代谢而降解或失活,最典型的是口服药物吸收过程中在消化道和肝的首过效应。多数药物经过代谢后极性增大,有利于药物的排泄。有些药物代谢后极性降低,不利于药物排泄。

药物的代谢与药物的药理作用关系密切,体现在以下几个方面:①代谢使药物失活:药物代谢后失去活性基团使药物失活;②代谢使药物活性降低:药物代谢产物的药理活性低于原形药物;③代谢使药物活性增强:某些药物的代谢产物活性比原形药物更强;④代谢使药物活化:某些药物本身没有活性,代谢后的产物具有药理活性;⑤代谢产生毒性代谢产物:某些药物本身没有毒性或毒性较低,代谢后的产物具有毒性或毒性增强。

药物的体内代谢反应分为第一相反应和第二相反应。第一相反应是对药物进行氧化、还原和水解,第二相反应是结合反应。一种药物的化学结构中往往含有多种可代谢基团,所以同一药物可以经过不同类型的代谢反应而得到不同的代谢产物。

1. 氧化反应

(1) 细胞色素 P450 酶系统:细胞色素 P450 酶系催化药物与 1 个氧原子结合形成氧化型药物。

1) 侧链烷基氧化反应:侧链烷基被氧化为醇或酸。例如,大黄酚氧化为芦荟大黄醇,再继续氧化为大黄酸。

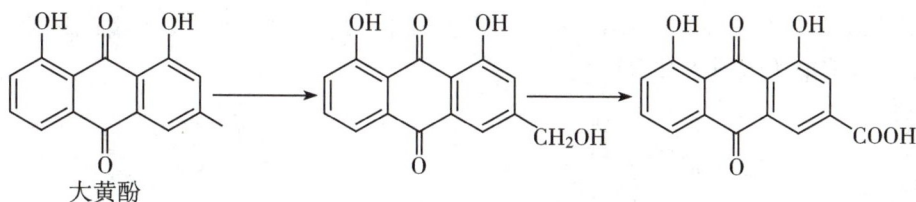

大黄酚

2) 醛(酮)基氧化反应:例如视黄醛中的醛基被氧化为视黄酸。

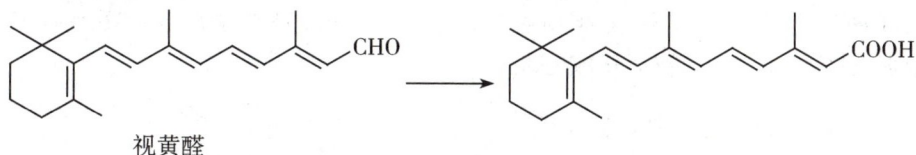

视黄醛

3) 氮原子的氧化反应:主要是发生在伯胺、仲胺、芳胺、芳基酰胺药物中氮原子上的 N-羟基化反应。例如氨苯砜的氮原子被氧化。

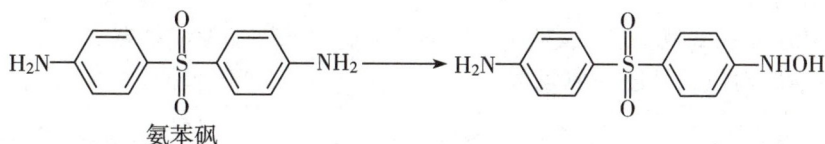

氨苯砜

4) 硫原子的氧化反应:药物中的硫原子被细胞色素 P450 氧化酶(CYP)氧化为亚砜或砜类化合物。例如奥美拉唑的硫原子氧化为砜基。多数药物的硫原子氧化反应主要由 CYP 催化,少数由黄素单加氧酶(FMO)催化。

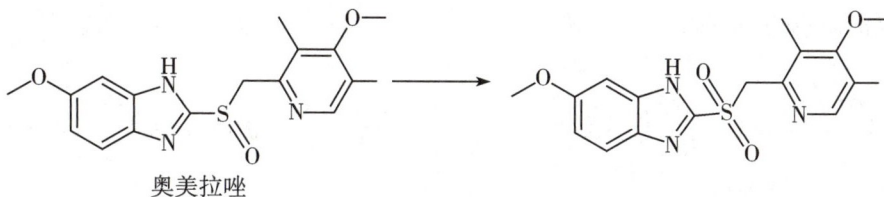

奥美拉唑

5）杂原子上烷基的氧化反应：药物中与氮、氧、硫杂原子相连的烷基被氧化后键断裂，生成胺、酚、巯基化合物。甲基、乙基上容易发生该类氧化反应。例如非那西丁（对乙酰氨基苯乙醚）经 O-脱烷基氧化形成对乙酰氨基酚和乙醛。

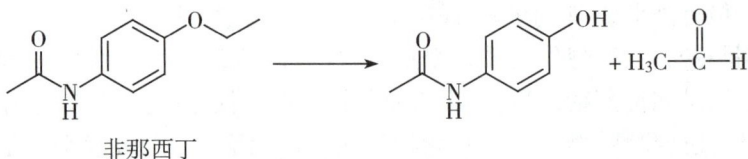

非那西丁

（2）黄素单加氧酶系统：可催化含氮、硫、磷、硒等杂原子药物的氧化。

1）氮原子的氧化反应：药物的氨基被黄素单加氧酶（FMO）氧化为羟胺化合物，然后形成带有双羟基的中间体，最后经脱水反应生成肟或硝基化合物。例如他莫昔芬中氮原子的氧化。

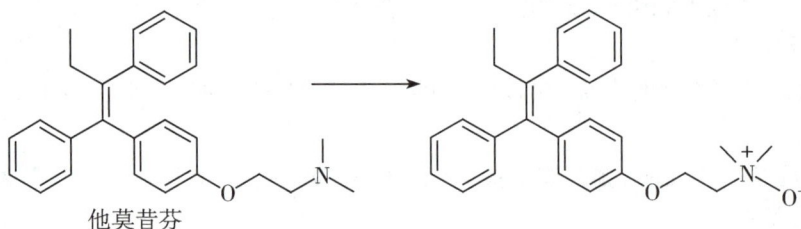

他莫昔芬

2）硫原子的氧化反应：药物中的硫原子被 FMO 氧化后成为亚磺酸或被氧原子取代。例如乙硫异烟胺中的硫原子被氧取代。

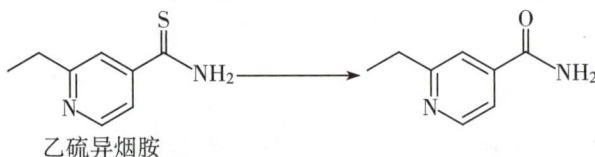

乙硫异烟胺

（3）单胺氧化酶系统：单胺类药物被单胺氧化酶（MAO）氧化后脱氨基而生成对应的醛。例如多巴胺侧链的氨基被氧化成醛基。

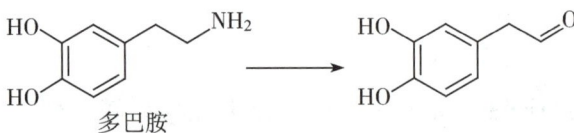

多巴胺

2. 还原反应

（1）硝基还原和偶氮基还原：药物中的硝基和偶氮基被还原成氨基。

1）氯霉素的对位硝基还原成氨基。

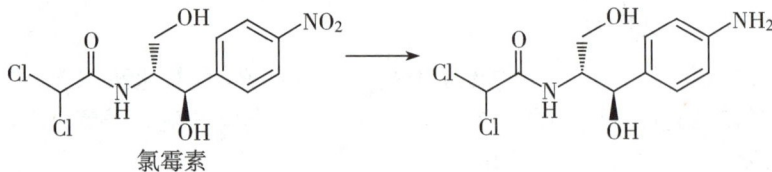

氯霉素

2）百浪多息还原成磺胺。

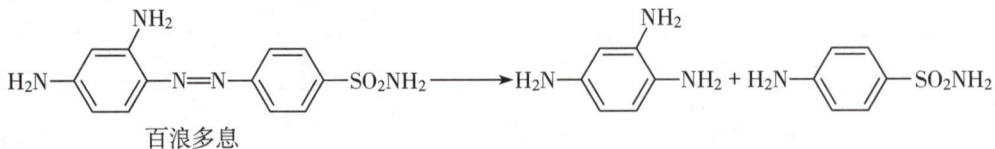

百浪多息

（2）醛酮还原：药物中的醛基或酮基被还原成醇。例如美沙酮还原为美沙醇。

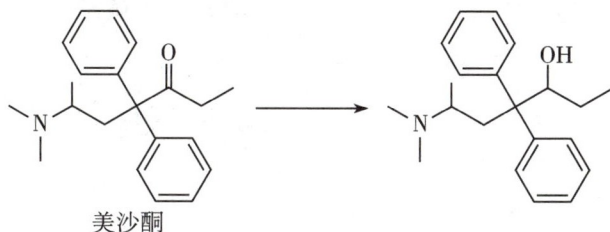

美沙酮

### 3. 水解反应

（1）酯类药物：酯类药物水解后生成对应的酸和醇。比如阿司匹林水解产生水杨酸和乙酸。

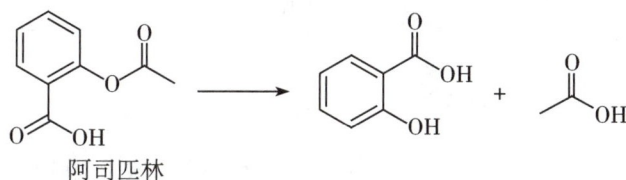

阿司匹林

（2）酰胺类药物：酰胺类药物水解后生成相应的氨基化合物。比如利多卡因水解产生2,6-二甲基苯胺。

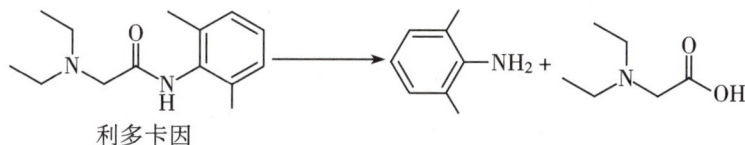

利多卡因

### 4. 结合反应

（1）与葡糖醛酸结合：药物分子可通过醇或酚羟基、羧基的氧、胺类的氮、含硫化合物的硫与葡糖醛酸的第1位碳结合成苷。该反应是体内代谢中最重要、最普遍的结合反应。绝大多数药物与葡糖醛酸结合后，活性降低，水溶性增加，易于排出体外。例如布洛芬与葡糖醛酸的结合反应。

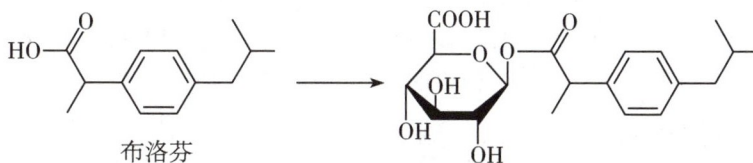

布洛芬

（2）甲基化反应：药物分子可以在氮、氧、硫等杂原子上发生甲基化。多巴胺等药物由儿茶酚-O-甲基转移酶（COMT）催化发生 O-甲基化；伯胺和部分仲胺化合物由 N-甲基转移酶催化发生 N-甲基化；硫唑嘌呤、6-巯基嘌呤等嘌呤类药物由硫代嘌呤甲基转移酶（TPMT）催化发生 S-甲基化。例如烟酰胺的 N-甲基化反应。

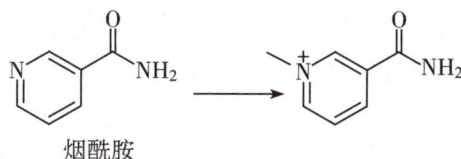

烟酰胺

（3）硫酸化反应：药物分子主要在羟基和氨基部位发生硫酸化反应。硫酸盐与 ATP 反

笔记栏

应生成硫酸的活性供体 PAPS(3′-磷酸腺苷-5′-磷酸硫酸),然后在硫酸基转移酶(SULT)作用下与药物的功能基团形成硫酸化结合物。例如米诺地尔的硫酸化反应。

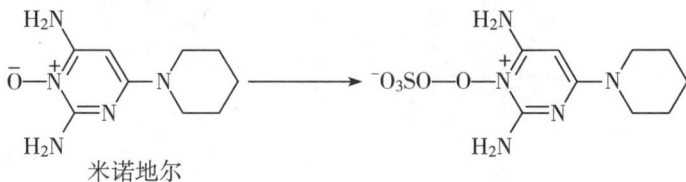

米诺地尔

（4）乙酰化反应:乙酰辅酶 A 的乙酰基由乙酰基转移酶催化转移到胺和肼类化合物的氨基上。例如磺胺类药物的乙酰化反应。

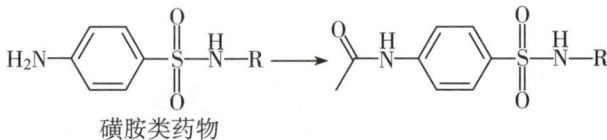

磺胺类药物

FR-17-2

磺胺类药物的乙酰化反应

（5）与谷胱甘肽结合:环氧化物、脂质环氧化物、卤代物等药物由谷胱甘肽硫转移酶（GST）催化与谷胱甘肽（GSH）结合。

### （三）影响药物代谢的因素

影响生物转化的因素同样影响药物的转化。另外,以下药物因素也会影响药物的代谢过程。

1. 给药途径 给药途径对药物代谢的影响与首过效应有关。口服给药方式的药物代谢过程受到肝首过效应的影响,注射、黏膜给药等其他方式则能够避免该因素的影响。

2. 剂量 药物的代谢能力由体内代谢酶的活性决定。正常剂量范围内药物代谢速度和体内药量成正比。当体内药物量达到药物代谢酶的最大代谢能力时,代谢反应出现饱和现象,药物代谢速度保持稳定,不再随药物量的增加而继续增加。

3. 剂型 药物剂型会影响药物的吸收过程,从而影响药物的代谢。

4. 手性药物 很多药物是手性药物,其中多数以外消旋体形式作为药用。由于药物代谢酶存在底物立体专一性,药物的对映异构体在代谢方式和速度上有差异。

5. 药物的相互作用 多种药物同时使用,可出现药物的相互作用,主要表现为对药物代谢的诱导作用和抑制作用。

（1）诱导作用:有些药物可以促进药物代谢酶的合成,不仅促进药物自身代谢,还可以促进其他药物代谢。例如苯巴比妥类药物可诱导肝细胞微粒体药物代谢酶的合成而加速药物代谢,从而影响止痛片、安眠药等药物的治疗效果。由于有些药物可以促进自身代谢,因此连续服用时由于药物代谢速度的增加而造成疗效降低产生耐受性。

（2）抑制作用:有些药物抑制某些药物的代谢。例如氯霉素或异烟肼能抑制肝细胞药物代谢酶合成,降低巴比妥类药物的代谢速度。如果同时服用的多种药物由同一酶系代谢,会出现药物之间的竞争性抑制作用,导致药物代谢速度减慢。

### （四）研究药物代谢的意义

通过对药物代谢的研究,可了解药物在体内的代谢途径和代谢产物,阐明药物药效和毒性产生的物质基础。药物代谢研究可用于指导药物研究与开发,改良药物制剂设计,阐明药物不良反应的原因,提高药效并降低药物的毒副作用。

1. 指导药物研究与开发

（1）从药物代谢产物中开发新药:通过药物的代谢研究可了解原形药物和代谢产物的活性和毒性,从而设计出更加安全有效的药物。

（2）先导化合物的结构优化:先导化合物由于其活性低、靶向性差、毒副作用大或是体内转运过程不符合临床应用的要求等因素,暂时不能作为药用。通过对药物代谢过程的研究,使人们对原型药物的药效团（pharmacophore）、作用机制（action mechanism）、受体结构（receptor structure）和构效关系（structure-activity relationship）等有了客观认识,从而确定先导化合物的结构修饰与改造方案。

（3）药物代谢的饱和现象和制剂设计:口服给药时,药物会在胃肠道和肝脏被酶代谢,因此进入体循环的药物减少而造成药效降低。如果药物吸收速度足够快,药物浓度超出药物代谢酶的最大能力时,药物代谢出现饱和现象,大量药物可不经代谢直接进入体循环,从而减少药物代谢的影响。

（4）药物代谢酶抑制剂和复方制剂:有些药物可以抑制代谢酶的活性,从而降低某些药物的代谢速度。利用这一原理可以通过合并用药减少特定药物的代谢,延长药物的作用时间。

（5）改良药物剂型:可根据药物的代谢途径来选择合适的剂型,以避免首过效应对药物疗效的影响。例如睾酮和黄体酮由于首过效应而造成口服时几乎无效,只能制成注射剂使用。如果制成舌下片经口腔黏膜给药,效果相比口服给药提升 20~30 倍。

2. 阐明药物不良反应的原因　药物的代谢过程是药物消除的重要方式,如果药物代谢速度减慢,就不能及时消除体内的药物,从而造成药物在体内蓄积,并可能引发药物不良反应。因此,能够抑制药物代谢的各种因素都可能引起药物不良反应。

药物基因组学就是研究基因序列的多态性对药物反应影响的一门学科,利用人类基因组的信息,揭示与药物吸收、分布、代谢、排泄过程相关的基因多态性位点,阐明这些基因的多态性如何影响到不同个体对药物反应的差异。从而可以依据患者相关基因的序列来预测个体对药物的反应,并指导个体化用药,以提高药物的有效性和安全性。

某些对药物代谢酶有抑制作用的药物,会造成同时服用的其他药物代谢速度减慢而在体内积累,从而引起不良反应。如将特非那定与酮康唑同时服用,特非那定的代谢过程会被酮康唑抑制,从而造成特非那定在血液中的浓度显著升高,导致室性心律失常的严重后果。

# 第二节　胆汁酸代谢

## 一、胆汁

胆汁（bile）是由肝细胞分泌的一种液体,通过胆道系统入胆囊,循胆总管入十二指肠。从肝分泌的胆汁称肝胆汁,呈黄褐色或金黄色,黏性,有苦味,比重为 1.009~1.013,透明澄清,固体物含量较少。肝胆汁进入胆囊后,胆囊壁吸收肝胆汁中的水及其他一些成分,并分泌黏液渗入胆汁,使胆汁浓缩,成为胆囊胆汁,比重为 1.026~1.032,呈暗褐或棕绿色（表 17-1）。

表 17-1　肝胆汁与胆囊胆汁组成成分比较

| | 肝胆汁 | 胆囊胆汁 |
|---|---|---|
| 比重 | 1.009 ~ 1.013 | 1.026 ~ 1.032 |
| pH | 7.1 ~ 8.5 | 5.5 ~ 7.7 |
| 水 | 96% ~ 97% | 80% ~ 86% |
| 固体成分 | 3% ~ 4% | 14% ~ 20% |
| 无机盐 | 0.2% ~ 0.9% | 0.5% ~ 1.1% |
| 黏蛋白 | 0.1% ~ 0.9% | 1% ~ 4% |
| 胆汁酸盐 | 0.5% ~ 2% | 1.5% ~ 10% |
| 胆色素 | 0.05% ~ 0.17% | 0.2% ~ 1.5% |
| 总脂质 | 0.1% ~ 0.5% | 1.8% ~ 4.7% |
| 胆固醇 | 0.05% ~ 0.17% | 0.2% ~ 0.9% |
| 磷脂 | 0.05% ~ 0.08% | 0.2% ~ 0.5% |

　　胆汁的主要固体成分是胆汁酸盐,约占固体成分的 50%,其次是无机盐、黏蛋白、磷脂、胆固醇、胆色素等。胆汁中还有多种酶类,包括脂肪酶、磷脂酶、淀粉酶、磷酸酶等。胆汁的成分中,除胆汁酸盐和磷脂外,其他成分多属排泄物。进入机体的重金属盐和药物、毒物、染料等异源物,经肝脏的生物转化后随胆汁排出体外。

## 二、胆汁酸的种类和功能

### (一)胆汁酸的种类

　　胆汁酸(bile acid)是胆汁的主要有机成分,按结构可分为游离型胆汁酸和结合型胆汁酸。游离型胆汁酸包括胆酸(cholic acid)、脱氧胆酸(deoxycholic acid)、鹅脱氧胆酸(chenodeoxycholic acid,CDCA)和少量的石胆酸(lithocholic acid);结合型胆汁酸是游离型胆汁酸与甘氨酸或牛磺酸结合的产物,如甘氨胆酸、牛磺胆酸、甘氨鹅脱氧胆酸及牛磺鹅脱氧胆酸等。

　　胆汁酸按来源可分为初级胆汁酸(primary bile acid)和次级胆汁酸(secondary bile acid)。在肝细胞内以胆固醇为原料直接合成的胆汁酸,包括胆酸和鹅脱氧胆酸,以及与甘氨酸或牛磺酸的结合物,称为初级胆汁酸。初级胆汁酸在肠道细菌作用下,将第 7 位 α 羟基脱氧生成的胆汁酸,包括脱氧胆酸和石胆酸,以及与甘氨酸或牛磺酸的结合物,称为次级胆汁酸。胆汁中所含的胆汁酸主要是结合型胆汁酸。在结合型胆汁酸中,甘氨酸型与牛磺酸型含量之比大约为 3:1。胆汁酸主要以钠盐或钾盐的形式存在。

### (二)胆汁酸的功能

　　1. 促进脂质的消化和吸收　胆汁酸分子内既含亲水性的羟基和羧基,又含疏水性的甾核及甲基。两类基团分布在甾核两侧,故胆汁酸具有亲水和疏水两个侧面,成为较强的乳化剂,使脂质在水中乳化成直径只有 3~10μm 的细小微团,既有利于消化酶的作用,又有利于吸收。

　　2. 抑制胆汁中胆固醇的析出　部分未转化的胆固醇随胆汁排入胆囊。胆固醇难溶于水,在浓缩后的胆囊胆汁中易沉淀,而胆汁中含胆汁酸与卵磷脂,可使胆固醇分散形成可溶性微团,使之不易结晶沉淀而随胆汁排泄。当胆汁中胆固醇浓度过高时,使胆汁中胆汁酸和卵磷脂与胆固醇的比值下降(小于 10:1),或各种原因导致胆汁酸的肠肝循环被破坏,则导致胆固醇析出,形成胆结石。

## 三、胆汁酸代谢

　　胆汁酸的生成是胆固醇的主要代谢去路,其代谢包括胆汁酸的生成、转化、排泄和重吸收等,形成胆汁酸的肠肝循环。

### （一）初级胆汁酸的生成

胆固醇首先由肝细胞微粒体内的胆固醇 $7\alpha$-羟化酶催化生成 $7\alpha$-羟胆固醇,再经过复杂的羟化、加氢还原、侧链氧化断裂、加水等一系列复杂的酶促反应生成初级游离型胆汁酸,即胆酸和鹅脱氧胆酸。

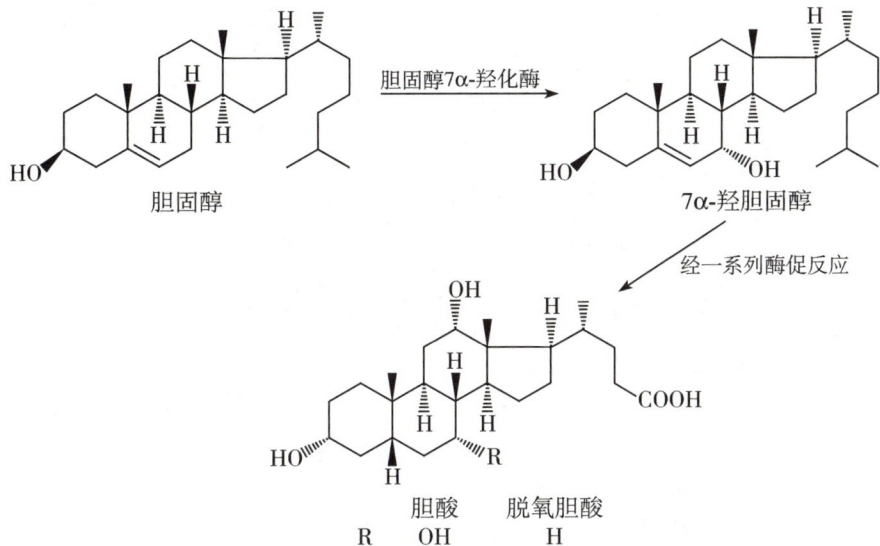

在肝细胞内,初级游离型胆汁酸的 24 位羧基分别与甘氨酸或牛磺酸结合,生成初级结合型胆汁酸,随胆汁通过胆管汇入胆囊储存。

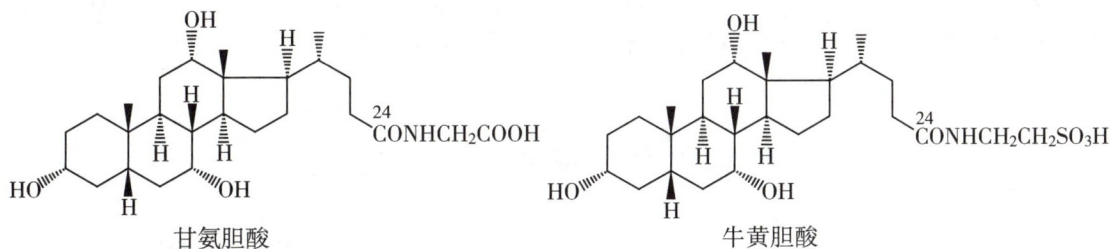

### （二）次级胆汁酸的生成

结合型胆汁酸随胆汁排入肠道,在小肠下段和大肠上段受肠道细菌的作用,一部分水解脱去甘氨酸或牛磺酸,重新生成游离型胆汁酸,生成的胆酸和鹅脱氧胆酸一部分脱去 $7\alpha$ 位的羟基,分别生成脱氧胆酸和石胆酸,即次级游离型胆汁酸。次级游离型胆汁酸被重吸收入肝脏,与甘氨酸或牛磺酸缩合,生成次级结合型胆汁酸,随胆汁汇入胆囊储存。

### （三）胆汁酸的肠肝循环

胆汁酸肠肝循环的目的是使体内有限的胆汁酸循环利用。其过程为:进食后,胆囊收缩,胆汁酸随胆汁排入十二指肠,参与食物中脂质的消化吸收。进入肠道的各种胆汁酸 5% 随粪便排出(主要为石胆酸),其余 95% 的胆汁酸可被重吸收,其中结合型胆汁酸主要在回肠部位被重吸收,属于主动吸收,而少量游离型胆汁酸在肠道各部位被重吸收,属于被动吸收。重吸收的胆汁酸通过门静脉重新入肝。在肝细胞内,游离型胆汁酸重新转化成结合型胆汁酸,与重吸收及新合成的结合型胆汁酸一起汇入胆汁,随胆汁入肠。上述过程构成胆汁酸的肠肝循环(bile acid enterohepatic circulation)(图 17-1)。

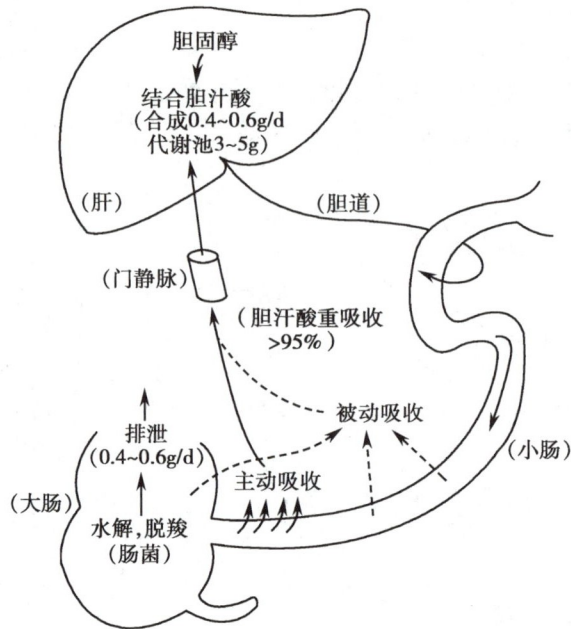

图 17-1 胆汁酸的肠肝循环

#### （四）胆汁酸代谢的调节

胆固醇 7α-羟化酶是胆汁酸合成途径的关键酶,受胆汁酸的负反馈调节;HMG-CoA 还原酶是胆固醇合成的关键酶,受胆固醇的负反馈调节。高胆固醇饮食在抑制 HMG-CoA 还原酶的同时,可诱导胆固醇 7α-羟化酶基因的表达,从而促进胆汁酸合成;糖皮质激素、生长激素提高胆固醇 7α-羟化酶的活性,此外,甲状腺素也可诱导胆固醇 7α-羟化酶 mRNA 合成,由于胆汁酸合成加强,故甲状腺功能亢进症患者血清胆固醇含量较低。

# 第三节　胆色素代谢

胆色素(bile pigment)是体内铁卟啉类化合物的主要分解代谢产物,包括胆绿素(biliverdin)、胆红素(bilirubin)、胆素原(bilinogen)和胆素(bilin)。胆色素主要随胆汁排出体外,其中胆红素居于胆色素代谢的中心,是人体胆汁中的主要色素,呈橙黄色。胆红素的生成、运输、转化及排泄异常关联临床诸多病理生理过程。熟知胆红素的代谢路径,对于临床上伴有黄疸体征疾病的诊断和鉴别具有重要意义。

正常成人每天产生 250~350mg 胆红素,均由血红素转化而来。体内血红素 65%~80% 来自衰老红细胞中血红蛋白的分解,部分来自造血过程中红细胞的过早破坏(无效造血),以及其他含铁卟啉化合物如肌红蛋白、细胞色素、过氧化氢酶等的分解。

## 一、血红素合成

血红素(heme)是血红蛋白的辅基,属铁卟啉化合物,由卟啉环与 $Fe^{2+}$ 螯合而成,参与体内 $O_2$ 的运输和贮存、呼吸链中电子传递等,具有重要的生理功能。

血红素是以琥珀酰辅酶 A、甘氨酸和 $Fe^{2+}$ 为原料合成,合成部位主要在骨髓和肝脏。合成过程的起始阶段和终末阶段在线粒体内进行,中间过程则在胞质内进行。血红素的合成主要分为 4 个阶段,简述如下:

1. δ-氨基-γ-酮戊酸的生成　琥珀酰辅酶 A 与甘氨酸缩合生成 δ-氨基-γ-酮戊酸(δ-aminolevulinic acid,ALA),反应在线粒体进行,由 ALA 合酶催化,其辅因子是磷酸吡哆醛。该酶受血红素的反馈调节,是血红素合成的关键酶。

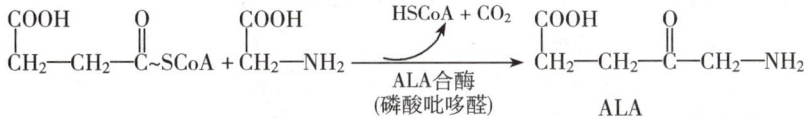

2. 胆色素原的生成　2 分子 ALA 脱水缩合生成 1 分子胆色素原。反应由 ALA 脱水酶催化,在胞质中进行。

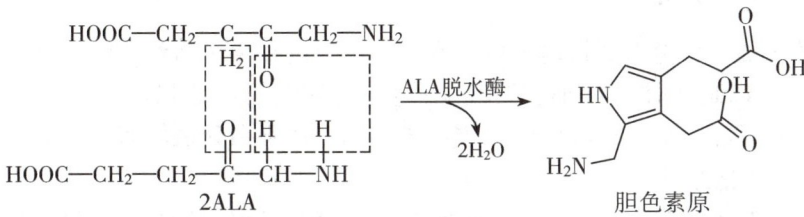

3. 尿卟啉原Ⅲ与粪卟啉原Ⅲ的生成　4 分子胆色素原先缩合成 1 分子线状四吡咯,在酶的作用下生成尿卟啉原Ⅲ和粪卟啉原Ⅲ。反应在胞质进行,催化反应的各类酶详见下式。

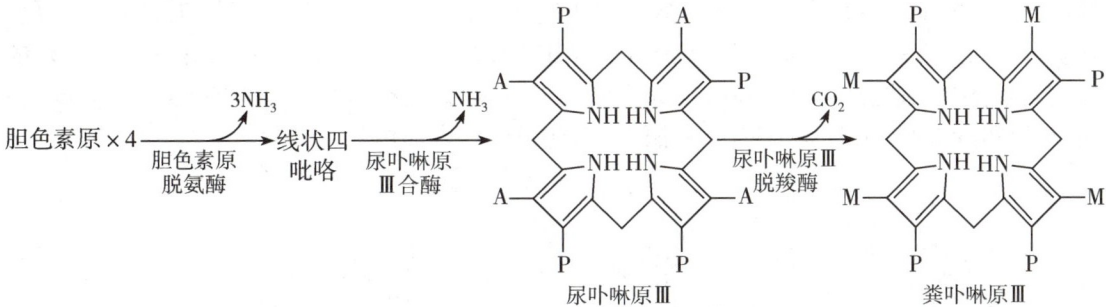

4. 血红素的生成　粪卟啉原Ⅲ经脱羧、脱氢生成原卟啉Ⅸ。在亚铁螯合酶的作用下,原卟啉Ⅸ与 $Fe^{2+}$ 结合,生成血红素。反应在线粒体中进行,催化各步反应的酶详见下式:

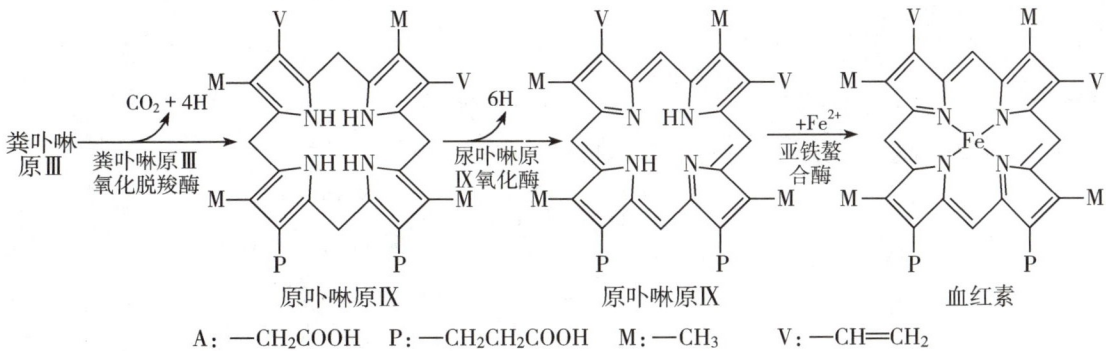

A: —CH₂COOH　P: —CH₂CH₂COOH　M: —CH₃　V: —CH=CH₂

生成的血红素从线粒体转运到胞质,在骨髓的幼红细胞及网织红细胞中与珠蛋白结合为血红蛋白。健康成人每日合成约 6g 血红蛋白,需要 210mg 血红素。

ALA 脱水酶及亚铁螯合酶属于巯基酶,对铅等重金属敏感。铅中毒时,ALA 升高但胆色素原不增加,因此,血红素合成被抑制是铅中毒的重要体征。

**知识链接**

### 急性间歇性卟啉病

急性间歇性卟啉病(acute intermittent porphyria,AIP)是由肝内卟啉代谢紊乱引起的间歇发作性腹痛、呕吐、便秘及神经精神症状等一系列症候群。本病为常染色体显性遗传性疾病,在卟啉代谢合成血红素过程中,由于胆色素原脱氨酶缺乏,使细胞内的 ALA 和胆色素原不能代谢而在体内积聚,可通过直接或间接机制在神经传递功能中起毒性作用。

## 二、胆红素的正常代谢

红细胞的主要成分是血红蛋白。血红蛋白由珠蛋白和 4 个血红素缔合而成。人类红细胞的寿命平均为 120 天,体内红细胞因衰老而更新,衰老的红细胞被肝、脾、骨髓的单核-吞噬细胞系统识别吞噬,释放出血红蛋白,进一步分解为珠蛋白和血红素。

### (一)胆红素的生成

正常成人红细胞被破坏后,每日可释放出约 6g 血红蛋白。每一个血红蛋白分子释放出 4 个血红素分子。珠蛋白部分被分解为氨基酸再利用。

血红素在血红素加氧酶(heme oxygenase,HO)催化下,使血红素卟啉环断裂开环,释放出 1 分子 CO 和 $Fe^{2+}$,形成线性四吡咯结构的水溶性胆绿素,反应需要 $O_2$ 和 NADPH 的参与。释放出的 $Fe^{2+}$ 氧化为 $Fe^{3+}$ 进入体内铁代谢池,可供机体再利用或以铁蛋白形式储存。胞质中胆绿素在胆绿素还原酶催化下,由 NADPH 还原成胆红素(图 17-2),这种胆红素直接释放入血,称为血胆红素(hemobilirubin)、游离胆红素(free bilirubin)、非结合胆红素(unconjugated bilirubin)。血红素加氧酶是血红素氧化及胆红素形成的关键酶。

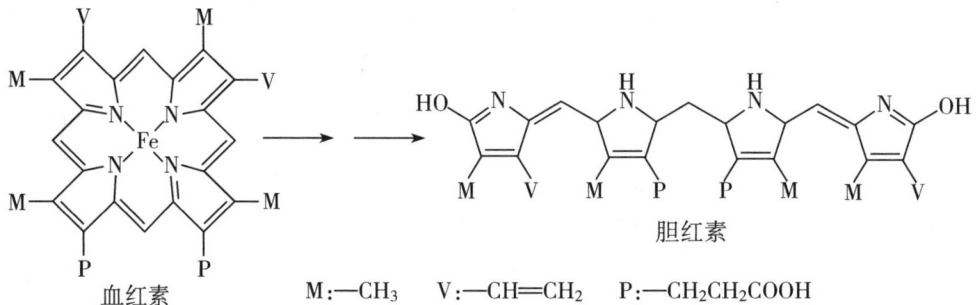

M:—CH₃   V:—CH=CH₂   P:—CH₂CH₂COOH

血红素                                                胆红素

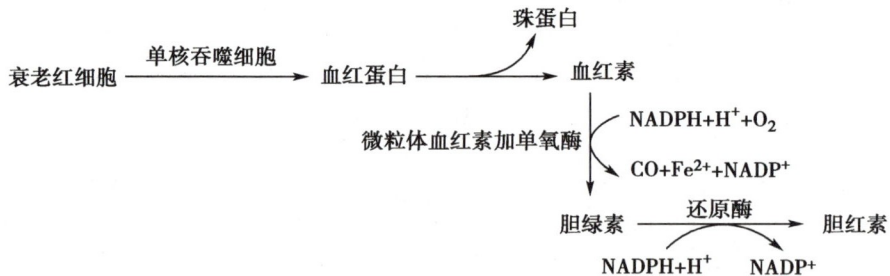

图 17-2  胆红素的生成过程

### (二)胆红素的转运

在单核-吞噬细胞系统内生成的游离胆红素释放入血被转运至肝中进行代谢。游离胆红素通过分子内氢键形成卷曲构象,具有亲脂性,是一种具有细胞毒性的分子,在血浆中主要以胆红素-清蛋白复合体形式存在与运输。

胆红素-清蛋白复合体增加了胆红素在血浆中的溶解度,有利于运输,同时又限制了游离胆红素自由透过生物膜,使其不致对组织细胞产生毒性作用。每分子清蛋白具有与胆红素高亲和力结合与低亲和力结合的 2 个部位,可结合 2 分子胆红素。正常人血浆胆红素浓度不超过 17.1$\mu$mol/L,而每 100ml 血浆清蛋白可结合 20~25mg 游离胆红素,故血浆清蛋白结合游离胆红素的能力很大。但若清蛋白含量降低或与胆红素结合力下降,某些物质如磺胺药、脂肪酸、胆汁酸、水杨酸类等可与游离胆红素竞争清蛋白分子上的高亲和力结合部位,此时血浆游离胆红素浓度过高,容易进入脑组织而出现中毒症状(如核黄疸)。

### (三)胆红素在肝内的代谢

肝脏可以有效地摄取游离胆红素,将其转化为结合胆红素,提高其极性和水溶性,使其易于随胆汁排出体外。

1. 肝细胞摄取胆红素　随血液运输的胆红素-清蛋白复合物运输到肝血窦中,胆红素与清蛋白分离,然后迅速被肝细胞摄取,游离胆红素与细胞质中的载体蛋白形成复合物,向滑面内质网转运。

肝细胞内载体蛋白主要有 Y 蛋白和 Z 蛋白两种,可与胆红素 1:1 结合。Y 蛋白是肝细胞的主要胆红素载体蛋白,含量丰富,约占肝细胞质总蛋白的 3%~4%,对胆红素有高亲和力。不过,其他物质如类固醇、某些染料等也可以和 Y 蛋白结合,从而竞争性地抑制 Y 蛋白与胆红素的结合。苯巴比妥可诱导新生儿合成 Y 蛋白,加强胆红素的摄取,因此,临床上可应用苯巴比妥治疗新生儿黄疸。

游离胆红素可以自由透过肝细胞膜,所以肝对胆红素的摄取量取决于肝对胆红素的处理能力。

2. 结合胆红素的生成　"胆红素-Y"(或"胆红素-Z")复合物被运送至滑面内质网,在 UDP-葡糖醛酸转移酶的催化下,来自 UDP-葡糖醛酸的葡糖醛酸缩合,生成胆红素二葡糖醛酸酯(70%~80%)及少量胆红素一葡糖醛酸酯(20%~30%),另有极少量的胆红素与硫酸、甲基、乙酰基等结合。胆红素与葡糖醛酸的结合是肝对有毒性游离胆红素根本性的生物转化解毒方式。这些结合产物统称结合胆红素、肝胆红素。

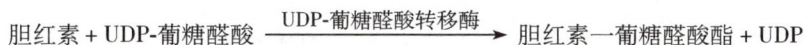

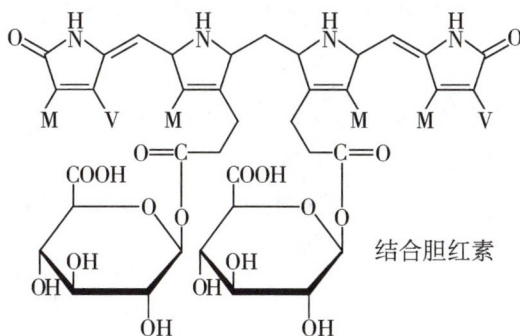

$$胆红素 + UDP\text{-}葡糖醛酸 \xrightarrow{UDP\text{-}葡糖醛酸转移酶} 胆红素一葡糖醛酸酯 + UDP$$

$$胆红素一葡糖醛酸酯 + UDP\text{-}葡糖醛酸 \xrightarrow{UDP\text{-}葡糖醛酸转移酶} 胆红素二葡糖醛酸酯 + UDP$$

结合胆红素

3. 结合胆红素进入胆管系统　结合胆红素水溶性很强,被肝细胞分泌进入胆管系统,这是一个逆浓度梯度的主动转运过程,也是胆红素代谢的限速步骤。

血浆中的胆红素通过肝细胞质内载体蛋白和内质网的葡糖醛酸转移酶的联合作用,不断地被肝细胞摄取、结合、转化与排泄,从而不断地得以清除。单核吞噬细胞系统每日可以生成 200~300mg 胆红素,而肝脏每日可以清除约 3 000mg 胆红素,所以健康人血浆游离胆红素浓度极低。

当肝内缺乏载体蛋白,或 UDPGA 来源不足,或葡糖醛酸转移酶缺乏或受抑制时,胆红素的摄取及结合均受影响,可引起血浆游离胆红素浓度增高。胆红素进入胆管途径一旦发生障碍,结合胆红素可反流入血。

### (四) 胆红素的肝外代谢

结合胆红素被肝细胞分泌进入胆管系统汇入胆汁,成为胆汁的主要色素成分,随胆汁排入肠道后,在回肠下段和结肠部位由肠道细菌作用脱去葡糖醛酸基,再逐步被还原成无色的尿胆素原(urobilinogen)、中胆素原(mesobilinogen)及粪胆素原(stercobilinogen),统称为胆素原(bilinogen)。

1. 胆素的生成　约 80% 的无色的胆素原(40~280mg)在肠道下段接触空气后,可分别氧化为尿胆素(urobilin)、中胆素(mesobilin)和粪胆素(stercobilin),统称为胆素(bilin)。胆素呈黄褐色,是粪便中的主要色素。当胆道完全梗阻时,因胆红素不能排入肠道,不能形成胆素原及胆素,粪便可呈灰白色。婴儿肠道细菌少,未被细菌作用的胆红素也可随粪便排出,所以粪便可呈胆红素的黄色。

2. 胆素原的肠肝循环　约 20% 的胆素原由肠道重吸收,经门静脉入肝。重吸收的胆素原约 80% 被肝细胞摄取,再分泌入胆汁排出,这就是胆素原的肠肝循环。其余约 20% 可随血液进入体循环,到肾脏从尿液排出,所以正常人尿液中含有少量胆素原。氧化后的尿胆素是尿液的主要色素成分。正常人每天从尿中排出胆素原 0.5~4.0mg。临床上将尿胆素原、尿胆素及尿胆红素合称为尿三胆。胆红素的代谢过程概括如图 17-3 所示。

综上所述,胆红素有游离胆红素与结合胆红素两种形式。由于结构的不同,因此二者具有不同的化学性质:如结合胆红素由于分子内不再有氢键,卷曲构象展开使基团暴露,可与重氮试剂直接反应,生成紫红色偶氮化合物,故结合胆红素又称为直接胆红素;而游离胆红素因存在分子内氢键,不能与重氮试剂直接反应,必须在加入乙醇或尿素后才产生明显的紫红色(胆红素定性试验或凡登白试验呈间接反应),故游离胆红素又称为间接胆红素(表 17-2)。

表 17-2　两种胆红素理化性质比较

| | 游离胆红素 | 结合胆红素 |
| --- | --- | --- |
| 与葡糖醛酸结合 | 未结合 | 结合 |
| 水溶性 | 小 | 大 |
| 脂溶性 | 大 | 小 |
| 透过细胞膜的能力 | 大 | 小 |
| 细胞毒性 | 大 | 小 |
| 与重氮试剂反应 | 间接阳性 | 直接阳性 |
| 能否透过肾小球随尿排出 | 不能 | 能 |

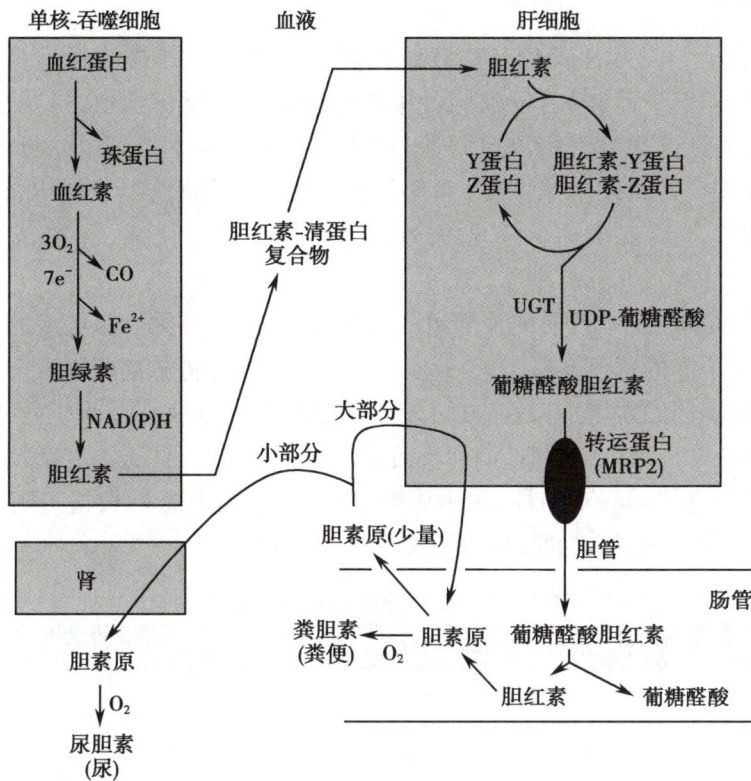

图 17-3　胆红素代谢

### 三、胆红素代谢异常与黄疸

正常人血清总胆红素中,约 80% 是游离胆红素,其余为结合胆红素。由于胆色素代谢正常,来源和去路保持动态平衡,所以血清中胆红素含量很少,其总量不超过 3.4 ~ 17.1μmol/L。游离胆红素是有毒的脂溶性物质,易透过细胞膜进入细胞,尤其是对富含脂质的神经细胞造成不可逆的损伤,因此,肝对游离胆红素的解毒作用具有十分重要的意义。

当血清胆红素浓度超过 17.1μmol/L,称高胆红素血症(hyperbilirubinemia)。胆红素呈橙黄色,血浆中含量过高则可扩散进入组织,使组织被黄染,称黄疸(jaundice)。由于巩膜和皮肤含有较多的弹性蛋白,与胆红素亲和力较强,因此黄疸多出现在皮肤、黏膜和巩膜等表浅部位。黄疸程度取决于血清胆红素浓度,如血清中胆红素浓度虽高于正常值,但仍在 34.2μmol/L 以内,肉眼尚不能观察到巩膜或皮肤黄染,称为隐性黄疸;当血清胆红素大于 34.2μmol/L 时,肉眼可见巩膜或皮肤黄染,称为显性黄疸。

引起黄疸的原因很多,如胆红素来源增多(如大量红细胞破坏)、去路不畅(如胆道阻塞)或肝脏疾病(如肝炎、肝硬化),均可引起血中胆红素浓度的增高。此 3 种不同原因引起的胆红素浓度增高,临床上分别称为溶血性黄疸、阻塞性黄疸和肝细胞性黄疸。

1. 溶血性黄疸　溶血性黄疸又称肝前性黄疸。由于各种原因造成红细胞大量破坏,或产生胆红素过多,超过肝脏胆红素代谢能力,导致血中游离胆红素浓度异常增高。与重氮试剂呈间接反应阳性,肝脏对胆红素的转化与排泄也相应增多,肠道胆素原重吸收增多,可以使尿液胆素原增多,但血清结合胆红素变化不大,所以尿中胆红素阴性。常见于遗传性疾病(如蚕豆病)、输血或用药不当、无效造血(如骨髓增生异常综合征)、恶性疟疾、新生儿溶血等情况。

2. 阻塞性黄疸　阻塞性黄疸又称肝后性黄疸。由于胆汁排泄通道受阻,使胆小管或毛细胆管内压力增高而破裂,以致胆汁中的结合胆红素反流入血,造成血浆结合胆红素浓度增高:与重氮试剂呈直接反应阳性,尿胆红素也呈阳性。此外,胆管阻塞使肠道中胆素原生成减少,粪胆素生成减少,粪便呈灰白色;胆素原重吸收减少,因而尿胆素原减少,甚至呈阴性。其发病原因有先天性胆道闭锁、胆管炎症、肿瘤或结石、胆道蛔虫等。

3. 肝细胞性黄疸　由于肝脏病变导致肝功能减退,处理与排泄胆红素的能力下降。肝炎、肝硬化等肝病引起的黄疸就属于这一类。一方面,肝不能将游离胆红素全部转变为结合胆红素,使血中游离胆红素增多;另一方面,病变导致肝细胞损害或肝组织微结构遭破坏,使结合胆红素不能正常排入毛细胆管,因而反流入血,血中结合胆红素浓度增加。此时与重氮试剂呈间接反应和直接反应双阳性,尿中胆红素阳性,尿胆素原则根据不同因素升高或降低。各种黄疸血、尿、粪胆色素的实验室检查变化见表17-3。

表17-3　各种黄疸血、尿、便的改变

| 指标 | 正常 | 溶血性黄疸 | 肝细胞性黄疸 | 阻塞性黄疸 |
|---|---|---|---|---|
| 血清胆红素 | | | | |
| 　结合胆红素 | $0 \sim 6.8\,\mu mol/L$ | | 中度增多 | 明显增多 |
| 　非结合胆红素 | $1.7 \sim 10.2\,\mu mol/L$ | 明显增多 | 中度增多 | |
| 尿三胆 | | | | |
| 　尿胆红素 | 阴性 | 阴性 | 阳性 | 强阳性 |
| 　尿胆素原 | 少量 | 明显增多 | 不一定 | 减少 |
| 　尿胆素 | 少量 | 明显增多 | 不一定 | 减少 |
| 粪便颜色 | 黄褐色 | 加深 | 变浅或正常 | 完全阻塞时呈白陶土色 |

**病案分析**

病案实例:

患者,男,70岁,因"腹痛、腹胀6个月,皮肤、巩膜黄染加重2周"入院。6个月之前无明显诱因出现右上腹疼痛,餐后明显,伴腹胀,食欲下降。2周前皮肤、巩膜黄染,进行性加重,小便深黄色,大便陶土色。体格检查:消瘦,全身皮肤、巩膜黄染,右上腹有压痛,无反跳痛。实验室检查:血清总胆红素398μmol/L,结合胆红素389.5μmol/L,非结合胆红素8.3μmol/L,尿胆红素(+++),粪胆素原、尿胆素原阴性。B超检查:肝胆大小正常,肝内胆管、胆总管、主胰管扩张,胰头后方实性包块,考虑壶腹周围占位。

问题讨论:

1. 患者初步诊断是什么?还需要做检查确诊疾病吗?

2. 为什么患者血清总胆红素和结合胆红素明显增高而非结合胆红素没有增高?

3. 为什么患者小便黄,大便陶土色,尿胆红素(+++),尿胆素原阴性?

## 学习小结

1. 学习内容

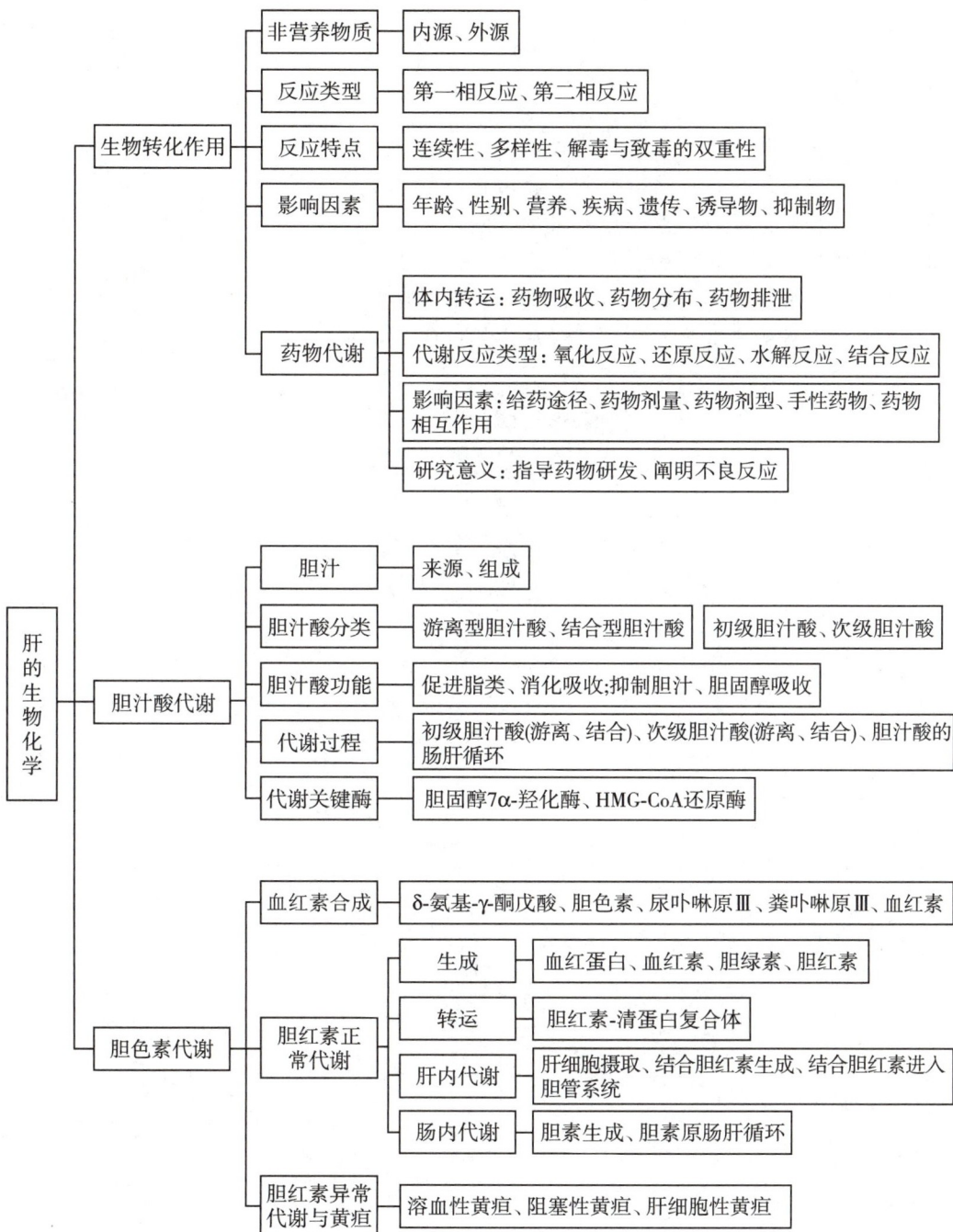

2. 学习方法

（1）学习肝脏的生物转化,明确概念、反应类型、特点及影响生物转化的因素。

（2）学习药物在体内的吸收与转运,熟悉药物在体内代谢的类型,了解研究药物代谢的意义。

（3）学习血红素的生物合成的过程,掌握血红素合成部位、原料和关键酶。

（4）学习胆汁酸代谢和胆色素的正常代谢,熟悉胆色素的异常代谢,明确 3 种黄疸的发生机制,结合临床典型病例作出分析。

（孙　聪　张春蕾）

## 复习思考题

1. 简述生物转化的概念及反应类型。
2. 联系胆红素的代谢谈谈肝脏的生物转化。
3. 简述结合胆红素与非结合胆红素的区别。
4. 简述黄疸的发生机制和鉴别。
5. 什么是胆素原的肠肝循环与胆汁酸的肠肝循环?
6. 简述血红素的合成原料、部位、过程及关键酶。

# 第十八章

# 水 盐 代 谢

**学习目标**

通过学习体液的分布及其交换、水和无机盐的生理作用、代谢及其调节等内容,掌握水和无机盐在体内代谢的基本过程以及调节机制,为学习病理生理学和临床课程奠定基础。

## 第一节 体液的分布、组成及其交换

### 一、体液的含量与分布

体液是体内的液体部分,包括水以及溶解在水中的无机盐和有机物(如糖类、蛋白质等)。在体液中,无机盐和一些有机物以离子形式存在,称为电解质。以细胞膜为界,体液分为细胞内液和细胞外液两大部分。细胞外液又分为血浆和组织间液,组织间液又称细胞间液(包括淋巴液)。

人体的体液含量随着年龄、性别和胖瘦的不同而存在差异。正常成人体液总量约占体重的 60%,其中细胞外液占 20%(血浆占 5%,组织间液占 15%),细胞内液占 40%。

年龄愈小,体液占体重的百分比愈大,新生儿体液总量约占其体重的 80%,婴儿期为 70%~75%,学龄期儿童约占 65%。由于儿童体液含量占比较高,新陈代谢旺盛,而调节水、无机盐平衡的神经内分泌系统和肾功能等发育尚不完善,因此在临床上儿童较成人容易发生水和电解质平衡的紊乱。老年人体液总量降至体重的 50%,其细胞内液和细胞外液容量均减少,由于组织间液水分的减少使皮肤显得皱缩。体液含量在组织之间也存在差异,脂肪组织含水仅 20%,而肌肉组织含水量高达 75%~80%。因此,成年女性和肥胖者体液的百分含量较少,女性的体液约占体重的 50%,低于男性的 60%。

### 二、体液的电解质组成

体液中的电解质(electrolyte)在细胞内外液的分布及含量有显著的差异。见表 18-1。

从表 18-1 可以看出,细胞内外液电解质的含量及分布有如下特点:

1. 无论细胞内液还是细胞外液,其阳离子总量与阴离子总量相等,呈现电中性。

2. 细胞内液与细胞外液中电解质的分布差异很大。细胞外液的阳离子以 $Na^+$ 为主,占其总量的 90% 以上;阴离子则以 $Cl^-$ 和 $HCO_3^-$ 为主。细胞内液的阳离子以 $K^+$ 为主,其浓度是细胞外液 $K^+$ 的 30 倍以上,其次是 $Mg^{2+}$,而 $Na^+$ 的浓度较细胞外液低得多。细胞内液的阴离子以 $HPO_4^{2-}$、有机磷酸离子和蛋白质为主,其次是少量的 $HCO_3^-$、$SO_4^{2-}$ 和 $Cl^-$。

表 18-1　体液中的电解质含量

mEq/L

| | | 血浆 | 组织间液 | 细胞内液 |
|---|---|---|---|---|
| 阳离子 | $Na^+$ | 142 | 145 | 15 |
| | $K^+$ | 4 | 4 | 150 |
| | $Ca^{2+}$ | 5 | 3 | 微量 |
| | $Mg^{2+}$ | 2 | 2 | 35 |
| 阳离子总量 | | 153 | 154 | 200 |
| 阴离子 | $Cl^-$ | 100 | 117 | 3 |
| | $HCO_3^-$ | 24 | 27 | 15 |
| | $HPO_4^{2-}$ | 2 | 2 | 100 |
| | 蛋白质 | 20 | 2 | 50 |
| | 其他 | 7 | 6 | 32 |
| 阴离子总量 | | 153 | 154 | 200 |

注：毫克当量（mEq）表示某物质和 1mg 氢的化学活性或化合力相当的量。 mEq/L＝mmol/L×原子价

3. 细胞内液与细胞外液的渗透压相当。溶质在溶液中的渗透压用毫渗摩尔（mOsm/L）表示。渗透压取决于溶质在溶液中的颗粒数，而与其分子量及荷电量无关。因此，1mol NaCl 在溶液中产生的渗透压等于 2mol 葡萄糖或尿素所产生的渗透压。细胞内液电解质总量多于细胞外液，但由于细胞内液蛋白质及多价离子含量较高，而细胞外液中以 1 价离子（$Na^+$、$Cl^-$、$HCO_3^-$）为主，因此，细胞内外液的渗透压数值仍接近相等。正常人体液的渗透压在 280～310mOsm/L。$Na^+$ 占细胞外液阳离子总数的 90% 以上，是决定血浆渗透压的主要因素。临床工作中可根据 $Na^+$ 浓度计算血浆的渗透压。即：

$$血浆渗透压(mOsm/L) = [血浆 Na^+(mmol/L) + 10] \times 2$$

其中，10 表示 $K^+$、$Ca^{2+}$、$Mg^{2+}$ 等 $Na^+$ 以外阳离子的含量；乘以 2，因为阴阳离子数相等，并同样产生渗透压。

临床使用的 5% 葡萄糖溶液及 0.9%NaCl 溶液的渗透压与体液一致，称为等渗液，其渗透压分别是：

$$5\%葡萄糖溶液的渗透压 = 5 \times 1\,000 \times 10 \div 180 = 278mOsm/L$$
$$0.9\%NaCl 溶液的渗透压 = 0.9 \times 1\,000 \times 10 \times 2 \div 58.5 = 308mOsm/L$$

4. 细胞外液中，血浆与组织间液二者的离子浓度和电解质组成都相当接近，唯一重要的区别是蛋白质含量不同。血浆蛋白质含量平均为 70g/L，而组织间液所含的蛋白质只有 0.5～3.5g/L。此种差别对于血浆与组织间液之间水的交换具有重要作用。

### 三、体液的交换

血浆、组织间液和细胞内液之间不断进行着体液的交换，从而完成了营养物质和代谢废物在细胞内外的交换和排泄。

#### （一）血浆与组织间液之间的交换

血浆与组织间液的交换主要是在毛细血管部位进行。毛细血管壁为半透膜，血浆和组织间液中的小分子物质如葡萄糖、氨基酸、尿素以及 $Na^+$、$K^+$、$Ca^{2+}$、$Mg^{2+}$、$Cl^-$、$HCO_3^-$ 等电解质都可以透过，相互交换，但是蛋白质不能自由通过毛细血管壁，所以血浆的蛋白质浓度比

组织间液的蛋白质浓度高得多。蛋白质颗粒形成的渗透压称为胶体渗透压(colloid osmotic pressure)。血浆胶体渗透压远高于组织间液胶体渗透压,二者之差为有效胶体渗透压,约3.05kPa。水分在血管与组织间液之间的分布是由毛细血管血压、组织间液流体静压和有效胶体渗透压决定。毛细血管平均血压为2.33kPa,组织间液流体静压为-0.87kPa,两者之差约3.20kPa,称为有效流体静压。有效流体静压推动血浆向血管外滤出,而有效胶体渗透压是吸引液体回流至血管的动力。

由于毛细血管的动脉端和静脉端血压存在差异,导致有效流体静压不同。在毛细血管动脉端,有效流体静压大于有效胶体渗透压,液体自血浆流向组织间液;在毛细血管静脉端,由于毛细血管血压降低,而胶体渗透压不变,有效胶体渗透压大于有效流体静压,液体自组织间液流回血浆。此外,还有一部分液体可以经淋巴系统进入血液。

血浆与组织间液的交换十分迅速,每分钟达2L以上,并保持着动态平衡。这样就保证了血浆中各种营养成分能不断通过组织间液进入细胞内;而细胞代谢的中间产物(如肝脏产生的酮体)和终产物(如尿素和$CO_2$)可由毛细血管静脉端进入血浆,运往其他组织器官利用或排泄。右心衰竭患者毛细血管静脉端血压升高,肝硬化、慢性肾炎、营养不良患者血浆胶体渗透压下降,都会导致组织间液容量增多,发生水肿。

### (二)组织间液与细胞内液之间的交换

组织间液与细胞内液之间的细胞膜是一种功能极复杂的半透膜。细胞膜对水能自由通过,对葡萄糖、氨基酸、尿素、肌酸、肌酐、尿酸、$CO_2$、$O_2$、$Cl^-$和$HCO_3^-$等也可以通过。通过细胞内液与组织间液的这种交换,可使细胞不断从组织间液中摄取营养物质,并排出细胞本身的代谢产物。但细胞内外的蛋白质、$Na^+$、$K^+$、$Ca^{2+}$、$Mg^{2+}$等不易透过细胞膜。决定组织间液与细胞内液交换的动力是渗透压。由于无机离子产生的晶体渗透压远大于蛋白质产生的胶体渗透压,因此决定组织间液与细胞内液交换的主要是细胞外液的$Na^+$和细胞内液的$K^+$。当细胞外液$Na^+$增多时,渗透压增高(高渗),水分便从细胞内液流到细胞外液,引起细胞皱缩;相反,当细胞外液$Na^+$降低(低渗)时,水分便从细胞外液流向细胞内液,引起细胞肿胀(细胞内水肿)。

ER-18-1

津液

# 第二节 水和无机盐的生理功能

## 一、水的生理功能

水是机体中含量最多的组成成分,也是维持人体正常生理活动的重要营养物质之一。人若不吃食物只喝水可生存数十天之久,若无水供应只能生存数天。水的主要生理功能如下:

### (一)调节体温

首先,水的比热大。1g水从15℃升至16℃时需要4.2J(约1cal)热量,比同量固体或其他液体所需的热量要多,因而水能吸收较多的热量而本身温度升高不显著。其次,水的蒸发热大。1g水在37℃时完全蒸发需要吸热2.4kJ(约575cal),所以蒸发少量的汗就能散发大量的热。再次,水的流动性大。水能随血液循环迅速分布于全身,而且血液、组织间液和细胞内液不断进行液体交换,也使机体各部分体温相对均匀一致。

### (二)促进体内的物质代谢

水是良好的溶剂。体内许多化合物都能溶解或分散于水中,只有溶解或分散的物质才容易起化学反应。细胞内和血浆中进行的各种高效率的酶促反应,都是在水的介质中完成。另外,许多代谢需要水直接参与反应,如水解和水合反应等。

### （三）维持组织的形态与功能

水占体重的 60%，除少部分以游离形式存在，构成血液、淋巴液、消化液等，大部分是以结合水的形式存在。结合水是指与蛋白质、多糖和磷脂等化合物相结合的水，广泛分布于组织中，对脏器的形态、硬度、弹性等的维持起重要作用。如心脏含水约 79%，血液含水约 83%，两者相差无几，但心脏主要含结合水，因此形态比较坚实，以保证推动血液循环。

### （四）润滑作用

泪液、唾液、关节腔液，以及胸腔、腹腔和心包腔液等均有利于器官的运动，减少摩擦。

## 二、无机盐的生理功能

人体内已发现的元素达 60 多种，其中 C、H、O、N、S、P 主要构成各种有机物，而 K、Na、Cl、Ca、Mg 5 种元素则主要以无机盐的形式存在。无机盐种类多，各种无机盐占体重的 5% 左右，生理功能也非常复杂。

### （一）无机盐是组织细胞的重要组成成分

钙和磷是骨盐中最重要的成分；铁是血红蛋白、肌红蛋白、细胞色素等血红素蛋白的组成成分，与体内氧的运输、储备和线粒体及微粒体中进行的生物氧化作用有密切关系。

### （二）维持神经肌肉的应激性

神经肌肉的应激性与体液中多种无机离子的浓度及其相互比值有关。其关系如下：

1. 骨骼肌、平滑肌的神经肌肉应激性 $Na^+$、$K^+$ 能增强神经肌肉的兴奋性，$Ca^{2+}$、$Mg^{2+}$ 则降低神经肌肉的兴奋性。低钾血症患者，神经肌肉应激性降低；而血钙浓度过低时，神经肌肉应激性升高，可见手足抽搐，甚至全身惊厥。

$$神经肌肉兴奋性 \propto \frac{[Na^+]+[K^+]}{[Ca^{2+}]+[Mg^{2+}]}$$

2. 心肌细胞的应激性 各种离子对心肌应激性的影响和神经肌肉的兴奋性有所不同。高钾血症可抑制心肌的收缩作用，使心脏舒张期延长，心率减慢，严重时甚至会发生心脏停搏；而低钾血症又会使心肌的应激性增强，出现各种异位节律。严重高血钙也会引起心搏骤停，但心脏停止于收缩期。

$$心肌应激性 \propto \frac{[Na^+]+[Ca^{2+}]}{[K^+]+[Mg^{2+}]}$$

### （三）参与酶促反应及物质代谢的调节

1. 作为辅因子的组分或激动剂参与酶促反应 如 $Zn^{2+}$ 是含锌金属酶的组分，与 DNA 聚合酶、碳酸酐酶、乳酸脱氢酶、谷氨酸脱氢酶、超氧化物歧化酶等 80 多种酶的活性相关；$Cu^{2+}$ 参与铜蓝蛋白的组成，是体内细胞色素氧化酶、抗坏血酸氧化酶、酪氨酸酶等多种酶的辅基；硒是硒代半胱氨酸的组成元素，参与构成近 30 种含硒蛋白质，如谷胱甘肽过氧化物酶、硒氧还蛋白还原酶、碘化甲腺原氨酸脱碘酶等；$Mg^{2+}$ 是己糖激酶和葡糖激酶的激动剂，并参与蛋白质的生物合成；$Mn^{2+}$ 是精氨酸酶、RNA 聚合酶、丙酮酸羧化酶等不可缺少的组分，并且是异柠檬酸脱氢酶、ATP 酶等的激动剂；$Cl^-$ 则是唾液淀粉酶的激动剂。

2. 参与物质代谢的调节 碘主要通过合成甲状腺激素发挥作用。甲状腺激素是影响神经系统发育最重要的激素，可促进机体物质代谢和能量代谢，促进机体生长发育，特别是对脑和骨的发育尤为重要。缺碘引起的地方性甲状腺肿是导致儿童发育停滞、智力低下的重要原因。锌在体内极易与胰岛素分子结合，胰岛素围绕 $Zn^{2+}$ 形成六聚体的结合型胰岛素，后者较未结合锌的胰岛素活性强且作用时间长；$Ca^{2+}$ 还是激素作用的第二信使，通过与钙调蛋白的结合,参与信息传递。

### （四）维持体液的容量、渗透压和 pH

$Na^+$ 和 $Cl^-$ 是维持细胞外液容量和渗透压的主要离子;$K^+$ 和 $HPO_4^{2-}$ 是维持细胞内液容量和渗透压的主要离子。而由 $NaHCO_3/H_2CO_3$、$Na_2HPO_4/NaH_2PO_4$ 以及 $KHb/HHb$、$KHbO_2/HHbO_2$ 等构成的血浆和红细胞缓冲系统,在中和外来酸碱、维持体液 pH 相对恒定中发挥着重要作用。

## 第三节 水和钠、钾、氯的代谢

### 一、水代谢

水代谢是通过平衡来实现的,又叫水平衡。正常人每天摄入和排出的水处于动态平衡。成人每天进出水量平均为 2 000~3 000ml(表 18-2)。

1. 体内水的来源　水的来源包括饮水、食物中水、内生水三大部分。饮水量因个人习惯不同有较大差异,每天大约 1 000~1 500ml。食物中水随食物性质而异,每天随食物摄入的水大约 650~1 000ml。内生水指体内代谢后所产生的水,每天大约 350ml,其中每克脂肪氧化后产生的水(1.07ml)均较糖类(0.56ml)及蛋白质(0.34ml)为多。如不饮水,几天就会出现严重的功能紊乱;完全断绝水的供应 1 周左右,生命就会受到威胁。

2. 体内水的去路　水的排泄可以通过肾脏、消化道、呼吸道以及皮肤等途径排出。肾脏是排水的主要途径,通过影响尿液的稀释或浓缩程度而完成对水的调节,其他途径一般不可调节。由于从尿中排出代谢产物是以溶质形式而排泄,因此必须有一定量尿液才能完成该功能。在通常尿渗透压情况下,大约每日 500~700ml 尿液即可完成代谢产物的排泄,但如果摄入蛋白质过多,或体内分解代谢过于亢进,则需更多尿液量;另外,肾功能减退时,由于尿液浓缩功能障碍,排出同等量的代谢产物需更多尿液,因此需更多的水从尿液中排出。皮肤排水则与体温、湿度、运动状况等有关。每天直接通过皮肤蒸发(非显性出汗)约 500ml,当气温达到 28℃时,汗腺开始排汗(显性出汗),出汗多少和活动量有关。通过肺呼吸排出的水量大约每天 400ml,与呼吸的深浅、速率、空气湿度等有关。消化道每天会分泌大量的消化液,如唾液、胃液、肠液、胰液、胆汁等,大约有 8 000ml 以上,但绝大部分在消化道下段会重吸收入体内,每天随粪便排出的水量仅有大约 150ml。

为了维持基本的尿量,以保证代谢产物的排泄,正常人每日必需饮水量(包括食物中含水量)为 600~700ml 左右。但饮用水行为除受神经、体液等因素影响外,很大部分是习惯性的。所饮水量除排泄代谢产物所必需水量外,多余部分则以尿液的形式排出。

表 18-2　正常人的水代谢情况

| 体内水的来源（ml） | | | 体内水的去路（ml） | | |
|---|---|---|---|---|---|
| | 必需的 | 随意的 | | 必需的 | 随意的 |
| 饮水 | 650 | 1 000 | 尿 | 700 | 1 000 |
| 食物中水 | 750 | | 皮肤 | 500 | |
| 内生水 | 350 | | 肺 | 400 | |
| | | | 粪 | 150 | |
| 共计 | 1 750 | 1 000 | 共计 | 1 750 | 1 000 |
| 总计 | 2 750 | | | 2 750 | |

## 知识链接

### 水通道蛋白

细胞膜的基本结构是磷脂双分子层,那么水分子究竟是如何进出细胞的呢? 早在20世纪50年代,科学家就发现细胞膜存在只允许水分子进出的水通道,直到20世纪80年代中期,美国科学家彼得·阿格雷经过反复研究,发现了一种被称为水通道蛋白(aquaporin,AQP)的细胞膜蛋白,它就是人们寻找已久的水通道。2003年,彼得·阿格雷(Peter Agre)与揭示离子通道工作原理的罗得里克·麦金农(Roderick MacKinnon,在1988年,他利用X射线晶体成像技术获得了世界第一张离子通道高清晰度照片)一起获得了诺贝尔化学奖。

水分子是通过细胞膜上的水通道蛋白的高效转运而进出细胞的。到目前为止,在哺乳动物中已经发现有13种水通道蛋白($AQP_0 \sim AQP_{12}$),它们分布于全身组织器官,尤其在肾、肺和神经组织有广泛分布。肾是调节水代谢的重要器官,在肾内至少有9种水通道蛋白($AQP_1 \sim AQP_8$、$AQP_{11}$),是肾重吸收水和尿液浓缩的重要分子基础。参与尿液形成和水的重吸收的主要是 $AQP_1 \sim AQP_4$,其中 $AQP_1$ 主要分布在肾近端小管、髓襻降支细段,负责了90%水分的重吸收;其余水分的重吸收主要通过表达于肾集合管的 $AQP_2 \sim AQP_4$ 进行主动重吸收,其功能受精氨酸血管加压素(arginine-vasopressin,AVP)等神经体液调节。

## 二、钠和氯代谢

1. 钠和氯的含量与分布 正常成人体内钠总量约为 1g/kg 体重(45~50mmol/kg),其中40%与骨骼的基质结合,是不可交换的;另外50%在细胞外液,10%在细胞内液,是可以交换的。血钠浓度的正常范围为 135~148mmol/L。血浆 $Cl^-$ 浓度为 96~107mmol/L。

2. 氯化钠的摄入与排泄 天然食物中含钠甚少,所需的钠主要来自食盐。根据世界卫生组织2012年发布的指南,强烈建议成人每日钠摄入量<2g(即每日食盐摄入量<5g)。我国习惯的高钠饮食与高血压及脑卒中的发生有直接关系。

摄入的氯化钠全部经胃肠道吸收。钠大部分(90%)经肾由尿排出,排出量与进食量大致相等。肾对 $Na^+$ 排出的阈值约为 110~130mmol/L。肾调节钠的能力很强,过量的钠可以很快通过肾排出体外,当机体完全停止摄入钠时,肾排钠量可以降至极低(25mg/d),甚至趋于零。故常用"多吃多排,少吃少排,不吃不排"表示肾对钠排泄的严格控制能力。

肾排钠的同时伴有氯的排出,故人体缺钠时氯排出也减少;相反,钠过多时尿氯排出亦增多。因此,临床上检验尿液氯化物的多少,可间接判断血钠浓度,以推测血浆渗透压高低。

汗液中的溶质主要是 NaCl,浓度约为 0.15%~0.50%,平均 0.30%(51mmol/L),故随汗液亦可排出少量的钠,如大量出汗,也可丢失较多的钠。此外,每日随粪便也排出少量的NaCl。

## 三、钾代谢

1. 钾的含量和分布 人体含钾约 2g/kg 体重(50~55mmol/kg)。绝大部分钾(约占总量的98%)存在于细胞内,仅约2%的钾存在于细胞外液中。钾在体内的分布与组织细胞的数量和大小有直接关系。钾总量的70%储存于肌肉组织,皮肤及皮下组织占10%。其余分布在脑和内脏中。

2. 钾的摄入与排泄 根据世界卫生组织 2012 年发布的指南,建议成年钾摄入量至少达每日 90mmol(即每日 3.51g,相当于 6.71g 氯化钾)。柑橘、香蕉等水果,以及蔬菜、肉类中钾的含量丰富,因此正常膳食可以满足人体对钾的需要。

排钾的主要途径是尿液。肾排泄钾的能力很强。正常情况下,有 80%~90% 的钾经肾随尿液排出体外。其排出量与摄入量大致相等,所以在肾功能良好时,口服钾不会引起血钾的异常增高。肾排泄钾的量虽随摄入量而增减,但其控制不如对钠那样严格。在钾摄入极少时,肾仍排出一定量的钾,甚至在不进食钾的情况下,每日还从尿中排出钾 20~40mmol(约为 1.5~3g 氯化钾)。因此,常用"多吃多排,少吃少排,不吃也排"形容肾对钾的排泄特点。

粪便和汗液中排钾量约为总排出量的 10%,但严重腹泻时,可大量丢失高钾性的消化液,使钾由粪便的排出量达正常时的 10~20 倍。因此,腹泻和长时间食欲减退是造成低钾血症的重要原因。

3. 物质代谢对钾在细胞内外分布的影响 细胞内外钾的分布极不均匀,细胞内液 $K^+$ 浓度(约 158mmol/L)比血浆 $K^+$ 浓度(3.5~5.5mmol/L,平均 5mmol/L)高出约 30 倍。细胞膜上的 $Na^+$-$K^+$-ATP 酶不断将细胞外液中的 $K^+$ 泵入细胞内,但元素示踪实验结果表明,细胞外液的 $K^+$ 进入细胞内是一个相当缓慢的过程,需要 15 小时才能达到细胞内、外液的平衡,而水达到平衡仅需 2 小时。许多因素影响 $K^+$ 在细胞内外液的交换及肾内钾的排泄。

(1) 物质代谢:糖原合成时,每合成 1g 糖原需要 0.15mmol 的 $K^+$。在临床上,可以看到注射胰岛素及葡萄糖后,可导致血钾降低,这是由于血浆中 $K^+$ 转移至细胞内参与糖原合成之故。相反,糖原分解时,细胞内的 $K^+$ 转移至细胞外,会使血钾浓度升高。

蛋白质是两性电解质,多数蛋白质在体液中带负电荷,当细胞内蛋白质合成时可保留 $K^+$。因此,在组织生长或创伤恢复期,蛋白质合成代谢增强,$K^+$ 即从细胞外液向细胞内液转移。每合成 1g 蛋白质可储存 0.45mmol 的 $K^+$;反之,当大量肌肉组织损伤或因感染缺氧等引起组织蛋白分解时,有相当量的 $K^+$ 由细胞内释放到血液。

(2) 体液 $H^+$ 浓度:在酸中毒时(如酮体、乳酸等增多),血液 $H^+$ 浓度增高,部分 $H^+$ 进入细胞内液,受到细胞内液碱性物质的中和,作为机体调节酸碱平衡方式之一。为维持细胞内、外液阴阳离子总数相等的电平衡状态,细胞内的 $K^+$ 移出细胞与 $H^+$ 交换;同时,酸中毒时肾要排出过多的酸并增强 $NaHCO_3$ 的重吸收和重新生成,这时肾小管细胞泌 $H^+$ 作用增强,而泌 $K^+$ 作用减弱,即 $H^+$-$Na^+$ 交换增强,$K^+$-$Na^+$ 交换减弱,使肾排 $K^+$ 减少。基于以上两方面原因,临床酸中毒患者常合并高钾血症。反之,碱中毒时,细胞内液 $H^+$ 转移至细胞外液,以维持血液 pH 正常,此时 $K^+$ 由细胞外进入细胞内,而肾为保留酸排出碱,泌 $H^+$ 作用减弱,$NaHCO_3$ 重吸收减少,泌 $K^+$ 作用增强,出现低钾血症。

## 四、水、钠、钾代谢的激素调节

人体每日从饮食中获得水和各种无机盐类,以维持正常生理活动的需要。在神经-体液的调节下,主要通过肾排尿维持体液容量和渗透压的动态平衡,其中以抗利尿激素、醛固酮和心房钠尿肽的调节作用最重要。

### (一) 抗利尿激素

抗利尿激素(antidiuretic hormone,ADH)是下丘脑分泌的一种激素,化学本质为九肽。它在血液中不与蛋白质结合,分子量小,可自肾小球滤出,故很容易被肾清除,也有部分在肝中被灭活。

抗利尿激素的分泌主要受下丘脑视上核的渗透压感受器、左心房的血容量感受器和颈动脉窦及主动脉弓的血压感受器的调节。3 种感受器兴奋均能促进 ADH 的分泌。如血浆 $Na^+$ 浓度超过 150mmol/L,血浆渗透压升高时,刺激渗透压感受器引起 ADH 分泌增加,ADH 通过与肾远曲小管及集合管上皮细胞膜上受体结合,激活腺苷酸环化酶,使上述细胞内 cAMP 浓度升高。cAMP 活化蛋白激酶 A,后者催化膜蛋白中含羟基的氨基酸残基磷酸化,使位于管腔膜附近的含有水通道蛋白的小泡镶嵌在管腔膜上,增加了肾小管上皮细胞对水的通透性,促进水的重吸收,以增加血容量,降低血浆渗透压。

### (二)醛固酮

醛固酮(aldosterone)是肾上腺皮质球状带分泌的一种盐皮质激素,属于类固醇激素,其主要作用是增加肾远曲小管和集合管对水和 $Na^+$ 的重吸收,并促进 $K^+$ 的排出。醛固酮的分泌主要受血容量、肾素-血管紧张素-醛固酮系统、血 $K^+$ 和血 $Na^+$ 浓度等因素的调节。

1. 血容量 血容量是指全身有效循环血量,包括血浆容量(plasma volume,PV)和红细胞容量(red cell volume,RV)。当循环血量减少时,醛固酮的分泌量会增加,使钠和水的重吸收增加,提高血容量;反之,醛固酮的分泌量减少,从而钠和水的重吸收减少,减少血容量,以维持机体正常代谢。

2. 肾素-血管紧张素-醛固酮系统(renin-angiotensin-aldosterone system,RAAS) 肾素(renin)又称血管紧张肽原酶,是一种蛋白质水解酶,能催化血浆中血管紧张素原(属 $\alpha_2$ 球蛋白)转变为血管紧张素 I(angiotensin I,Ang I,10 肽)。血管紧张素 I 通过血管紧张素转化酶催化转变为血管紧张素 II(Ang II,8 肽)。Ang II 具有很强的缩血管作用,且可促使肾上腺皮质分泌醛固酮,从而促进钠和水的重吸收,增加血容量,升高血压。血管紧张素转化酶抑制剂(angiotensin converting enzyme inhibitor,ACEI)可减少 Ang II 的生成,是目前临床应用最广的一线抗高血压药物。

3. 血 $K^+$ 和血 $Na^+$ 浓度 当血 $K^+$ 升高或血 $Na^+$ 降低,$Na^+/K^+$ 比值降低时,醛固酮分泌增加,尿中排出 $Na^+$ 减少。相反,当血 $K^+$ 降低或血 $Na^+$ 升高时,可使醛固酮分泌减少,尿中排 $Na^+$ 增加。

### (三)心房钠尿肽

1981 年,Debold 首先发现哺乳动物心房肌细胞可合成并分泌一类具有很强的排钠和利尿作用的肽类物质,称为心房钠尿肽(atrial natriuretic peptide,ANP;atrial natriuretic factor,ANF),又称心钠素(cardionatrin)、心房肽(atriopeptin)。

人体内已分离出 $\alpha$、$\beta$、$\gamma$ 3 种 ANP,分别由 28 个、56 个和 128 个氨基酸残基组成。心房钠尿肽能抑制肾小管细胞内腺苷酸环化酶活性,降低肾小管细胞对 $Na^+$ 和水的重吸收。此外,ANP 尚有抑制肾素、醛固酮和 ADH 分泌的作用。

## 五、水、钠、钾代谢紊乱

### (一)水肿

水肿(edema)通常指过多体液积聚在组织间液。常见的全身性水肿有心性水肿、肝性水肿和肾性水肿。

1. 心性水肿 由充血性心力衰竭引起。发生机制主要与心排出量减少,有效循环血容量及肾小球滤过率降低,肾素-血管紧张素-醛固酮系统激活,致使水钠重吸收增加有关。同时,毛细血管血压升高,以及由于淤血、缺氧使毛细血管通透性增加和淋巴回流受阻等也是发生心性水肿的部分原因。

2. 肝性水肿 多由肝硬化引起。肝功能减退,血浆蛋白尤其是清蛋白合成减少,致使血浆胶体渗透压下降;而肝对 ADH 和醛固酮的灭活能力下降,使血浆中 ADH 和醛固酮水平升高,更进一步促进了水钠潴留。

3. 肾性水肿 由肾炎或肾病引起。肾炎性水肿主要由于肾小球滤过率显著下降,引起体内水钠潴留所致。而肾病性水肿则与肾小球毛细血管基底膜通透性增加,大量丢失血浆蛋白,导致胶体渗透压下降有关。

### (二) 脱水

由于水和钠的缺失而引起体液的减少,叫作脱水(dehydration)。根据水和钠二者丢失的比例不同,又将脱水分为高渗性脱水(hypertonic dehydration,又称缺水性脱水)、低渗性脱水(hypotonic dehydration,又称缺钠性脱水)及等渗性脱水(isotonic dehydration,又称混合性脱水)3 种类型。

1. 高渗性脱水 基本特征:失水多于失钠,血清钠浓度大于 150mmol/L,血浆渗透压高于 310mOsm/L。

(1) 原因:①水源断绝,或因昏迷、消化道或咽部疾患等原因不能饮水;②高热或高温环境下工作大量出汗;③使用大量高渗性利尿脱水剂,如 50% 葡萄糖溶液、20% 甘露醇溶液、25% 山梨醇溶液等。

(2) 症状特点:①由于血浆渗透压升高,皮质渴觉中枢兴奋,导致口渴思饮;②血浆 $Na^+$ 浓度升高,使醛固酮分泌减少,尿中 $Na^+$ 和 $Cl^-$ 增多,尿比重升高;③渗透压感受器兴奋,ADH 分泌增多,肾对水的重吸收增加,患者出现尿少,故循环血容量早期改变不大;④细胞内液水分向细胞外移动,因此脱水主要在细胞内液;⑤脑细胞内脱水,引起中枢神经系统功能紊乱,出现烦躁、抽搐、昏迷等症状。

(3) 治疗原则:以补充 5% 葡萄糖溶液为主,但也应补充 1/5～1/4 输液量的含钠等渗液。

2. 低渗性脱水 基本特征:失钠多于失水,血清钠浓度低于 130mmol/L,血浆渗透压低于 280mOsm/L。

(1) 原因:①严重腹泻、呕吐,反复胃肠引流,出血或大面积烧伤等原因,失去了等渗液,而仅补充水或葡萄糖溶液;②肾衰竭的多尿期,使用呋塞米等利尿药,肾上腺皮质功能减退(醛固酮分泌减少)等原因使肾排钠增多;③重度营养不良者出现的脱水。

(2) 症状特点:①细胞外液渗透压降低,细胞外液的水进入细胞内,引起细胞水肿;②ADH 的分泌减少,因此虽然机体失水,但初期尿量反而增加;③由于低渗,患者无明显的口渴感觉;④脱水主要部位在细胞外液,组织间液容量明显减少,出现眼窝凹陷、皮肤弹性下降等症状;⑤血浆容量减少,导致循环衰竭,代谢废物潴留,最后发生酸碱平衡紊乱和氮质血症。

(3) 治疗原则:低渗性脱水患者应以补充生理盐水为主,但患者常伴有酸中毒,故应配合补充 $NaHCO_3$ 或乳酸钠溶液加以纠正。

3. 等渗性脱水 基本特征:水和钠等比例丢失,血清钠的浓度和渗透压不变。

(1) 原因:大量丢失等渗液,如腹泻、呕吐、失血、胃肠引流等。

(2) 症状特点:①细胞内液量变化不大,主要脱水部位在细胞外液;②醛固酮和 ADH 分泌增多,尿 $Na^+$ 和尿量均减少;③患者兼有高渗性脱水和低渗性脱水的症状,如口渴、尿少、皮肤弹性下降等;④严重者因循环血容量减少,可引起休克和氮质血症。

(3) 治疗原则:补充含钠等渗液及 5% 葡萄糖溶液,两者以 1:1～2:1为宜。

### (三) 钾代谢紊乱

钾代谢紊乱表现为低钾血症和高钾血症。

1. 低钾血症 血清钾低于 3.5mmol/L。

（1）原因：①钾摄入不足，如长期不能进食、胃肠道手术等，但肾仍每日有钾排出，因此，一般禁食 3 天后，就会出现低钾表现；②钾的丢失过多，如腹泻、胃肠减压等丢失大量高钾溶液；使用糖皮质激素类药物或氯噻嗪、呋塞米等排钾性利尿药物，使肾排钾增多；③钾由细胞外液进入细胞内液，如糖原和蛋白质合成旺盛；④碱中毒。

（2）主要症状：①骨骼肌兴奋性降低，可出现周身乏力，腱反射减弱、消失，甚至出现肢体或呼吸肌麻痹；②胃肠平滑肌兴奋性降低，引起腹胀、肠鸣音减弱，甚至肠麻痹；③心肌兴奋性和自律性增高，可出现各种心律失常；④由于缺钾引起脑细胞糖代谢障碍，使能量生成减少，患者出现精神萎靡、嗜睡等中枢神经系统症状。

（3）治疗原则：积极治疗原发病，防止继续失钾，并根据缺钾的程度给予口服或静脉补钾。但补钾必须注意"两足三勿"。"两足"：①患者必须有足够的尿量，每天成人尿量至少在 500ml 以上方可补钾；②足够的疗程，补钾一般要持续 3~7 天，因钾进入细胞内比较缓慢。"三勿"：勿多、勿快（且不可静脉注射钾盐）、勿浓，以避免出现高钾血症。

2. 高钾血症 血清钾浓度超过 5.5mmol/L。

（1）原因：①急、慢性肾衰竭，导致少尿、无尿，钾的排出受阻；②酸中毒，细胞内液的 $K^+$ 与细胞外液的 $H^+$ 交换，血浆 pH 每降低 0.1，血钾升高 0.8mmol/L；③组织损伤，如急性溶血、大面积烧伤或肌肉组织创伤，组织内钾释放入血；④钾的输入过多或过快。

（2）主要症状：①手足感觉异常、肌肉震颤等神经肌肉兴奋性升高的表现；②重度高钾血症可因心肌兴奋性降低，传导阻滞，而引起心脏停搏。

（3）治疗原则：①立即停止摄入钾，禁食水果、牛奶等含钾高的食物；②注射葡萄糖和胰岛素或给予碱性药物（$NaHCO_3$），促使钾向细胞内转移；③静脉输入钙剂或钠盐，以对抗高钾对心肌的损害；④给予肾上腺皮质激素类药物，以促进肾对钾的排泄；⑤血液透析。

### 病案分析

病案实例：

患儿，1 岁 7 个月，因腹泻、呕吐、精神差、尿少 4 天入院。患儿 4 天前开始出现排水样便，7~8 次/d，同时伴呕吐，家长予口服思密达（蒙脱石散）并口服补液治疗无明显好转。患儿精神萎靡，泪少，尿量减少，无明显意识障碍，无抽搐。

查体：体温 36.8℃，呼吸 32 次/min，心率 121 次/min，体重 14.5kg，神志清醒，精神萎靡，皮肤干燥，弹性差，前囟、眼窝明显凹陷，双侧瞳孔等大正圆、直径 3mm，对光反射灵敏，口唇黏膜干燥，咽部轻度充血，扁桃体不肿大。腹部平软，无压痛，肝脾无肿大，肠鸣音亢进。四肢冷。神经系统：肌张力正常，腹壁反射（+），双膝腱反射（+），脑膜刺激征（-），巴氏征（-）。

辅助检查：血常规示白细胞计数（WBC）$8.4×10^9$/L，中性粒细胞百分比（N%）35%，淋巴细胞百分比（L%）57%，红细胞计数（RBC）$5.6×10^{12}$/L，血红蛋白（HGB）142g/L，血小板计数（PLT）$285×10^9$/L。便常规：稀水样，镜下脂肪球（++++）/HP，余阴性。尿常规：pH 6.5，尿比重（SG）>1.031，酮体（+++），余正常。血清电解质：血清钾 2.88mmol/L，钠 122mmol/L，氯 88.3mmol/L，二氧化碳结合力 16.58mmol/L。

ER-18-2

病案分析

# 第四节 钙、磷代谢

## 一、钙、磷的分布及其生理功能

钙、磷在体内主要以无机盐的形式构成骨与牙齿中的骨盐——$CaHPO_4$ 和结晶的羟磷灰石 $[Ca_{10}(PO_4)_6(OH)_2]$。成年人体内钙的总量约为 $700 \sim 1\,400g$，磷的总量约为 $400 \sim 800g$，约有 99.7% 的钙和 87.6% 的磷存在于骨和牙齿中。其余不足 1% 的钙分布于体液及其他组织中，其中细胞外液含钙约 $10^{-3}mol/L$，细胞质含钙约 $10^{-8} \sim 10^{-7}mol/L$，线粒体和内质网含钙约 $10^{-4}mol/L$。而其余的磷大部分以有机磷酸酯形式分布于各组织细胞，小部分以无机磷酸盐形式分布在体液中。

钙、磷具有重要的生理功能。$Ca^{2+}$ 能调节神经肌肉的兴奋性，降低毛细血管的通透性，参与肌肉收缩以及血液凝固等过程；胞质 $Ca^{2+}$ 作为第二信使在信号转导中发挥重要生理作用等。体内的磷参与构成许多重要的生物分子，如核酸、磷蛋白、磷脂、FAD、$NAD^+$ 等，并形成 ATP、CTP、GTP、CP 等高能磷酸化合物。此外，在体液中还构成磷酸盐缓冲系统参与调节酸碱平衡。

## 二、钙、磷的吸收与排泄

### （一）钙的吸收与排泄

1. 钙的吸收 乳制品、豆制品、海带等富含钙。正常成人每天需要 $0.6 \sim 1.0g$ 钙。儿童、孕妇、哺乳期妇女钙的需要量增加至每日 $1 \sim 1.5g$，因此需注意钙的补充。钙主要在十二指肠及小肠上部被主动吸收，但钙吸收率低，成年人仅 20% 左右。钙的吸收受下述因素的影响：

（1）肠道 pH：肠道中的钙盐如磷酸钙、碳酸钙等易溶于酸性溶液而难溶于碱性溶液。因溶解的钙盐才可吸收，所以凡能增加肠内酸度的因素就有利于钙的吸收，如乳酸、氨基酸等均能促进钙盐的吸收。

（2）食物成分：食物中若含有过多的碱性磷酸盐、草酸盐、植酸（肌醇六磷酸）等均可与钙结合成不溶解的钙盐，有碍钙的吸收。食物中钙磷的比例（Ca/P）对钙的吸收亦有影响，一般 Ca/P 比值为 $1/1 \sim 1/2$ 最有利于钙吸收。

（3）活性维生素 D，即 $1,25\text{-}(OH)_2\text{-}D_3$，是促进钙吸收最重要的物质。

（4）年龄：钙吸收率与年龄成反比。婴幼儿可吸收食物中钙的 50% 以上，儿童为 40%，成人仅 20% 左右，40 岁以后，平均每 10 年在原基础上减少 $5\% \sim 10\%$。因此，老年人易出现骨质疏松。

2. 钙的排泄 钙主要通过肠及肾排泄。人体每日排出的钙，约 20% 从肾排泄，80% 随粪便排出。

### （二）磷的吸收与排泄

1. 磷的吸收 磷的吸收形式主要为酸性磷酸盐（$H_2PO_4^-$）。食物中的磷主要以磷酸盐、磷脂和磷蛋白形式存在，易于消化吸收。人体每天进食的磷不到 1g，吸收率达 70% 以上，吸收部位亦在小肠上段。影响磷吸收的因素大致与钙相似，钙、镁、铁等金属离子常与磷酸结合成为不溶性盐，因此，这些物质在食物中过多，会妨碍磷的吸收。

2. 磷的排泄　磷亦通过肾及肠排泄。随尿排出的磷约占总排出量的 60%~80%,随粪便排出的磷占 20%~40%,后者多为磷酸钙的形式。

### 三、血钙与血磷

#### (一)血钙

血液中的钙几乎全部存在于血浆中,故血钙即指血浆钙。正常人血钙浓度为 2.25~2.75mmol/L(9~11mg/dl)。血钙以离子钙和结合钙 2 种形式存在,其中离子钙占 50%。结合钙绝大部分与血浆清蛋白结合,约占血钙总量的 45%,其余 5% 左右以 $Ca(HCO_3)_2$、$CaHPO_4$ 或乳酸钙、柠檬酸钙的形式存在。蛋白结合钙不能透过毛细血管壁,故又称为非扩散钙。可扩散钙为离子钙和少量柠檬酸钙等。结合钙与离子钙之间存在动态平衡。这种平衡受血液 pH 的影响,当血液 pH 升高($HCO_3^-$ 浓度增加)时,蛋白结合钙升高;相反,当血液 pH 下降时($H^+$ 浓度增加),离子钙增多。因此,当酸中毒时,$Ca^{2+}$ 浓度增加;在碱中毒时,即使血钙总量不变,但血浆 $Ca^{2+}$ 浓度降低,因此会引起抽搐。

#### (二)血磷

血磷是指血浆中的无机磷酸盐($HPO_4^{2-}$、$H_2PO_4^-$)所含有的磷。成人血磷浓度约 1.2mmol/L(3.5~4.5mg/dl),其中 80%~85% 以 $HPO_4^{2-}$ 的形式存在,其余为 $H_2PO_4^-$。

血钙、血磷之间存在浓度关系。正常人血浆中 $[Ca]×[P]=35~40$,$[Ca]$ 及 $[P]$ 分别代表 100ml 血浆中钙与磷的毫克数(mg/dl)。当二者乘积大于 40 时,促进成骨作用,钙和磷以骨盐形式沉积在骨组织;若乘积低于 35 时,则促进溶骨作用,骨盐溶解,释放钙、磷入血。

### 四、钙、磷代谢的调节

无论是机体与外环境之间的钙、磷交换,还是机体各组织器官的钙、磷代谢,都需要通过神经体液的调节作用,其中甲状旁腺素、降钙素和维生素 D 是最重要的调节因素,主要影响钙磷的吸收、在骨组织与体液之间的平衡以及肾的排泄。另外,性激素、糖皮质激素、生长激素等也参与钙、磷和骨代谢的调节。它们之间相互联系、相互制约,共同维持血浆钙和磷浓度动态平衡,促进骨的正常代谢。

骨代谢涉及成骨细胞主导的骨生成与破骨细胞主导的骨吸收。成骨细胞系由间充质干细胞分化而来,经历前成骨细胞(骨原细胞)、成骨细胞,最后分化为成熟的骨细胞。破骨细胞系由骨髓中的髓系干细胞分化而来,先分化为单核巨噬细胞(破骨细胞前体细胞),再由单核巨噬细胞相互融合形成多核巨细胞,最终分化为破骨细胞。

#### (一)1,25-(OH)$_2$-D$_3$ 对钙、磷代谢的影响

维生素 $D_3$ 在体内先后经过肝、肾的羟化作用转变成具有活性的 1,25-(OH)$_2$-D$_3$,通过和细胞内维生素 $D_3$ 受体结合而发挥作用。目前,在人类 30 余种细胞及组织器官中都发现了维生素 $D_3$ 受体的表达。1,25-(OH)$_2$-D$_3$ 对钙、磷和骨代谢的影响如下:

1. 促进小肠钙和磷的吸收　在肾中生成的 1,25-(OH)$_2$-D$_3$ 经血液转运到小肠黏膜细胞的胞质内,再由受体转运至细胞核。经与 DNA 上特异的类固醇激素反应元件结合后,在转录水平促进钙结合蛋白(calbindin)的合成。1 分子钙结合蛋白可与 4 个 $Ca^{2+}$ 结合,参与小肠黏膜对钙的主动吸收。

2. 促进骨代谢,有利于骨骼的生长和钙化　1,25-(OH)$_2$-D$_3$ 能增强破骨细胞的活性,加

速破骨细胞形成,从而促进骨的吸收,动员骨质中的钙、磷释放入血;同时由于小肠钙和磷的吸收增多,使血钙和血磷的浓度升高,又促进了骨骼钙化。因此,活性维生素 D 既能促进溶骨,又能促进成骨,通过促进钙、磷的周转和利用,促进骨的代谢。

3. 促进肾近曲小管对钙和磷的重吸收,使尿钙、尿磷减少。

### (二) 甲状旁腺素

甲状旁腺素(parathyroid hormone,PTH)由甲状旁腺主细胞合成并分泌,为 84 个氨基酸残基所组成的碱性单链蛋白质,可与骨、肾等器官细胞膜受体结合而调节钙、磷代谢和骨代谢。

1. 对骨代谢的双重作用　PTH 既能增加骨组织中破骨细胞数目,并使其活性增强,促进骨盐溶解;又抑制成骨细胞及前成骨细胞 I 型胶原和骨基质蛋白的合成。PTH 对骨代谢的双重作用与剂量有关,持续大剂量 PTH 则骨吸收大于骨形成,间歇性小剂量则骨形成大于骨吸收。

2. 对小肠的作用　PTH 能够激活肾 $1\alpha$-羟化酶活性,增加 $1,25$-$(OH)_2$-$D_3$ 的生成,从而间接促进小肠钙、磷的吸收。

3. 对肾的作用　PTH 促进肾远曲小管对钙的重吸收,减少尿钙的排出;PTH 并能显著抑制肾近曲小管对 $HPO_4^{2-}$ 的重吸收,使尿磷增加。

PTH 总的作用结果是使血钙升高,而血磷降低。

### (三) 降钙素

降钙素(calcitonin,CT)为甲状腺滤泡旁细胞(parafollicular cell,C 细胞)分泌的单链肽类激素(32 肽),主要生理功能是降低血钙和血磷,与甲状旁腺素的作用相拮抗。血钙升高刺激降钙素的分泌。

离体骨细胞培养表明,降钙素可抑制破骨细胞的生成,阻止骨盐的溶解和骨基质的分解,并能诱导成骨细胞形成,刺激成骨细胞的增殖和分化;使钙和磷沉积于骨中,使血钙、血磷降低。

降钙素还可以直接作用于肾近曲小管,抑制钙、磷的重吸收,使尿钙、尿磷增多,还可通过抑制 $1,25$-$(OH)_2$-$D_3$ 的生成,间接地抑制肠道对钙、磷的吸收。

3 种激素对钙、磷代谢的调节作用见表 18-3。

表 18-3　3 种激素对钙、磷代谢的调节

| | $1,25$-$(OH)_2$-$D_3$ | PTH | CT |
|---|---|---|---|
| 血钙 | ↑ | ↑ | ↓ |
| 血磷 | ↑ | ↓ | ↓ |
| 小肠钙吸收 | ↑↑ | ↑ | ↓ |
| 小肠磷吸收 | ↑ | ↑ | ↓ |
| 肾钙重吸收 | ↑ | ↑ | ↓ |
| 肾磷重吸收 | ↑ | ↓ | ↓ |
| 溶骨作用 | ↑ | ↑↑ | ↓ |
| 成骨作用 | ↑ | ↓ | ↓ |

### （四）其他激素对钙、磷代谢的影响

1. **雌激素** 雌激素通过与雌激素受体（estrogen receptor，ER）α 和 β 结合调节骨代谢。雌激素一方面能促进成骨细胞的存活和增殖，抑制成骨细胞凋亡，诱导骨胶原蛋白合成，提高骨矿化；另一方面还能抑制破骨细胞活性，诱导破骨细胞凋亡。此外，雌激素还通过钙磷代谢调节系统间接影响骨代谢，如抑制甲状旁腺素分泌，促进维生素 $D_3$ 转化为 $1,25\text{-}(OH)_2\text{-}D_3$，使血钙和血磷升高，促进骨化和骨骺成熟。妇女绝经后由于雌激素减退，导致绝经后骨质疏松症。

2. **甲状腺素** 促进骨骼新陈代谢，增加溶骨，促进破骨细胞前体细胞形成。增加尿磷、尿钙和粪钙的排出量。

3. **糖皮质激素** 抑制胶原蛋白的合成，促进胶原蛋白和骨基质的分解。抑制肾小管对磷的重吸收，抑制肠道钙的吸收功能，增加尿钙排泄，降低血钙。

4. **生长激素** 促使破骨细胞形成。介导胶原蛋白和硫酸软骨素的合成，促进成骨过程。增加肾小管对磷的重吸收，维持钙、磷适当比例。增加骨密度及骨盐含量。儿童血钙高于成人，就与生长激素有关。

5. **雄激素** 促进骨基质的合成及骨盐沉淀，促进长骨的骨骺融合。

## 五、骨质疏松症

骨质疏松症（osteoporosis，OP）是由多种原因导致的骨代谢障碍性疾病。本病以骨密度下降，骨组织微结构和超微结构破坏，骨脆性增加，易发生骨折为主要特征。骨质疏松症的病因和病理机制较复杂，目前认为与下列因素有关：

1. **激素因素** 雌激素水平下降是绝经期妇女发生骨质疏松症的主要原因。研究表明，女性有 400 多个部位含有雌激素受体（ER），ERα 和 ERβ 在骨组织中广泛表达，由于内源性雌激素分泌不足使骨代谢失去激素的支持，破骨和成骨偶联调节遭到破坏，从而绝经后导致骨质疏松症的发生。前列腺素 $E_2$（$PGE_2$）也在骨质疏松症发病中起一定作用。有研究表明，$PGE_2$ 有促进骨形成、防止失用性骨质疏松（属于破骨与成骨失衡造成的继发性骨质疏松症）的作用。生长激素在绝经后骨质疏松症的发病中也扮演重要的角色。

2. **营养因素** 钙摄入不足及吸收率降低是引起骨质疏松症的另一个重要原因。微量元素和蛋白质等营养素也影响骨的代谢。而维生素 $D_3$ 的摄入不足则加重了老年人的负钙平衡。

3. **运动因素** 已经证实，缺乏运动尤其是青少年时期缺乏运动将严重影响到骨密度和骨矿物质含量的储备。而户外运动减少，接受紫外线照射不足，也是引起维生素 D 缺乏的原因之一。

4. **免疫因素** 免疫系统对骨重建是通过调节成骨和破骨细胞数量和功能分化以及功能活化程度实现的。同时，体液调节也参与这一过程。

ER-18-3

雌激素受体
与绝经后骨
质疏松症

### 课堂互动

问题：绝经后的妇女容易发生骨质疏松症。请问绝经后骨质疏松症有哪些主要特征？请根据发病的主要原因分析其主要的发病机制。

## 学习小结

1. 学习内容

水和无机盐的代谢

- **体液的分布、组成及其交换**
  - 细胞内液：占体重40%；以钾离子、蛋白质、磷酸氢根、有机磷酸为主；通过细胞膜与细胞外液交换
  - 细胞外液
    - 组织间液：占体重15%；以钠离子、氯离子、碳酸氢根离子为主
    - 血浆：占体重5%；除蛋白质含量较多，与组织间液差别不大；通过毛细血管壁与组织间液交换

- **水和无机盐的生理功能**
  - 水的生理功能：调节体温，促进物质代谢，维持组织形态与功能，润滑作用
  - 无机盐的生理功能：组织细胞组成成分，维持神经肌肉应激性，参与酶促反应与代谢调节，维持体液容量、渗透压和pH等

- **水和钠、钾、氯的代谢**
  - 水代谢：每日进出水量约2 000~3 000ml。肾是调节水代谢的主要器官
  - 钠和氯代谢：钠40%分布于骨基质，50%分布在细胞外液；肾排钠特点：多食多排、少食少排、不食不排
  - 钾代谢：钾98%分布在细胞内液；肾排钾特点：多食多排、少食少排、不食也排
  - 水、钠、钾代谢激素调节：抗利尿激素、醛固酮、心房钠尿肽
  - 水、钠、钾代谢紊乱：水肿、脱水；低钾血症、高钾血症

- **钙、磷代谢**
  - 分布与生理功能：主要以无机盐的形式构成骨与牙齿中的骨盐
  - 吸收与排泄：成人每天需钙0.6~1.0g，进食磷<1g；钙80%随粪便排出，磷60%~80%随尿排出
  - 血钙与血磷：血钙：9~11mg/dl，血磷：3.5~4.5mg/dl；$[Ca] \times [P]=35~40$
  - 钙磷代谢的调节：维生素D，甲状旁腺素，降钙素
  - 骨质疏松症：与激素、营养、运动、免疫等因素有关

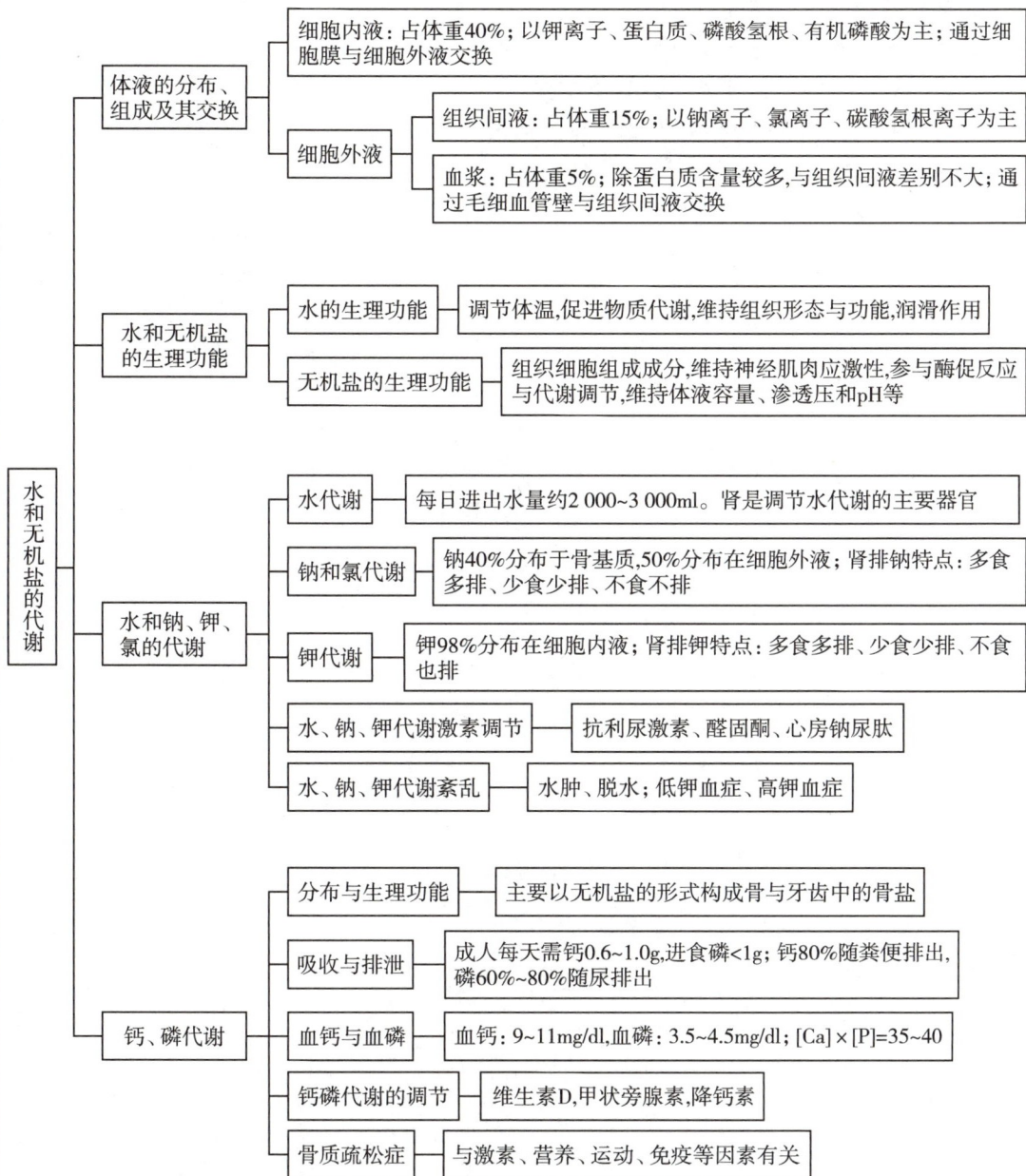

2. 学习方法 从生物体的物质组成入手去理解人体水和无机盐代谢。它们的存在、分布特点与其功能密切相关。水和无机盐代谢是通过摄入和排泄的平衡来实现的，而且是动态的平衡，若其平衡规律被破坏，会引起代谢紊乱。

（冯雪梅 林 凡）

扫一扫，
测一测

## 复习思考题

1. 细胞内、外液的电解质组成特点有哪些？
2. 无机盐的生理作用是什么？
3. 体内水有哪些来源和去路？
4. 水、钠、钾代谢的激素调节途径有哪些？
5. 请述物质代谢及体液 pH 与血钾浓度的关系。
6. 血钙、血磷有哪些主要调节因素？

# 第十九章

# 酸 碱 平 衡

### ✎ 学习目标

通过学习理解体内血液、肺和肾对酸碱平衡的调节作用与引起酸碱平衡紊乱的常见原因,为学习病理生理学和相关临床课程奠定基础。

人体的正常生命活动需要在相对恒定的酸碱度下进行,酸碱平衡对于维持机体的稳态极其重要。机体通过血液缓冲系统、肺和肾,对体内酸性和碱性物质的含量及比例进行调节,以维持体液 pH 于恒定范围(7.35~7.45)的过程称为酸碱平衡(acid-base equilibrium)。

## 第一节 概 述

体内酸性物质和碱性物质大多是物质代谢的产物,部分来自于食物和药物等。在正常情况下,体内酸性物质的来源多于碱性物质。

### 一、酸碱质子理论与缓冲液

酸碱质子理论由丹麦化学家 Bronsted 和英国化学家 Lowry 于 1923 年提出:①在化学反应中,酸(acid)是能给出质子($H^+$)的物质,又称质子给体(proton donor);碱(base)是能接受质子的物质,又称质子受体(proton acceptor)。②酸和碱是相对的,酸给出质子后余下的部分就是碱,称为其共轭碱(conjugate base);碱接受质子后就成为酸,称为其共轭酸(conjugate acid)。

不同酸碱给出或接受质子的能力不同:①给出质子能力强的是强酸,如 $HClO_4$、$HNO_3$、HCl、$H_2SO_4$;给出质子能力弱的是弱酸,如 HAc、HClO、HCN。②接受质子能力强的是强碱,如 $OH^-$;接受质子能力弱的是弱碱,如 $HCO_3^-$。③共轭酸给出质子能力越强,其共轭碱接受质子能力越弱,即强共轭酸给出质子后成为弱共轭碱;共轭酸给出质子能力越弱,其共轭碱接受质子能力越强,即弱共轭酸给出质子后成为强共轭碱。

缓冲液是指能够抵抗有限稀释或少量外来酸、碱的影响,保持其 pH 没有明显改变的溶液。缓冲液对有限稀释或少量外来酸、碱的抵抗作用称为缓冲作用。缓冲液通常含合适浓度、一定比例的共轭酸碱对,这样的共轭酸碱对称为缓冲对(buffer pair),又称缓冲系统(buffer system)。缓冲对中的共轭酸称为抗碱成分,共轭碱称为抗酸成分。缓冲对通常由弱酸和相应的强碱盐或弱碱和相应的强酸盐组成。缓冲液的缓冲机制见血液缓冲系统对酸碱平衡的调节。

## 二、体内酸碱物质的来源

体内酸性物质包括挥发性酸(volatile acid)和非挥发性酸(involatile acid)两类。

### (一) 酸碱物质的来源

1. 挥发性酸 挥发性酸是指碳酸($H_2CO_3$)。糖类、脂肪、蛋白质在体内彻底氧化可产生$CO_2$,成人每天约生成300~400L $CO_2$。这些$CO_2$与水结合生成约15~20mol 的 $H_2CO_3$,其循血液流经肺时可以分解成$CO_2$呼出,是机体代谢产生最多的酸性物质。

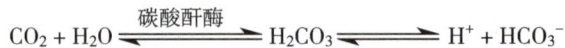

$$CO_2 + H_2O \xrightleftharpoons[]{\text{碳酸酐酶}} H_2CO_3 \xrightleftharpoons{} H^+ + HCO_3^-$$

碳酸酐酶(carbonic anhydrase, CA)主要存在于红细胞、肾小管细胞和肺泡上皮细胞。

2. 非挥发性酸 非挥发性酸又称固定酸(fixed acid),是指不具有挥发性,不会由肺呼出的酸。如糖代谢产生的乳酸,脂质代谢产生的酮体,磷脂和核酸分解代谢产生的磷酸,嘌呤分解代谢产生的尿酸等。除代谢产生外,还有由食物摄入的酸性物质(如调味用的乙酸、饮料中的柠檬酸、酒石酸等)和某些药物(如氯化铵、阿司匹林、水杨酸等)。

由于糖类、脂肪、蛋白质在体内分解代谢可产生大量的挥发性酸和固定酸,因此将富含该类成分的食物(如谷类、肉类)归为成酸性食物。

### (二) 碱性物质的来源

体内碱性物质的来源包括摄入的碱和代谢产生的碱。蔬菜和水果含较多有机酸盐,如柠檬酸、乳酸及草酸的钾或钠盐,在体内其酸根可与 $H^+$ 结合,生成相应的酸,部分酸可经糖异生作用转变为葡萄糖或者糖原在体内进行代谢或储存;而 $Na^+$ 或 $K^+$ 可与体液中的 $HCO_3^-$ 结合,增加血中碳酸氢盐的含量,以降低体液中的 $H^+$ 浓度。因此,蔬菜和水果被认为是成碱性食物。某些药物、食物或饮料中的 $NaHCO_3$ 是摄入碱的另一个来源。

由代谢产生的碱性物质较少,如氨基酸分解产生的 $NH_3$ 可与 $H^+$ 结合生成 $NH_4^+$ 而增加体液的碱性。

虽然机体能不断地产生大量的酸性物质和一些碱性物质,但由于体内对酸碱度具有较强的调节能力,因此在正常情况下,可以维持体液酸碱平衡(pH)的相对恒定。

# 第二节 体内酸碱平衡的调节

酸碱平衡的调节主要是通过血液缓冲系统(buffer system of blood)、肺的呼吸(respiration)及肾的排泄(excretion)与重吸收(reabsorption)等功能完成的。

## 一、血液缓冲系统的调节

一种由弱酸及其盐构成的缓冲系统称缓冲对,由缓冲系统所组成的溶液称为缓冲溶液。

### (一) 血液缓冲系统的组成

在正常情况下,体内酸性物质的来源多于碱性物质。据统计,健康人体每日净增非挥发性酸约70mmol 以及15~20mol 的挥发性酸,最终分别经血液循环运至肺呼出,运至肾排出,其间不会引起体液特别是血液 pH 发生明显改变的原因是由于血液存在多种缓冲系统。

血液缓冲系统包括血浆缓冲系统和红细胞缓冲系统。血浆缓冲系统有 $NaHCO_3/H_2CO_3$,$Na_2HPO_4/NaH_2PO_4$,$NaPr/HPr$(血浆蛋白质钠盐/血浆蛋白质);红细胞缓冲系统有

$KHb/HHb$，$KHbO_2/HHbO_2$，$KHCO_3/H_2CO_3$，$K_2HPO_4/KH_2PO_4$。各种缓冲系统在血液中所占份额如表 19-1 所示。

表 19-1 血液各缓冲系统的分布与含量

| 血液缓冲系统 | 血浆 $HCO_3^-$ | 细胞内 $HCO_3^-$ | 血红蛋白 | 血浆蛋白质 | 磷酸盐 |
|---|---|---|---|---|---|
| 含量/% | 35 | 18 | 35 | 7 | 5 |

### （二）血液缓冲系统的作用

能对抗外来少量的酸性或碱性物质的影响，保持其溶液 pH 几乎不变的作用称为缓冲作用。血浆中以 $NaHCO_3/H_2CO_3$ 最为重要，占全血缓冲系统的 35%，主要缓冲固定酸；红细胞中以 $KHb/HHb$ 和 $KHbO_2/HHbO_2$ 最为重要，占全血缓冲系统的 35%，主要缓冲挥发性酸，它们之间有密切关系。

健康人血液 pH 为 7.4，主要靠 $NaHCO_3/H_2CO_3$ 缓冲系统的调节。

$$H_2CO_3 \rightleftharpoons H^+ + HCO_3^-$$

故血液 pH 与 $[NaHCO_3]/[H_2CO_3]$ 的比值有关。根据缓冲溶液的 pH 公式：

$$pH = pK_a + lg \frac{[HCO_3^-]}{[H_2CO_3]}$$

在 37℃ 时，$H_2CO_3$ 的 $pK_a = 6.1$，健康人血浆 $NaHCO_3$ 的浓度为 24mmol/L，$H_2CO_3$ 的浓度为 1.2mmol/L，所以：

$$pH = 6.1 + lg \frac{24}{1.2} = 6.1 + lg \frac{20}{1} = 6.1 + 1.3 = 7.4$$

由此可见，只要血浆中 $NaHCO_3$ 与 $H_2CO_3$ 的浓度之比为 20:1，血浆 pH 就可维持在 7.4。如果一方浓度发生改变，只要另一方亦做相应的增减，维持比值 20:1，则血浆 pH 保持不变；如果 $[NaHCO_3]/[H_2CO_3]$ 之比改变，则血浆的 pH 就会随之变化。因此，人体调节酸碱平衡的实质就在于调整血浆中 $NaHCO_3$ 和 $H_2CO_3$ 含量，使二者的比值保持在 20:1。

1. 对固定酸的缓冲作用 人体内物质代谢以产酸为主。人体每日约有 70mmol 固定酸经血液循环运至肾排出。固定酸进入血浆，主要由碳酸氢盐缓冲系统缓冲其酸性。

$$CH_3COCH_2COOH + NaHCO_3 \longrightarrow CH_3COCH_2COONa + H_2CO_3$$
$$CH_3CHOHCOOH + NaHCO_3 \longrightarrow CH_3CHOHCOONa + H_2CO_3$$

碳酸分解出的 $CO_2$ 可由肺排出。血浆中还有其他缓冲系统如 $Na_2HPO_4/NaH_2PO_4$ 等，也可对固定酸的酸性进行缓冲。

碳酸氢盐缓冲系统具有以下特点：①$HCO_3^-$ 的来源比其他缓冲系统多；②碳酸的 $pK$ 值 6.1 与血浆 pH 7.4 相差较大，$HCO_3^-$ 为 $H_2CO_3$ 的 20 倍，所以对固定酸的缓冲能力也大；③缓冲固定酸生成的 $H_2CO_3$ 可分解为 $CO_2$ 和 $H_2O$，$CO_2$ 经肺呼出体外。$NaHCO_3$ 是血浆含量最多、缓冲能力最强的缓冲碱，因此被称为血浆碱储备（alkaline reserve）。

2. 对挥发性酸的缓冲作用 机体各组织每天生成 $CO_2$ 约 300~400L，主要依赖红细胞内血红蛋白缓冲系统（$KHb/HHb$ 和 $KHbO_2/HHbO_2$），使 $CO_2$ 在运输排泄过程中基本不影响血液 pH。

机制如下：当血液流经组织时，①由于组织 $CO_2$ 分压高，$CO_2$ 从组织弥散到红细胞中，经碳酸酐酶的催化，与 $H_2O$ 结合生成 $H_2CO_3$，②$H_2CO_3$ 与 $KHbO_2$ 反应生成 $KHCO_3$ 与 $HHbO_2$，

③$HHbO_2$ 释放 $O_2$，$O_2$ 从红细胞弥散进入血液，继而进入组织细胞。整个过程实现了组织 $CO_2$ 与血液 $O_2$ 的交换，基本不改变血液 $H^+$ 的浓度，所以维持血液 pH 不变（图 19-1）。

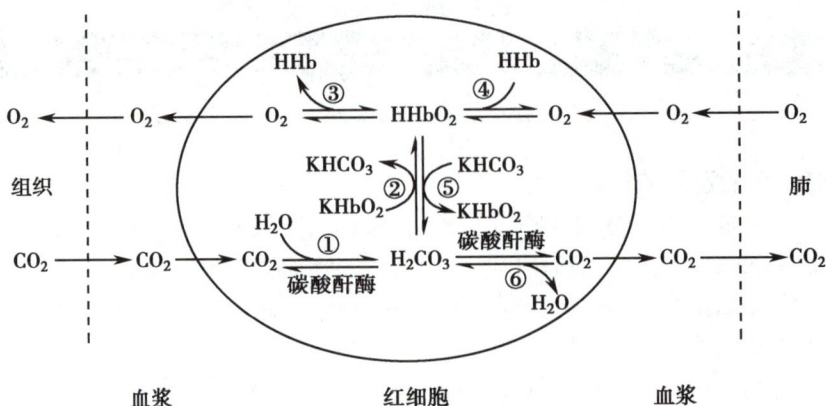

图 19-1　血红蛋白缓冲系统对挥发性酸的缓冲作用

当血液循环至肺时，④$O_2$ 不断地由肺泡扩散入血液，与血红蛋白 HHb 结合成 $HHbO_2$，⑤$HHbO_2$ 与 $KHCO_3$ 反应生成 $KHbO_2$ 和 $H_2CO_3$，⑥$H_2CO_3$ 在碳酸酐酶作用下分解成 $H_2O$ 和 $CO_2$，$CO_2$ 从红细胞弥散入血浆，由肺呼出（图 19-1）。70% 左右的 $CO_2$ 以上述方式转化成碳酸氢盐运输，约 20% 的 $CO_2$ 与血红蛋白结合后被运输，其余以原形溶解被运输。

3. 对碱的缓冲作用　碱性物质进入血液时，由缓冲系统的弱酸部分发挥作用，如对 $Na_2CO_3$ 的缓冲作用：

$$H_2CO_3 + Na_2CO_3 \rightleftharpoons NaHCO_3 + NaHCO_3$$
$$HHbO_2 + Na_2CO_3 \rightleftharpoons NaHCO_3 + NaHbO_2$$
$$KH_2PO_4 + Na_2CO_3 \rightleftharpoons NaHCO_3 + K_2HPO_4$$

$H_2CO_3$ 是主要的抗碱成分，消耗的 $H_2CO_3$ 可以由代谢产生的 $CO_2$ 补充。

综上所述，碳酸氢盐缓冲系统在缓冲酸和碱中均起重要作用，能迅速有效地缓冲体内酸、碱物质对血浆 pH 的影响，调节机体酸碱平衡。

缓冲过程会导致血浆中 $NaHCO_3/H_2CO_3$ 比例的改变：缓冲固定酸时比值下降，缓冲碱时比值上升。但正常人体内碳酸氢盐缓冲系统属于开放性缓冲系统，受肺和肾对其含量的直接调节，缓冲潜力大，因此，机体正常代谢过程中产生的酸与碱不致造成血液 pH 的明显改变。

## 二、肺对酸碱平衡的调节

肺通过呼出 $CO_2$ 来调节血液中 $H_2CO_3$ 的浓度，以维持酸碱平衡。

1. 体内 $H_2CO_3$ 增多　血浆 $NaHCO_3/H_2CO_3$ 比值减小，使血浆 $CO_2$ 分压升高，pH 下降，可刺激延髓的呼吸中枢，使呼吸加深、加快，导致 $CO_2$ 排出增多，致使血中 $H_2CO_3$ 的浓度回落，以维持血浆 $NaHCO_3/H_2CO_3 = 20:1$，血浆 pH 稳定在 7.35~7.45。

$CO_2$ 分压正常值是 5.32kPa（40mmHg），若增加到 8kPa（60mmHg）时，肺通气量可增加 10 倍。

2. 碱性物质增加　消耗 $H_2CO_3$，使血浆 $H_2CO_3$ 降低，血浆 $NaHCO_3/H_2CO_3$ 比值增大，此时 $H^+$ 浓度降低，$CO_2$ 分压下降，致使肺呼吸频率和深度都降低，以减少 $CO_2$ 的呼出量，维持血浆 pH 在正常范围。

临床上观察患者是否出现酸碱平衡紊乱时，要注意观察患者呼吸频率和呼吸深度的变化。

### 三、肾对酸碱平衡的调节

肾通过 $Na^+$-$H^+$ 交换、$Na^+$-$NH_4^+$ 交换、$Na^+$-$K^+$ 交换和排固定酸等，从而维持体液酸碱平衡。

#### （一）$Na^+$-$H^+$ 交换

$Na^+$-$H^+$ 交换是指肾小管细胞顶端膜 $Na^+$-$H^+$ 交换体通过主动转运机制向小管液泌氢，同时从小管液重吸收 $Na^+$。肾通过该泌氢机制重吸收抗酸成分 $NaHCO_3$。

1. $NaHCO_3$ 的重吸收　人体每天从肾小球滤出 $NaHCO_3$ 约 300g，但排出量通常仅为 0.3g，是滤过量的 0.1%，说明肾重吸收 $NaHCO_3$ 能力很强。$NaHCO_3$ 主要在近曲小管重吸收，约占重吸收总量的 80%，其余部分在髓袢和远曲小管重吸收。

$NaHCO_3$ 重吸收机制：①在肾小管细胞质含有碳酸酐酶，催化 $CO_2$ 和 $H_2O$ 化合成 $H_2CO_3$；②$H_2CO_3$ 再解离成 $HCO_3^-$ 与 $H^+$；③被分泌到肾小管腔的 $H^+$ 与肾小管液 $NaHCO_3$ 作用形成 $H_2CO_3$ 和 $Na^+$；④被转移到管壁细胞内的 $Na^+$ 与 $HCO_3^-$ 结合成 $NaHCO_3$，回到血液，此过程称为 $Na^+$-$H^+$ 交换；⑤管腔内 $H_2CO_3$ 在管壁细胞刷状缘碳酸酐酶催化下，又分解成 $CO_2$ 与 $H_2O$；⑥$CO_2$ 可扩散进入肾小管细胞内被再利用（图 19-2）。

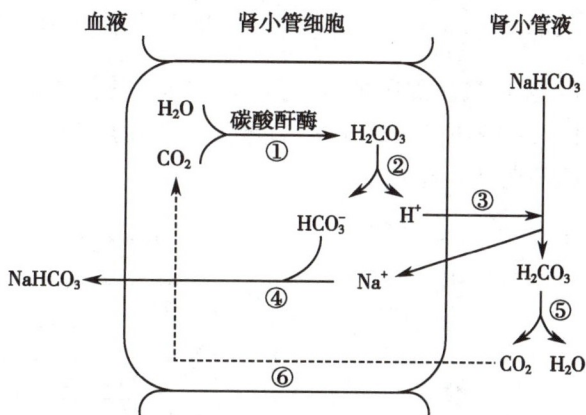

图 19-2　$Na^+$-$H^+$ 交换与 $NaHCO_3$ 的重吸收

2. 排固定酸　体内产生的固定酸从尿液排出使尿液酸化。

正常人血浆 pH 为 7.4，血浆及原尿 $Na_2HPO_4$/$NaH_2PO_4$ 之比为 4∶1。当原尿流经远曲小管时，由于管壁细胞 $CO_2$ 和 $H_2O$ 在碳酸酐酶催化下生成 $H_2CO_3$，$H_2CO_3$ 可解离成 $HCO_3^-$ 和 $H^+$，$H^+$ 被分泌到管腔尿液中，与尿液 $Na_2HPO_4$ 作用生成 $NaH_2PO_4$ 和 $Na^+$，$Na^+$ 再被转移到管壁细胞内，与 $HCO_3^-$ 结合成 $NaHCO_3$，回到血液，此过程也属 $Na^+$-$H^+$ 交换。此时，管腔液中 $Na_2HPO_4$ 转变成酸性的 $NaH_2PO_4$，随尿排出，尿液的 pH 下降。

正常人在一般膳食条件下以排酸为主，排出的尿液 pH 为 5.0～6.0，若尿液的 pH 降到 4.8 时，则 $NaHCO_3$/$H_2CO_3$ 的比值由 20∶1 降至 1∶20，$Na_2HPO_4$/$NaH_2PO_4$ 的比值也由 4∶1 降至 1∶99，这说明原尿经过远曲小管，其 pH 从 7.4 降至 4.8，原尿中的 $NaHCO_3$ 几乎全部被重吸收，而 $Na_2HPO_4$ 几乎全部变成 $NaH_2PO_4$ 随尿排出（图 19-3）。

除磷酸盐外，机体代谢产生的固定酸盐如乙酰乙酸、β-羟丁酸及乳酸的钠盐等也以相同的方式进行 $Na^+$-$H^+$ 交换，所生成的 $NaHCO_3$ 回到血液，而乙酰乙酸、β-羟丁酸及乳酸等随尿排出体外。

#### （二）$Na^+$-$NH_4^+$ 交换

体内代谢产生的 $NH_3$ 排入小管液并与 $H^+$ 结合成 $NH_4^+$，随尿液排出，即 $NH_3+H^+\rightarrow NH_4^+$，因排 $NH_3$ 与等量的 $Na^+$ 的重吸收偶联，故又称 $Na^+$-$NH_4^+$ 交换。$Na^+$-$NH_4^+$ 交换的本质是排氨。

各组织器官代谢产生的氨以谷氨酰胺的形式运至肾。肾小管上皮细胞内有谷氨酰胺酶，催化谷氨酰胺水解生成谷氨酸和 $NH_3$，管壁细胞内氨基酸脱氨基作用也产生少量 $NH_3$。$NH_3$ 从远曲小管细胞分泌，可在原尿中与 $H^+$ 结合成 $NH_4^+$，$NH_4^+$ 与固定酸钠盐的 $Na^+$ 进行交

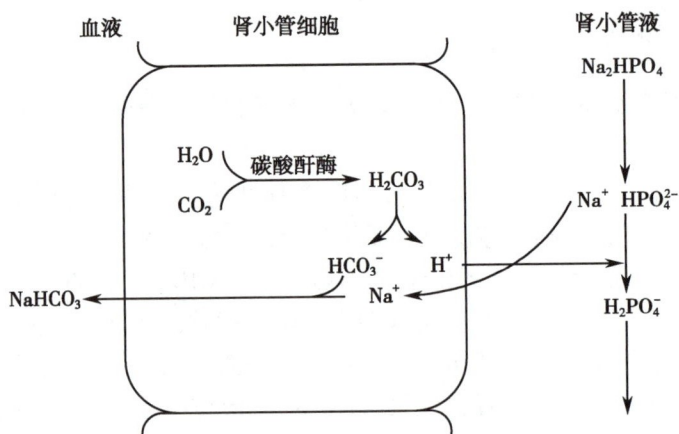

图 19-3　$Na^+$-$H^+$交换与排固定酸

换,生成铵盐随尿排出。而 $Na^+$ 重吸收进入细胞,与 $HCO_3^-$ 一同回到血液,此即 $Na^+$-$NH_4^+$ 交换(图 19-4)。$Na^+$-$NH_4^+$ 交换不仅提高了肾排氨能力,同时也将强酸的钠盐转变为 $NaHCO_3$,以补充碱储备。

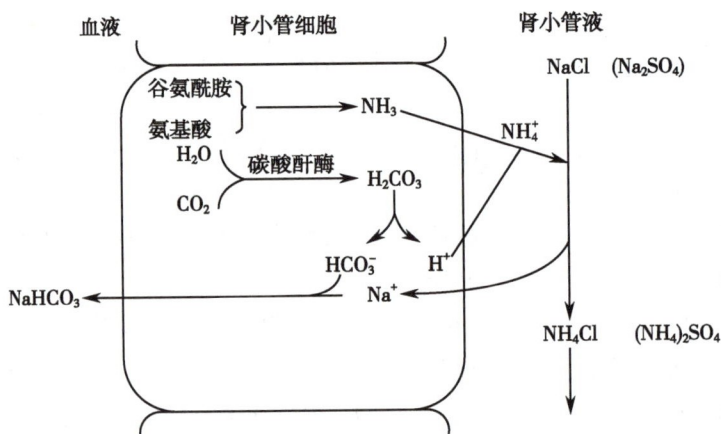

图 19-4　$Na^+$-$NH_4^+$交换与排氨

肾排氨的生理意义:①主要是维持机体酸碱平衡:$NH_3$ 的分泌随原尿 pH 变化而变化,原尿的酸性越强,泌 $NH_3$ 作用越旺盛。因此酸中毒时,尿中铵盐增多,如尿呈碱性则泌 $NH_3$ 作用停止。肝性脑病患者禁用碱性利尿药,以避免血 $NH_3$ 进一步升高。②排氨解毒。

### (三) $Na^+$-$K^+$交换

肾远曲小管与集合管分泌 $K^+$,而 $K^+$ 的分泌与 $Na^+$ 的重吸收有关,故被称为 $Na^+$-$K^+$ 交换。$Na^+$-$H^+$ 交换与 $Na^+$-$K^+$ 交换存在竞争:若 $H^+$ 分泌增加,$Na^+$-$H^+$ 交换占优势;相反,$K^+$ 分泌增加,$Na^+$-$K^+$ 交换占优势。

细胞外液 $K^+$ 过多(特别是高血钾)时可促进 $Na^+$-$K^+$ 交换,抑制 $Na^+$-$H^+$ 交换,使尿 $K^+$ 排出增加,尿 $H^+$ 排出减少,导致高钾性酸中毒;相反,细胞外液 $K^+$ 不足(特别是低血钾),则 $Na^+$-$H^+$ 交换加强,而出现低钾性碱中毒。

综上所述,机体调节酸碱平衡的过程主要是通过血液缓冲系统、肺及肾的调节实现的。其中,血液缓冲系统的作用最快,但缓冲系统能力有一定限度,不能持续发挥作用;肺的调节亦较快,通常在 pH 改变几分钟后开始发挥调节作用,30 分钟达到调节高峰,可以通过改变肺泡通气量从根本上调节 $H_2CO_3$ 的浓度,但不能排出固定酸,而且影响呼吸中枢的因素较多,调节效能常受到一定限制;肾的调节作用虽发挥得较晚,一般在 3~4 小时后起效,但效率高、持续时间长,不但可以排出固定酸,而且还能排氨、排钾、回收碳酸氢盐等,是最重要的调节系统。因此,良好的肾功能,是纠正酸碱平衡失调的重要条件。

体内的酸碱平衡实际上是相对的动态平衡。由食物摄取及代谢产生的酸性或碱性物质,不断进入血液,不断地打破这种平衡,而体内又能通过调节机制使之处于相对平衡状态,这就是人体调节酸碱平衡的规律。

## 第三节　酸碱平衡失调

**课堂互动**

问题:人体"酸碱体质说"是一种流传的说法。该观点认为,酸性体质可导致多种疾病产生,提倡多吃碱性食物。你是否认同这一观点? 请运用相关生化知识解释你的观点。

体液的 pH 通过上述血液缓冲系统、肺及肾 3 种互相联系的调节机制调节以后,可以维持其 pH(7.35~7.45)相对恒定。酸碱平衡失调的主要原因是体内酸性或碱性物质过多或过少,或肺或肾功能不全。这必然反映在血浆中的主要缓冲系统 $NaHCO_3/H_2CO_3$ 的含量和比值上。失调初期通过体液的缓冲作用以及肺与肾的调节,尽管它们的绝对浓度已有变化,若两者的浓度比值仍能维持在 20:1 左右,血浆的 pH 尚能维持在正常范围,此时的酸碱平衡失调称为代偿性酸中毒或代偿性碱中毒。若酸碱平衡严重失调,超过了肺与肾的代偿能力,不能维持血浆 pH 于正常范围,则称失代偿性酸中毒或失代偿性碱中毒。

酸碱平衡失调根据起因不同,又可分为两大类:因 $NaHCO_3$ 含量减少或增加而引起的酸碱平衡失调,称为代谢性酸中毒(metabolic acidosis)或代谢性碱中毒(metabolic alkalosis);因肺呼吸功能异常导致 $H_2CO_3$ 含量增加或减少而引起的酸碱平衡失调,则称为呼吸性酸中毒(respiratory acidosis)或呼吸性碱中毒(respiratory alkalosis)。

### 一、酸碱平衡失调的基本类型

#### (一)代谢性酸中毒

1. 基本特征　血浆 $NaHCO_3$ 含量原发性减少。

2. 起因　①固定酸产生或摄入过多,以致消耗过多的 $HCO_3^-$,如糖尿病或饥饿引起的酮症酸中毒,休克、缺氧引起的乳酸酸中毒,水杨酸酸中毒等。②体内碳酸氢盐丢失过多,如肠瘘、胆瘘、腹泻或肠引流时丢失大量的碱性肠液、胰液或胆汁;使用碳酸酐酶抑制剂(乙酰唑胺等)引起的碳酸氢盐自肾丢失增多。③酸性代谢物排出障碍。如肾衰竭时,由于肾小管分泌 $H^+$ 和 $NH_3$ 能力下降,$NaHCO_3$ 重吸收减少,引起酸性代谢产物在体内积聚。④高钾血症。

3. 代偿机制　①固定酸经 $NaHCO_3$ 缓冲生成 $H_2CO_3$,引起血浆 $NaHCO_3$ 浓度减少和 $H_2CO_3$ 浓度升高,血浆 pH 降低;②血液 $H^+$ 浓度增加可刺激呼吸中枢,引起呼吸加深加快,$CO_2$ 排出增多,而使血浆 $H_2CO_3$ 浓度降低;③肾小管细胞 $H^+$、$NH_4^+$ 的分泌增加,排出固定酸,重吸收较多的 $NaHCO_3$,使血浆 $NaHCO_3$ 浓度升高。通过上述代偿过程,虽然血浆 $NaHCO_3$ 和 $H_2CO_3$ 的实际浓度都减少,但两者的比值仍接近于 20:1,血浆 pH 仍处于正常范围之内,属于代偿性代谢性酸中毒。如果 $NaHCO_3/H_2CO_3$ 的比值减小,血液 pH 下降至 7.35 以下,即为失代偿性代谢性酸中毒。

4. 治疗原则　①治疗原发病,消除引起代谢性酸中毒的病因;②增加体内氧含量,解除体内缺氧状态,减少乳酸的生成;③改善肾功能,有利于 $NaHCO_3$ 的重吸收和固定酸的排泄;④给予碱性药物(如碳酸氢钠等)以增加体内碱储备。

### (二)代谢性碱中毒

1. 基本特征　血浆 $NaHCO_3$ 含量原发性增多。

2. 起因　①摄入碱性物质过多,如口服或输入碱性物质(如 $NaHCO_3$)过多,超过肾排出 $NaHCO_3$ 的能力,则出现代谢性碱中毒。在肾功能不全时进入体内的碱量即使不多,也可导致碱中毒。②固定酸丢失过多,如呕吐或胃减压引流引起胃液的过量丢失,是代谢性碱中毒最常见的原因。③低氯,如胃液丢失和补充 NaCl 不足时,可引起体内氯缺少。④低血 $K^+$,当肾小管细胞内 $K^+$ 浓度过低时,$Na^+$-$K^+$ 交换减弱而 $Na^+$-$H^+$ 交换加强,使 $NaHCO_3$ 进入血液增加。

3. 代偿机制　①由于血浆 $NaHCO_3$ 浓度的增加,血浆 pH 升高,抑制了呼吸中枢,使呼吸变浅变慢,保留较多的 $CO_2$,血浆 $H_2CO_3$ 含量增多;②肾小管细胞的 $H^+$ 和 $NH_3$ 分泌减少,以增加 $NaHCO_3$ 的排出,血浆 $NaHCO_3$ 含量降低。如果仍能使 $NaHCO_3/H_2CO_3$ 的比值接近 20:1,血液 pH 保持在正常范围之内,称为代偿性代谢性碱中毒。如果 $NaHCO_3/H_2CO_3$ 的比值升高,血液 pH 升高到 7.45 以上,则称为失代偿性代谢性碱中毒。

4. 治疗原则　①治疗原发病;②适量补充生理盐水(对轻症患者);③给予酸性药物(如 0.9%氯化铵溶液静脉滴注等)。

### (三)呼吸性酸中毒

1. 基本特征　血浆 $H_2CO_3$ 含量原发性增高。

2. 起因　①呼吸道和肺部疾病,如哮喘、呼吸道机械梗阻、肺气肿、肺纤维性变、肺不张、气胸及胸腔积液等;②呼吸中枢抑制,如麻醉药、吗啡、镇静催眠药、酒精及过量 $CO_2$ 均可抑制呼吸中枢,脑血管硬化及其他中枢神经系统疾病也可使呼吸中枢受到损害;③心脏疾病,如左心衰竭引起肺水肿;④呼吸肌麻痹,常见于脊髓灰质炎、多发性神经根炎、重症肌无力、重度缺钾等;⑤其他,如胸部创伤或手术、胸廓畸形、过度肥胖等。

3. 调节机制　当呼吸障碍时 $CO_2$ 排出受阻,血浆 $CO_2$ 分压升高,加速 $H_2CO_3$ 的生成,使 pH 降低,导致肾小管细胞 $H^+$ 和 $NH_4^+$ 的分泌增加,$NaHCO_3$ 重吸收增多,使血浆 $NaHCO_3$ 含量相应地升高,$NaHCO_3/H_2CO_3$ 的比值恢复到接近于 20:1,pH 仍维持在正常范围之内,称为代偿性呼吸性酸中毒。如果 $H_2CO_3$ 浓度的增加超过了代偿能力,则 $NaHCO_3/H_2CO_3$ 的比值减小,血液 pH 下降到 7.35 以下,称为失代偿性呼吸性酸中毒。

4. 治疗原则　①治疗原发病;②改善通气、换气功能,排出潴留的 $CO_2$;③适当给予碱性溶液,升高血液 pH。

### (四)呼吸性碱中毒

1. 基本特征　血浆 $H_2CO_3$ 含量原发性降低。

2. 起因　各种原因导致呼吸过快过深,换气过度,使 $CO_2$ 排出过多。如低血氧(如高原低气压)、癔症性换气过度、发热、甲状腺功能亢进症、贫血、肝硬化、水杨酸等药物中毒、某些中枢神经系统疾病以及精神紧张等。

3. 调节机制　由于 $CO_2$ 排出过多,血液 $CO_2$ 分压降低,pH 升高,使肾小管细胞泌 $H^+$ 和泌 $NH_4^+$ 量下降,$NaHCO_3$ 重吸收减少,结果导致血浆 $NaHCO_3$ 含量降低,使 $NaHCO_3/H_2CO_3$ 的比值恢复到接近 20:1,pH 仍维持在正常范围之内,称为代偿性呼吸性碱中毒。如果换气严重过度,使血浆 $H_2CO_3$ 浓度的降低超过了代偿能力,则 $NaHCO_3/H_2CO_3$ 的比值升高,血液 pH 升高到 7.45 以上,则称为失代偿性呼吸性碱中毒。

4. 治疗原则　①治疗原发病;②稳定情绪和心理疏导,缓解精神紧张等;③药物治疗(必要时可给予镇静剂和钙剂)。

值得注意的是,在临床上,体内酸碱平衡紊乱的类型除了上述各单一性的紊乱外,还可能存在一些混合型酸碱平衡紊乱的情况,如代谢性酸中毒合并呼吸性酸中毒、代谢性酸中毒合并呼吸性碱中毒、代谢性酸中毒合并代谢性碱中毒、代谢性碱中毒合并呼吸性碱中毒等。此时,需要结合病史、体征和测定酸碱平衡失调的各项生化指标,进行综合分析,以便对体内的酸碱平衡情况作出正确的判断。

### 🩺 病案分析

> 病案实例:
> 患者,男,11 岁,因"发热、咳嗽 3 天,呼吸急促 12 小时"在发热门诊留观。
> 体格检查:血压 110/70mmHg,呼吸 38 次/min,肺部闻及湿啰音。
> 实验室检查:$K^+$ 4.5mmol/L,$Na^+$ 135mmol/L,$Cl^-$ 104mmol/L,$HCO_3^-$ 23.3mmo/L;血 pH 7.51,$PCO_2$ 30mmHg,BE 1.2mmol/L。
> 试通过酸碱平衡紊乱的生化机制分析该患者的临床表现,并给出初步诊断。

ER-19-1

病案分析

## 二、酸碱平衡失调的生化指标

在临床上,为了全面、准确地了解体内酸碱平衡状况,需要对血液各项与酸碱平衡有关的生化指标进行测定,以便对病情进行正确的分析、诊断和治疗。临床上常用的生化指标有:

### (一)血液 pH

正常人血液 pH 为 7.35 ~ 7.45,平均为 7.40,相当于 $H^+$ 浓度 35 ~ 45mmol/L。如 pH < 7.35,表示有失代偿性酸中毒;pH > 7.45,表示有失代偿性碱中毒;pH 在正常范围内,不一定表示酸碱平衡,也可能是代偿性酸中毒或代偿性碱中毒。因而,测量 pH 只能表示有无失代偿性酸中毒或失代偿性碱中毒,而不能鉴别是代谢性或呼吸性酸碱中毒。

### (二)二氧化碳分压

二氧化碳分压(partial pressure of carbon dioxide,$PCO_2$)是指物理溶解于血浆中的 $CO_2$ 所产生的压力。正常动脉血 $PCO_2$ 为 4.5 ~ 6.0kPa(35 ~ 45mmHg)。$PCO_2$ 反映的是呼吸性成分的指标。由于肺泡膜对 $CO_2$ 具有很大的弥散力,动脉血 $PCO_2$ 基本上反映肺泡气的 $CO_2$ 压力,两者数值基本相等,所以动脉血 $PCO_2$ 反映肺泡通气量水平。动脉血 $PCO_2$ 大于 6.0kPa,提示肺通气不足,有 $CO_2$ 积蓄,提示有呼吸性酸中毒存在;$PCO_2$ 小于 4.5kPa,提示通气过度,$CO_2$ 排泄过多,提示有呼吸性碱中毒存在。$PCO_2$ 增高可以是原发性的,如呼吸性酸中毒;也可以是继发性的,如因代谢性碱中毒机体进行代偿所致。$PCO_2$ 降低则见于呼吸性碱中毒,或代谢性酸中毒的代偿作用。

### (三)二氧化碳结合力

二氧化碳结合力(carbon dioxide combining power,$CO_2$-CP)是指在 25℃、$PCO_2$ 为 5.3kPa 时,每升血浆以 $HCO_3^-$ 形式结合的 $CO_2$ 的毫摩尔数,正常值为 22 ~ 31mmol/L。$CO_2$-CP 在一定程度上反映的是血浆 $NaHCO_3$ 含量。

$CO_2$-CP 减少主要见于代谢性酸中毒,也可见于代偿后的呼吸性碱中毒;$CO_2$-CP 增高主要表示代谢性碱中毒,也见于代偿后的呼吸性酸中毒。因此,在临床上,不能仅依靠 $CO_2$-CP 的高低判断是酸中毒或碱中毒,还须根据临床表现综合判断患者属于上述何种酸碱平衡失调。

### (四) 标准碳酸氢盐与实际碳酸氢盐

标准碳酸氢盐(standard bicarbonate,SB)是指血液在标准条件下(温度 37℃、血红蛋白的氧饱和度为 100%、$PCO_2$ 为 5.3kPa)测得的血浆 $HCO_3^-$ 含量。其意义与 $CO_2$-CP 基本相同,但不受被测者呼吸因素的影响,正常值为 24mmol/L(22~27mmol/L)。SB 在代谢性酸中毒时降低,在代谢性碱中毒时增高。

实际碳酸氢盐(actual bicarbonate,AB)是指在隔绝空气的条件下,取血液分离血浆,测定血浆 $HCO_3^-$ 的实际含量。所测值受呼吸和代谢两方面因素影响。正常人 SB=AB,如果 AB>SB,表示有 $CO_2$ 积蓄,为呼吸性酸中毒;AB<SB,表示 $CO_2$ 呼出过多,为呼吸性碱中毒;两者相等但均降低,为代谢性酸中毒;两者相等但均升高,为代谢性碱中毒。

### (五) 缓冲碱

缓冲碱(buffer base,BB)分为全血缓冲碱和血浆缓冲碱 2 种。全血缓冲碱是指血液中缓冲碱含量的总和,包括血浆和红细胞中的 $HCO_3^-$、$Hb^-$、$HbO_2^-$、$Pr^-$ 和 $HPO_4^{2-}$ 等,通常用氧饱和的全血测定,正常值为 45~55mmol/L。血浆缓冲碱以 $HCO_3^-$ 为主要成分,正常值约为 42mmol/L。在代谢性酸中毒和碱中毒时,将分别出现 BB 降低和升高的情况。在呼吸性酸中毒和碱中毒时,BB 在开始时不发生变化,但随着肾代偿的出现,BB 可分别高于正常和低于正常。

### (六) 碱剩余与碱不足

碱剩余(base excess,BE)和碱不足(base deficient,BD)是指全血(或血浆)在标准条件下($PCO_2$ 为 5.3kPa,温度为 37℃,Hb 的氧饱和度为 100%),用酸或碱滴定全血至 pH7.4 时,所消耗的酸或碱的数量,用 mmol/L 表示。BE 的正常值为(0±3)mmol/L。

BE 能较真实地反映缓冲碱的增加或减少,为观察代谢性酸碱平衡失常的指标。若需用酸滴定才能使血液 pH 达到 7.4,则表示被测血液的碱性物质含量较多,即有碱剩余,BE 用正值表示,如在代谢性碱中毒时,BE>+3mmol/L;当需用碱滴定时则说明被测血液的碱性物质含量不足,即碱不足,BE 用负值表示,如在代谢性酸中毒时,BE<−3mmol/L。

由于 BE 不受血液中呼吸性成分的影响,仅作为代谢性成分的指标,因此能比较真实地反映血液中碱性物质剩余或不足的程度。

---

**知识链接**

### 血气分析

血气分析(blood gas analysis)通过检测人体血液中二氧化碳分压($PCO_2$)、氧分压(partial pressure of oxygen,$PO_2$)和 pH,测算出一系列指标,从而反映人体酸碱平衡、呼吸功能等状况。血气分析技术在外科手术、危急呼吸衰竭诊疗、危重症急救与监护等过程中具有重要价值。根据血气分析可判断各种疾病中出现的不同类型酸碱失调以及了解电解质紊乱的情况。

20 世纪初,Van Slyke 提出了经典血液 $PO_2$ 和 $PCO_2$ 的检测方法。20 世纪 50 年代,丹麦 Poul Astrup 发明了采用毛细管玻璃电极的平衡法测定技术,并研制第一台血气分析仪。随着科技发展,血气分析仪的精确度、自动化、小型化得到飞速发展,计算的参数也不断增多,包括 pH、二氧化碳总量($TCO_2$)、二氧化碳分压($PCO_2$)、氧饱和度($SaO_2$)、氧分压($PO_2$)、标准碳酸氢盐(SB)、实际碳酸氢盐(AB)、剩余碱(BE)、阴离子间隙(AG)等。

血气分析可以根据待测者的不同情况采用不同类型的样本,主要包括动脉血、毛细管动脉化血、混合静脉血和静脉血。动脉血成分均匀,是评估气体交换、肺功能和氧合状态的首选样品,尤其适合代谢性酸碱疾病。毛细血管血样则被视为新生儿和小儿动脉血的替代品。对于有血栓形成倾向、肥胖或部分不适合采动脉血的老年患者,可使用经动脉化的毛细管血替代动脉样本。

## 学习小结

1. 学习内容

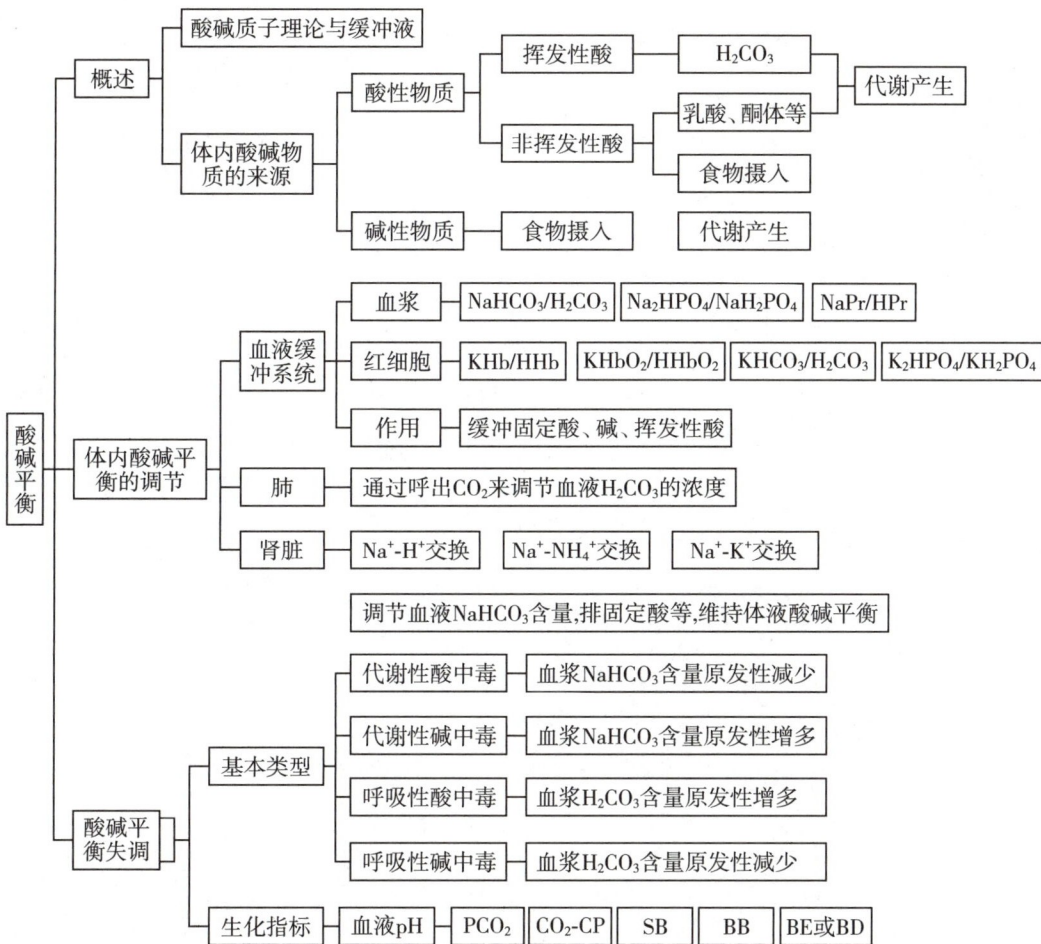

2. 学习方法

（1）首先学习本章的各项基本概念。

（2）然后学习体内调节酸碱平衡的各项机制的作用和原理。

（3）了解酸碱平衡失调的产生原因、各种失调的基本特征、调节机制和检测指标的用途。

（赵京山 林 凡）

### 复习思考题

1. 比较体内酸性和碱性物质来源的异同点。
2. 机体有哪些酸碱平衡的调节体系？通过怎样的调节作用对酸碱平衡进行调节？
3. 简述体内钾离子浓度与酸碱平衡失衡的关系。
4. 如何通过酸碱平衡的生化指标对酸碱平衡失调的类型进行判定？
5. 简述酸碱平衡失调基本类型的基本特征。

# 第二十章

# 常用生物化学和分子生物学技术

📝 **学习目标**

PCR 的原理及常用技术的应用；重组 DNA 技术中目的 DNA 的制备、载体的选择、目的 DNA 与载体的连接、重组 DNA 导入宿主细胞以及重组体的筛选与鉴定；印迹杂交技术的原理及常用方法的应用；DNA 测序技术的原理；转基因技术的概念和基因靶向的两种效应。

蛋白质和核酸是生命的两大基本物质，前者是生命现象的物质基础，后者是生命遗传的物质基础。随着以中心法则为核心的遗传信息传递理论的确立，以及蛋白质、核酸研究技术的建立，逐步形成了一门新的学科——分子生物学（molecular biology）。

在生物化学和分子生物学的发展过程中，其理论研究的种种突破都与实验技术的产生和发展息息相关。

## 第一节　印迹杂交技术

分子杂交（molecular hybridization）是指利用不同分子间的特异性相互作用重新组成新的杂交分子的过程，主要有核酸分子杂交和蛋白质分子杂交。核酸分子杂交是指具有互补序列的 2 条核酸单链形成双链杂交体的过程；蛋白质分子杂交是指通过抗原与抗体或受体与配体等特异性结合形成新的杂交体的过程。印迹杂交技术是常用的分子杂交技术之一。

印迹杂交技术是将电泳分离的生物大分子样品从凝胶中转移结合于固相膜上，然后与标记探针进行杂交并加以检测分析的技术，包括 DNA 印迹法（DNA blotting）、RNA 印迹法（RNA blotting）和蛋白质印迹法（Western blotting）。该技术是分子生物学的基本技术，被广泛应用于克隆筛选、核酸分析、蛋白质分析和基因诊断等。

### 一、印迹杂交的原理

印迹杂交技术涉及多种实验操作，包括电泳、印迹、探针制备、杂交和检测分析。

1. 电泳　利用凝胶电泳分离样品。

2. 印迹　用类似于吸墨的方法将电泳凝胶中的待测样品转移到合适的固相膜上，转移之后样品在固相膜上的相对位置与凝胶中一样。常用的固相膜有硝酸纤维素（NC）膜、尼龙膜、聚偏氟乙烯（PVDF）膜和活化滤纸等。常用的印迹方法有电转移法、真空转移法和毛细管转移法等。

3. 探针　探针（probe）是带有标记物且序列已知的核酸片段，能与待测核酸中的特定序列特异杂交,形成的杂交体可以被检测。探针可以根据来源和性质的不同分为基因组 DNA 探针、cDNA 探针、RNA 探针和寡核苷酸探针等。

4. 杂交　用探针与固相膜上的待测核酸样品进行杂交,从中鉴定特异序列,以分析该样品中是否存在特定基因序列、基因序列是否存在变异,或研究目的基因的表达情况。

5. 检测分析　通过放射自显影或化学显色反应等方法检测印迹膜上的杂交体,进而分析样品的有关信息。

## 二、常用印迹杂交技术

印迹杂交技术可分为 DNA 印迹法(DNA blotting)、RNA 印迹法(RNA blotting)和蛋白质印迹法(Western blotting)三大类。它们的基本流程如图 20-1 所示。

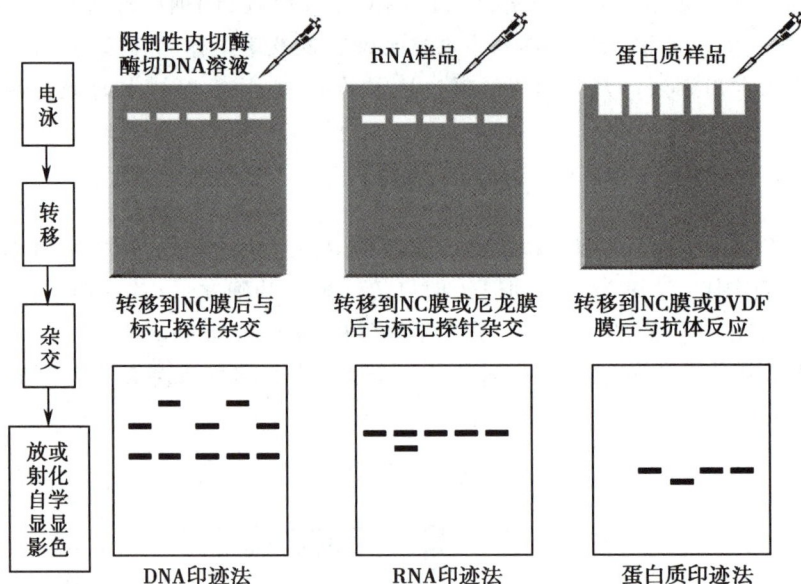

图 20-1　DNA 印迹法、RNA 印迹法和蛋白质印迹法示意图

1. DNA 印迹法　DNA 印迹法由 E. Southern 首次应用,因而又命名为 Southern 印迹法(Southern blotting),其分析的样品是 DNA。DNA 样品经限制性内切酶切割后获得长度不等的限制性片段,并经琼脂糖凝胶电泳分离。将凝胶放入变性溶液(如碱液)使限制性片段原位变性解链后,转移到印迹膜上。转移的速度取决于分子的大小,分子越小,转移越快。转移完成后加热,使 DNA 固定于印迹膜上,用于杂交分析。

DNA 印迹法主要用于基因组 DNA 的定性和定量分析,如用于研究基因大小、拷贝数、DNA 多态性、限制性酶切图谱、基因突变和基因扩增等,此外亦可用于分析重组质粒和噬菌体。

2. RNA 印迹法　RNA 印迹法也称 Northern 印迹法(Northern blotting),其分析的样品是 RNA。RNA 印迹法与 DNA 印迹法基本一致,所不同的是:①RNA 样品不需要酶切;②为了保持 RNA 呈单链状态进行电泳需先用变性剂处理,再经琼脂糖凝胶电泳分离;③由于核糖核酸酶(RNase)水解 RNA,因而 RNA 从制备到分析都要防止被 RNase 污染,并且需要抑制内源 RNase 的活性。

RNA 印迹法可以用于定性或定量分析组织细胞内的总 RNA 或某一特定 RNA,特别是分析 mRNA 的大小和含量。如确定特异 RNA 的大小,是否有不同剪接体等;还可以对特异性 RNA 进行半定量分析,了解其在某一组织或细胞中的表达水平,或比较不同组织或细胞中同一基因的表达情况。

3. 蛋白质印迹法 蛋白质印迹法又称 Western 印迹法(Western blotting)。蛋白质印迹法是以抗原抗体反应特异性为基础建立的印迹技术,其使用的探针是能与目的蛋白特异性结合的抗体。因其利用抗体进行免疫学分析,也被称为免疫印迹法(immunoblotting)。蛋白质印迹法中,蛋白质分离方法是聚丙烯酰胺凝胶电泳,之后将凝胶中的蛋白质转移并固定于膜上,再与溶液中特异的蛋白分子(抗体)相互结合进行检测。抗体与固相膜上相应的蛋白分子结合后,再用碱性磷酸酶、辣根过氧化物酶标记或放射性同位素标记的第二抗体与之结合,最后用显色反应、化学发光或放射自显影来显示目的蛋白的存在和位置。

蛋白质印迹法常用于检测样品中特异性蛋白质的存在、半定量分析,以及蛋白质分子的相互作用研究等。

基于以上印迹杂交技术又进一步发展出 DNA-蛋白质印迹法(Southwestern blotting)、RNA-蛋白质印迹法(Northwestern blotting)和蛋白质检测蛋白质印迹法(Farwestern blotting,又称 Farwestern 印迹法)等,分别可用于研究 DNA 与蛋白质、RNA 与蛋白质、蛋白质与蛋白质的相互作用。

# 第二节 生物芯片技术

生物芯片技术是在印迹杂交技术基础上建立的核酸和蛋白质分析方法,其检测原理是利用分子之间相互作用的特异性(如核酸分子杂交、抗原-抗体相互作用)。生物芯片(biochip)又称生物微阵列,是将许多核酸片段、多肽、蛋白质、组织或细胞等生物样品有序固定在基片表面,组成高密度二维阵列的微型生化反应和分析系统,标记的待测样品与芯片上的相应探针结合,通过荧光扫描等方式检测并结合计算机分析处理,最终获得样品信息。

生物芯片的特点是高通量、集成化、标准化和微型化。生物芯片可将大量的探针同时固定在支持物上,一次性检测样品中的数十种到数百万种生物大分子。可设计不同的探针阵列并与特定的分析方法结合,如细胞样品中基因表达谱的分析、遗传性疾病的分析、病原微生物的大规模检测、分子间相互作用研究等,是生物学和医学等各研究领域中用途广泛的一项生物技术。

生物芯片包括基因芯片、蛋白质芯片、细胞芯片和组织芯片等。下面以基因芯片、蛋白质芯片为例,简单介绍其操作与应用。

## 一、基因芯片

基因芯片(gene chip)是将大量的 DNA 探针固定在支持物上,与荧光标记的待测 DNA 样品杂交,杂交后用荧光检测系统进行扫描,然后用计算机分析结果。基因芯片特别适用于分析不同组织细胞或同一细胞不同状态下的基因差异表达情况。将两种不同来源样品的 mRNA 逆转录合成 cDNA 并用不同颜色的荧光标记,标记 cDNA 等量混合后与基因芯片杂交,从而获得 2 个不同样品在芯片上的杂交信号,即可根据特定探针的杂交信号来比较其对应基因在不同样品中的表达情况。比如用绿色标记正常细胞的 cDNA,红色标记肿瘤细胞的 cDNA,那么杂交结果中呈绿色的探针就说明该基因只在正常细胞中表达,呈红色的探针则说明该基因只在肿瘤细胞中表达,呈现为黄色的探针则对应在 2 种细胞中都有表达的基因(图 20-2)。

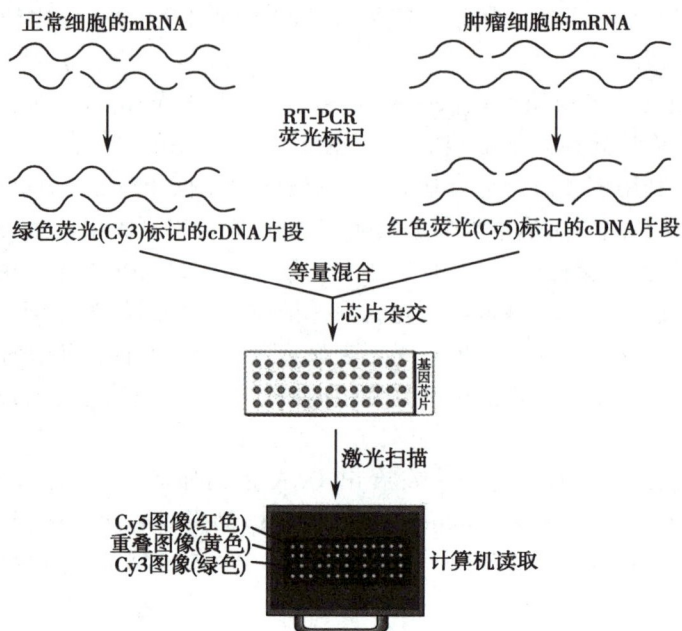

**正常细胞的mRNA**　　　　　　　　　　**肿瘤细胞的mRNA**

RT-PCR
荧光标记

绿色荧光(Cy3)标记的cDNA片段　　　红色荧光(Cy5)标记的cDNA片段

等量混合

芯片杂交

基因芯片

激光扫描

Cy5图像(红色)
重叠图像(黄色)　　　　　　　　　计算机读取
Cy3图像(绿色)

图 20-2　基因芯片操作流程示意图

## 二、蛋白质芯片

蛋白质芯片(protein chip)又称蛋白质微阵列(protein microarray),是在基因芯片基础上研发的用于分析蛋白质或其他生物分子的生物芯片。蛋白质芯片也是在一个基因芯片大小的载体上,按使用目的不同,有序固定多达数万个不同种类的蛋白质或多肽探针点,以进行以抗原抗体反应为基础的蛋白质相互作用等规模化分析。需要注意的是,蛋白质的构象决定其功能,因此,在芯片上固定探针蛋白时必须保持其天然构象。荧光标记的蛋白质特异性结合于相应的探针点,通过扫描仪读出荧光强弱,利用计算机分析出样本结果。

理论上,蛋白质芯片可以对各种蛋白质抗体以及配体进行检测,能够同时分析上千种蛋白质的变化情况,使得在全基因组水平研究蛋白质的功能成为可能。蛋白质芯片广泛用于蛋白质功能研究、基因表达谱分析、疾病诊断和疗效判定、生物学标志的检测及药物开发和中药鉴定等领域。

## 第三节　聚合酶链反应

聚合酶链反应(polymerase chain reaction,PCR)是 20 世纪 80 年代由 K. Mullis 等建立的一种体外酶促扩增特异 DNA 片段的技术。PCR 具有特异性强、灵敏度高、操作简便等优点,在生物学研究和医学临床实践中得到广泛应用,是分子生物学研究的重要技术之一。

### 一、聚合酶链反应的原理

PCR 以拟扩增的 DNA 分子为模板,以一对与模板互补的寡核苷酸片段为引物,在 DNA聚合酶作用下,依半保留复制机制沿模板链延伸,直至完成 2 条新链合成。重复这一过程,即可使目的 DNA 片段得到扩增(图 20-3)。

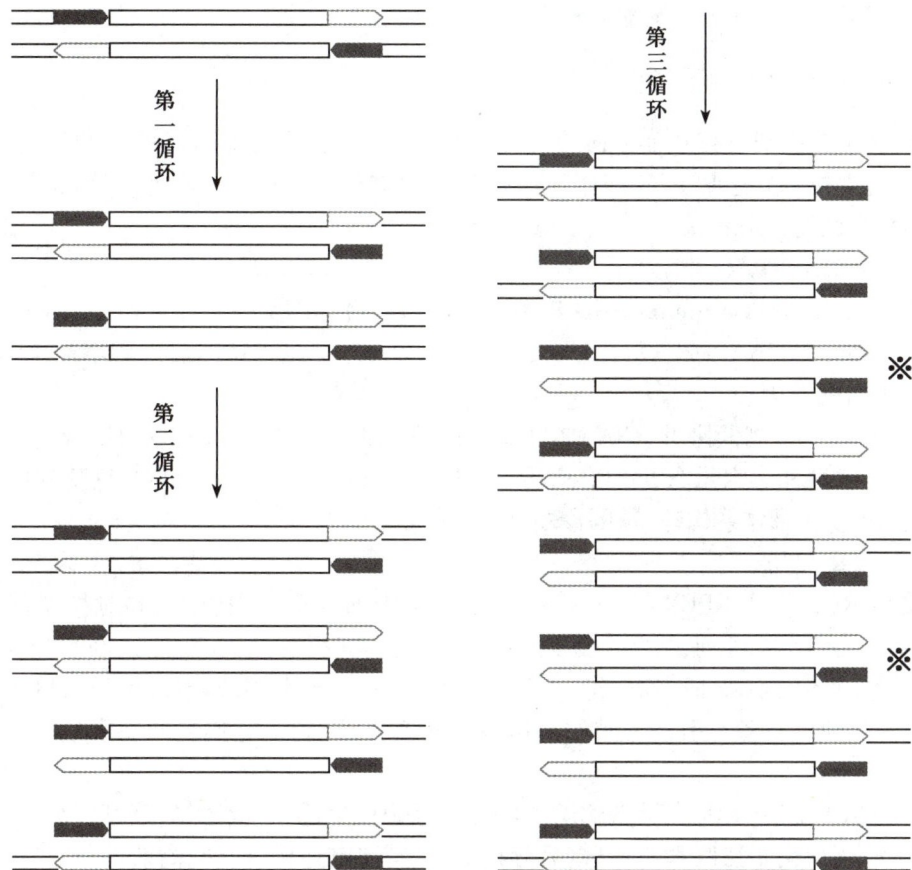

图 20-3　聚合酶链反应原理

## （一）PCR 的反应体系

PCR 体系由 DNA 聚合酶、DNA 引物、dNTP、DNA 模板（待扩增的目的基因）和含有 $Mg^{2+}$ 的缓冲溶液等组成。

1. DNA 聚合酶　DNA 聚合酶在延伸过程中起关键作用。PCR 中最经典的 DNA 聚合酶是耐热的 *Taq* DNA 聚合酶，具有以下特点：①有 $5'\rightarrow3'$ 聚合酶活性；②有 $5'\rightarrow3'$ 外切酶活性，但无 $3'\rightarrow5'$ 外切酶活性，因此没有校对功能；③有类似末端转移酶活性，可以在新合成双链产物的 $3'$ 末端加接 1 个不依赖于模板的核苷酸（优先加接 dAMP）。

2. DNA 引物　PCR 中使用的引物是一对人工设计合成的单链 DNA 片段，其序列分别与目的 DNA 两股链的 $3'$ 端序列互补。引物对是决定 PCR 效率和特异性的关键因素，其设计与合成应遵循以下原则：①长度为 20～30nt；②G/C 含量为 40%～60%，且在引物对中的组成一致；③4 种碱基随机分布，不能出现多个连续的相同碱基；④引物内部不会形成发夹结构；⑤引物之间不能含互补序列，以免退火形成引物二聚体。

## （二）PCR 的基本操作步骤

1. 变性　将反应体系加热至 94～98℃，使模板 DNA 双链解开成单链，并消除引物自身或引物之间的局部双链，便于模板与引物的结合。

2. 退火　将反应体系温度降至 50～65℃，使引物与模板 $3'$ 端结合。

3. 延伸　将反应体系温度升至 70～75℃，DNA 聚合酶以 dNTP 为底物，在引物 $3'$ 端以 $5'\rightarrow3'$ 方向催化合成模板链的互补链。

上述 3 个步骤称为 1 个循环，新合成的 DNA 分子继续作为下一轮合成的模板，经多次循环(25~30次)后即可达到扩增 DNA 片段的目的。

## 二、常用聚合酶链反应

随着 PCR 在基础研究和临床检验等领域的广泛应用,为适应不同的检测目的,发展出多种 PCR 衍生技术。这些 PCR 或用于目的基因的克隆、DNA 序列测定、基因突变分析,或用于目的核酸的定量分析等。

### (一)逆转录 PCR

逆转录 PCR(reverse transcription PCR,RT-PCR)是将 RNA 的逆转录和 PCR 联合应用的一种技术。即先以 RNA 为模板,在逆转录酶的作用下合成 cDNA,然后以 cDNA 为模板通过 PCR 来扩增目的基因。

RT-PCR 可以检测低拷贝 RNA,是目前从组织或细胞中获得目的基因以及对已知序列的 RNA 进行定性和半定量分析的有效方法,常用于基因表达研究、cDNA 克隆、cDNA 探针制备、RNA 高效转录体系构建、基因诊断、RNA 病毒检测等。

### (二)多重 PCR

多重 PCR(multiplex PCR)是在一个 PCR 体系中加入多个引物对,同时扩增同一 DNA 或不同 DNA 的多个靶序列,且各靶序列的长度不同。其反应原理、反应试剂和操作过程与一般 PCR 相同,但必须保证多对引物之间不形成引物二聚体,引物与目标模板区域具有高度特异性。还应保持各对引物之间的扩增效率基本一致,否则它们之间将发生竞争而影响扩增结果。

多重 PCR 可用于基因诊断,对于疾病相关的基因进行扩增检测,如癌基因分析、病原体鉴定与分型,还可用于法医学鉴定、食品分析等,其特点是经济、简便、高效。

### (三)巢式 PCR

巢式 PCR(nested PCR)是通过设计 2 对引物进行 2 次扩增,先用第 1 对引物扩增出相对较大的片段,然后再用第 2 对引物进行第 2 次扩增得到实际需要的片段。第 1 对引物对应的序列在模板的外侧,第 2 对引物互补序列在第 1 对引物的内侧,即第 1 对引物扩增的产物含有第 2 对引物扩增的靶序列。经过 2 次扩增可以提高检测的灵敏度和特异性。

巢式 PCR 可提高反应的灵敏度以富集特定产物,还提高了最终产物的特异性,适用于靶基因质量较低或其他原因导致常规 PCR 无法获得理想的扩增产物。一般应用于动物病原基因的鉴别,如梅毒螺旋体、艾滋病病毒和肿瘤基因等。

### (四)实时 PCR

常规 PCR 中,产物的堆积会影响对检测样品中原有模板含量差异的准确判断,只能作为半定量手段应用。

实时 PCR(real-time PCR)的基本原理是引入荧光标记分子,并使荧光信号强度与 PCR 产物量成正比,对每一反应时刻的荧光信号进行实时分析,即可计算出 PCR 产物量。根据动态变化数据,可以精确计算出样品中模板的初始含量。该技术也被称为实时荧光定量 PCR 或定量 PCR(quantitative PCR,qPCR)。

根据所采用荧光物质的不同,实时荧光定量 PCR 从方法上可以分为两类——荧光染料技术和荧光探针技术。

荧光染料技术是一种非特异的检测方法,主要应用的染料分子是 SYBR Green I。SYBR Green I 可以非特异地结合双链 DNA 小沟,嵌合进 DNA 双链,但不结合单链。PCR 扩增的产物越多,则结合的 SYBR Green I 越多,荧光信号就越强。

荧光探针技术是基于荧光共振能量转移原理建立的实时荧光定量 PCR。原理就是当一个荧光基团与一个淬灭基团在一定距离范围内,淬灭基团吸收荧光基团在激发因素作用下所产生的激发荧光,因荧光能量传递不能产生荧光;而当荧光基团与淬灭基团分离,淬灭作用消失,产生荧光。利用该原理,先将荧光基团和淬灭基团近距离标记于核酸探针上,使其不发光,再在 PCR 过程中,利用核酸的杂交或水解使荧光基团与淬灭基团分离进而产生荧光。荧光强度与扩增的模板量成正比。常用荧光探针技术有水解探针技术和分子信标技术等。

实时 PCR 与逆转录联合,可以实现 mRNA 和 miRNA 水平的快速、准确的定量分析以研究基因表达,可应用于基础研究(等位基因、细胞分化、药物作用、环境影响)与基因诊断(肿瘤、遗传病、病原体)。

> ### 知识链接
>
> #### Mullis 与 PCR
>
> PCR 的发明者是 Kary B. Mullis。1983 年春夏之交,当时 Mullis 负责 DNA 的测序工作,却常因为没有足够多的样品而苦恼。当他在一个夜晚驱车前往乡下别墅的路上时,看着车窗外的景色,他突然萌生了一个想法:2 排路灯就是 DNA 的两条链,自己的车和对面开来的车像是 DNA 聚合酶,面对面地合成着 DNA。于是他的内心萌发了用 2 个引物去扩增模板 DNA 的想法……PCR 就这样诞生了。

ER-20-1

PCR 筛选新型冠状病毒

## 第四节　DNA 测序技术

DNA 测序技术日趋成熟,其发展过程包括:第一代以双脱氧链终止法为主的测序技术;第二代以基于 DNA 合成的测序方法和基于 DNA 连接的测序方法为代表的高通量、大规模测序技术;第三代速度快、成本低的单分子实时测序技术。

### 一、第一代测序技术

第一代测序技术包括 1975 年 Sanger 建立的双脱氧链终止法和 1977 年 Maxam 和 Gilbert 建立的化学降解法。其中,以双脱氧链终止法更常用,这里简单介绍其测序原理。

1. 链终止反应　需要建立 4 个反应体系,每个体系都含有 DNA 聚合酶、待测序 DNA、引物和 dNTP,用以合成待测序 DNA 的互补链。在每个扩增体系中加入一种 2′,3′-双脱氧核苷三磷酸(ddNTP),随机掺入延伸中的 DNA 链上,但因其比 dNTP 缺少 3′羟基,不能与后续的 dNTP 形成 3′,5′-磷酸二酯键,使 DNA 链的延伸终止。4 个反应体系中各加入 1 种 ddNTP,使其分别终止于不同的核苷酸处,然后可以通过分析每组片段长度来确定其互补碱基的位置。

2. 凝胶电泳和序列读取　链终止反应使用的引物可以用放射性同位素进行标记,这样合成的 DNA 片段也就带有了标记。将 4 个扩增体系得到的 DNA 片段在聚丙烯酰胺凝胶的 4 个泳道上进行电泳,形成梯状区带,显影后读序。按照片段从小到大的顺序读出的是合成片段 5′→3′方向的碱基序列,即待测序 DNA 的互补序列(图 20-4)。

3. 自动化测序　以链终止法为基础发明的 DNA 测序仪,相比传统链终止测序法有了进一步的改进。自动化测序仪将放射性同位素标记引物改成了 4 种不同荧光标记的 ddNTP,

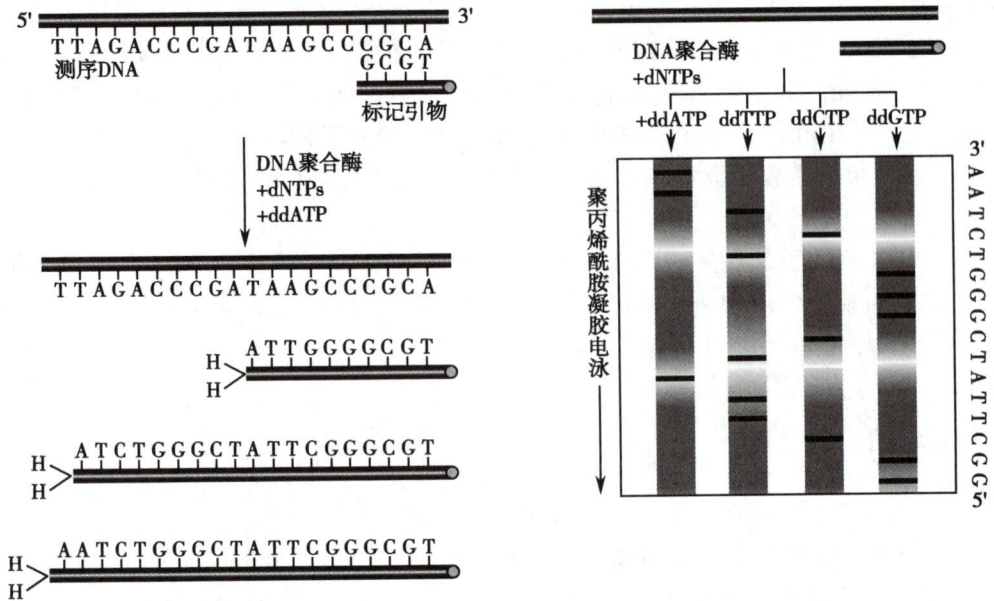

图 20-4 双脱氧链终止法示意图

这样就可以在 1 个反应体系中完成 4 组 DNA 片段的合成,而且 4 组 DNA 片段的标记各不相同。传统的聚丙烯酰胺凝胶电泳也被毛细管电泳取代,检测仪将扫描信号输入计算机,通过软件自动读出 DNA 序列,简化了烦琐的人工操作。DNA 自动化测序仪每次测序长度可达 500～1 000bp。

## 二、第二代测序技术

近年来,DNA 测序技术在保证测序精度的前提下,得到不断创新与改良,在优化操作步骤的同时,测定通量也急速增加,发展成为第二代测序技术。

1. 基本原理和工作流程 ①文库制备,即将片段化的基因组 DNA 两侧连上通用接头;②DNA 簇的产生,一般是通过 PCR 扩增产生 DNA 簇,因这种 DNA 簇由单个片段的多个拷贝组成,称 PCR 克隆阵列;③测序,即测定每个克隆的核苷酸序列,常用技术有边合成边测序、焦磷酸测序和连接测序。

2. 技术特点 ①接头的运用使得第二代测序技术不再局限于单纯的基因组测序,而是作为一个平台,可以开展全基因表达图谱分析、单核苷酸多态性、小 RNA、DNA 甲基化等诸多研究;②并行 PCR 和并行测序反应使得第二代测序技术具有高通量效能,一次能对几十万到几百万条 DNA 分子进行序列测定,使得转录组测序和基因组深度测序更加方便。

## 三、第三代测序技术

第三代测序技术又称单分子测序技术或单分子实时测序技术,主要有 SMRT、FRET、Polykinetic 等技术。

SMRT 技术是一种边合成边测序技术。SMRT 测序仪的核心结构是附着于透明基质上的一层 100nm 金属膜,其上蚀刻有数以千计的纳米孔。纳米孔底部透明基质面上固定有 1 分子 DNA 聚合酶。测序时,当 DNA 聚合酶和模板及引物结合后,当有荧光标记的 dNTP 进入活性中心聚合时,其荧光标记被激发。根据光的波长与峰值可判断进入的碱基类型。SMRT 技术具有测序速度快、测序长度增加及高度准确等特点。

### 四、第四代测序技术

第四代测序技术又称为纳米孔测序技术。除了具有单分子和超长读长的特点以外,该技术最重要的特点是不需要对 DNA 进行生物或化学处理,是一项基于电信号而不是光信号的测序技术。纳米孔测序技术的核心元件是纳米孔蛋白。当单链 DNA 分子通过纳米孔蛋白的纳米孔时会产生特异性的电流干扰,这些电流信号可以被实时监测和分析。当单链 DNA 分子通过该纳米孔时,4 种不同碱基引起的特征性电流信号各不相同,因此可以根据单链 DNA 通过纳米孔的电流信息来实时监测和分析 DNA 的碱基序列信息。

## 第五节　重组 DNA 技术

20 世纪 70 年代初,随着限制性内切核酸酶的发现和 DNA 分子杂交技术的建立,使得重组 DNA 技术得到飞速发展。1972 年 P. Berg 首次将不同的 DNA 片段重组,并将这个重组的 DNA 分子有效地导入细菌细胞中进行繁殖,建立了重组 DNA 克隆。重组 DNA 技术促进了对基因表达调控机制的研究,亦使改造生物体成为可能,大大推动了医药业和农业的发展。

重组 DNA 技术(recombinant DNA technique)主要包括以下步骤:①获取目的基因并进行必要的改造;②选择载体;③将目的基因与载体连接,获得重组 DNA 分子;④重组 DNA 导入合适的细胞(宿主细胞);⑤筛选出获得了重组 DNA 的宿主细胞。

### 一、目的 DNA 的制备

在重组 DNA 技术中,目的 DNA 是指待克隆的 DNA,或有待研究或应用的克隆产物。常用的获取或制备方法有从基因组文库或 cDNA 文库中筛选获得、逆转录合成、PCR 扩增和化学合成等。

### 二、载体的选择

DNA 克隆是使目的 DNA 进入细胞内大量复制,以得到大量拷贝。而大多数目的 DNA 很难自己进入宿主细胞并自我复制。因此,需将目的 DNA 片段连接到一种能自我复制的 DNA 分子上,由其将目的 DNA 导入宿主细胞并得以扩增,这种 DNA 分子就是重组 DNA 技术的载体(vector)。

载体的化学本质是 DNA。载体不但能与目的 DNA 重组,导入宿主细胞,还能利用自身的调控系统,使目的 DNA 在宿主细胞内复制或表达。目前用于基因工程中的载体可分为克隆载体(cloning vector)和表达载体(expression vector)(图 20-5)。

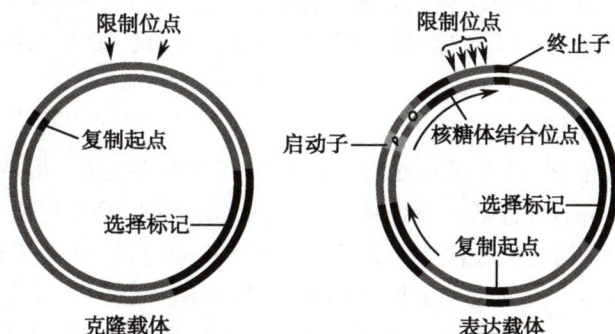

图 20-5　克隆载体和表达载体

1. 克隆载体　用来克隆和扩增目的 DNA 的载体,含有以下基本元件:①复制起点(replication origin,ori):能使载体在宿主细胞中启动自主复制,其携带的目的 DNA 片段也得到同步扩增;②克隆位点(cloning site):目的 DNA 插入位点,为某种限制性酶的单一限制位点,或多种限制性酶的单一限制位点,后者集中所形成的区域称为多克隆位点(multiple cloning site,MCS);③选择标志(selectable marker,selective marker):是一种能产生特定表型的功能基因,如抗性基因或营养物代谢基因,用于筛选重组 DNA 克隆。此外,克隆载体还应具有容量大、容易导入宿主细胞、拷贝数高、容易提取和抗剪切力强等特点。

目前常用的克隆载体包括质粒、噬菌体、黏粒、细菌人工染色体和酵母人工染色体等。

2. 表达载体　表达载体不仅可以使目的基因扩增,还可以使其表达。因此,在含有克隆载体基本元件的同时,还需含有能被宿主表达系统识别的表达元件。依据宿主细胞的不同,表达载体分为原核表达载体和真核表达载体。

(1) 原核表达载体:组成元件包括:①克隆载体基本元件;②调控外源基因有效转录和翻译的序列,如启动子、核糖体结合位点、转录终止序列等。目前应用最广泛的原核表达载体是大肠杆菌表达载体。

(2) 真核细胞表达载体:组成元件包括:①原核克隆载体基本元件;②真核细胞复制起始序列;③真核表达调控元件,包括启动子、增强子、转录终止序列、poly(A)加尾信号等;④真核细胞药物抗性基因,用于转入真核细胞后进行阳性克隆的筛选。

### 三、重组 DNA 的构建

DNA 重组是重组 DNA 技术的核心内容之一,即将目的 DNA 与载体连接成重组 DNA。限制性内切核酸酶和 DNA 连接酶是重组 DNA 技术最重要的工具酶,分别用于 DNA 重组的 2 个基本环节:①限制性内切核酸酶用于切割目的 DNA 和载体,形成合适的末端;②DNA 连接酶用于连接目的 DNA 和载体,构建重组 DNA。

#### (一) 目的 DNA 和载体的切割

1. 限制性内切核酸酶　限制性内切核酸酶(restriction endonuclease)简称限制性酶(restriction enzyme,又称限制酶)是一类核酸内切酶,绝大多数来自细菌,能识别双链 DNA 分子的特异序列,并在识别位点内部或附近水解磷酸二酯键。

2. 限制位点　限制位点(restriction site)是双链 DNA 分子中被限制性酶识别并切割的特异序列。限制位点有 2 个特点:①通常含 4~8bp;②多为回文序列或反向重复序列。

3. 末端　限制性酶切割 DNA 形成 2 种末端:①限制性酶切割限制位点的对称轴,产生平端;②限制性酶在限制位点的两个对称点错位切割 DNA 双链,产生黏端,包括 5′黏端和 3′黏端。

选择限制性酶切割目的 DNA 和载体时应注意:①用相同的限制性酶切割可以产生互补的末端,有利于二者的连接;②限制性酶的限制位点位于目的 DNA 两端,目的 DNA 内部不应该存在其限制位点。

#### (二) 目的 DNA 和载体的连接

1. DNA 连接酶　催化 DNA 切口处的 5′磷酸基与 3′羟基连接,形成磷酸二酯键。常用的 DNA 连接酶(DNA ligase)包括大肠杆菌 DNA 连接酶和 T4 DNA 连接酶。

2. 连接方法　常用的连接方法有平端连接、互补黏端连接、加人工接头连接、加同聚物尾连接(图 20-6)。连接方法的选择依据目的 DNA 的末端特点。

(1) 平端连接:有 3′-羟基和 5′-磷酸基的平端 DNA 可以由 T4 DNA 连接酶催化连接成重组 DNA。若目的 DNA 和载体不能产生互补黏端,可先用核酸外切酶削平或用 DNA 聚合

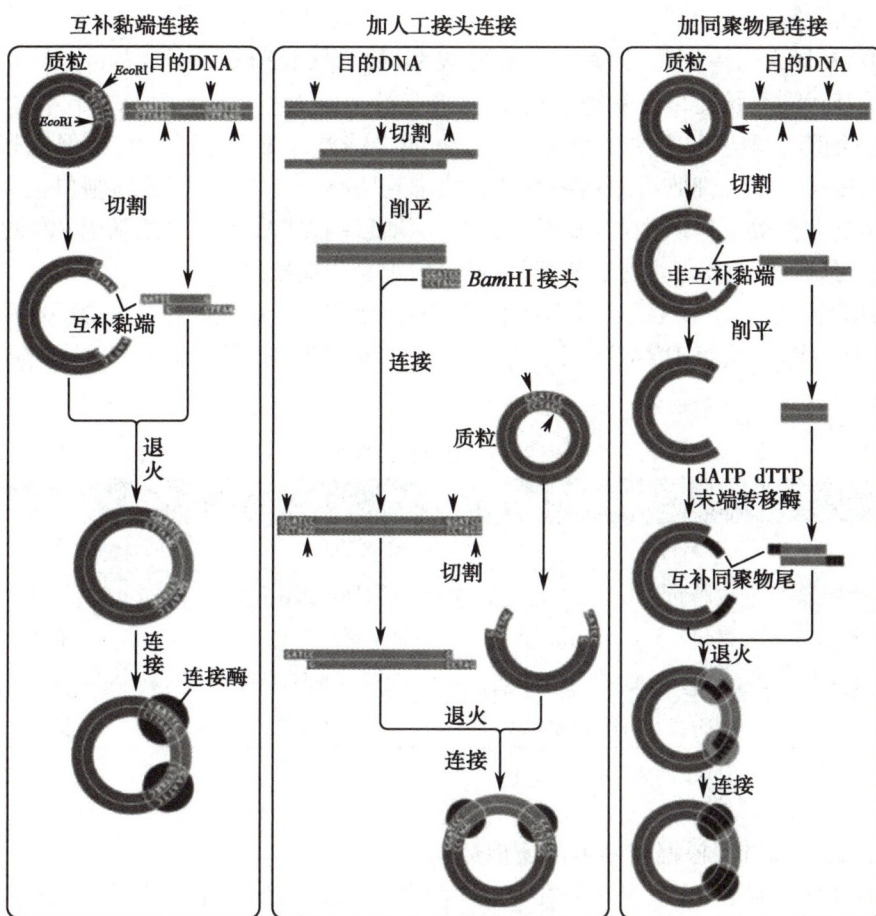

图 20-6　目的 DNA 与载体连接

酶补平,再用 T4 DNA 连接酶连接。平端连接适用于任意 2 个 DNA 分子之间的连接,但连接效率比黏性末端连接要低得多。

（2）互补黏端连接:用相同的限制性酶切割目的 DNA 与载体产生相同的黏性末端,称为互补黏端(complementary sticky end)。适宜条件下退火时,互补黏端可以由 DNA 连接酶催化连接成重组 DNA。

（3）加人工接头连接:人工接头是一种化学合成的 DNA 片段,含限制位点。要求目的 DNA 两端具有平端,用 T4 DNA 连接酶催化人工接头连接到目的 DNA 的平端,然后用限制性酶切割,形成与载体互补的黏端,即可通过互补黏端连接制备重组 DNA。

（4）加同聚物尾连接:2 个 DNA 片段没有互补黏端,也可加同聚物尾进行连接。利用末端转移酶在线性载体 DNA 分子的两端加接同聚物尾,如 oligo(dA),在目的 DNA 分子两端加接相应的互补同聚物尾,如 oligo(dT)。两者混合退火,用 DNA 聚合酶催化填补缺口,再由 DNA 连接酶催化连接成重组 DNA。

## 四、细胞转化及筛选

重组 DNA 对宿主细胞而言属于外源 DNA,将其导入宿主细胞是重组 DNA 技术的关键。外源 DNA 导入宿主细胞后,细胞经培养可以形成各种克隆,需对其进行筛选鉴定,从中找出含有重组 DNA 的阳性细胞。

## （一）细胞转化

外源 DNA 导入宿主细胞,使其获得新的表型,称为转化(transformation)。转化细胞内,重组体利用其代谢系统得以复制或表达。

1. 宿主细胞 理想的宿主细胞应具有较强的接纳外源 DNA 的能力,并保证其长期、稳定地遗传或表达。宿主细胞有原核细胞和真核细胞两类:①常用的原核细胞包括大肠杆菌、枯草杆菌和链球菌等,可用于制备基因组文库、扩增目的 DNA、表达目的基因;②常用的真核细胞包括酵母、昆虫和哺乳动物细胞等,一般仅用于表达真核基因。

2. 常用转化方法 经过适当处理后容易接受外源 DNA 进入的宿主细胞称为感受态细胞(competent cell)。重组 DNA 导入宿主细胞有许多方法,不同方法有其不同的适用范围(表 20-1)。

表 20-1 常用转化方法

| 转化方法 | 适用的宿主细胞 | 转化方法 | 适用的宿主细胞 |
| --- | --- | --- | --- |
| 氯化钙法 | 大肠杆菌 | 显微注射法 | 真核细胞 |
| 噬菌体感染法 | 大肠杆菌 | 病毒感染法 | 真核细胞 |
| 完整细胞转化法 | 酵母 | 磷酸钙共沉淀法 | 真核细胞 |
| 原生质体转化法 | 酵母、链霉菌 | DEAE-葡聚糖法 | 真核细胞 |
| 电穿孔法 | 链霉菌、哺乳动物细胞 | 脂质体载体法 | 真核细胞 |

## （二）重组 DNA 的筛选

1. 遗传标志筛选 根据载体上的遗传标志进行筛选。

（1）抗生素抗性:将含有某种抗生素抗性基因的载体转化宿主细胞后,将细胞培养在含有该抗生素的培养基中,转化的细胞能在培养基上形成克隆,未转化细胞不能形成克隆。常用的抗生素抗性基因有抗氨苄青霉素($amp^R$)、抗四环素($tet^R$)和抗卡那霉素($kan^R$)等。

（2）插入失活:许多载体的选择标志(如抗性基因)内有限制性酶切位点,外源 DNA 在此插入会使该选择标志失活。如 pBR322 含有 $amp^R$ 和 $tet^R$ 两个抗性基因,若将外源 DNA 插入 $tet^R$ 基因序列中,可使 $tet^R$ 失活。该重组体转化入细菌后,能在含有氨苄青霉素(氨苄西林)的培养基上生长,而不能在含有四环素的培养基上生长(图 20-7)。

（3）蓝白筛选:利用人工诱导物异丙基硫代-β-D-半乳糖苷(IPTG)诱导 β 半乳糖苷酶编码基因 lacZ 的表达,催化人工底物 5-溴-4-氯-3-吲哚-β-D-半乳糖苷(X-gal)水解,产生蓝色产物,使细胞形成蓝色的克隆。细菌人工染色体的筛选标志 lacZ 内含限制位点,外源 DNA 的插入会导致 lacZ 基因无法表达 β 半乳糖苷酶,因此重组 DNA 的转化菌落呈白色,根据菌落颜色鉴别重组 DNA 克隆(图 20-8)。

有些载体上有筛选标志 lacZ',编码 β 半乳糖苷酶 N 端的 146 个氨基酸残基(α 肽),在该序列内部含有多克隆位点。而宿主菌基因组 DNA 编码的 β 半乳糖苷酶片段(ω 肽)缺少 11~41 号氨基酸残基,因而没有酶活性。只有当载体与宿主细胞同时共表达该酶的 α 肽和 ω 肽时,才能形成有活性的 β 半乳糖苷酶,该现象称为 α-互补(α-complementation)。当外源 DNA 片段插入载体的多克隆位点后,lacZ'插入失活而不能表达 α 肽,转化细菌后不能分解底物,使菌落呈白色,同样可以根据菌落的颜色来鉴别重组 DNA 克隆。

（4）遗传互补:又称标志补救,指通过载体上的标志基因在宿主细胞中表达,弥补宿主细胞的遗传缺陷,使细胞在相应的选择培养基中存活。该方法可初步筛选带有载体的克隆。例如,trp1 基因突变的酿酒酵母(S. cerevisiae)在无色氨酸的培养基上不能生长,只有经过携

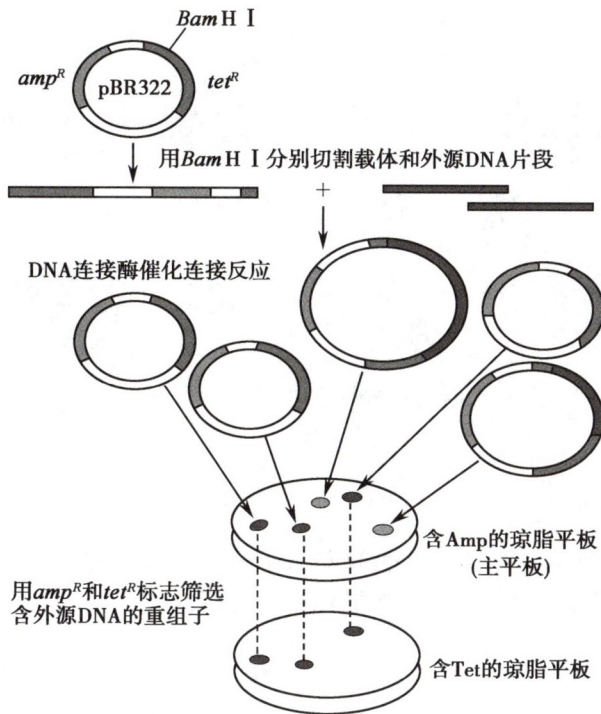

图 20-7　插入失活

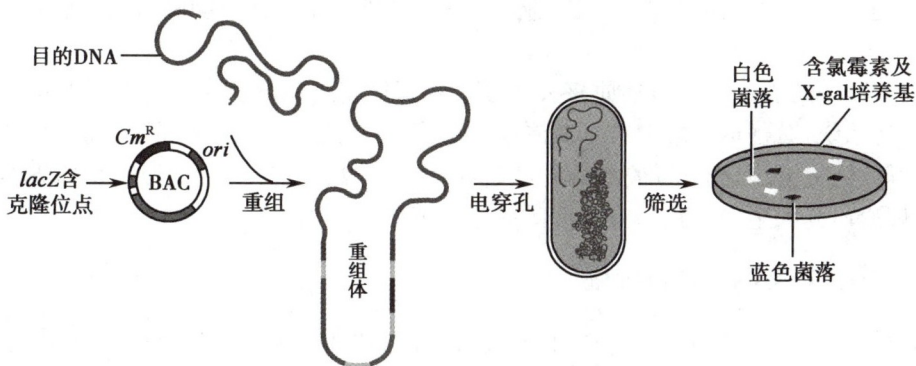

图 20-8　蓝白筛选

带野生型 *trp1* 基因的载体转化后才可以生长。

2. **核酸杂交分析**　从转化细菌中提取核酸,与用目的 DNA 制备的探针进行杂交,用以直接筛选和鉴定含有目的 DNA 的转化细胞。若对转化细胞形成的克隆菌落或噬菌斑进行鉴定,又称菌落杂交或噬菌斑杂交(图 20-9)。

3. **PCR 分析**　根据目的 DNA 或克隆位点序列设计引物对,以提取的转化细胞 DNA 为模板进行 PCR 扩增,通过琼脂糖凝胶电泳分析扩增产物,根据扩增产物的长度进行鉴定。

4. **限制性酶切图谱分析**　提取转化细胞的 DNA,根据载体和目的 DNA 所含的限制性酶切位点选择合适的限制性内切酶切割,通过琼脂糖凝胶电泳获得限制性酶切图谱。经图谱分析判断有无目的 DNA 的插入以及目的 DNA 是否完整。

5. **表达产物分析**　该方法是间接鉴定目的 DNA 的方法,其原理是基于抗原-抗体反应或配体-受体反应。其前提是目的基因在转化细胞内能够表达其编码产物,将此蛋白质吸附于硝酸纤维素膜上,利用标记有酶的抗体/抗原或配体/受体与其特异性结合进行筛选。

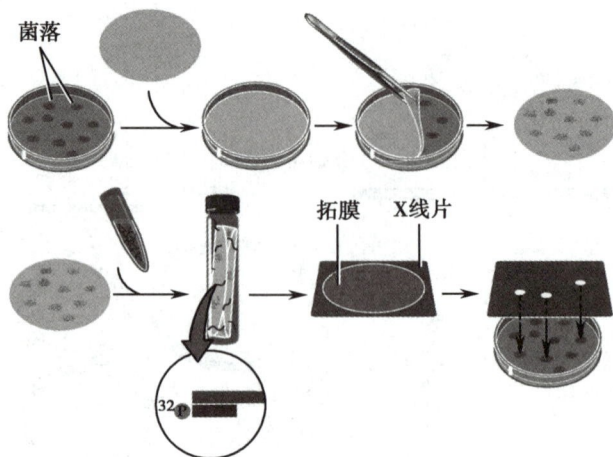

图 20-9　菌落杂交

6. 序列分析　序列分析是鉴定目的 DNA 最准确的方法。已知序列的 DNA 片段可经测序验证；未知的 DNA 片段，经测序可了解其结构、推测其功能，以用于进一步的研究。

## 五、目的基因的表达

获得目的基因的表达产物是重组 DNA 技术的主要目的之一。克隆的目的基因正确而大量地表达出有特殊意义的蛋白质已成为重组 DNA 技术中的一个重要领域，其表达体系的建立包括表达载体的构建、宿主细胞的转化和培养及表达产物的分离、纯化等技术和策略。

基因工程中的表达系统包括原核表达系统和真核表达系统。大肠杆菌是当前采用最多的原核表达系统，其优点是培养方法简单、迅速、经济并适合大规模生产工艺。真核表达系统包括酵母、昆虫细胞、哺乳动物细胞等表达体系，它们具有遗传背景清楚、生物安全性高等优点，在理论研究和生产实践中有较高的应用价值。

## 六、重组 DNA 技术的应用

作为分子生物学的核心技术，重组 DNA 技术已给医学、药学、农业等领域带来了革命性变化。鉴于其应用广泛，这里只作部分介绍。

1. 构建基因文库　基因文库（gene library）是一个基因克隆群，可用于鉴定未知基因。基因文库包括基因组文库（genomic library）和互补 DNA 文库（cDNA library，简称 cDNA 文库）。

（1）基因组文库：是包含了一种生物基因组的全部 DNA 序列的一个克隆群。基因组文库可以用于分离特定基因片段、分析特定基因结构、绘制基因组图谱等。

（2）互补 DNA 文库：是应用重组 DNA 技术构建的一个克隆群，它包含了一种生物的某种细胞在特定状态下表达的全部基因的互补 DNA（cDNA）序列。互补 DNA 文库可以用于目的基因筛选、基因序列分析、基因芯片杂交等。

2. 基因治疗　是指把目的基因导入靶细胞，成为靶细胞遗传物质的一部分，以纠正或弥补其基因缺陷，达到治疗的目的。

3. 基因工程药物　基因工程技术是现代生物技术的核心，目前临床应用的重组蛋白质等生物技术药物都是用基因工程技术生产的。其优点主要是适合于生产低水平表达产物或危险生物（如毒蛇）和病原体（如细菌、病毒）代谢物。

基因工程药物种类有细胞因子、生长因子、激素、酶、疫苗、单克隆抗体等,基本上都是分泌蛋白质(表 20-2)。

表 20-2　重组 DNA 技术生产的部分蛋白质/多肽类药物与疫苗

| 产品名称 | 主要功能 | 产品名称 | 主要功能 |
| --- | --- | --- | --- |
| 乙肝疫苗 | 预防乙肝 | 多种干扰素 | 抗病毒、抗肿瘤、免疫调节 |
| 生长激素 | 治疗侏儒症 | 单克隆抗体 | 诊断、肿瘤靶向治疗 |
| 多种生长因子 | 刺激细胞生长与分化 | 多种白细胞介素 | 免疫调节、调节造血 |
| 胰岛素 | 治疗糖尿病 | 超氧化物歧化酶 | 清除自由基、抗组织损伤 |
| 凝血因子Ⅷ、Ⅸ | 促进凝血,治疗血友病 | 口服重组 B 亚单位霍乱疫苗 | 预防霍乱 |

笔记栏

ER-20-2

腺病毒载体疫苗

### 知识链接

#### 重组 DNA 技术的创建与应用

1972 年,美国斯坦福大学生物化学家 Berg P 成功创建第 1 个重组 DNA 分子,即将噬菌体 DNA 和猿猴病毒 DNA 经酶切、连接构建了新的嵌合 DNA 分子。1973 年,Boyer H 和 Cohen S 成功创建了重组 DNA 技术,即将 2 种质粒 DNA 经酶切、连接组成新的质粒 DNA,然后转入细菌中进行克隆扩增。1974 年,Boyer H 和 Cohen S 申请了重组 DNA 技术的发明专利。1976 年,Boyer H 和 29 岁的 Swanson 作为发起人一起创建了生物技术公司。1982 年,第 1 个基因工程产品——重组人胰岛素上市。

### 思政元素

#### 屠呦呦与青蒿素

屠呦呦是中国首位诺贝尔生理学或医学奖获得者,她为笼罩于疟疾阴影的人们带来了一种全新的抗疟药——青蒿素。青蒿是中国的传统药用植物。青蒿素是存在于青蒿中的一种倍半萜类化合物。以青蒿素为基础的青蒿素联合疗法被世界卫生组织(WHO)认定为当前最有效的抗疟疗法。

疟疾是由疟原虫叮咬所引起的传染性疾病。疟疾的主要症状是呕吐、出汗、发热,甚至引起死亡。据 WHO 统计,2015 年,全球共有 2.14 亿人处于疟疾风险,超过 43.8 万人死亡,多数患者不能得到治疗疟疾的有效药物。

屠呦呦和她的团队从东晋葛洪《肘后备急方》"青蒿一握,以水二升渍,绞取汁,尽服之"的记载中受到启发,找到了科学问题的关键——中国古代利用青蒿应对疟疾,不是煎服,而是取青蒿鲜汁! 青蒿素就这样被发现了。20 年后,屠呦呦又研究出药效更高的双氢青蒿素。课题的推进需要做人体试验,屠呦呦和她的两位同事志愿当第一批人体试验者。并在之后的临床试验中,整日守在病床旁观察患者的反应以及疟原虫检查的结果,在极困难的情况下取得了大量珍贵的实验数据。她说,她和课题组的成功是因为在困境面前坚持不懈,以及良好的团队精神和无私奉献精神。屠呦呦坚持实事求是,不为名不为利,科学家的牺牲奉献精神在她身上体现得淋漓尽致,值得我们所有人学习。

她的获奖广泛激发了中国科学家的工作热情。由于人工合成青蒿素的难度大,目前青蒿素的主要来源是从青蒿植株的地上部分提取。而青蒿中青蒿素的含量很低(约0.01%~1%),使得青蒿素的市场供应能力受到了限制。为了提高青蒿素的产量,目前有研究人员研究利用代谢工程提高青蒿素的产量,如利用转基因技术,在转基因青蒿中过量表达青蒿素生物合成途径中的关键酶基因等。

## 第六节　转基因技术和基因靶向技术

基因的功能必须在完整的生物个体及其生命过程中才能得到完整的体现,因此可以采用基因功能获得和基因功能缺失的策略,通过细胞或个体生物性状的变化来研究基因功能。这种从整体水平研究基因功能的常用方法有转基因技术和基因靶向技术。

### 一、转基因技术

转基因技术(transgenic technology)是指将目的基因整合到生物的基因组中,使其获得新的性状并稳定地遗传给子代的基因操作技术。

培育转基因动物包括以下几个环节:①选择目的基因和载体,构建转基因表达载体;②将转基因表达载体导入受精卵细胞或胚胎干细胞;③将受精卵细胞植入受体动物假孕输卵管或子宫腔,或先将胚胎干细胞注入受体动物胚泡,再将胚泡植入假孕子宫腔;④鉴定和筛选转基因动物品系;⑤检验目的基因的整合率和表达效率。

### 二、基因靶向技术

基因靶向(gene targeting)又称基因打靶,是在转基因技术基础上建立的一项基因操作技术,但所用载体的结构及其在受体细胞内的转化机制不同:转基因载体是通过随机重组转化,而靶向载体是通过同源重组转化。

基因靶向的基本内容是通过同源重组定点改造生物体某一内源基因,可能产生两种效应:①使基因组靶位点的内源基因失活,称为基因敲除(gene knock-out),又称基因剔除;②将外源基因植入基因组靶位点,或置换该位点的内源基因,称为基因敲入(gene knock-in)。通过基因靶向可以进行基因删除、基因插入、基因置换(gene replacement)、基因突变(gene mutation)等操作,以研究基因的功能。

### 课堂互动

腺苷脱氨酶(ADA)包含363个氨基酸,在嘌呤核苷酸的补救途径中非常重要。ADA缺陷引起的重症联合免疫缺陷病(SCID)同时涉及T细胞和B细胞,会使患者免疫力缺乏,而患者通常因无法控制的感染而死亡。世界上第1例人类基因治疗并成功治愈的临床实验的患者,就是一位因ADA缺陷所致SCID的4岁女孩。

分析讨论:①讨论该患者基因治疗的主要方案。②基因治疗应满足哪些条件? 有哪些问题存在?③除了基因治疗,还可以采用哪些治疗方法?

**学习小结**

1. 学习方法

```
                    ┌─ 印迹杂交技术原理    ┌─ DNA印迹法
         印迹杂交技术 ┤                    ┤
                    └─ 常用印迹杂交技术    ├─ RNA印迹法
                                         └─ 蛋白质印迹法
                    ┌─ 基因芯片
         生物芯片技术 ┤
                    └─ 蛋白质芯片

                    ┌─ PCR的原理          逆转录PCR
         PCR        ┤                     巢式PCR
                    └─ 常用PCR            多重PCR
                                         实时PCR

                    ┌─ 第一代测序技术      ┌─ 建立体外扩增体系
                    │                    ├─ 链终止反应
常                   │                    └─ 凝胶电泳和序列读取
用   DNA测序技术      ┤─ 第二代测序技术
生                   ├─ 第三代测序技术
物                   └─ 第四代测序技术
化
学                   ┌─ 目的DNA的制备
和                   ├─ 载体的选择
分   重组DNA技术      ┤─ 重组DNA的构建
子                   ├─ 细胞转化及筛选
生                   └─ 目的基因的表达
物
学   转基因技术和      ┌─ 转基因技术
技   基因靶向技术      ┤                    ┌─ 基因敲除
术                   └─ 基因靶向技术       └─ 基因敲入
```

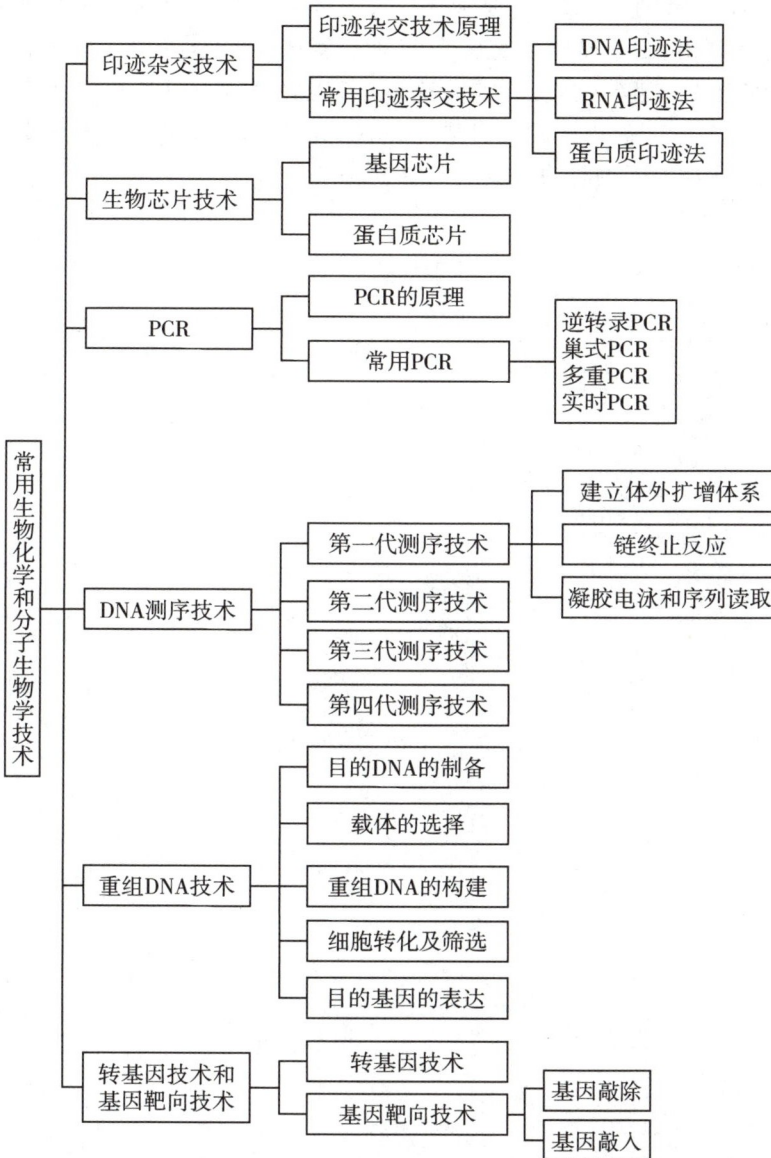

2. 学习方法　聚合酶链反应、重组 DNA、印迹杂交、DNA 测序、转基因与基因靶向等是现代生物化学与分子生物学的常用技术,其原理涉及核酸的杂交与电泳、酶的变性与复性、酶的特异性等,学习时可把本章内容与上述内容,以及复制、转录、翻译等联系起来,并结合基因结构、功能及表达调控等研究的具体案例,以加深对本章内容的理解。

（孙丽萍　姜　颖）

## 复习思考题

1. 简述印迹杂交技术的基本原理与常用技术操作流程。
2. 简述 PCR 的原理,以及逆转录 PCR 和实时 PCR 的特点。

3. 简述双脱氧链终止法测序的原理。

4. 试比较克隆载体和表达载体的异同。

5. 试述重组 DNA 技术的基本操作过程。

6. 对以下实验技术进行比较,并回答哪一技术不能一次实验同时检测成千上万个基因的表达:①逆转录 PCR;②基因芯片技术;③第二代测序技术;④单分子测序。

7. 对以下实验指标进行比较,并回答哪个指标能证明大肠杆菌中成功表达了外源脱辅基酶(即酶蛋白):①核酸杂交证明蛋白质表达;②在蓝白筛选中菌落呈现蓝色;③RT-PCR 能扩增外源基因;④纯化目的蛋白质具有酶活性。

# 中英文名词对照索引

# ◇◇◇ 主要参考书目 ◇◇◇

1. 于英君.生物化学[M].2 版.北京:人民卫生出版社,2011.

2. 周春燕,药立波.生物化学与分子生物学[M].9 版.北京:人民卫生出版社,2018.

3. 冯作化,药立波.生物化学与分子生物学[M].3 版.北京:人民卫生出版社,2015.

4. 唐炳华.生物化学[M].10 版.北京:中国中医药出版社,2017.

5. 姚文兵.生物化学[M].8 版.北京:人民卫生出版社,2016.

6. 王镜岩,朱圣庚,徐长法.生物化学教程[M].北京:高等教育出版社,2008.

7. 杨红,郑晓珂.生物化学[M].3 版.北京:中国医药科技出版社,2016.

8. 金国琴,柳春.生物化学[M].3 版.上海:上海科学技术出版社,2017.

9. Thomas M. Devlin. Textbook of Biochemistry with Clinical Correlation[M]. 7th ed. New York:John Wiley & Sons,2010.

10. Jocelyn E. Krebs,Elliott S. Goldstein,Stephen T. Kilpatrick. Lewin's GENES XII[M]. Burlington:Jones & Bartlett Learning,2017.

11. Victor W. Rodwell,David A. Bender,Kathleen M. Botham,et al. Harper's Illustrated Biochemistry[M]. 31th ed. New York:The McGraw-Hill Companies,2018.

12. David L. Nelson,Michael M. Cox. Lehninger Principles of Biochemistry[M]. 7th ed. New York:W. H. Freeman and Company,2017.

13. Robert F. Weaver. Molecular Biology[M]. 5th ed. New York:The McGraw-Hill Companies,2011.

复习思考题及
答案要点

模拟试卷